Haushaltsrecht

# Textbuch
# Deutsches Recht

# Haushaltsrecht

## Vorschriftensammlung

Stand: 31. Januar 2017

Zusammengestellt von

Dr. Johannes Schuy

Ministerialdirigent im Bundesministerium der Finanzen

unter Mitarbeit von

Wolfgang Raack

Oberregierungsrat im Bundesministerium der Finanzen

28., neu bearbeitete und erweiterte Auflage

CFM C.F. Müller

Bibliografische Information der Deutschen Nationalbibliothek
Die Deutsche Nationalbibliothek verzeichnet diese Publikation in der Deutschen Nationalbibliografie; detaillierte bibliografische Daten sind im Internet über http://dnb.d-nb.de abrufbar.

ISBN 978-3-8114-4527-7

E-Mail: kundenservice@cfmueller.de
Telefon: +49 89 2183 7923
Telefax: +49 89 2183 7620

www.cfmueller.de
www.cfmueller-campus.de



Satz: Textservice Zink, Schwarzach
Druck: Kessler Druck + Medien, Bobingen

aber nicht über mehr als drei Länder hinaus erstreckt, werden abweichend von Satz 1 als landesunmittelbare Körperschaften des öffentlichen Rechtes geführt, wenn das aufsichtsführende Land durch die beteiligten Länder bestimmt ist.

(3) Außerdem können für Angelegenheiten, für die dem Bunde die Gesetzgebung zusteht, selbständige Bundesoberbehörden und neue bundesunmittelbare Körperschaften und Anstalten des öffentlichen Rechtes durch Bundesgesetz errichtet werden. Erwachsen dem Bunde auf Gebieten, für die ihm die Gesetzgebung zusteht, neue Aufgaben, so können bei dringendem Bedarf bundeseigene Mittel- und Unterbehörden mit Zustimmung des Bundesrates und der Mehrheit der Mitglieder des Bundestages errichtet werden.

**Artikel 87a [Streitkräfte]**

(1) Der Bund stellt Streitkräfte zur Verteidigung auf. Ihre zahlenmäßige Stärke und die Grundzüge ihrer Organisation müssen sich aus dem Haushaltsplan ergeben.

(2) Außer zur Verteidigung dürfen die Streitkräfte nur eingesetzt werden, soweit dieses Grundgesetz es ausdrücklich zulässt.

(3) Die Streitkräfte haben im Verteidigungsfalle und im Spannungsfalle die Befugnis, zivile Objekte zu schützen und Aufgaben der Verkehrsregelung wahrzunehmen, soweit dies zur Erfüllung ihres Verteidigungsauftrages erforderlich ist. Außerdem kann den Streitkräften im Verteidigungsfalle und im Spannungsfalle der Schutz ziviler Objekte auch zur Unterstützung polizeilicher Maßnahmen übertragen werden; die Streitkräfte wirken dabei mit den zuständigen Behörden zusammen.

(4) Zur Abwehr einer drohenden Gefahr für den Bestand oder die freiheitliche demokratische Grundordnung des Bundes oder eines Landes kann die Bundesregierung, wenn die Voraussetzungen des Artikels 91 Abs. 2 vorliegen und die Polizeikräfte sowie der Bundesgrenzschutz nicht ausreichen, Streitkräfte zur Unterstützung der Polizei und des Bundesgrenzschutzes beim Schutze von zivilen Objekten und bei der Bekämpfung organisierter und militärisch bewaffneter Aufständischer einsetzen. Der Einsatz von Streitkräften ist einzustellen, wenn der Bundestag oder der Bundesrat es verlangen.

**Artikel 87b [Bundeswehrverwaltung]**

(1) Die Bundeswehrverwaltung wird in bundeseigener Verwaltung mit eigenem Verwaltungsunterbau geführt. Sie dient den Aufgaben des Personalwesens und der unmittelbaren Deckung des Sachbedarfs der Streitkräfte. Aufgaben der Beschädigtenversorgung und des Bauwesens können der Bundeswehrverwaltung nur durch Bundesgesetz, das der Zustimmung des Bundesrates bedarf, übertragen werden. Der Zustimmung des Bundesrates bedürfen ferner Gesetze, soweit sie die Bundeswehrverwaltung zu Eingriffen in Rechte Dritter ermächtigen; das gilt nicht für Gesetze auf dem Gebiete des Personalwesens.

(2) Im übrigen können Bundesgesetze, die der Verteidigung einschließlich des Wehrersatzwesens und des Schutzes der Zivilbevölkerung dienen, mit Zu-

stimmung des Bundesrates bestimmen, dass sie ganz oder teilweise in bundeseigener Verwaltung mit eigenem Verwaltungsunterbau oder von den Ländern im Auftrage des Bundes ausgeführt werden. Werden solche Gesetze von den Ländern im Auftrage des Bundes ausgeführt, so können sie mit Zustimmung des Bundesrates bestimmen, dass die der Bundesregierung und den zuständigen obersten Bundesbehörden auf Grund des Artikels 85 zustehenden Befugnisse ganz oder teilweise Bundesoberbehörden übertragen werden; dabei kann bestimmt werden, dass diese Behörden beim Erlass allgemeiner Verwaltungsvorschriften gemäß Artikel 85 Abs. 2 Satz 1 nicht der Zustimmung des Bundesrates bedürfen.

### Artikel 87c [Bestimmungen über Erzeugung und Nutzung der Kernenergie]

Gesetze, die auf Grund des Artikels 73 Abs. 1 Nr. 14 ergehen, können mit Zustimmung des Bundesrates bestimmen, dass sie von den Ländern im Auftrage des Bundes ausgeführt werden.

### Artikel 87d [Luftverkehrsverwaltung]

(1) Die Luftverkehrsverwaltung wird in Bundesverwaltung geführt. Aufgaben der Flugsicherung können auch durch ausländische Flugsicherungsorganisationen wahrgenommen werden, die nach Recht der Europäischen Gemeinschaft zugelassen sind. Das Nähere regelt ein Bundesgesetz.

(2) Durch Bundesgesetz, das der Zustimmung des Bundesrates bedarf, können Aufgaben der Luftverkehrsverwaltung den Ländern als Auftragsverwaltung übertragen werden.

### Artikel 87e [Eisenbahnverkehrsverwaltung für Eisenbahnen des Bundes]

(1) Die Eisenbahnverkehrsverwaltung für Eisenbahnen des Bundes wird in bundeseigener Verwaltung geführt. Durch Bundesgesetz können Aufgaben der Eisenbahnverkehrsverwaltung den Ländern als eigene Angelegenheit übertragen werden.

(2) Der Bund nimmt die über den Bereich der Eisenbahnen des Bundes hinausgehenden Aufgaben der Eisenbahnverkehrsverwaltung wahr, die ihm durch Bundesgesetz übertragen werden.

(3) Eisenbahnen des Bundes werden als Wirtschaftsunternehmen in privatrechtlicher Form geführt. Diese stehen im Eigentum des Bundes, soweit die Tätigkeit des Wirtschaftsunternehmens den Bau, die Unterhaltung und das Betreiben von Schienenwegen umfasst. Die Veräußerung von Anteilen des Bundes an den Unternehmen nach Satz 2 erfolgt auf Grund eines Gesetzes; die Mehrheit der Anteile an diesen Unternehmen verbleibt beim Bund. Das Nähere wird durch Bundesgesetz geregelt.

(4) Der Bund gewährleistet, dass dem Wohl der Allgemeinheit, insbesondere den Verkehrsbedürfnissen, beim Ausbau und Erhalt des Schienennetzes der

Eisenbahnen des Bundes sowie bei deren Verkehrsangeboten auf diesem Schienennetz, soweit diese nicht den Schienenpersonennahverkehr betreffen, Rechnung getragen wird. Das Nähere wird durch Bundesgesetz geregelt.

(5) Gesetze auf Grund der Absätze 1 bis 4 bedürfen der Zustimmung des Bundesrates. Der Zustimmung des Bundesrates bedürfen ferner Gesetze, die die Auflösung, die Verschmelzung und die Aufspaltung von Eisenbahnunternehmen des Bundes, die Übertragung von Schienenwegen der Eisenbahnen des Bundes an Dritte sowie die Stilllegung von Schienenwegen der Eisenbahnen des Bundes regeln oder Auswirkungen auf den Schienenpersonennahverkehr haben.

### Artikel 87f [Postwesen und Telekommunikation]

(1) Nach Maßgabe eines Bundesgesetzes, das der Zustimmung des Bundesrates bedarf, gewährleistet der Bund im Bereich des Postwesens und der Telekommunikation flächendeckend angemessene und ausreichende Dienstleistungen.

(2) Dienstleistungen im Sinne des Absatzes 1 werden als privatwirtschaftliche Tätigkeiten durch die aus dem Sondervermögen Deutsche Bundespost hervorgegangenen Unternehmen und durch andere private Anbieter erbracht. Hoheitsaufgaben im Bereich des Postwesens und der Telekommunikation werden in bundeseigener Verwaltung ausgeführt.

(3) Unbeschadet des Absatzes 2 Satz 2 führt der Bund in der Rechtsform einer bundesunmittelbaren Anstalt des öffentlichen Rechts einzelne Aufgaben in bezug auf die aus dem Sondervermögen Deutsche Bundespost hervorgegangenen Unternehmen nach Maßgabe eines Bundesgesetzes aus.

### Artikel 88 [Bundesbank]

Der Bund errichtet eine Währungs- und Notenbank als Bundesbank. Ihre Aufgaben und Befugnisse können im Rahmen der Europäischen Union der Europäischen Zentralbank übertragen werden, die unabhängig ist und dem vorrangigen Ziel der Sicherung der Preisstabilität verpflichtet.

### Artikel 89 [Bundeswasserstraßen]

(1) Der Bund ist Eigentümer der bisherigen Reichswasserstraßen.

(2) Der Bund verwaltet die Bundeswasserstraßen durch eigene Behörden. Er nimmt die über den Bereich eines Landes hinausgehenden staatlichen Aufgaben der Binnenschifffahrt und die Aufgaben der Seeschifffahrt wahr, die ihm durch Gesetz übertragen werden. Er kann die Verwaltung von Bundeswasserstraßen, soweit sie im Gebiete eines Landes liegen, diesem Lande auf Antrag als Auftragsverwaltung übertragen. Berührt eine Wasserstraße das Gebiet mehrerer Länder, so kann der Bund das Land beauftragen, für das die beteiligten Länder es beantragen.

(3) Bei der Verwaltung, dem Ausbau und dem Neubau von Wasserstraßen sind die Bedürfnisse der Landeskultur und der Wasserwirtschaft im Einvernehmen mit den Ländern zu wahren.

**Artikel 90 [Bundesautobahnen und Bundesstraßen]**

(1) Der Bund ist Eigentümer der bisherigen Reichsautobahnen und Reichsstraßen.

(2) Die Länder oder die nach Landesrecht zuständigen Selbstverwaltungskörperschaften verwalten die Bundesautobahnen und sonstigen Bundesstraßen des Fernverkehrs im Auftrage des Bundes.

(3) Auf Antrag eines Landes kann der Bund Bundesautobahnen und sonstige Bundesstraßen des Fernverkehrs, soweit sie im Gebiet dieses Landes liegen, in bundeseigene Verwaltung übernehmen.

**Artikel 91 [Abwehr von Gefahren für den Bestand des Bundes]**

(1) Zur Abwehr einer drohenden Gefahr für den Bestand oder die freiheitliche demokratische Grundordnung des Bundes oder eines Landes kann ein Land Polizeikräfte anderer Länder sowie Kräfte und Einrichtungen anderer Verwaltungen und des Bundesgrenzschutzes anfordern.

(2) Ist das Land, in dem die Gefahr droht, nicht selbst zur Bekämpfung der Gefahr bereit oder in der Lage, so kann die Bundesregierung die Polizei in diesem Lande und die Polizeikräfte anderer Länder ihren Weisungen unterstellen sowie Einheiten des Bundesgrenzschutzes einsetzen. Die Anordnung ist nach Beseitigung der Gefahr, im übrigen jederzeit auf Verlangen des Bundesrates aufzuheben. Erstreckt sich die Gefahr auf das Gebiet mehr als eines Landes, so kann die Bundesregierung, soweit es zur wirksamen Bekämpfung erforderlich ist, den Landesregierungen Weisungen erteilen; Satz 1 und Satz 2 bleiben unberührt.

## X. Finanzwesen

**Artikel 104a [Ausgabenverteilung, Finanzhilfen]**

(1) Der Bund und die Länder tragen gesondert die Ausgaben, die sich aus der Wahrnehmung ihrer Aufgaben ergeben, soweit dieses Grundgesetz nichts anderes bestimmt.

(2) Handeln die Länder im Auftrage des Bundes, trägt der Bund die sich daraus ergebenden Ausgaben.

(3)* Bundesgesetze, die Geldleistungen gewähren und von den Ländern ausgeführt werden, können bestimmen, daß die Geldleistungen ganz oder zum Teil vom Bund getragen werden. Bestimmt das Gesetz, daß der Bund die Hälfte der Ausgaben oder mehr trägt, wird es im Auftrage des Bundes durchgeführt.

(4) Bundesgesetze, die Pflichten der Länder zur Erbringung von Geldleistungen, geldwerten Sachleistungen oder vergleichbaren Dienstleistungen gegenüber Dritten begründen und von den Ländern als eigene Angelegenheit oder

* Vgl. hierzu Art. 7 Abs. 2 des Einigungsvertrages.

nach Absatz 3 Satz 2 im Auftrag des Bundes ausgeführt werden, bedürfen der Zustimmung des Bundesrates, wenn daraus entstehende Ausgaben von den Ländern zu tragen sind.

(5) Der Bund und die Länder tragen die bei ihren Behörden entstehenden Verwaltungsausgaben und haften im Verhältnis zueinander für eine ordnungsmäßige Verwaltung. Das Nähere bestimmt ein Bundesgesetz, das der Zustimmung des Bundesrates bedarf.

(6) Bund und Länder tragen nach der innerstaatlichen Zuständigkeits- und Aufgabenverteilung die Lasten einer Verletzung von supranationalen oder völkerrechtlichen Verpflichtungen Deutschlands. In Fällen länderübergreifender Finanzkorrekturen der Europäischen Union tragen Bund und Länder diese Lasten im Verhältnis 15 zu 85. Die Ländergesamtheit trägt in diesen Fällen solidarisch 35 vom Hundert der Gesamtlasten entsprechend einem allgemeinen Schlüssel; 50 vom Hundert der Gesamtlasten tragen die Länder, die die Lasten verursacht haben, anteilig entsprechend der Höhe der erhaltenen Mittel. Das Nähere regelt ein Bundesgesetz, das der Zustimmung des Bundesrates bedarf.

### Artikel 104b [Finanzhilfen des Bundes]

(1) Der Bund kann, soweit dieses Grundgesetz ihm Gesetzgebungsbefugnisse verleiht, den Ländern Finanzhilfen für besonders bedeutsame Investitionen der Länder und der Gemeinden (Gemeindeverbände) gewähren, die

1. zur Abwehr einer Störung des gesamtwirtschaftlichen Gleichgewichts oder
2. zum Ausgleich unterschiedlicher Wirtschaftskraft im Bundesgebiet oder
3. zur Förderung des wirtschaftlichen Wachstums

erforderlich sind. Abweichend von Satz 1 kann der Bund im Falle von Naturkatastrophen oder außergewöhnlichen Notsituationen, die sich der Kontrolle des Staates entziehen und die staatliche Finanzlage erheblich beeinträchtigen, auch ohne Gesetzgebungsbefugnisse Finanzhilfen gewähren.

(2) Das Nähere, insbesondere die Arten der zu fördernden Investitionen, wird durch Bundesgesetz, das der Zustimmung des Bundesrates bedarf, oder auf Grund des Bundeshaushaltsgesetzes durch Verwaltungsvereinbarung geregelt. Die Mittel sind befristet zu gewähren und hinsichtlich ihrer Verwendung in regelmäßigen Zeitabständen zu überprüfen. Die Finanzhilfen sind im Zeitablauf mit fallenden Jahresbeträgen zu gestalten.

(3) Bundestag, Bundesregierung und Bundesrat sind auf Verlangen über die Durchführung der Maßnahmen und die erzielten Verbesserungen zu unterrichten.

### Artikel 105 [Steuergesetzgebung]

(1) Der Bund hat die ausschließliche Gesetzgebung über die Zölle und Finanzmonopole.

(2) Der Bund hat die konkurrierende Gesetzgebung über die übrigen Steuern, wenn ihm das Aufkommen dieser Steuern ganz oder zum Teil zusteht oder die Voraussetzungen des Artikels 72 Abs. 2 vorliegen.

Fällen des Absatzes 4 Satz 2 von den Gemeinden (Gemeindeverbänden) anzuwendende Verfahren kann durch Bundesgesetz mit Zustimmung des Bundesrates geregelt werden.

(6) Die Finanzgerichtsbarkeit wird durch Bundesgesetz einheitlich geregelt.

(7) Die Bundesregierung kann allgemeine Verwaltungsvorschriften erlassen, und zwar mit Zustimmung des Bundesrates, soweit die Verwaltung den Landesfinanzbehörden oder Gemeinden (Gemeindeverbänden) obliegt.

**Artikel 109 [Haushaltswirtschaft in Bund und Ländern]**

(1) Bund und Länder sind in ihrer Haushaltswirtschaft selbständig und voneinander unabhängig.

(2) Bund und Länder erfüllen gemeinsam die Verpflichtungen der Bundesrepublik Deutschland aus Rechtsakten der Europäischen Gemeinschaft auf Grund des Artikels 104 des Vertrags zur Gründung der Europäischen Gemeinschaft zur Einhaltung der Haushaltsdisziplin und tragen in diesem Rahmen den Erfordernissen des gesamtwirtschaftlichen Gleichgewichts Rechnung.

(3) Die Haushalte von Bund und Ländern sind grundsätzlich ohne Einnahmen aus Krediten auszugleichen. Bund und Länder können Regelungen zur im Auf- und Abschwung symmetrischen Berücksichtigung der Auswirkungen einer von der Normallage abweichenden konjunkturellen Entwicklung sowie eine Ausnahmeregelung für Naturkatastrophen oder außergewöhnliche Notsituationen, die sich der Kontrolle des Staates entziehen und die staatliche Finanzlage erheblich beeinträchtigen, vorsehen. Für die Ausnahmeregelung ist eine entsprechende Tilgungsregelung vorzusehen. Die nähere Ausgestaltung regelt für den Haushalt des Bundes Artikel 115 mit der Maßgabe, dass Satz 1 entsprochen ist, wenn die Einnahmen aus Krediten 0,35 vom Hundert im Verhältnis zum nominalen Bruttoinlandsprodukt nicht überschreiten. Die nähere Ausgestaltung für die Haushalte der Länder regeln diese im Rahmen ihrer verfassungsrechtlichen Kompetenzen mit der Maßgabe, dass Satz 1 nur dann entsprochen ist, wenn keine Einnahmen aus Krediten zugelassen werden.

(4) Durch Bundesgesetz, das der Zustimmung des Bundesrates bedarf, können für Bund und Länder gemeinsam geltende Grundsätze für das Haushaltsrecht, für eine konjunkturgerechte Haushaltswirtschaft und für eine mehrjährige Finanzplanung aufgestellt werden.

(5) Sanktionsmaßnahmen der Europäischen Gemeinschaft im Zusammenhang mit den Bestimmungen in Artikel 104 des Vertrags zur Gründung der Europäischen Gemeinschaft zur Einhaltung der Haushaltsdisziplin tragen Bund und Länder im Verhältnis 65 zu 35. Die Ländergesamtheit trägt solidarisch 35 vom Hundert der auf die Länder entfallenden Lasten entsprechend ihrer Einwohnerzahl; 65 vom Hundert der auf die Länder entfallenden Lasten tragen die Länder entsprechend ihrem Verursachungsbeitrag. Das Nähere regelt ein Bundesgesetz, das der Zustimmung des Bundesrates bedarf.

### Artikel 109a [Vermeidung von Haushaltsnotlagen, Stabilitätsrat]

Zur Vermeidung von Haushaltsnotlagen regelt ein Bundesgesetz, das der Zustimmung des Bundesrates bedarf,

1. die fortlaufende Überwachung der Haushaltswirtschaft von Bund und Ländern durch ein gemeinsames Gremium (Stabilitätsrat),
2. die Voraussetzungen und das Verfahren zur Feststellung einer drohenden Haushaltsnotlage,
3. die Grundsätze zur Aufstellung und Durchführung von Sanierungsprogrammen zur Vermeidung von Haushaltsnotlagen.

Die Beschlüsse des Stabilitätsrats und die zugrunde liegenden Beratungsunterlagen sind zu veröffentlichen.

### Artikel 110 [Haushaltsplan des Bundes]

(1) Alle Einnahmen und Ausgaben des Bundes sind in den Haushaltsplan einzustellen; bei Bundesbetrieben und bei Sondervermögen brauchen nur die Zuführungen oder die Ablieferungen eingestellt zu werden. Der Haushaltsplan ist in Einnahme und Ausgabe auszugleichen.

(2) Der Haushaltsplan wird für ein oder mehrere Rechnungsjahre, nach Jahren getrennt, vor Beginn des ersten Rechnungsjahres durch das Haushaltsgesetz festgestellt. Für Teile des Haushaltsplanes kann vorgesehen werden, daß sie für unterschiedliche Zeiträume, nach Rechnungsjahren getrennt, gelten.

(3) Die Gesetzesvorlage nach Absatz 2 Satz 1 sowie Vorlagen zur Änderung des Haushaltsgesetzes und des Haushaltsplanes werden gleichzeitig mit der Zuleitung an den Bundesrat beim Bundestage eingebracht; der Bundesrat ist berechtigt, innerhalb von sechs Wochen, bei Änderungsvorlagen innerhalb von drei Wochen, zu den Vorlagen Stellung zu nehmen.

(4) In das Haushaltsgesetz dürfen nur Vorschriften aufgenommen werden, die sich auf die Einnahmen und die Ausgaben des Bundes und auf den Zeitraum beziehen, für den das Haushaltsgesetz beschlossen wird. Das Haushaltsgesetz kann vorschreiben, daß die Vorschriften erst mit der Verkündung des nächsten Haushaltsgesetzes oder bei Ermächtigung nach Artikel 115 zu einem späteren Zeitpunkt außer Kraft treten.

### Artikel 111 [Ausgaben vor Etatgenehmigung]

(1) Ist bis zum Schluß eines Rechnungsjahres der Haushaltsplan für das folgende Jahr nicht durch Gesetz festgestellt, so ist bis zu seinem In-Kraft-Treten die Bundesregierung ermächtigt, alle Ausgaben zu leisten, die nötig sind,

a) um gesetzlich bestehende Einrichtungen zu erhalten und gesetzlich beschlossene Maßnahmen durchzuführen,
b) um die rechtlich begründeten Verpflichtungen des Bundes zu erfüllen,
c) um Bauten, Beschaffungen und sonstige Leistungen fortzusetzen oder Beihilfen für diese Zwecke weiterzugewähren, sofern durch den Haushaltsplan eines Vorjahres bereits Beträge bewilligt worden sind.

(2) Soweit nicht auf besonderem Gesetze beruhende Einnahmen aus Steuern, Abgaben und sonstigen Quellen oder die Betriebsmittelrücklage die Ausgaben unter Absatz 1 decken, darf die Bundesregierung die zur Aufrechterhaltung der Wirtschaftsführung erforderlichen Mittel bis zur Höhe eines Viertels der Endsumme des abgelaufenen Haushaltsplanes im Wege des Kredits flüssig machen.

**Artikel 112 [Überplanmäßige und außerplanmäßige Ausgaben]**

Überplanmäßige und außerplanmäßige Ausgaben bedürfen der Zustimmung des Bundesministers der Finanzen. Sie darf nur im Falle eines unvorhergesehenen und unabweisbaren Bedürfnisses erteilt werden. Näheres kann durch Bundesgesetz bestimmt werden.

**Artikel 113 [Ausgabenerhöhungen und Einnahmenminderungen]**

(1) Gesetze, welche die von der Bundesregierung vorgeschlagenen Ausgaben des Haushaltsplanes erhöhen oder neue Ausgaben in sich schließen oder für die Zukunft mit sich bringen, bedürfen der Zustimmung der Bundesregierung. Das gleiche gilt für Gesetze, die Einnahmeminderungen in sich schließen oder für die Zukunft mit sich bringen. Die Bundesregierung kann verlangen, daß der Bundestag die Beschlußfassung über solche Gesetze aussetzt. In diesem Fall hat die Bundesregierung innerhalb von sechs Wochen dem Bundestage eine Stellungnahme zuzuleiten.

(2) Die Bundesregierung kann innerhalb von vier Wochen, nachdem der Bundestag das Gesetz beschlossen hat, verlangen, daß der Bundestag erneut Beschluß faßt.

(3) Ist das Gesetz nach Artikel 78 zustande gekommen, kann die Bundesregierung ihre Zustimmung nur innerhalb von sechs Wochen und nur dann versagen, wenn sie vorher das Verfahren nach Absatz 1 Satz 3 und 4 oder nach Absatz 2 eingeleitet hat. Nach Ablauf dieser Frist gilt die Zustimmung als erteilt.

**Artikel 114 [Rechnungslegung, Bundesrechnungshof]**

(1) Der Bundesminister der Finanzen hat dem Bundestage und dem Bundesrate über alle Einnahmen und Ausgaben sowie über das Vermögen und die Schulden im Laufe des nächsten Rechnungsjahres zur Entlastung der Bundesregierung Rechnung zu legen.

(2) Der Bundesrechnungshof, dessen Mitglieder richterliche Unabhängigkeit besitzen, prüft die Rechnung sowie die Wirtschaftlichkeit und Ordnungsmäßigkeit der Haushalts- und Wirtschaftsführung. Er hat außer der Bundesregierung unmittelbar dem Bundestage und dem Bundesrate jährlich zu berichten. Im übrigen werden die Befugnisse des Bundesrechnungshofes durch Bundesgesetz geregelt.

**Artikel 115 [Kreditbeschaffung]**

(1) Die Aufnahme von Krediten sowie die Übernahme von Bürgschaften, Garantien oder sonstigen Gewährleistungen, die zu Ausgaben in künftigen

Rechnungsjahren führen können, bedürfen einer der Höhe nach bestimmten oder bestimmbaren Ermächtigung durch Bundesgesetz.

(2) Einnahmen und Ausgaben sind grundsätzlich ohne Einnahmen aus Krediten auszugleichen. Diesem Grundsatz ist entsprochen, wenn die Einnahmen aus Krediten 0,35 vom Hundert im Verhältnis zum nominalen Bruttoinlandsprodukt nicht überschreiten. Zusätzlich sind bei einer von der Normallage abweichenden konjunkturellen Entwicklung die Auswirkungen auf den Haushalt im Auf- und Abschwung symmetrisch zu berücksichtigen. Abweichungen der tatsächlichen Kreditaufnahme von der nach den Sätzen 1 bis 3 zulässigen Kreditobergrenze werden auf einem Kontrollkonto erfasst; Belastungen, die den Schwellenwert von 1,5 vom Hundert im Verhältnis zum nominalen Bruttoinlandsprodukt überschreiten, sind konjunkturgerecht zurückzuführen. Näheres, insbesondere die Bereinigung der Einnahmen und Ausgaben um finanzielle Transaktionen und das Verfahren zur Berechnung der Obergrenze der jährlichen Nettokreditaufnahme unter Berücksichtigung der konjunkturellen Entwicklung auf der Grundlage eines Konjunkturbereinigungsverfahrens sowie die Kontrolle und den Ausgleich von Abweichungen der tatsächlichen Kreditaufnahme von der Regelgrenze, regelt ein Bundesgesetz. Im Falle von Naturkatastrophen oder außergewöhnlichen Notsituationen, die sich der Kontrolle des Staates entziehen und die staatliche Finanzlage erheblich beeinträchtigen, können diese Kreditobergrenzen auf Grund eines Beschlusses der Mehrheit der Mitglieder des Bundestages überschritten werden. Der Beschluss ist mit einem Tilgungsplan zu verbinden. Die Rückführung der nach Satz 6 aufgenommenen Kredite hat binnen eines angemessenen Zeitraumes zu erfolgen.

# Einigungsvertrag (EinigungsV)

**vom 31. August 1990** (BGBl. II S. 889; GBl. I S. 1629)

(Auszug)

**Artikel 7 Finanzverfassung**

(1) Die Finanzverfassung der Bundesrepublik Deutschland wird auf das in Artikel 3 genannte Gebiet erstreckt, soweit in diesem Vertrag nichts anderes bestimmt ist.

(2) Für die Verteilung des Steueraufkommens auf den Bund sowie auf die Länder und Gemeinden (Gemeindeverbände) in dem in Artikel 3 genannten Gebiet gelten die Bestimmungen des Artikels 106 des Grundgesetzes mit der Maßgabe, daß

1. bis zum 31. Dezember 1994 Absatz 3 Satz 4 und Absatz 4 keine Anwendung finden;
2. bis zum 31. Dezember 1996 der Anteil der Gemeinden an dem Aufkommen der Einkommensteuer nach Artikel 106 Abs. 5 des Grundgesetzes von den Ländern an die Gemeinden nicht auf der Grundlage der Einkommensteuerleistung ihrer Einwohner, sondern nach der Einwohnerzahl der Gemeinden weitergeleitet wird;
3. bis zum 31. Dezember 1994 abweichend von Artikel 106 Abs. 7 des Grundgesetzes den Gemeinden (Gemeindeverbänden) von dem Länderanteil am Gesamtaufkommen der Gemeinschaftssteuern und dem gesamten Aufkommen der Landessteuern ein jährlicher Anteil von mindestens 20 vom Hundert sowie von Länderanteil aus den Mitteln des Fonds „Deutsche Einheit" nach Absatz 5 Nr. 1 ein jährlicher Anteil von 40 vom Hundert zufließt.

(3) Artikel 107 des Grundgesetzes gilt in dem in Artikel 3 genannten Gebiet mit der Maßgabe, daß bis zum 31. Dezember 1994 zwischen den bisherigen Ländern der Bundesrepublik Deutschland und den Ländern in dem in Artikel 3 genannten Gebiet die Regelung des Absatzes 1 Satz 4 nicht angewendet wird und ein gesamtdeutscher Länderfinanzausgleich (Artikel 107 Abs. 2 des Grundgesetzes) nicht stattfindet.

Der gesamtdeutsche Länderanteil an der Umsatzsteuer wird so in einen Ost- und Westteil aufgeteilt, daß im Ergebnis der durchschnittliche Umsatzsteueranteil pro Einwohner in den Ländern Brandenburg, Mecklenburg-Vorpommern, Sachsen, Sachsen-Anhalt und Thüringen in den Jahren

| | |
|---|---|
| 1991 | 55 vom Hundert |
| 1992 | 60 vom Hundert |
| 1993 | 65 vom Hundert |
| 1994 | 70 vom Hundert |

des durchschnittlichen Umsatzsteueranteils pro Einwohner in den Ländern Baden-Württemberg, Bayern, Bremen, Hessen, Hamburg, Niedersachsen,

Nordrhein-Westfalen, Rheinland-Pfalz, Saarland und Schleswig-Holstein beträgt. Der Anteil des Landes Berlin wird vorab nach der Einwohnerzahl berechnet. Die Regelungen dieses Absatzes werden für 1993 in Ansehung der dann vorhandenen Gegebenheiten überprüft.

(4) Das in Artikel 3 genannte Gebiet wird in die Regelungen der Artikel 91a, 91b und 104a Abs. 3 und 4 des Grundgesetzes einschließlich der hierzu ergangenen Ausführungsbestimmungen nach Maßgabe dieses Vertrags mit Wirkung vom 1. Januar 1991 einbezogen.

(5) Nach Herstellung der deutschen Einheit werden die jährlichen Leistungen des Fonds „Deutsche Einheit"

1. zu 85 vom Hundert als besondere Unterstützung den Ländern Brandenburg, Mecklenburg-Vorpommern, Sachsen, Sachsen-Anhalt und Thüringen sowie dem Land Berlin zur Deckung ihres allgemeinen Finanzbedarfs gewährt und auf diese Länder im Verhältnis ihrer Einwohnerzahl ohne Berücksichtigung der Einwohnerzahl von Berlin (West) verteilt sowie
2. zu 15 vom Hundert zur Erfüllung zentraler öffentlicher Aufgaben auf dem Gebiet der vorgenannten Länder verwendet.

(6) Bei grundlegender Veränderung der Gegebenheiten werden die Möglichkeiten weiterer Hilfe zum angemessenen Ausgleich der Finanzkraft für die Länder in dem in Artikel 3 genannten Gebiet von Bund und Ländern gemeinsam geprüft.

### Artikel 21 Verwaltungsvermögen

(1) Das Vermögen der Deutschen Demokratischen Republik, das unmittelbar bestimmten Verwaltungsaufgaben dient (Verwaltungsvermögen), wird Bundesvermögen, sofern es nicht nach seiner Zweckbestimmung am 1. Oktober 1989 überwiegend für Verwaltungsaufgaben bestimmt war, die nach dem Grundgesetz von Ländern, Gemeinden (Gemeindeverbänden) oder sonstigen Trägern öffentlicher Verwaltung wahrzunehmen sind. Soweit Verwaltungsvermögen überwiegend für Aufgaben des ehemaligen Ministeriums für Staatssicherheit/des Amtes für Nationale Sicherheit genutzt wurde, steht es der Treuhandanstalt zu, es sei denn, daß es nach dem genannten Zeitpunkt bereits neuen sozialen oder öffentlichen Zwecken zugeführt worden ist.

(2) Soweit Verwaltungsvermögen nicht Bundesvermögen gemäß Absatz 1 wird, steht es mit Wirksamwerden des Beitritts demjenigen Träger öffentlicher Verwaltung zu, der nach dem Grundgesetz für die Verwaltungsaufgabe zuständig ist.

(3) Vermögenswerte, die dem Zentralstaat oder den Ländern und Gemeinden (Gemeindeverbänden) von einer anderen Körperschaft des öffentlichen Rechts unentgeltlich zur Verfügung gestellt worden sind, werden an diese Körperschaft oder ihre Rechtsnachfolgerin unentgeltlich zurückübertragen; früheres Reichsvermögen wird Bundesvermögen.

(4) Soweit nach den Absätzen 1 bis 3 oder auf Grund eines Bundesgesetzes Verwaltungsvermögen Bundesvermögen wird, ist es für die Erfüllung öffentli-

cher Aufgaben in dem in Artikel 3 genannten Gebiet zu verwenden. Dies gilt auch für die Verwendung der Erlöse aus Veräußerungen von Vermögenswerten.

**Artikel 22 Finanzvermögen**

(1) Öffentliches Vermögen von Rechtsträgern in dem in Artikel 3 genannten Gebiet einschließlich des Grundvermögens und des Vermögens in der Land- und Forstwirtschaft, das nicht unmittelbar bestimmten Verwaltungsaufgaben dient (Finanzvermögen), ausgenommen Vermögen der Sozialversicherung, unterliegt, soweit es nicht der Treuhandanstalt übertragen ist, oder durch Gesetz gemäß § 1 Abs. 1 Sätze 2 und 3 des Treuhandgesetzes Gemeinden, Städten oder Landkreisen übertragen wird, mit Wirksamwerden des Beitritts der Treuhandverwaltung des Bundes. Soweit Finanzvermögen überwiegend für Aufgaben des ehemaligen Ministeriums für Staatssicherheit/des Amtes für Nationale Sicherheit genutzt wurde, steht es der Treuhandanstalt zu, es sei denn, daß es nach dem 1. Oktober 1989 bereits neuen sozialen oder öffentlichen Zwecken zugeführt worden ist. Durch Bundesgesetz ist das Finanzvermögen auf den Bund und die in Artikel 1 genannten Länder so aufzuteilen, daß der Bund und die in Artikel 1 genannten Länder je die Hälfte des Vermögensgesamtwerts erhalten. An dem Länderanteil sind die Gemeinden (Gemeindeverbände) angemessen zu beteiligen. Vermögenswerte, die hiernach der Bund erhält, sind zur Erfüllung öffentlicher Aufgaben in dem in Artikel 3 genannten Gebiet zu verwenden. Die Verteilung des Länderanteils auf die einzelnen Länder soll grundsätzlich so erfolgen, daß das Verhältnis der Gesamtwerte der den einzelnen Ländern übertragenen Vermögensteile dem Verhältnis der Bevölkerungszahlen dieser Länder mit Wirksamwerden des Beitritts ohne Berücksichtigung der Einwohnerzahl von Berlin (West) entspricht. Artikel 21 Abs. 3 ist entsprechend anzuwenden.

(2) Bis zu einer gesetzlichen Regelung wird das Finanzvermögen von den bisher zuständigen Behörden verwaltet, soweit nicht der Bundesminister der Finanzen die Übernahme der Verwaltung durch Behörden der Bundesvermögensverwaltung anordnet.

(3) Die in den Absätzen 1 und 2 bezeichneten Gebietskörperschaften gewähren sich untereinander auf Verlangen Auskunft über und Einsicht in Grundbücher, Grundakten und sonstige Vorgänge, die Hinweise zu Vermögenswerten enthalten, deren rechtliche und tatsächliche Zuordnung zwischen den Gebietskörperschaften ungeklärt oder streitig ist.

(4) Absatz 1 gilt nicht für das zur Wohnungsversorgung genutzte volkseigene Vermögen, das sich in Rechtsträgerschaft der volkseigenen Betriebe der Wohnungswirtschaft befindet. Gleiches gilt für volkseigenes Vermögen, für das bereits konkrete Ausführungsplanungen für Objekte der Wohnungsversorgung vorliegen. Dieses Vermögen geht mit Wirksamwerden des Beitritts mit gleichzeitiger Übernahme der anteiligen Schulden in das Eigentum der Kommunen über. Die Kommunen überführen ihren Wohnungsbestand unter Berücksichtigung sozialer Belange schrittweise in eine marktwirtschaftliche Wohnungs-

wirtschaft. Dabei soll die Privatisierung auch zur Förderung der Bildung individuellen Wohneigentums beschleunigt durchgeführt werden. Hinsichtlich des volkseigenen Wohnungsbestandes staatlicher Einrichtungen, soweit dieser nicht bereits unter Artikel 21 fällt, bleibt Absatz 1 unberührt.

**Artikel 23 Schuldenregelung**

(1) Mit dem Wirksamwerden des Beitritts wird die bis zu diesem Zeitpunkt aufgelaufene Gesamtverschuldung des Republikhaushalts der Deutschen Demokratischen Republik von einem nicht rechtsfähigen Sondervermögen des Bundes übernommen, das die Schuldendienstverpflichtungen erfüllt. Das Sondervermögen wird ermächtigt, Kredite aufzunehmen

1. zur Tilgung von Schulden des Sondervermögens,
2. zur Deckung anfallender Zins- und Kreditbeschaffungskosten,
3. zum Zwecke des Ankaufs von Schuldtiteln des Sondervermögens im Wege der Marktpflege.

(2) Der Bundesminister der Finanzen verwaltet das Sondervermögen. Das Sondervermögen kann unter seinem Namen im rechtsgeschäftlichen Verkehr handeln, klagen und verklagt werden. Der allgemeine Gerichtsstand des Sondervermögens ist der Sitz der Bundesregierung. Der Bund haftet für die Verbindlichkeiten des Sondervermögens.

(3) Vom Tage des Wirksamwerdens des Beitritts bis zum 31. Dezember 1993 erstatten der Bund und die Treuhandanstalt jeweils die Hälfte der vom Sondervermögen erbrachten Zinsleistungen. Die Erstattung erfolgt bis zum Ersten des Monats, der dem Monat folgt, in dem das Sondervermögen die in Satz 1 genannten Leistungen erbracht hat.

(4) Mit Wirkung vom 1. Januar 1994 übernehmen der Bund und die in Artikel 1 genannten Länder und die Treuhandanstalt, die beim Sondervermögen zum 31. Dezember 1993 aufgelaufene Gesamtverschuldung nach Maßgabe des Artikels 27 Abs. 3 des Vertrags vom 18. Mai 1990 über die Schaffung einer Währungs-, Wirtschafts- und Sozialunion zwischen der Bundesrepublik Deutschland und der Deutschen Demokratischen Republik. Die Verteilung der Schulden im einzelnen wird durch besonderes Gesetz gemäß Artikel 34 des Gesetzes vom 25. Juli 1990 zu dem Vertrag vom 18. Mai 1990 (BGBl. 1990 II S. 518) geregelt. Die Anteile der in Artikel 1 genannten Länder an dem von der Gesamtheit der in Artikel 1 genannten Länder zu übernehmenden Betrag werden im Verhältnis ihrer Einwohnerzahl zum Zeitpunkt des Wirksamwerdens des Beitritts ohne Berücksichtigung der Einwohnerzahl von Berlin (West) berechnet.

(5) Das Sondervermögen wird mit Ablauf des Jahres 1993 aufgelöst.

(6) Die Bundesrepublik Deutschland tritt mit Wirksamwerden des Beitritts in die von der Deutschen Demokratischen Republik zulasten des Staatshaushalts bis zur Einigung übernommenen Bürgschaften, Garantien und Gewährleistungen ein. Die in Artikel 1 Abs. 1 genannten Länder und das Land Berlin

für den Teil, in dem das Grundgesetz bisher nicht galt, übernehmen für die auf die Bundesrepublik Deutschland übergegangenen Bürgschaften, Garantien und Gewährleistungen gesamtschuldnerisch eine Rückbürgschaft in Höhe von 50 vom Hundert. Die Schadensbeträge werden zwischen den Ländern im Verhältnis ihrer Einwohnerzahl zum Zeitpunkt des Wirksamwerdens des Beitritts ohne Berücksichtigung der Einwohnerzahl von Berlin (West) aufgeteilt.

(7) Die Beteiligung der Deutschen Demokratischen Republik an der Staatsbank Berlin kann auf die in Artikel 1 genannten Länder übertragen werden. Bis zu einer Übertragung der Beteiligung nach Satz 1 oder einer Übertragung nach Satz 3 stehen die Rechte aus der Beteiligung der Deutschen Demokratischen Republik an der Staatsbank Berlin dem Bund zu. Die Vertragsparteien werden, unbeschadet einer kartellrechtlichen Prüfung, die Möglichkeit vorsehen, daß die Staatsbank Berlin ganz oder teilweise auf ein öffentlich-rechtliches Kreditinstitut in der Bundesrepublik Deutschland oder auf andere Rechtsträger übertragen wird. Werden nicht alle Gegenstände oder Verbindlichkeiten von einer Übertragung erfaßt, ist der verbleibende Teil der Staatsbank Berlin abzuwickeln. Der Bund tritt in die Verbindlichkeiten aus der Gewährträgerhaftung der Deutschen Demokratischen Republik für die Staatsbank Berlin ein. Dies gilt nicht für Verbindlichkeiten, die nach der Übertragung der Beteiligung nach Satz 1 oder nach einer Übertragung nach Satz 3 begründet werden. Satz 5 gilt für von der Staatsbank Berlin in Abwicklung begründete neue Verbindlichkeiten entsprechend. Wird der Bund aus der Gewährträgerhaftung in Anspruch genommen, wird die Belastung in die Gesamtverschuldung des Republikhaushalts einbezogen und mit Wirksamwerden des Beitritts in das nicht rechtsfähige Sondervermögen nach Absatz 1 übernommen.

### Artikel 24 Abwicklung der Forderungen und Verbindlichkeiten gegenüber dem Ausland und der Bundesrepublik Deutschland

(1) Die Abwicklung der beim Wirksamwerden des Beitritts noch bestehenden Forderungen und Verbindlichkeiten, soweit sie im Rahmen des Außenhandels- und Valutamonopols oder in Wahrnehmung anderer staatlicher Aufgaben der Deutschen Demokratischen Republik bis zum 1. Juli 1990 gegenüber dem Ausland und der Bundesrepublik Deutschland begründet worden sind, erfolgt auf Weisung und unter Aufsicht des Bundesministers der Finanzen. In Umschuldungsvereinbarungen der Regierung der Bundesrepublik Deutschland, die nach Wirksamwerden des Beitritts getroffen werden, sind auch die in Satz 1 genannten Forderungen einzubeziehen. Die betroffenen Forderungen werden durch den Bundesminister der Finanzen treuhänderisch verwaltet oder auf den Bund übertragen, soweit die Forderungen wertberichtigt werden.

(2) Das Sondervermögen gemäß Artikel 23 Abs. 1 übernimmt bis zum 30. November 1993 gegenüber den mit der Abwicklung beauftragten Instituten die notwendigen Verwaltungsaufwendungen, die Zinskosten, die durch eine Differenz der Zinsaufwendungen und Zinserlöse entstehen, sowie die sonstigen Verluste, die den Instituten während der Abwicklungszeit entstehen, soweit sie

durch eigene Mittel nicht ausgeglichen werden können. Nach dem 30. November 1993 übernehmen der Bund und die Treuhandanstalt die in Satz 1 genannten Aufwendungen, Kosten und den Verlustausgleich je zur Hälfte. Das Nähere wird durch Bundesgesetz geregelt.

(3) Forderungen und Verbindlichkeiten, die auf die Mitgliedschaft der Deutschen Demokratischen Republik oder ihrer Einrichtungen im Rat für Gegenseitige Wirtschaftshilfe zurückgehen, können Gegenstand gesonderter Regelungen der Bundesrepublik Deutschland sein. Diese Regelungen können auch Forderungen und Verbindlichkeiten betreffen, die nach dem 30. Juni 1990 entstehen oder entstanden sind.

# Gesetz zur Gewährung von Konsolidierungshilfen (Konsolidierungshilfengesetz – KonsHilfG)

**vom 10. August 2009** (BGBl. I S. 2705)

## § 1 Konsolidierungshilfen

(1) Als Hilfe zur Einhaltung der Vorgaben des Artikels 109 Absatz 3 des Grundgesetzes ab dem 1. Januar 2020 können die Länder Berlin, Bremen, Saarland, Sachsen-Anhalt und Schleswig-Holstein aufgrund einer Verwaltungsvereinbarung nach Maßgabe dieses Gesetzes für den Zeitraum 2011 bis 2019 Konsolidierungshilfen aus dem Bundeshaushalt in Höhe von 800 Millionen Euro jährlich erhalten.

(2) Der Jahresbetrag nach Absatz 1 wird wie folgt auf die genannten Länder verteilt:

| | |
|---|---|
| Berlin | 80 Millionen Euro |
| Bremen | 300 Millionen Euro |
| Saarland | 260 Millionen Euro |
| Sachsen-Anhalt | 80 Millionen Euro |
| Schleswig-Holstein | 80 Millionen Euro. |

(3) Die Auszahlung der Jahresbeträge der Konsolidierungshilfen erfolgt durch das Bundesministerium der Finanzen in Höhe von zwei Dritteln zum 1. Juli des laufenden Jahres. Die Auszahlung des restlichen Drittels erfolgt zum 1. Juli des Folgejahres, wenn die Voraussetzungen des § 2 erfüllt sind. Andernfalls sind auch die erhaltenen zwei Drittel zurückzuzahlen.

(4) Die gleichzeitige Gewährung von Konsolidierungshilfen und Sanierungshilfen aufgrund einer extremen Haushaltsnotlage ist ausgeschlossen.

## § 2 Konsolidierungsverpflichtungen

(1) Die in § 1 Absatz 1 genannten Länder, die 2010 ein Finanzierungsdefizit aufweisen, sind im Zeitraum 2011 bis 2020 zu einem vollständigen Abbau des strukturellen Finanzierungsdefizits verpflichtet. Dabei sind jährliche Obergrenzen des Finanzierungsdefizits einzuhalten. Die Obergrenze für 2011 errechnet sich, indem das Finanzierungsdefizit des Jahres 2010 (Ausgangswert) um ein Zehntel verringert wird. Für die Folgejahre errechnet sich die jährliche Obergrenze, indem die Obergrenze des Vorjahres jeweils um ein Zehntel des Ausgangswertes verringert wird. Länder nach § 1 Absatz 1, die 2010 einen zumindest ausgeglichenen Finanzierungssaldo ausweisen, sind verpflichtet, auch im Zeitraum 2011 bis 2019 einen zumindest ausgeglichenen Finanzierungssaldo auszuweisen. Gewährte Konsolidierungshilfen bleiben bei der Ermittlung des Finanzierungssaldos unberücksichtigt. Finanzierungssaldo im Sinne dieses Gesetzes ist der Finanzierungssaldo zuzüglich des Saldos der finanziellen Transaktionen; eine Bereinigung um unmittelbar konjunkturell bedingte Änderungen ist zulässig.

(2) Nach Ablauf eines Kalenderjahres prüft der nach § 1 des Gesetzes zur Errichtung eines Stabilitätsrates und zur Vermeidung von Haushaltsnotlagen gebildete Stabilitätsrat und stellt für jedes Land nach § 1 Absatz 1 gesondert fest, ob die Obergrenze des Finanzierungssaldos für das abgelaufene Jahr eingehalten wurde. In begründeten Ausnahmefällen kann der Stabilitätsrat feststellen, dass eine Überschreitung der Obergrenzen des Finanzierungssaldos nach Absatz 1 Satz 2 bis 5 unbeachtlich ist. Die Entscheidung des Stabilitätsrates ergeht bis zum 1. Juni des Folgejahres.

(3) Wird die Einhaltung der Obergrenzen des Finanzierungssaldos nach Absatz 2 nicht festgestellt, verwarnt der Stabilitätsrat das betroffene Land. Der Anspruch des betroffenen Landes auf Konsolidierungshilfe für dieses Jahr entfällt.

### § 3 Finanzierung

Die sich aus der Gewährung der Konsolidierungshilfen ergebende Finanzierungslast wird hälftig von Bund und Ländern getragen. Der Anteil des Bundes an den Zahlungen nach § 1 Absatz 2 beträgt jährlich 400 Millionen Euro. Entfällt nach § 2 Absatz 3 der Anspruch eines oder mehrerer Länder auf Konsolidierungshilfen, verringern sich die Anteile von Bund und Ländern entsprechend.

### § 4 Verwaltungsvereinbarung

Die Auszahlung der Konsolidierungshilfen erfolgt auf der Grundlage einer Verwaltungsvereinbarung, die das Nähere nach Maßgabe dieses Gesetzes regelt, insbesondere die Modalitäten der Zahlung der Hilfen, die Definition und die Höhe des Finanzierungssaldos des Jahres 2010, den Abbaupfad eines 2010 bestehenden Finanzierungsdefizits für das jeweilige Land, die Einzelheiten der Überwachung des Abbaus des Finanzierungsdefizits durch den Stabilitätsrat sowie das Verfahren bei Nichteinhaltung der Abbauschritte durch ein Land.

# Gesetz zur Ausführung von Artikel 115 des Grundgesetzes (Artikel 115-Gesetz – G 115)

**vom 10. August 2009** (BGBl. I S. 2702, 2704), zuletzt geändert durch Art. 245 der Verordnung vom 31. August 2015 (BGBl. I S. 1474)

## § 1 Kreditermächtigungen

Das Haushaltsgesetz bestimmt, bis zu welcher Höhe das Bundesministerium der Finanzen Kredite aufnehmen darf

1. zur Deckung von Ausgaben,
2. zur Aufrechterhaltung einer ordnungsmäßigen Kassenwirtschaft (Kassenverstärkungskredite).

Soweit diese Kassenverstärkungskredite zurückgezahlt sind, kann die Ermächtigung wiederholt in Anspruch genommen werden. Kassenverstärkungskredite dürfen nicht später als sechs Monate nach Ablauf des Haushaltsjahres, für das sie aufgenommen worden sind, fällig werden.

## § 2 Grundsätze für die Veranschlagung von Kreditaufnahmen zur Deckung von Ausgaben

(1) Einnahmen und Ausgaben sind bei der Veranschlagung in einer konjunkturellen Normallage grundsätzlich ohne Einnahmen aus Krediten auszugleichen; Einnahmen und Ausgaben sind um finanzielle Transaktionen zu bereinigen. Eine Kreditaufnahme von bis zu 0,35 Prozent im Verhältnis zum nominalen Bruttoinlandsprodukt ist als Strukturkomponente zulässig.

(2) Wird für das Haushaltsjahr eine von der Normallage abweichende wirtschaftliche Entwicklung erwartet, verändert sich die Höchstgrenze der zu veranschlagenden Einnahmen aus Krediten nach Absatz 1 als Konjunkturkomponente um diejenigen Einnahmen aus Krediten oder um die Haushaltsüberschüsse, die der erwarteten Wirkung der konjunkturellen Entwicklung auf den Haushalt entsprechen.

## § 3 Bereinigung um finanzielle Transaktionen

Aus den Ausgaben nach § 2 Absatz 1 erster Halbsatz sind die Ausgaben für den Erwerb von Beteiligungen, für Tilgungen an den öffentlichen Bereich und für die Darlehensvergabe herauszurechnen, aus den Einnahmen nach § 2 Absatz 1 erster Halbsatz diejenigen aus der Veräußerung von Beteiligungen, aus der Kreditaufnahme beim öffentlichen Bereich sowie aus Darlehensrückflüssen.

## § 4 Grundlagen zur Bestimmung einer zulässigen strukturellen Kreditaufnahme

Das zur Bestimmung der zulässigen strukturellen Kreditaufnahme nach § 2 Absatz 1 Satz 2 maßgebliche Bruttoinlandsprodukt wird durch das Statistische

Bundesamt ermittelt. Zugrunde zu legen ist das nominale Bruttoinlandsprodukt des der Aufstellung des Haushalts vorangegangenen Jahres.

### § 5 Konjunkturkomponente

(1) Die Höhe der zu veranschlagenden konjunkturell bedingten Einnahmen aus Krediten oder der Haushaltsüberschüsse nach § 2 Absatz 2 wird aus der Abweichung der erwarteten wirtschaftlichen Entwicklung von der konjunkturellen Normallage abgeleitet.

(2) Eine Abweichung der wirtschaftlichen Entwicklung von der konjunkturellen Normallage liegt vor, wenn eine Unter- oder Überauslastung der gesamtwirtschaftlichen Produktionskapazitäten erwartet wird (Produktionslücke). Dies ist der Fall, wenn das auf der Grundlage eines Konjunkturbereinigungsverfahrens zu schätzende Produktionspotenzial vom erwarteten Bruttoinlandsprodukt für das Haushaltsjahr, für das der Haushalt aufgestellt wird, abweicht.

(3) Die Konjunkturkomponente ergibt sich als Produkt aus der Produktionslücke und der Budgetsensitivität, die angibt, wie sich die Einnahmen und Ausgaben des Bundes bei einer Veränderung der gesamtwirtschaftlichen Aktivität verändern.

(4) Das Bundesministerium der Finanzen legt im Einvernehmen mit dem Bundesministerium für Wirtschaft und Energie die Einzelheiten des Verfahrens zur Bestimmung der Konjunkturkomponente in Übereinstimmung mit dem im Rahmen des Europäischen Stabilitäts- und Wachstumspaktes angewandten Konjunkturbereinigungsverfahren durch Rechtsverordnung ohne Zustimmung des Bundesrates fest. Das Verfahren ist regelmäßig unter Berücksichtigung des Standes der Wissenschaft zu überprüfen und fortzuentwickeln.

### § 6 Ausnahmesituationen

Im Falle von Naturkatastrophen oder außergewöhnlichen Notsituationen, die sich der Kontrolle des Staates entziehen und die staatliche Finanzlage erheblich beeinträchtigen, können die Kreditgrenzen nach § 2 aufgrund eines Beschlusses des Bundestages nach Artikel 115 Absatz 2 Satz 6 des Grundgesetzes überschritten werden. Dieser Beschluss ist mit einem Tilgungsplan zu verbinden. Die Rückführung der nach Satz 1 aufgenommenen Kredite hat binnen eines angemessenen Zeitraumes zu erfolgen.

### § 7 Kontrollkonto

(1) Weicht die tatsächliche Kreditaufnahme von dem Betrag ab, der sich nach Abschluss des betreffenden Haushaltsjahres auf der Grundlage der tatsächlichen Wirkung der konjunkturellen Entwicklung auf den Haushalt nach § 2 als Obergrenze ergibt, wird diese Abweichung auf einem Verrechnungskonto (Kontrollkonto) verbucht. Soweit von der Ausnahmeregelung des Artikels 115 Absatz 2 Satz 6 des Grundgesetzes Gebrauch gemacht worden ist, ist der zu verbuchende Betrag um die aufgrund des entsprechenden Beschlusses erhöhte Nettokreditaufnahme zu bereinigen. Die zu verbuchende Abweichung

wird jährlich zum 1. März des dem Haushaltsjahr folgenden Jahres festgestellt und im weiteren Jahresverlauf aktualisiert, abschließend zum 1. September des dem Haushaltsjahr folgenden Jahres.

(2) Bei negativem Saldo ist auf einen Ausgleich des Kontrollkontos hinzuwirken. Der negative Saldo des Kontrollkontos soll einen Schwellenwert von 1,5 Prozent im Verhältnis zum nominalen Bruttoinlandsprodukt nicht überschreiten. Das maßgebliche Bruttoinlandsprodukt bestimmt sich nach § 4.

(3) Ist der Saldo des Kontrollkontos negativ und überschreitet der Betrag des Saldos 1 Prozent im Verhältnis zum nominalen Bruttoinlandsprodukt, verringert sich die Kreditermächtigung nach § 2 Absatz 1 Satz 2 jeweils im nächsten Jahr um den überschießenden Betrag, höchstens aber um 0,35 Prozent im Verhältnis zum nominalen Bruttoinlandsprodukt; die Verringerung wird nur wirksam in Jahren mit positiver Veränderung der Produktionslücke.

### § 8 Abweichungsrechte bei Nachträgen zum Haushaltsgesetz und zum Haushaltsplan

Bei Nachträgen zum Haushaltsgesetz und zum Haushaltsplan kann die nach § 2 Absatz 1 Satz 2 ermittelte zulässige Kreditaufnahme bis zu einem Betrag in Höhe von 3 Prozent der veranschlagten Steuereinnahmen überschritten werden. In diesem Nachtrag dürfen keine neuen Maßnahmen veranschlagt werden, die zu Mehrausgaben oder zu Mindereinnahmen führen. Zur Ermittlung der Konjunkturkomponente wird ausschließlich die erwartete wirtschaftliche Entwicklung aktualisiert. Die Regelungen des § 7 bleiben unberührt.

### § 9 Übergangsregelung

(1) Dieses Gesetz ist erstmals auf den Bundeshaushalt des Jahres 2011 anzuwenden.

(2) § 2 Absatz 1 findet im Zeitraum vom 1. Januar 2011 bis zum 31. Dezember 2015 mit der Maßgabe Anwendung, dass das strukturelle Defizit des Haushaltsjahres 2010 ab dem Jahr 2011 in gleichmäßigen Schritten zurückgeführt wird.

(3) § 7 gilt mit der Maßgabe, dass mit Wirkung zum 31. Dezember 2015 der über die Haushaltsjahre 2011 bis 2015 kumulierte Saldo des Kontrollkontos gelöscht wird.

# Verordnung über das Verfahren zur Bestimmung der Konjunkturkomponente nach § 5 des Artikel 115-Gesetzes (Artikel 115-Verordnung – Art 115 V)

**vom 9. Juni 2010** (BGBl. I S. 790)

## Eingangsformel

Auf Grund des § 5 Absatz 4 Satz 1 des Artikel 115-Gesetzes vom 10. August 2009 (BGBl. I S. 2702, 2704) verordnet das Bundesministerium der Finanzen im Einvernehmen mit dem Bundesministerium für Wirtschaft und Technologie:

### § 1 Gegenstand der Verordnung

Diese Verordnung regelt die Ermittlung der Konjunkturkomponente bei der Aufstellung des Bundeshaushalts nach § 2 Absatz 2 des Gesetzes, bei Nachträgen zum Haushaltsgesetz nach § 8 Satz 3 des Gesetzes sowie nach Abschluss des Haushaltsjahres nach § 7 Absatz 1 Satz 1 des Gesetzes.

### § 2 Ermittlung der Konjunkturkomponente bei der Haushaltsaufstellung

(1) Die Konjunkturkomponente bei der Haushaltsaufstellung (§ 2 Absatz 2 des Gesetzes in Verbindung mit § 5 des Gesetzes) wird durch Multiplikation der nach Absatz 2 bestimmten Produktionslücke mit der nach Absatz 3 bestimmten Budgetsensitivität errechnet.

(2) Zur Ermittlung der Produktionslücke als Differenz zwischen Bruttoinlandsprodukt und Produktionspotential (§ 5 Absatz 2 des Gesetzes) wird das Produktionspotential geschätzt, das dem bei Normalauslastung der Produktionsfaktoren erreichbaren Bruttoinlandsprodukt entspricht. Die Schätzung erfolgt in Übereinstimmung mit dem im Rahmen der Haushaltsüberwachung nach dem Europäischen Stabilitäts- und Wachstumspakt angewandten Verfahren mit Hilfe einer gesamtwirtschaftlichen Produktionsfunktion vom Typ Cobb-Douglas. Über die Produktionsfunktion ergibt sich das Produktionspotential als Kombination aus den normal ausgelasteten Produktionsfaktoren Arbeit und Kapitalstock, multipliziert mit dem Trend der totalen Faktorproduktivität als Maß für den technischen Fortschritt bei Normalauslastung.

(3) Die Budgetsensitivität (§ 5 Absatz 3 des Gesetzes) erfasst die konjunkturbedingte Veränderung des Finanzierungssaldos des Bundes in Relation zum Bruttoinlandsprodukt, wenn das Bruttoinlandsprodukt um ein Prozent vom Produktionspotential abweicht. Sie errechnet sich als die mit den Bundesanteilen an den konjunkturabhängigen Einnahmen und Ausgaben des gesamtstaatli-

sprechend. Soweit im Folgenden nichts anderes geregelt ist, treten in Teil I und in § 56 an die Stelle des Haushaltsplans der Erfolgsplan und der doppische Finanzplan, an die Stelle von Titeln Konten. An die Stelle von Einnahmen treten Erträge im Erfolgsplan und Einzahlungen im doppischen Finanzplan, an die Stelle von Ausgaben treten Aufwendungen im Erfolgsplan und Auszahlungen im doppischen Finanzplan. Bei Produkthaushalten treten an die Stelle der Titel die Produktstruktur und an die Stelle von Einnahmen und Ausgaben die zur Produkterstellung zugewiesenen Mittel.

(3) Die Aufstellung und Ausführung des Haushaltsplans als Produkthaushalt erfolgt leistungsbezogen durch die Verbindung von nach Produkten strukturierten Mittelzuweisungen mit einer Spezialität nach Leistungszwecken. Art und Umfang der zu erbringenden Leistungen sind durch Gesetz oder den Haushaltsplan verbindlich festzulegen. Für die Bereiche, für die ein Produkthaushalt aufgestellt wird, ist grundsätzlich eine Kosten- und Leistungsrechnung einzuführen.

## *Abschnitt I: Allgemeine Vorschriften zum Haushaltsplan*

### § 2 Bedeutung des Haushaltsplans

Der Haushaltsplan dient der Feststellung und Deckung des Finanzbedarfs beziehungsweise bei doppisch basierter Haushaltswirtschaft auch des Aufwands, der zur Erfüllung der Aufgaben des Bundes oder des Landes im Bewilligungszeitraum voraussichtlich notwendig ist. Der Haushaltsplan ist die Grundlage für die Haushalts- und Wirtschaftsführung. Bei seiner Aufstellung und Ausführung ist den Erfordernissen des gesamtwirtschaftlichen Gleichgewichts Rechnung zu tragen.

### § 3 Wirkungen des Haushaltsplans

(1) Der Haushaltsplan ermächtigt die Verwaltung, Ausgaben zu leisten und Verpflichtungen einzugehen.

(2) Durch den Haushaltsplan werden Ansprüche oder Verbindlichkeiten weder begründet noch aufgehoben.

### § 4 Haushaltsjahr

Rechnungsjahr (Haushaltsjahr) ist das Kalenderjahr. Das für die Finanzen zuständige Ministerium kann für einzelne Bereiche etwas anderes bestimmen.

### § 5 Notwendigkeit der Ausgaben und Verpflichtungsermächtigungen

Bei Aufstellung und Ausführung des Haushaltsplans sind nur die Ausgaben und die Ermächtigungen zum Eingehen von Verpflichtungen zur Leistung von Ausgaben in künftigen Jahren (Verpflichtungsermächtigungen) zu berücksichtigen, die zur Erfüllung der Aufgaben des Bundes oder des Landes notwendig sind.

## § 6 Wirtschaftlichkeit und Sparsamkeit, Kosten- und Leistungsrechnung

(1) Bei Aufstellung und Ausführung des Haushaltsplans sind die Grundsätze der Wirtschaftlichkeit und Sparsamkeit zu beachten.

(2) Für alle finanzwirksamen Maßnahmen sind angemessene Wirtschaftlichkeitsuntersuchungen durchzuführen.

(3) In geeigneten Bereichen soll eine Kosten- und Leistungsrechnung eingeführt werden.

## § 6a Budgetierung

(1) Die Einnahmen, Ausgaben und Verpflichtungsermächtigungen können im Rahmen eines Systems der dezentralen Verantwortung einer Organisationseinheit veranschlagt werden. Dabei wird die Finanzverantwortung auf der Grundlage der Haushaltsermächtigung auf die Organisationseinheiten übertragen, die die Fach- und Sachverantwortung haben. Voraussetzung sind geeignete Informations- und Steuerungsinstrumente, mit denen insbesondere sichergestellt wird, daß das jeweils verfügbare Ausgabevolumen nicht überschritten wird. Art und Umfang der zu erbringenden Leistungen sind durch Gesetz oder den Haushaltsplan festzulegen.

(2) In den Fällen des Absatzes 1 sollen durch Gesetz oder Haushaltsplan für die jeweilige Organisationseinheit Regelungen zur Zweckbindung, Übertragbarkeit und Deckungsfähigkeit getroffen werden.

## § 7 Grundsatz der Gesamtdeckung

Alle Einnahmen dienen als Deckungsmittel für alle Ausgaben. Auf die Verwendung für bestimmte Zwecke dürfen Einnahmen beschränkt werden, soweit dies durch Gesetz vorgeschrieben oder im Haushaltsplan zugelassen ist.

## § 7a Grundsätze der staatlichen Doppik

(1) Die staatliche Doppik folgt den Vorschriften des Ersten und des Zweiten Abschnitts Erster und Zweiter Unterabschnitt des Dritten Buches Handelsgesetzbuch und den Grundsätzen der ordnungsmäßigen Buchführung und Bilanzierung. Dies umfasst insbesondere die Vorschriften zur

1. laufenden Buchführung (materielle und formelle Ordnungsmäßigkeit),
2. Inventur,
3. Bilanzierung nach den
   a) allgemeinen Grundsätzen der Bilanzierung,
   b) Gliederungsgrundsätzen für den Jahresabschluss,
   c) Grundsätzen der Aktivierung und Passivierung,
   d) Grundsätzen der Bewertung in der Eröffnungsbilanz,
   e) Grundsätzen der Bewertung in der Abschlussbilanz,
4. Abschlussgliederung.

Maßgeblich sind die Bestimmungen für Kapitalgesellschaften.

b) in einer Gliederung nach bestimmten Aufgabengebieten (Funktionenübersicht),
c) in einer Zusammenfassung nach Buchstabe a und Buchstabe b (Haushaltsquerschnitt);
2. eine Übersicht über die den Haushalt in Einnahmen und Ausgaben durchlaufenden Posten;
3. eine Übersicht über die Planstellen der Beamtinnen und Beamten und die Stellen der Arbeitnehmerinnen und Arbeitnehmer.

Die Anlagen sind dem Entwurf des Haushaltsplans beizufügen.

(2) Die Funktionenübersicht richtet sich nach Verwaltungsvorschriften über die Gliederung der Einnahmen und Ausgaben des Haushaltsplans nach Aufgabengebieten (Funktionenplan).

(3) Bei Produkthaushalten ist die Funktionenübersicht nach Absatz 1 Nummer 1b durch eine Produktübersicht zu ersetzen. Die Produktübersicht richtet sich nach Verwaltungsvorschriften über die funktionale Gliederung des Produkthaushalts (Produktrahmen).

## § 12 Bruttoveranschlagung, Einzelveranschlagung, Selbstbewirtschaftungsmittel, Erläuterungen, Planstellen

(1) Die Einnahmen und Ausgaben in kameralen Haushalten, Aufwendungen und Erträge in doppischen Haushalten sowie die zur Produktherstellung vorgesehenen Mittel in Produkthaushalten sind in voller Höhe und getrennt voneinander zu veranschlagen. Durch Gesetz kann zugelassen werden, daß Satz 1 nicht für die Veranschlagung der Einnahmen aus Krediten vom Kreditmarkt und der hiermit zusammenhängenden Tilgungsausgaben gilt. Darüber hinaus können Ausnahmen von Satz 1 im Haushaltsplan zugelassen werden, insbesondere für Nebenkosten und Nebenerlöse bei Erwerbs- oder Veräußerungsgeschäften. In den Fällen des Satzes 3 ist die Berechnung des veranschlagten Betrages dem Haushaltsplan als Anlage beizufügen oder in die Erläuterungen aufzunehmen.

(2) Die Verpflichtungsermächtigungen sind bei den jeweiligen Ausgaben gesondert zu veranschlagen.

(3) Ausgaben können zur Selbstbewirtschaftung veranschlagt werden, wenn hierdurch eine sparsame Bewirtschaftung gefördert wird. Selbstbewirtschaftungsmittel stehen über das laufende Haushaltsjahr hinaus zur Verfügung. Bei der Bewirtschaftung aufkommende Einnahmen fließen den Selbstbewirtschaftungsmitteln zu. Bei der Rechnungslegung ist nur die Zuweisung der Mittel an die beteiligten Stellen als Ausgabe nachzuweisen.

(4) Die Einnahmen sind nach dem Entstehungsgrund, die Ausgaben und die Verpflichtungsermächtigungen nach Zwecken getrennt zu veranschlagen und, soweit erforderlich, zu erläutern. Erläuterungen können ausnahmsweise für verbindlich erklärt werden.

(5) Für denselben Zweck sollen Ausgaben und Verpflichtungsermächtigungen nicht bei verschiedenen Titeln veranschlagt werden.

(6) Planstellen sind nach Besoldungsgruppen und Amtsbezeichnungen im Haushaltsplan auszubringen.

### § 13 Kreditermächtigungen

(1) Das Haushaltsgesetz bestimmt, bis zu welcher Höhe das für die Finanzen zuständige Ministerium Kredite aufnehmen darf

1. zur Deckung von Ausgaben,
2. zur Aufrechterhaltung einer ordnungsmäßigen Kassenwirtschaft (Kassenverstärkungskredite). Soweit diese Kredite zurückgezahlt sind, kann die Ermächtigung wiederholt in Anspruch genommen werden. Kassenverstärkungskredite dürfen nicht später als sechs Monate nach Ablauf des Haushaltsjahres, für das sie aufgenommen worden sind, fällig werden.

(2) Die Ermächtigungen nach Absatz 1 Nr. 1 gelten bis zum Ende des nächsten Haushaltsjahres und, wenn das Haushaltsgesetz für das zweitnächste Haushaltsjahr nicht rechtzeitig verkündet wird, bis zur Verkündung dieses Haushaltsgesetzes. Die Ermächtigungen nach Absatz 1 Nr. 2 gelten bis zum Ende des laufenden Haushaltsjahres und, wenn das Haushaltsgesetz für das nächste Haushaltsjahr nicht rechtzeitig verkündet wird, bis zur Verkündung dieses Haushaltsgesetzes.

(3) Durch Gesetz kann bestimmt werden, daß im Haushaltsplan die Ausgaben zu bezeichnen sind, die durch Einnahmen aus Krediten gedeckt werden sollen.

### § 14 Zuwendungen

Ausgaben und Verpflichtungsermächtigungen für Leistungen an Stellen außerhalb der Verwaltung des Bundes oder des Landes zur Erfüllung bestimmter Zwecke (Zuwendungen) dürfen nur veranschlagt werden, wenn der Bund oder das Land an der Erfüllung durch solche Stellen ein erhebliches Interesse hat, das ohne die Zuwendungen nicht oder nicht im notwendigen Umfang befriedigt werden kann.

### § 15 Übertragbarkeit, Deckungsfähigkeit

(1) Ausgaben für Investitionen und Ausgaben aus zweckgebundenen Einnahmen sind übertragbar. Andere Ausgaben können im Haushaltsplan für übertragbar erklärt werden, wenn dies ihre wirtschaftliche und sparsame Verwendung fördert.

(2) Absatz 1 gilt bei doppisch basierten Haushalten für Auszahlungen entsprechend. Bei doppisch basierten Haushalten können außerdem Rücklagen nach § 7a gebildet werden. Die Bildung und Inanspruchnahme von Rücklagen, abgesehen von Sonderposten mit Rücklagenanteil, bedarf der haushaltsrechtlichen Ermächtigung.

(3) Im Haushaltsplan können Ausgaben und Verpflichtungsermächtigungen jeweils für gegenseitig oder einseitig deckungsfähig erklärt werden, wenn ein verwaltungsmäßiger oder sachlicher Zusammenhang besteht oder eine wirt-

schaftliche und sparsame Verwendung gefördert wird. Ausgaben und Verpflichtungsermächtigungen, die ohne nähere Angabe des Verwendungszwecks veranschlagt sind, dürfen nicht für deckungsfähig erklärt werden.

### § 16 Baumaßnahmen, größere Beschaffungen, größere Entwicklungsvorhaben

(1) Ausgaben und Verpflichtungsermächtigungen für Baumaßnahmen dürfen erst veranschlagt werden, wenn Pläne, Kostenermittlungen und Erläuterungen vorliegen, aus denen die Art der Ausführung, die Kosten der Baumaßnahme, des Grunderwerbs und der Einrichtungen sowie die vorgesehene Finanzierung und ein Zeitplan ersichtlich sind. Den Unterlagen ist eine Schätzung der nach Fertigstellung der Maßnahme entstehenden jährlichen Haushaltsbelastungen beizufügen.

(2) Ausgaben und Verpflichtungsermächtigungen für größere Beschaffungen und größere Entwicklungsvorhaben dürfen erst veranschlagt werden, wenn Planungen und Schätzungen der Kosten und Kostenbeteiligungen vorliegen. Absatz 1 Satz 2 gilt entsprechend.

(3) Ausnahmen von den Absätzen 1 und 2 sind nur zulässig, wenn es im Einzelfall nicht möglich ist, die Unterlagen rechtzeitig fertigzustellen und aus einer späteren Veranschlagung dem Bund oder dem Land ein Nachteil erwachsen würde.

### § 17 Fehlbetrag

Ein finanzieller Fehlbetrag ist spätestens in den Haushaltsplan für das zweitnächste Haushaltsjahr einzustellen. Er darf durch Einnahmen aus Krediten nur gedeckt werden, soweit die Möglichkeiten einer Kreditaufnahme nicht ausgeschöpft sind.

### § 18 Betriebe, Sondervermögen

(1) Betriebe des Bundes oder des Landes haben einen Wirtschaftsplan aufzustellen, wenn ein Wirtschaften nach dem Haushaltsplan des Bundes oder des Landes nicht zweckmäßig ist. Der Wirtschaftsplan oder eine Übersicht über den Wirtschaftsplan ist dem Haushaltsplan als Anlage beizufügen oder in die Erläuterungen aufzunehmen. Im Haushaltsplan sind nur die Zuführungen oder die Ablieferungen zu veranschlagen. Planstellen sind nach Besoldungsgruppen und Amtsbezeichnungen im Haushaltsplan auszubringen.

(2) Bei Sondervermögen sind nur die Zuführungen oder die Ablieferungen im Haushaltsplan zu veranschlagen. Über die Einnahmen, Ausgaben und Verpflichtungsermächtigungen der Sondervermögen sind Übersichten dem Haushaltsplan als Anlagen beizufügen oder in die Erläuterungen aufzunehmen.

## *Abschnitt III: Ausführung des Haushaltsplans*

### § 19 Bewirtschaftung der Ansätze des Haushaltsplans

(1) Einnahmen sind rechtzeitig und vollständig zu erheben. In der staatlichen Doppik sind Erträge und Forderungen vollständig zu erfassen. Forderungen sind rechtzeitig einzuziehen.

(2) Die Ermächtigungen des Haushaltsplans dürfen nur soweit und nicht eher in Anspruch genommen werden, als sie zur wirtschaftlichen und sparsamen Verwaltung erforderlich sind. Die Ermächtigungen sind so zu bewirtschaften, daß sie zur Deckung aller Ausgaben ausreichen, die unter die einzelne Zweckbestimmung fallen.

(3) Für die Bewirtschaftung von Ermächtigungen des Bundes durch Landesstellen sind die Bewirtschaftungserfordernisse des Bundes zu berücksichtigen, soweit in Rechtsvorschriften des Bundes oder Vereinbarungen nicht etwas anderes bestimmt ist.

### § 20 Bruttonachweis, Einzelnachweis

(1) Alle Einnahmen und Ausgaben sind mit ihrem vollen Betrag bei dem hierfür vorgesehenen Titel zu buchen, soweit sich aus § 12 Abs. 1 Satz 2 und 3 nichts anderes ergibt.

(2) Für denselben Zweck dürfen Ausgaben aus verschiedenen Titeln nur geleistet werden, soweit der Haushaltsplan dies zuläßt. Entsprechendes gilt für die Inanspruchnahme von Verpflichtungsermächtigungen.

### § 21 *(weggefallen)*

### § 22 Verpflichtungsermächtigungen

(1) Maßnahmen, die den Bund oder das Land zur Leistung von Ausgaben in künftigen Haushaltsjahren verpflichten können, sind nur zulässig, wenn der Haushaltsplan dazu ermächtigt. Im Falle eines unvorhergesehenen und unabweisbaren Bedürfnisses kann das für die Finanzen zuständige Ministerium Ausnahmen zulassen.

(2) Maßnahmen nach Absatz 1 bedürfen der Einwilligung des für die Finanzen zuständigen Ministeriums, soweit es nicht darauf verzichtet. Durch Gesetz kann zugelassen werden, daß die Einwilligung des für die Finanzen zuständigen Ministeriums nicht erforderlich ist, soweit im Haushaltsplan die voraussichtlichen Verpflichtungen zu Lasten mehrerer Haushaltsjahre nach Jahresbeträgen angegeben werden und von diesen Angaben bei der Ausführung des Haushaltsplans nicht erheblich abgewichen wird.

(3) Das für die Finanzen zuständige Ministerium ist bei Maßnahmen nach Absatz 1 von grundsätzlicher oder erheblicher finanzieller Bedeutung über den Beginn und Verlauf von Verhandlungen zu unterrichten.

(4) Verpflichtungen für laufende Geschäfte dürfen eingegangen werden, ohne daß die Voraussetzungen der Absätze 1 und 2 vorliegen. Einer Verpflich-

tungsermächtigung bedarf es in kameralen Haushalten auch dann nicht, wenn zu Lasten übertragbarer Ausgaben Verpflichtungen eingegangen werden, die im folgenden Haushaltsjahr zu Ausgaben führen. Das Nähere regelt das für die Finanzen zuständige Ministerium.

(5) Die Absätze 1 bis 4 sind auf Verträge im Sinne von Artikel 59 Abs. 2 Satz 1 des Grundgesetzes nicht anzuwenden.

### § 23 Gewährleistungen, Kreditzusagen

(1) Die Übernahme von Bürgschaften, Garantien oder sonstige Gewährleistungen, die zu Ausgaben in künftigen Haushaltsjahren führen können, bedarf einer Ermächtigung durch Gesetz, die der Höhe nach bestimmt ist.

(2) Kreditzusagen sowie die Übernahme von Bürgschaften, Garantien oder sonstigen Gewährleistungen bedürfen der Einwilligung des für die Finanzen zuständigen Ministeriums. Es ist an den Verhandlungen zu beteiligen. Es kann auf die Befugnisse nach den Sätzen 1 und 2 verzichten.

(3) Bei Maßnahmen nach Absatz 2 haben die zuständigen Stellen auszubedingen, daß sie oder ihre Beauftragten bei den Beteiligten jederzeit prüfen können, soweit dies im Zusammenhang mit der Verpflichtung notwendig ist. Von der Ausbedingung eines Prüfungsrechts kann ausnahmsweise mit Einwilligung des für die Finanzen zuständigen Ministeriums abgesehen werden.

### § 24 Andere Maßnahmen von finanzieller Bedeutung

Der Erlaß von Verwaltungsvorschriften, der Abschluß von Tarifverträgen und die Gewährung von über- oder außertariflichen Leistungen sowie die Festsetzung oder Änderung von Entgelten für Verwaltungsleistungen bedürfen der Einwilligung des für die Finanzen zuständigen Ministeriums, wenn diese Regelungen zu Einnahmeminderungen oder zu zusätzlichen Ausgaben im laufenden Haushaltsjahr oder in künftigen Haushaltsjahren führen können. Satz 1 ist auf sonstige Maßnahmen von grundsätzlicher oder erheblicher finanzieller Bedeutung anzuwenden, wenn sie zu Einnahmeminderungen im laufenden Haushaltsjahr oder in künftigen Haushaltsjahren oder zu zusätzlichen Ausgaben im laufenden Haushaltsjahr führen können.

### § 25 Haushaltswirtschaftliche Sperre

Wenn die Entwicklung der Einnahmen oder Ausgaben es erfordert, kann es das für die Finanzen zuständige Ministerium von seiner Einwilligung abhängig machen, ob Verpflichtungen eingegangen oder Ausgaben geleistet werden.

### § 26 Zuwendungen, Verwaltung von Mitteln oder Vermögensgegenständen

(1) Zuwendungen dürfen nur unter den Voraussetzungen des § 14 gewährt werden. Dabei ist zu bestimmen, wie die zweckentsprechende Verwendung der Zuwendungen nachzuweisen ist. Außerdem ist ein Prüfungsrecht der zuständigen Dienststelle oder ihrer Beauftragten festzulegen.

(2) Sollen Mittel oder Vermögensgegenstände des Bundes oder des Landes von Stellen außerhalb der Verwaltung des Bundes oder des Landes verwaltet werden, ist Absatz 1 entsprechend anzuwenden.

### § 27 Sachliche und zeitliche Bindung

(1) Ermächtigungen dürfen nur zu im Haushaltsplan bezeichneten Zwecken und Leistungen, soweit und solange sie fortdauern, und nur bis zum Ende des Haushaltsjahres geleistet oder in Anspruch genommen werden. Durch Gesetz kann zugelassen werden, daß nicht in Anspruch genommene Verpflichtungsermächtigungen bis zur Verkündung des Haushaltsgesetzes für das nächste Haushaltsjahr gelten.

(2) Bei übertragbaren Ausgaben können in kameralen Haushalten Ausgabereste gebildet werden, die für die jeweilige Zweckbestimmung über das Haushaltsjahr hinaus bis zum Ende des auf die Bewilligung folgenden zweitnächsten Haushaltsjahres verfügbar bleiben. Dies gilt für Fälle nach § 15 Absatz 2 entsprechend. Bei Bauten tritt an die Stelle des Haushaltsjahres der Bewilligung das Haushaltsjahr, in dem der Bau in seinen wesentlichen Teilen in Gebrauch genommen ist. Das für die Finanzen zuständige Ministerium kann im Einzelfall Ausnahmen zulassen.

(3) Das für die Finanzen zuständige Ministerium kann in besonders begründeten Einzelfällen die Übertragbarkeit von Ausgaben zulassen, soweit Ausgaben für bereits bewilligte Maßnahmen noch im nächsten Haushaltsjahr zu leisten sind.

(4) Die Bildung und die Inanspruchnahme von doppischen Rücklagen bedürfen der Einwilligung des für die Finanzen zuständigen Ministeriums.

### § 28 Personalwirtschaftliche Grundsätze

(1) Ein Amt darf nur zusammen mit der Einweisung in eine besetzbare Planstelle verliehen werden.

(2) Personalausgaben, die nicht auf Gesetz oder Tarifvertrag beruhen, dürfen nur geleistet werden, wenn dafür Ausgabemittel besonders zur Verfügung gestellt sind.

### § 29 Baumaßnahmen, größere Beschaffungen, größere Entwicklungsvorhaben

(1) Baumaßnahmen dürfen nur begonnen werden, wenn ausführliche Entwurfszeichnungen und Kostenberechnungen vorliegen, es sei denn, daß es sich um kleine Maßnahmen handelt. In den Zeichnungen und Berechnungen darf von den in § 16 bezeichneten Unterlagen nur insoweit abgewichen werden, als die Änderung nicht erheblich ist; weitergehende Ausnahmen bedürfen der Einwilligung des für die Finanzen zuständigen Ministeriums.

(2) Größeren Beschaffungen und größeren Entwicklungsvorhaben sind ausreichende Unterlagen zugrunde zu legen. Absatz 1 Satz 2 gilt entsprechend.

### § 30 Öffentliche Ausschreibung

Dem Abschluß von Verträgen über Lieferungen und Leistungen muß eine öffentliche Ausschreibung vorausgehen, sofern nicht die Natur des Geschäfts oder besondere Umstände eine Ausnahme rechtfertigen.

### § 31 Änderung von Verträgen, Veränderung von Ansprüchen

(1) Verträge dürfen zum Nachteil des Bundes oder Landes nur in besonders begründeten Ausnahmefällen aufgehoben oder geändert werden. Vergleiche dürfen nur abgeschlossen werden, wenn dies für den Bund oder das Land zweckmäßig und wirtschaftlich ist.

(2) Ansprüche dürfen nur

1. gestundet werden, wenn die sofortige Einziehung mit erheblichen Härten für den Anspruchsgegner verbunden wäre und der Anspruch durch die Stundung nicht gefährdet wird,
2. niedergeschlagen werden, wenn feststeht, daß die Einziehung keinen Erfolg haben wird, oder wenn die Kosten der Einziehung außer Verhältnis zur Höhe des Anspruchs stehen,
3. erlassen werden, wenn die Einziehung nach Lage des einzelnen Falles für den Anspruchsgegner eine besondere Härte bedeuten würde. Das gleiche gilt für die Erstattung oder Anrechnung von geleisteten Beträgen.

(3) Maßnahmen nach den Absätzen 1 und 2 bedürften der Einwilligung des für die Finanzen zuständigen Ministeriums, soweit es nicht darauf verzichtet.

(4) Andere Regelungen in Rechtsvorschriften bleiben unberührt.

## *Abschnitt IV: Zahlungen, Buchführung und Rechnungslegung*

### § 32 Zahlungen

Zahlungen dürfen nur von Kassen und Zahlstellen angenommen oder geleistet werden. Die Anordnung der Zahlung muß durch das zuständige Ministerium oder die von ihm ermächtigte Dienststelle schriftlich oder auf elektronischem Wege erteilt werden. Das für die Finanzen zuständige Ministerium kann Ausnahmen zulassen.

### § 33 Buchführung, Belegpflicht

Über Zahlungen ist nach der im Haushaltsplan oder sonst vorgesehenen Ordnung in zeitlicher Folge Buch zu führen. Das für die Finanzen zuständige Ministerium kann für eingegangene Verpflichtungen, Geldforderungen und andere Bewirtschaftungsvorgänge die Buchführung anordnen. Alle Buchungen sind zu belegen.

### § 33a *(weggefallen)*

## § 34 Buchung nach Haushaltsjahren

(1) Zahlungen sowie eingegangene Verpflichtungen, Geldforderungen und andere Bewirtschaftungsvorgänge, für die nach § 33 Satz 2 die Buchführung angeordnet ist, sind nach Haushaltsjahren getrennt zu buchen.

(2) Alle Zahlungen mit Ausnahme der Fälle nach den Absätzen 3 und 4 sind für das Haushaltsjahr zu buchen, in dem sie eingegangen oder geleistet worden sind.

(3) Im kameralen Haushalt sind Zahlungen, die im abgelaufenen Haushaltsjahr fällig waren, jedoch erst später eingehen oder geleistet werden, in den Büchern des abgelaufenen Haushaltsjahres zu buchen, solange die Bücher nicht abgeschlossen sind. Für doppisch basierte Haushalte sind die §§ 7a und 49a entsprechend anzuwenden.

(4) Für das neue Haushaltsjahr sind im kameralen Haushalt zu buchen:

1. Einnahmen, die im neuen Haushaltsjahr fällig werden, jedoch vorher eingehen,
2. Ausgaben, die im neuen Haushaltsjahr fällig werden, jedoch wegen des fristgerechten Eingangs beim Empfänger vorher gezahlt werden müssen,
3. im voraus zu zahlende Dienst-, Versorgungs- und entsprechende Bezüge sowie Renten für den ersten Monat des neuen Haushaltsjahres.

Für doppisch basierte Haushalte sind die §§ 7a und 49a entsprechend anzuwenden.

(5) Die Absätze 3 und 4 Nr. 1 gelten nicht für Steuern, Gebühren, andere Abgaben, Geldstrafen, Geldbußen sowie damit zusammenhängende Kosten.

(6) Ausnahmen von den Absätzen 2 bis 4 können zugelassen werden.

## § 35 Vermögensbuchführung, integrierte Buchführung

Über das Vermögen und die Schulden ist Buch zu führen oder ein anderer Nachweis zu erbringen. Die Buchführung über das Vermögen und die Schulden kann mit der Buchführung über die Einnahmen und Ausgaben verbunden werden.

## § 36 Abschluß der Bücher

(1) Die Bücher sind jährlich abzuschließen. Das für die Finanzen zuständige Ministerium bestimmt den Zeitpunkt des Abschlusses.

(2) Nach dem Abschluß der Bücher dürfen Einnahmen oder Ausgaben nicht mehr für den abgelaufenen Zeitraum gebucht werden.

## § 37 Rechnungslegung

(1) Die zuständigen Stellen haben für jedes Haushaltsjahr auf der Grundlage der abgeschlossenen Bücher Rechnung zu legen. Das für die Finanzen zuständige Ministerium kann im Einvernehmen mit dem Rechnungshof bestimmen, daß für einen anderen Zeitraum Rechnung zu legen ist.

(2) Auf der Grundlage der abgeschlossenen Bücher stellt das für die Finanzen zuständige Ministerium für jedes Haushaltsjahr die Haushaltsrechnung auf.

(3) Bei doppisch basierten Haushalten umfasst die Rechnungslegung zumindest die Rechnungslegung zum Erfolgsplan (Erfolgsrechnung), die Rechnungslegung zum doppischen Finanzplan (Finanzrechnung) nach § 10 Absatz 4 Satz 2 und die Vermögensrechnung (Bilanz).

(4) Bei Produkthaushalten ist über die nach Produkten strukturierte Mittelzuweisung sowie über Art und Umfang der erbrachten Leistungen Rechnung zu legen.

### § 38 Gliederung der Haushaltsrechnung

(1) In der kameralen Haushaltsrechnung sind die Einnahmen und Ausgaben nach der in § 33 bezeichneten Ordnung den Ansätzen des Haushaltsplans unter Berücksichtigung der Einnahme- und Ausgabereste (Haushaltsreste) und der Vorgriffe gegenüberzustellen.

(2) In kameralen Haushalten sind bei den einzelnen Titeln und entsprechend bei den Schlußsummen besonders anzugeben:

1. bei den Einnahmen:
   a) die Ist-Einnahmen,
   b) die zu übertragenden Einnahmereste,
   c) die Summe der Ist-Einnahmen und der zu übertragenden Einnahmereste,
   d) die vermögenswirksamen Beträge der Ist-Einnahmen, soweit eine Vermögensbuchführung besteht,
   e) die veranschlagten Einnahmen,
   f) die aus dem Vorjahr übertragenen Einnahmereste,
   g) die Summe der veranschlagten Einnahmen und der übertragenen Einnahmereste,
   h) der Mehr- oder Minderbetrag der Summe aus Buchstabe c gegenüber der Summe aus Buchstabe g;
2. bei den Ausgaben:
   a) die Ist-Ausgaben,
   b) die zu übertragenden Ausgabereste oder die Vorgriffe,
   c) die Summe der Ist-Ausgaben und der zu übertragenden Ausgabereste oder der Vorgriffe,
   d) die vermögenswirksamen Beträge der Ist-Ausgaben, soweit eine Vermögensbuchführung besteht,
   e) die veranschlagten Ausgaben,
   f) die aus dem Vorjahr übertragenen Ausgabereste oder die Vorgriffe,
   g) die Summe der veranschlagten Ausgaben und der übertragenen Ausgabereste oder der Vorgriffe,
   h) der Mehr- oder Minderbetrag der Summe aus Buchstabe c gegenüber der Summe aus Buchstabe g,
   i) der Betrag der über- oder außerplanmäßigen Ausgaben sowie der Vorgriffe

Für doppisch basierte Haushalte sind die §§ 7a, 37 Absatz 3 und 4 sowie 49a entsprechend anzuwenden.

(3) Für die jeweiligen Ausgaben und entsprechend für die Schlußsummen ist die Höhe der eingegangenen Verpflichtungen und Geldforderungen besonders anzugeben, soweit sie nach § 33 Satz 2 der Buchführung unterliegen.

### § 39 Kassenmäßiger Abschluß

In kameralen Haushalten sind in dem kassenmäßigen Abschluß nachzuweisen:

1. a) die Summe der Ist-Einnahmen,
   b) die Summe der Ist-Ausgaben,
   c) der Unterschied aus Buchstabe a und Buchstabe b (kassenmäßiges Jahresergebnis),
   d) die haushaltsmäßig noch nicht abgewickelten kassenmäßigen Jahresergebnisse früherer Jahre,
   e) das kassenmäßige Gesamtergebnis aus Buchstabe c und Buchstabe d;
2. a) die Summe der Ist-Einnahmen mit Ausnahme der Einnahmen aus Krediten vom Kreditmarkt, der Entnahmen aus Rücklagen, der Einnahmen aus kassenmäßigen Überschüssen und der Münzeinnahmen,
   b) die Summe der Ist-Ausgaben mit Ausnahme der Ausgaben zur Schuldentilgung am Kreditmarkt, der Zuführungen an Rücklagen und der Ausgaben iur Deckung eines kassenmäßigen Fehlbetrags,
   c) der Finanzierungssaldo aus Buchstabe a und Buchstabe b.

Für doppisch basierte Haushalte sind die §§ 7a, 37 Absatz 3 und 4 sowie 49a entsprechend anzuwenden.

### § 40 Haushaltsabschluß

In kameralen Haushalten sind in dem kassenmäßigen Abschluß nachzuweisen:

1. a) das kassenmäßige Jahresergebnis nach § 39 Nr. 1 Buchstabe c,
   b) das kassenmäßige Gesamtergebnis nach § 39 Nr. 1 Buchstabe e;
2. a) die aus dem Vorjahr übertragenen Einnahmereste und Ausgabereste,
   b) die in das folgende Haushaltsjahr zu übertragenden Einnahmereste und Ausgabereste,
   c) der Unterschied aus Buchstabe a und Buchstabe b,
   d) das rechnungsmäßige Jahresergebnis aus Nummer 1 Buchstabe a und Nummer 2 Buchstabe c,
   e) das rechnungsmäßige Gesamtergebnis aus Nummer 1 Buchstabe b und Nummer 2 Buchstabe b;
3. die Höhe der eingegangenen Verpflichtungen und Geldforderungen, soweit sie nach § 33 Satz 2 der Buchführung unterliegen.

Für doppisch basierte Haushalte sind die §§ 7a, 37 Absatz 3 und 4 sowie 49a entsprechend anzuwenden.

### § 41 Abschlußbericht

Der kassenmäßige Abschluß und der Haushaltsabschluß sind in einem Bericht zu erläutern.

## *Abschnitt V: Prüfung und Entlastung*

### § 42 Aufgaben des Rechnungshofes

(1) Die gesamte Haushalts- und Wirtschaftsführung des Bundes und der Länder einschließlich ihrer Sondervermögen und Betriebe wird von Rechnungshöfen geprüft.

(2) Der Rechnungshof prüft insbesondere
1. die Einnahmen, Ausgaben und Verpflichtungen zur Leistung von Ausgaben,
2. Maßnahmen, die sich finanziell auswirken können,
3. das Vermögen und die Schulden.

(3) Der Rechnungshof kann nach seinem Ermessen die Prüfung beschränken und Rechnungen ungeprüft lassen.

(4) Die Durchführung der Prüfung von geheimzuhaltenden Angelegenheiten kann gesetzlich besonders geregelt werden.

(5) Auf Grund von Prüfungserfahrungen kann der Rechnungshof beraten. Das Nähere wird durch Gesetz geregelt.

### § 43 Prüfung bei Stellen außerhalb der Verwaltung

(1) Der Rechnungshof ist, unbeschadet weitergehender landesrechtlicher Bestimmungen, berechtigt, bei Stellen außerhalb der Verwaltung des Bundes oder des Landes zu prüfen, wenn sie
1. Teile des Haushaltsplans ausführen oder vom Bund oder vom Land Ersatz von Aufwendungen erhalten,
2. Mittel oder Vermögensgegenstände des Bundes oder des Landes verwalten oder
3. vom Bund oder Land Zuwendungen erhalten.

Leiten diese Stellen die Mittel an Dritte weiter, so kann der Rechnungshof auch bei diesen prüfen.

(2) Die Prüfung erstreckt sich auf die bestimmungsmäßige und wirtschaftliche Verwaltung und Verwendung. Bei Zuwendungen kann sie sich auch auf die sonstige Haushalts- und Wirtschaftsführung des Empfängers erstrecken, soweit es der Rechnungshof für seine Prüfung für notwendig hält.

(3) Bei der Gewährung von Krediten aus Haushaltsmitteln sowie bei der Übernahme von Bürgschaften, Garantien oder sonstigen Gewährleistungen durch den Bund oder das Land kann der Rechnungshof bei den Beteiligten prüfen, ob sie ausreichende Vorkehrungen gegen Nachteile für den Bund oder das Land getroffen oder ob die Voraussetzungen für eine Inanspruchnahme des Bundes oder des Landes vorgelegen haben.

### § 44 Prüfung staatlicher Betätigung bei privatrechtlichen Unternehmen

(1) Der Rechnungshof prüft die Betätigung des Bundes oder des Landes bei Unternehmen in einer Rechtsform des privaten Rechts, an denen der Bund oder das Land unmittelbar oder mittelbar beteiligt ist, unter Beachtung kaufmännischer Grundsätze.

(2) Absatz 1 gilt entsprechend bei Genossenschaften, in denen der Bund oder das Land Mitglied ist.

### § 45 Gemeinsame Prüfung

Sind für die Prüfung mehrere Rechnungshöfe zuständig, so soll gemeinsam geprüft werden. Soweit nicht die Prüfung durch einen bestimmten Rechnungshof verfassungsrechtlich vorgeschrieben ist, können die Rechnungshöfe einander durch Vereinbarung Prüfungsaufgaben übertragen.

### § 46 Ergebnis der Prüfung

(1) Der Rechnungshof faßt das Ergebnis seiner Prüfung, soweit es für die Entlastung der Regierung von Bedeutung sein kann, jährlich in einem Bericht für die gesetzgebenden Körperschaften zusammen.

(2) In den Bericht können Feststellungen auch über spätere oder frühere Haushaltsjahre aufgenommen werden.

(3) Über Angelegenheiten von besonderer Bedeutung kann der Rechnungshof die gesetzgebenden Körperschaften und die Regierung jederzeit unterrichten.

### § 47 Entlastung, Rechnung des Rechnungshofes

(1) Die gesetzgebenden Körperschaften beschließen auf Grund der Rechnung und des jährlichen Berichts des Rechnungshofes über die Entlastung der Regierung.

(2) Die Rechnung des Rechnungshofes wird von den gesetzgebenden Körperschaften geprüft, die auch die Entlastung erteilen.

## *Abschnitt VI: Sondervermögen des Bundes oder des Landes und bundesunmittelbare oder landesunmittelbare juristische Personen des öffentlichen Rechts*

### § 48 Grundsatz

(1) Auf Sondervermögen des Bundes oder des Landes und bundes- oder landesunmittelbare juristische Personen des öffentlichen Rechts ist dieses Gesetz entsprechend anzuwenden, soweit durch Gesetz oder auf Grund eines Gesetzes nichts anderes bestimmt ist.

(2) Auf Unternehmen in der Rechtsform einer juristischen Person des öffentlichen Rechts sind unabhängig von der Höhe der Beteiligung des Bundes oder des Landes die 42 bis 46 entsprechend anzuwenden. Durch Gesetz kann zugelassen werden, daß die entsprechende Anwendung der 42 bis 46 entfallt. Die nach bisherigem Recht zugelassenen Ausnahmen bleiben unberührt.

(3) Für Unternehmen in der Rechtsform einer juristischen Person des privaten Rechts, an denen die in Absatz 2 Satz 1 genannten Unternehmen unmittelbar oder mittelbar mit Mehrheit beteiligt sind, gelten die 53 und 54 entsprechend.

Teil II

# Vorschriften, die einheitlich und unmittelbar gelten

## § 49 Grundsatz

Die Vorschriften dieses Teils gelten einheitlich und unmittelbar für den Bund und die Länder.

## § 49a Gremium zur Standardisierung des staatlichen Rechnungswesens

(1) Zur Gewährleistung einer einheitlichen Verfahrens- und Datengrundlage jeweils für Kameralistik, Doppik und Produkthaushalte richten Bund und Länder ein gemeinsames Gremium ein. Das Gremium erarbeitet Standards für kamerale und doppische Haushalte sowie für Produkthaushalte und stellt dabei sicher, dass die Anforderungen der Finanzstatistik einschließlich der der Volkswirtschaftlichen Gesamtrechnungen berücksichtigt werden. Beschlüsse werden mit den Stimmen des Bundes und der Mehrheit von zwei Dritteln der Zahl der Länder gefasst. Die Standards werden jeweils durch Verwaltungsvorschriften des Bundes und der Länder umgesetzt. Das Gremium erarbeitet die Standards für doppische Haushalte und Produkthaushalte erstmals zum 1. Januar 2010 und überprüft die Standards für doppische Haushalte, Produkthaushalte und kamerale Haushalte anschließend einmal jährlich. Näheres regelt eine Verwaltungsvereinbarung zwischen Bund und Ländern.

(2) Zur Gewährleistung der Vergleichbarkeit der Haushaltswirtschaft bei Bund und Ländern kann die Bundesregierung durch Rechtsverordnung, die der Zustimmung des Bundesrates bedarf, nähere Bestimmungen erlassen über die Standards für kamerale und doppische Haushalte sowie für Produkthaushalte, insbesondere zum Gruppierungs- und Funktionenplan, zum Verwaltungskontenrahmen und Produktrahmen sowie zu den Standards nach 7a Absatz 2 für die staatliche Doppik.

## § 49b Finanzstatistische Berichtspflichten

Bund und Länder stellen unabhängig von der Art ihrer Haushaltswirtschaft sicher, dass zur Erfüllung finanzstatistischer Anforderungen einschließlich der der Volkswirtschaftlichen Gesamtrechnungen sowie für sonstige Berichtspflichten die Plan- und Ist-Daten weiterhin nach dem Gruppierungs- und Funktionenplan mindestens auf Ebene der dreistelligen Gliederung bereitgestellt werden.

## § 50 Verfahren bei der Finanzplanung

(1) Bund und Länder legen ihrer Haushaltswirtschaft je für sich eine fünfjährige Finanzplanung zugrunde (§ 9 Abs. 1 und 14 des Gesetzes zur Förderung der Stabilität und des Wachstums der Wirtschaft vom 8. Juni 1967 – BGBl. I S. 582 –)[1].

1 S. unter IV § 9 bzw. § 14.

(2) Das erste Planungsjahr der Finanzplanung ist das laufende Haushaltsjahr.

(3) Der Finanzplan (§ 9 Abs. 2 Satz 2 des Gesetzes zur Förderung der Stabilität und des Wachstums der Wirtschaft) ist den gesetzgebenden Körperschaften spätestens im Zusammenhang mit dem Entwurf des Haushaltsgesetzes für das nächste Haushaltsjahr vorzulegen. Die gesetzgebenden Körperschaften können die Vorlag von Alternativrechnungen verlangen.

(4) Im Finanzplan sind die vorgesehenen Investitionsschwerpunkte zu erläutern und zu begründen.

(5) Den gesetzgebenden Körperschaften sind die auf der Grundlage der Finanzplanung überarbeiteten mehrjährigen Investitionsprogramme (§ 10 des Gesetzes zur Förderung der Stabilität und des Wachstums der Wirtschaft) vorzulegen.

(6) Die Planung nach § 11 Satz 1 des Gesetzes zur Förderung der Stabilität und des Wachstums der Wirtschaft ist für Investitionsvorhaben des dritten Planungsjahres in ausreichendem Umfang so vorzubereiten, daß mit ihrer Durchführung kurzfristig begonnen werden kann.

(7) Die Regierung soll rechtzeitig geeignete Maßnahmen treffen, die nach der Finanzplanung erforderlich sind, um eine geordnete Haushaltsentwicklung unter Berücksichtigung des voraussichtlichen gesamtwirtschaftlichen Leistungsvermögens in den einzelnen Planungsjahren zu sichern.

### § 51 Koordinierende Beratung der Grundannahmen der Haushalts- und Finanzplanungen; Einhaltung der Haushaltsdisziplin im Rahmen der Europäischen Wirtschafts- und Währungsunion

(1) Zur Koordinierung der Haushalts- und Finanzplanungen des Bundes, der Länder und der Gemeinden und Gemeindeverbände berät der Stabilitätsrat über die zugrunde liegenden volks- und finanzwirtschaftlichen Annahmen. Dabei ist den Verpflichtungen der Bundesrepublik Deutschland aus Rechtsakten der Europäischen Union aufgrund der Artikels 121, 126 und 136 des Vertrags über die Arbeitsweise der europäischen Union zur Einhaltung der Haushaltsdisziplin und in diesem Rahmen den Erfordernissen des gesamtwirtschaftlichen Gleichgewichts Rechnung zu tragen. Der Stabilitätsrat kann zur Koordinierung der Haushalts- und Finanzplanungen Empfehlungen beschießen. Die voraussichtlichen Einnahmen und Ausgaben der in § 52 genannten Einrichtungen sollen in die Beratungen und Empfehlungen einbezogen werden, soweit sie nicht schon in den Finanzplanungen des Bundes, der Länder und der Gemeinden und Gemeindeverbände enthalten sind.

(2) Das strukturelle gesamtstaatliche Finanzierungsdefizit von Bund, Ländern, Gemeinden und Sozialversicherungen darf eine Obergrenze von 0,5 Prozent des nominalen Bruttoinlandsprodukts nicht überschreiten. Für Einzelheiten zu Abgrenzung, Berechnung und zulässigen Abweichungen von der Obergrenze sowie zum Umfang und Zeitrahmen der Rückführung des struktu-

rellen gesamtstaatlichen Finanzierungsdefizits im Falle einer Abweichung sind Artikel 3 des Vertrages vom 2. März 2012 über Stabilität, Koordinierung und Steuerung in der Wirtschafts- und Währungsunion (BGBl. 2012 II S. 1006, 1008) und die Verordnung (EG) Nr. 1466/97 des Rates vom 7. Juli 1997 über den Ausbau der haushaltspolitischen Überwachung und der Überwachung und Koordinierung der Wirtschaftspolitiken (ABl. L 209 vom 2.8.1997, S. 1), die zuletzt durch die Verordnung (EU) Nr. 1175/2011 (ABl. L 306 vom 23.11.2011, S. 12) geändert worden ist, maßgeblich.

### § 52 Auskunftspflicht

(1) Bund und Länder erteilen durch ihre für die Finanzen zuständigen Ministerien dem Stabilitätsrat die Auskünfte, die dieser zur Wahrnehmung seiner Aufgaben nach § 51 benötigt. Die Auskunftserteilung umfasst auch die Vorlage der in den jeweiligen Zuständigkeitsbereichen aufgestellten Finanzplanungen in einheitlicher Systematik.

(2) Die Länder erteilen auch die Auskünfte für ihre Gemeinden und sonstigen kommunalen Körperschaften. Das gleiche gilt für Sondervermögen und Betriebe der Länder, der Gemeinden und der Gemeindeverbände sowie für die landesunmittelbaren juristischen Personen des öffentlichen Rechts, deren Einbeziehung in die Finanzplanung und die Beratungen des Stabilitätsrates erforderlich ist. Die Länder regeln das Verfahren.

(3) Sondervermögen und Betriebe des Bundes sowie die bundesunmittelbaren juristischen Personen des öffentlichen Rechts erteilen die erforderlichen Auskünfte dem Bundesministerium der Finanzen, das sie dem Stabilitätsrat zuleitet.

(4) Die Träger der gesetzlichen Krankenversicherung, der sozialen Pflegeversicherung, der gesetzlichen Unfallversicherung und der gesetzlichen Rentenversicherungen einschließlich der Alterssicherung der Landwirte, ihre Verbände sowie die sonstigen Vereinigungen auf dem Gebiet der Sozialversicherung und die Bundesagentur für Arbeit erteilen dem Bundesministerium der Finanzen die für den Stabilitätsrat erforderlichen Auskünfte über das Bundesministerium für Arbeit und Soziales; landesunmittelbare Körperschaften leiten die Auskünfte über die für die Sozialversicherung zuständige oberste Verwaltungsbehörde des Landes zu.

### § 53 Rechte gegenüber privatrechtlichen Unternehmen

(1) Gehört einer Gebietskörperschaft die Mehrheit der Anteile eines Unternehmens in einer Rechtsform des privaten Rechts oder gehört ihr mindestens der vierte Teil der Anteile und steht ihr zusammen mit anderen Gebietskörperschaften die Mehrheit der Anteile zu, so kann sie verlangen, daß das Unternehmen

1. im Rahmen der Abschlußprüfung auch die Ordnungsmäßigkeit der Geschäftsführung prüfen läßt;
2. die Abschlußprüfer beauftragt, in ihrem Bericht auch darzustellen
   a) die Entwicklung der Vermögens- und Ertragslage sowie die Liquidität und Rentabilität der Gesellschaft,

b) verlustbringende Geschäfte und Ursachen der Verluste, wenn diese Geschäfte und die Ursachen für die Vermögens- und Ertragslage von Bedeutung waren,

c) die Ursachen eines in der Gewinn- und Verlustrechnung ausgewiesenen Jahresfehlbetrages;

3. ihr den Prüfungsbericht der Abschlußprüfer und, wenn das Unternehmen einen Konzernabschluß aufzustellen hat, auch den Prüfungsbericht der Konzernabschlußprüfer unverzüglich nach Eingang übersendet.

(2) Für die Anwendung des Absatzes 1 rechnen als Anteile der Gebietskörperschaft auch Anteile, die einem Sondervermögen der Gebietskörperschaft gehören. Als Anteile der Gebietskörperschaft gelten ferner Anteile, die Unternehmen gehören, bei denen die Rechte aus Absatz 1 der Gebietskörperschaft zustehen.

### § 54 Unterrichtung der Rechnungsprüfungsbehörde

(1) In den Fällen des § 53 kann in der Satzung (im Gesellschaftsvertrag) mit Dreiviertelmehrheit des vertretenen Kapitals bestimmt werden, daß sich die Rechnungsprüfungsbehörde der Gebietskörperschaft zur Klärung von Fragen, die bei der Prüfung nach § 44 auftreten, unmittelbar unterrichten und zu diesem Zweck den Betrieb, die Bücher und die Schriften des Unternehmens einsehen kann.

(2) Ein vor dem Inkrafttreten dieses Gesetzes begründetes Recht der Rechnungsprüfungsbehörde auf unmittelbare Unterrichtung bleibt unberührt.

### § 55 Prüfung von juristischen Personen des öffentlichen Rechts

(1) Erhält eine juristische Person des öffentlichen Rechts, die nicht Gebietskörperschaft, Gemeindeverband, Zusammenschluß von Gebietskörperschaften oder Gemeindeverbänden oder Religionsgesellschaft des öffentlichen Rechts nach Artikel 137 Abs. 5 der Deutschen Verfassung vom 11. August 1919 ist, vom Bund oder einem Land Zuschüsse, die dem Grund oder der Höhe nach gesetzlich begründet sind, oder ist eine Garantieverpflichtung des Bundes oder eines Landes gesetzlich begründet, so prüft der Rechnungshof des Bundes oder Landes die Haushalts- und Wirtschaftsführung der juristischen Person. Entsprechendes gilt, wenn die Prüfung mit Zustimmung eines Rechnungshofes in der Satzung vorgesehen ist. Andere Prüfungsrechte, die nach § 48 begründet werden, bleiben unberührt.

(2) Auf Unternehmen in der Rechtsform einer juristischen Person des öffentlichen Rechts ist unabhängig von der Höhe der Beteiligung des Bundes oder des Landes § 53 entsprechend anzuwenden, soweit die Unternehmen nicht von der Rechnungsprüfung freigestellt sind (§ 48 Abs. 2 Satz 2 und 3).

### § 56 Rechte der Rechnungsprüfungsbehörde, gegenseitige Unterrichtung

(1) Erlassen oder erläutern die obersten Behörden einer Gebietskörperschaft allgemeine Vorschriften, welche die Bewirtschaftung der Haushaltsmittel einer

### § 2 Bedeutung des Haushaltsplans

Der Haushaltsplan dient der Feststellung und Deckung des Finanzbedarfs, der zur Erfüllung der Aufgaben des Bundes im Bewilligungszeitraum voraussichtlich notwendig ist. Der Haushaltsplan ist Grundlage für die Haushalts- und Wirtschaftsführung. Bei seiner Aufstellung und Ausführung ist den Erfordernissen des gesamtwirtschaftlichen Gleichgewichts Rechnung zu tragen.

### § 3 Wirkungen des Haushaltsplans

(1) Der Haushaltsplan ermächtigt die Verwaltung, Ausgaben zu leisten und Verpflichtungen einzugehen.

(2) Durch den Haushaltsplan werden Ansprüche oder Verbindlichkeiten weder begründet noch aufgehoben.

### § 4 Haushaltsjahr

Rechnungsjahr (Haushaltsjahr) ist das Kalenderjahr. Das Bundesministerium der Finanzen kann für einzelne Bereiche etwas anderes bestimmen.

### § 5 Allgemeine Verwaltungsvorschriften, vorläufige und endgültige Haushalts- und Wirtschaftsführung

Die allgemeinen Verwaltungsvorschriften zu diesem Gesetz sowie zur vorläufigen und endgültigen Haushalts- und Wirtschaftsführung erläßt das Bundesministerium der Finanzen.

### § 6 Notwendigkeit der Ausgaben und Verpflichtungsermächtigungen

Bei Aufstellung und Ausführung des Haushaltsplans sind nur die Ausgaben und die Ermächtigungen zum Eingehen von Verpflichtungen zur Leistung von Ausgaben in künftigen Jahren (Verpflichtungsermächtigungen) zu berücksichtigen die zur Erfüllung der Aufgaben des Bundes notwendig sind.

### § 7 Wirtschaftlichkeit und Sparsamkeit, Kosten- und Leistungsrechnung

(1) Bei Aufstellung und Ausführung des Haushaltsplans sind die Grundsätze der Wirtschaftlichkeit und Sparsamkeit zu beachten. Diese Grundsätze verpflichten zur Prüfung, inwieweit staatliche Aufgaben oder öffentlichen Zwecken dienende wirtschaftliche Tätigkeiten durch Ausgliederung und Entstaatlichung oder Privatisierung erfüllt werden können.

(2) Für alle finanzwirksamen Maßnahmen sind angemessene Wirtschaftlichkeitsuntersuchungen durchzuführen. Dabei ist auch die mit den Maßnahmen verbundene Risikoverteilung zu berücksichtigen. In geeigneten Fällen ist privaten Anbietern die Möglichkeit zu geben darzulegen, ob und inwieweit sie staatliche Aufgaben oder öffentlichen Zwecken dienende wirtschaftliche Tätigkeiten nicht ebenso gut oder besser erbringen können (Interessenbekundungsverfahren).

(3) In geeigneten Bereichen ist eine Kosten- und Leistungsrechnung einzuführen.

**§ 8 Grundsatz der Gesamtdeckung**

Alle Einnahmen dienen als Deckungsmittel für alle Ausgaben. Auf die Verwendung für bestimmte Zwecke dürfen Einnahmen beschränkt werden, soweit dies durch Gesetz vorgeschrieben oder im Haushaltsplan zugelassen ist.

**§ 9 Beauftragter für den Haushalt**

(1) Bei jeder Dienststelle, die Einnahmen oder Ausgaben bewirtschaftet, ist ein Beauftragter für den Haushalt zu bestellen, soweit der Leiter der Dienststelle diese Aufgabe nicht selbst wahrnimmt. Der Beauftragte soll dem Leiter der Dienststelle unmittelbar unterstellt werden.

(2) Dem Beauftragten obliegen die Aufstellung der Unterlagen für die Finanzplanung und der Unterlagen für den Entwurf des Haushaltsplans (Voranschläge) sowie die Ausführung des Haushaltsplans. Im übrigen ist der Beauftragte bei allen Maßnahmen von finanzieller Bedeutung zu beteiligen. Er kann Aufgaben bei der Ausführung des Haushaltsplans übertragen.

**§ 10 Unterrichtung des Bundestages und des Bundesrates**

(1) Die Bundesregierung fügt ihren Gesetzesvorlagen einschließlich der nach Artikel 59 Abs. 2 des Grundgesetzes vorzulegenden Verträge sowie den Verordnungs- und Richtlinienentwürfen der Europäischen Gemeinschaften einen Überblick über die Auswirkungen auf den Haushaltsplan und die Finanzplanung des Bundes, der Länder und der Gemeinden (Gemeindeverbände) bei. Außerdem soll angegeben werden, auf welche Weise für die vorgesehenen Mehrausgaben des Bundes ein Ausgleich gefunden werden kann. Die Sätze 1 und 2 gelten auch für Vorlagen des Bundesrates.

(2) Die Bundesregierung unterrichtet den Bundestag und den Bundesrat über erhebliche Änderungen der Haushaltsentwicklung und deren Auswirkung auf die Finanzplanung.

(3) Die Bundesregierung leistet den Mitgliedern des Bundestages die einen einnahmemindernden oder ausgabeerhöhenden Antrag zu stellen beabsichtigen, Hilfe bei der Ermittlung der finanziellen Auswirkungen.

**§ 10a Geheimhaltungsbedürftige Angelegenheiten**

(1) Bei Ausgaben, deren Verwendung geheimzuhalten ist, kann der Haushaltsplan bestimmen, daß die Prüfung durch den Bundesrechnungshof nach § 19 Satz 1 Nr. 1 oder Nr. 2 des Bundesrechnungshofgesetzes vorgenommen wird.

(2) Aus zwingenden Gründen des Geheimschutzes kann der Bundestag in Ausnahmefällen die Bewilligung von Ausgaben, die nach geheimzuhaltenden Wirtschaftsplänen bewirtschaftet werden sollen, im Haushaltsgesetzgebungsverfahren von der Billigung der Wirtschaftspläne durch ein Gremium von Mitgliedern des Haushaltsausschusses (Vertrauensgremium) abhängig machen, das vom Bundestag in entsprechender Anwendung von § 2 des Gesetzes über die parlamentarische Kontrolle nachrichtendienstlicher Tätigkeit des

Bundes vom 29. Juli 2009 (BGBl. I S. 2346) für die Dauer der Wahlperiode gewählt wird. Soweit sein Recht auf Kontrolle reicht, verfügt das Vertrauensgremium über die gleichen Rechte wie das Parlamentarische Kontrollgremium; §§ 5,6,7, 8, 12 und 13 des Gesetzes über die parlamentarische Kontrolle nachrichtendienstlicher Tätigkeit des Bundes vom 29. Juli 2009 (BGBl. I S. 2346) gelten entsprechend. Sofern der Bundestag nichts anderes beschließt, sind die Wirtschaftspläne für die Nachrichtendienste vom Bundesministerium der Finanzen dem Vertrauensgremium zur Billigung vorzulegen. Das Vertrauensgremium teilt die Abschlußbeträge der Wirtschaftspläne rechtzeitig dem Haushaltsausschuß mit. Die Mitglieder des Vertrauensgremiums sind zur Geheimhaltung aller Angelegenheiten verpflichtet, die ihnen bei ihrer Tätigkeit bekanntgeworden sind. Der Vorsitzende des Parlamentarischen Kontrollgremiums, sein Stellvertreter und ein beauftragtes Mitglied können an den Sitzungen des Vertrauensgremiums mitberatend teilnehmen. Bei den Sitzungen zur Beratung der Wirtschaftspläne der Dienste und deren Vollzug gilt dies auch für die Mitglieder des Parlamentarischen Kontrollgremiums.

(3) Der Bundesrechnungshof prüft in den Fällen des Absatzes 2 nach § 19 Satz 1 Nr. 1 Bundesrechnungshofgesetz und unterrichtet das Vertrauensgremium, das Parlamentarische Kontrollgremium sowie die zuständige oberste Bundesbehörde und das Bundesministerium der Finanzen über das Ergebnis seiner Prüfung der Jahresrechnung sowie der Haushalts- und Wirtschaftsführung. Der Präsident des Bundesrates ist auf Verlangen durch die zuständige oberste Bundesbehörde zu unterrichten. § 97 Abs. 4 bleibt unberührt.

Teil II

## Aufstellung des Haushaltsplans

### § 11 Vollständigkeit und Einheit, Fälligkeitsprinzip

(1) Für jedes Haushaltsjahr ist ein Haushaltsplan aufzustellen.

(2) Der Haushaltsplan enthält alle im Haushaltsjahr

1. zu erwartenden Einnahmen,
2. voraussichtlich zu leistenden Ausgaben und
3. voraussichtlich benötigten Verpflichtungsermächtigungen

### § 12 Geltungsdauer der Haushaltspläne

(1) Der Haushaltsplan kann für zwei Haushaltsjahre, nach Jahren getrennt, aufgestellt werden.

(2) Der Haushaltsplan kann in einen Verwaltungshaushalt und in einen Finanzhaushalt gegliedert werden; beide können jeweils für zwei Haushaltsjahre, nach Jahren getrennt, aufgestellt werden. Die Bewilligungszeiträume für beide Haushalte können in aufeinanderfolgenden Haushaltsjahren beginnen.

(3) Wird der Haushaltsplan in einen Verwaltungshaushalt und in einen Finanzhaushalt gegliedert, enthält der Verwaltungshaushalt
1. die zu erwartenden Verwaltungseinnahmen,
2. die voraussichtlich zu leistenden Verwaltungsausgaben (Personalausgaben und sächliche Verwaltungsausgaben),
3. die voraussichtlich benötigten Verpflichtungsermächtigungen zur Leistung von Verwaltungsausgaben.

**§ 13 Einzelpläne, Gesamtplan, Gruppierungsplan**

(1) Der Haushaltsplan besteht aus den Einzelplänen und dem Gesamtplan.

(2) Die Einzelpläne enthalten die Einnahmen, Ausgaben und Verpflichtungsermächtigungen eines einzelnen Verwaltungszweigs oder bestimmte Gruppen von Einnahmen, Ausgaben und Verpflichtungsermächtigungen. Die Einzelpläne sind in Kapitel und Titel einzuteilen. Die Einteilung in Titel richtet sich nach Verwaltungsvorschriften über die Gruppierung der Einnahmen und Ausgaben des Haushaltsplans nach Arten (Gruppierungsplan).

(3) In dem Gruppierungsplan sind mindestens gesondert darzustellen
1. bei den Einnahmen: Steuern, Verwaltungseinnahmen, Einnahmen aus Vermögensveräußerungen, Darlehensrückflüsse, Zuweisungen und Zuschüsse, Einnahmen aus Krediten, wozu nicht Kredite zur Aufrechterhaltung einer ordnungsmäßigen Kassenwirtschaft (Kassenverstärkungskredite) zählen, Entnahmen aus Rücklagen, Münzeinnahmen;
2. bei den Ausgaben: Personalausgaben, sächliche Verwaltungsausgaben, Zinsausgaben, Zuweisungen an Gebietskörperschaften, Zuschüsse an Unternehmen, Tilgungsausgaben, Schuldendiensthilfen, Zuführungen an Rücklagen, Ausgaben für Investitionen. Ausgaben für Investitionen sind die Ausgaben für
   a) Baumaßnahmen, soweit sie nicht militärische Anlagen betreffen,
   b) den Erwerb von beweglichen Sachen, soweit sie nicht als sächliche Verwaltungsausgaben veranschlagt werden oder soweit es sich nicht um Ausgaben für militärische Beschaffungen handelt,
   c) den Erwerb von unbeweglichen Sachen,
   d) den Erwerb von Beteiligungen und sonstigem Kapitalvermögen, von Forderungen und Anteilsrechten an Unternehmen, von Wertpapieren sowie für die Heraufsetzung des Kapitals von Unternehmen,
   e) Darlehen,
   f) die Inanspruchnahme aus Gewährleistungen,
   g) Zuweisungen und Zuschüsse zur Finanzierung von Ausgaben für die in den Buchstaben a bis f genannten Zwecke.

(4) Der Gesamtplan enthält
1. eine Zusammenfassung der Einnahmen, Ausgaben und Verpflichtungsermächtigungen der Einzelpläne (Haushaltsübersicht),
2. eine Berechnung der nach dem Gesetz zur Ausführung von Artikel 115 des Grundgesetzes vom 10. August 2009 (BGBl. I S. 2702, 2704) in der jeweils geltenden Fassung zulässigen Kreditaufnahme,

3. eine Berechnung des Finanzierungssaldos (Finanzierungsübersicht). Der Finanzierungssaldo ergibt sich aus einer Gegenüberstellung der Einnahmen mit Ausnahme der Einnahmen aus Krediten vom Kreditmarkt, der Entnahmen aus Rücklagen, der Einnahmen aus kassenmäßigen Überschüssen sowie der Münzeinnahmen einerseits und der Ausgaben mit Ausnahme der Ausgaben zur Schuldentilgung am Kreditmarkt, der Zuführungen an Rücklagen und der Ausgaben zur Deckung eines kassenmäßigen Fehlbetrags andererseits,
4. eine Darstellung der Einnahmen aus Krediten und der Tilgungsausgaben (Kreditfinanzierungsplan).

## § 14 Übersichten zum Haushaltsplan, Funktionenplan

(1) Der Haushaltsplan hat folgende Anlagen:

1. Darstellungen der Einnahmen und Ausgaben
   a) in einer Gruppierung nach bestimmten Arten (Gruppierungsübersicht),
   b) in einer Gliederung nach bestimmten Aufgabengebieten (Funktionenübersicht),
   c) in einer Zusammenfassung nach Buchstabe a und Buchstabe b (Haushaltsquerschnitt);
2. eine Übersicht über die den Haushalt in Einnahmen und Ausgaben durchlaufenden Posten,
3. eine Übersicht über die Planstellen der Beamten und die Stellen der Angestellten und Arbeiter. Die Anlagen sind dem Entwurf des Haushaltsplans beizufügen.

(2) Die Funktionenübersicht richtet sich nach Verwaltungsvorschriften über die Gliederung der Einnahmen und Ausgaben des Haushaltsplans nach Aufgabengebieten (Funktionenplan).

## § 15 Bruttoveranschlagung, Selbstbewirtschaftungsmittel

(1) Die Einnahmen und Ausgaben sind in voller Höhe und getrennt voneinander zu veranschlagen. Dies gilt nicht für die Veranschlagung der Einnahmen aus Krediten vom Kreditmarkt und der hiermit zusammenhängenden Tilgungsausgaben. Darüber hinaus können Ausnahmen von Satz 1 im Haushaltsplan zugelassen werden, insbesondere für Nebenkosten und Nebenerlöse bei Erwerbs- oder Veräußerungsgeschäften. In den Fällen des Satzes 3 ist die Berechnung des veranschlagten Betrages dem Haushaltsplan als Anlage beizufügen oder in die Erläuterungen aufzunehmen.

(2) Ausgaben können zur Selbstbewirtschaftung veranschlagt werden, wenn hierdurch eine sparsame Bewirtschaftung gefördert wird. Selbstbewirtschaftungsmittel stehen über das laufende Haushaltsjahr hinaus zur Verfügung. Bei der Bewirtschaftung aufkommende Einnahmen fließen den Selbstbewirtschaftungsmitteln zu. Bei der Rechnungslegung ist nur die Zuweisung der Mittel an die beteiligten Stellen als Ausgabe nachzuweisen.

### § 16 Verpflichtungsermächtigungen

Die Verpflichtungsermächtigungen sind bei den jeweiligen Ausgaben gesondert zu veranschlagen. Wenn Verpflichtungen zu Lasten mehrerer Haushaltsjahre eingegangen werden können, sollen die Jahresbeträge im Haushaltsplan angegeben werden.

### § 17 Einzelveranschlagung, Erläuterungen, Planstellen

(1) Die Einnahmen sind nach dem Entstehungsgrund, die Ausgaben und die Verpflichtungsermächtigungen nach Zwecken getrennt zu veranschlagen und, soweit erforderlich, zu erläutern. Erläuterungen können für verbindlich erklärt werden.

(2) Bei Ausgaben für eine sich auf mehrere Jahre erstreckende Maßnahme sind bei der ersten Veranschlagung im Haushaltsplan die voraussichtlichen Gesamtkosten und bei jeder folgenden Veranschlagung außerdem die finanzielle Abwicklung darzulegen.

(3) Zweckgebundene Einnahmen und die dazugehörigen Ausgaben sind kenntlich zu machen.

(4) Für denselben Zweck sollen Ausgaben und Verpflichtungsermächtigungen nicht bei verschiedenen Titeln veranschlagt werden.

(5) Planstellen sind nach Besoldungsgruppen und Amtsbezeichnungen im Haushaltsplan auszubringen. Sie dürfen nur für Aufgaben eingerichtet werden, zu deren Wahrnehmung die Begründung eines Beamtenverhältnisses zulässig ist und die in der Regel Daueraufgaben sind.

(6) Andere Stellen als Planstellen sind in den Erläuterungen auszuweisen.

### § 18 Kreditermächtigungen

(1) Einnahmen aus Krediten zur Deckung von Ausgaben dürfen nur bis zur Höhe der nach dem Gesetz zur Ausführung von Artikel 115 des Grundgesetzes in der jeweils geltenden Fassung zulässigen Kreditaufnahme in den Haushaltsplan eingestellt werden.

(2) Das Haushaltsgesetz bestimmt, bis zu welcher Höhe das Bundesministerium der Finanzen Kredite aufnehmen darf

1. zur Deckung von Ausgaben,
2. zur Aufrechterhaltung einer ordnungsmäßigen Kassenwirtschaft (Kassenverstärkungskredite). Soweit diese Kredite zurückgezahlt sind, kann die Ermächtigung wiederholt in Anspruch genommen werden. Kassenverstärkungskredite dürfen nicht später als sechs Monate nach Ablauf des Haushaltsjahres, für das sie aufgenommen worden sind, fällig werden.

(3) Die Ermächtigungen nach Absatz 2 Nr. 1 gelten bis zum Ende des nächsten Haushaltsjahres und, wenn das Haushaltsgesetz für das zweitnächste Haushaltsjahr nicht rechtzeitig verkündet wird, bis zur Verkündung dieses Haushaltsgesetzes. Die Ermächtigungen nach Absatz 2 Nr. 2 gelten bis zum Ende des laufenden Haushaltsjahres und, wenn das Haushaltsgesetz für das nächste

Haushaltsjahr nicht rechtzeitig verkündet wird, bis zur Verkündung dieses Haushaltsgesetzes.

### § 19 Übertragbarkeit

(1) Ausgaben für Investitionen und Ausgaben aus zweckgebundenen Einnahmen sind übertragbar. Andere Ausgaben können im Haushaltsplan für übertragbar erklärt werden, wenn dies ihre wirtschaftliche und sparsame Verwendung fördert

(2) Zur Deckung der Ausgaben, die übertragen werden sollen (Ausgabereste), sind Ausgabemittel zu veranschlagen. Die Ausgabemittel sollen so bemessen werden, daß sie zur Deckung der Ausgabereste ausreichen, deren Verausgabung im nächsten Haushaltsjahr erforderlich ist; nicht zu berücksichtigen sind Ausgabereste, für die Mittel aus kassenmäßigen Minderausgaben im nächsten Haushaltsjahr voraussichtlich bereitgestellt werden können.

### § 20 Deckungsfähigkeit

(1) Deckungsfähig sind innerhalb desselben Kapitels

1. gegenseitig
   die Ausgaben für Vergütungen der Angestellten und Löhne der Arbeiter,
2. einseitig
   a) die Ausgaben für Bezüge der Beamten zugunsten der Ausgaben für Vergütungen der Angestellten und Löhne der Arbeiter,
   b) die Ausgaben für Unterstützungen zugunsten der Ausgaben für Beihilfen.

(2) Im Haushaltsplan können Ausgaben und Verpflichtungsermächtigungen jeweils für gegenseitig oder einseitig deckungsfähig erklärt werden, wenn ein verwaltungsmäßiger oder sachlicher Zusammenhang besteht oder eine wirtschaftliche und sparsame Verwendung gefördert wird.

(3) Ausgaben und Verpflichtungsermächtigungen, die ohne nähere Angabe des Verwendungszwecks veranschlagt sind, dürfen nicht für deckungsfähig erklärt werden.

### § 21 Wegfall- und Umwandlungsvermerke

(1) Ausgaben und Planstellen sind als künftig wegfallend zu bezeichnen, soweit sie in den folgenden Haushaltsjahren voraussichtlich nicht mehr benötigt werden.

(2) Planstellen sind als künftig umzuwandeln zu bezeichnen, soweit sie in den folgenden Haushaltsjahren voraussichtlich in Planstellen einer niedrigeren Besoldungsgruppe oder in Stellen für Angestellte oder Arbeiter umgewandelt werden können.

### § 22 Sperrvermerk

Ausgaben, die aus besonderen Gründen zunächst noch nicht geleistet oder zu deren Lasten noch keine Verpflichtungen eingegangen werden sollen, sind im Haushaltsplan als gesperrt zu bezeichnen. Entsprechendes gilt für Verpflichtungsermächtigungen. In Ausnahmefällen kann durch Sperrvermerk bestimmt werden, daß die Leistung von Ausgaben oder die Inanspruchnahme von Verpflichtungsermächtigungen der Einwilligung des Bundestages bedarf.

### § 23 Zuwendungen

Ausgaben und Verpflichtungsermächtigungen für Leistungen an Stellen außerhalb der Bundesverwaltung zur Erfüllung bestimmter Zwecke (Zuwendungen) dürfen nur veranschlagt werden, wenn der Bund an der Erfüllung durch solche Stellen ein erhebliches Interesse hat, das ohne die Zuwendungen nicht oder nicht im notwendigen Umfang befriedigt werden kann.

### § 24 Baumaßnahmen, größere Beschaffungen, größere Entwicklungsvorhaben

(1) Ausgaben und Verpflichtungsermächtigungen für Baumaßnahmen dürfen erst veranschlagt werden, wenn Pläne, Kostenermittlungen und Erläuterungen vorliegen, aus denen die Art der Ausführung, die Kosten der Baumaßnahme, des Grunderwerbs und der Einrichtungen sowie die vorgesehene Finanzierung und ein Zeitplan ersichtlich sind. Den Unterlagen ist eine Schätzung der nach Fertigstellung der Maßnahme entstehenden jährlichen Haushaltsbelastungen beizufügen.

(2) Ausgaben und Verpflichtungsermächtigungen für größere Beschaffungen und größere Entwicklungsvorhaben dürfen erst veranschlagt werden, wenn Planungen und Schätzungen der Kosten und Kostenbeteiligungen vorliegen. Absatz 1 Satz 2 gilt entsprechend.

(3) Ausnahmen von den Absätzen 1 und 2 sind nur zulässig, wenn es im Einzelfall nicht möglich ist, die Unterlagen rechtzeitig fertigzustellen, und aus einer späteren Veranschlagung dem Bund ein Nachteil erwachsen würde. Die Notwendigkeit einer Ausnahme ist in den Erläuterungen zu begründen. Die Ausgaben und Verpflichtungsermächtigungen für Maßnahmen, für welche die Unterlagen noch nicht vorliegen, sind gesperrt.

(4) Auf einzeln veranschlagte Ausgaben und Verpflichtungsermächtigungen für Zuwendungen sind die Absätze 1 bis 3 entsprechend anzuwenden, wenn insgesamt mehr als 50 vom Hundert der Kosten durch Zuwendungen von Bund, Ländern und Gemeinden gedeckt werden. Das Bundesministerium der Finanzen kann Ausnahmen zulassen.

### § 25 Überschuß, Fehlbetrag

(1) Der Überschuß oder der Fehlbetrag ist der Unterschied zwischen den tatsächlich eingegangenen Einnahmen (Ist-Einnahmen) und den tatsächlich geleisteten Ausgaben (Ist-Ausgaben).

(2) Ein Überschuß ist insbesondere zur Verminderung des Kreditbedarfs oder zur Tilgung von Schulden zu verwenden oder der Konjunkturausgleichsrücklage zuzuführen. Wird der Überschuß zur Schuldentilgung verwendet oder

der Konjunkturausgleichsrücklage zugeführt, ist er in den nächsten festzustellenden Haushaltsplan einzustellen. § 6 Abs. 1 Satz 3 des Gesetzes zur Förderung der Stabilität und des Wachstums der Wirtschaft vom 8. Juni 1967 (Bundesgesetzbl. I S. 582) bleibt unberührt.

(3) Ein Fehlbetrag ist spätestens in den Haushaltsplan für das zweitnächste Haushaltsjahr einzustellen. Er darf durch Einnahmen aus Krediten nur gedeckt werden, soweit die Möglichkeiten einer Kreditaufnahme nicht ausgeschöpft sind.

### § 26 Bundesbetriebe, Sondervermögen, Zuwendungsempfänger

(1) Bundesbetriebe haben einen Wirtschaftsplan aufzustellen, wenn ein Wirtschaften nach Einnahmen und Ausgaben des Haushaltsplans nicht zweckmäßig ist. Der Wirtschaftsplan oder eine Übersicht über den Wirtschaftsplan ist dem Haushaltsplan als Anlage beizufügen oder in die Erläuterungen aufzunehmen. Im Haushaltsplan sind nur die Zuführungen oder die Ablieferungen zu veranschlagen. Planstellen sind nach Besoldungsgruppen und Amtsbezeichnungen im Haushaltsplan auszubringen.

(2) Bei Sondervermögen sind nur die Zuführungen oder die Ablieferungen im Haushaltsplan zu veranschlagen. Über die Einnahmen, Ausgaben und Verpflichtungsermächtigungen der Sondervermögen sind Übersichten dem Haushaltsplan als Anlagen beizufügen oder in die Erläuterungen aufzunehmen.

(3) Über die Einnahmen und Ausgaben von

1. juristischen Personen des öffentlichen Rechts, die vom Bund ganz oder zum Teil zu unterhalten sind, und
2. Stellen außerhalb der Bundesverwaltung, die vom Bund Zuwendungen zur Deckung der gesamten Ausgaben oder eines nicht abgegrenzten Teils der Ausgaben erhalten,

sind Übersichten dem Haushaltsplan als Anlagen beizufügen oder in die Erläuterungen aufzunehmen. Das Bundesministerium der Finanzen kann Ausnahmen zulassen.

### § 27 Voranschläge

(1) Die Voranschläge sind von der für den Einzelplan zuständigen Stelle dem Bundesministerium der Finanzen zu dem von ihm zu bestimmenden Zeitpunkt zu übersenden. Das Bundesministerium der Finanzen kann verlangen, daß den Voranschlägen Organisations- und Stellenpläne beigefügt werden.

(2) Die für den Einzelplan zuständige Stelle übersendet die Voranschläge auch dem Bundesrechnungshof. Er kann hierzu Stellung nehmen.

### § 28 Aufstellung des Entwurfs des Haushaltsplans

(1) Das Bundesministerium der Finanzen prüft die Voranschläge und stellt den Entwurf des Haushaltsplans auf. Es kann die Voranschläge nach Benehmen mit den beteiligten Stellen ändern.

(2) Über Angelegenheiten von grundsätzlicher oder erheblicher finanzieller Bedeutung kann der zuständige Bundesminister die Entscheidung der Bundesregierung einholen. Entscheidet die Bundesregierung gegen oder ohne die Stimme des Bundesministers der Finanzen, so steht ihm ein Widerspruchsrecht zu. Das Nähere regelt die Geschäftsordnung der Bundesregierung.

(3) Abweichungen von den Voranschlägen des Bundespräsidenten und der Präsidenten des Bundestages, des Bundesrates, des Bundesverfassungsgerichts und des Bundesrechnungshofes sind vom Bundesministerium der Finanzen der Bundesregierung mitzuteilen, soweit den Änderungen nicht zugestimmt worden ist.

### § 29 Beschluß über den Entwurf des Haushaltsplans

(1) Der Entwurf des Haushaltsgesetzes wird mit dem Entwurf des Haushaltsplans von der Bundesregierung beschlossen.

(2) Einnahmen, Ausgaben, Verpflichtungsermächtigungen und Vermerke, die das Bundesministerium der Finanzen in den Entwurf des Haushaltsplans nicht aufgenommen hat, unterliegen auf Antrag des zuständigen Bundesministers der Beschlußfassung der Bundesregierung, wenn es sich um Angelegenheiten von grundsätzlicher oder erheblicher finanzieller Bedeutung handelt. Dasselbe gilt für Vorschriften des Entwurfs des Haushaltsgesetzes. Auf die Beschlußfassung der Bundesregierung ist § 28 Abs. 2 Satz 2 entsprechend anzuwenden. Das Nähere regelt die Geschäftsordnung der Bundesregierung.

(3) Weicht der Entwurf des Haushaltsplans von den Voranschlägen des Bundespräsidenten und der Präsidenten des Bundestages, des Bundesrates, des Bundesverfassungsgerichts und des Bundesrechnungshofes ab und ist der Änderung nicht zugestimmt worden, so sind die Teile, über die kein Einvernehmen erzielt worden ist, unverändert dem Entwurf des Haushaltsplans beizufügen.

### § 30 Vorlagefrist

Der Entwurf des Haushaltsgesetzes ist mit dem Entwurf des Haushaltsplans vor Beginn des Haushaltsjahres dem Bundesrat zuzuleiten und beim Bundestag einzubringen, in der Regel spätestens in der ersten Sitzungswoche des Bundestages nach dem 1. September.

### § 31 Finanzbericht

Zum Entwurf des Haushaltsgesetzes und des Haushaltsplans hat das Bundesministerium der Finanzen einen Bericht über den Stand und die voraussichtliche Entwicklung der Finanzwirtschaft auch im Zusammenhang mit der gesamtwirtschaftlichen Entwicklung zu erstatten.

### § 32 Ergänzungen zum Entwurf des Haushaltsplans

Auf Ergänzungen zum Entwurf des Haushaltsgesetzes und des Haushaltsplans sind die Teile I und II entsprechend anzuwenden.

### § 33 Nachtragshaushaltsgesetze

Auf Nachträge zum Haushaltsgesetz und zum Haushaltsplan sind die Teile I und II entsprechend anzuwenden. Der Entwurf ist bis zum Ende des Haushaltsjahres einzubringen.

Teil III

## Ausführung des Haushaltsplans

### § 34 Erhebung der Einnahmen, Bewirtschaftung der Ausgaben

(1) Einnahmen sind rechtzeitig und vollständig zu erheben.

(2) Ausgaben dürfen nur soweit und nicht eher geleistet werden, als sie zur wirtschaftlichen und sparsamen Verwaltung erforderlich sind. Die Ausgabemittel sind so zu bewirtschaften, daß sie zur Deckung aller Ausgaben ausreichen, die unter die einzelne Zweckbestimmung fallen.

(3) Absatz 2 gilt für die Inanspruchnahme von Verpflichtungsermächtigungen entsprechend.

### § 35 Bruttonachweis, Einzelnachweis

(1) Alle Einnahmen und Ausgaben sind mit ihrem vollen Betrag bei dem hierfür vorgesehenen Titel zu buchen, soweit sich aus § 15 Abs. 1 Satz 2 und 3 nichts anderes ergibt.

(2) Für denselben Zweck dürfen Ausgaben aus verschiedenen Titeln nur geleistet werden, soweit der Haushaltsplan dies zuläßt. Entsprechendes gilt für die Inanspruchnahme von Verpflichtungsermächtigungen.

### § 36 Aufhebung der Sperre

Nur mit vorheriger Zustimmung (Einwilligung) des Bundesministeriums der Finanzen dürfen Ausgaben, die durch Gesetz oder im Haushaltsplan als gesperrt bezeichnet sind, geleistet sowie Verpflichtungen zur Leistung solcher Ausgaben eingegangen werden. In den Fällen des § 22 Satz 3 hat das Bundesministerium der Finanzen die Einwilligung des Bundestages einzuholen.

### § 37 Über- und außerplanmäßige Ausgaben

(1) Überplanmäßige und außerplanmäßige Ausgaben bedürfen der Einwilligung des Bundesministeriums der Finanzen. Sie darf nur im Falle eines unvorhergesehenen und unabweisbaren Bedarfs erteilt werden. Als unabweisbar ist ein Bedarf insbesondere nicht anzusehen, wenn nach Lage des Einzelfalles ein Nachtragshaushaltsgesetz rechtzeitig herbeigeführt oder die Ausgabe bis zum nächsten Haushaltsgesetz zurückgestellt werden kann. Eines Nachtragshaushaltsgesetzes bedarf es nicht, wenn die Mehrausgabe im Einzelfall einen im Haushaltsgesetz festzulegenden Betrag nicht überschreitet oder wenn Rechtsverpflichtungen zu erfüllen sind. § 8 des Gesetzes zur Förderung der Stabilität und des Wachstums der Wirtschaft bleibt unberührt.

(2) Absatz 1 gilt auch für Maßnahmen, durch die für den Bund Verpflichtungen entstehen können, für die Ausgaben im Haushaltsplan nicht veranschlagt sind.

(3) Über- und außerplanmäßige Ausgaben sollen durch Einsparungen bei anderen Ausgaben in demselben Einzelplan ausgeglichen werden.

(4) Über- und außerplanmäßige Ausgaben sind dem Bundestag und dem Bundesrat vierteljährlich, in Fällen von grundsätzlicher oder erheblicher finanzieller Bedeutung unverzüglich mitzuteilen.

(5) Ausgaben, die ohne nähere Angabe des Verwendungszwecks veranschlagt sind, dürfen nicht überschritten werden.

(6) Mehrausgaben bei übertragbaren Ausgaben (Vorgriffe) sind unter den Voraussetzungen des Absatzes 1 Satz 1 und 2 auf die nächstjährige Bewilligung für den gleichen Zweck anzurechnen. Das Bundesministerium der Finanzen kann Ausnahmen zulassen.

**§ 38 Verpflichtungsermächtigungen**

(1) Maßnahmen, die den Bund zur Leistung von Ausgaben in künftigen Haushaltsjahren verpflichten können, sind nur zulässig, wenn der Haushaltsplan dazu ermächtigt. Im Falle eines unvorhergesehenen und unabweisbaren Bedarfs kann das Bundesministerium der Finanzen Ausnahmen zulassen; § 37 Abs. 1 Satz 3 ist entsprechend anzuwenden. Eines Nachtragshaushaltgesetzes bedarf es nicht, wenn im Einzelfall der Gesamtbetrag der überplanmäßigen oder außerplanmäßigen Verpflichtungsermächtigung einen im Haushaltsgesetz festzulegenden Betrag nicht überschreitet oder wenn Rechtsverpflichtungen zu erfüllen sind.

(2) Die Inanspruchnahme von Verpflichtungsermächtigungen bedarf der Einwilligung des Bundesministeriums der Finanzen, wenn

1. von den in § 16 bezeichneten Angaben erheblich abgewichen werden soll oder
2. in den Fällen des § 16 Satz 2 Jahresbeträge nicht angegeben sind.

Das Bundesministerium der Finanzen kann auf seine Befugnisse verzichten.

(3) Das Bundesministerium der Finanzen ist bei Maßnahmen nach Absatz 1 von grundsätzlicher oder erheblicher finanzieller Bedeutung über den Beginn und Verlauf von Verhandlungen zu unterrichten.

(4) Verpflichtungen für laufende Geschäfte dürfen eingegangen werden, ohne daß die Voraussetzungen der Absätze 1 und 2 vorliegen. Einer Verpflichtungsermächtigung bedarf es auch dann nicht, wenn zu Lasten übertragbarer Ausgaben Verpflichtungen eingegangen werden, die im folgenden Haushaltsjahr zu Ausgaben führen. Das Nähere regelt das Bundesministerium der Finanzen.

(5) Die Absätze 1 bis 4 sind auf Verträge im Sinne des Artikels 59 Abs. 2 Satz 1 des Grundgesetzes nicht anzuwenden.

### § 39 Gewährleistungen, Kreditzusagen

(1) Die Übernahme von Bürgschaften, Garantien oder sonstigen Gewährleistungen, die zu Ausgaben in künftigen Haushaltsjahren führen können, bedarf einer Ermächtigung durch Bundesgesetz, die der Höhe nach bestimmt ist.

(2) Kreditzusagen sowie die Übernahme von Bürgschaften, Garantien oder sonstigen Gewährleistungen bedürfen der Einwilligung des Bundesministeriums der Finanzen. Es ist an den Verhandlungen zu beteiligen. Es kann auf seine Befugnisse verzichten.

(3) Bei Maßnahmen nach Absatz 2 haben die zuständigen Dienststellen auszubedingen, daß sie oder ihre Beauftragten bei den Beteiligten jederzeit prüfen können,

1. ob die Voraussetzungen für die Kreditzusage oder ihre Erfüllung vorliegen oder vorgelegen haben,
2. ob im Falle der Übernahme einer Gewährleistung eine Inanspruchnahme des Bundes in Betracht kommen kann oder die Voraussetzungen für eine solche vorliegen oder vorgelegen haben.

Von der Ausbedingung eines Prüfungsrechts kann ausnahmsweise mit Einwilligung des Bundesministeriums der Finanzen abgesehen werden.

### § 40 Andere Maßnahmen von finanzieller Bedeutung

(1) Der Erlaß von Rechtsverordnungen und Verwaltungsvorschriften, der Abschluß von Tarifverträgen und die Gewährung von über- oder außertariflichen Leistungen sowie die Festsetzung oder Änderung von Entgelten für Verwaltungsleistungen bedürfen der Einwilligung des Bundesministeriums der Finanzen, wenn diese Regelungen zu Einnahmeminderungen oder zu zusätzlichen Ausgaben im laufenden Haushaltsjahr oder in künftigen Haushaltsjahren führen können. Satz 1 ist auf sonstige Maßnahmen von grundsätzlicher oder erheblicher finanzieller Bedeutung anzuwenden, wenn sie zu Einnahmeminderungen im laufenden Haushaltsjahr oder in künftigen Haushaltsjahren führen können.

(2) Auf die Mitwirkung des Bundes an Maßnahmen überstaatlicher oder zwischenstaatlicher Einrichtungen ist Absatz 1 Satz 1 entsprechend anzuwenden.

### § 41 Haushaltswirtschaftliche Sperre

Wenn die Entwicklung der Einnahmen oder Ausgaben es erfordert, kann das Bundesministerium der Finanzen nach Benehmen mit dem zuständigen Bundesminister es von seiner Einwilligung abhängig machen, ob Verpflichtungen eingegangen oder Ausgaben geleistet werden.

### § 42 Konjunkturpolitisch bedingte zusätzliche Ausgaben

Bei Vorlagen, die dem Bundestag und dem Bundesrat nach § 8 Abs. 1 des Gesetzes zur Förderung der Stabilität und des Wachstums der Wirtschaft zugeleitet werden, kann der Bundestag die Ausgaben kürzen.

## § 43 Kassenmittel, Betriebsmittel

(1) Das Bundesministerium der Finanzen ermächtigt im Rahmen der zur Verfügung stehenden Kassenmittel die zuständigen Behörden, in ihrem Geschäftsbereich innerhalb eines bestimmten Zeitraums die notwendigen Auszahlungen bis zur Höhe eines bestimmten Betrages leisten zu lassen (Betriebsmittel).

(2) Das Bundesministerium der Finanzen soll nicht sofort benötigte Kassenmittel so anlegen, daß über sie bei Bedarf verfügt werden kann.

## § 44 Zuwendungen, Verwaltung von Mitteln oder Vermögensgegenständen

(1) Zuwendungen dürfen nur unter den Voraussetzungen des § 23 gewährt werden. Dabei ist zu bestimmen, wie die zweckentsprechende Verwendung der Zuwendungen nachzuweisen ist. Außerdem ist ein Prüfungsrecht der zuständigen Dienststelle oder ihrer Beauftragten festzulegen. Verwaltungsvorschriften, welche die Regelung des Verwendungsnachweises und die Prüfung durch den Bundesrechnungshof (§ 91) betreffen, werden im Einvernehmen mit dem Bundesrechnungshof erlassen.

(2) Sollen Bundesmittel oder Vermögensgegenstände des Bundes von Stellen außerhalb der Bundesverwaltung verwaltet werden, ist Absatz 1 entsprechend anzuwenden.

(3) Juristischen Personen des privaten Rechts kann mit ihrem Einverständnis die Befugnis verliehen werden, Verwaltungsaufgaben auf dem Gebiet der Zuwendungen im eigenen Namen und in den Handlungsformen des öffentlichen Rechts wahrzunehmen, wenn sie die Gewähr für eine sachgerechte Erfüllung der ihnen übertragenen Aufgaben bieten und die Beleihung im öffentlichen Interesse liegt. Die Verleihung und die Entziehung der Befugnis obliegen dem zuständigen Bundesministerium; die Verleihung bedarf der Einwilligung des Bundesministeriums der Finanzen. Die Beliehene unterliegt der Aufsicht des zuständigen Bundesministeriums; dieses kann die Aufsicht auf nachgeordnete Behörden übertragen.

## § 45 Sachliche und zeitliche Bindung

(1) Ausgaben und Verpflichtungsermächtigungen dürfen nur zu dem im Haushaltsplan bezeichneten Zweck, soweit und solange er fortdauert, und nur bis zum Ende des Haushaltsjahres geleistet oder in Anspruch genommen werden. Nicht in Anspruch genommene Verpflichtungsermächtigungen gelten, wenn das Haushaltsgesetz für das nächste Haushaltsjahr nicht rechtzeitig verkündet wird, bis zur Verkündung dieses Haushaltsgesetzes.

(2) Bei übertragbaren Ausgaben können Ausgabereste gebildet werden, die für die jeweilige Zweckbestimmung über das Haushaltsjahr hinaus bis zum Ende des auf die Bewilligung folgenden zweitnächsten Haushaltsjahres verfügbar bleiben. Bei Bauten tritt an die Stelle des Haushaltsjahres der Bewilligung das Haushaltsjahr, in dem der Bau in seinen wesentlichen Teilen in Gebrauch

genommen ist. Das Bundesministerium der Finanzen kann im Einzelfall Ausnahmen zulassen.

(3) Die Inanspruchnahme von Ausgaberesten bedarf der Einwilligung des Bundesministeriums der Finanzen; die Einwilligung darf nur erteilt werden, wenn in demselben oder einem anderen Einzelplan Ausgaben in gleicher Höhe bis zum Ende des laufenden Haushaltsjahres nicht geleistet werden oder wenn Ausgabemittel zur Deckung der Ausgabereste veranschlagt worden sind (§ 19 Abs. 2).

(4) Das Bundesministerium der Finanzen kann in besonders begründeten Einzelfällen die Übertragbarkeit von Ausgaben zulassen, soweit Ausgaben für bereits bewilligte Maßnahmen noch im nächsten Haushaltsjahr zu leisten sind.

### § 46 Deckungsfähigkeit

Deckungsfähige Ausgaben dürfen, solange sie verfügbar sind, nach Maßgabe des § 20 Abs. 1 oder des Deckungsvermerks zugunsten einer anderen Ausgabe verwendet werden.

### § 47 Wegfall- und Umwandlungsvermerke

(1) Über Ausgaben, die der Haushaltsplan als künftig wegfallend bezeichnet, darf von dem Zeitpunkt an, mit dem die im Haushaltsplan bezeichnete Voraussetzung für den Wegfall erfüllt ist, nicht mehr verfügt werden. Entsprechendes gilt für Planstellen.

(2) Ist eine Planstelle ohne nähere Angabe als künftig wegfallend bezeichnet, darf die nächste freiwerdende Planstelle derselben Besoldungsgruppe für Beamte derselben Fachrichtung nicht wieder besetzt werden.

(3) Ist eine Planstelle ohne Bestimmung der Voraussetzungen als künftig umzuwandeln bezeichnet, gilt die nächste freiwerdende Planstelle derselben Besoldungsgruppe für Beamte derselben Fachrichtung im Zeitpunkt ihres Freiwerdens als in die Stelle umgewandelt, die in dem Umwandlungsvermerk angegeben ist.

(4) Die Absätze 1 bis 3 gelten für Stellen der Angestellten und Arbeiter entsprechend.

### § 48 Einstellung und Versetzung von Beamten

Einstellung und Versetzung von Beamten in den Bundesdienst bedürfen der Einwilligung des Bundesministeriums der Finanzen, wenn der Bewerber ein vom Bundesministerium der Finanzen allgemein festzusetzendes Lebensalter überschritten hat.

### § 49 Einweisung in eine Planstelle

(1) Ein Amt darf nur zusammen mit der Einweisung in eine besetzbare Planstelle verliehen werden.

(2) Wer als Beamter befördert wird, kann mit Wirkung vom Ersten des Monats, in dem seine Ernennung wirksam geworden ist, in die entsprechende, zu

diesem Zeitpunkt besetzbare Planstelle eingewiesen werden. Er kann mit Rückwirkung von höchstens drei Monaten, zum Ersten eines Monats, in eine besetzbare Planstelle eingewiesen werden, wenn er während dieser Zeit die Obliegenheiten dieses oder eines gleichwertigen Amtes wahrgenommen und die beamtenrechtlichen Voraussetzungen für die Beförderung erfüllt hat.

### § 50 Umsetzung von Mitteln und Planstellen

(1) Die Bundesregierung kann Mittel und Planstellen umsetzen, wenn Aufgaben von einer Verwaltung auf eine andere Verwaltung übergehen. Eines Beschlusses der Bundesregierung bedarf es nicht, wenn die beteiligten Bundesminister und das Bundesministerium der Finanzen über die Umsetzung einig sind.

(2) Eine Planstelle darf mit Einwilligung des Bundesministeriums der Finanzen in eine andere Verwaltung umgesetzt werden, wenn dort ein unvorhergesehener und unabweisbarer vordringlicher Personalbedarf besteht. Über den weiteren Verbleib der Planstelle ist im nächsten Haushaltsplan zu bestimmen.

(3) Bei Abordnungen können mit Einwilligung des Bundesministeriums der Finanzen die Personalausgaben für abgeordnete Beamte von der abordnenden Verwaltung bis zur Verkündung des nächsten Haushaltsgesetzes weitergezahlt werden

(4) Die Absätze 1 bis 3 gelten für Mittel und für Stellen der Angestellten und Arbeiter entsprechend.

(5) Für Beamte, die bei einer Vertretung des Bundes im Ausland verwendet werden, kann das Bundesministerium der Finanzen in besonders begründeten Ausnahmefällen für die Dauer von höchstens sechs Monaten eine Leerstelle schaffen.

### § 51 Besondere Personalausgaben

Personalausgaben, die nicht auf Gesetz oder Tarifvertrag beruhen, dürfen nur geleistet werden, wenn dafür Ausgabemittel besonders zur Verfügung gestellt sind.

### § 52 Nutzungen und Sachbezüge

Nutzungen und Sachbezüge dürfen Angehörigen des öffentlichen Dienstes nur gegen angemessenes Entgelt gewährt werden, soweit nicht durch Gesetz oder Tarifvertrag oder im Haushaltsplan etwas anderes bestimmt ist. Die Bundesregierung kann für die Benutzung von Dienstfahrzeugen Ausnahmen zulassen. Das Nähere für die Zuweisung, Nutzung, Verwaltung und Festsetzung des Nutzungswertes von Dienstwohnungen regelt das Bundesministerium der Finanzen. Die Dienstwohnungen mit Ausnahme der Dienstwohnungen für Angestellte und Arbeiter sind im Haushaltsplan auszubringen.

### § 53 Billigkeitsleistungen

Leistungen aus Gründen der Billigkeit dürfen nur gewährt werden, wenn dafür Ausgabemittel besonders zur Verfügung gestellt sind.

### § 54 Baumaßnahmen, größere Beschaffungen, größere Entwicklungsvorhaben

(1) Baumaßnahmen dürfen nur begonnen werden, wenn ausführliche Entwurfszeichnungen und Kostenberechnungen vorliegen, es sei denn, daß es sich um kleine Maßnahmen handelt. In den Zeichnungen und Berechnungen darf von den in § 24 bezeichneten Unterlagen nur insoweit abgewichen werden, als die Änderung nicht erheblich ist; weitergehende Ausnahmen bedürfen der Einwilligung des Bundesministeriums der Finanzen.

(2) Größeren Beschaffungen und größeren Entwicklungsvorhaben sind ausreichende Unterlagen zugrunde zu legen. Absatz 1 Satz 2 gilt entsprechend.

### § 55 Öffentliche Ausschreibung

(1) Dem Abschluß von Verträgen über Lieferungen und Leistungen muß eine öffentliche Ausschreibung vorausgehen, sofern nicht die Natur des Geschäfts oder besondere Umstände eine Ausnahme rechtfertigen.

(2) Beim Abschluß von Verträgen ist nach einheitlichen Richtlinien zu verfahren.

### § 56 Vorleistungen

(1) Vor Empfang der Gegenleistung dürfen Leistungen des Bundes nur vereinbart oder bewirkt werden, wenn dies allgemein üblich oder durch besondere Umstände gerechtfertigt ist.

(2) Werden Zahlungen vor Fälligkeit an den Bund entrichtet, kann nach Richtlinien des Bundesministeriums der Finanzen ein angemessener Abzug gewährt werden.

### § 57 Verträge mit Angehörigen des öffentlichen Dienstes

Zwischen Angehörigen des öffentlichen Dienstes und ihrer Dienststelle dürfen Verträge nur mit Einwilligung des zuständigen Bundesministeriums abgeschlossen werden. Dieses kann seine Befugnis auf nachgeordnete Dienststellen übertragen. Satz 1 gilt nicht bei öffentlichen Ausschreibungen und Versteigerungen sowie in Fällen, für die allgemein Entgelte festgesetzt sind.

### § 58 Änderung von Verträgen, Vergleiche

(1) Das zuständige Bundesministerium darf

1. Verträge zum Nachteil des Bundes nur in besonders begründeten Ausnahmefällen aufheben oder ändern,
2. einen Vergleich nur abschließen, wenn dies für den Bund zweckmäßig und wirtschaftlich ist.

Das zuständige Bundesministerium kann seine Befugnisse übertragen.

(2) Maßnahmen nach Absatz 1 bedürfen der Einwilligung des Bundesministeriums der Finanzen, soweit es nicht darauf verzichtet.

### § 59 Veränderung von Ansprüchen

(1) Das zuständige Bundesministerium darf Ansprüche nur

1. stunden, wenn die sofortige Einziehung mit erheblichen Härten für den Anspruchsgegner verbunden wäre und der Anspruch durch die Stundung nicht gefährdet wird. Die Stundung soll gegen angemessene Verzinsung und in der Regel nur gegen Sicherheitsleistung gewährt werden,
2. niederschlagen, wenn feststeht, daß die Einziehung keinen Erfolg haben wird, oder wenn die Kosten der Einziehung außer Verhältnis zur Höhe des Anspruchs stehen,
3. erlassen, wenn die Einziehung nach Lage des einzelnen Falles für den Anspruchsgegner eine besondere Härte bedeuten würde. Das gleiche gilt für die Erstattung oder Anrechnung von geleisteten Beträgen und für die Freigabe von Sicherheiten.

Das zuständige Bundesministerium kann seine Befugnisse übertragen.

(2) Maßnahmen nach Absatz 1 bedürfen der Einwilligung des Bundesministeriums der Finanzen, soweit es nicht darauf verzichtet.

(3) Andere Regelungen in Rechtsvorschriften bleiben unberührt.

### § 60 Vorschüsse, Verwahrungen

(1) Als Vorschuß darf eine Ausgabe nur gebucht werden, wenn die Verpflichtung zur Leistung zwar feststeht, die Ausgabe aber noch nicht endgültig gebucht werden kann. Ein Vorschuß ist bis zum Ende des zweiten auf seine Entstehung folgenden Haushaltsjahres endgültig zu buchen; Ausnahmen bedürfen der Einwilligung des Bundesministeriums der Finanzen.

(2) In Verwahrung darf eine Einzahlung nur genommen werden, solange sie nicht endgültig gebucht werden kann. Aus den Verwahrgeldern dürfen nur die mit ihnen im Zusammenhang stehenden Auszahlungen geleistet werden.

(3) Kassenverstärkungskredite sind wie Verwahrungen zu behandeln.

### § 61 Interne Verrechnungen

(1) Innerhalb der Bundesverwaltung dürfen Vermögensgegenstände für andere Zwecke als die, für die sie beschafft wurden, nur gegen Erstattung ihres vollen Wertes abgegeben werden, soweit sich aus dem Haushaltsplan nichts anderes ergibt. Aufwendungen einer Dienststelle für eine andere sind zu erstatten; andere Regelungen in Rechtsvorschriften bleiben unberührt. Ein Schadenausgleich zwischen Dienststellen unterbleibt.

(2) Absatz 1 gilt nicht, wenn der Wert der abzugebenden Vermögensgegenstände oder die zu erstattenden Aufwendungen einen bestimmten, vom Bundesministerium der Finanzen festzusetzenden Betrag nicht überschreiten oder das Bundesministerium der Finanzen weitere Ausnahmen zuläßt.

(3) Der Wert der abgegebenen Vermögensgegenstände und die Aufwendungen sind stets zu erstatten, wenn Bundesbetriebe oder Sondervermögen des Bundes beteiligt sind. Entsprechendes gilt für den Ausgleich von Schäden. Im Wege der Verwaltungsvereinbarung können andere Regelungen getroffen werden, soweit sie aus Gründen der Verwaltungsvereinfachung dringend geboten sind.

(4) Für die Nutzung von Vermögensgegenständen gelten die Absätze 1 bis 3 entsprechend.

## § 62 Kassenverstärkungsrücklage

Zur Aufrechterhaltung einer ordnungsmäßigen Kassenwirtschaft ohne Inanspruchnahme von Kreditermächtigungen (§ 18 Abs. 2 Nr. 2) soll durch möglichst regelmäßige Zuführung von Haushaltsmitteln eine Kassenverstärkungsrücklage bei der Deutschen Bundesbank angesammelt werden.

## § 63 Erwerb und Veräußerung von Vermögensgegenständen

(1) Vermögensgegenstände sollen nur erworben werden, soweit sie zur Erfüllung der Aufgaben des Bundes in absehbarer Zeit erforderlich sind.

(2) Vermögensgegenstände dürfen nur veräußert werden, wenn sie zur Erfüllung der Aufgaben des Bundes in absehbarer Zeit nicht benötigt werden. Unbewegliche Vermögensgegenstände, die zur Erfüllung der Aufgaben des Bundes weiterhin benötigt werden, dürfen zur langfristigen Eigennutzung veräußert werden, wenn auf diese Weise die Aufgaben des Bundes nachweislich wirtschaftlicher erfüllt werden können.

(3) Vermögensgegenstände dürfen nur zu ihrem vollen Wert veräußert werden. Ausnahmen können im Haushaltsplan zugelassen werden. Ist der Wert gering oder besteht ein dringendes Bundesinteresse, so kann das Bundesministerium der Finanzen Ausnahmen zulassen.

(4) Für die Überlassung der Nutzung eines Vermögensgegenstandes gelten die Absätze 2 und 3 entsprechend.

## § 64 Grundstücke

(1) Bundeseigene Grundstücke dürfen nur mit Einwilligung des Bundesministeriums der Finanzen und des für das Bundesvermögen zuständigen Bundesministeriums veräußert werden; die Bundesministerien können auf ihre Mitwirkung verzichten.

(2) Haben Grundstücke erheblichen Wert oder besondere Bedeutung und ist ihre Veräußerung im Haushaltsplan nicht vorgesehen, so dürfen sie nur mit Einwilligung des Bundestages und des Bundesrates veräußert werden, soweit nicht aus zwingenden Gründen eine Ausnahme hiervon geboten ist. Ist die Zustimmung nicht eingeholt worden, so sind der Bundestag und der Bundesrat alsbald von der Veräußerung zu unterrichten.

(3) Für zu erwerbende oder zu veräußernde Grundstücke ist eine Wertermittlung aufzustellen.

(4) Dingliche Rechte dürfen an bundeseigenen Grundstücken nur gegen angemessenes Entgelt bestellt werden. Die Bestellung bedarf der Einwilligung des Bundesministeriums der Finanzen und des für das Bundesvermögen zuständigen Bundesministeriums; die Bundesministerien können auf ihre Mitwirkung verzichten.

(5) Beim Erwerb von Grundstücken können Hypotheken, Grund- und Rentenschulden unter Anrechnung auf den Kaufpreis ohne die Voraussetzungen des § 38 Abs. 1 übernommen werden.

### § 65 Beteiligung an privatrechtlichen Unternehmen

(1) Der Bund soll sich, außer in den Fällen des Absatzes 5, an der Gründung eines Unternehmens in einer Rechtsform des privaten Rechts oder an einem bestehenden Unternehmen in einer solchen Rechtsform nur beteiligen, wenn

1. ein wichtiges Interesse des Bundes vorliegt und sich der vom Bund angestrebte Zweck nicht besser und wirtschaftlicher auf andere Weise erreichen läßt,
2. die Einzahlungsverpflichtung des Bundes auf einen bestimmten Betrag begrenzt ist,
3. der Bund einen angemessenen Einfluß, insbesondere im Aufsichtsrat oder in einem entsprechenden Überwachungsorgan erhält,
4. gewährleistet ist, daß der Jahresabschluß und der Lagebericht, soweit nicht weitergehende gesetzliche Vorschriften gelten oder andere gesetzliche Vorschriften entgegenstehen, in entsprechender Anwendung der Vorschriften des Dritten Buchs des Handelsgesetzbuchs für große Kapitalgesellschaften aufgestellt und geprüft werden.

(2) Das zuständige Bundesministerium hat die Einwilligung des Bundesministeriums der Finanzen einzuholen und das für das Bundesvermögen zuständige Bundesministerium zu beteiligen, bevor der Bund Anteile an einem Unternehmen erwirbt, seine Beteiligung erhöht oder sie ganz oder zum Teil veräußert. Entsprechendes gilt bei der Änderung des Nennkapitals oder des Gegenstandes des Unternehmens oder bei einer Änderung des Einflusses des Bundes. Das Bundesministerium der Finanzen ist an den Verhandlungen zu beteiligen.

(3) Das zuständige Bundesministerium soll darauf hinwirken, daß ein Unternehmen, an dem der Bund unmittelbar oder mittelbar mit Mehrheit beteiligt ist, nur mit seiner Zustimmung eine Beteiligung von mehr als dem vierten Teil der Anteile eines anderen Unternehmens erwirbt, eine solche Beteiligung erhöht oder sie ganz oder zum Teil veräußert. Es hat vor Erteilung seiner Zustimmung die Einwilligung des Bundesministeriums der Finanzen einzuholen und das für das Bundesvermögen zuständige Bundesministerium zu beteiligen. Die Grundsätze des Absatzes 1 Nr. 3 und 4 sowie des Absatzes 2 Satz 2 gelten entsprechend.

(4) Das Bundesministerium der Finanzen und das für das Bundesvermögen zuständige Bundesministerium können auf die Ausübung der Befugnisse nach den Absätzen 2 und 3 verzichten.

(5) An einer Genossenschaft soll sich der Bund nur beteiligen, wenn die Haftpflicht der Mitglieder für die Verbindlichkeiten der Genossenschaft dieser gegenüber im voraus auf eine bestimmte Summe beschränkt ist. Die Beteiligung des Bundes an einer Genossenschaft bedarf der Einwilligung des Bundesministeriums der Finanzen.

(6) Das zuständige Bundesministerium soll darauf hinwirken, daß die auf Veranlassung des Bundes gewählten oder entsandten Mitglieder der Aufsichtsorgane der Unternehmen bei ihrer Tätigkeit auch die besonderen Interessen des Bundes berücksichtigen.

(7) Haben Anteile an Unternehmen besondere Bedeutung und ist deren Veräußerung im Haushaltsplan nicht vorgesehen, so dürfen sie nur mit Einwilligung des Bundestages und des Bundesrates veräußert werden, soweit nicht aus zwingenden Gründen eine Ausnahme geboten ist. Ist die Zustimmung nicht eingeholt worden, so sind der Bundestag und der Bundesrat alsbald von der Veräußerung zu unterrichten.

## § 66 Unterrichtung des Bundesrechnungshofes

Besteht eine Mehrheitsbeteiligung im Sinne des § 53 des Haushaltsgrundsätzegesetzes, so hat das zuständige Bundesministerium daraufhinzuwirken, daß dem Bundesrechnungshof die in § 54 des Haushaltsgrundsätzegesetzes bestimmten Befugnisse eingeräumt werden.

## § 67 Prüfungsrecht durch Vereinbarung

Besteht keine Mehrheitsbeteiligung im Sinne des § 53 des Haushaltsgrundsätzegesetzes, so soll das zuständige Bundesministerium, soweit das Interesse des Bundes dies erfordert, bei Unternehmen, die nicht Aktiengesellschaften, Kommanditgesellschaften auf Aktien oder Genossenschaften sind, darauf hinwirken, daß dem Bund in der Satzung oder im Gesellschaftsvertrag die Befugnisse nach den §§ 53 und 54 des Haushaltsgrundsätzegesetzes eingeräumt werden. Bei mittelbaren Beteiligungen gilt dies nur, wenn die Beteiligung den vierten Teil der Anteile übersteigt und einem Unternehmen zusteht, an dem der Bund allein oder zusammen mit anderen Gebietskörperschaften mit Mehrheit im Sinne des § 53 des Haushaltsgrundsätzegesetzes beteiligt ist.

## § 68 Zuständigkeitsregelungen

(1) Die Rechte nach § 53 Abs. 1 des Haushaltsgrundsätzegesetzes übt das für die Beteiligung zuständige Bundesministerium aus. Bei der Wahl oder Bestellung der Prüfer nach § 53 Abs. 1 Nr. 1 des Haushaltsgrundsätzegesetzes übt das zuständige Bundesministerium die Rechte des Bundes im Einvernehmen mit dem Bundesrechnungshof aus.

(2) Einen Verzicht auf die Ausübung der Rechte des § 53 Abs. 1 des Haushaltsgrundsätzegesetzes erklärt das zuständige Bundesministerium im Einvernehmen mit dem Bundesministerium der Finanzen, dem für das Bundesvermögen zuständigen Bundesministerium und dem Präsidenten des Bundesrechnungshofes.

## § 69 Unterrichtung des Bundesrechnungshofes

Das zuständige Bundesministerium übersendet dem Bundesrechnungshof innerhalb von drei Monaten nach der Haupt- oder Gesellschafterversammlung, die den Jahresabschluß für das abgelaufene Geschäftsjahr entgegennimmt oder festzustellen hat,

1. die Unterlagen, die dem Bund als Aktionär oder Gesellschafter zugänglich sind,
2. die Berichte, welche die auf seine Veranlassung gewählten oder entsandten Mitglieder des Überwachungsorgans unter Beifügung aller ihnen über das Unternehmen zur Verfügung stehenden Unterlagen zu erstatten haben,
3. die ihm nach § 53 des Haushaltsgrundsätzegesetzes und nach § 67 zu übersendenden Prüfungsberichte.

Es teilt dabei das Ergebnis seiner Prüfung mit.

### § 69a Parlamentarische Kontrolle von Bundesbeteiligungen

(1) Die Bundesregierung unterrichtet den Deutschen Bundestag über alle grundsätzlichen und wesentlichen Fragen der Beteiligungen des Bundes an privatrechtlichen Unternehmen sowie der Beteiligungsverwaltung durch die Bundesregierung. Die Unterrichtung umfasst auch die Beteiligungen des Bundes nach § 112 Absatz 2.

(2) Die Unterrichtung nach Absatz 1 erfolgt regelmäßig gegenüber dem Gremium nach § 3 des Gesetzes zur Regelung des Schuldenwesens des Bundes. § 3 Absatz 2 Satz 2 und 3 und Absatz 3 des Gesetzes zur Regelung des Schuldenwesens des Bundes gelten entsprechend. Auf Beschluss des Gremiums ist der Haushaltsausschuss mit der Unterrichtung zu befassen.

(3) Sofern grundsätzliche und wesentliche Fragen gemäß Absatz 1 die Gründung, den Erwerb, die Veräußerung von Unternehmen oder Änderung an bestehenden Beteiligungen durch den Bund sowie Übertragungen wesentlicher Vermögenspositionen berühren, soll das Gremium nach Absatz 2 zeitnah unterrichtet werden. Die Vorschriften des § 65 Absatz 7 bleiben davon unberührt.

(4) Die Rechte des Deutschen Bundestages und seiner Ausschüsse bleiben unberührt.

## Teil IV
## Zahlungen, Buchführung und Rechnungslegung

### § 70 Zahlungen

Zahlungen dürfen nur von Kassen und Zahlstellen angenommen oder geleistet werden. Die Anordnung der Zahlung muß durch das zuständige Ministerium oder die von ihm ermächtigte Dienststelle schriftlich oder auf elektronischem Wege erteilt werden. Das Bundesministerium der Finanzen kann Ausnahmen zulassen.

### § 71 Buchführung

(1) Über Zahlungen ist nach der im Haushaltsplan oder sonst vorgesehenen Ordnung in zeitlicher Folge Buch zu führen. Über eingegangene Verpflichtun-

gen sowie über Geldforderungen des Bundes, die von Bundesbehörden verwaltet werden, ist nach Richtlinien des Bundesministeriums der Finanzen Buch zu führen. Für andere Bewirtschaftungsvorgänge kann das Bundesministerium der Finanzen die Buchführung anordnen.

(2) Einnahmen und Ausgaben auf Einnahme- und Ausgabereste (Haushaltsreste) aus Vorjahren,

1. für die im Haushaltsplan des laufenden Haushaltsjahres wiederum ein Titel vorgesehen ist, sind bei diesem zu buchen,
2. für die im Haushaltsplan des laufenden Haushaltsjahres kein Titel vorgesehen ist, sind an der Stelle zu buchen, an der sie im Falle der Veranschlagung im Haushaltsplan vorzusehen gewesen wären.

(3) Absatz 2 Nr. 2 gilt entsprechend für außerplanmäßige Einnahmen und Ausgaben.

## § 72 Buchung nach Haushaltsjahren

(1) Zahlungen, eingegangene Verpflichtungen, Geldforderungen sowie andere Bewirtschaftungsvorgänge, für die nach § 71 Abs. 1 Satz 3 die Buchführung angeordnet ist, sind nach Haushaltsjahren getrennt zu buchen.

(2) Alle Zahlungen mit Ausnahme der Fälle nach den Absätzen 3 und 4 sind für das Haushaltsjahr zu buchen, in dem sie eingegangen oder geleistet worden sind.

(3) Zahlungen, die im abgelaufenen Haushaltsjahr fällig waren, jedoch erst später eingehen oder geleistet werden, sind in den Büchern des abgelaufenen Haushaltsjahres zu buchen, solange die Bücher nicht abgeschlossen sind.

(4) Für das neue Haushaltsjahr sind zu buchen:

1. Einnahmen, die im neuen Haushaltsjahr fällig werden, jedoch vorher eingehen;
2. Ausgaben, die im neuen Haushaltsjahr fällig werden, jedoch wegen des fristgerechten Eingangs beim Empfänger vorher gezahlt werden müssen;
3. im voraus zu zahlende Dienst-, Versorgungs- und entsprechende Bezüge sowie Renten für den ersten Monat des neuen Haushaltsjahres.

(5) Die Absätze 3 und 4 Nr. 1 gelten nicht für Steuern, Gebühren, andere Abgaben, Geldstrafen, Geldbußen sowie damit zusammenhängende Kosten.

(6) Ausnahmen von den Absätzen 2 bis 4 können im Haushaltsplan zugelassen werden.

## § 73 Vermögensbuchführung, integrierte Buchführung

(1) Über das Vermögen und die Schulden ist Buch zu führen oder ein anderer Nachweis zu erbringen. Das Nähere regelt das Bundesministerium der Finanzen im Einvernehmen mit dem Bundesrechnungshof.

(2) Die Buchführung über das Vermögen und die Schulden ist mit der Buchführung über die Einnahmen und Ausgaben zu verbinden.

### § 74 Buchführung bei Bundesbetrieben

(1) Bundesbetriebe, die nach § 26 Abs. 1 Satz 1 einen Wirtschaftsplan aufstellen und bei denen eine Buchführung nach den §§ 71 bis 79 nicht zweckmäßig ist, haben nach den Regeln der kaufmännischen doppelten Buchführung zu buchen.

(2) Das zuständige Bundesministerium kann im Einvernehmen mit dem Bundesministerium der Finanzen und dem Bundesrechnungshof anordnen, daß bei Bundesbetrieben zusätzlich eine Betriebsbuchführung eingerichtet wird, wenn dies aus betriebswirtschaftlichen Gründen zweckmäßig ist.

(3) Geschäftsjahr ist das Haushaltsjahr. Ausnahmen kann das zuständige Bundesministerium im Einvernehmen mit dem Bundesministerium der Finanzen zulassen.

### § 75 Belegpflicht

Alle Buchungen sind zu belegen.

### § 76 Abschluß der Bücher

(1) Die Bücher sind jährlich abzuschließen. Das Bundesministerium der Finanzen bestimmt den Zeitpunkt des Abschlusses.

(2) Nach dem Abschluß der Bücher dürfen Einnahmen oder Ausgaben nicht mehr für den abgelaufenen Zeitraum gebucht werden.

### § 77 Kassensicherheit

Wer Anordnungen im Sinne des § 70 erteilt oder an ihnen verantwortlich mitwirkt, darf an Zahlungen oder Buchungen nicht beteiligt sein. Das Bundesministerium der Finanzen kann zulassen, daß die Kassensicherheit auf andere Weise gewährleistet wird.

### § 78 Unvermutete Prüfungen

Für Zahlungen oder Buchungen zuständige Stellen sind mindestens jährlich, für die Verwaltung von Vorräten zuständige Stellen mindestens alle zwei Jahre unvermutet zu prüfen. Das Bundesministerium der Finanzen kann Ausnahmen zulassen.

### § 79 Bundeskassen, Verwaltungsvorschriften

(1) Die Aufgaben der Kassen bei der Annahme und der Leistung von Zahlungen für den Bund werden für alle Stellen innerhalb und außerhalb der Bundesverwaltung von den Bundeskassen wahrgenommen, soweit es sich nicht um die Erhebung von Steuern handelt, die von den Landesfinanzbehörden verwaltet werden.

(2) Die Zentralkasse besteht beim Bundesministerium der Finanzen. Das Bundesministerium der Finanzen kann bestimmen, dass die Zentralkasse bei einer Bundesbehörde seines Geschäftsbereichs eingerichtet wird.

(3) Die Bundeskassen sind bei der Generalzolldirektion zu errichten.

(4) Das Bundesministerium der Finanzen regelt das Nähere

1. über die Einrichtung, den Zuständigkeitsbereich und das Verwaltungsverfahren der für Zahlungen und Buchungen zuständigen Stellen des Bundes im Benehmen mit dem zuständigen Bundesministerium,
2. über die Einrichtung der Bücher und Belege im Einvernehmen mit dem Bundesrechnungshof.

(5) Das Bundesministerium der Finanzen kann im Einvernehmen mit dem Bundesrechnungshof Vereinfachungen für die Buchführung und die Belegung der Buchungen allgemein anordnen. Der Bundesrechnungshof kann im Einvernehmen mit dem zuständigen Bundesministerium im Einzelfall Vereinfachungen zulassen.

### § 80 Rechnungslegung

(1) Die zuständigen Stellen haben für jedes Haushaltsjahr auf der Grundlage der abgeschlossenen Bücher Rechnung zu legen. Das Bundesministerium der Finanzen kann im Einvernehmen mit dem Bundesrechnungshof bestimmen, daß für einen anderen Zeitraum Rechnung zu legen ist.

(2) *(weggefallen)*

(3) Auf der Grundlage der abgeschlossenen Bücher stellt das Bundesministerium der Finanzen für jedes Haushaltsjahr die Haushaltsrechnung und die Vermögensrechnung auf.

### § 81 Gliederung der Haushaltsrechnung

(1) In der Haushaltsrechnung sind die Einnahmen und Ausgaben nach der in § 71 bezeichneten Ordnung den Ansätzen des Haushaltsplans unter Berücksichtigung der Haushaltsreste und der Vorgriffe gegenüberzustellen.

(2) Bei den einzelnen Titeln und entsprechend bei den Schlußsummen sind besonders anzugeben:

1. bei den Einnahmen:
   a) die Ist-Einnahmen,
   b) die zu übertragenden Einnahmereste,
   c) die Summe der Ist-Einnahmen und der zu übertragenden Einnahmereste,
   d) die vermögenswirksamen Beträge der Ist-Einnahmen, soweit eine Vermögensbuchführung besteht,
   e) die veranschlagten Einnahmen,
   f) die aus dem Vorjahr übertragenen Einnahmereste,
   g) die Summe der veranschlagten Einnahmen und der übertragenen Einnahmereste,
   h) der Mehr- oder Minderbetrag der Summe aus Buchstabe c gegenüber der Summe aus Buchstabe g;
2. bei den Ausgaben:
   a) die Ist-Ausgaben,
   b) die zu übertragenden Ausgabereste oder die Vorgriffe,

c) die Summe der Ist-Ausgaben und der zu übertragenden Ausgabereste oder der Vorgriffe,
d) die vermögenswirksamen Beträge der Ist-Ausgaben, soweit eine Vermögensbuchführung besteht,
e) die veranschlagten Ausgaben,
f) die aus dem Vorjahr übertragenen Ausgabereste oder die Vorgriffe,
g) die Summe der veranschlagten Ausgaben und der übertragenen Ausgabereste oder der Vorgriffe,
h) der Mehr- oder Minderbetrag der Summe aus Buchstabe c gegenüber der Summe aus Buchstabe g,
i) der Betrag der über- oder außerplanmäßigen Ausgaben sowie der Vorgriffe.

(3) Für die jeweiligen Titel und entsprechend für die Schlußsummen ist die Höhe der eingegangenen Verpflichtungen und der Geldforderungen im Sinne des § 71 Abs. 1 Satz 2 besonders anzugeben.

(4) In den Fällen des § 25 Abs. 2 ist die Verminderung des Kreditbedarfs zugleich mit dem Nachweis des Überschusses darzustellen.

### § 82 Kassenmäßiger Abschluß

In dem kassenmäßigen Abschluß sind nachzuweisen:

1. a) die Summe der Ist-Einnahmen,
   b) die Summe der Ist-Ausgaben,
   c) der Unterschied aus Buchstabe a und Buchstabe b (kassenmäßiges Jahresergebnis),
   d) die haushaltsmäßig noch nicht abgewickelten kassenmäßigen Jahresergebnisse früherer Jahre,
   e) das kassenmäßige Gesamtergebnis aus Buchstabe c und Buchstabe d;
2. a) die Summe der Ist-Einnahmen mit Ausnahme der Einnahmen aus Krediten vom Kreditmarkt, der Entnahmen aus Rücklagen, der Einnahmen aus kassenmäßigen Überschüssen und der Münzeinnahmen,
   b) die Summe der Ist-Ausgaben mit Ausnahme der Ausgaben zur Schuldentilgung am Kreditmarkt, der Zuführungen an Rücklagen und der Ausgaben zur Deckung eines kassenmäßigen Fehlbetrags,
   c) der Finanzierungssaldo aus Buchstabe a und Buchstabe b.

### § 83 Haushaltsabschluß

In dem Haushaltsabschluß sind nachzuweisen:

1. a) das kassenmäßige Jahresergebnis nach § 82 Nr. 1 Buchstabe c,
   b) das kassenmäßige Gesamtergebnis nach § 82 Nr. 1 Buchstabe e;
2. a) die aus dem Vorjahr übertragenen Einnahmereste und Ausgabereste,
   b) die in das folgende Haushaltsjahr zu übertragenden Einnahmereste und Ausgabereste,
   c) der Unterschied aus Buchstabe a und Buchstabe b,
   d) das rechnungsmäßige Jahresergebnis aus Nummer 1 Buchstabe a und Nummer 2 Buchstabe c,

e) das rechnungsmäßige Gesamtergebnis aus Nummer 1 Buchstabe b und Nummer 2 Buchstabe b;
3. die Höhe der eingegangenen Verpflichtungen und der Geldforderungen im Sinne des § 71 Abs. 1 Satz 2.

### § 84 Abschlußbericht

Der kassenmäßige Abschluß und der Haushaltsabschluß sind in einem Bericht zu erläutern.

### § 85 Übersichten zur Haushaltsrechnung

Der Haushaltsrechnung sind Übersichten beizufügen über
1. die über- und außerplanmäßigen Ausgaben einschließlich der Vorgriffe und ihre Begründung,
2. die Einnahmen und Ausgaben sowie den Bestand an Sondervermögen und Rücklagen,
3. den Jahresabschluß bei Bundesbetrieben
4. die Gesamtbeträge der nach § 59 erlassenen Ansprüche nach Geschäftsbereichen,
5. die nicht veranschlagten Einnahmen aus der Veräußerung von Vermögensgegenständen.

### § 86 Vermögensrechnung

In der Vermögensrechnung sind der Bestand des Vermögens und der Schulden zu Beginn des Haushaltsjahres, die Veränderungen während des Haushaltsjahres und der Bestand zum Ende des Haushaltsjahres nachzuweisen.

### § 87 Rechnungslegung der Bundesbetriebe

(1) Bundesbetriebe, die nach den Regeln der kaufmännischen doppelten Buchführung buchen, stellen einen Jahresabschluß sowie einen Lagebericht in entsprechender Anwendung der Vorschrift des § 264 Abs. 1 Satz 1 des Handelsgesetzbuchs auf. Das zuständige Bundesministerium kann im Einvernehmen mit dem Bundesministerium der Finanzen auf die Aufstellung des Lageberichts verzichten. Die §§ 80 bis 85 sollen angewandt werden, soweit sie mit den Regeln der kaufmännischen doppelten Buchführung zu vereinbaren sind.

(2) Ist eine Betriebsbuchführung eingerichtet, so ist die Betriebsergebnisabrechnung dem Bundesministerium der Finanzen und dem Bundesrechnungshof zu übersenden.

Teil V

## Rechnungsprüfung

### § 88 Aufgaben des Bundesrechnungshofes

(1) Die gesamte Haushalts- und Wirtschaftsführung des Bundes einschließlich seiner Sondervermögen und Betriebe wird von dem Bundesrechnungshof nach Maßgabe der folgenden Bestimmungen geprüft.

(2) Der Bundesrechnungshof kann auf Grund von Prüfungserfahrungen den Bundestag, den Bundesrat, die Bundesregierung und einzelne Bundesministerien beraten. Soweit der Bundesrechnungshof den Bundestag oder den Bundesrat berät, unterrichtet er gleichzeitig die Bundesregierung.

### § 89 Prüfung

(1) Der Bundesrechnungshof prüft

1. die Einnahmen, Ausgaben, Verpflichtungen zur Leistung von Ausgaben, das Vermögen und die Schulden,
2. Maßnahmen, die sich finanziell auswirken können,
3. Verwahrungen und Vorschüsse,
4. die Verwendung der Mittel, die zur Selbstbewirtschaftung zugewiesen sind.

(2) Der Bundesrechnungshof kann nach seinem Ermessen die Prüfung beschränken und Rechnungen ungeprüft lassen.

### § 90 Inhalt der Prüfung

Die Prüfung erstreckt sich auf die Einhaltung der für die Haushalts- und Wirtschaftsführung geltenden Vorschriften und Grundsätze, insbesondere darauf, ob

1. das Haushaltsgesetz und der Haushaltsplan eingehalten worden sind,
2. die Einnahmen und Ausgaben begründet und belegt sind und die Haushaltsrechnung und die Vermögensrechnung ordnungsgemäß aufgestellt sind,
3. wirtschaftlich und sparsam verfahren wird,
4. die Aufgabe mit geringerem Personal- oder Sachaufwand oder auf andere Weise wirksamer erfüllt werden kann.

### § 91 Prüfung bei Stellen außerhalb der Bundesverwaltung

(1) Der Bundesrechnungshof ist vorbehaltlich anderer gesetzlicher Regelungen berechtigt, bei Stellen außerhalb der Bundesverwaltung zu prüfen, wenn sie

1. Teile des Bundeshaushaltsplans ausführen oder vom Bund Ersatz von Aufwendungen erhalten,
2. Bundesmittel oder Vermögensgegenstände des Bundes verwalten
3. vom Bund Zuwendungen erhalten oder
4. als juristische Personen des privaten Rechts, an denen der Bund einschließlich seiner Sondervermögen unmittelbar oder mittelbar mit Mehrheit beteiligt ist, nicht im Wettbewerb stehen, bestimmungsgemäß ganz oder überwiegend öffentliche Aufgaben erfüllen oder diesem Zweck dienen und

hierfür Haushaltsmittel oder Gewährleistungen des Bundes oder eines seiner Sondervermögen erhalten.

Leiten diese Stellen die Mittel an Dritte weiter, so kann der Bundesrechnungshof auch bei diesen prüfen.

(2) Die Prüfung erstreckt sich auf die bestimmungsmäßige und wirtschaftliche Verwaltung und Verwendung. Bei Zuwendungen kann sie sich auch auf die sonstige Haushalts- und Wirtschaftsführung des Empfängers erstrecken, soweit es der Bundesrechnungshof für seine Prüfung für notwendig hält.

(3) Bei der Gewährung von Krediten aus Haushaltsmitteln sowie bei der Übernahme von Bürgschaften, Garantien oder sonstigen Gewährleistungen durch den Bund kann der Bundesrechnungshof bei den Beteiligten prüfen, ob sie ausreichende Vorkehrungen gegen Nachteile für den Bund getroffen oder ob die Voraussetzungen für eine Inanspruchnahme des Bundes vorgelegen haben.

(4) Bei den juristischen Personen im Sinne des Absatzes 1 Satz 1 Nr. 4 erstreckt sich die Prüfung auf die gesamte Haushalts- und Wirtschaftsführung. Handelt es sich bei der juristischen Person des privaten Rechts im Sinne des Absatzes 1 Satz 1 Nr. 4 um ein Unternehmen, erfolgt die Prüfung unter Beachtung kaufmännischer Grundsätze.

### § 92 Prüfung staatlicher Betätigung bei privatrechtlichen Unternehmen

(1) Der Bundesrechnungshof prüft die Betätigung des Bundes bei Unternehmen in einer Rechtsform des privaten Rechts, an denen der Bund unmittelbar oder mittelbar beteiligt ist, unter Beachtung kaufmännischer Grundsätze.

(2) Absatz 1 gilt entsprechend bei Genossenschaften, in denen der Bund Mitglied ist.

### § 93 Gemeinsame Prüfung

(1) Ist für die Prüfung sowohl der Bundesrechnungshof als auch ein Landesrechnungshof zuständig, so soll gemeinsam geprüft werden. Soweit nicht Artikel 114 Abs. 2 Satz 1 des Grundgesetzes die Prüfung durch den Bundesrechnungshof vorschreibt, kann der Bundesrechnungshof durch Vereinbarung Prüfungsaufgaben auf die Landesrechnungshöfe übertragen. Der Bundesrechnungshof kann durch Vereinbarung auch Prüfungsaufgaben von den Landesrechnungshöfen übernehmen.

(2) Der Bundesrechnungshof kann durch Vereinbarung mit ausländischen oder über- oder zwischenstaatlichen Prüfungsbehörden die Durchführung einzelner Prüfungen übertragen oder übernehmen sowie Prüfungsaufgaben für über- oder zwischenstaatliche Einrichtungen übernehmen, wenn er durch völkerrechtliche Verträge oder Verwaltungsabkommen oder durch die Bundesregierung dazu ermächtigt wird.

### § 94 Zeit und Art der Prüfung

(1) Der Bundesrechnungshof bestimmt Zeit und Art der Prüfung und läßt erforderliche örtliche Erhebungen durch Beauftragte vornehmen.

(2) Der Bundesrechnungshof kann Sachverständige hinzuziehen.

### § 95 Auskunftspflicht

(1) Unterlagen, die der Bundesrechnungshof zur Erfüllung seiner Aufgaben für erforderlich hält, sind ihm auf Verlangen innerhalb einer bestimmten Frist zu übersenden oder seinen Beauftragten vorzulegen.

(2) Dem Bundesrechnungshof und seinen Beauftragten sind die erbetenen Auskünfte zu erteilen.

### § 96 Prüfungsergebnis

(1) Der Bundesrechnungshof teilt das Prüfungsergebnis den zuständigen Dienststellen zur Äußerung innerhalb einer von ihm zu bestimmenden Frist mit. Er kann es auch anderen Dienststellen und dem Haushaltsausschuß des Deutschen Bundestages mitteilen, soweit er dies aus besonderen Gründen für erforderlich hält.

(2) Prüfungsergebnisse von grundsätzlicher oder erheblicher finanzieller Bedeutung teilt der Bundesrechnungshof dem Bundesministerium der Finanzen mit.

(3) Der Bundesrechnungshof ist zu hören, wenn die Verwaltung Ansprüche des Bundes, die in Prüfungsmitteilungen erörtert worden sind, nicht verfolgen will. Er kann auf die Anhörung verzichten.

(4) Der Bundesrechnungshof kann Dritten durch Auskunft, Akteneinsicht oder in sonstiger Weise Zugang zu dem Prüfungsergebnis gewähren, wenn dieses abschließend festgestellt wurde. Gleiches gilt für Berichte, wenn diese abschließend vom Parlament beraten wurden. Zum Schutz des Prüfungs- und Beratungsverfahrens wird Zugang zu den zur Prüfungs- und Beratungstätigkeit geführten Akten nicht gewährt. Satz 3 gilt auch für die entsprechenden Akten bei den geprüften Stellen.

### § 97 Bemerkungen

(1) Der Bundesrechnungshof faßt das Ergebnis seiner Prüfung, soweit es für die Entlastung der Bundesregierung wegen der Haushaltsrechnung und der Vermögensrechnung von Bedeutung sein kann, jährlich für den Bundestag und den Bundesrat in Bemerkungen zusammen, die er dem Bundestag, dem Bundesrat und der Bundesregierung zuleitet.

(2) In den Bemerkungen ist insbesondere mitzuteilen,

1. ob die in der Haushaltsrechnung und der Vermögensrechnung und die in den Büchern aufgeführten Beträge übereinstimmen und die geprüften Einnahmen und Ausgaben ordnungsgemäß belegt sind,
2. in welchen Fällen von Bedeutung die für die Haushalts- und Wirtschaftsführung geltenden Vorschriften und Grundsätze nicht beachtet worden sind,
3. welche wesentlichen Beanstandungen sich aus der Prüfung der Betätigung bei Unternehmen mit eigener Rechtspersönlichkeit ergeben haben,
4. welche Maßnahmen für die Zukunft empfohlen werden.

(3) In die Bemerkungen können Feststellungen auch über spätere oder frühere Haushaltsjahre aufgenommen werden.

(4) Bemerkungen zu geheimzuhaltenden Angelegenheiten werden den Präsidenten des Bundestages und des Bundesrates sowie dem Bundeskanzler und dem Bundesministerium der Finanzen mitgeteilt.

(5) Der Bundesrechnungshof veröffentlicht seine Bemerkungen außer in den Fällen des Absatzes 4 unverzüglich nach Zuleitung im Internet.

### § 98 Aufforderung zum Schadenausgleich

Der Bundesrechnungshof macht den zuständigen Stellen unverzüglich Mitteilung, wenn nach seiner Auffassung ein Schadenersatzanspruch geltend zu machen ist.

### § 99 Angelegenheiten von besonderer Bedeutung

Über Angelegenheiten von besonderer Bedeutung kann der Bundesrechnungshof den Bundestag, den Bundesrat und die Bundesregierung jederzeit unterrichten. Berichtet er dem Bundestag und dem Bundesrat, so unterrichtet er gleichzeitig die Bundesregierung. Der Bundesrechnungshof veröffentlicht seine Berichte zu Angelegenheiten von besonderer Bedeutung unverzüglich nach Zuleitung im Internet.

### § 100 Prüfungsämter

Der Bundesrechnungshof kann zur Vorbereitung, Unterstützung und Ergänzung seiner Prüfungstätigkeit Prüfungsaufgaben durch Prüfungsämter, die seiner Dienst- und Fachaufsicht unterstellt sind, wahrnehmen lassen. Diese führen die Prüfungsaufgaben in entsprechender Anwendung der für den Bundesrechnungshof geltenden Bestimmungen nach den Weisungen des Bundesrechnungshofes durch.

### § 101 Rechnung des Bundesrechnungshofes

Die Rechnung des Bundesrechnungshofes wird von dem Bundestag und dem Bundesrat geprüft, die auch die Entlastung erteilen.

### § 102 Unterrichtung des Bundesrechnungshofes

(1) Der Bundesrechnungshof ist unverzüglich zu unterrichten, wenn

1. oberste Bundesbehörden allgemeine Vorschriften erlassen oder erläutern, welche die Bewirtschaftung der Haushaltsmittel des Bundes betreffen oder sich auf dessen Einnahmen und Ausgaben auswirken,
2. den Bundeshaushalt berührende Verwaltungseinrichtungen oder Bundesbetriebe geschaffen, wesentlich geändert oder aufgelöst werden,
3. unmittelbare Beteiligungen des Bundes oder mittelbare Beteiligungen im Sinne des § 65 Abs. 3 an Unternehmen begründet, wesentlich geändert oder aufgegeben werden,
4. Vereinbarungen zwischen dem Bund und einer Stelle außerhalb der Bundesverwaltung oder zwischen obersten Bundesbehörden über die Bewirtschaftung von Haushaltsmitteln des Bundes getroffen werden

5. von den obersten Bundesbehörden organisatorische und sonstige Maßnahmen von erheblicher finanzieller Tragweite getroffen werden.

(2) Dem Bundesrechnungshof sind auf Anforderung Vorschriften oder Erläuterungen der in Absatz 1 Nr. 1 genannten Art auch dann mitzuteilen, wenn andere Stellen des Bundes sie erlassen.

(3) Der Bundesrechnungshof kann sich jederzeit zu den in den Absätzen 1 und 2 genannten Maßnahmen äußern.

### § 103 Anhörung des Bundesrechnungshofes

(1) Der Bundesrechnungshof ist vor dem Erlaß von Verwaltungsvorschriften zur Durchführung der Bundeshaushaltsordnung zu hören.

(2) Zu den Verwaltungsvorschriften im Sinne des Absatzes 1 gehören auch allgemeine Dienstanweisungen über die Verwaltung der Kassen und Zahlstellen, über die Buchführung und den Nachweis des Vermögens.

(3) Vor der Beschlußfassung über den Erlaß oder die Änderung von Vorschriften über das Haushaltswesen einschließlich der Rechnungsprüfung bei über- oder zwischenstaatlichen Einrichtungen, deren Mitglied die Bundesrepublik Deutschland ist, soll das zuständige Bundesministerium den Bundesrechnungshof hören.

### § 104 Prüfung der juristischen Personen des privaten Rechts

(1) Der Bundesrechnungshof prüft die Haushalts- und Wirtschaftsführung der juristischen Personen des privaten Rechts, wenn

1. sie auf Grund eines Gesetzes vom Bund Zuschüsse erhalten oder eine Garantieverpflichtung des Bundes gesetzlich begründet ist oder
2. sie vom Bund oder einer vom Bund bestellten Person allein oder überwiegend verwaltet werden oder
3. mit dem Bundesrechnungshof eine Prüfung durch ihn vereinbart ist oder
4. sie nicht Unternehmen sind und in ihrer Satzung mit Zustimmung des Bundesrechnungshofes eine Prüfung durch ihn vorgesehen ist.

(2) Absatz 1 ist auf die vom Bund verwalteten Treuhandvermögen anzuwenden.

(3) Steht dem Bund vom Gewinn eines Unternehmens, an dem er nicht beteiligt ist, mehr als der vierte Teil zu, so prüft der Bundesrechnungshof den Abschluß und die Geschäftsführung daraufhin, ob die Interessen des Bundes nach den bestehenden Bestimmungen gewahrt worden sind.

Landwirte ist nur § 111 anzuwenden, und zwar nur dann, wenn sie auf Grund eines Bundesgesetzes vom Bund Zuschüsse erhalten oder eine Garantieverpflichtung des Bundes gesetzlich begründet ist. Auf die Verbände und Arbeitsgemeinschaften der in Satz 1 genannten Sozialversicherungsträger ist unabhängig von ihrer Rechtsform § 111 anzuwenden, wenn Mitglieder dieser Verbände und Arbeitsgemeinschaften der Prüfung durch den Bundesrechnungshof unterliegen. Auf sonstige Vereinigungen auf dem Gebiet der Sozialversicherung finden die Vorschriften dieses Gesetzes keine Anwendung.

(2) Auf Unternehmen in der Rechtsform einer bundesunmittelbaren juristischen Person des öffentlichen Rechts sind unabhängig von der Höhe der Beteiligung des Bundes § 65 Abs. 1 Nr. 3 und 4 und Abs. 2, 3 und 4, § 68 Abs. 1 und § 69 entsprechend, § 111 unmittelbar anzuwenden. Für Unternehmen in der Rechtsform einer juristischen Person des privaten Rechts, an denen die in Satz 1 genannten Unternehmen unmittelbar oder mittelbar mit Mehrheit beteiligt sind, gelten die §§ 53 und 54 des Haushaltsgrundsätzegesetzes und die §§ 65 bis 69 entsprechend.

## Teil VII
## Sondervermögen

### § 113 Grundsatz

Auf Sondervermögen des Bundes sind die Teile I bis IV, VIII und IX dieses Gesetzes entsprechend anzuwenden, soweit nicht durch Gesetz oder auf Grund eines Gesetzes etwas anderes bestimmt ist. Der Bundesrechnungshof prüft die Haushalts- und Wirtschaftsführung der Sondervermögen, Teil V dieses Gesetzes ist entsprechend anzuwenden.

## Teil VIII
## Entlastung

### § 114 Entlastung

(1) Das Bundesministerium der Finanzen hat dem Bundestag und dem Bundesrat über alle Einnahmen und Ausgaben sowie über das Vermögen und die Schulden im Laufe des nächsten Rechnungsjahres zur Entlastung der Bundesregierung Rechnung zu legen (Artikel 114 Abs. 1 des Grundgesetzes). Der Bundesrechnungshof berichtet unmittelbar dem Bundestag, dem Bundesrat und der Bundesregierung.

(2) Der Bundestag stellt unter Berücksichtigung der Stellungnahme des Bundesrates die wesentlichen Sachverhalte fest und beschließt über einzuleitende Maßnahmen.

(3) An den Bundesrechnungshof können einzelne Sachverhalte zur weiteren Aufklärung zurückverwiesen werden.

(4 Der Bundestag bestimmt einen Termin, zu dem die Bundesregierung über die eingeleiteten Maßnahmen dem Bundestag und dem Bundesrat zu berichten hat. Soweit Maßnahmen nicht zu dem beabsichtigten Erfolg geführt haben, können Bundestag oder Bundesrat die Sachverhalte wieder aufgreifen.

(5) Der Bundestag oder der Bundesrat kann bestimmte Sachverhalte ausdrücklich mißbilligen.

Teil IX

# Übergangs- und Schlußbestimmungen

### § 115 Öffentlich-rechtliche Dienst- oder Amtsverhältnisse

Vorschriften dieses Gesetzes für Beamte sind auf andere öffentlich-rechtliche Dienst- oder Amtsverhältnisse entsprechend anzuwenden. § 48 gilt nicht bei der Berufung zum Richter an einem obersten Bundesgericht.

### § 116 Endgültige Entscheidung

(1) Das Bundesministerium der Finanzen entscheidet in den Fällen des § 37 Abs. 1 endgültig. Soweit dieses Gesetz in anderen Fällen Befugnisse des Bundesministeriums der Finanzen enthält, kann der zuständige Bundesminister über die Maßnahme des Bundesministeriums der Finanzen die Entscheidung der Bundesregierung einholen; die Bundesregierung entscheidet anstelle des Bundesministeriums der Finanzen endgültig. Entscheidet die Bundesregierung gegen oder ohne die Stimme des Bundesministeriums der Finanzen, so steht ihm ein Widerspruchsrecht zu. Das Nähere regelt die Geschäftsordnung der Bundesregierung.

(2) Der Einwilligung des Bundesministeriums der Finanzen bedarf es ausnahmsweise nicht, wenn sofortiges Handeln zur Abwendung einer dem Bund drohenden unmittelbar bevorstehenden Gefahr erforderlich ist, das durch die Notlage gebotene Maß nicht überschritten wird und die Einwilligung nicht rechtzeitig eingeholt werden kann. Zu den getroffenen Maßnahmen ist die Genehmigung des Bundesministeriums der Finanzen unverzüglich einzuholen.

### § 117 Berlin-Klausel

*(gegenstandslos)*

### § 118 Änderung des Gesetzes über Errichtung und Aufgaben des Bundesrechnungshofes

(*weggefallen*, siehe BRHG unter III-1)

**§ 119 Inkrafttreten**

(1) Dieses Gesetz tritt am 1. Januar 1970 in Kraft.

(2) … Ferner treten diejenigen Vorschriften anderer Gesetze außer Kraft die mit den Bestimmungen dieses Gesetzes nicht vereinbar sind.

(3) Soweit in anderen Gesetzen auf die nach Absatz 2 aufgehobenen Bestimmungen Bezug genommen wird, treten an ihre Stelle die Vorschriften dieses Gesetzes.

# Gesetz über den Bundesrechnungshof (Bundesrechnungshofgesetz – BRHG)

**vom 11. Juli 1985** (BGBl. I S. 1445),
geändert durch Gesetz vom 26. April 1994 (BGBl. I S. 918),
Gesetz vom 22. Dezember 1997 (BGBl. I S. 3251),
Gesetz zur Neuordnung des Bundesdisziplinarrechts vom 9. Juli 2001 (BGBl. I S. 1510) und das Gesetz vom 5. Februar 2009 (BGBl. I S. 160)

Der Bundestag hat das folgende Gesetz beschlossen:

## § 1 Stellung

Der Bundesrechnungshof ist eine oberste Bundesbehörde und als unabhängiges Organ der Finanzkontrolle nur dem Gesetz unterworfen. Im Rahmen seiner gesetzlichen Aufgaben unterstützt der Bundesrechnungshof den Deutschen Bundestag, den Bundesrat und die Bundesregierung bei ihren Entscheidungen.

## § 2 Sitz und Organisation

(1) Der Bundesrechnungshof hat seinen Sitz in Bonn. Er kann Außenstellen einrichten.

(2) Der Bundesrechnungshof gliedert sich in Prüfungsabteilungen und Prüfungsgebiete. Für bestimmte Aufgaben können Prüfungsgruppen gebildet werden. Für die Verwaltung besteht eine Präsidialabteilung.

## § 3 Mitglieder des Bundesrechnungshofes

(1) Mitglieder des Bundesrechnungshofs sind der Präsident, der Vizepräsident, die Leiter der Prüfungsabteilungen und die Prüfungsgebietsleiter.

(2) Der Präsident und der Vizepräsident werden zu Beamten auf Zeit ernannt. Die Amtszeit des Präsidenten und des Vizepräsidenten beträgt zwölf Jahre; sie endet spätestens mit Ablauf des Monats, in dem die Beamten die gesetzliche Altersgrenze erreichen. Der Präsident und der Vizepräsident treten nach Ablauf ihrer Amtszeit in den Ruhestand. Im übrigen finden auf sie die Vorschriften des Bundesbeamtengesetzes über die Beamten auf Lebenszeit mit Ausnahme der Vorschriften über die Laufbahnen und die Probezeit entsprechende Anwendung.

(3) Die Mitglieder müssen die Befähigung für eine Laufbahn des höheren Dienstes erworben haben. Sie sollen daneben über eine vielseitige Berufserfahrung verfügen. Der Präsident oder der Vizepräsident und mindestens ein Drittel der übrigen Mitglieder müssen die Befähigung zum Richteramt haben. Eine angemessene Anzahl der Mitglieder soll eine wirtschaftswissenschaftliche oder technische Vorbildung besitzen.

(4) Die Mitglieder des Bundesrechnungshofes besitzen richterliche Unabhängigkeit (Artikel 114 Abs. 2 Satz 1 des Grundgesetzes). Die für die Richter

an den obersten Gerichtshöfen des Bundes geltenden Vorschriften über Unabhängigkeit und Disziplinarmaßnahmen sind entsprechend anzuwenden. § 48 Abs. 2, 4 und 5 des Deutschen Richtergesetzes findet Anwendung.

### § 4 Prüfungsbeamte und weitere Bedienstete

Zum Bundesrechnungshof gehören auch die erforderlichen Prüfungsbeamten des höheren und gehobenen Dienstes sowie weitere Bedienstete.

### § 5 Wahl und Ernennung

(1) Der Deutsche Bundestag und der Bundesrat wählen ohne Aussprache auf Vorschlag der Bundesregierung den Präsidenten und den Vizepräsidenten. Der Deutsche Bundestag wählt in geheimer Wahl mit der Mehrheit seiner Mitglieder. Der Bundespräsident ernennt die Gewählten. Eine Wiederwahl ist ausgeschlossen.

(2) Der Bundespräsident ernennt

1. auf Vorschlag des Präsidenten die anderen Mitglieder des Bundesrechnungshofes,
2. auf Vorschlag des Präsidenten die übrigen Beamten, soweit das Ernennungsrecht nicht dem Präsidenten übertragen ist.

Der Präsident hat vor seinen Vorschlägen nach Nummer 1 den Ständigen Ausschuß des Großen Senats des Bundesrechnungshofes (§ 13 Abs. 2) zu hören.

### § 6 Präsident und Vizepräsident

(1) Der Präsident vertritt die Behörde nach außen. Er leitet die Verwaltung des Bundesrechnungshofes und übt die Dienstaufsicht aus.

(2) Der Präsident wird bei den ihm kraft Gesetzes zukommenden Aufgaben von dem Vizepräsidenten vertreten, bei dessen Verhinderung von dem dienstältesten Abteilungsleiter. Bei gleichem Dienstalter ist das höhere Lebensalter maßgebend. In den Fällen des § 9 Abs. 1 Satz 2 und des § 11 Abs. 2 vertritt der Präsident den Vizepräsidenten. Im Großen Senat wird der Vizepräsident nach Maßgabe des Satzes 1 zweiter Halbsatz und des Satzes 2 vertreten.

(3) Der Präsident wird bei der Erfüllung seiner Aufgaben durch die anderen Mitglieder unterstützt. Sie dürfen dadurch ihrer Haupttätigkeit als Mitglieder des Bundesrechnungshofes nicht ohne ihre Zustimmung entzogen und in ihrer richterlichen Unabhängigkeit nicht beeinträchtigt werden.

### § 7 Geschäftsverteilung

(1) Im Einvernehmen mit dem Ständigen Ausschuß des Großen Senats verteilt der Präsident vor Beginn des Geschäftsjahres die Geschäfte auf Abteilungen und Prüfungsgebiete und bestimmt, welche Mitglieder die Abteilungen und Prüfungsgebiete leiten.

(2) Der Präsident entscheidet vor Beginn des Geschäftsjahres über die Besetzung der Prüfungsgebiete mit Prüfungsbeamten und weiteren Bediensteten. Auf

Antrag eines betroffenen Kollegiums oder eines Senats bedarf im Einzelfall die Entscheidung der Zustimmung des Ständigen Ausschusses des Großen Senats.

(3) Innerhalb des Geschäftsjahres kann der Präsident mit Zustimmung des Ständigen Ausschusses des Großen Senats eine Entscheidung nach Absatz 1 oder 2 treffen oder ändern, wenn eine freie Stelle zu besetzen oder die Entscheidung zur sachgerechten Aufgabenerfüllung notwendig ist.

(4) Der Präsident bestimmt in Zweifelsfällen, welches Prüfungsgebiet oder welcher Senat zuständig ist. Absatz 2 Satz 2 gilt entsprechend.

(5) Der Präsident legt im Benehmen mit dem Vizepräsidenten fest, in welchen Abteilungen er oder der Vizepräsident in dem folgenden Geschäftsjahr an den Entscheidungen der Kollegien und Senate mitwirkt. Das gleiche gilt erforderlichenfalls nach Entscheidungen gemäß Absatz 3 während des Geschäftsjahres.

### § 8 Entscheidungen des Bundesrechnungshofes

Entscheidungen des Bundesrechnungshofes treffen der Präsident (§ 19 Satz 1 Nr. 2), die Kollegien (§ 9), die Prüfungsgruppen (§ 10), die Senate (§ 11) und der Große Senat (§ 13).

### § 9 Zweier- und Dreierkollegium

(1) Das Kollegium für ein Prüfungsgebiet besteht aus dem zuständigen Abteilungsleiter und dem zuständigen Prüfungsgebietsleiter (Zweierkollegium). Der Präsident oder der Vizepräsident tritt hinzu, wenn er oder ein Mitglied des Zweierkollegiums dies für erforderlich hält (Dreierkollegium).

(2) Ein Kollegium kann ein Mitglied für einen Einzelfall ermächtigen, allein zu entscheiden.

### § 10 Prüfungsgruppen

Im Einvernehmen mit dem Ständigen Ausschuß des Großen Senats kann der Präsident Prüfungsgruppen für bestimmte Aufgaben bilden. Die §§ 7, 9, 14 Abs. 1 Nr. 3 und 4, § 15 Abs. 2 und § 16 Abs. 1 und 3 gelten entsprechend.

### § 11 Senate

(1) Für jede Abteilung wird ein Senat gebildet, dem der Abteilungsleiter als Vorsitzender, die Prüfungsgebietsleiter der Abteilung und ein weiterer Prüfungsgebietsleiter angehören. Den weiteren Prüfungsgebietsleiter sowie dessen Vertreter benennt der Präsident nach Maßgabe der Geschäftsordnung.

(2) Der Präsident oder der Vizepräsident kann dem Senat hinzutreten. In diesem Falle übernimmt er den Vorsitz.

### § 12 Zuständigkeit der Senate

Die Senate entscheiden

1. in den Fällen des § 14 Abs. 1 Nr. 3 und 4 über die Antragstellung und im Falle des § 17 Abs. 1 Satz 2;

2. auf Antrag eines Mitgliedes, wenn in einem Kollegium Übereinstimmung nicht erzielt wird oder es sich um eine Angelegenheit von besonderer Bedeutung handelt;
3. über die ihnen durch die Geschäftsordnung und den Großen Senat zugewiesenen Angelegenheiten.

### § 13 Großer Senat

(1) Der Große Senat besteht aus dem Präsidenten als Vorsitzendem, dem Vizepräsidenten, den Leitern der Prüfungsabteilungen und drei Prüfungsgebietsleitern. Hinzu treten bei Aufgaben des Bundesrechnungshofes der nach der Geschäftsverteilung jeweils zuständige Prüfungsgebietsleiter (Berichterstatter) und ein weiterer Prüfungsgebietsleiter (Mitberichterstatter). Die drei Prüfungsgebietsleiter und deren Vertreter sowie der Mitberichterstatter werden vom Präsidenten nach Maßgabe der Geschäftsordnung benannt.

(2) Der Große Senat bildet einen Ständigen Ausschuß. Dieser besteht aus dem Vizepräsidenten sowie aus zwei Abteilungsleitern und zwei Prüfungsgebietsleitern, die mit ihren Vertretern unter Berücksichtigung des Dienstalters nach Maßgabe der Geschäftsordnung benannt werden. Der Präsident kann an den Beratungen des Ausschusses teilnehmen.

(3) Der Große Senat kann mit Zweidrittelmehrheit weitere Ausschüsse bilden und ihnen die Beratung oder die Entscheidung bestimmter Angelegenheiten übertragen. Einem Ausschuß muß mindestens einer der drei Prüfungsgebietsleiter angehören. Absatz 1 Satz 2 findet Anwendung; die Bestimmung des Mitberichterstatters obliegt dem Vorsitzenden des Ausschusses.

### § 14 Zuständigkeit des Großen Senats

(1) Der Große Senat entscheidet
1. nach § 17 Abs. 1 Satz 4, § 18 Abs. 2 Satz 2 und § 20 Abs. 1;
2. über die Aufstellung der Bemerkungen nach § 97 der Bundeshaushaltsordnung, über Berichte nach § 99 der Bundeshaushaltsordnung und über sonst gesetzlich vorgesehene Berichte, soweit die Entscheidungen durch die Geschäftsordnung nicht Senaten übertragen werden; im Falle des § 19 Satz 1 Nr. 1 obliegt die Entscheidung dem Dreierkollegium, im Falle des § 19 Satz 1 Nr. 2 dem Präsidenten;
3. auf Antrag eines Senats oder auf Antrag eines Kollegiums bei abteilungsübergreifenden Prüfungs- oder Beratungsvorhaben oder bei Angelegenheiten von grundsätzlicher Bedeutung;
4. auf Antrag eines betroffenen Senats oder Kollegiums, wenn beabsichtigt wird, von der auf Anfrage aufrechterhaltenen Entscheidung eines Senats oder von einer Entscheidung des Großen Senats abzuweichen; das gleiche gilt für die Abweichung von der Entscheidung eines Kollegiums, soweit es im Rahmen seiner Zuständigkeit für allgemeine oder grundsätzliche Angelegenheiten entschieden hat;

5. über das Verfahren und die Grundsätze der Arbeitsplanung, der Prüfung, der Beratung und der Berichterstattung;
6. über den Aufgabenbereich der Prüfungsämter (§ 20a Abs. 2).

(2) Der Präsident kann den Großen Senat auch mit weiteren Angelegenheiten befassen oder ihn vor eigenen Entscheidungen hören.

### § 15 Abstimmungen

(1) Die Kollegien treffen ihre Entscheidungen einstimmig.

(2) Die Senate und der Große Senat entscheiden mit Stimmenmehrheit. Bei Stimmengleichheit gibt die Stimme des Vorsitzenden den Ausschlag.

### § 16 Mitglied kraft Auftrags

(1) Ist ein Prüfungsgebietsleiter an der Ausübung seines Amtes nicht nur kurzfristig verhindert, so kann der Präsident nach Anhörung des Ständigen Ausschusses des Großen Senats einen Beamten, der nicht Mitglied des Bundesrechnungshofes ist, für die Zeit der Verhinderung des Prüfungsgebietsleiters oder für einen bestimmten Zeitraum mit der Wahrnehmung der Geschäfte beauftragen. Entsprechendes gilt, solange die Planstelle eines Prüfungsgebietsleiters frei ist. § 3 Abs. 3 Satz 1 ist auf den Beamten anzuwenden.

(2) Absatz 1 Satz 1 und 3 gilt entsprechend, wenn ein Prüfungsgebietsleiter verhindert ist, an der Entscheidung des Senats in seiner Abteilung mitzuwirken.

(3) Für die Dauer der Beauftragung hat der Beamte die Stellung eines Mitglieds des Bundesrechnungshofes.

### § 17 Ausschluß wegen Befangenheit

(1) Ein Mitglied des Bundesrechnungshofes darf nicht tätig werden, wenn ein Grund vorliegt, der geeignet ist, Zweifel an seiner Unbefangenheit zu rechtfertigen. Ob diese Voraussetzung gegeben ist, entscheidet der Senat, dem das betroffene Mitglied angehört. § 16 Abs. 2 findet keine Anwendung. Soll das Mitglied von einer Entscheidung der Prüfungsgruppe oder des Großen Senats ausgeschlossen sein, so entscheidet dieser. Das jeweils betroffene Mitglied darf an der Entscheidung nicht mitwirken. Eine Vertretung findet insoweit nicht statt.

(2) Die Mitglieder des Bundesrechnungshofes dürfen nicht bei einer Angelegenheit tätig werden, an der sie selbst oder an der Angehörige im Sinne des § 20 Abs. 5 des Verwaltungsverfahrensgesetzes beteiligt gewesen sind oder für die sie selbst oder für die Angehörige Verantwortung tragen.

(3) Für Prüfungsbeamte und sonstige Bedienstete, die bei der Erfüllung der Aufgaben des Bundesrechnungshofes tätig werden, gelten Absatz 1 Satz 1 und Absatz 2 entsprechend. Ob Zweifel an der Unbefangenheit gerechtfertigt sind, entscheiden das zuständige Kollegium oder die Mitglieder der Prüfungsgruppe.

### § 18 Zuständigkeit des Dienstgerichts des Bundes

(1) Für ein Disziplinarverfahren gegen ein Mitglied des Bundesrechnungshofes und für ein Prüfungsverfahren im Sinne des § 66 des Deutschen Richter-

gesetzes, das ein Mitglied des Bundesrechnungshofes betrifft, ist das Dienstgericht des Bundes zuständig. Das nach § 63 Abs. 2 und § 66 Abs. 3 des Deutschen Richtergesetzes vorgesehene Antragsrecht der obersten Dienstbehörde übt hinsichtlich des Präsidenten und des Vizepräsidenten des Bundesrechnungshofes der Präsident des Deutschen Bundestages oder der Präsident des Bundesrates aus.

(2) Die nichtständigen Beisitzer des Dienstgerichts müssen Mitglieder des Bundesrechnungshofes sein. Das Präsidium des Bundesrechnungshofes bestimmt sie für die Dauer von fünf Geschäftsjahren in der Reihenfolge einer Vorschlagsliste, die der Große Senat aufstellt.

(3) Auf das Verfahren vor dem Dienstgericht sind die Vorschriften des Deutschen Richtergesetzes anzuwenden.

### § 19 Geheimhaltungsbedürftige Angelegenheiten

Ist im Haushaltsplan nach § 10 a der Bundeshaushaltsordnung bestimmt, daß die Prüfung durch den Bundesrechnungshof

1. durch das zuständige Kollegium unter Mitwirkung des Präsidenten oder des Vizepräsidenten oder
2. allein durch den Präsidenten oder, wenn dessen Stelle nicht besetzt ist, durch den Vizepräsidenten

vorgenommen wird, entfällt die Zuständigkeit der Senate und des Großen Senats. In den Fällen des Satzes 1 Nr. 1 können weitere Beamte bei dem Verfahren zur Hilfeleistung herangezogen werden. Das Dreierkollegium entscheidet mit Stimmenmehrheit.

### § 20 Geschäftsordnung

(1) Der Große Senat erläßt die Geschäftsordnung des Bundesrechnungshofes. Sie trifft die nach § 11 Abs. 1 Satz 2 und § 13 Abs. 1 Satz 3 und Abs. 2 Satz 2 vorgesehenen Regelungen. Sie kann auch Näheres zur Organisation und zum Verfahren des Bundesrechnungshofes bestimmen, insbesondere auch

1. zur Vertretung der Abteilungsleiter und der Prüfungsgebietsleiter,
2. zur Bildung und Organisation von Prüfungsgruppen (§ 2 Abs. 2 Satz 2),
3. das Verfahren der Entscheidungsgremien,
4. Regeln zur Durchführung abteilungsübergreifender Prüfungs- oder Beratungsvorhaben.

(2) Die Geschäftsordnung ist dem Deutschen Bundestag, dem Bundesrat und der Bundesregierung mitzuteilen.

### § 20a Prüfungsämter

(1) Der Bundesrechnungshof kann Prüfungsämter einrichten, die seiner Dienst- und Fachaufsicht unterstellt sind.

(2) Die Prüfungsämter führen die ihnen vom Bundesrechnungshof zugewiesenen Prüfungsaufgaben in entsprechender Anwendung der für ihn geltenden Bestimmungen nach dessen Weisungen durch. Im Rahmen der ihnen übertra-

genen Prüfungsaufgaben haben sie gegenüber den geprüften Stellen dieselben Prüfungsbefugnisse wie der Bundesrechnungshof. Das Nähere regelt die Geschäftsordnung des Bundesrechnungshofes.

(3) Der Bundesrechnungshof bestimmt den Sitz der Prüfungsämter.

(4) Die Beamten werden vom Präsidenten des Bundesrechnungshofes ernannt.

**§ 21** *(nicht abgedruckt)*

**§ 22** *(weggefallen)*

**§ 23 Berlin-Klausel**

Dieses Gesetz gilt nach Maßgabe des § 13 Abs. 1 des Dritten Überleitungsgesetzes auch im Land Berlin.

**§ 24 Inkrafttreten, Aufhebung bestehender Vorschriften**

(1) Dieses Gesetz tritt am Tage nach der Verkündung in Kraft.

# Gesetz zur Regelung des Schuldenwesens des Bundes (Bundesschuldenwesengesetz – BSchuWG)

**vom 12. Juli 2006** (BGBl. I S. 1466),
geändert durch Art. 1 Gesetz zur Änderung des Bundesschuldenwesengesetzes vom 13. September 2012 (BGBl. I S. 1914)

Teil 1

## Wahrnehmung von Aufgaben des Schuldenwesens des Bundes und parlamentarische Kontrolle

### § 1 Ermächtigung zur Übertragung von Aufgaben des Schuldenwesens

(1) Zur Verbesserung der Wirtschaftlichkeit des Schuldenwesens des Bundes wird das Bundesministerium der Finanzen ermächtigt, durch Rechtsverordnung der Bundesrepublik Deutschland – Finanzagentur GmbH die folgenden Aufgaben des Schuldenwesens zur Wahrnehmung im Namen des Bundes und seiner Sondervermögen zu übertragen:

1. Aufnahme von Krediten für den Bund und seine Sondervermögen nach Maßgabe des § 4 sowie Maßnahmen zur Portfoliosteuerung und zur Marktpflege;
2. Verwaltung der Schulden und Finanzierungsinstrumente des Bundes und seiner Sondervermögen sowie der von der Deutschen Ausgleichsbank begebenen Schuldverschreibungen;
3. Führung des Bundesschuldbuchs nach Maßgabe der §§ 5 bis 8;
4. Abschluss von Geschäften zur Steuerung der Liquidität, einschließlich Geschäften zur Geldanlage.

Aus den in Satz 1 genannten Rechtsgeschäften werden ausschließlich der Bund oder seine Sondervermögen berechtigt und verpflichtet. Über die Emissionsbedingungen und allgemeinen vertraglichen Bedingungen entscheidet das Bundesministerium der Finanzen.

(2) Soweit dies für die Erfüllung der nach Absatz 1 übertragenen Aufgaben erforderlich ist, kann die Bundesrepublik Deutschland – Finanzagentur GmbH Anordnungen zur Annahme oder Leistung von Zahlungen nach § 70 der Bundeshaushaltsordnung erteilen, die von den Kassen des Bundes ausgeführt werden. Das Bundesministerium der Finanzen kann der Bundesrepublik Deutschland – Finanzagentur GmbH zur Erfüllung der übertragenen Aufgaben außerdem die Wahrnehmung des Zahlungsverkehrs als für Zahlungen zuständige Stelle und insoweit als Zahlstelle übertragen. Die Bestimmungen der Bundeshaushaltsordnung und die dazu erlassenen Ausführungsbestimmungen sind insoweit entsprechend anzuwenden.

(3) Die Bundesrepublik Deutschland – Finanzagentur GmbH nimmt die nach Absatz 1 übertragenen Aufgaben als Teil der öffentlichen Schuldenverwaltung des Bundes wahr.

(4) Abweichende Regelungen der Zuständigkeit im Schuldenwesen des Bundes durch Gesetz bleiben unberührt.

### § 2 Aufsicht über die Bundesrepublik Deutschland – Finanzagentur GmbH

(1) Das Bundesministerium der Finanzen übt die Aufsicht über die recht- und zweckmäßige Wahrnehmung der übertragenen Aufgaben des Schuldenwesens durch die Bundesrepublik Deutschland – Finanzagentur GmbH aus.

(2) In der Rechtsverordnung nach § 1 Abs. 1 Satz 1 kann das Bundesministerium der Finanzen bestimmen, dass es einzelne oder alle übertragenen Aufgaben vorübergehend selbst wahrnehmen oder auf eine Behörde in seinem Geschäftsbereich oder einen Dritten übertragen kann, wenn auf andere Weise die recht- und zweckmäßige Wahrnehmung der übertragenen Aufgaben nicht sichergestellt werden kann.

### § 3 Parlamentarisches Gremium

(1) Der Deutsche Bundestag wählt für die Dauer einer Wahlperiode ein Gremium, das aus Mitgliedern des Haushaltsausschusses des Deutschen Bundestages besteht. Der Deutsche Bundestag bestimmt die Zahl der Mitglieder, die Zusammensetzung und die Arbeitsweise. Gewählt ist, wer die Mehrheit der Stimmen der Mitglieder des Deutschen Bundestages auf sich vereint. Scheidet ein Mitglied aus dem Deutschen Bundestag oder seiner Fraktion aus oder wird ein Mitglied zur Bundesministerin oder zum Bundesminister oder zur Parlamentarischen Staatssekretärin oder zum Parlamentarischen Staatssekretär ernannt, so verliert es seine Mitgliedschaft im Gremium. Für ein ausscheidendes Mitglied ist unverzüglich ein neues Mitglied zu wählen.

(2) Das Gremium wird vom Bundesministerium der Finanzen über alle Fragen des Schuldenwesens des Bundes unterrichtet. Das Bundesministerium der Finanzen und der Bundesrechnungshof sind ständig vertreten. Das Gremium beschließt über die Hinzuziehung weiterer Teilnehmer.

(3) Die Mitglieder des Gremiums sind zur Geheimhaltung aller Angelegenheiten verpflichtet, die ihnen bei ihrer Tätigkeit bekannt geworden sind. Dies gilt auch für die Teilnehmerinnen und Teilnehmer an den Sitzungen.

## Teil 2
## Kreditaufnahme des Bundes und Bundesschuldbuch

### § 4 Kreditaufnahme des Bundes

(1) Die Aufnahme von Krediten durch den Bund und seine Sondervermögen erfolgt im Rahmen des jeweiligen Haushaltsgesetzes durch

1. Ausgabe von Schuldverschreibungen, insbesondere durch Begebung von Schuldbuchforderungen,
2. Aufnahme von Darlehen gegen Schuldschein,
3. Eingehung von Wechselverbindlichkeiten,
4. Bankkredite oder
5. sonstige an den Finanzmärkten übliche Finanzierungsinstrumente.

(2) Im Rahmen des jeweiligen Haushaltsgesetzes können an den Finanzmärkten eingeführte derivative Finanzierungsinstrumente eingesetzt werden.

### § 4a Einführung von Umschuldungsklauseln

Die Emissionsbedingungen der vom Bund begebenen Schuldverschreibungen mit einer ursprünglichen Laufzeit von über einem Jahr können Klauseln enthalten, die zum Zwecke der Umschuldung eine Änderung der Emissionsbedingungen durch Mehrheitsbeschluss der Gläubiger mit Zustimmung des Bundes ermöglichen (Umschuldungsklauseln). Die Umschuldungsklauseln können auch die Möglichkeit zur einheitlichen Beschlussfassung für Schuldverschreibungen verschiedener Anleihen vorsehen (anleiheübergreifende Änderung). Soweit Emissionsbedingungen nichts Abweichendes vorsehen, gelten für die Umschuldungsklauseln die §§ 4b bis 4k.

### § 4b Mehrheitsbeschlüsse der Gläubiger

(1) Die Gläubiger können insbesondere folgende Umschuldungsmaßnahmen beschließen (wesentliche Beschlüsse):

1. die Verringerung der Zinsen, die Veränderung ihrer Fälligkeit, die Verringerung oder die Veränderung des Verfahrens zu ihrer Berechnung;
2. die Verringerung der Hauptforderung, die Veränderung ihrer Fälligkeit oder die Veränderung des Verfahrens zu ihrer Berechnung;
3. die Änderung der Währung der Schuldverschreibungen oder des Zahlungsortes;
4. die sonstige Änderung einer Zahlungsverpflichtung des Bundes;
5. die Freigabe oder die Änderung einer Garantie oder einer sonstigen Sicherheit, sofern die Freigabe oder die Änderung der Bedingungen nicht bereits ausdrücklich vertraglich vorgesehen sind;
6. die Änderung der Umstände, bei deren Vorliegen die Schuldverschreibungen vorzeitig gekündigt werden können;
7. die Änderung der Rangfolge der Forderungen aus den Schuldverschreibungen;
8. die Änderung des anwendbaren Rechts, sofern die Schuldverschreibungen nicht dem deutschen Recht unterliegen;
9. die Änderung des Gerichtsstands, sofern in den Emissionsbedingungen ein ausländischer Gerichtsstand vereinbart wurde.

(2) Die Gläubiger beschließen entweder in einer Gläubigerversammlung oder im Wege einer schriftlichen Abstimmung.

(3) Beschlüsse, die in einer Gläubigerversammlung gefasst werden, bedürfen einer Mehrheit von mindestens 50 Prozent des bei der Beschlussfassung

vertretenen Nennwertes der ausstehenden Schuldverschreibungen. Wesentliche Beschlüsse, die in einer Gläubigerversammlung gefasst werden, bedürfen einer Mehrheit von mindestens 75 Prozent des bei der Beschlussfassung vertretenen Nennwertes der ausstehenden Schuldverschreibungen. Wesentliche Beschlüsse, die in einer Gläubigerversammlung gefasst werden und eine anleiheübergreifende Änderung betreffen, bedürfen einer Mehrheit von mindestens 75 Prozent des bei der Beschlussfassung vertretenen Nennwertes der ausstehenden Schuldverschreibungen hinsichtlich aller von der Änderung betroffenen Anleihen sowie einer Mehrheit von mindestens 66 2/3 Prozent des bei der Beschlussfassung vertretenen Nennwertes der ausstehenden Schuldverschreibungen hinsichtlich jeder einzelnen von der Änderung betroffenen Anleihe.

(4) Beschlüsse, die im Wege einer schriftlichen Abstimmung gefasst werden, bedürfen einer Mehrheit von mindestens 50 Prozent des Nennwertes der ausstehenden Schuldverschreibungen. Wesentliche Beschlüsse, die im Wege einer schriftlichen Abstimmung gefasst werden, bedürfen einer Mehrheit von mindestens 66 2/3 Prozent des Nennwertes der ausstehenden Schuldverschreibungen. Wesentliche Beschlüsse, die im Wege einer schriftlichen Abstimmung gefasst werden und eine anleiheübergreifende Änderung betreffen, bedürfen einer Mehrheit von mindestens 66 2/3 Prozent des Nennwertes der ausstehenden Schuldverschreibungen hinsichtlich aller von der Änderung betroffenen Anleihen sowie einer Mehrheit von mindestens 50 Prozent des Nennwertes der ausstehenden Schuldverschreibungen hinsichtlich jeder einzelnen von der Änderung betroffenen Anleihe.

(5) Die Gläubiger können den Inhalt wesentlicher Beschlüsse und den für eine Mehrheit erforderlichen Nennwert der ausstehenden Schuldverschreibungen abweichend von den Absätzen 1, 3 und 4 festlegen; eine Beschlussfassung hierüber gilt als wesentlicher Beschluss.

(6) Die Mehrheitsbeschlüsse der Gläubiger sind für alle Gläubiger derselben Anleihe und bei einer anleiheübergreifenden Änderung für alle Gläubiger der von der Änderung betroffenen Anleihen gleichermaßen verbindlich. Wesentliche Beschlüsse, die eine anleiheübergreifende Änderung betreffen und bei denen die erforderlichen Mehrheiten nur hinsichtlich einiger der von der Änderung betroffenen Anleihen erreicht werden, sind für die Gläubiger dieser Anleihen verbindlich, wenn der Bund die Voraussetzungen, die hierfür gegeben sein müssen, vor einem von ihm bestimmten Termin (Stichtag), der höchstens fünf Geschäftstage vor der Gläubigerversammlung oder dem Beginn der schriftlichen Abstimmung liegen darf, bekannt macht und wenn diese Voraussetzungen auch tatsächlich vorliegen.

(7) Mehrheitsbeschlüsse der Gläubiger bedürfen stets der Zustimmung des Bundes.

(8) Der Bund hat die Beschlüsse der Gläubiger unverzüglich bekannt zu machen.

### § 4c Stimmrecht

(1) An Beschlussfassungen der Gläubiger nimmt jeder Gläubiger nach Maßgabe des Nennwertes der ausstehenden Schuldverschreibungen teil, die er am Stichtag hält.

(2) Eine Schuldverschreibung gilt insbesondere dann als nicht ausstehend, wenn sie
1. der Bund hält oder
2. ein vom Bund beherrschter Rechtsträger hält und dieser Rechtsträger bei einer Beschlussfassung nicht frei abstimmen kann.

Ein Rechtsträger ist als vom Bund beherrscht anzusehen, wenn der Bund unmittelbar oder mittelbar berechtigt ist, der Geschäftsleitung des Rechtsträgers Weisungen zu erteilen oder wenn der Bund die Mehrheit der Mitglieder eines Aufsichtsrats oder vergleichbaren Aufsichtsorgans des Rechtsträgers wählen oder sonst berufen kann. Ein Gläubiger kann frei abstimmen, wenn er bei der Abstimmung
1. keinen Weisungen des Bundes unterliegt,
2. gemäß einem objektiven Sorgfaltsmaßstab im eigenen Interesse oder dem Interesse seiner Teilhaber handeln muss oder
3. aufgrund einer treuhänderischen oder ähnlichen Pflicht im Interesse einer Person handeln muss, die keine Schuldverschreibungen hält, die als nicht ausstehend anzusehen wären.

(3) Die Gläubiger können abweichend von Absatz 2 festlegen, unter welchen Voraussetzungen eine Schuldverschreibung als ausstehend gilt; eine Beschlussfassung hierüber gilt als wesentlicher Beschluss.

(4) Der Bund macht vor dem Stichtag eine Liste mit sämtlichen Gläubigern bekannt, die zum Zeitpunkt der Veröffentlichung als vom Bund beherrschte Rechtsträger anzusehen.

### § 4d Berechnungsstelle; Bescheinigung

(1) Der Bund benennt eine zuständige Stelle, die feststellt, ob die für die Beschlussfassung der Gläubiger erforderlichen Mehrheiten erreicht sind (Berechnungsstelle).

(2) Der Bund übergibt der Berechnungsstelle vor einer Beschlussfassung der Gläubiger eine Bescheinigung, aus der ersichtlich sind:
1. der Nennwert der am Stichtag ausstehenden Schuldverschreibungen,
2. der Nennwert der am Stichtag als nicht ausstehend im Sinne von § 4c Absatz 2 Satz 1 geltenden Schuldverschreibungen und
3. die Gläubiger der am Stichtag als nicht ausstehend im Sinne von § 4c Absatz 2 Satz 1 geltenden Schuldverschreibungen.

Der Bund macht die Bescheinigung so rechtzeitig vor einer Beschlussfassung der Gläubiger bekannt, dass ein angemessen verständiger und sachkundiger Gläubiger die Richtigkeit der Angaben bis zur Beschlussfassung prüfen kann.

(3) Die Angaben in der Bescheinigung nach Absatz 2 sind für alle Gläubiger und den Bund verbindlich, sofern nicht ein betroffener Gläubiger vor der Beschlussfassung der Gläubiger schriftlich und unter Mitteilung von Gründen der Richtigkeit der Angaben widerspricht und sofern nicht dieser Gläubiger einen Beschluss der Gläubiger, der auf einer unrichtigen Angabe beruht, binnen 15 Tagen nach Bekanntmachung des Beschlusses durch Klage nach Maßgabe des § 4i anficht.

### § 4e Einberufung der Gläubigerversammlung

(1) Eine Gläubigerversammlung kann jederzeit durch den Bund einberufen werden. Der Bund hat eine Gläubigerversammlung einzuberufen, sofern ein in den Emissionsbedingungen vorgesehener Fall der Nichterfüllung einer Zahlungsverpflichtung des Bundes eintritt und Gläubiger von mindestens 10 Prozent des Nennwertes der ausstehenden Schuldverschreibungen die Einberufung schriftlich verlangen. § 9 Absatz 2 und 4 des Schuldverschreibungsgesetzes ist entsprechend anzuwenden. Zuständig ist das Oberlandesgericht am Sitz der Deutschen Bundesbank. Die Vorschriften des ersten Buches des Gesetzes über das Verfahren in Familiensachen und in den Angelegenheiten der freiwilligen Gerichtsbarkeit sind entsprechend anzuwenden. Eine Entscheidung durch den Einzelrichter ist ausgeschlossen. Die Entscheidung des Oberlandesgerichts ist unanfechtbar.

(2) Die Gläubigerversammlung ist mindestens 21 Tage vor dem Tag der Versammlung einzuberufen. Eine vertagte Gläubigerversammlung ist mindestens 14 Tage vor dem Tag der Versammlung einzuberufen.

(3) In der Einberufung sind anzugeben:

1. die Zeit und der Ort der Gläubigerversammlung,
2. die Tagesordnung, die Vorschläge zur Beschlussfassung und die Voraussetzungen der Beschlussfähigkeit,
3. der Stichtag sowie die Bedingungen, von denen die Teilnahme an der Gläubigerversammlung abhängen,
4. die Bedingungen, die erfüllt sein müssen, um eine wirksame Vertretung zu gewährleisten,
5. die Voraussetzungen, von denen die Verbindlichkeit von Gläubigerbeschlüssen bei einer anleiheübergreifenden Änderung abhängt, bei der die erforderlichen Mehrheiten nur hinsichtlich einiger der von der Änderung betroffenen Anleihen erreicht werden, und
6. die Berechnungsstelle.

(4) Die Einberufung ist unverzüglich bekannt zu machen.

### § 4f Vorsitz; Beschlussfähigkeit

(1) Der Bund bestimmt den Vorsitzenden der Gläubigerversammlung. Sofern die vom Bund ernannte Person in der Versammlung nicht erscheint, können Gläubiger, die mehr als 50 Prozent des in der Versammlung vertretenen

Nennwertes der ausstehenden Schuldverschreibungen halten, den Vorsitzenden der Gläubigerversammlung bestimmen.

(2) Die Gläubigerversammlung ist beschlussfähig, wenn die Anwesenden mindestens 50 Prozent des Nennwertes der ausstehenden Schuldverschreibungen vertreten. Sollen wesentliche Beschlüsse gefasst werden, ist die Gläubigerversammlung beschlussfähig, wenn die Anwesenden mindestens 66 2/3 Prozent des Nennwertes der ausstehenden Schuldverschreibungen vertreten.

(3) Der Vorsitzende kann eine Gläubigerversammlung vertagen, wenn sie innerhalb von 30 Minuten nach Sitzungsbeginn nicht beschlussfähig ist. Die vertagte Versammlung ist beschlussfähig, wenn die Anwesenden mindestens 25 Prozent des Nennwertes der ausstehenden Schuldverschreibungen vertreten. Sollen wesentliche Beschlüsse gefasst werden, ist die vertagte Gläubigerversammlung beschlussfähig, wenn die Anwesenden mindestens 66 2/3 Prozent des Nennwertes der ausstehenden Schuldverschreibungen vertreten.

(4) Die Gläubiger können den für die Beschlussfähigkeit erforderlichen Nennwert der ausstehenden Schuldverschreibungen abweichend von den Absätzen 2 und 3 festlegen; eine Beschlussfassung hierüber gilt als wesentlicher Beschluss.

### § 4g Vertretung

(1) Jeder Gläubiger kann sich in der Gläubigerversammlung durch einen Bevollmächtigten vertreten lassen. Die Erteilung der Vollmacht bedarf der Schriftform. Die Bevollmächtigung ist dem Bund spätestens 48 Stunden vor dem Tag der Gläubigerversammlung nachzuweisen.

(2) Der Widerruf der Vollmacht ist nur wirksam, wenn er mindestens 48 Stunden vor dem Tag der Gläubigerversammlung gegenüber dem Bund erklärt wird. Gleiches gilt für eine Änderung der Vollmacht.

### § 4h Schriftliche Abstimmung

Auf die schriftliche Abstimmung sind die Vorschriften über die Einberufung und Durchführung von Gläubigerversammlungen entsprechend anzuwenden.

### § 4i Anfechtung von Beschlüssen

(1) Ein Beschluss der Gläubiger kann wegen Verletzung des Gesetzes oder der Emissionsbedingungen durch Klage angefochten werden.

(2) Die Klage ist binnen eines Monats nach der Bekanntmachung des Beschlusses zu erheben; § 4d Absatz 3 bleibt unberührt. Sie ist gegen die Bundesrepublik Deutschland zu richten. Zuständig für die Klage ist das Oberlandesgericht am Sitz der Deutschen Bundesbank. Die Vorschriften der Zivilprozessordnung über das Verfahren vor den Landgerichten im ersten Rechtszug sind entsprechend anzuwenden. Eine Entscheidung durch den Einzelrichter ist ausgeschlossen. Gegen die Entscheidung des Oberlandesgerichts findet die Revision nach Maßgabe des § 543 der Zivilprozessordnung statt; § 544 der Zivilprozessordnung ist entsprechend anzuwenden. Im Übrigen sind § 20 Absatz 1

Satz 2 und Absatz 2 des Schuldverschreibungsgesetzes sowie § 246 Absatz 3 Satz 4 bis 6 des Aktiengesetzes entsprechend anzuwenden.

(3) Vor einer rechtskräftigen Entscheidung des Gerichts darf der angefochtene Beschluss nicht vollzogen werden, es sei denn, das nach Absatz 2 Satz 3 zuständige Gericht stellt auf Antrag der Bundesrepublik Deutschland nach Maßgabe des § 246a des Aktiengesetzes fest, dass die Erhebung der Klage dem Vollzug des angefochtenen Beschlusses nicht entgegensteht; § 246a Absatz 1 Satz 1 und 2, Absatz 2, 3 Satz 1 bis 4 und 6, Absatz 4 des Aktiengesetzes gilt entsprechend.

### § 4j Wirksamkeit und Vollziehung von Beschlüssen

Beschlüsse der Gläubiger, durch welche der Inhalt der Emissionsbedingungen geändert oder ergänzt wird, werden erst wirksam, wenn sie vollzogen worden sind. Sie sind in der Weise zu vollziehen, dass die Emissionsbedingungen in ihrer geänderten oder ergänzten Fassung bekannt gemacht werden.

### § 4k Bekanntmachungen

Die Bekanntmachungen nach § 4b Absatz 6 Satz 2 und Absatz 8, § 4c Absatz 4, § 4d Absatz 2 Satz 2, § 4e Absatz 4 und § 4j erfolgen im Bundesanzeiger und im Internet unter der Adresse der Bundesrepublik Deutschland – Finanzagentur GmbH sowie durch die Deutsche Bundesbank.

### § 5 Bundesschuldbuch

(1) Für den Bund und seine Sondervermögen wird ein Bundesschuldbuch geführt, das der Begründung, Dokumentation und Verwaltung von Schuldbuchforderungen sowie der Dokumentation und Verwaltung der sonstigen Verbindlichkeiten gemäß den nachfolgenden Bestimmungen dient. Das Bundesschuldbuch kann auch elektronisch geführt werden.

(2) Das Bundesschuldbuch besteht aus Abteilungen. Jeweils in eine Abteilung werden eingetragen:

1. Sammelschuldbuchforderungen nach Maßgabe des § 6,
2. Einzelschuldbuchforderungen nach Maßgabe des § 7,
3. sonstige Verbindlichkeiten im Sinne des § 4, soweit hierfür Abteilungen eingerichtet worden sind; über die Einrichtung dieser Abteilungen entscheidet das Bundesministerium der Finanzen.

(3) Eine Schuldbuchforderung wird als Sammelschuldbuchforderung oder Einzelschuldbuchforderung durch die Eintragung in die jeweilige Abteilung begründet; durch die Eintragung in das Bundesschuldbuch gilt eine gesetzlich vorgeschriebene Form als beachtet.

### § 6 Sammelschuldbuchforderungen

(1) Der Bund und seine Sondervermögen können Schuldverschreibungen dadurch begeben, dass Schuldbuchforderungen bis zur Höhe des Nennbetrages

der jeweiligen Emission auf den Namen einer Wertpapiersammelbank in das Bundesschuldbuch eingetragen werden (Sammelschuldbuchforderung).

(2) Die Sammelschuldbuchforderung gilt als Wertpapiersammelbestand. Die Gläubiger der Sammelschuldbuchforderung gelten als Miteigentümer nach Bruchteilen. Der jeweilige Anteil bestimmt sich nach dem Nennbetrag der für den Gläubiger in Sammelverwaltung genommenen Schuldbuchforderung. Die Wertpapiersammelbank verwaltet die Sammelschuldbuchforderung treuhänderisch für die Gläubiger, ohne selbst Berechtigte der Sammelschuldbuchforderung zu sein. Die Wertpapiersammelbank kann die Sammelschuldbuchforderung für die Gläubiger gemeinsam mit ihren eigenen Anteilen verwalten. Die Vorschriften des Depotgesetzes sind entsprechend anzuwenden.

(3) Ansprüche auf Ausreichung verbriefter Schuldurkunden sind ausgeschlossen, es sei denn, die Emissionsbedingungen sehen solche Ansprüche ausdrücklich vor.

(4) Die Wertpapiersammelbank kann ihr zur Sammelverwahrung anvertraute verbriefte Schuldverschreibungen des Bundes und seiner Sondervermögen jederzeit in eine Sammelschuldbuchforderung umwandeln lassen, sofern die Emissionsbedingungen dies nicht ausdrücklich ausschließen.

(5) Besteht die Emission des Bundes teils aus einer Sammelschuldbuchforderung und teils aus verbrieften Schuldverschreibungen, so gelten diese Teile als ein einheitlicher Sammelbestand.

(6) Der Schuldner der Sammelschuldbuchforderung kann nur solche Einwendungen erheben, die sich aus der Eintragung ergeben, die Gültigkeit der Eintragung betreffen oder ihm unmittelbar gegen den Gläubiger zustehen.

(7) Die Wertpapiersammelbank ist berechtigt, vom Schuldner für die auf ihren Namen eingetragenen Sammelschuldbuchforderungen die Zahlung der Zinsen und des Kapitals bei Fälligkeit zu verlangen. Der Schuldner wird durch Zahlung an die Wertpapiersammelbank gegenüber den Gläubigern der Sammelschuldbuchforderung befreit.

(8) Befinden sich Emissionen oder Teile davon im Eigenbestand des Bundes oder eines seiner Sondervermögen, können sie im Bundesschuldbuch ganz oder teilweise gelöscht werden, sofern die Emissionsbedingungen dem nicht entgegenstehen. Über die Löschung entscheidet das Bundesministerium der Finanzen.

### § 7 Einzelschuldbuchforderungen

(1) Einzelne natürliche oder juristische Personen oder Vermögensmassen, deren Verwaltung gesetzlich geregelt ist oder deren Verwalter ihre Verfügungsbefugnis durch eine gerichtliche oder notarielle Urkunde nachweisen, können während der Laufzeit einer Sammelschuldbuchforderung verlangen, dass ihr Anteil daran durch Eintragung in das Einzelschuldbuch in eine auf ihren Namen lautende Buchforderung (Einzelschuldbuchforderung) umgewandelt wird, sofern nicht in den Emissionsbedingungen die Begründung einer Einzelschuld-

buchforderung ausgeschlossen ist. Die Übermittlung des Antrags erfolgt durch die eingetragene Wertpapiersammelbank. Durch die Eintragung wird eine Einzelschuldbuchforderung in Höhe des Anteils begründet. § 6 Abs. 6 gilt entsprechend.

(2) Sofern nicht in den Emissionsbedingungen die Begründung einer Einzelschuldbuchforderung ausgeschlossen ist, kann eine Einzelschuldbuchforderung auch dadurch begründet werden, dass
1. für den Gläubiger, der dem Bund den Kaufpreis zur Verfügung stellt, der entsprechende Nennbetrag unmittelbar als Einzelschuldbuchforderung eingetragen wird,
2. für den Gläubiger, der der das Bundesschuldbuch führenden Stelle Bundeswertpapiere zur Umwandlung in eine Buchforderung einliefert, eine Einzelschuldbuchforderung in Höhe des Nennbetrages der eingelieferten Wertpapiere eingetragen wird; hierdurch erlöschen seine Rechte an den eingelieferten Wertpapieren. Das durch das Wertpapier begründete Rechtsverhältnis zwischen Schuldner und Gläubiger gilt auch für die Einzelschuldbuchforderung.

(3) Eine Einzelschuldbuchforderung kann auch zur Erfüllung eines gesetzlich begründeten Leistungsanspruchs als dem Gläubiger zustehende Forderung in das Bundesschuldbuch eingetragen werden, wenn Schuldner der Bund oder eines seiner Sondervermögen ist.

(4) Veränderungen in den Einzelschuldbuchforderungen dürfen nur auf Grund eines Antrags des Gläubigers oder einer durch Gesetz oder auf Grund Gesetzes, Rechtsgeschäfts, gerichtlicher Entscheidung oder vollstreckbaren Verwaltungsakts hierzu berechtigten Person erfolgen.

(5) Die das Bundesschuldbuch führende Stelle erteilt nur den in Absatz 4 genannten Personen sowie staatlichen Stellen, die auf Grund eines Gesetzes auskunftsberechtigt sind, Bescheinigungen und Auskünfte über alle Eintragungen und Veränderungen auf dem Schuldbuchkonto.

(6) Einzelschuldbuchforderungen können, soweit es sich nicht um obligatorische Einzelschuldbuchforderungen handelt, auf Antrag des Berechtigten im Sinne des Absatzes 4 in einen Sammelbestandanteil zur Verwahrung bei einem Kreditinstitut umgewandelt werden.

### § 8 Öffentlicher Glaube des Bundesschuldbuchs

(1) Verfügungen über Einzelschuldbuchforderungen bedürfen zu ihrer Wirksamkeit gegenüber dem Schuldner der Eintragung in das Bundesschuldbuch.

(2) Wird eine Einzelschuldbuchforderung auf Grund eines Antrags eines Berechtigten im Sinne von § 7 Abs. 4 auf einen anderen Gläubiger übertragen, so erwirbt dieser sie auch, soweit sie dem bisher eingetragenen Gläubiger nicht zustand. Rechte Dritter an der Forderung sowie Verfügungsbeschränkungen des bisherigen Gläubigers sind dem neuen Gläubiger gegenüber nur wirksam, so-

weit sie im Bundesschuldbuch eingetragen sind. Die Sätze 1 und 2 gelten nicht, wenn dem neuen Gläubiger zur Zeit des Erwerbs der Schuldbuchforderung bekannt oder infolge grober Fahrlässigkeit unbekannt war, dass dem bisherigen Gläubiger die Forderung nicht oder nicht in dem Umfang zustand, dass der bisherige Gläubiger einer Verfügungsbeschränkung unterlag oder dass die Forderung mit dem Recht einer dritten Person belastet war.

(3) Wer als Inhaber eines durch Rechtsgeschäft begründeten Pfandrechts oder eines Nießbrauchs an einer Einzelschuldbuchforderung eingetragen wird, erwirbt das Recht auch, soweit die Einzelschuldbuchforderung dem eingetragenen Gläubiger nicht zusteht. Absatz 2 Satz 2 und 3 gilt entsprechend.

(4) Die Eintragungen erfolgen in derselben Reihenfolge, in der die Anträge bei der das Bundesschuldbuch führenden Stelle eingegangen sind.

**§ 9** *(weggefallen)*

### § 3

(1) Im Falle der Gefährdung eines der Ziele des § 1 stellt die Bundesregierung Orientierungsdaten für ein gleichzeitiges aufeinander abgestimmtes Verhalten (konzertierte Aktion) der Gebietskörperschaften, Gewerkschaften und Unternehmensverbände zur Erreichung der Ziele des § 1 zur Verfügung. Diese Orientierungsdaten enthalten insbesondere eine Darstellung der gesamtwirtschaftlichen Zusammenhänge im Hinblick auf die gegebene Situation.

(2) Das Bundesministerium für Wirtschaft und Energie hat die Orientierungsdaten auf Verlangen eines der Beteiligten zu erläutern.

### § 4

Bei außenwirtschaftlichen Störungen des gesamtwirtschaftlichen Gleichgewichts, deren Abwehr durch binnenwirtschaftliche Maßnahmen nicht oder nur unter Beeinträchtigung der in § 1 genannten Ziele möglich ist, hat die Bundesregierung alle Möglichkeiten der internationalen Koordination zu nutzen. Soweit dies nicht ausreicht, setzt sie die ihr zur Wahrung des außenwirtschaftlichen Gleichgewichts zur Verfügung stehenden wirtschaftspolitischen Mittel ein.

### § 5

(1) Im Bundeshaushaltsplan sind Umfang und Zusammensetzung der Ausgaben und der Ermächtigungen zum Eingehen von Verpflichtungen zu Lasten künftiger Rechnungsjahre so zu bemessen, wie es zur Erreichung der Ziele des § 1 erforderlich ist.

(2) Bei einer die volkswirtschaftliche Leistungsfähigkeit übersteigenden Nachfrageausweitung sollen Mittel zur zusätzlichen Tilgung von Schulden bei der Deutschen Bundesbank oder zur Zuführung an eine Konjunkturausgleichsrücklage veranschlagt werden.

(3) Bei einer die Ziele des § 1 gefährdenden Abschwächung der allgemeinen Wirtschaftstätigkeit sollen zusätzlich erforderliche Deckungsmittel zunächst der Konjunkturausgleichsrücklage entnommen werden.

### § 6

(1) Bei der Ausführung des Bundeshaushaltsplans kann im Falle einer die volkswirtschaftliche Leistungsfähigkeit übersteigenden Nachfrageausweitung die Bundesregierung das Bundesministerium der Finanzen ermächtigen, zur Erreichung der Ziele des § 1 die Verfügung über bestimmte Ausgabemittel, den Beginn von Baumaßnahmen und das Eingehen von Verpflichtungen zu Lasten künftiger Rechnungsjahre von dessen Einwilligung abhängig zu machen. Die Bundesministerien der Finanzen und für Wirtschaft und Energie schlagen die erforderlichen Maßnahmen vor. Das Bundesministerium der Finanzen hat die dadurch nach Ablauf des Rechnungsjahres freigewordenen Mittel zur zusätzlichen Tilgung von Schulden bei der Deutschen Bundesbank zu verwenden oder der Konjunkturausgleichsrücklage zuzuführen.

(2) Die Bundesregierung kann bestimmen, daß bei einer die Ziele des § 1 gefährdenden Abschwächung der allgemeinen Wirtschaftstätigkeit zusätzliche Ausgaben geleistet werden; Absatz 1 Satz 2 ist anzuwenden. Die zusätzlichen Mittel dürfen nur für im Finanzplan (§ 9 in Verbindung mit § 10) vorgesehene Zwecke oder als Finanzhilfe für besonders bedeutsame Investitionen der Länder und Gemeinden (Gemeindeverbände) zur Abwehr einer Störung des gesamtwirtschaftlichen Gleichgewichts (Artikel 104a Abs. 4 Satz 1 GG) verwendet werden. Zu ihrer Deckung sollen die notwendigen Mittel zunächst der Konjunkturausgleichsrücklage entnommen werden.

(3) Das Bundesministerium der Finanzen wird ermächtigt, zu dem in Absatz 2 bezeichneten Zweck Kredite über die im Haushaltsgesetz erteilten Kreditermächtigungen hinaus bis zur Höhe von fünf Milliarden Deutsche Mark, gegebenenfalls mit Hilfe von Geldmarktpapieren, aufzunehmen. Soweit solche Kredite auf eine nachträglich in einem Haushaltsgesetz ausgesprochene Kreditermächtigung angerechnet werden, kann das Recht zur Kreditaufnahme erneut in Anspruch genommen werden.

## § 7

(1) Die Konjunkturausgleichsrücklage ist bei der Deutschen Bundesbank anzusammeln. Mittel der Konjunkturausgleichsrücklage dürfen nur zur Deckung zusätzlicher Ausgaben gemäß § 5 Abs. 3 und § 6 Abs. 2 verwendet werden.

(2) Ob und in welchem Ausmaß über Mittel der Konjunkturausgleichsrücklage bei der Ausführung des Bundeshaushaltsplans verfügt werden soll, entscheidet die Bundesregierung; § 6 Abs. 1 Satz 2 ist anzuwenden.

## § 8

(1) In den Bundeshaushaltsplan ist ein Leertitel für Ausgaben nach § 6 Abs. 2 Satz 1 und 2 einzustellen. Ausgaben aus diesem Titel dürfen nur mit Zustimmung des Bundestages und nur insoweit geleistet werden, als Einnahmen aus der Konjunkturausgleichsrücklage oder aus Krediten nach § 6 Abs. 3 vorhanden sind. Die Vorlage ist gleichzeitig dem Bundestag und dem Bundesrat zuzuleiten. Der Bundesrat kann binnen zwei Wochen dem Bundestag gegenüber Stellung nehmen. Die Zustimmung des Bundestages gilt als erteilt, wenn er nicht binnen vier Wochen nach Eingang der Vorlage der Bundesregierung die Zustimmung verweigert hat.

(2) In den Bundeshaushaltsplan ist ferner ein Leertitel für Einnahmen aus der Konjunkturausgleichsrücklage und aus Krediten nach § 6 Abs. 3 einzustellen.

## § 9

(1) Der Haushaltswirtschaft des Bundes ist eine fünfjährige Finanzplanung zugrunde zu legen. In ihr sind Umfang und Zusammensetzung der voraussichtlichen Ausgaben und die Deckungsmöglichkeiten in ihren Wechselbeziehun-

gen zu der mutmaßlichen Entwicklung des gesamtwirtschaftlichen Leistungsvermögens darzustellen, gegebenenfalls durch Alternativrechnungen.

(2) Der Finanzplan ist vom Bundesministerium der Finanzen aufzustellen und zu begründen. Er wird von der Bundesregierung beschlossen und Bundestag und Bundesrat vorgelegt.

(3) Der Finanzplan ist jährlich der Entwicklung anzupassen und fortzuführen.

**§ 10**

(1) Als Unterlagen für die Finanzplanung stellen die Bundesministerien für ihren Geschäftsbereich mehrjährige Investitionsprogramme auf und übersenden sie mit den sonstigen Bedarfsschätzungen dem Bundesministerium der Finanzen zu dem von ihm zu bestimmenden Zeitpunkt. Die Geschäftsbereiche, für die Investitionsprogramme aufzustellen sind, bestimmt die Bundesregierung.

(2) Die Investitionsprogramme haben nach Dringlichkeit und Jahresabschnitten gegliedert die in den nächsten Jahren durchzuführenden Investitionsvorhaben zu erfassen. Jeder Jahresabschnitt soll die fortzuführenden und neuen Investitionsvorhaben mit den auf das betreffende Jahr entfallenden Teilbeträgen wiedergeben. Finanzierungshilfen des Bundes für Investitionen Dritter sind bei Anwendung gleicher Gliederungsgrundsätze unter Kenntlichmachung der Finanzierungsart in einem besonderen Teil zu erfassen.

(3) Die Investitionsprogramme sind jährlich der Entwicklung anzupassen und fortzuführen.

**§ 11**

Bei einer die Ziele des § 1 gefährdenden Abschwächung der allgemeinen Wirtschaftstätigkeit ist die Planung geeigneter Investitionsvorhaben so zu beschleunigen, daß mit ihrer Durchführung kurzfristig begonnen werden kann. Die zuständigen Bundesministerien haben alle weiteren Maßnahmen zu treffen, die zu einer beschleunigten Vergabe von Investitionsaufträgen erforderlich sind.

**§ 12**

(1) Bundesmittel, die für bestimmte Zwecke an Stellen außerhalb der Bundesverwaltung gegeben werden, insbesondere Finanzhilfen, sollen so gewährt werden, daß es den Zielen des § 1 nicht widerspricht.

(2) Über die in Absatz 1 bezeichneten Finanzhilfen legt die Bundesregierung dem Bundestag und dem Bundesrat zusammen mit dem Entwurf des Bundeshaushaltsplans alle zwei Jahre eine zahlenmäßige Übersicht vor, die insbesondere gegliedert ist in Finanzhilfen, die

1. der Erhaltung von Betrieben oder Wirtschaftszweigen,
2. der Anpassung von Betrieben oder Wirtschaftszweigen an neue Bedingungen und
3. der Förderung des Produktivitätsfortschritts und des Wachstums von Betrieben oder Wirtschaftszweigen, insbesondere durch Entwicklung neuer Produktionsmethoden und -richtungen

dienen.

(3) In entsprechender Gliederung des Absatzes 2 wird eine Übersicht der Steuervergünstigungen zusammen mit den geschätzten Mindereinnahmen beigefügt.

(4) Zu den in Absatz 2 und 3 genannten Übersichten gibt die Bundesregierung an, auf welchen Rechtsgründen oder sonstigen Verpflichtungen die jeweiligen Finanzhilfen und Steuervergünstigungen beruhen und wann nach der gegebenen Rechtslage mit einer Beendigung der Finanzhilfen und Steuervergünstigungen zu rechnen ist. Sie macht zugleich Vorschläge hinsichtlich der gesetzlichen oder sonstigen Voraussetzungen für eine frühere Beendigung oder einen stufenweisen Abbau der Verpflichtungen. Hierzu wird ein Zeitplan entsprechend der in Absatz 2 beschriebenen Gliederung aufgestellt.

### § 13

(1) Die Vorschriften der §§ 1, 5, 6 Abs. 1 und 2 gelten für das ERP-Sondervermögen entsprechend.

(2) Für die Deutsche Bundesbahn erläßt das Bundesministerium für Verkehr, und digitale Infrastruktur im Einvernehmen mit dem Bundesministerium der Finanzen die nach § 1 erforderlichen Anordnungen.

(3) Die bundesunmittelbaren Körperschaften, Anstalten und Stiftungen des öffentlichen Rechts sollen im Rahmen der ihnen obliegenden Aufgaben die Ziele des § 1 berücksichtigen.

### § 14

Die §§ 5,6 Abs. 1 und 2, §§ 7,9 bis 11 sowie § 12 Abs. 1 gelten sinngemäß für die Haushaltswirtschaft der Länder. Die Regelung der Zuständigkeiten bleibt den Ländern überlassen.

### § 15

(1) Zur Abwehr einer Störung des gesamtwirtschaftlichen Gleichgewichts kann die Bundesregierung durch Rechtsverordnung mit Zustimmung des Bundesrates anordnen, daß der Bund und die Länder ihren Konjunkturausgleichsrücklagen Mittel zuzuführen haben.

(2) In der Rechtsverordnung ist der Gesamtbetrag zu bestimmen, der von Bund und Ländern aufzubringen ist. Er soll unbeschadet der nach Absatz 4 den Konjunkturausgleichsrücklagen zuzuführenden Beträge in einem Haushaltsjahr drei vom Hundert der von Bund und Ländern im vorangegangenen Haushaltsjahr erzielten Steuereinnahmen nicht überschreiten.

(3) Soweit Bund und Länder keine andere Aufbringung vereinbaren, haben sie den Gesamtbetrag im Verhältnis der von ihnen im vorangegangenen Haushaltsjahr erzielten Steuereinnahmen unter Berücksichtigung der Ausgleichszuweisungen und Ausgleichsbeiträge nach dem Länderfinanzausgleich aufzubringen. Bei der Berechnung der Steuereinnahmen der Länder bleiben die Gemeindesteuern der Länder Berlin, Bremen, Hamburg und die nach § 6 Abs. 2 des Lastenausgleichsgesetzes zu leistenden Zuschüsse außer Betracht.

Haben der Bund oder einzelne Länder ihrer Konjunkturausgleichsrücklage im gleichen Haushaltsjahr bereits Mittel zugeführt, so werden diese auf ihre Verpflichtung angerechnet.

(4) Werden die Einkommensteuer auf Grund der Ermächtigung in § 51 Abs. 3 Ziff. 2 des Einkommensteuergesetzes und die Körperschaftsteuer auf Grund des § 19c des Körperschaftsteuergesetzes* erhöht, so haben der Bund und die Länder zusätzlich laufend ihren Konjunkturausgleichsrücklagen aus dem Aufkommen an Einkommensteuer und Körperschaftsteuer während des Zeitraums, für den die Erhöhung gilt, jeweils Beträge in dem Verhältnis zuzuführen, in dem der Hundertsatz, um den die Einkommensteuer und die Körperschaftsteuer erhöht worden sind, zu der aus 100 und diesem Hundertsatz gebildeten Summe steht.

(5) Die den Konjunkturausgleichsrücklagen auf Grund einer Rechtsverordnung nach Absatz 1 oder gemäß Absatz 4 zugeführten Beträge dürfen nur insoweit entnommen werden, als sie durch Rechtsverordnung der Bundesregierung mit Zustimmung des Bundesrates freigegeben sind. Die Freigabe ist nur zur Vermeidung einer die Ziele des § 1 gefährdenden Abschwächung der allgemeinen Wirtschaftstätigkeit zulässig. Die Sätze 1 und 2 sind auf die in Absatz 3 Satz 3 bezeichneten Mittel anzuwenden.

### § 16

(1) Gemeinden und Gemeindeverbände haben bei ihrer Haushaltswirtschaft den Zielen des § 1 Rechnung zu tragen.

(2) Die Länder haben durch geeignete Maßnahmen darauf hinzuwirken, daß die Haushaltswirtschaft der Gemeinden und Gemeindeverbände den konjunkturpolitischen Erfordernissen entspricht.

### § 17

Bund und Länder erteilen sich gegenseitig die Auskünfte, die zur Durchführung einer konjunkturgerechten Haushaltswirtschaft und zur Aufstellung ihrer Finanzpläne notwendig sind.

### § 18

(1) Bei der Bundesregierung wird ein Konjunkturrat für die öffentliche Hand gebildet. Dem Rat gehören an:

1. die Bundesminister für Wirtschaft und Energie und der Finanzen,
2. je ein Vertreter eines jeden Landes,
3. vier Vertreter der Gemeinden und der Gemeindeverbände, die vom Bundesrat auf Vorschlag der kommunalen Spitzenverbände bestimmt werden.

Den Vorsitz im Konjunkturrat führt der Bundesminister für Wirtschaft und Energie.

---

* Jetzt: § 23 Abs. 2 KStG 611-4-4.

(2) Der Konjunkturrat berät nach einer vom Bundesministerium für Wirtschaft und Energie zu erlassenden Geschäftsordnung in regelmäßigen Abständen:

1. alle zur Erreichung der Ziele dieses Gesetzes erforderlichen konjunkturpolitischen Maßnahmen;
2. die Möglichkeiten der Deckung des Kreditbedarfs der öffentlichen Haushalte.

Der Konjunkturrat ist insbesondere vor allen Maßnahmen nach den §§ 15, 19 und 20 zuhören.

(3) Der Konjunkturrat bildet einen besonderen Ausschuß für Kreditfragen der öffentlichen Hand, der unter Vorsitz des Bundesministers der Finanzen nach einer von diesem zu erlassenden Geschäftsordnung berät.

(4) Die Bundesbank hat das Recht, an den Beratungen des Konjunkturrates teilzunehmen.

**§ 19**

Zur Abwehr einer Störung des gesamtwirtschaftlichen Gleichgewichts kann die Bundesregierung durch Rechtsverordnung mit Zustimmung des Bundesrates anordnen, daß die Beschaffung von Geldmitteln im Wege des Kredits im Rahmen der in den Haushaltsgesetzen oder Haushaltssatzungen ausgewiesenen Kreditermächtigungen durch den Bund, die Länder, die Gemeinden und Gemeindeverbände sowie die öffentlichen Sondervermögen und Zweckverbände beschränkt wird. Satz 1 gilt nicht für Kredite, die von Gemeinden, Gemeindeverbänden oder Zweckverbänden zur Finanzierung von Investitionsvorhaben ihrer wirtschaftlichen Unternehmen ohne eigene Rechtspersönlichkeit aufgenommen werden.

**§ 20**

(1) In Rechtsverordnungen nach § 19 kann vorgesehen werden, daß

1. für einen zu bestimmenden Zeitraum die Kreditaufnahme durch die in § 19 bezeichneten Stellen auf einen Höchstbetrag begrenzt wird;
2. im Rahmen der nach Nummer 1 festgesetzten Höchstbeträge Kredite bestimmter Art oder Höhe, insbesondere Anleihen oder Schuldscheindarlehen, nur nach Maßgabe eines Zeitplans und nur unter Einhaltung von Kreditbedingungen (§ 22 Abs. 1 und 2) aufgenommen werden dürfen.

(2) Der Höchstbetrag nach Absatz 1 Nr. 1 muß für die einzelne Stelle für ein Haushaltsjahr mindestens 80 vom Hundert der Summe betragen, die sie im Durchschnitt der letzten fünf statistisch erfaßten Haushaltsjahre vor Erlaß der Rechtsverordnung als Kredit aufgenommen hat; Kassen- und Betriebsmittelkredite, Kredite, die die Deutsche Bundesbank oder eine in § 19 bezeichnete Stelle gewährt hat, sowie Kredite für die in § 19 Satz 2 bezeichneten Zwecke bleiben hierbei unberücksichtigt. Zum Ausgleich von Schwankungen im Kreditbedarf der Gemeinden, Gemeindeverbände und Zweckverbände kann für diese der Höchstbetrag auf 70 vom Hundert gekürzt werden. Die hierdurch freiwerdenden Beträge sind von den Ländern solchen Gemeinden, Gemeindever-

bänden und Zweckverbänden zuzuweisen, die besonders dringende Investitionsaufgaben zu erfüllen haben.

(3) In Rechtsverordnungen nach § 19 ist zu bestimmen, inwieweit Kreditaufnahmen Dritter, die wirtschaftlich der Kreditaufnahme einer der in § 19 bezeichneten Stellen gleichkommen, auf den Höchstbetrag nach Absatz 1 Nr. 1 anzurechnen sind. Insbesondere sind Kreditaufnahmen Dritter zu berücksichtigen, soweit diese Aufgaben der Finanzierung für eine der in § 19 bezeichneten Stellen wahrnehmen oder soweit eine solche Stelle die Kreditaufnahme durch Zinsverbilligungsmittel oder Zuwendungen gleicher Wirkung fördert.

(4) Rechtsverordnungen nach § 19 sind auf längstens ein Jahr zu befristen.

(5) Rechtsverordnungen nach § 19 sind unverzüglich nach ihrer Verkündung dem Bundestag mitzuteilen. Sie sind unverzüglich aufzuheben, wenn es der Bundestag binnen sechs Wochen nach ihrer Verkündung verlangt.

## § 21

Nimmt eine der in § 19 bezeichneten Stellen einen im Rahmen des Höchstbetrages nach § 20 Abs. 1 Nr. 1 auf sie entfallenden Kredit nicht auf, so kann mit deren Zustimmung eine andere der in § 19 bezeichneten Stellen insoweit den Kredit in Anspruch nehmen. Davon abweichend können die Länder bestimmen, daß von den Höchstbeträgen der Gemeinden, Gemeindeverbände und Zweckverbände diejenigen Teilbeträge, welche die Kreditermächtigung in der Haushaltssatzung übersteigen, anderen Gemeinden, Gemeindeverbänden oder Zweckverbänden mit einem zusätzlichen Kreditbedarf zugewiesen werden.

## § 22

(1) Der besondere Ausschuß des Konjunkturrates (§ 18 Abs. 3) stellt unter Berücksichtigung der Lage am Kapitalmarkt einen Zeitplan für jeweils längstens drei Monate auf. In dem Plan sind für die in der Rechtsverordnung nach § 20 Abs. 1 Nr. 2 bestimmten Kredite die Reihenfolge der Kreditaufnahme und die Höhe des Betrages festzulegen; die Kreditbedingungen können festgelegt werden.

(2) Durch das Bundesministerium der Finanzen kann der nach Absatz 1 aufgestellte Zeitplan für verbindlich erklärt oder, wenn im besonderen Ausschuß des Konjunkturrates keine Übereinstimmung erzielt worden ist, mit Zustimmung des Bundesrates ein Zeitplan festgestellt werden.

(3) Bei einer drohenden Verschlechterung der Lage am Kapitalmarkt kann das Bundesministerium der Finanzen im Benehmen mit der Deutschen Bundesbank den Vollzug des Zeitplans vorläufig aussetzen. Er tritt in diesem Fall innerhalb von zwei Wochen mit dem besonderen Ausschuß des Konjunkturrates in erneute Beratungen ein.

(4) Die in § 19 bezeichneten Stellen sind verpflichtet, auch bei solchen Krediten, die nicht Gegenstand der Rechtsverordnung nach § 20 Abs. 1 Nr. 2 sind, in der Zeitfolge der Kreditaufnahme und der Gestaltung der Kreditbedingungen der Lage am Kapitalmarkt Rechnung zu tragen.

**§ 23**

Die einzelnen Länder haben durch geeignete Maßnahmen sicherzustellen, daß die Beschaffung von Geldmitteln im Wege des Kredits durch das Land, seine Gemeinden, Gemeindeverbände und Zweckverbände sich im Rahmen der auf Grund dieses Gesetzes angeordneten Beschränkungen hält.

**§ 24**

(1) Bei Maßnahmen nach den §§ 20 bis 23 ist der Grundsatz der Gleichrangigkeit der Aufgaben von Bund, Ländern und Gemeinden zu beachten.

(2) Die besonderen Verhältnisse der Länder Berlin, Bremen und Hamburg, die gleichzeitig Landesaufgaben und Kommunalaufgaben zu erfüllen haben, sind zu berücksichtigen.

**§ 25**

Die zuständige oberste Landesbehörde erteilt dem Bundesministerium der Finanzen auf Anforderung Auskunft über den Kreditbedarf des Landes, der Gemeinden, Gemeindeverbände und Zweckverbände, über Art und Höhe der von diesen aufgenommenen Kredite sowie über Kreditaufnahmen Dritter, die wirtschaftlich einer eigenen Kreditaufnahme gleichkommen. Die öffentlichen Sondervermögen erteilen die Auskunft nach Satz 1 unmittelbar.

**§§ 26-31***

**§ 32**

Dieses Gesetz gilt nach § 12 Abs. 1 und § 13 Abs. 1 des Dritten Überleitungsgesetzes vom 4. Januar 1952 (Bundesgesetzbl. I S. 1) auch im Land Berlin. Rechtsverordnungen, die auf Grund dieses Gesetzes erlassen werden, gelten im Land Berlin nach § 14 des Dritten Überleitungsgesetzes.

**§ 33**

(1) Dieses Gesetz tritt vorbehaltlich des Absatzes 2 am Tage nach seiner Verkündung in Kraft.

(2) Die Vorschriften des § 26 Nr. 3 Buchstabe a und des § 27 Nr. 2 hinsichtlich des § 23a Abs. 1 Ziff. 2 Buchstabe k des Körperschaftssteuergesetzes treten am 1. Januar 1969 in Kraft.

---

* Von dem Abdruck der §§ 26 bis 31 StWG, die lediglich Änderungen anderer gesetzlicher Vorschriften, namentlich steuerrechtlicher Normen, ausweisen, wurde abgesehen.

# Gesetz zur Errichtung eines Stabilitätsrates und zur Vermeidung von Haushaltsnotlagen (Stabilitätsratsgesetz – StabiRatG)

**vom 10. August 2009** (BGBl. I S. 2702),
geändert durch Art. 2 des Gesetzes vom 15. Juli 2013 (BGBl. I S. 2398),
Art. 33 der Verordnung vom 31. August 2015 (BGBl. I S. 1474)

## § 1 Stabilitätsrat

(1) Bund und Länder bilden einen Stabilitätsrat mit dem Ziel der Vermeidung von Haushaltsnotlagen. Dem Stabilitätsrat gehören an:

1. die Bundesministerin oder der Bundesminister der Finanzen,
2. die für die Finanzen zuständigen Ministerinnen oder Minister der Länder,
3. die Bundesministerin oder der Bundesminister für Wirtschaft und Energie.

Der Stabilitätsrat wird bei der Bundesregierung eingerichtet.

(2) Den Vorsitz im Stabilitätsrat führen gemeinsam die Bundesministerin oder der Bundesminister der Finanzen und die oder der Vorsitzende der Finanzministerkonferenz der Länder.

(3) Der Stabilitätsrat tritt nach Bedarf zusammen, jedoch mindestens zweimal jährlich. Die Sitzungen sind vertraulich und nicht öffentlich.

(4) Die Beschlüsse des Stabilitätsrates werden mit der Stimme des Bundes und der Mehrheit von zwei Dritteln der Länder gefasst. Die Stimme des Bundes wird durch die Bundesministerin oder den Bundesminister der Finanzen abgegeben. Bei Entscheidungen, die einzelne Länder betreffen, ist das betroffene Land nicht stimmberechtigt. Entscheidungen, die den Bund betreffen, werden abweichend von Satz 1 mit der Mehrheit von zwei Dritteln aller stimmberechtigten Mitglieder gefasst. Die Beschlüsse und die zugrunde liegenden Beratungsunterlagen werden veröffentlicht.

(5) Der Stabilitätsrat gibt sich eine Geschäftsordnung. Diese regelt auch die Vertretung im Verhinderungsfall.

(6) Zur Unterstützung der Aufgaben des Stabilitätsrates wird ein Sekretariat eingerichtet, das jeweils aus einer Vertreterin oder einem Vertreter aus dem Bundesministerium der Finanzen sowie aus einer oder einem von der Finanzministerkonferenz der Länder benannten Vertreterin oder Vertreter besteht.

## § 2 Aufgaben des Stabilitätsrates

Aufgaben des Stabilitätsrates sind die regelmäßige Überwachung der Haushalte des Bundes und der Länder sowie die Durchführung von Sanierungsverfahren nach § 5. Der Stabilitätsrat überwacht die Einhaltung der Obergrenze des strukturellen gesamtstaatlichen Finanzierungsdefizits nach § 51 Absatz 2 des Haushaltsgrundsätzegesetzes. Dem Stabilitätsrat können durch Gesetz weitere Aufgaben übertragen werden.

## INHALTSÜBERSICHT

Teil I

**Allgemeine Vorschriften zum Haushaltsplan**



Teil II

**Aufstellung des Haushaltsplans**



Teil III

**Ausführung des Haushaltsplans**

Teil IV

**Zahlungen, Buchführung und Rechnungslegung**



Teil V

**Rechnungsprüfung**



Teil VI

**Bundesunmittelbare juristische Personen des öffentlichen Rechts**

Teil I

## Allgemeine Vorschriften zum Haushaltsplan

### § 1 Feststellung des Haushaltsplans

**Der Haushaltsplan wird für ein oder zwei Rechnungsjahre, nach Jahren getrennt, vor Beginn des ersten Rechnungsjahres durch das Haushaltsgesetz festgestellt. Mit dem Haushaltsgesetz wird nur der Gesamtplan (§ 13 Abs. 4) verkündet.**

### § 2 Bedeutung des Haushaltsplans

**Der Haushaltsplan dient der Feststellung und Deckung des Finanzbedarfs, der zur Erfüllung der Aufgaben des Bundes im Bewilligungszeitraum voraussichtlich notwendig ist. Der Haushaltsplan ist Grundlage für die Haushalts- und Wirtschaftsführung. Bei seiner Aufstellung und Ausführung ist den Erfordernissen des gesamtwirtschaftlichen Gleichgewichts Rechnung zu tragen.**

### § 3 Wirkungen des Haushaltsplans

**(1) Der Haushaltsplan ermächtigt die Verwaltung, Ausgaben zu leisten und Verpflichtungen einzugehen.**

**(2) Durch den Haushaltsplan werden Ansprüche oder Verbindlichkeiten weder begründet noch aufgehoben.**

### § 4 Haushaltsjahr

**Rechnungsjahr (Haushaltsjahr) ist das Kalenderjahr. Das Bundesministerium der Finanzen kann für einzelne Bereiche etwas anderes bestimmen.**

### § 5 Allgemeine Verwaltungsvorschriften, vorläufige und endgültige Haushalts- und Wirtschaftsführung

**Die allgemeinen Verwaltungsvorschriften zu diesem Gesetz sowie zur vorläufigen und endgültigen Haushalts- und Wirtschaftsführung erlässt das Bundesministerium der Finanzen.**

**Zu § 5:**

Das Bundesministerium der Finanzen erlässt die allgemeinen Verwaltungsvorschriften zur Bundeshaushaltsordnung in Abstimmung mit der Arbeitsgruppe Haushaltsrecht der obersten Bundesbehörden. Besondere Befugnisse des Bundesministeriums der Finanzen sowie des Bundesrechnungshofes auf Grund der Bundeshaushaltsordnung bleiben unberührt. Mitglieder der Arbeitsgruppe sind die Beauftragten für den Haushalt der obersten Bundesbehörden (Nr. 1.1 zu § 9). Der Bundesrechnungshof als Organ der Finanzkontrolle nimmt nach seinem Ermessen an den Sitzungen der Arbeitsgruppe beratend teil. Den Vorsitz führt eine Vertreterin oder ein Vertreter des Bundesministeriums der Finanzen.

## § 6 Notwendigkeit der Ausgaben und Verpflichtungsermächtigungen

**Bei Aufstellung und Ausführung des Haushaltsplans sind nur die Ausgaben und die Ermächtigungen zum Eingehen von Verpflichtungen zur Leistung von Ausgaben in künftigen Jahren (Verpflichtungsermächtigungen) zu berücksichtigen, die zur Erfüllung der Aufgaben des Bundes notwendig sind.**

## § 7 Wirtschaftlichkeit und Sparsamkeit, Kosten- und Leistungsrechnung

**(1) Bei Aufstellung und Ausführung des Haushaltsplans sind die Grundsätze der Wirtschaftlichkeit und Sparsamkeit zu beachten. Diese Grundsätze verpflichten zur Prüfung, inwieweit staatliche Aufgaben oder öffentlichen Zwecken dienende wirtschaftliche Tätigkeiten durch Ausgliederung und Entstaatlichung oder Privatisierung erfüllt werden können.**

**(2) Für alle finanzwirksamen Maßnahmen sind angemessene Wirtschaftlichkeitsuntersuchungen durchzuführen. Dabei ist auch die mit den Maßnahmen verbundene Risikoverteilung zu berücksichtigen. In geeigneten Fällen ist privaten Anbietern die Möglichkeit zu geben darzulegen, ob und inwieweit sie staatliche Aufgaben oder öffentlichen Zwecken dienende wirtschaftliche Tätigkeiten nicht ebenso gut oder besser erbringen können (Interessenbekundungsverfahren).**

**(3) In geeigneten Bereichen ist eine Kosten- und Leistungsrechnung einzuführen.**

**Zu § 7:**

### 1 Grundsatz der Wirtschaftlichkeit

Die Ausrichtung jeglichen Verwaltungshandelns nach dem Grundsatz der Wirtschaftlichkeit soll die bestmögliche Nutzung von Ressourcen bewirken. Damit gehört zur Beachtung des Grundsatzes der

Wirtschaftlichkeit auch die Prüfung, ob eine Aufgabe durchgeführt werden muss und ob sie durch die staatliche Stelle durchgeführt werden muss.

Nach dem Grundsatz der Wirtschaftlichkeit ist die günstigste Relation zwischen dem verfolgten Zweck und den einzusetzenden Mitteln (Ressourcen) anzustreben. Der Grundsatz der Wirtschaftlichkeit umfasst das Sparsamkeits- und das Ergiebigkeitsprinzip. Das Sparsamkeitsprinzip (Minimalprinzip) verlangt, ein bestimmtes Ergebnis mit möglichst geringem Mitteleinsatz zu erzielen. Das Ergiebigkeitsprinzip (Maximalprinzip) verlangt, mit einem bestimmten Mitteleinsatz das bestmögliche Ergebnis zu erzielen. Bei der Ausführung des Haushaltsplans, der in aller Regel die Aufgaben (Ergebnis, Ziele) bereits formuliert, steht der Grundsatz der Wirtschaftlichkeit in seiner Ausprägung als Sparsamkeitsprinzip im Vordergrund.

Der Grundsatz der Wirtschaftlichkeit ist bei allen Maßnahmen des Bundes, die die Einnahmen und Ausgaben des Bundeshaushaltes unmittelbar oder mittelbar beeinflussen, zu beachten. Dies betrifft sowohl Maßnahmen, die nach einzelwirtschaftlichen Kriterien (z.B. Beschaffungen für den eigenen Verwaltungsbereich und Organisationsänderungen in der eigenen Verwaltung) als auch Maßnahmen, die nach gesamtwirtschaftlichen Kriterien (z.B. Investitionsvorhaben im Verkehrsbereich, Subventionen und Maßnahmen der Sozial- und Steuerpolitik) zu beurteilen sind. Unter die Maßnahmen fallen auch Gesetzgebungsvorhaben.

## 2 Wirtschaftlichkeitsuntersuchungen

Wirtschaftlichkeitsuntersuchungen sind Instrumente zur Umsetzung des Grundsatzes der Wirtschaftlichkeit. Es ist zwischen einzel- und gesamtwirtschaftlichen Wirtschaftlichkeitsuntersuchungen zu unterscheiden.

Wirtschaftlichkeitsuntersuchungen sind bei allen Maßnahmen durchzuführen. Sie sind daher bei der Planung neuer Maßnahmen einschließlich der Änderung bereits laufender Maßnahmen (Planungsphase) sowie während der Durchführung (im Rahmen einer begleitenden Erfolgskontrolle) und nach Abschluss von Maßnahmen (im Rahmen einer abschließenden Erfolgskontrolle) vorzunehmen.

### 2.1 Wirtschaftlichkeitsuntersuchungen als Planungsinstrument

Die Planungsphase bildet die Grundlage für die begleitenden und abschließenden Erfolgskontrollen.

Wirtschaftlichkeitsuntersuchungen müssen mindestens Aussagen zu folgenden Teilaspekten enthalten:

- Analyse der Ausgangslage und des Handlungsbedarfs,
- Ziele, Prioritätsvorstellungen und mögliche Zielkonflikte,

- relevante Lösungsmöglichkeiten und deren Nutzen und Kosten (einschl. Folgekosten), auch soweit sie nicht in Geld auszudrücken sind,
- finanzielle Auswirkungen auf den Haushalt,
- Eignung der einzelnen Lösungsmöglichkeiten zur Erreichung der Ziele unter Einbeziehung der rechtlichen, organisatorischen und personellen Rahmenbedingungen,
- Zeitplan für die Durchführung der Maßnahme,
- Kriterien und Verfahren für Erfolgskontrollen (vgl. Nr. 2.2).

Ist das angestrebte Ziel nach dem Ergebnis der Ermittlungen oder aus finanziellen Gründen nicht in vollem Umfang zu verwirklichen, so ist zu prüfen, ob das erreichbare Teilziel den Einsatz von Mitteln überhaupt rechtfertigt und ob die geplante Maßnahme besser zu einem späteren Zeitpunkt durchgeführt werden sollte.

Besteht für den Erwerb oder die Nutzung von Vermögensgegenständen eine Wahlmöglichkeit zwischen Kauf-, Miet-, Leasing-, Mietkauf- und ähnlichen Verträgen, so ist vor dem Vertragsabschluss zu prüfen, welche Vertragsart für die Verwaltung am wirtschaftlichsten ist. Ein Mangel an Haushaltsmitteln darf nicht dazu führen, dass nicht die wirtschaftlichste Beschaffung (ggf. auch durch die Verwaltung selbst), sondern eine alternative Beschaffung vorgenommen wird (z.B. Begründung eines Dauerschuldverhältnisses statt Kauf).

2.2 **Wirtschaftlichkeitsuntersuchungen als Instrument der Erfolgskontrolle**

Die Erfolgskontrolle ist ein systematisches Prüfungsverfahren. Sie dient dazu, während der Durchführung (begleitende Erfolgskontrolle) und nach Abschluss (abschließende Erfolgskontrolle) einer Maßnahme ausgehend von der Planung festzustellen, ob und in welchem Ausmaß die angestrebten Ziele erreicht wurden, ob die Maßnahme ursächlich für die Zielerreichung war und ob die Maßnahme wirtschaftlich war. Erfolgskontrollen sollen auch dazu führen, dass Bedarfe und Möglichkeiten des Um- bzw. Nachsteuerns rechtzeitig erkannt werden.

Bei Maßnahmen, die sich über mehr als zwei Jahre erstrecken, und in sonstigen geeigneten Fällen sind nach individuell festzulegenden Laufzeiten oder zu Zeitpunkten, an denen abgrenzbare Ergebnisse oder Teilrealisierungen einer Maßnahme zu erwarten sind, begleitende Erfolgskontrollen durchzuführen. Sie liefern vor dem Hintergrund zwischenzeitlich eingetretener ökonomischer, gesellschaftlicher und technischer Veränderungen die notwendigen Informationen für die Entscheidung, ob und wie die Maßnahme fortgeführt werden soll.

Von der begleitenden Erfolgskontrolle ist die laufende Beobachtung (Monitoring) zu unterscheiden. Im Gegensatz zum systematisch angelegten umfassenden Prüfungsverfahren der Erfolgskontrolle ist sie eine fortlaufende gezielte Sammlung und Auswertung von Hinweisen und Daten zur ergänzenden Beurteilung der Entwicklung einer Maßnahme.

Alle Maßnahmen sind nach ihrer Beendigung einer abschließenden Erfolgskontrolle zu unterziehen.

Methodisch besteht zwischen begleitender und abschließender Erfolgskontrolle kein Unterschied.

Die Erfolgskontrolle umfasst grundsätzlich folgende Untersuchungen:

- Zielerreichungskontrolle
  Mit der Zielerreichungskontrolle wird durch einen Vergleich der geplanten Ziele mit der tatsächlich erreichten Zielrealisierung (Soll-Ist-Vergleich) festgestellt, welcher Zielerreichungsgrad zum Zeitpunkt der Erfolgskontrolle gegeben ist. Sie bildet gleichzeitig den Ausgangspunkt von Überlegungen, ob die vorgegebenen Ziele nach wie vor Bestand haben.
- Wirkungskontrolle
  Im Wege der Wirkungskontrolle wird ermittelt, ob die Maßnahme für die Zielerreichung geeignet und ursächlich war. Hierbei sind alle beabsichtigten und unbeabsichtigten Auswirkungen der durchgeführten Maßnahme zu ermitteln.
- Wirtschaftlichkeitskontrolle
  Mit der Wirtschaftlichkeitskontrolle wird untersucht, ob der Vollzug der Maßnahme im Hinblick auf den Ressourcenverbrauch wirtschaftlich war (Vollzugswirtschaftlichkeit) und ob die Maßnahme im Hinblick auf übergeordnete Zielsetzungen insgesamt wirtschaftlich war (Maßnahmenwirtschaftlichkeit).

Erfolgskontrollen sind auch durchzuführen, wenn die Dokumentation in der Planungsphase unzureichend war. In diesem Fall sind die benötigten Informationen nachträglich zu beschaffen.

### 2.3 Methoden (Verfahren) der Wirtschaftlichkeitsuntersuchungen*

#### 2.3.1 Allgemeines

Bei der Durchführung von Wirtschaftlichkeitsuntersuchungen ist die nach den Erfordernissen des Einzelfalls einfachste und wirtschaftlichste Methode anzuwenden. Zur Verfügung stehen einzelwirtschaftlich und gesamtwirtschaftlich orientierte Verfahren. Welches Verfahren anzuwenden ist, bestimmt sich nach der Art der Maßnahme, dem mit ihr verfolgten Zweck und den mit der Maßnahme verbundenen Auswirkungen.

---

* **Anmerkung:** Vgl. Arbeitsanleitung Einführung in Wirtschaftlichkeitsuntersuchungen, Anlage zum Rundschreiben des BMF vom 12. Januar 2011 – II A 3 – H 1012 – 10/08/10004 – (GMBl 2011, S. 76 ff.), **siehe VV-BHO – Anhang**.

Gesamtwirtschaftlich orientierte Verfahren sind für alle Maßnahmen mit erheblichen gesamtwirtschaftlichen Auswirkungen geeignet. Einzelwirtschaftlich orientierte Verfahren sind geeignet für Maßnahmen, die sich in erster Linie auf den betrachteten Verwaltungsbereich (z.B. Ministerium, Behörde) beziehen.

2.3.2 **Einzelwirtschaftliche Verfahren**

Für Maßnahmen mit nur geringen und damit zu vernachlässigenden gesamtwirtschaftlichen Auswirkungen sind grundsätzlich die finanzmathematischen Methoden der Investitionsrechnung (Kapitalwertmethode) zu verwenden. Nicht monetär fassbare Einflussfaktoren können durch eine Nutzwertanalyse berücksichtigt werden.
Für Maßnahmen mit nur geringer finanzieller Bedeutung ohne langfristige Auswirkungen können auch Hilfsverfahren (z.B. Kostenvergleichsrechnungen, Angebotsvergleiche) durchgeführt werden.
Dabei ist zu berücksichtigen, dass die Wirtschaftlichkeitsuntersuchung selbst, d.h. der Umfang sowie der Erstellungsaufwand, in einem angemessenen Verhältnis zur finanzwirksamen Maßnahme steht.

2.3.3 **Gesamtwirtschaftliche Verfahren**

Für Maßnahmen, die nicht zu vernachlässigende gesamtwirtschaftliche Auswirkungen haben, sind gesamtwirtschaftliche Wirtschaftlichkeitsuntersuchungen (z.B. Kosten-Nutzen-Analyse) durchzuführen.

2.4 **Verfahrensvorschriften**

2.4.1 Die Wirtschaftlichkeitsuntersuchungen sind grundsätzlich von der Organisationseinheit durchzuführen, die mit der Maßnahme befasst ist.

2.4.2 Alle Arbeitsschritte einschl. Annahmen, Datenherkunft und Ergebnis der Wirtschaftlichkeitsuntersuchung sind nachvollziehbar zu dokumentieren und zu den Akten zu nehmen. Bei Maßnahmen mit nur geringer finanzieller Bedeutung kann von diesem Dokumentationsumfang abgesehen werden.

2.4.3 Zu den Unterlagen nach § 24 gehören auch Wirtschaftlichkeitsuntersuchungen.

2.4.4 Die oder der Beauftragte für den Haushalt entscheidet, über welche Wirtschaftlichkeitsuntersuchungen sie oder er zu unterrichten ist. Sie oder er kann sich an den Wirtschaftlichkeitsuntersuchungen beteiligen und die Berücksichtigung einer Maßnahme bei der Aufstellung der Voranschläge und bei der Ausführung des Haushaltsplans von der Vorlage von Wirtschaftlichkeitsuntersuchungen abhängig machen.

3 **Interessenbekundungsverfahren***

In geeigneten Fällen ist privaten Anbietern die Möglichkeit zu geben darzulegen, ob und inwieweit sie staatliche Aufgaben oder öffentlichen Zwecken dienende wirtschaftliche Tätigkeiten nicht ebenso gut oder besser erbringen können (Interessenbekundungsverfahren).

Ein Interessenbekundungsverfahren kommt bei der Planung neuer und der Überprüfung bestehender Maßnahmen oder Einrichtungen in Betracht. Es ermöglicht eine Erkundung des Marktes nach wettbewerblichen Grundsätzen (d.h.: Beachtung von Transparenz, Nichtdiskriminierung, Gleichbehandlung).

Das Ergebnis des Interessenbekundungsverfahrens ist im Rahmen einer Wirtschaftlichkeitsuntersuchung mit den sich bietenden staatlichen Lösungsmöglichkeiten zu vergleichen, um eine wirtschaftliche Bewertung zu gewährleisten.

Wenn sich danach ergibt, dass eine private Lösung voraussichtlich wirtschaftlich ist, ist ein Verfahren zur Vergabe öffentlicher Aufträge unter Berücksichtigung der Erkenntnisse des Interessenbekundungsverfahrens vorzusehen. Das Vergabeverfahren – im Gegensatz zum unverbindlichen Interessenbekundungsverfahren – endet grundsätzlich mit einer Entscheidung über Zuschlagserteilung oder Aufhebung. Das Interessenbekundungsverfahren ersetzt nicht das Verfahren zur Vergabe öffentlicher Aufträge, insbesondere nicht die im Vergaberecht vorgesehenen Teilnahmewettbewerbe.

Ein Absehen von der Öffentlichen Ausschreibung bzw. dem Offenen Verfahren ist auch nach Durchführung eines Interessenbekundungsverfahrens nur nach den in den Vergaberegeln vorgesehenen Ausnahmen zulässig.

4 **Kosten- und Leistungsrechnung**

Dauerhafte Aufgabe der öffentlichen Verwaltung ist es, das Verhältnis von Kosten und Leistungen bei der Aufgabenwahrnehmung zu verbessern. Grundlage dafür ist die Einführung einer Kosten- und Leistungsrechnung.**

Die mit der Kosten- und Leistungsrechnung erzielten Ergebnisse machen entstandene Kosten und erbrachte Leistungen transparent. Ebenso wird eine wirksame Planung, Steuerung und Kontrolle ermöglicht. Auch die Haushaltsplanung und -ausführung kann durch die Kosten-und Leistungsrechnung unterstützt werden. Ebenso ist

* **Anmerkung:** Zur Durchführung des Interessenbekundungsverfahrens vgl. Rundschreiben des BMF vom 24. September 2012 – II A 3 – H 1005/07/10002 – (GMBl 2012, S. 1190), **siehe VV-BHO – Anhang**.

** **Anmerkung:** Vgl. Handbuch zur Kosten- und Leistungsrechnung in der Bundesverwaltung, Anlage zum Rundschreiben des BMF vom 6. November 2013 – II A 8 – O 1069/12/10002 (GMBl. 2013, S. 1235).

durch Informationen der Kosten- und Leistungsrechnung eine Ermittlung von kostendeckenden Gebühren und Entgelten realisierbar.

**Anlage zur VV Nr. 4 zu § 7 BHO**
Abgedruckt unter VV-BHO-Anhang V-1

## § 8 Grundsatz der Gesamtdeckung

**Alle Einnahmen dienen als Deckungsmittel für alle Ausgaben. Auf die Verwendung für bestimmte Zwecke dürfen Einnahmen beschränkt werden, soweit dies durch Gesetz vorgeschrieben oder im Haushaltsplan zugelassen ist.**

**Zu § 8:**

1.1 Eine Beschränkung der Einnahmen auf die Verwendung für bestimmte Zwecke (Zweckbindung) durch Gesetz liegt nur vor, wenn im Gesetz eine Zweckbindung ausdrücklich vorgeschrieben ist. Die Zweckbindung ist in den Erläuterungen kenntlich zu machen (§ 17 Abs. 3).

1.2 Bei einer Zweckbindung dürfen Ausgaben bis zur Höhe der zweckgebundenen Einnahmen geleistet werden.

1.3 Hat die für den Einzelplan zuständige Stelle über die Annahme von Mitteln entschieden, die dem Bund von Dritten zweckgebunden zur Verfügung gestellt werden, und sind im Haushaltsplan hierfür keine Titel vorgesehen, so sind die Mittel wie außerplanmäßige Einnahmen und Ausgaben zu behandeln und mit korrespondierenden Zweckbindungsvermerken zu versehen. Ist mit der Annahme dieser Mittel der Einsatz von Haushaltsmitteln des Bundes verbunden oder entstehen Folgekosten für den Bundeshaushalt, so dürfen die zweckgebunden zur Verfügung gestellten Mittel nur unter dem Vorbehalt angenommen werden, dass die Ausgabemittel zur Verfügung stehen oder gestellt werden.

Handelt es sich um sog. Durchlaufspenden, so sind für sie Titel der Obergruppen 38 und 98 vorzusehen.

**2** Verstärkung

Können überplanmäßige Einnahmen eingehen, ist eine Verwendung dieser Einnahmen für bestimmte Ausgaben durch Ausbringung eines Haushaltsvermerks zulässig. Dies gilt insbesondere wenn hierdurch Anreize zur Erzielung von Mehreinnahmen verstärkt werden oder ein Sachzusammenhang zwischen den Einnahmen und den Ausgaben besteht.

## § 9 Beauftragter für den Haushalt

**(1) Bei jeder Dienststelle, die Einnahmen oder Ausgaben bewirtschaftet, ist ein Beauftragter für den Haushalt zu bestellen, soweit der Leiter der**

**Dienststelle diese Aufgabe nicht selbst wahrnimmt. Der Beauftragte soll dem Leiter der Dienststelle unmittelbar unterstellt werden.**

**(2) Dem Beauftragten obliegen die Aufstellung der Unterlagen für die Finanzplanung und der Unterlagen für den Entwurf des Haushaltsplans (Voranschläge) sowie die Ausführung des Haushaltsplans. Im Übrigen ist der Beauftragte bei allen Maßnahmen von finanzieller Bedeutung zu beteiligen. Er kann Aufgaben bei der Ausführung des Haushaltsplans übertragen.**

**Zu § 9:**

**1 Bestellung der Beauftragten oder des Beauftragten für den Haushalt**

1.1 Bei obersten Bundesbehörden ist die oder der Beauftragte für den Haushalt die Leiterin oder der Leiter des Haushaltsreferats. Wenn es der Geschäftsumfang erfordert, kann eine Haushaltsabteilung, -unterabteilung oder -gruppe gebildet werden, deren Leiterin oder Leiter und zugehörige Referatsleiterinnen und Referatsleiter für das ihnen zugewiesene Sachgebiet die Aufgabe der oder des Beauftragten für den Haushalt in eigener Verantwortung wahrnehmen; die Referatsleiterinnen und Referatsleiter sind an Weisungen der Leiterin oder des Leiters der Haushaltsabteilung, -unterabteilung oder -gruppe gebunden.

1.2 Die obersten Bundesbehörden bestimmen, in welchen Dienststellen ihres Geschäftsbereichs die Leiterinnen bzw. Leiter die Aufgabe der oder des Beauftragten für den Haushalt nicht selbst wahrnehmen. In diesen Fällen ist für diese Aufgabe die oder der für Haushaltsangelegenheiten zuständige Beschäftigte oder eine bzw. einer der Vorgesetzten zu bestellen.

1.3 Die oder der Beauftragte für den Haushalt wird von der Leiterin oder dem Leiter der Dienststelle bestellt. In den in Nr. 1.1 Satz 2 genannten Fällen sind die Leiterin oder der Leiter der Haushaltsabteilung, -unterabteilung oder -gruppe sowie die Referatsleiterinnen bzw. Referatsleiter jeweils für ihr Sachgebiet zu bestellen. Die oder der Beauftragte für den Haushalt ist der Leiterin oder dem Leiter der Dienststelle unmittelbar zu unterstellen. Bei obersten Bundesbehörden kann die Beauftragte oder der Beauftragte für den Haushalt deren oder dessen Vertreterin oder Vertreter oder in Ausnahmefällen einer sonstigen Vorgesetzten oder einem sonstigen Vorgesetzten unterstellt werden; das Widerspruchsrecht nach Nr. 5.4 bleibt unberührt. Die Leiterin oder der Leiter der Dienststelle kann eine oder mehrere vertretungsberechtigte Personen einsetzen, deren Zuständigkeiten, von der oder dem Beauftragten für den Haushalt zu bestimmen sind. Bei obersten Bundesbehörden kann die oder der Beauftragte für den Haushalt die vertretungsberechtigten Personen selbst bestimmen.

Die Bestellung zur oder zum Beauftragten für den Haushalt und die Einsetzung einer oder mehrerer vertretungsberechtigten Personen ist der zuständigen Bundeskasse von der Leiterin oder dem Leiter der Dienststelle bzw. von der oder dem Beauftragen für den Haushalt formlos mitzuteilen. Zusätzlich ist der zuständigen Bundeskasse auf dem Vordruck für die Mitteilung über die zur Anordnung berechtigten Personen nach Nr. 2.2.4.3 der Anlage zur VV Nr. 9.2 für Zahlungen, Buchführung und Rechnungslegung (§§ 70 bis 72 und 74 bis 80 BHO) jeweils eine Unterschriftsprobe der oder des Beauftragten für den Haushalt und der vertretungsberechtigten Personen zu übersenden.

**2 Aufstellung der Unterlagen für die Finanzplanung und den Entwurf des Haushaltsplans**

Die oder der Beauftragte für den Haushalt hat

2.1 im Hinblick auf die Finanzplanung bereits an der Aufgabenplanung mitzuwirken,

2.2 dafür zu sorgen, dass die Beiträge zu den Unterlagen für die Finanzplanung und den Entwurf des Haushaltsplans (Voranschläge) nach Form und Inhalt richtig aufgestellt und rechtzeitig vorgelegt werden,

2.3 zu prüfen, ob alle zu erwartenden Einnahmen, alle voraussichtlich zu leistenden Ausgaben und alle voraussichtlich benötigten Verpflichtungsermächtigungen sowie alle notwendigen Planstellen und anderen Stellen in den Voranschlag aufgenommen worden sind; soweit die Beträge nicht genau errechnet werden können, haben sie für eine möglichst zutreffende Schätzung zu sorgen; dies gilt auch für die Fälle des § 26,

2.4 insbesondere zu prüfen, ob die Anforderungen an Ausgaben und Verpflichtungsermächtigungen sowie an Planstellen und anderen Stellen dem Grunde und der Höhe nach zu dem vorgesehenen Zeitpunkt notwendig sind,

2.5 die Voranschläge gegenüber der Stelle zu vertreten, für die sie bestimmt sind.

**3 Ausführung des Haushaltsplans**

**3.1 Übertragung der Bewirtschaftung**

3.1.1 Die oder der Beauftragte für den Haushalt kann, soweit es sachdienlich ist, die Einnahmen, Ausgaben, Verpflichtungsermächtigungen, Planstellen und anderen Stellen des von ihr oder ihm bewirtschafteten Einzelplans oder der von ihr oder ihm bewirtschafteten Teile eines Einzelplans anderen Bediensteten der Dienststelle (Titelverwalter) oder anderen Dienststellen zur Bewirtschaftung übertragen. Die oder der Beauftragte für den Haushalt kann diese Befugnis auf die nach Satz 1 Beauftragten delegieren; in diesem Falle wirkt sie oder er bei der Übertragung mit, soweit sie oder er nicht darauf verzichtet.

Die Übertragung der Bewirtschaftung der Einnahmen, Ausgaben und Verpflichtungsermächtigungen und der Nachweis darüber, erfolgt im automatisierten Verfahren für das Haushalts-, Kassen- und Rechnungswesen des Bundes. Über die zur Bewirtschaftung übertragenen Planstellen und Stellen ist ein besonderer Nachweis zu führen.

3.1.2 Bei Bewirtschaftung von Einnahmen, Ausgaben und Verpflichtungsermächtigungen durch die nach Nr. 3.1.1 Beauftragten hat die oder der Beauftragte für den Haushalt bei allen wichtigen Haushaltsangelegenheiten, insbesondere

3.1.2.1 bei Anforderung weiterer Ausgabemittel,

3.1.2.2 bei über- und außerplanmäßigen Ausgaben und Verpflichtungsermächtigungen,

3.1.2.3 bei der Gewährung von Zuwendungen,

3.1.2.4 beim Abschluss von Verträgen – auch für laufende Geschäfte –, insbesondere der Verträge, die zu Ausgaben in künftigen Haushaltsjahren oder zu über- und außerplanmäßigen Ausgaben führen können,

3.1.2.5 bei der Änderung von Verträgen und bei Vergleichen,

3.1.2.6 bei Stundung, Niederschlagung und Erlass sowie

3.1.2.7 bei Abweichung von den in § 24 bezeichneten Unterlagen mitzuwirken, soweit sie oder er nicht darauf verzichtet.

3.1.3 Die nach Nr. 3.1.1 Beauftragten sind berechtigt, Anordnungen gegenüber der Bundeskasse zu erteilen, soweit die oder der Beauftragte für den Haushalt nichts anderes bestimmt.

3.2 **Verteilung der Einnahmen, Ausgaben usw.**

Die oder der Beauftragte für den Haushalt verteilt die Einnahmen, Ausgaben, Verpflichtungsermächtigungen, Planstellen und anderen Stellen, die sie oder er weder selbst bewirtschaftet noch zur Bewirtschaftung nach Nr. 3.1.1 übertragen hat, auf andere Dienststellen. Die oder der Beauftragte für den Haushalt kann diese Befugnis auf die nach Nr. 3.1.1 Beauftragten delegieren; in diesem Falle wirkt die oder der Beauftragte für den Haushalt bei der Verteilung mit, soweit sie oder er nicht darauf verzichtet. Die Verteilung der Einnahmen, Ausgaben und Verpflichtungsermächtigungen und der Nachweis darüber, erfolgt im automatisierten Verfahren für das Haushalts-, Kassen- und Rechnungswesen des Bundes. Über die verteilten Planstellen und Stellen ist ein besonderer Nachweis zu führen.

3.3 **Weitere Aufgaben**

3.3.1 Die oder der Beauftragte für den Haushalt hat darüber zu wachen, dass die Einnahmen, Ausgaben und Verpflichtungsermächtigungen sowie die Planstellen und anderen Stellen nach den für die Haushalts- und Wirtschaftsführung geltenden Vorschriften und Grundsätzen bewirtschaftet werden. Sie oder er hat insbesondere darauf hinzuwirken, dass die Einnahmen rechtzeitig und vollständig erhoben werden, die zugewiesenen Ausgaben nicht überschritten werden und der Grundsatz der Wirtschaftlichkeit beachtet wird. Sie oder er hat bei dem Wegfall und der Umsetzung von Mitteln, Planstellen und anderen Stellen sowie bei der Umwandlung von Planstellen und anderen Stellen mitzuwirken.

3.3.2 Die oder der Beauftragte für den Haushalt hat darauf hinzuwirken, dass die Bestimmungen der Bundeshaushaltsordnung, die eine Zustimmung, Anhörung oder Unterrichtung der gesetzgebenden Körperschaften, des zuständigen Bundesministeriums, des Bundesministeriums der Finanzen oder des Bundesrechnungshofs vorsehen, eingehalten und die erforderlichen Unterlagen rechtzeitig beigebracht werden.

3.3.3 Die oder der Beauftragte für den Haushalt hat dafür zu sorgen, dass die Meldungen über die Einzahlungen und Auszahlungen gem. VV zu § 43 BHO erfolgen.

3.3.4 Die oder der Beauftragte für den Haushalt hat dafür zu sorgen, dass der Nachweis über die zur Bewirtschaftung übertragenen (Nr. 3.1.1) und die verteilten (Nr. 3.2) Einnahmen, Ausgaben, Verpflichtungsermächtigungen, Planstellen und anderen Stellen und dass die Nachweisungen zur Stellenüberwachung und die Aufzeichnungen über die Besetzung der Stellen sowie die sonst vorgeschriebenen Nachweise und Listen ordnungsgemäß geführt werden. Sie oder er hat darauf hinzuwirken, dass die begründenden Unterlagen zur Kassenanordnung bestimmungsgemäß aufbewahrt werden.

3.3.5 Die oder der Beauftragte für den Haushalt hat beim Jahresabschluss festzustellen, in welcher Höhe übertragbare Ausgaben des Haushaltsplans nicht geleistet worden sind, und zu entscheiden, ob und in welcher Höhe Ausgabereste gebildet werden sollen; sie oder er hat ferner die Unterlagen zur Haushalts- und Vermögensrechnung aufzustellen und die Prüfungsmitteilungen des Bundesrechnungshofs zu erledigen oder, wenn sie oder er die Bearbeitung einer anderen Stelle übertragen hat, an der Erledigung mitzuwirken.

3.3.6 Ergeben sich bei der Ausführung des Haushaltsplans haushaltsrechtliche Zweifel, ist die Entscheidung der oder des Beauftragten für den Haushalt einzuholen.

## 4 Mitwirkung bei Maßnahmen von finanzieller Bedeutung

Maßnahmen von finanzieller Bedeutung im Sinne des § 9 Abs. 2 Satz 2, bei denen die oder der Beauftragte für den Haushalt zu beteiligen ist, sind alle Vorhaben, insbesondere auch solche organisatorischer und verwaltungstechnischer Art, die sich unmittelbar oder mittelbar auf Einnahmen oder Ausgaben auswirken können. Hierzu gehören auch Erklärungen gegenüber Dritten, aus denen sich finanzielle Verpflichtungen ergeben können. Die oder der Beauftragte für den Haushalt ist möglichst frühzeitig zu beteiligen.

**5 Allgemeine Bestimmungen**

5.1 Die oder der Beauftragte für den Haushalt hat bei der Wahrnehmung ihrer bzw. seiner Aufgaben auch die Gesamtbelange des Bundeshaushalts zur Geltung zu bringen und den finanz- und gesamtwirtschaftlichen Erfordernissen Rechnung zu tragen.

5.2 Unterlagen, die die oder der Beauftragte für den Haushalt zur Erfüllung ihrer bzw. seiner Aufgaben für erforderlich hält, sind ihr bzw. ihm auf Verlangen vorzulegen oder innerhalb einer von ihr bzw. ihm zu bestimmenden Frist zu übersenden. Ihr bzw. ihm sind die erbetenen Auskünfte zu erteilen.

5.3 Schriftverkehr, Verhandlungen und Besprechungen mit dem Bundesministerium der Finanzen und dem Bundesrechnungshof sind durch die Beauftragte oder den Beauftragten für den Haushalt zu führen, soweit sie oder er nicht darauf verzichtet. Im Übrigen ist die oder der Beauftragte für den Haushalt zu beteiligen.

5.4 Die oder der Beauftragte für den Haushalt kann bei der Ausführung des Haushaltsplans oder bei Maßnahmen im Sinne von Nr. 4 Widerspruch erheben.

5.4.1 Widerspricht die oder der Beauftragte für den Haushalt bei einer obersten Bundesbehörde einem Vorhaben, so darf dieses nur auf ausdrückliche Weisung der Leiterin oder des Leiters der Behörde oder ihrer ständigen Vertreterin oder ihres ständigen Vertreters bzw. seiner ständigen Vertreterin oder seines ständigen Vertreters weiterverfolgt werden.

5.4.2 Widerspricht die oder der Beauftragte für den Haushalt bei einer anderen Dienststelle des Geschäftsbereichs einem Vorhaben und tritt dem die Leiterin oder der Leiter nicht bei, so ist die Entscheidung der nächsthöheren Dienststelle einzuholen. In dringenden Fällen kann das Vorhaben auf schriftliche Weisung der Leiterin oder des Leiters der Dienststelle begonnen oder ausgeführt werden, wenn die Entscheidung der nächsthöheren Dienststelle nicht ohne Nachteil für den Bund abgewartet werden kann. Die getroffene Maßnahme ist der nächsthöheren Dienststelle unverzüglich anzuzeigen.

## § 10 Unterrichtung des Bundestages und des Bundesrates

**(1) Die Bundesregierung fügt ihren Gesetzesvorlagen einschließlich der nach Artikel 59 Abs. 2 des Grundgesetzes vorzulegenden Verträge sowie den Verordnungs- und Richtlinienentwürfen der Europäischen Gemeinschaften einen Überblick über die Auswirkungen auf den Haushaltsplan und die Finanzplanung des Bundes, der Länder und der Gemeinden (Gemeindeverbände) bei. Außerdem soll angegeben werden, auf welche Weise für die vorgesehenen Mehrausgaben des Bundes ein Ausgleich gefunden werden kann. Die Sätze 1 und 2 gelten auch für Vorlagen des Bundesrates.**

**(2) Die Bundesregierung unterrichtet den Bundestag und den Bundesrat über erhebliche Änderungen der Haushaltsentwicklung und deren Auswirkung auf die Finanzplanung.**

**(3) Die Bundesregierung leistet den Mitgliedern des Bundestages, die einen einnahmemindernden oder ausgabeerhöhenden Antrag zu stellen beabsichtigen, Hilfe bei der Ermittlung der finanziellen Auswirkungen.**

**Zu § 10:**

Auf Mindereinnahmen ist § 10 Abs. 1 Satz 2 entsprechend anzuwenden.

## § 10a Geheimhaltungsbedürftige Angelegenheiten

**(1) Bei Ausgaben, deren Verwendung geheimzuhalten ist, kann der Haushaltsplan bestimmen, dass die Prüfung durch den Bundesrechnungshof nach § 19 Satz 1 Nr. 1 oder Nr.2 des Bundesrechnungshofgesetzes vorgenommen wird.**

**(2) Aus zwingenden Gründen des Geheimschutzes kann der Bundestag in Ausnahmefällen die Bewilligung von Ausgaben, die nach geheimzuhaltenden Wirtschaftsplänen bewirtschaftet werden sollen, im Haushaltsgesetzgebungsverfahren von der Billigung der Wirtschaftspläne durch ein Gremium von Mitgliedern des Haushaltsausschusses (Vertrauensgremium) abhängig machen, das vom Bundestag in entsprechender Anwendung von § 2 des Gesetzes über die parlamentarische Kontrolle nachrichtendienstlicher Tätigkeit des Bundes vom 29. Juli 2009 (BGBl. I S. 2346) für die Dauer der Wahlperiode gewählt wird. Soweit sein Recht auf Kontrolle reicht, verfügt das Vertrauensgremium über die gleichen Rechte wie das parlamentarische Kontrollgremium; §§ 5,6,7,8, 12 und 13 des Gesetzes über die parlamentarische Kontrolle nachrichtendienstlicher Tätigkeit des Bundes vom 29. Juli 2009 (BGBl. I S.2346) gelten entsprechend. Sofern der Bundestag nichts anderes beschließt, sind die Wirtschaftspläne für die Nachrichtendienste vom Bundesministerium der Finanzen dem Vertrauensgremium zur Billigung vorzulegen. Das Vertrauensgremium teilt die Abschlussbeträge der Wirtschaftspläne rechtzeitig dem Haushaltsausschuss mit. Die Mitglieder des Vertrauensgremiums sind zur Geheimhaltung aller Angelegenheiten verpflichtet, die ihnen bei ihrer Tätigkeit bekannt geworden sind. Der Vorsitzende des Parlamentarischen Kontrollgremiums, sein Stellvertreter und ein beauftragtes Mitglied können an den Sitzungen des Vertrauensgremiums mitberatend teilnehmen. Bei den Sitzungen zur Beratung der Wirtschaftspläne der Dienste und deren Vollzug gilt dies auch für die Mitglieder des Parlamentarischen Kontrollgremiums.**

**(3) Der Bundesrechnungshof prüft in den Fällen des Absatzes 2 nach § 19 Satz 1 Nr. 1 Bundesrechnungshofgesetz und unterrichtet das Vertrauensgremium, das Parlamentarische Kontrollgremium sowie die zuständige oberste Bundesbehörde und das Bundesministerium der Finanzen über**

**das Ergebnis seiner Prüfung der Jahresrechnung sowie der Haushalts- und Wirtschaftsführung. Der Präsident des Bundesrates ist auf Verlangen durch die zuständige oberste Bundesbehörde zu unterrichten. § 97 Abs. 4 bleibt unberührt.**

Teil II

## Aufstellung des Haushaltsplans

### § 11 Vollständigkeit und Einheit, Fälligkeitsprinzip

**(1) Für jedes Haushaltsjahr ist ein Haushaltsplan aufzustellen.**

**(2) Der Haushaltsplan enthält alle im Haushaltsjahr**

1. **zu erwartenden Einnahmen,**
2. **voraussichtlich zu leistenden Ausgaben und**
3. **voraussichtlich benötigten Verpflichtungsermächtigungen.**

**Zu § 11:**

1 **Fälligkeitsprinzip**

1.1 Im Haushaltsplan dürfen nur diejenigen Einnahmen und Ausgaben veranschlagt werden, die im Haushaltsjahr voraussichtlich kassenwirksam werden.

1.2 Die Einnahmen, Ausgaben und Verpflichtungsermächtigungen sind mit größtmöglicher Genauigkeit zu errechnen oder zu schätzen.

2 **Leertitel**

Ein Titel mit Zweckbestimmung und ohne Ansatz (Leertitel) kann in den Haushaltsplan eingestellt werden

2.1 für durchlaufende Posten (§ 14 Abs. 1 Nr. 2 sowie Nr. 1 zu § 14),

2.2 für den Fall der Abwicklung übertragbarer Ausgaben über das Jahr der Schlussbewilligung hinaus,

2.3 aus zwingenden haushaltswirtschaftlichen Gründen.

3 **Veranschlagung von Verpflichtungsermächtigungen**

Wegen der Veranschlagung von Verpflichtungsermächtigungen siehe § 16 und die VV dazu.

### § 12 Geltungsdauer der Haushaltspläne

**(1) Der Haushaltsplan kann für zwei Haushaltsjahre, nach Jahren getrennt, aufgestellt werden.**

**(2) Der Haushaltsplan kann in einen Verwaltungshaushalt und in einen Finanzhaushalt gegliedert werden; beide können jeweils für zwei Haushaltsjahre, nach Jahren getrennt, aufgestellt werden. Die Bewilligungszeiträume für beide Haushalte können in aufeinander folgenden Haushaltsjahren beginnen**

**(3) Wird der Haushaltsplan in einen Verwaltungshaushalt und in einen Finanzhaushalt gegliedert, enthält der Verwaltungshaushalt**
1. **die zu erwartenden Verwaltungseinnahmen,**
2. **die voraussichtlich zu leistenden Verwaltungsausgaben (Personalausgaben und sächliche Verwaltungsausgaben),**
3. **die voraussichtlich benötigten Verpflichtungsermächtigungen zur Leistung von Verwaltungsausgaben.**

**§ 13 Einzelpläne, Gesamtplan, Gruppierungsplan**

**(1) Der Haushaltsplan besteht aus den Einzelplänen und dem Gesamtplan.**

**(2) Die Einzelpläne enthalten die Einnahmen, Ausgaben und Verpflichtungsermächtigungen eines einzelnen Verwaltungszweigs oder bestimmte Gruppen von Einnahmen, Ausgaben und Verpflichtungsermächtigungen. Die Einzelpläne sind in Kapitel und Titel einzuteilen. Die Einteilung in Titel richtet sich nach Verwaltungsvorschriften über die Gruppierung der Einnahmen und Ausgaben des Haushaltsplans nach Arten (Gruppierungsplan).**

**(3) In dem Gruppierungsplan sind mindestens gesondert darzustellen**
1. **bei den Einnahmen: Steuern, Verwaltungseinnahmen, Einnahmen aus Vermögensveräußerungen, Darlehensrückflüsse, Zuweisungen und Zuschüsse, Einnahmen aus Krediten, wozu nicht Kredite zur Aufrechterhaltung einer ordnungsmäßigen Kassenwirtschaft (Kassenverstärkungskredite) zählen, Entnahmen aus Rücklagen, Münzeinnahmen;**
2. **bei den Ausgaben: Personalausgaben, sächliche Verwaltungsausgaben, Zinsausgaben, Zuweisungen an Gebietskörperschaften, Zuschüsse an Unternehmen, Tilgungsausgaben, Schuldendiensthilfen, Zuführungen an Rücklagen, Ausgaben für Investitionen. Ausgaben für Investitionen sind die Ausgaben für**
   a) **Baumaßnahmen, soweit sie nicht militärische Anlagen betreffen,**
   b) **den Erwerb von beweglichen Sachen, soweit sie nicht als sächliche Verwaltungsausgaben veranschlagt werden oder soweit es sich nicht um Ausgaben für militärische Beschaffungen handelt,**
   c) **den Erwerb von unbeweglichen Sachen,**
   d) **den Erwerb von Beteiligungen und sonstigem Kapitalvermögen, von Forderungen und Anteilsrechten an Unternehmen, von Wertpapieren sowie für die Heraufsetzung des Kapitals von Unternehmen,**
   e) **Darlehen,**
   f) **die Inanspruchnahme aus Gewährleistungen,**
   g) **Zuweisungen und Zuschüsse zur Finanzierung von Ausgaben für die in den Buchstaben a bis f genannten Zwecke.**

**(4) Der Gesamtplan enthält**
1. **eine Zusammenfassung der Einnahmen, Ausgaben und Verpflichtungsermächtigungen der Einzelpläne (Haushaltsübersicht),**

2. **eine Berechnung der nach dem Gesetz zur Ausführung von Artikel 115 des Grundgesetzes vom 10. August 2009 (BGBl. I S. 2702, 2704) in der jeweils geltenden Fassung zulässigen Kreditaufnahme,**
3. **eine Berechnung des Finanzierungssaldos (Finanzierungsübersicht). Der Finanzierungssaldo ergibt sich aus einer Gegenüberstellung der Einnahmen mit Ausnahme der Einnahmen aus Krediten vom Kreditmarkt, der Entnahmen aus Rücklagen, der Einnahmen aus kassenmäßigen Überschüssen sowie der Münzeinnahmen einerseits und der Ausgaben mit Ausnahme der Ausgaben zur Schuldentilgung am Kreditmarkt, der Zuführungen an Rücklagen und der Ausgaben zur Deckung eines kassenmäßigen Fehlbetrags andererseits,**
4. **eine Darstellung der Einnahmen aus Krediten und der Tilgungsausgaben (Kreditfinanzierungsplan).**

**Zu § 13:**

Der Gruppierungsplan (§ 13 Abs. 3) ist in den Verwaltungsvorschriften zur Haushaltssystematik des Bundes (VV-HB) enthalten.*

## § 14 Übersichten zum Haushaltsplan, Funktionenplan

**(1) Der Haushaltsplan hat folgende Anlagen:**

1. **Darstellungen der Einnahmen und Ausgaben**
   a) **in einer Gruppierung nach bestimmten Arten (Gruppierungsübersicht),**
   b) **in einer Gliederung nach bestimmten Aufgabengebieten (Funktionenübersicht),**
   c) **in einer Zusammenfassung nach Buchstabe a und Buchstabe b (Haushaltsquerschnitt);**
2. **eine Übersicht über die den Haushalt in Einnahmen und Ausgaben durchlaufenden Posten;**
3. **eine Übersicht über die Planstellen der Beamten und die Stellen der Angestellten und Arbeiter.**

**Die Anlagen sind dem Entwurf des Haushaltsplans beizufügen.**

**(2) Die Funktionenübersicht richtet sich nach Verwaltungsvorschriften über die Gliederung der Einnahmen und Ausgaben des Haushaltsplans nach Aufgabengebieten (Funktionenplan).**

**Zu § 14:**

**1** Durchlaufende Posten (§ 14 Abs. 1 Nr. 2) sind Beträge, die im Bundeshaushalt für einen anderen vereinnahmt und in gleicher Höhe an diesen weitergeleitet werden, ohne dass der Bund an der Bewirtschaftung der Mittel beteiligt ist (Obergruppen 38 und 98).

---

* **Anmerkung:** VSF H 1020.

2 Der Funktionenplan (§ 14 Abs. 2) ist in den Verwaltungsvorschriften zur Haushaltssystematik des Bundes (VV-HB) enthalten.*

### § 15 Bruttoveranschlagung, Selbstbewirtschaftungsmittel

**(1) Die Einnahmen und Ausgaben sind in voller Höhe und getrennt voneinander zu veranschlagen. Dies gilt nicht für die Veranschlagung der Einnahmen aus Krediten vom Kreditmarkt und der hiermit zusammenhängenden Tilgungsausgaben. Darüber hinaus können Ausnahmen von Satz 1 im Haushaltsplan zugelassen werden, insbesondere für Nebenkosten und Nebenerlöse bei Erwerbs- oder Veräußerungsgeschäften. In den Fällen des Satzes 3 ist die Berechnung des veranschlagten Betrages dem Haushaltsplan als Anlage beizufügen oder in die Erläuterungen aufzunehmen.**

**(2) Ausgaben können zur Selbstbewirtschaftung veranschlagt werden, wenn hierdurch eine sparsame Bewirtschaftung gefördert wird. Selbstbewirtschaftungsmittel stehen über das laufende Haushaltsjahr hinaus zur Verfügung. Bei der Bewirtschaftung aufkommende Einnahmen fließen den Selbstbewirtschaftungsmitteln zu. Bei der Rechnungslegung ist nur die Zuweisung der Mittel an die beteiligten Stellen als Ausgabe nachzuweisen.**

**Zu § 15:**

1 Nach dem Grundsatz der Bruttoveranschlagung dürfen weder Ausgaben von Einnahmen abgezogen noch Einnahmen auf Ausgaben angerechnet werden.

2 Die Einnahmen aus Krediten vom Kreditmarkt und die hiermit zusammenhängenden Tilgungsausgaben sind in den Obergruppen 32 und 59 festgelegt.

3 Zum Bruttoprinzip und seinen Ausnahmen beim Tausch von Grundstücken vgl. Nr. 5.7 zu § 64.

4 Ausgaben zur Selbstbewirtschaftung sind durch Haushaltsvermerk ausdrücklich als zur Selbstbewirtschaftung bestimmt zu bezeichnen.

### § 16 Verpflichtungsermächtigungen

**Die Verpflichtungsermächtigungen sind bei den jeweiligen Ausgaben gesondert zu veranschlagen. Wenn Verpflichtungen zu Lasten mehrerer Haushaltsjahre eingegangen werden können, sollen die Jahresbeträge im Haushaltsplan angegeben werden.**

**Zu § 16:**

1 Verpflichtungsermächtigungen sind im Haushaltsplan zu veranschlagen, wenn die Ermächtigung zum Eingehen von Verpflichtungen zur

---

* **Anmerkung:** VSF H 1030.

Leistung von Ausgaben in künftigen Jahren erst durch den Haushaltsplan begründet werden soll (§ 38 Abs. 1 Satz 1).

**2** Für bereits in früheren Haushaltsjahren eingegangene Verpflichtungen sind Ermächtigungen nicht nochmals zu veranschlagen.

**3** Einer Veranschlagung von Verpflichtungsermächtigungen bedarf es nicht

3.1 bei Verpflichtungen für laufende Geschäfte sowie für das Eingehen von Verpflichtungen zu Lasten übertragbarer Ausgaben, wenn die Verpflichtungen im folgenden Jahr zu Ausgaben führen (§ 38 Abs. 4),

3.2 für den Abschluss zustimmungsbedürftiger völkerrechtlicher Verträge (§ 38 Abs. 5),

3.3 bei Maßnahmen nach § 40,

3.4 für die Übernahme von Hypotheken, Grund- und Rentenschulden unter Anrechnung auf den Kaufpreis (§ 64 Abs. 5),

3.5 in den Fällen des § 18 Abs. 2 und des § 39 Abs. 1.

**4** – frei –

**5** Werden im Haushaltsplan ausgebrachte Verpflichtungsermächtigungen voraussichtlich im laufenden Haushaltsjahr nicht in Anspruch genommen und würden sie deshalb verfallen, so sind sie, soweit erforderlich, in späteren Haushaltsjahren erneut zu veranschlagen. Werden solche doppelt veranschlagten Verpflichtungsermächtigungen doch noch im laufenden Haushaltsjahr oder gemäß § 45 Abs. 1 Satz 2 nach Ablauf des Haushaltsjahres und vor Verkündung des neuen Haushaltsgesetzes in Anspruch genommen, sind sie auf die im neuen Haushaltsplan ausgebrachten Verpflichtungsermächtigungen anzurechnen. Entsprechendes gilt für die Fälle des § 38 Abs. 1 Satz 2, wenn Verpflichtungsermächtigungen bis zur Verkündung des neuen Haushaltsgesetzes in Anspruch genommen werden.

**6** Bei der Veranschlagung von Verpflichtungsermächtigungen ist § 5 Abs. 1 StWG zu beachten.

**7** – frei –

**8** – frei –

**9** Ist das Eingehen von Verpflichtungen vorgesehen, die zu Ausgaben in mehreren Haushaltsjahren führen können, ist der Gesamtbetrag der benötigten Verpflichtungsermächtigung auszubringen; außerdem sollen die voraussichtlich fällig werdenden Zahlungsverpflichtungen betragsmäßig nach Jahren getrennt im Haushaltsplan angegeben werden (Jahresbeträge).

**10** In den Fällen, in denen eine den allgemeinen Veranschlagungsgrundsätzen entsprechende Ermittlung der Jahresbeträge nicht möglich ist, verbleibt es bei der Veranschlagung nur des Gesamtbetrags der benötigten Verpflichtungsermächtigung.

**11** Verpflichtungsermächtigungen bei Dauerschuldverhältnissen, insbesondere bei Miet- und Pachtverträgen, sind nach folgenden Grundsätzen zu veranschlagen:

11.1 Bei Verträgen auf bestimmte Zeit hat die Verpflichtungsermächtigung die gesamte Vertragsdauer abzudecken.

11.2 Bei Verträgen auf unbestimmte Zeit wird die Verpflichtungsermächtigung für die Zeit bis zum Ende des Finanzplanungszeitraums bemessen.

11.3 Bei Verträgen mit Verlängerungsklausel (Verlängerung auf bestimmte oder unbestimmte Zeit, Verträge mit Verlängerungsoption) bemisst sich die Verpflichtungsermächtigung nach der Grunddauer der jeweiligen Verträge.

11.4 Der Berechnung der Verpflichtungsermächtigung ist das bei Vertragsabschluss vereinbarte Entgelt zu Grunde zu legen. Im Übrigen sind während der Vertragsdauer vorgesehene Entgeltanpassungen nur dann zu berücksichtigen, wenn diese bei Vertragsabschluss der Höhe nach eindeutig bestimmt oder bestimmbar sind.

11.5 VV Nr. 5 zu § 38 bleibt unberührt.

## § 17 Einzelveranschlagung, Erläuterungen, Planstellen

**(1) Die Einnahmen sind nach dem Entstehungsgrund, die Ausgaben und die Verpflichtungsermächtigungen nach Zwecken getrennt zu veranschlagen und, soweit erforderlich, zu erläutern. Erläuterungen können für verbindlich erklärt werden.**

**(2) Bei Ausgaben für eine sich auf mehrere Jahre erstreckende Maßnahme sind bei der ersten Veranschlagung im Haushaltsplan die voraussichtlichen Gesamtkosten und bei jeder folgenden Veranschlagung außerdem die finanzielle Abwicklung darzulegen.**

**(3) Zweckgebundene Einnahmen und die dazugehörigen Ausgaben sind kenntlich zu machen.**

**(4) Für denselben Zweck sollen Ausgaben und Verpflichtungsermächtigungen nicht bei verschiedenen Titeln veranschlagt werden.**

**(5) Planstellen sind nach Besoldungsgruppen und Amtsbezeichnungen im Haushaltsplan auszubringen. Sie dürfen nur für Aufgaben eingerichtet werden, zu deren Wahrnehmung die Begründung eines Beamtenverhältnisses zulässig ist und die in der Regel Daueraufgaben sind.**

**(6) Andere Stellen als Planstellen sind in den Erläuterungen auszuweisen.**

### Zu § 17:

### 1 Einzelveranschlagung

1.1 Die Veranschlagung der Einnahmen, Ausgaben und Verpflichtungsermächtigungen richtet sich nach den Verwaltungsvorschriften zur Haushaltssystematik des Bundes (VV-HB) und dem jeweiligen Rundschreiben des Bundesministeriums der Finanzen über die Aufstellung der Voranschläge.

1.2 Bei der Abgrenzung des Entstehungsgrundes für die Einnahmen und der Zwecke für die Ausgaben und Verpflichtungsermächtigungen ist von der Gruppierung des Gruppierungsplans auszugehen. Der Zweck einer Ausgabe oder einer Verpflichtungsermächtigung wird durch das Ziel bestimmt, das durch die Ausgabe oder Verpflichtungsermächtigung erreicht werden soll. Verschiedene Zwecke können auch im Rahmen derselben Maßnahme verwirklicht werden.

1.3 Zweckgebundene Einnahmen und die daraus zu leistenden Ausgaben sind in der Regel getrennt von anderen Einnahmen und Ausgaben zu veranschlagen.

**2 Erläuterungen**

2.1 Erläuterungen sind auf das sachlich Notwendige zu begrenzen. Soweit das Verständnis nicht leidet, kann hierbei auf Erläuterungen an anderer Stelle des Haushaltsplans verwiesen werden.

2.2 Sind Erläuterungen oder Teile von Erläuterungen zur Bewirtschaftung unerlässlich, so sind die Erläuterungen oder die entsprechenden Teile der Erläuterungen durch Haushaltsvermerk für verbindlich zu erklären.

**3 Zweckgebundene Einnahmen und die dazugehörigen Ausgaben**

Eine Zweckbindung im Haushaltsplan ist durch Haushaltsvermerk, eine Zweckbindung durch Gesetz ist in den Erläuterungen kenntlich zu machen (§ 8).

**4 Planstellen und andere Stellen**

4.1 **Planstellen**

Planstellen dürfen nur mit solchen Amtsbezeichnungen ausgebracht werden, die in den als Anlagen zum Bundesbesoldungsgesetz enthaltenen Besoldungsordnungen festgelegt oder durch die Bundespräsidentin oder den Bundespräsidenten festgesetzt worden sind. Sofern eine Amtsbezeichnung noch nicht vorhanden ist, ist bei der entsprechenden Planstelle der Vermerk „Amtsbezeichnung vorbehalten“ auszubringen. Die ausgebrachten Planstellen bilden den Stellenplan für planmäßige Beamtinnen und Beamte; er ist verbindlich, soweit nicht durch Haushaltsgesetz, Haushaltsplan oder die Verwaltungsvorschriften zur Bundeshaushaltsordnung etwas anderes bestimmt oder zugelassen ist.

4.2 **Stellen für Arbeitnehmerinnen und Arbeitnehmer**

Die Stellen für Arbeitnehmerinnen und Arbeitnehmer sind in den Erläuterungen nach Vergütungsgruppen darzustellen.

4.3 **Leerstellen**

Leerstellen für Beamtinnen und Beamte sind im Haushaltsplan nach Besoldungsgruppen und Amtsbezeichnungen gesondert von den übrigen Planstellen auszubringen. Entsprechend ist bei Leerstellen für Arbeitnehmerinnen und Arbeitnehmer zu verfahren. Für Leerstellen sind keine Ausgaben zu veranschlagen. Leerstellen können insbesondere für ohne Dienstbezüge beurlaubte oder zu einer Stelle außerhalb der Bundesverwaltung abgeordnete Beamtinnen und Beamte oder Arbeitnehmerinnen und Arbeitnehmer ausgebracht werden. Soll eine Leerstelle nicht an die Person gebunden sein, ist dies im Haushaltsplan besonders zu vermerken. Nicht an die Person gebundene Leerstellen dürfen nur zu dem in den Erläuterungen zu den Titeln 422.1 und 428.1 angegebenen Zweck in Anspruch genommen werden, die Erläuterungen sind insoweit für verbindlich zu erklären.

4.4 **Ausbringung von Planstellen und Stellen**

4.4.1 Planstellen dürfen nur ausgebracht werden, soweit sie unter Anwendung angemessener Methoden der Personalbedarfsermittlung sachgerecht und nachvollziehbar begründet sind. Die sachgerechte Begründung der im Haushaltsplan genehmigten Planstellen ist bei gegebenem Anlass, im Übrigen regelmäßig zu überprüfen. Kann ein Mehrbedarf an Planstellen durch Rationalisierungsmaßnahmen oder auf andere Weise nicht aufgefangen werden, so ist zu prüfen, ob und inwieweit durch die Übertragung von Planstellen aus anderen Kapiteln oder die Umwandlung von Planstellen der zusätzliche Bedarf befriedigt werden kann.

**Anmerkung:** Zur Personalbedarfsermittlung ist vom Bundesministerium des Innern ein Handbuch herausgegeben worden.

4.4.2 Planstellen, die entbehrlich sind oder nicht nur vorübergehend nicht besetzt werden können und für die auch eine Umsetzung nicht in Betracht kommt, dürfen im Haushaltsplan für das nächste Haushaltsjahr nicht wieder ausgebracht werden (vgl. auch §§ 21 und 47 und die VV dazu).

4.4.3 Die Nrn. 4.4.1 und 4.4.2 sind auf Stellen entsprechend anzuwenden.

## § 18 Kreditermächtigungen

**(1) Einnahmen aus Krediten zur Deckung von Ausgaben dürfen nur bis zur Höhe der nach dem Gesetz zur Ausführung von Artikel 115 des Grundgesetzes in der jeweils geltenden Fassung zulässigen Kreditaufnahme in den Haushaltsplan eingestellt werden.**

**(2) Das Haushaltsgesetz bestimmt, bis zu welcher Höhe das Bundesministerium der Finanzen Kredite aufnehmen darf**

**1. zur Deckung von Ausgaben,**

**2. zur Aufrechterhaltung einer ordnungsmäßigen Kassenwirtschaft (Kassenverstärkungskredite). Soweit diese Kredite zurückgezahlt sind, kann die Ermächtigung wiederholt in Anspruch genommen werden.**

**Kassenverstärkungskredite dürfen nicht später als sechs Monate nach Ablauf des Haushaltsjahres, für das sie aufgenommen worden sind, fällig werden.**

**(3) Die Ermächtigungen nach Absatz 2 Nr. 1 gelten bis zum Ende des nächsten Haushaltsjahres und, wenn das Haushaltsgesetz für das zweitnächste Haushaltsjahr nicht rechtzeitig verkündet wird, bis zur Verkündung dieses Haushaltsgesetzes. Die Ermächtigungen nach Absatz 2 Nr.2 gelten bis zum Ende des laufenden Haushaltsjahres und, wenn das Haushaltsgesetz für das nächste Haushaltsjahr nicht rechtzeitig verkündet wird, bis zur Verkündung dieses Haushaltsgesetzes.**

### § 19 Übertragbarkeit

**(1) Ausgaben für Investitionen und Ausgaben aus zweckgebundenen Einnahmen sind übertragbar. Andere Ausgaben können im Haushaltsplan für übertragbar erklärt werden, wenn dies ihre wirtschaftliche und sparsame Verwendung fördert.**

**(2) Zur Deckung der Ausgaben, die übertragen werden sollen (Ausgabereste), sind Ausgabemittel zu veranschlagen. Die Ausgabemittel sollen so bemessen werden, dass sie zur Deckung der Ausgabereste ausreichen, deren Verausgabung im nächsten Haushaltsjahr erforderlich ist; nicht zu berücksichtigen sind Ausgabereste, für die Mittel aus kassenmäßigen Minderausgaben im nächsten Haushaltsjahr voraussichtlich bereitgestellt werden können.**

**Zu § 19:**

1 Übertragbarkeit ist die Möglichkeit, Ausgaben, die am Ende des Haushaltsjahres noch nicht geleistet worden sind, für die jeweilige Zweckbestimmung über das Haushaltsjahr hinaus nach Maßgabe des § 45 als Ausgabereste verfügbar zu halten.

2 Für die Fälle der Übertragbarkeit nach § 19 Abs. 1 Satz 1 ist ein Übertragbarkeitsvermerk im Haushaltsplan nicht auszubringen.

3 Verpflichtungsermächtigungen sind nicht übertragbar (Nr. 5 zu § 16 sowie § 45 Abs. 1 Satz 2).

### § 20 Deckungsfähigkeit

**(1) Deckungsfähig sind innerhalb desselben Kapitels**

**1. gegenseitig**
**die Ausgaben für Vergütungen der Angestellten und Löhne der Arbeiter,**

**2. einseitig**
   **a) die Ausgaben für Bezüge der Beamten zu Gunsten der Ausgaben für Vergütungen der Angestellten und Löhne der Arbeiter,**
   **b) die Ausgaben für Unterstützungen zu Gunsten der Ausgaben für Beihilfen.**

**(2) Im Haushaltsplan können Ausgaben und Verpflichtungsermächtigungen jeweils für gegenseitig oder einseitig deckungsfähig erklärt werden, wenn ein verwaltungsmäßiger oder sachlicher Zusammenhang besteht oder eine wirtschaftliche und sparsame Verwendung gefördert wird.**

**(3) Ausgaben und Verpflichtungsermächtigungen, die ohne nähere Angabe des Verwendungszwecks veranschlagt sind, dürfen nicht für deckungsfähig erklärt werden.**

**Zu § 20:**

**1** Deckungsfähigkeit ist
- die durch § 20 Abs. 1, durch Haushaltsgesetz oder Haushaltsvermerk nach § 20 Abs. 2 begründete Möglichkeit, bei einem Titel höhere Ausgaben als veranschlagt auf Grund von Einsparungen bei einem oder mehreren anderen Ausgabetiteln zu leisten,
- die durch Haushaltsvermerk nach § 20 Abs. 2 begründete Möglichkeit, die Verpflichtungsermächtigung bei einem Titel zu Lasten einer oder mehrerer anderer Verpflichtungsermächtigungen zu erweitern.

Gegenseitige Deckungsfähigkeit liegt vor, wenn die Ausgabetitel bzw. Verpflichtungsermächtigungen wechselseitig zur Verstärkung der jeweiligen Ansätze bzw. Verpflichtungsermächtigungen herangezogen werden dürfen. Einseitige Deckungsfähigkeit liegt vor, wenn der eine Ansatz (deckungsberechtigter Ansatz) bzw. die eine Verpflichtungsermächtigung (deckungsberechtigte Ermächtigung) nur verstärkt und der andere Ansatz (deckungspflichtiger Ansatz) bzw. die andere Verpflichtungsermächtigung (deckungspflichtige Ermächtigung) nur für die Verstärkung des ersten (deckungsberechtigten) Ansatzes bzw. der ersten (deckungsberechtigten) Verpflichtungsermächtigung herangezogen werden darf.

**2** Die Aufzählung der Fälle der Deckungsfähigkeit im Personalbereich nach § 20 Abs. 1 ist nicht abschließend; weitere Ausgaben können nach Absatz 2 für deckungsfähig erklärt werden.

**3** Ein verwaltungsmäßiger oder sachlicher Zusammenhang kann angenommen werden, wenn die Ausgaben oder die Verpflichtungsermächtigungen der Erfüllung ähnlicher oder verwandter Zwecke dienen.

## § 21 Wegfall- und Umwandlungsvermerke

**(1) Ausgaben und Planstellen sind als künftig wegfallend zu bezeichnen, soweit sie in den folgenden Haushaltsjahren voraussichtlich nicht mehr benötigt werden.**

**(2) Planstellen sind als künftig umzuwandeln zu bezeichnen, soweit sie in den folgenden Haushaltsjahren voraussichtlich in Planstellen einer niedrigeren Besoldungsgruppe oder in Stellen für Angestellte oder Arbeiter umgewandelt werden können.**

**Zu § 21:**

1 Planstellen, die als künftig wegfallend bezeichnet werden sollen, erhalten den Vermerk „kw".

2 Planstellen, die als künftig umzuwandeln bezeichnet werden sollen, erhalten den Vermerk „ku" unter Angabe der Art der Stelle und der Besoldungs- oder Vergütungsgruppe, in die sie umgewandelt werden.

3 Kw- und ku-Vermerke werden zu dem in § 47 und den dazu ergangenen Verwaltungsvorschriften genannten Zeitpunkt wirksam.

4 Die Nrn. 1 bis 3 gelten für Stellen für Arbeitnehmerinnen und Arbeitnehmer entsprechend.

## § 22 Sperrvermerk

**Ausgaben, die aus besonderen Gründen zunächst noch nicht geleistet oder zu deren Lasten noch keine Verpflichtungen eingegangen werden sollen, sind im Haushaltsplan als gesperrt zu bezeichnen. Entsprechendes gilt für Verpflichtungsermächtigungen. In Ausnahmefällen kann durch Sperrvermerk bestimmt werden, dass die Leistung von Ausgaben oder die Inanspruchnahme von Verpflichtungsermächtigungen der Einwilligung des Bundestages bedarf.**

**Zu § 22:**

1 Die Vorschrift ist auf Planstellen und andere Stellen, die aus besonderen Gründen zunächst nicht besetzt werden sollen, entsprechend anzuwenden.

2 Ausgaben, die für ein späteres Haushaltsjahr zurückgestellt werden können, dürfen nicht, auch nicht mit Sperrvermerk, veranschlagt werden. Dies gilt entsprechend für Planstellen und andere Stellen.

## § 23 Zuwendungen

**Ausgaben und Verpflichtungsermächtigungen für Leistungen an Stellen außerhalb der Bundesverwaltung zur Erfüllung bestimmter Zwecke (Zuwendungen) dürfen nur veranschlagt werden, wenn der Bund an der Erfüllung durch solche Stellen ein erhebliches Interesse hat, das ohne die Zuwendungen nicht oder nicht im notwendigen Umfang befriedigt werden kann.**

**Zu § 23:**

**1 Zum Begriff der Zuwendungen**

1.1 Zuwendungen sind Leistungen an Stellen außerhalb der Bundesverwaltung zur Erfüllung bestimmter Zwecke. Dazu gehören zweckgebundene Zuschüsse, Zuweisungen, Schuldendiensthilfen und andere nicht rückzahlbare Leistungen sowie zweckgebundene Darlehen und andere bedingt oder unbedingt rückzahlbare Leistungen. Bedingt rückzahlbare Leistungen sind alle Zuwendungen, deren Rückzahlung an den Eintritt eines anderen als in Nr. 2 der Allgemeinen

Nebenbestimmungen (Anlagen zur VV Nr. 5.1 zu 44) genannten künftigen ungewissen Ereignisses gebunden ist. Als zweckgebundener Zuschuss gilt auch die Zahlung auf Grund einer Verlustdeckungszusage.

1.2 Keine Zuwendungen sind insbesondere

1.2.1 Sachleistungen (Nr. 1 zu 63),

1.2.2 Leistungen, auf die ein dem Grund und der Höhe nach unmittelbar durch Rechtsvorschriften begründeter Anspruch besteht,

1.2.3 Ersatz von Aufwendungen (§ 91 Abs. 1 Satz 1 Nr. 1),

1.2.4 Entgelte auf Grund von öffentlichen Aufträgen. Dies sind alle gegenseitigen Verträge, in denen die Erbringung von Leistungen gegen Entgelt vereinbart wird (Näheres siehe Anlage),

1.2.5 satzungsmäßige Mitgliedsbeiträge einschließlich Pflichtumlagen.

**2 Zuwendungsarten**

Folgende Zuwendungsarten werden unterschieden:

2.1 Zuwendungen zur Deckung von Ausgaben des Zuwendungsempfängers für einzelne abgegrenzte Vorhaben (Projektförderung),

2.2 Zuwendungen zur Deckung der gesamten Ausgaben oder eines nicht abgegrenzten Teils der Ausgaben des Zuwendungsempfängers (institutionelle Förderung).

**3 Grundsätze für die Veranschlagung**

3.1 Ausgaben für Zuwendungen sollen nur veranschlagt werden, wenn der Zuwendungszweck durch die Übernahme von Bürgschaften, Garantien oder sonstigen Gewährleistungen (§ 39) nicht erreicht werden kann. Ausgaben für nicht rückzahlbare Zuwendungen sollen nur veranschlagt werden, soweit der Zweck nicht durch unbedingt oder bedingt rückzahlbare Zuwendungen erreicht werden kann.

3.2 Verpflichtungsermächtigungen für Zuwendungen sollen nur veranschlagt werden, wenn es erforderlich ist, dass sich der Bund gegenüber dem Zuwendungsempfänger rechtlich verpflichtet, in künftigen Haushaltsjahren Zuwendungen zu gewähren (vgl. aber Nr. 5.2 zu § 38).

3.3 Ausgaben und Verpflichtungsermächtigungen für Zuwendungen zu Baumaßnahmen, größeren Beschaffungen und größeren Entwicklungsvorhaben sind getrennt von den übrigen Zuwendungsmitteln zu veranschlagen, wenn die hierfür vorgesehenen Zuwendungen mehr als insgesamt eine Million Euro, bei Zuwendungen an Gebietskörperschaften 1 500 000 Euro betragen. Das Bundesministerium der Finanzen kann Ausnahmen hiervon zulassen. Werden Zuwendungen für Baumaßnahmen, größere Beschaffungen und größere Entwicklungsvorhaben einzeln veranschlagt, ist § 24 Abs. 4 zu beachten.

3.4 Ausgaben und Verpflichtungsermächtigungen für Zuwendungen zur institutionellen Förderung dürfen erst veranschlagt werden, wenn der Zuwendungsempfänger einen Haushalts- oder Wirtschaftsplan vorgelegt hat. Der Plan muss alle zu erwartenden Einnahmen und voraussichtlich zu leistenden Ausgaben sowie einen Organisations- und Stellenplan enthalten. Eine Übersicht über das Vermögen und die Schulden sowie über die voraussichtlich einzugehenden Verpflichtungen zu Lasten künftiger Jahre ist als Anlage beizufügen, soweit sich dies nicht schon aus den Bilanzen oder dem Haushalts- oder Wirtschaftsplan ergibt. Kann der endgültige Haushalts- oder Wirtschaftsplan nicht rechtzeitig vorgelegt werden, ist ein vorläufiger Haushalts- oder Wirtschaftsplan der Veranschlagung zu Grunde zulegen. Das zuständige Bundesministerium kann im Einvernehmen mit dem Bundesministerium der Finanzen von diesen Erfordernissen absehen, soweit sie für die Veranschlagung nicht erforderlich sind.

3.4.1 Der Haushalts- oder Wirtschaftsplan soll in der Form dem Bundeshaushaltsplan entsprechen und nach den für diesen geltenden Grundsätzen aufgestellt sein.

3.4.2 Wird nach den Regeln der kaufmännischen doppelten Buchführung gebucht, kann der Haushalts- oder Wirtschaftsplan dem jeweiligen Kontenplan entsprechen. Eine Überleitungsrechnung auf Einnahmen und Ausgaben ist beizufügen, soweit sie für die Bemessung der Zuwendung erforderlich ist.

3.5 Ausgaben und Verpflichtungsermächtigungen im Rahmen übergeordneter Ziele – insbesondere Förderprogramme –, die Zuwendungen zur Projektförderung vorsehen, sollen nur veranschlagt werden, wenn die Ziele hinreichend bestimmt sind, um eine spätere Erfolgskontrolle zu ermöglichen (Zielerreichungs-, Wirksamkeits- und Wirtschaftlichkeitskontrolle; vgl. Nrn. 2.1 und 2.2 zu § 7 sowie Nr. 11a.2 zu § 44 BHO).

3.6 Werden für denselben Zweck Ausgaben oder Verpflichtungsermächtigungen für Zuwendungen von mehreren Stellen des Bundes oder sowohl vom Bund als auch von Ländern veranschlagt, sollen die Zuwendungsgeber Einvernehmen über die für diese Veranschlagung geltenden Grundsätze herbeiführen.

## Anlage zur VV Nr. 1.2.4 zu § 23 BHO

## Abgrenzung der Zuwendungen von öffentlichen Aufträgen

1. Zu den öffentlichen Aufträgen zählen insbesondere Kauf-, Miet-, Pacht-, Werk- und Werklieferungsverträge sowie sonstige gegenseitige Verträge, sofern der Entgeltsverpflichtung des Bundes eine für dieses Entgelt zu erbringende Leistung gegenübersteht.

1.1 Leistungen sind alle Lieferungen und sonstigen Leistungen einschließlich Dienstleistungen.

1.2 Die Leistung kann unmittelbar gegenüber dem Bund oder in dessen Auftrag gegenüber Dritten erbracht werden.

1.3 Die Leistung muss dem Bund oder Dritten grundsätzlich zur vollen Verfügung überlassen werden.

2. Aus Nr. 1 folgt, dass Zuwendungen im Sinne des § 23 insbesondere alle Geldleistungen des Bundes sind,

2.1 die dem Empfänger zur Erfüllung seiner eigenen Aufgaben, an deren Förderung der Bund ein erhebliches Interesse hat, gewährt werden und

2.2 die dem Empfänger mit bestimmten Bedingungen und Auflagen für die Mittelverwendung zur Verfügung gestellt werden, ohne dass die Geldleistung ein Entgelt für eine Leistung im Sinne der Nr. 1 ist, und

2.3 bei denen der Empfänger dem Bund oder Dritten nicht die Verfügungsbefugnis im Sinne von Nr. 1.3 einräumt; unschädlich ist die Einräumung von Benutzungsrechten an Schutzrechten und die Übertragung von Schutzrechten auf den Bund im Sinne der Nr. 5.6.3 zu § 44.

## § 24 Baumaßnahmen, größere Beschaffungen, größere Entwicklungsvorhaben

**(1) Ausgaben und Verpflichtungsermächtigungen für Baumaßnahmen dürfen erst veranschlagt werden, wenn Pläne, Kostenermittlungen und Erläuterungen vorliegen, aus denen die Art der Ausführung, die Kosten der Baumaßnahme, des Grunderwerbs und der Einrichtungen sowie die vorgesehene Finanzierung und ein Zeitplan ersichtlich sind. Den Unterlagen ist eine Schätzung der nach Fertigstellung der Maßnahme entstehenden jährlichen Haushaltsbelastungen beizufügen.**

**(2) Ausgaben und Verpflichtungsermächtigungen für größere Beschaffungen und größere Entwicklungsvorhaben dürfen erst veranschlagt werden, wenn Planungen und Schätzungen der Kosten und Kostenbeteiligungen vorliegen. Absatz 1 Satz 2 gilt entsprechend.**

**(3) Ausnahmen von den Absätzen 1 und 2 sind nur zulässig, wenn es im Einzelfall nicht möglich ist, die Unterlagen rechtzeitig fertigzustellen, und aus einer späteren Veranschlagung dem Bund ein Nachteil erwachsen würde. Die Notwendigkeit einer Ausnahme ist in den Erläuterungen zu begründen. Die Ausgaben und Verpflichtungsermächtigungen für Maßnahmen, für welche die Unterlagen noch nicht vorliegen, sind gesperrt.**

**(4) Auf einzeln veranschlagte Ausgaben und Verpflichtungsermächtigungen für Zuwendungen sind die Absätze 1 bis 3 entsprechend anzuwenden, wenn insgesamt mehr als 50 vom Hundert der Kosten durch Zuwendungen von Bund, Ländern und Gemeinden gedeckt werden. Das Bundesministerium der Finanzen kann Ausnahmen zulassen.**

**Zu § 24:**

**1 Baumaßnahmen, Bauunterlagen**

1.1 Zu den Baumaßnahmen gehören alle Maßnahmen, die der Hauptgruppe 7 und der Gruppe 558 zuzuordnen sind.

1.2 Nähere Bestimmungen über Form und Inhalt der Bauunterlagen werden durch die Richtlinien für die Durchführung von Bauaufgaben des Bundes (RBBau) oder durch sonstige für Baumaßnahmen des Bundes ergangene Richtlinien getroffen.

1.3 Grundsätzlich sind Ausgaben für Baumaßnahmen (außer Straßen- und Wasserstraßenbau) mit einem Mittelbedarf von mehr als zwei Millionen Euro im Einzelfall einzeln zu veranschlagen. Das Bundesministerium der Finanzen kann durch Rundschreiben über die Aufstellung der Voranschläge (§ 27) etwas anderes bestimmen. Ausgaben für Baumaßnahmen im Bereich des Auslandsbaus des Auswärtigen Amtes sind erst mit einem Mittelbedarf von mehr als fünf Millionen Euro im Einzelfall einzeln zu veranschlagen.

**2 Planungsunterlagen für größere Beschaffungen und größere Entwicklungsvorhaben**

2.1 Größere Beschaffungen sind Anschaffungen von Sachen mit einem Mittelbedarf von mehr als 500 000 Euro im Einzelfall, für die Ausgaben und Verpflichtungsermächtigungen in der Hauptgruppe 8 und der Gruppe 554 im Haushaltsplan veranschlagt werden.

2.2 Größere Entwicklungsvorhaben sind Vorhaben mit einem Mittelbedarf von mehr als 500 000 Euro im Einzelfall, die der zweckgerichteten Auswertung und Anwendung von Forschungsergebnissen und Erfahrungen vor allem technischer oder wirtschaftlicher Art dienen, um zu neuen Systemen, Verfahren, Stoffen, Gegenständen und Geräten zu gelangen (Neuentwicklung) oder um vorhandene zu verbessern (Weiterentwicklung); hierzu zählen auch Forschungsvorhaben, die der Erreichung des Entwicklungszieles dienen, sowie die Erprobung.

2.3 Bei größeren Beschaffungen und größeren Entwicklungsvorhaben kann das Bundesministerium der Finanzen im Einvernehmen mit der für den Einzelplan zuständigen Stelle in begründeten Fällen von der Wertgrenze Ausnahmen zulassen.

2.4 Die Unterlagen müssen enthalten eine Beschreibung des Gegenstandes oder eine Erläuterung des Vorhabens (ggf. mit Plänen und Skizzen), einen Zeitplan, eine Darlegung der Notwendigkeit der Beschaffung oder Entwicklung, eine Schätzung der Kosten und Folgekosten und eine Darlegung der Finanzierung.

**3 Bereitstellung der Unterlagen**

Die Unterlagen müssen rechtzeitig zur Aufstellung des Entwurfs des Haushaltsplans dem Bundesministerium der Finanzen vorliegen, soweit es nicht darauf verzichtet.

**4 Gesetzliche Sperre**

Für die Sperre nach § 24 Abs. 3 Satz 3 ist ein Sperrvermerk nicht auszubringen.

**5 Zuwendungen**

Wegen der einzeln veranschlagten Ausgaben und Verpflichtungsermächtigungen für Zuwendungen vgl. Nr. 3.3 zu § 23.

**§ 25 Überschuss, Fehlbetrag**

**(1) Der Überschuss oder der Fehlbetrag ist der Unterschied zwischen den tatsächlich eingegangenen Einnahmen (Ist-Einnahmen) und den tatsächlich geleisteten Ausgaben (Ist-Ausgaben).**

**(2) Ein Überschuss ist insbesondere zur Verminderung des Kreditbedarfs oder zur Tilgung von Schulden zu verwenden oder der Konjunkturausgleichsrücklage zuzuführen. Wird der Überschuss zur Schuldentilgung verwendet oder der Konjunkturausgleichsrücklage zugeführt, ist er in den nächsten festzustellenden Haushaltsplan einzustellen. § 6 Abs. 1 Satz 3 des Gesetzes zur Förderung der Stabilität und des Wachstums der Wirtschaft vom 8. Juni 1967 (Bundesgesetzblatt I S. 582) bleibt unberührt.**

**(3) Ein Fehlbetrag ist spätestens in den Haushaltsplan für das zweitnächste Haushaltsjahr einzustellen. Er darf durch Einnahmen aus Krediten nur gedeckt werden, soweit die Möglichkeiten einer Kreditaufnahme nicht ausgeschöpft sind.**

**§ 26 Bundesbetriebe, Sondervermögen, Zuwendungsempfänger**

**(1) Bundesbetriebe haben einen Wirtschaftsplan aufzustellen, wenn ein Wirtschaften nach Einnahmen und Ausgaben des Haushaltsplans nicht zweckmäßig ist. Der Wirtschaftsplan oder eine Übersicht über den Wirtschaftsplan ist dem Haushaltsplan als Anlage beizufügen oder in die Erläuterungen aufzunehmen. Im Haushaltsplan sind nur die Zuführungen oder die Ablieferungen zu veranschlagen. Planstellen sind nach Besoldungsgruppen und Amtsbezeichnungen im Haushaltsplan auszubringen.**

**(2) Bei Sondervermögen sind nur die Zuführungen oder die Ablieferungen im Haushaltsplan zu veranschlagen. Über die Einnahmen, Ausgaben und Verpflichtungsermächtigungen der Sondervermögen sind Übersichten dem Haushaltsplan als Anlagen beizufügen oder in die Erläuterungen aufzunehmen.**

**(3) Über die Einnahmen und Ausgaben von**

1. **juristischen Personen des öffentlichen Rechts, die vom Bund ganz oder zum Teil zu unterhalten sind, und**
2. **Stellen außerhalb der Bundesverwaltung, die vom Bund Zuwendungen zur Deckung der gesamten Ausgaben oder eines nicht abgegrenzten Teils der Ausgaben erhalten,**

**§ 29 Beschluss über den Entwurf des Haushaltsplans**

**(1) Der Entwurf des Haushaltsgesetzes wird mit dem Entwurf des Haushaltsplans von der Bundesregierung beschlossen.**

**(2) Einnahmen, Ausgaben, Verpflichtungsermächtigungen und Vermerke, die das Bundesministerium der Finanzen in den Entwurf des Haushaltsplans nicht aufgenommen hat, unterliegen auf Antrag des zuständigen Bundesministers der Beschlussfassung der Bundesregierung, wenn es sich um Angelegenheiten von grundsätzlicher oder erheblicher finanzieller Bedeutung handelt. Dasselbe gilt für Vorschriften des Entwurfs des Haushaltsgesetzes. Auf die Beschlussfassung der Bundesregierung ist § 28 Abs. 2 Satz 2 entsprechend anzuwenden. Das Nähere regelt die Geschäftsordnung der Bundesregierung.**

**(3) Weicht der Entwurf des Haushaltsplans von den Voranschlägen des Bundespräsidenten und der Präsidenten des Bundestages, des Bundesrates, des Bundesverfassungsgerichts und des Bundesrechnungshofes ab und ist der Änderung nicht zugestimmt worden, so sind die Teile, über die kein Einvernehmen erzielt worden ist, unverändert dem Entwurf des Haushaltsplans beizufügen.**

**§ 30 Vorlagefrist**

**Der Entwurf des Haushaltsgesetzes ist mit dem Entwurf des Haushaltsplans vor Beginn des Haushaltsjahres dem Bundesrat zuzuleiten und beim Bundestag einzubringen, in der Regel spätestens in der ersten Sitzungswoche des Bundestages nach dem 1. September.**

**§ 31 Finanzbericht**

**Zum Entwurf des Haushaltsgesetzes und des Haushaltsplans hat das Bundesministerium der Finanzen einen Bericht über den Stand und die voraussichtliche Entwicklung der Finanzwirtschaft auch im Zusammenhang mit der gesamtwirtschaftlichen Entwicklung zu erstatten.**

**§ 32 Ergänzungen zum Entwurf des Haushaltsplans**

**Auf Ergänzungen zum Entwurf des Haushaltsgesetzes und des Haushaltsplans sind die Teile I und II entsprechend anzuwenden.**

**§ 33 Nachtragshaushaltsgesetze**

**Auf Nachträge zum Haushaltsgesetz und zum Haushaltsplan sind die Teile I und II entsprechend anzuwenden. Der Entwurf ist bis zum Ende des Haushaltsjahres einzubringen.**

Teil III

## Ausführung des Haushaltsplans

### § 34 Erhebung der Einnahmen, Bewirtschaftung der Ausgaben

**(1) Einnahmen sind rechtzeitig und vollständig zu erheben.**

**(2) Ausgaben dürfen nur soweit und nicht eher geleistet werden, als sie zur wirtschaftlichen und sparsamen Verwaltung erforderlich sind. Die Ausgabemittel sind so zu bewirtschaften, dass sie zur Deckung aller Ausgaben ausreichen, die unter die einzelne Zweckbestimmung fallen.**

**(3) Absatz 2 gilt für die Inanspruchnahme von Verpflichtungsermächtigungen entsprechend.**

**Zu § 34:**

**1 Verteilung der Haushaltsmittel, Übertragung zur Bewirtschaftung**

1.1 Nach der Feststellung des Haushaltsplans durch das Haushaltsgesetz (§ 1 Satz 1) übersendet das Bundesministerium der Finanzen den für den Einzelplan zuständigen Stellen je einen Abdruck des für sie maßgebenden Einzelplans. Es teilt ihnen außerdem mit, welche Teile von Einzelplänen, die bestimmte Gruppen von Einnahmen, Ausgaben, Verpflichtungsermächtigungen, Planstellen und andere Stellen für mehrere Geschäftsbereiche enthalten, auf sie entfallen. Das Bundesministerium der Finanzen stellt rechtzeitig den für den Einzelplan zuständigen Stellen die auf sie entfallenden Titelkonten im automatisierten Verfahren für das Haushalts-, Kassen- und Rechnungswesen des Bundes zur Verfügung.

1.2 Die für den Einzelplan zuständigen Stellen verteilen die veranschlagten Einnahmen, Ausgaben, Verpflichtungsermächtigungen, Planstellen und anderen Stellen, soweit sie diese nicht selbst bewirtschaften, auf die ihnen für das Verfahren nach § 27 unmittelbar nachgeordneten Dienststellen gem. Nr. 3.2 zu § 9 BHO.

1.3 Die Verteilung von Haushaltsmitteln kann in besonderen Fällen im Einvernehmen mit dem Bundesministerium der Finanzen ohne Angabe eines Betrages erfolgen. Das Nähere regelt das Bundesministerium der Finanzen.

1.4 Die Dienststellen, auf die Einnahmen, Ausgaben, Verpflichtungsermächtigungen, Planstellen und andere Stellen nach Nr. 1.2 verteilt worden sind, verteilen diese, soweit sie sie nicht selbst bewirtschaften, auf die für die Bewirtschaftung vorgesehenen Dienststellen in entsprechender Anwendung der Nr. 1.2.

1.5 Die Ausgaben sollen grundsätzlich nicht sogleich in voller Höhe verteilt werden, ein Teil soll für etwaige Nachforderungen zurückbehalten werden.

1.6 Bei der Verteilung von Ausgaben sind die Ausgabereste und die Vorgriffe in der Weise zu berücksichtigen, dass die Ausgabereste den Ausgaben zugesetzt, die Vorgriffe von ihnen vorweg abgesetzt werden. Einsparungsauflagen nach § 45 Abs. 3 sind zu beachten.

1.7 Über die verteilten Einnahme, Ausgaben und Verpflichtungsermächtigungen, Planstellen und anderen Stellen ist ein Nachweis zu führen (Nr. 3.2 zu § 9).

1.8 Die Bewirtschaftung von Einnahmen, Ausgaben, Verpflichtungsermächtigungen, Planstellen und anderen Stellen kann gem. Nr. 3.1 zu § 9 BHO Titelverwaltern der Dienststelle oder anderen Dienststellen übertragen werden.

1.9 Sollen Landesdienststellen Haushaltsmittel des Bundes bewirtschaften, so gilt Folgendes:
Die Haushaltsmittel werden an die zuständigen Landesdienststellen verteilt. Die Landesdienststellen werden ermächtigt, den zuständigen Kassen des Bundes die erforderlichen Kassenanordnungen, Buchungsanordnungen und Kassenanweisungen zu erteilen. Die Landesdienststellen

1.9.1 – wenden, soweit die Haushaltsmittel des Bundes nicht im Haushaltsplan des Landes veranschlagt sind, § 35 nebst den dazu ergangenen Verwaltungsvorschriften an,

1.9.2 – beachten § 43 nebst den dazu ergangenen Verwaltungsvorschriften,

1.9.3 – wenden hinsichtlich der von ihnen eingegangenen Verpflichtungen sowie der Geldforderungen des Bundes, die von ihnen verwaltet werden, § 71 Abs. 1 Satz 2 und die Nrn. 1 und 2 der dazu ergangenen Richtlinie des Bundesministeriums der Finanzen in der jeweils geltenden Fassung an,

1.9.4 – wenden, soweit sie vermögenswirksame Einnahmen und Ausgaben des Bundes bewirtschaften, § 73 nebst den dazu bestehenden Verwaltungsvorschriften an,

1.9.5 – bedienen sich bei der Bewirtschaftung der Haushaltsmittel des Bundes (Mittelverteilung und Mittelverwendung) sowie zur Buchung der eingegangenen Verpflichtungen und der Geldforderungen des Bundes des in der Bundesverwaltung eingeführten Verfahrens und verwenden zur Mitteilung der verfahrensnotwendigen Daten an die Kassen des Bundes die vom Bundesministerium der Finanzen vorgeschriebenen Vordrucke und elektronische Schnittstellen,

1.9.6 – wenden für die Aufbewahrung der Unterlagen im Haushalts-, Kassen- und Rechnungswesen des Bundes die Aufbewahrungsbestimmungen für die Unterlagen für das Haushalts-, Kassen- und Rechnungswesen des Bundes (ABestB-HKR) an.

Im Übrigen gelten, soweit in Rechtsvorschriften oder Vereinbarungen nicht etwas anderes bestimmt ist, für die Bewirtschaftung der die fällige Schuld, unter mehreren fälligen Schulden diejenige, welche dem Gläubiger geringere Sicherheit biete, unter mehreren gleich sicheren die der Schuldnerin oder dem Schuldner lästigere, unter mehreren gleich lästigen die ältere Schuld und bei gleichem Alter jede Schuld verhältnismäßig getilgt (vgl. § 366 Abs. 2 BGB).

5.2 Reichen geleistete Geldbeträge zur Tilgung einer geschuldeten Hauptleistung nebst Zinsen und Kosten nicht aus, sind aus ihnen zunächst die Kosten, dann die bis zum Einzahlungstag aufgelaufenen Zinsen zu tilgen. Der verbleibende Betrag ist auf die Hauptleistung anzurechnen (vgl. § 367 Abs. 1 BGB).

5.3 Bestehen mehrere Ansprüche, von denen jeder auf Hauptleistung nebst Zinsen und Kosten geht, so ist zunächst die Verrechnung nach Nr. 5.1 und dann nach Nr. 5.2 vorzunehmen.

**6 Kleinbetragsregelung für Zinsen**

Es gilt die Nr. 7.5 zu § 59.

**7 Verzugszinsen**

Die besonderen Regelungen der Nr. 4 zu § 34 sind zu beachten.

**8 Stundungszinsen**

Die besonderen Regelungen der Nr. 1.4 zu § 59 sind zu beachten.

**9 Verzinsung bei Unwirksamkeit, Rücknahme oder Widerruf von Verwaltungsakten**

Die Verzinsung richtet sich nach § 49a VwVfG.

**10** – frei –

**11 Zuständigkeit**

Die Berechnung der Zinsen ist Aufgabe der anordnenden Stelle. Die Kasse kann mit der Berechnung beauftragt werden; hierzu bedarf es der Einwilligung ihrer Aufsichtsbehörde. Berechnet die Kasse die zu erhebenden Zinsbeträge in eigener Verantwortung, so hat die anordnende Stelle die maßgebenden Berechnungsgrundlagen in der Kassenanordnung anzugeben oder in anderer Form schriftlich mitzuteilen.

**12 Anwendung anderer Vorschriften**

Andere Rechts- und Verwaltungsvorschriften oder vertragliche Vereinbarungen bleiben unberührt.

**13 Automatisierte Verfahren**

Für automatisierte Verfahren kann das Bundesministerium der Finanzen Sonderregelungen zulassen.

### Anlage zur VV Nr. 4.1 zu § 34 BHO

### Erhebung von Verzugszinsen, die vor Inkrafttreten des Gesetzes zur Modernisierung des Schuldrechts vom 26. November 2001 (BGBl. I S. 3138) am 1. Januar 2002 entstanden sind

1 Für die Erhebung von Verzugszinsen, die vor Inkrafttreten des Gesetzes zur Modernisierung des Schuldrechts vom 26. November 2001 (BGBl. I S. 3138) am 1. Januar 2002 entstanden sind, gilt auf Grund der Übergangsregelung nach Art. 229 § 5 EGBGB der Grundsatz, dass auf Schuldverhältnisse, die vor dem 1. Januar 2002 entstanden sind, altes, auf Schuldverhältnisse, die nach dem Stichtag begründet werden, neues Schuldrecht anzuwenden ist. Auf Dauerschuldverhältnisse, die vor dem 1. Januar 2002 entstanden sind, ist das neue Recht ab dem 1. Januar 2003 anzuwenden.

2 Im Einzelnen ist zu beachten:

2.1 Bei Schuldverhältnissen, die vor dem 1. Januar 2002 entstanden sind, sind die gesetzlichen Verzugszinsen nach § 288 Abs. 1 Satz 1 BGB a.F. in Höhe von fünf Prozentpunkten über dem Basiszinssatz nach § 1 des Diskontsatz-Überleitungs-Gesetzes (DÜG) vom 9. Juni 1998 (BGBl. I S. 1242) zu erheben*, soweit nicht ein anderer Zinssatz vereinbart wurde oder Anwendung findet.

2.2 Bei Geldforderungen, die vor dem Inkrafttreten des Gesetzes zur Beschleunigung fälliger Zahlungen vom 30. März 2000 (BGBl. I S. 330) am 1. Mai 2000 fällig geworden sind, ist Vorl. VV Nr. 4.2 zu § 34 in der bis zu diesem Zeitpunkt geltenden Fassung anzuwenden.**

## § 35 Bruttonachweis, Einzelnachweis

**(1) Alle Einnahmen und Ausgaben sind mit ihrem vollen Betrag bei dem hierfür vorgesehenen Titel zu buchen, soweit sich aus § 15 Abs. 1 Satz 2 und 3 nichts anderes ergibt.**

**(2) Für denselben Zweck dürfen Ausgaben aus verschiedenen Titeln nur geleistet werden, soweit der Haushaltsplan dies zulässt. Entsprechendes gilt für die Inanspruchnahme von Verpflichtungsermächtigungen.**

---

* **Anmerkung:** ab 1. Januar 2002 Basiszinssatz nach § 247 BGB.

** **Anmerkung:** Vorl. VV Nr. 4.2 zu § 34 lautete:
„Besteht bei privatrechtlichen Schuldverhältnissen keine Vereinbarung mit dem Schuldner und kommt auch eine Vereinbarung nicht zustande, ist über den Anspruch auf die gesetzlichen Verzugszinsen von 4 v.H. gemäß § 288 Abs. 1 BGB hinaus ein weitergehender Verzugsschaden gemäß § 288 Abs. 2 BGB geltend zu machen. Dieser bemisst sich nach dem Zinssatz für Kredite des Bundes zur Deckung von Ausgaben zu Zeit des Verzugs. Er ist nur geltend zu machen, soweit er über die gesetzlichen Verzugszinsen von 4 v.H. gemäß § 288 Abs. 1 BGB hinausgeht.

**Zu § 35:**

Für die Behandlung von Rückzahlungen sind die Regelungen im Haushaltsgesetz oder im Haushaltsplan zu beachten.

### § 36 Aufhebung der Sperre

**Nur mit vorheriger Zustimmung (Einwilligung) des Bundesministeriums der Finanzen dürfen Ausgaben, die durch Gesetz oder im Haushaltsplan als gesperrt bezeichnet sind, geleistet sowie Verpflichtungen zur Leistung solcher Ausgaben eingegangen werden. In den Fällen des § 22 Satz 3 hat das Bundesministerium der Finanzen die Einwilligung des Bundestages einzuholen.**

**Zu § 36:**

**1** Die Vorschrift ist auf die Besetzung von Planstellen und anderen Stellen, die als gesperrt bezeichnet sind, entsprechend anzuwenden.

**2** Das Bundesministerium der Finanzen kann die Mittel bei einzelnen Titeln im automatisierten Verfahren für das Haushalts-, Kassen- und Rechnungswesen des Bundes sperren und gibt sie nach der Aufhebung der Sperre frei.

### § 37 Über- und außerplanmäßige Ausgaben

**(1) Überplanmäßige und außerplanmäßige Ausgaben bedürfen der Einwilligung des Bundesministeriums der Finanzen. Sie darf nur im Falle eines unvorhergesehenen und unabweisbaren Bedarfs erteilt werden. Als unabweisbar ist ein Bedarf insbesondere nicht anzusehen, wenn nach Lage des Einzelfalles ein Nachtragshaushaltsgesetz rechtzeitig herbeigeführt oder die Ausgabe bis zum nächsten Haushaltsgesetz zurückgestellt werden kann. Eines Nachtragshaushaltsgesetzes bedarf es nicht, wenn die Mehrausgabe im Einzelfall einen im Haushaltsgesetz festzulegenden Betrag nicht überschreitet oder wenn Rechtsverpflichtungen zu erfüllen sind. § 8 des Gesetzes zur Förderung der Stabilität und des Wachstums der Wirtschaft bleibt unberührt.**

**(2) Absatz 1 gilt auch für Maßnahmen, durch die für den Bund Verpflichtungen entstehen können, für die Ausgaben im Haushaltsplan nicht veranschlagt sind.**

**(3) Über- und außerplanmäßige Ausgaben sollen durch Einsparungen bei anderen Ausgaben in demselben Einzelplan ausgeglichen werden.**

**(4) Über- und außerplanmäßige Ausgaben sind dem Bundestag und dem Bundesrat vierteljährlich, in Fällen von grundsätzlicher oder erheblicher finanzieller Bedeutung unverzüglich mitzuteilen.**

**(5) Ausgaben, die ohne nähere Angabe des Verwendungszwecks veranschlagt sind, dürfen nicht überschritten werden.**

**(6) Mehrausgaben bei übertragbaren Ausgaben (Vorgriffe) sind unter den Voraussetzungen des Absatzes 1 Satz 1 und 2 auf die nächstjährige Bewilligung für den gleichen Zweck anzurechnen. Das Bundesministerium der Finanzen kann Ausnahmen zulassen.**

**Zu § 37:**

**1** Eine Ausgabe ist überplanmäßig, wenn der für die Zweckbestimmung im Haushaltsplan vorgesehene Ansatz unter Berücksichtigung der Ausgabereste, der Haushaltsvorgriffe, der zur Verstärkung verwendeten deckungspflichtigen Ausgaben sowie unter Berücksichtigung zweckgebundener Einnahmen überschritten werden muss.

**2** Eine Ausgabe ist außerplanmäßig, wenn der Haushaltsplan keine Zweckbestimmung und keinen Ansatz enthält und auch keine Ausgabereste vorhanden sind.

**3** Zu § 37 Abs. 1 Satz 4 sind die Regelungen im Haushaltsgesetz zu beachten.

**4** Einwilligung bedeutet vorherige Zustimmung (vgl. § 36).

**5** – frei –

**6** Ein Vorgriff ist zulässig, soweit im Haushaltsplan des nächsten Haushaltsjahres eine Ausgabe mit gleicher Zweckbestimmung und im laufenden Haushaltsjahr ein kassenmäßiger Ausgleich vorgesehen wird. Wird eine Ausgabe mit gleicher Zweckbestimmung im Haushaltsplan des nächsten Haushaltsjahres nicht oder nicht in der erforderlichen Höhe vorgesehen, so ist die Mehrausgabe insoweit als überplanmäßige Ausgabe zu behandeln.

**7** Eine Mehrausgabe bei einem Ausgaberest und eine Ausgabe bei einem Leertitel sind überplanmäßige Ausgaben.

**8** Die Entscheidung, ob einem Antrag auf über- oder außerplanmäßige Ausgaben zugestimmt oder der Entwurf eines Nachtragshaushalts eingebracht wird, trifft das Bundesministerium der Finanzen.

**9** Die Entscheidung über über- und außerplanmäßige Ausgaben trifft das Bundesministerium der Finanzen endgültig (§ 116 Abs. 1 Satz 1). Soweit es sich um die Abwendung einer dem Bund drohenden unmittelbar bevorstehenden Gefahr handelt, reicht unter den Voraussetzungen des 116 Abs. 2 Satz 1 die Genehmigung (nachträgliche Zustimmung) des Bundesministeriums der Finanzen aus.

**10** Das Bundesministerium der Finanzen kann allgemein überplanmäßigen Ausgaben für Auszahlungen zustimmen, die der Höhe nach auf Rechtsvorschriften oder Tarifvertrag beruhen.

**11** Der Antrag auf über- und außerplanmäßige Ausgaben ist nach vorgeschriebenem Muster rechtzeitig dem Bundesministerium der Finanzen zu übersenden.

**12** Über- und außerplanmäßige Ausgabebewilligungen werden, sobald die Einwilligung des Bundesministeriums der Finanzen erteilt ist, im automatisierten Verfahren für das Haushalts-, Kassen- und Rechnungswesen des Bundes zur Verfügung gestellt. Für die Einsparung über- oder außerplanmäßiger Ausgaben (§ 37 Abs. 3) kann ein vorläufiges Deckungskonto eingerichtet werden, das vor Abschluss der Bücher für das Haushaltsjahr im automatisierten Verfahren für das Haushalts-, Kassen- und Rechnungswesen des Bundes durch Belastung der endgültigen Einsparungsstellen auszugleichen ist.

**§ 38 Verpflichtungsermächtigungen**

**(1) Maßnahmen, die den Bund zur Leistung von Ausgaben in künftigen Haushaltsjahren verpflichten können, sind nur zulässig, wenn der Haushaltsplan dazu ermächtigt. Im Falle eines unvorhergesehenen und unabweisbaren Bedarfs kann das Bundesministerium der Finanzen Ausnahmen zulassen; § 37 Abs. 1 Satz 3 ist entsprechend anzuwenden. Eines Nachtragshaushaltsgesetzes bedarf es nicht, wenn im Einzelfall der Gesamtbetrag der überplanmäßigen oder außerplanmäßigen Verpflichtungsermächtigung einen im Haushaltsgesetz festzulegenden Betrag nicht überschreitet oder wenn Rechtsverpflichtungen zu erfüllen sind.**

**(2) Die Inanspruchnahme von Verpflichtungsermächtigungen bedarf der Einwilligung des Bundesministeriums der Finanzen, wenn**

**1. von den in § 16 bezeichneten Angaben erheblich abgewichen werden soll oder**

**2. in den Fällen des § 16 Satz 2 Jahresbeträge nicht angegeben sind.**

**Das Bundesministerium der Finanzen kann auf seine Befugnisse verzichten.**

**(3) Das Bundesministerium der Finanzen ist bei Maßnahmen nach Absatz 1 von grundsätzlicher oder erheblicher finanzieller Bedeutung über den Beginn und Verlauf von Verhandlungen zu unterrichten.**

**(4) Verpflichtungen für laufende Geschäfte dürfen eingegangen werden, ohne dass die Voraussetzungen der Absätze 1 und 2 vorliegen. Einer Verpflichtungsermächtigung bedarf es auch dann nicht, wenn zu Lasten übertragbarer Ausgaben Verpflichtungen eingegangen werden, die im folgenden Haushaltsjahr zu Ausgaben führen. Das Nähere regelt das Bundesministerium der Finanzen.**

**(5) Die Absätze 1 bis 4 sind auf Verträge im Sinne des Artikels 59 Abs. 2 Satz 1 des Grundgesetzes nicht anzuwenden.**

**Zu § 38:**

**1 Voraussetzungen**

Zu § 38 Abs. 1 Satz 1 sind die Regelungen zu den §§ 6 und 16 zu beachten.

**2 Über- und außerplanmäßige Verpflichtungsermächtigungen**

2.1 Eine Verpflichtungsermächtigung ist überplanmäßig, wenn eine im Haushaltsplan für den vorgesehenen Zweck erteilte Verpflichtungsermächtigung unter Berücksichtigung der zur Verstärkung verwendeten deckungspflichtigen Verpflichtungsermächtigungen hinsichtlich ihres Gesamtbetrages überschritten wird (bei Überschreitung der Jahresbeträge vgl. Nr. 3).

2.2 Eine Verpflichtungsermächtigung ist außerplanmäßig, wenn im Haushaltsplan für den vorgesehenen Zweck keine Verpflichtungsermächtigung vorgesehen ist.

2.3 Der Antrag auf Erteilung über- und außerplanmäßiger Verpflichtungsermächtigungen nach § 38 Abs. 1 Satz 2 ist nach vorgeschriebenem Muster einzureichen. Das Bundesministerium der Finanzen kann seine Einwilligung zu über- und außerplanmäßigen Verpflichtungsermächtigungen im Einzelfall von Einsparungen in gleicher Höhe bei zeitlich und sachlich vergleichbaren Verpflichtungsermächtigungen desselben Einzelplans abhängig machen.

2.4 Zu § 38 Abs. 1 Satz 3 sind die Regelungen im Haushaltsgesetz zu beachten.

2.5 Über- und außerplanmäßige Verpflichtungsermächtigungen werden, sobald die Einwilligung des Bundesministeriums der Finanzen erteilt ist, im automatisierten Verfahren für das Haushalts-, Kassen- und Rechnungswesen des Bundes zur Verfügung gestellt. Für Einsparungsauflagen kann ein vorläufiges VE-Deckungskonto eingerichtet werden. Dieses Konto ist vor Abschluss der Bücher für das Haushaltsjahr im automatisierten Verfahren für das Haushalts-, Kassen- und Rechnungswesen des Bundes durch Belastung der endgültigen Einsparungsstellen auszugleichen.

### 3 Einwilligung des Bundesministeriums der Finanzen

3.1 Eine erhebliche Abweichung im Sinne des § 38 Abs. 2 Satz 1 Nr. 1 liegt vor, wenn ein Jahresbetrag einer Verpflichtungsermächtigung um mehr als fünf vom Hundert überschritten wird. Eine Überschreitung im Sinne des Satzes 1 liegt auch dann vor, wenn der Überschreitung in einem Jahr eine Unterschreitung in einem anderen Jahr gegenübersteht. Eine Überschreitung des Gesamtbetrages der Verpflichtungsermächtigung fällt nicht unter § 38 Abs. 2 Satz 1 Nr. 1, sondern unter § 38 Abs. 1 Satz 2 (vgl. Nr. 2).

3.2 Bei der Überschreitung eines Jahresbetrages einer Verpflichtungsermächtigung von mehr als fünf vom Hundert bis zehn vom Hundert ist dem Bundesministerium der Finanzen eine gleichwertige Einsparung für dasselbe Haushaltsjahr vorzuschlagen. Dem Bundesministerium der Finanzen steht nur die Entscheidung zu, ob der Einsparungsvorschlag zu einer gleichwertigen Einsparung führt. Das Bundesministerium der Finanzen kann im Einzelfall Ausnahmen von der Gleichwertigkeit der Einsparung zulassen.

3.3 Bei der Überschreitung eines Jahresbetrages einer Verpflichtungsermächtigung um mehr als zehn vom Hundert ist dem Bundesministerium der Finanzen für die Entscheidung über seine Einwilligung zusätzlich zu einem gleichwertigen Einsparungsvorschlag für dasselbe Haushaltsjahr eine Begründung für die Notwendigkeit der Überschreitung zu übersenden. Das Bundesministerium der Finanzen kann im Einzelfall Ausnahmen von der Gleichwertigkeit der Einsparung zulassen.

3.4 In den Fällen des § 38 Abs. 2 Satz 1 Nr. 2 ist dem Bundesministerium der Finanzen für die Entscheidung über seine Einwilligung eine Begründung für die für erforderlich gehaltenen Jahresbeträge zu übersenden.

**4 Maßnahmen von grundsätzlicher oder erheblicher finanzieller Bedeutung**

4.1 Maßnahmen sind von grundsätzlicher Bedeutung, wenn sie eine über den Einzelfall hinausgehende Auswirkung auf die Haushaltswirtschaft oder die Haushaltsentwicklung haben können.

4.2 Maßnahmen sind von erheblicher finanzieller Bedeutung, wenn sie innerhalb des Kapitels einen maßgeblichen Anteil an den veranschlagten Verpflichtungsermächtigungen oder an den Ausgaben für die Jahre haben, in denen die Verpflichtungen fällig werden sollen; das Bundesministerium der Finanzen kann im Einvernehmen mit der für den Einzelplan zuständigen Stelle Wertgrenzen festsetzen.

4.3 Zu den Verhandlungen nach § 38 Abs. 3 zählen auch Vorverhandlungen. Das Bundesministerium der Finanzen ist so umfassend zu unterrichten, dass es die finanziellen Auswirkungen des Vorhabens beurteilen kann.

**5 Verpflichtungen für laufende Geschäfte**

5.1 Verpflichtungen für laufende Geschäfte im Sinne des § 38 Abs. 4 sind solche, die sich im Rahmen der üblichen Tätigkeit der Verwaltung auf Ausgaben der Hauptgruppe 4 und der Hauptgruppe 5 (ohne Gruppen 551 und 554 bis 559) beziehen, ausgenommen

5.1.1 Miet- und Pachtverträge (Gruppe 518), wenn die Jahresmiete oder -pacht im Einzelfall mehr als 120 000 Euro beträgt, sowie

5.1.2 Verträge oder sonstige Abmachungen mit Gutachterinnen bzw. Gutachtern, Sachverständigen oder im Rahmen der Ressortforschung (u.a. Gruppe 526), wenn sie im Einzelfall zu Belastungen künftiger Haushaltsjahre von mehr als 250 000 Euro führen, die somit nicht als laufende Geschäfte gelten.

5.2 Soweit gegenüber einem institutionell geförderten Zuwendungsempfänger zur Begründung gegen ihn gerichteter Versorgungsansprüche oder vergleichbarer Ansprüche Zusagen gegeben werden, sind diese ebenfalls Verpflichtungen für laufende Geschäfte im Sinne des § 38 Abs. 4.

**6 Beschaffungsverträge**

Vgl. Nr. 2.1 zu § 7.

7 **Buchung eingegangener Verpflichtungen**

Über eingegangene Verpflichtungen ist der zuständigen Bundeskasse Buchungsanordnung zu erteilen. Das Verfahren richtet sich nach der Richtlinie des Bundesministeriums der Finanzen nach § 71 Abs. 1 Satz 2.

## § 39 Gewährleistungen, Kreditzusagen

**(1) Die Übernahme von Bürgschaften, Garantien oder sonstigen Gewährleistungen, die zu Ausgaben in künftigen Haushaltsjahren führen können, bedarf einer Ermächtigung durch Bundesgesetz, die der Höhe nach bestimmt ist.**

**(2) Kreditzusagen sowie die Übernahme von Bürgschaften, Garantien oder sonstigen Gewährleistungen bedürfen der Einwilligung des Bundesministeriums der Finanzen. Es ist an den Verhandlungen zu beteiligen. Es kann auf seine Befugnisse verzichten.**

**(3) Bei Maßnahmen nach Absatz 2 haben die zuständigen Dienststellen auszubedingen, dass sie oder ihre Beauftragten bei den Beteiligten jederzeit prüfen können,**

1. **ob die Voraussetzungen für die Kreditzusage oder ihre Erfüllung vorliegen oder vorgelegen haben,**
2. **ob im Falle der Übernahme einer Gewährleistung eine Inanspruchnahme des Bundes in Betracht kommen kann oder die Voraussetzungen für eine solche vorliegen oder vorgelegen haben.**

**Von der Ausbedingung eines Prüfungsrechts kann ausnahmsweise mit Einwilligung des Bundesministeriums der Finanzen abgesehen werden.**

**Zu § 39:**

**1** Die Bürgschaften regeln sich nach den §§ 765ff. BGB.

**2** Garantien sind selbständige Verträge, mit denen der Bund ein vermögenswertes Interesse der Garantieempfängerin oder des Garantieempfängers dadurch sichert, dass er verspricht, für ein bestimmtes Ergebnis einzustehen, insbesondere die Gefahr eines künftigen, noch ungewissen Schadens ganz oder teilweise zu übernehmen.

**3** Sonstige Gewährleistungen sind Verträge, die ähnlichen wirtschaftlichen Zwecken wie Bürgschaften und Garantien dienen.

**4** In den Fällen der Nrn. 2 und 3 muss die Risikoübernahme die Hauptverpflichtung des Vertrages sein.

**5** Bürgschaften, Garantien oder sonstige Gewährleistungen sind Eventualverbindlichkeiten des Bundes und können nur zur Absicherung ungewisser, in der Zukunft liegender Risiken übernommen werden. Bürgschaften, Garantien oder sonstige Gewährleistungen dürfen nicht übernommen werden, wenn mit hoher Wahrscheinlichkeit mit der Inanspruchnahme des Bundes gerechnet werden muss. In diesem Fall sind Ausgaben oder Verpflichtungsermächtigungen auszubringen.

**6** Kreditzusagen im Sinne des § 39 Abs. 2 sind vertragliche oder sonstige Zusagen, in denen die Hingabe eines Darlehens zu einem späteren Zeitpunkt versprochen wird. Nicht zu den Kreditzusagen zählen die Fälle, in denen der Darlehensbetrag schon bei Vertragsabschluss geleistet wird.

**7** Der Einwilligung des Bundesministeriums der Finanzen und seiner Beteiligung an den Verhandlungen bedarf es nicht, wenn die Kreditzusage

7.1 im laufenden Haushaltsjahr erfüllt werden soll, hierfür Ausgaben im Haushaltsplan veranschlagt sind und kein Ermessensspielraum der Verwaltung für die Ausgestaltung der Kreditbedingungen besteht oder

7.2 im Rahmen des § 44 Abs. 1 gegeben wird, im laufenden Haushaltsjahr erfüllt werden soll und hierfür Ausgaben im Haushaltsplan veranschlagt sind.

**8** Die zuständigen Dienststellen haben neben einem Prüfungsrecht auszubedingen, dass die oder der Beteiligte den zuständigen Dienststellen oder ihren Beauftragten jederzeit Auskunft über die mit der Kreditgewährung sowie der Übernahme von Bürgschaften, Garantien oder sonstigen Gewährleistungen zusammenhängenden Fragen zu erteilen hat (Auskunftsrecht). Im Falle des § 39 Abs. 3 letzter Satz ist das Auskunftsrecht für sich allein auszubedingen. Von der Ausbedingung eines Auskunftsrechts kann in begründeten Fällen mit Einwilligung des Bundesministeriums der Finanzen abgesehen werden.

**9** Bei Kreditzusagen unterrichtet das zuständige Bundesministerium den Bundesrechnungshof. Dies gilt nicht in den Fällen der Nr. 7. Bei der Übernahme von Bürgschaften, Garantien oder sonstigen Gewährleistungen unterrichtet die für die Errichtung der Urkunde zuständige Dienststelle den Bundesrechnungshof. Der Bundesrechnungshof kann auf die Unterrichtung verzichten.

**10** Die zuständigen Stellen für den Einzelplan, bei dem die Mittel für etwaige Schadenszahlungen aus übernommenen Gewährleistungen veranschlagt sind, führen über die übernommenen Bürgschaften, Garantien und sonstigen Gewährleistungen einen Nachweis.

## § 40 Andere Maßnahmen von finanzieller Bedeutung

**(1) Der Erlass von Rechtsverordnungen und Verwaltungsvorschriften, der Abschluss von Tarifverträgen und die Gewährung von über- oder außertariflichen Leistungen sowie die Festsetzung oder Änderung von Entgelten für Verwaltungsleistungen bedürfen der Einwilligung des Bundesministeriums der Finanzen, wenn diese Regelungen zu Einnahmeminderungen oder zu zusätzlichen Ausgaben im laufenden Haushaltsjahr oder in künftigen Haushaltsjahren führen können. Satz 1 ist auf sonstige Maßnahmen von grundsätzlicher oder erheblicher finanzieller Bedeutung anzuwenden,**

**wenn sie zu Einnahmeminderungen im laufenden Haushaltsjahr oder in künftigen Haushaltsjahren führen können.**

**(2) Auf die Mitwirkung des Bundes an Maßnahmen überstaatlicher oder zwischenstaatlicher Einrichtungen ist Absatz 1 Satz 1 entsprechend anzuwenden.**

**Zu § 40:**

**1** § 40 Abs. 1 ist auf alle dort genannten Maßnahmen anzuwenden, soweit durch sie unmittelbar oder mittelbar finanzwirksame Tatbestände geschaffen werden können.

**2** Maßnahmen nach § 40 Abs. 1 bedürfen keiner Ermächtigung nach § 38 Abs. 1 und keiner zusätzlichen Einwilligung nach § 37 Abs. 2. Können solche Maßnahmen zu über- oder außerplanmäßigen Ausgaben führen, ist nach § 37 zu verfahren.

**3** Zu den Verwaltungsleistungen im Sinne von § 40 Abs. 1 Satz 1 zählen nicht Leistungen, die von Stellen außerhalb der Bundesverwaltung erbracht werden.

### § 41 Haushaltswirtschaftliche Sperre

**Wenn die Entwicklung der Einnahmen oder Ausgaben es erfordert, kann das Bundesministerium der Finanzen nach Benehmen mit dem zuständigen Bundesministerium es von seiner Einwilligung abhängig machen, ob Verpflichtungen eingegangen oder Ausgaben geleistet werden.**

**Zu § 41:**

**1** Für haushaltswirtschaftlich gesperrte Mittel bei einzelnen Titeln kann ein Sperrkonto eingerichtet werden. In diesem Fall sind die gesperrten Mittel im automatisierten Verfahren für das Haushalts-, Kassen- und Rechnungswesen des Bundes aus dem zutreffenden Titel auf das Sperrkonto zu verlagern. Dies gilt auch bei Verlagerung der Sperren auf andere Titel.

**2** Sollen haushaltswirtschaftlich global gesperrte Mittel eingespart werden, können sie im automatisierten Verfahren für das Haushalts-, Kassen- und Rechnungswesen des Bundes zunächst von einem vorläufigen Deckungskonto summarisch auf das Sperrkonto übertragen werden. Das vorläufige Deckungskonto ist vor Abschluss der Bücher für das Haushaltsjahr durch Belastung der endgültigen Einsparungsstellen auszugleichen.

**3** Für gesperrte Verpflichtungsermächtigungen gelten die Nrn. 1 und 2 entsprechend.

### § 42 Konjunkturpolitisch bedingte zusätzliche Ausgaben

**Bei Vorlagen, die dem Bundestag und dem Bundesrat nach § 8 Abs. 1 des Gesetzes zur Förderung der Stabilität und des Wachstums der Wirtschaft zugeleitet werden, kann der Bundestag die Ausgaben kürzen.**

### § 43 Kassenmittel, Betriebsmittel

**(1) Das Bundesministerium der Finanzen ermächtigt im Rahmen der zur Verfügung stehenden Kassenmittel die zuständigen Behörden, in ihrem Geschäftsbereich innerhalb eines bestimmten Zeitraums die notwendigen Auszahlungen bis zur Höhe eines bestimmten Betrages leisten zu lassen (Betriebsmittel).**

**(2) Das Bundesministerium der Finanzen soll nicht sofort benötigte Kassenmittel so anlegen, dass über sie bei Bedarf verfügt werden kann.**

**Zu § 43:**

**1** Die obersten Bundesbehörden sind ermächtigt, im Rahmen der verfügbaren Ausgabeermächtigungen die notwendigen Auszahlungen leisten zu lassen.

**2** Zur Verstetigung des Mittelabflusses sind die Auszahlungstermine im Rahmen der vorhandenen Gestaltungsspielräume unter Beachtung der Grundsätze der Wirtschaftlichkeit und Sparsamkeit (§§ 7, 34 BHO) möglichst in die zweite Monatshälfte (16.-25.) zu legen sowie der 1., der 15. und die letzten drei Tage eines Monats zu entlasten.

**3** Die obersten Bundesbehörden melden dem Bundesministerium der Finanzen nach anliegendem Muster bis zum 15. des zweiten Quartalsmonats die mit Geldabflüssen verbundenen Auszahlungen für die Monate des nächsten Quartals (Quartalsmeldung).

**4** Die obersten Bundesbehörden melden dem Bundesministerium der Finanzen nach anliegendem Muster bis zum 15. eines Monats taggenau die für den nächsten Monat erwarteten Ein- und Auszahlungen, die den Betrag von 10 Mio. Euro überschreiten (Monatsmeldung). Bei regelmäßig wiederkehrenden Zahlungen genügt eine einmalige Meldung mit zusätzlicher Angabe der Zahlungstermine. Später bekannt werdende Ein- und Auszahlungen mit einem Betrag über 10 Mio. Euro sowie Veränderungen des gemeldeten Betrages von mehr als 2,5 Mio. Euro oder Änderungen des Zahlungstages sind dem Bundesministerium der Finanzen spätestens bis zum Ende des Arbeitstages vor dem Einzahlungs- bzw. Auszahlungstermin schriftlich oder telefonisch mitzuteilen.

**5** In die Meldungen sind auch Auszahlungen aufzunehmen, die von Dritten, denen die Bewirtschaftung von Haushaltsmitteln des Bundes übertragen worden ist (z.B. Länder und Gemeinden), veranlasst werden. Bei den Meldungen für den Monat Dezember ist kenntlich zu machen, ob die Auszahlungen für das laufende Haushaltsjahr oder für das neue Haushaltsjahr zu buchen sind.

**6** Das Bundesministerium der Finanzen kann Abweichungen von den vorstehenden Bestimmungen zulassen.

## Muster zur VV Nr. 3 zu § 43 BHO Quartalsmeldung

................................ ...................., den ...... 20...
(Oberste Bundesbehörde)

Bundesministerium der Finanzen
– Referat II A 6 –

Meldungen der voraussichtlichen Auszahlungen
für das ...... Quartal 20...
– in Mio. Euro –

| Monat | Epl. | Epl. | Epl. | Gesamtbetrag |
|---|---|---|---|---|
| | | | | |
| | | | | |
| | | | | |

................................
(Unterschrift)

# Muster zur VV Nr. 4 zu § 43 BHOMonatsmeldung

.................................. ...................., den ...... 20...
(Oberste Bundesbehörde)

Bundesministerium der Finanzen
– Referat II A 6 –

Meldungen von Ein- und Auszahlungen über 10 Mio. Euro
für den Monat ......

Einzahlungen

| Lfd. Nr. | Kap./ Tit. | Betrag (in Mio. Euro) | Tag des Zahlungseingangs | Bundeskasse |
|---|---|---|---|---|
| | | | | |

Auszahlungen

| Lfd. Nr. | Kap./ Tit. | Betrag (in Mio. Euro) | Tag der Fälligkeit | Tag der Erteilung der Kassen-anordnung | Bundeskasse |
|---|---|---|---|---|---|
| | | | | | |

..................................
(Unterschrift)

## § 44 Zuwendungen, Verwaltung von Mitteln oder Vermögensgegenständen

**(1) Zuwendungen dürfen nur unter den Voraussetzungen des § 23 gewährt werden. Dabei ist zu bestimmen, wie die zweckentsprechende Verwendung der Zuwendungen nachzuweisen ist. Außerdem ist ein Prüfungsrecht der zuständigen Dienststelle oder ihrer Beauftragten festzulegen. Verwaltungsvorschriften, welche die Regelung des Verwendungsnachweises und die Prüfung durch den Bundesrechnungshof (§ 91) betreffen, werden im Einvernehmen mit dem Bundesrechnungshof erlassen.**

**(2) Sollen Bundesmittel oder Vermögensgegenstände des Bundes von Stellen außerhalb der Bundesverwaltung verwaltet werden, ist Absatz 1 entsprechend anzuwenden.**

**(3) Juristischen Personen des privaten Rechts kann mit ihrem Einverständnis die Befugnis verliehen werden, Verwaltungsaufgaben auf dem Gebiet der Zuwendungen im eigenen Namen und in den Handlungsformen des öffentlichen Rechts wahrzunehmen, wenn sie die Gewähr für eine sachgerechte Erfüllung der ihnen übertragenen Aufgaben bieten und die Beleihung im öffentlichen Interesse liegt. Die Verleihung und die Entziehung der Befugnis obliegen dem zuständigen Bundesministerium; die Verleihung bedarf der Einwilligung des Bundesministeriums der Finanzen. Die Beliehene unterliegt der Aufsicht des zuständigen Bundesministeriums; dieses kann die Aufsicht auf nachgeordnete Behörden übertragen.**

## Zu § 44:

### Inhalt

**Zu § 44 Abs. 1- Zuwendungen, Widerruf von Zuwendungsbescheiden, Erstattung und Verzinsung –**

## Zu § 44 Abs. 1 – Zuwendungen, Widerruf von Zuwendungsbescheiden, Erstattung und Verzinsung –

### 1 Bewilligungsvoraussetzungen

1.1 Zuwendungen sollen nur bewilligt werden, wenn der Zweck durch die Übernahme von Bürgschaften, Garantien oder sonstigen Gewährleistungen nicht erreicht werden kann. Nicht rückzahlbare Zuwendungen sollen nur bewilligt werden, soweit der Zweck nicht durch unbedingt oder bedingt rückzahlbare Zuwendungen erreicht werden kann.

1.2 Zuwendungen dürfen nur solchen Empfängern bewilligt werden, bei denen eine ordnungsgemäße Geschäftsführung gesichert erscheint und die in der Lage sind, die Verwendung der Mittel bestimmungsgemäß nachzuweisen. Bei Zuwendungen für Baumaßnahmen und Beschaffungen muss der Empfänger auch in finanzieller Hinsicht die Gewähr für eine ordnungsgemäße Verwendung und Unterhaltung der Anlagen bieten. Eine Anfinanzierung von Vorhaben, deren Gesamtfinanzierung nicht gesichert ist, ist unzulässig.

1.3 Zuwendungen zur Projektförderung dürfen nur für solche Vorhaben bewilligt werden, die noch nicht begonnen worden sind. Die Bewilligungsbehörde kann im Einzelfall allein und das zuständige Bundesministerium für einzelne Förderbereiche im Einvernehmen mit dem

Bundesministerium der Finanzen Ausnahmen zulassen. Als Vorhabenbeginn ist grundsätzlich der Abschluss eines der Ausführung zuzurechnenden Lieferungs- oder Leistungsvertrages zu werten. Bei Baumaßnahmen gelten Planung, Bodenuntersuchung und Grunderwerb nicht als Beginn des Vorhabens, es sei denn, sie sind alleiniger Zweck der Zuwendung.

1.4 Sollen für eine Einrichtung oder ein Vorhaben Zuwendungen von mehreren Stellen des Bundes oder sowohl vom Bund als auch von anderen juristischen Personen des öffentlichen Rechts bewilligt werden, soll die Bewilligung in geeigneten Fällen durch nur eine Behörde erfolgen.

In jedem Fall haben die Zuwendungsgeber vor der Bewilligung mindestens Einvernehmen herbeizuführen über:

1.4.1 die zu finanzierenden Maßnahmen und die zuwendungsfähigen Ausgaben,

1.4.2 die Finanzierungsart und die Höhe der Zuwendungen (Nr. 2),

1.4.3 Nebenbestimmungen zum Zuwendungsbescheid (Nr. 5),

1.4.4 die Beteiligung der fachlich zuständigen technischen staatlichen Verwaltung, z.B. in den Fällen der Nr. 6,

1.4.5 den Verwendungsnachweis und seine Prüfung durch eine der beteiligten Verwaltungen (Nrn. 10 und 11). Beträgt die Zuwendung des Bundes mehr als 100 000 Euro, ist der Bundesrechnungshof vorher zu hören, in jedem Fall ist er zu unterrichten.

Unterschiedliche Finanzierungsarten der Zuwendungsgeber (siehe Nr. 1.4.2) sind möglichst auszuschließen. Kann nicht vermieden werden, dass neben einer Anteilfinanzierung eine Fehlbedarfsfinanzierung vorgesehen wird, so ist im Hinblick auf eine mögliche Anspruchskonkurrenz zu prüfen, ob und ggf. inwieweit Nr. 2 der vom Zuwendungsempfänger anzuwendenden Allgemeinen Nebenbestimmungen einer ergänzenden Regelung bedarf.

Bei der Abstimmung nach Nr. 1.4.4 ist festzulegen, dass nur eine fachliche zuständige technische staatliche Verwaltung zu beteiligen ist.

1.5 Bei Projektförderungen im Rahmen übergeordneter Ziele – insbesondere Förderprogramme –, darf mit der Förderung erst begonnen werden, wenn die nach VV Nr. 3.5 zu § 23 erforderliche Zielbestimmung vorliegt.

## 2 Finanzierungsarten, Höhe der Zuwendung

2.1 Vor Bewilligung der Zuwendung ist zu prüfen, welche Finanzierungsart unter Berücksichtigung der Interessenlage des Bundes und des Zuwendungsempfängers den Grundsätzen der Wirtschaftlichkeit und Sparsamkeit am besten entspricht.

2.2 Die Zuwendung wird grundsätzlich zur Teilfinanzierung des zu erfüllenden Zwecks bewilligt, und zwar

2.2.1 nach einem bestimmten Vomhundertsatz oder Anteil der zuwendungsfähigen Ausgaben (Anteilfinanzierung); die Zuwendung ist bei der Bewilligung auf einen Höchstbetrag zu begrenzen;
oder

2.2.2 zur Deckung des Fehlbedarfs, der insoweit verbleibt, als der Zuwendungsempfänger die zuwendungsfähigen Ausgaben nicht durch eigene oder fremde Mittel zu decken vermag (Fehlbedarfsfinanzierung); die Zuwendung ist bei der Bewilligung auf einen Höchstbetrag zu begrenzen;
oder

2.2.3 mit einem festen Betrag an den zuwendungsfähigen Ausgaben (Festbetragsfinanzierung); dabei kann die Zuwendung auch auf das Vielfache eines Betrages festgesetzt werden, der sich für eine bestimmte Einheit ergibt. Eine Festbetragsfinanzierung kommt nicht in Betracht, wenn im Zeitpunkt der Bewilligung konkrete Anhaltspunkte dafür vorliegen, dass mit nicht bestimmbaren späteren Finanzierungsbeiträgen Dritter oder mit Einsparungen zu rechnen ist.

2.3 Der Bemessung der zuwendungsfähigen Ausgaben sollen, soweit dies möglich ist, feste Beträge zu Grunde gelegt werden. Diese Beträge können auch nach Vomhundertsätzen anderer zuwendungsfähiger Ausgaben bemessen werden. Für eine Bemessung von zuwendungsfähigen Ausgaben nach festen Beträgen kommen vor allem Projekte in Betracht,

2.3.1 bei denen einzelne Ausgaben nur mit erheblichem Aufwand genau festgestellt und belegt werden können, jedoch eine sachgerechte Pauschalierung dieser Ausgaben (z.B. als Vomhundertanteil von vorgesehenen Ausgaben) möglich ist oder

2.3.2 bei denen – wie bei bestimmten Baumaßnahmen – für einzelne oder mehrere gleiche Teile der Maßnahme über die voraussichtlichen Ausgaben Richtwerte vorliegen oder festgelegt werden können. Die Bemessung von zuwendungsfähigen Ausgaben nach Richtwerten setzt – soweit bei der Maßnahme die fachlich zuständige technische staatliche Verwaltung zu beteiligen ist – die Anerkennung der Richtwerte durch diese Verwaltung voraus.

2.4 Eine Zuwendung darf ausnahmsweise zur Vollfinanzierung bewilligt werden, wenn die Erfüllung des Zwecks in dem notwendigen Umfang nur bei Übernahme sämtlicher zuwendungsfähiger Ausgaben durch den Bund möglich ist. Eine Vollfinanzierung kommt in der Regel nicht in Betracht, wenn der Zuwendungsempfänger an der Erfüllung des Zuwendungszwecks insbesondere ein wirtschaftliches Interesse hat.
Die Zuwendung ist bei der Bewilligung auf einen Höchstbetrag zu begrenzen.

2.5 Liegt der zu fördernde Zweck auch im Interesse von Dritten, sollen diese sich angemessen an den zuwendungsfähigen Ausgaben beteiligen.

2.6 Die Umsatzsteuer, die nach § 15 des UStG als Vorsteuer abziehbar ist, gehört nicht zu den zuwendungsfähigen Ausgaben.

2.7 Bei institutioneller Förderung sind Ausgaben für Wirtschaftsprüfungsunternehmen nur zuwendungsfähig, wenn die Prüfung des Jahresabschlusses gesetzlich vorgeschrieben oder aus besonderen Gründen geboten ist.

**3 Antragsverfahren**

3.1 Für die Bewilligung einer Zuwendung bedarf es grundsätzlich eines schriftlichen Antrags. Auf Verlangen der Bewilligungsbehörde sind die Angaben durch geeignete Unterlagen zu belegen.

3.2 Dem Antrag sind insbesondere beizufügen

3.2.1 bei Projektförderung (Nr. 2.1 zu § 23) ein Finanzierungsplan (aufgegliederte Berechnung der mit dem Zuwendungszweck zusammenhängenden Ausgaben mit einer Übersicht über die beabsichtigte Finanzierung) und eine Erklärung, dass mit der Maßnahme noch nicht begonnen worden ist,

3.2.2 bei institutioneller Förderung (Nr. 2.2 zu § 23) ein Haushalts- oder Wirtschaftsplan und gegebenenfalls eine Überleitungsrechnung (Nr. 3.4 zu § 23),

3.2.3 eine Erklärung darüber, ob der Zuwendungsempfänger allgemein oder für das betreffende Vorhaben zum Vorsteuerabzug nach § 15 UStG berechtigt ist. In diesem Fall hat er im Finanzierungsplan oder Haushalts- oder Wirtschaftsplan die sich ergebenden Vorteile auszuweisen.

3.3 Das Ergebnis der Antragsprüfung ist zu vermerken. Dabei kann auf andere Unterlagen (Antrag, Zuwendungsbescheid) verwiesen werden. In dem Vermerk soll insbesondere auf die Notwendigkeit und Angemessenheit der Zuwendung eingegangen werden sowie auf

3.3.1 die Beteiligung anderer Dienststellen (auch in fachtechnischer Hinsicht),

3.3.2 den Umfang der zuwendungsfähigen Ausgaben (auch unter Berücksichtigung der Nr. 2.6),

3.3.3 die Wahl der Finanzierungsart,

3.3.4 die Sicherung der Gesamtfinanzierung,

3.3.5 die finanzielle Auswirkung auf künftige Haushaltsjahre,

3.3.6 die geplanten förderpolitischen Ziele (z.B. Bezug des Vorhabens zu den Programmzielen) und Arbeitsziele (z.B. in wissenschaftlicher und/oder technischer Hinsicht).

3.4 Bei einer Zuwendung an Betriebe oder Unternehmen, die wenigstens zum Teil der Förderung der Wirtschaft dienen soll, gilt zusätzlich Folgendes:

3.4.1 Dem Antragsteller sind im Antragsvordruck oder in anderer Weise im Zusammenhang mit dem Antrag die Tatsachen als subventionserheblich im Sinne des § 264 StGB zu bezeichnen (§ 2 Abs. 1 Subventionsgesetz – SubvG –), die nach

3.4.1.1 dem Zuwendungszweck,

3.4.1.2 Rechtsvorschriften,

3.4.1.3 diesen Verwaltungsvorschriften und den Nebenbestimmungen zum Zuwendungsbescheid (Nr. 5),

3.4.1.4 besonderen Verwaltungsvorschriften, Richtlinien oder sonstigen Zuwendungsvoraussetzungen für die Bewilligung, Gewährung, Rückforderung, Weitergewährung oder das Belassen der Zuwendung von Bedeutung sind. Der Antragsteller ist auf die Strafbarkeit des Subventionsbetrugs nach § 264 StGB hinzuweisen.

3.4.2 Zu den Tatsachen nach Nr. 3.4.1 gehören insbesondere solche,

3.4.2.1 die zur Beurteilung der Notwendigkeit und Angemessenheit der Zuwendung von Bedeutung sind,

3.4.2.2 die Gegenstand der Bilanzen, Gewinn- und Verlustrechnungen, Vermögensübersichten oder Gutachten, des Finanzierungsplans, des Haushalts- oder Wirtschaftsplans, etwaiger Übersichten und Überleitungsrechnungen oder sonstiger nach Nrn. 3.1 und 3.2 dem Antrag beizufügender Unterlagen sind,

3.4.2.3 von denen nach Verwaltungsverfahrensrecht (insbesondere §§ 48, 49, 49a VwVfG) oder anderen Rechtsvorschriften die Erstattung der Zuwendung abhängig ist,

3.4.2.4 die sich auf die Art und Weise der Verwendung eines aus der Zuwendung beschafften Gegenstandes beziehen (§ 3 Abs. 2 SubvG).

3.4.3 Subventionserhebliche Tatsachen sind ferner solche, die durch Scheingeschäfte oder Scheinhandlungen verdeckt werden, sowie Rechtsgeschäfte oder Handlungen unter Missbrauch von Gestaltungsmöglichkeiten im Zusammenhang mit einer beantragten Zuwendung (§ 4 SubvG).

3.4.4 Der Antragsteller hat in dem Antrag oder in anderer Weise vor der Bewilligung zu versichern, dass ihm die Tatsachen nach den Nrn. 3.4.1 bis 3.4.3 als subventionserheblich und die Strafbarkeit eines Subventionsbetruges nach § 264 StGB bekannt sind.

3.4.5 Ergeben sich aus den Angaben des Antragstellers, den eingereichten Unterlagen oder sonstigen Umständen Zweifel, ob die beantragte oder in Anspruch genommene Zuwendung mit dem Zuwendungszweck oder den Zuwendungsvoraussetzungen im Einklang steht, so hat die Bewilligungsbehörde dem Zuwendungsempfänger die Tatsachen, deren Aufklärung zur Beseitigung der Zweifel notwendig erscheint, nachträglich als subventionserheblich im Sinne des § 264 StGB zu bezeichnen (§ 2 Abs. 2 SubvG).

3.4.6 Die Bewilligungsbehörde hat die in den VV Nr. 3.4.1 bis 3.4.5 genannten subventionserheblichen Tatsachen dem Zuwendungsempfänger vor Bewilligung der Zuwendung konkret und auf das jeweilige Förderprogramm und den jeweiligen Zuwendungsempfänger bezogen zu bezeichnen. Dabei müssen die auf den konkreten Förderfall bezogenen Tatsachen vollständig und abschließend aufgeführt werden, die für die Erteilung der Förderbewilligung und die Belassung der Fördermittel nach Verwendungsnachweisprüfung zur Verwirklichung des Förderzweckes (Bundesinteresses) maßgeblich sind. Verweise auf konkret bezeichnete Felder in Antragsformularen sind dann ausreichend, wenn dort die subventionserheblichen Tatsachen in der vorgenannten Weise bezeichnet sind. Abstrakte Beschreibungen in Förderrichtlinien, pauschale Verweise und nicht-abschließende Aufzählungen genügen nicht.

**4 Bewilligung**

4.1 Zuwendungen werden durch schriftlichen Zuwendungsbescheid bewilligt. Soweit dem Antrag des Zuwendungsempfängers nicht entsprochen wird, ist dies erforderlichenfalls zu begründen (§ 39 VwVfG).

4.2 Der Zuwendungsbescheid muss insbesondere enthalten:

4.2.1 Die genaue Bezeichnung des Zuwendungsempfängers,

4.2.2 Art (Nr. 2 zu § 23) und Höhe der Zuwendung,

4.2.3 die genaue Bezeichnung des Zuwendungszwecks und – wenn mit Hilfe der Zuwendung Gegenstände erworben oder hergestellt werden – ggf. die Angabe, wie lange diese für den Zuwendungszweck gebunden sind. Ergänzend gilt:

- Die Bezeichnung des Zuwendungszwecks muss so eindeutig und detailliert festgelegt werden, dass sie auch als Grundlage für eine begleitende und abschließende Kontrolle des Erfolgs des Vorhabens oder des Förderprogramms dienen kann. Der Zuwendungszweck ist gegebenenfalls durch Erläuterungen zu präzisieren.
- Werden Gegenstände erworben oder hergestellt, so ist regelmäßig festzulegen, ob der Zuwendungsempfänger nach Ablauf der zeitlichen Bindung in der Verfügung über beschaffte Gegenstände frei wird oder wie er andernfalls zu verfahren hat. So kann der Zuwendungsempfänger beispielsweise verpflichtet werden, auf Verlangen für den Zuwendungszweck nicht mehr benötigte Gegenstände dem Bund oder einem Dritten zu übereignen, zu veräußern oder deren Restwert abzugelten. Für den Fall der Veräußerung kann die Bewilligungsbehörde ihre Einwilligung mit weiteren Auflagen verbinden. Sie kann beispielsweise verlangen, dass ein bestimmter Mindesterlös erzielt wird.
- Bei der Bewilligung kann die Bewilligungsbehörde ferner auferlegen, dass der Zuwendungsempfänger während der zeitlichen Bindung bestimmte Verfügungen über beschaffte Gegenstände vornimmt, beispielsweise nicht mehr für den Zuwendungszweck benötigte Gegenstände dem Bund oder einem Dritten übereignet,

4.2.4 die Finanzierungsform (Nr. 1.1 Satz 2), die Finanzierungsart (Nr. 2) und den Umfang der zuwendungsfähigen Ausgaben,

4.2.5 den Bewilligungszeitraum; dieser kann bei Zuwendungen zur Projektförderung über das laufende Haushaltsjahr hinausgehen, soweit hierfür eine haushaltsrechtliche Ermächtigung vorhanden ist,

4.2.6 bei Förderung desselben Zwecks durch mehrere Stellen (Nr. 1.4) die ausdrückliche Benennung der Stelle, gegenüber der der Verwendungsnachweis zu erbringen ist,

4.2.7 soweit zutreffend den Hinweis auf die in Nrn. 3.4.1 bis 3.4.3 bezeichneten subventionserheblichen Tatsachen sowie auf die Offenbarungspflicht nach § 3 SubvG,

4.2.8 soweit zutreffend die Anforderung einer Überleitungsrechnung auf Einnahmen und Ausgaben (Nr. 3.4 zu § 23),

4.2.9 die anzuwendenden Nebenbestimmungen und etwaige Abweichungen (Nr. 5). Gegebenenfalls ist auch zu regeln, mit welchen speziellen Auflagen der Zuwendungsempfänger zu verpflichten ist, um eine begleitende und abschließende Kontrolle des Erfolgs des Vorhabens oder des Förderprogramms zu ermöglichen,

4.2.10 eine Rechtsbehelfsbelehrung.

4.3 Die Bewilligungsbehörde kann, anstatt einen Zuwendungsbescheid zu erlassen, ausnahmsweise einen Zuwendungsvertrag mit dem Zuwendungsempfänger schließen (§ 54 VwVfG). Hierbei gelten die Vorschriften für Zuwendungen durch Bescheid sinngemäß.

4.4 Dem Bundesrechnungshof ist auf Verlangen ein Abdruck des Zuwendungsbescheides oder des Zuwendungsvertrages mit einer Zweitschrift des Antrags zu übersenden.

## 5 Nebenbestimmungen zum Zuwendungsbescheid

5.1 Allgemeine Nebenbestimmungen im Sinne des § 36 VwVfG für Zuwendungen zur institutionellen Förderung (ANBest-I), zur Projektförderung (ANBest-P), zur Projektförderung an Gebietskörperschaften (ANBest-Gk) und zur Projektförderung auf Kostenbasis (ANBest-P-Kosten) ergeben sich aus den Anlagen 1 bis 4. Sie sind unverändert zum Bestandteil des Zuwendungsbescheides zu machen.

5.2 Die Bewilligungsbehörde darf bei gemeinsamer Finanzierung mit Ländern anstelle der Allgemeinen Nebenbestimmungen des Bundes die entsprechenden Allgemeinen Nebenbestimmungen eines Landes zum Bestandteil des Zuwendungsbescheides machen. Ausgenommen hiervon sind die Regelungen über die Erstattung der Zuwendung und die Verzinsung.

5.3 Die Bewilligungsbehörde darf – auch nach Bekanntgabe des Zuwendungsbescheides –

5.3.1 bei institutioneller Förderung die Verwendung von Mitteln eines Ansatzes des Haushalts- oder Wirtschaftsplans für Zwecke eines anderen Ansatzes zulassen,

5.3.2 bei Projektförderung im Einzelfall eine Überschreitung der Einzelansätze des Finanzierungsplans um mehr als 20 vom Hundert zulassen, soweit die Überschreitung durch entsprechende Einsparungen bei anderen Einzelansätzen ausgeglichen werden kann,

5.3.3 – *aufgehoben* –

5.3.4 bei Vorliegen besonderer Umstände Fristen für die Vorlage der Verwendungsnachweise abweichend von den Allgemeinen Nebenbestimmungen festlegen sowie die Vorlage reproduzierter Belege zulassen. Die Vorlage reproduzierter Belege kommt in Betracht, wenn der Zuwendungsempfänger zur Aufbewahrung seiner Belege Bild oder Datenträger – ausgenommen Fotokopien als Bildträger von Originalbelegen – verwendet,

5.3.5 in Einzelfällen Ausnahmen von Nrn. 2 bis 6 ANBest-I, Nrn. 2 bis 5 ANBest-P und ANBest-Gk, Nrn. 2 bis 4 und 6 ANBest-P-Kosten sowie Nrn. 1 und 2 NBest-Bau regeln.

5.4 Im Falle der Festbetragsfinanzierung (Nr. 2.2.3) und der Bemessung von zuwendungsfähigen Ausgaben eines Vorhabens auf der Grundlage fester Beträge (Nr. 2.3) sind die Regelungen der ANBest-P und der ANBest-Gk über den zahlenmäßigen Nachweis den Erfordernissen des Einzelfalles anzupassen.

5.5 Bei Projektförderung an Gebietskörperschaften, deren Zweck innerhalb von drei Jahren erreicht wird, ist in der Regel kein Zwischennachweis erforderlich. Erstreckt sich der Förderzeitraum über mehr als drei Jahre, entscheidet die Bewilligungsbehörde nach pflichtgemäßem Ermessen, ob auf die Vorlage von Zwischennachweisen verzichtet wird.

5.6 Über die Allgemeinen Nebenbestimmungen (Nr. 5.1) hinaus ist je nach Art, Zweck und Höhe der Zuwendung sowie nach Lage des einzelnen Falles im Zuwendungsbescheid insbesondere zu regeln:

5.6.1 bei nicht rückzahlbaren Zuwendungen der Vorbehalt dinglicher Rechte an Gegenständen zur Sicherung eines etwaigen Erstattungsanspruchs. Eine dingliche Sicherung eines etwaigen Erstattungsanspruchs ist regelmäßig vorzusehen, wenn aus nicht rückzahlbaren Zuwendungen Grundstücke oder Rechte erworben werden. Bei Gebietskörperschaften kommt regelmäßig keine dingliche Sicherung in Betracht,

5.6.2 bei bedingt oder unbedingt rückzahlbaren Zuwendungen die Rückzahlung und Verzinsung sowie die Sicherung des Erstattungsanspruchs,

5.6.3 die Einräumung von Benutzungsrechten an Schutzrechten, die Übertragung von Schutzrechten auf den Bund oder seine angemessene Beteiligung an den Erträgen aus diesen Rechten,

5.6.4 bei Zuwendungen für Forschungs- und sonstige wissenschaftliche Arbeiten die Nutzbarmachung der Ergebnisse für die Allgemeinheit, z.B. durch Veröffentlichung,

5.6.5 die Beteiligung fachtechnischer Dienststellen,

5.6.6 Besonderheiten hinsichtlich des Verwendungsnachweises; dabei kann die Bewilligungsbehörde die Auszahlung eines Restbetrages von der Vorlage des Verwendungsnachweises abhängig machen,

5.6.7 bei institutioneller Förderung die entsprechende Anwendung haushaltsrechtlicher Vorschriften des Bundes.

5.7 Bei Zuwendungen zur Projektförderung an Hochschulen sind die ANBest-P vorzusehen.

5.8 In geeigneten Fällen ist der Zuwendungsbescheid mit dem Vorbehalt zu versehen, dass die Förderung aus zwingenden Gründen ganz oder teilweise eingestellt werden kann (insoweit Widerruf nach § 49 Abs. 2 Nr. 1 in Verbindung mit § 36 Abs. 2 Nr. 3 VwVfG). Ein Vorbehalt kommt insbesondere in Betracht bei längerfristigen Projekten und bei Einrichtungen, die überwiegend aus öffentlichen Mitteln institutionell gefördert werden. Das Bundesministerium der Finanzen kann aus zwingenden haushaltswirtschaftlichen Gründen das Einfügen eines Vorbehalts verlangen.

5.9 Zuwendungen sollen in geeigneten Fällen erst nach Vorlage des Verwendungsnachweises in einer Summe ausgezahlt werden.

## 6 Zuwendungen für Baumaßnahmen

6.1 Bei Zuwendungen für Baumaßnahmen ist die fachlich zuständige technische staatliche Verwaltung zu beteiligen. Von einer Beteiligung darf abgesehen werden, wenn die für eine Baumaßnahme vorgesehenen Zuwendungen von Bund und Ländern zusammen eine Million Euro), bei Zuwendungen an Gebietskörperschaften 1 500 000 Euro, nicht übersteigen. Bei Zuwendungen für Baumaßnahmen im Bereich des Auslandsbau des Auswärtigen Amtes darf abweichend von Satz 2 von einer Beteiligung abgesehen werden, wenn die für die Baumaßnahme vorgesehenen Zuwendungen von Bund und Ländern zusammen fünf Millionen Euro nicht übersteigen.

6.2 Das Verfahren für die Beteiligung der Bauverwaltung als fachlich zuständige technische staatliche Verwaltung richtet sich nach den Baufachlichen Ergänzungsbestimmungen (ZBau) zu den VV zu § 44 BHO, für die das für die Bauaufgaben des Bundes fachlich verantwortliche Bundesministerium im Einvernehmen mit dem Bundesministerium der Finanzen zuständig ist. Wenn nach ZBau zu verfahren ist, sind die Baufachlichen Nebenbestimmungen (NBest-Bau – Anlage zur ZBau –) zum Bestandteil des Zuwendungsbescheides zu machen. Bei einer fachlichen Beteiligung einer anderen technischen Verwaltung sollen die ZBau sinngemäß angewendet werden.

6.3 Soweit Regelungen nach Nr. 6.2 den Verwendungsnachweis betreffen, ist auch das Einvernehmen mit dem Bundesrechnungshof herzustellen.

Interessen gleichermaßen zu berücksichtigen. Auf die Anhörungspflicht nach § 28 VwVfG wird hingewiesen.

8.4 Rücknahme und Widerruf des Zuwendungsbescheides müssen grundsätzlich innerhalb eines Jahres erfolgen (§ 48 Abs. 4 Satz 1 VwVfG und § 49 Abs. 2 Satz 2 VwVfG). Die Frist beginnt, wenn einem zuständigen Amtsverwalter der Behörde die Tatsachen, die die Rücknahme oder den Widerruf rechtfertigen, vollständig bekannt sind.*

8.5 Der Erstattungsbetrag ist vom Eintritt der Unwirksamkeit des Zuwendungsbescheides an mit fünf Prozentpunkten über dem Basiszinssatz nach § 247 BGB jährlich zu verzinsen. Im Fall der Rücknahme oder des Widerrufs für die Vergangenheit entsteht der Erstattungsanspruch in dem im Rücknahme- oder Widerrufsbescheid anzugebenden Zeitpunkt. Das ist regelmäßig der Tag, an dem die zur Rücknahme oder zum Widerruf führenden Umstände eingetreten sind. Bei einer auflösenden Bedingung wird der Zuwendungsbescheid mit deren Eintritt unwirksam. Bezüglich des Zinsanspruchs gilt § 49 a Abs. 3 Satz 2 VwVfG. Werden Zinsen nicht erhoben, so sind die Gründe für die Nichterhebung aktenkundig zu machen.

8.6 – frei –

8.7 Wird die Zuwendung nicht innerhalb der gemäß Nr. 8.2.5 im Zuwendungsbescheid festgelegten oder beim Anschluss an das Abrufverfahren (vgl. Nr. 7.2) geltenden Frist zur Erfüllung des Zuwendungszwecks verwendet und wird der Zuwendungsbescheid nicht widerrufen, sind regelmäßig für die Zeit von der Auszahlung bis zur zweckentsprechenden Verwendung ebenfalls Zinsen in Höhe von fünf Prozentpunkten über dem Basiszinssatz nach § 247 BGB jährlich zu verlangen. Entsprechendes gilt, soweit eine Leistung in Anspruch genommen wird, obwohl andere Mittel anteilig oder vorrangig einzusetzen sind.

8.8 Die Berechnung und Erhebung der Zinsen richtet sich nach der Anlage zur VV Nr. 3.3 zu § 34 BHO.

8.9 Zur Erhebung von Zinsen für die Zeiträume bis zum In-Kraft-Treten des Hüttenknappschaftlichen Zusatzversicherungs-Neuregelungs-Gesetzes (HZvNG) vom 21. Juni 2002 (BGBl. I S. 2167) am 29. Juni 2002 wird auf die Anlage verwiesen.

## 9 Überwachung der Verwendung

9.1 Die Verwaltung hat die Verwendung der Zuwendung zu überwachen. Zu diesem Zweck wird eine standardisierte Zuwendungsdatenbank des Bundes geführt, die von den zuständigen obersten Bundesbehörden oder den durch diese beauftragten Stellen zu bedienen ist. Die in

---

* **Anmerkung:** Siehe hierzu BVerwG, Beschluss vom 19. Dezember 1984 – BVerwGE Band 70 S. 356; DÖV 1985 S. 442 –; BVerwG, Urteil vom 24. Januar 2001 – BVerwGE Band 112 S. 360; NJW 2001 S. 1440 –.

die Zuwendungsdatenbank aufzunehmenden Daten sind zeitnah zu erfassen, ordnungsgemäß zu pflegen sowie – nach Vorgabe der zuständigen obersten Bundesbehörde für ihren Geschäftsbereich auch zentral – auszuwerten.

9.2 Die ressortübergreifenden Zugriffsrechte auf die Zuwendungsdatenbank werden von der Arbeitsgruppe Haushaltsrecht der obersten Bundesbehörden festgelegt.

Dem Bundesrechnungshof steht ein allgemeines Zugriffsrecht auf folgende Daten zu:

- Haushaltsjahr, Kapitel/Titel (ggf. Objektkonto),
- Bewilligungsbehörde, Zuwendungsempfänger und Zweck der Zuwendung,
- Finanzierungs- und Zuwendungsart,
- Gesamtausgaben/-kosten und Höhe der Zuwendung,
- Antrags- und Bewilligungsdatum, Bewilligungszeitraum, Weiterleitung,
- zur Zahlung angewiesene Beträge sowie eingegangene Verpflichtungen,
- vorgeschriebener Zeitpunkt für die Vorlage des Zwischen- oder des Verwendungsnachweises, dessen Eingang und Zeitpunkt der Erledigung der kursorischen sowie der ggf. vorzunehmenden vertieften Prüfung durch die Verwaltung.

**10 Nachweis der Verwendung**

10.1 Die Bewilligungsbehörde hat von dem Zuwendungsempfänger den Nachweis der Verwendung entsprechend den Nebenbestimmungen zu verlangen.

10.2 Der Zwischen- oder Verwendungsnachweis besteht aus einem Sachbericht und einem zahlenmäßigen Nachweis ohne Vorlage von Belegen. Bei Zuwendungen zur Projektförderung gemäß ANBest-P ist dem Verwendungsnachweis eine tabellarische Belegübersicht beizufügen, in der die Ausgaben nach Art und in zeitlicher Reihenfolge getrennt aufgelistet sind (Belegliste). Bei Zuwendungen bei denen die Erfüllung des Zuwendungszwecks in einem sich wiederholenden einfachen Ergebnis besteht, kann auf vorherige Sachberichte Bezug genommen werden.

**11 Prüfung der Verwendung**

11.1 Die Bewilligungsbehörde, die nach Nr. 1.4 zuständige oder sonst beauftragte Stelle hat regelmäßig innerhalb von drei Monaten nach Eingang des Zwischen- oder Verwendungsnachweises in einem ersten Schritt festzustellen, ob nach den Angaben im Nachweis Anhaltspunkte für die Geltendmachung eines Erstattungsanspruchs gegeben sind (kursorische Prüfung). In einem zweiten Schritt sind die Nachweise vertieft zu prüfen.

Im Rahmen der vertieften Prüfung ist zu prüfen, ob

11.1.1 der Zwischen- oder Verwendungsnachweis den im Zuwendungsbescheid (einschließlich der Nebenbestimmungen) festgelegten Anforderungen entspricht,

11.1.2 die Zuwendung nach den Angaben im Zwischen- oder Verwendungsnachweis und gegebenenfalls den beigefügten Belegen und Verträgen über die Vergabe von Aufträgen zweckentsprechend verwendet worden ist,

11.1.3 gegebenenfalls Ergänzungen oder Erläuterungen zu verlangen und örtliche Erhebungen durchzuführen sind. Die Prüfung der Angaben in dem Zwischen- oder Verwendungsnachweis sowie der Belege kann auf Stichproben beschränkt werden. Die vorgelegten Belege usw. sind an den Zuwendungsempfänger zurückzugeben.

Bei Zuwendungen zur Projektförderung soll für die vertiefte Prüfung regelmäßig aus den eingegangenen Nachweisen nach einer nach Anhörung des Bundesrechnungshofs zu treffenden Regelung eine stichprobenweise Auswahl von zu prüfenden Nachweisen getroffen werden.

Bei der Ausgestaltung des Stichprobenverfahrens sind insbesondere folgende Kriterien zu berücksichtigen:

- Mindestanteil an Förderfällen und am Fördervolumen,
- besondere Berücksichtigung von Erstbewilligungen an einen Zuwendungsempfänger,
- Mindestprüfungsturnus bei Folgebewilligungen an einen Zuwendungsempfänger,
- Berücksichtigung von Erkenntnissen aus vorangegangenen Nachweisprüfungen.

Bei den in die Stichprobe fallenden Nachweisen sind die für die Prüfung erforderlichen Belege vom Zuwendungsempfänger anzufordern oder bei ihm einzusehen.

11.2 Der Umfang und das Ergebnis der Prüfung sind in einem Vermerk (Prüfungsvermerk) niederzulegen. Feststellungen von unwesentlicher Bedeutung sind nicht in den Vermerk aufzunehmen.

11.3 Die prüfende Stelle übersendet den nach Nr. 1.4 beteiligten Stellen eine Ausfertigung des Sachberichts und des Prüfungsvermerks. Das Gleiche gilt für Fälle, in denen die prüfende Stelle nicht die bewilligende Stelle ist.

11.4 Die vertiefte Prüfung ist innerhalb von neun Monaten nach Eingang der Nachweise abzuschließen. Abweichungen von Satz 1 sind nur bei Einschaltung externer Prüfungsstellen oder in besonders zu begründenden Ausnahmefällen zulässig. Zuwendungen dürfen für denselben Zuwendungsempfänger nicht neu bewilligt werden, wenn die Prüfung der vorgelegten Nachweise Anhaltspunkte bietet, die der Bewilligung entgegenstehen (vgl. Nr. 1.2).

Zuwendungen dürfen nicht ausgezahlt werden, wenn die Prüfung der vorgelegten Nachweise Anhaltspunkte bietet, die der Auszahlung entgegenstehen. In diesen Fällen ist die Rücknahme oder der Widerruf unverzüglich zu prüfen.

**11a Erfolgskontrolle**

Bei allen Zuwendungen ist von der zuständigen obersten Bundesbehörde oder der von ihr bestimmten Stelle eine Erfolgskontrolle nach Maßgabe der nachstehenden Bestimmungen durchzuführen (abgestufter Erfolgskontrolle). Soweit sachgerecht, kann die Erfolgskontrolle mit der Nachweisprüfung verbunden werden. Bei der Ausgestaltung des Verfahrens können ressortspezifische Besonderheiten (z.B. eigenständige Evaluierungsverfahren) berücksichtigt werden, soweit sie geeignet sind, den Erfolg der Förderung festzustellen und sie den in den VV zu § 7 festgelegten Grundsätzen Rechnung tragen.

11a.1 Jede Einzelmaßnahme ist daraufhin zu untersuchen, ob das mit ihr beabsichtigte Ziel voraussichtlich erreicht wird bzw. erreicht worden ist. Bei Stichprobenverfahren kann diese Prüfung auf die ausgewählten Fälle beschränkt werden (vgl. Nr. 3.3.6).

11a.2 Für übergeordnete Ziele – insbesondere Förderprogramme –, die Zuwendungen zur Projektförderung vorsehen, ist eine begleitende und abschließende Erfolgskontrolle mit den Bestandteilen Zielerreichungs-, Wirkungs- und Wirtschaftlichkeitskontrolle nach Maßgabe der VV zu § 7 durchzuführen.

11a.3 Bei institutioneller Förderung ist grundsätzlich eine Erfolgskontrolle entsprechend Nr. 11a.2 durchzuführen.

**12 Weiterleitung von Zuwendungen durch Zuwendungsempfänger**

12.1 Die Bewilligungsbehörde kann im Zuwendungsbescheid vorsehen, dass der Zuwendungsempfänger als Erstempfänger die Zuwendung ganz oder teilweise weiterleiten kann. Durch die zweckbestimmte Weiterleitung erfüllt der Erstempfänger den Zuwendungszweck.

12.2 Die Mittel können vom Erstempfänger in öffentlich-rechtlicher oder in privatrechtlicher Form weitergeleitet werden. Die Weiterleitung in öffentlich-rechtlicher Form durch juristische Personen des privaten Rechts setzt eine Beleihung voraus.

12.3 Der Erstempfänger darf die Mittel nur zur Projektförderung weiterleiten.

12.4 Weiterleitung in öffentlich-rechtlicher Form

Bei der Bewilligung von Mitteln zur Weiterleitung in öffentlich-rechtlicher Form durch den Erstempfänger sind für die Weiterleitung – ggf. durch Bezugnahme auf bestehende Förderrichtlinien – insbesondere zu regeln:

12.4.1 die Anwendung der einschlägigen Vorschriften des öffentlichen Rechts, soweit sich aus dem Folgenden nichts Abweichendes ergibt,

12.4.2 die Weiterleitung in Form eines Zuwendungsbescheids,

12.4.3 der Zuwendungszweck und die Maßnahmen, die im Einzelnen gefördert werden sollen, sowie die Dauer der Zweckbindung von aus der Zuwendung beschafften Gegenständen,

12.4.4 der als Letztempfänger in Betracht kommende Personenkreis,

12.4.5 die Voraussetzungen, die beim Letztempfänger erfüllt sein müssen, um die Zuwendung an ihn weiterleiten zu können,

12.4.6 die Zuwendungsart, die Finanzierungsart, die Finanzierungsform, die in Betracht kommenden zuwendungsfähigen Ausgaben oder Kosten und der Bewilligungszeitraum,

12.4.7 ggf. Einzelheiten zur Antragstellung durch den Letztempfänger (z.B. Termine, fachliche Beteiligung anderer Stellen, Antragsunterlagen),

12.4.8 die bei der Weiterleitung ergänzend zu den Allgemeinen Nebenbestimmungen vorzusehenden Nebenbestimmungen; in allen Fällen ist dem Erstempfänger aufzuerlegen, gegenüber dem Letztempfänger auch ein Prüfungsrecht für die Bewilligungsbehörde (einschließlich für von ihr Beauftragte) auszubedingen sowie der Bewilligungsbehörde auf Verlangen etwaige Erstattungsansprüche gegen den Letztempfänger abzutreten,

12.4.9 der Umfang der Anwendung von Vorschriften, die Ermessensentscheidungen vorsehen. Soweit die Vorschriften Ermessensentscheidungen vorsehen und eine Anwendung der Bestimmungen durch den Erstempfänger nicht ausgeschlossen wird, ist ihm vorzugeben, wie er zu verfahren hat.

12.5 Weiterleitung in privatrechtlicher Form

Bei der Bewilligung von Mitteln zur Weiterleitung in privatrechtlicher Form durch den Erstempfänger sind für die Weiterleitung insbesondere zu regeln:

12.5.1 die Weiterleitung in Form eines privatrechtlichen Vertrags,

12.5.2 die Vorgaben entsprechend den Nrn. 12.4.3 bis 12.4.7,

12.5.3 der Rücktritt vom Vertrag aus wichtigem Grund mit dem Hinweis, dass ein wichtiger Grund für einen Rücktritt vom Vertrag insbesondere gegeben ist, wenn

- die Voraussetzungen für den Vertragsabschluss nachträglich entfallen sind,
- der Abschluss des Vertrages durch Angaben des Letztempfängers zustande gekommen ist, die in wesentlicher Beziehung unrichtig oder unvollständig waren,
- der Letztempfänger bestimmten – im Zuwendungsbescheid im Einzelnen zu nennenden – Verpflichtungen nicht nachkommt.

12.6 Dem Erstempfänger ist aufzuerlegen, in dem privatrechtlichen Vertrag (Nr. 12.5.1) insbesondere zu regeln:

12.6.1 die Art und Höhe der Zuwendung,

12.6.2 den Zuwendungszweck und die Dauer der Zweckbindung von aus der Zuwendung beschafften Gegenständen,

12.6.3 die Finanzierungsart und den Umfang der zuwendungsfähigen Ausgaben,

12.6.4 den Bewilligungszeitraum,

12.6.5 die Abwicklung der Maßnahme und die Prüfung der Verwendung der Zuwendung entsprechend den Nrn. 1 bis 7 ANBest-P. Die in Betracht kommenden Bestimmungen sind dem Inhalt nach unmittelbar in den Vertrag zu übernehmen; das entsprechend Nr. 7.1 ANBest-P für den Erstempfänger vorzusehende Prüfungsrecht ist auch für die Bewilligungsbehörde (einschließlich für einen von ihr Beauftragten) auszubedingen,

12.6.6 die Anerkennung der Gründe für einen Rücktritt vom Vertrag, der Rückzahlungsverpflichtungen und der sonstigen Rückzahlungsregelungen durch den Letztempfänger,

12.6.7 die Verzinsung von Rückzahlungsansprüchen.

12.7 Im Zuge der Weiterleitung von Zuwendungen können zwischen dem Erstempfänger und dem Letztempfänger weitere Personen eingeschaltet werden.

## 13 Zuwendungen zur Projektförderung an Gebietskörperschaften und Zusammenschlüsse von Gebietskörperschaften

13.1 Die Bewilligungsbehörde kann zulassen, dass bei Zuwendungen für Baumaßnahmen die zuständigen bautechnischen Dienststellen des Zuwendungsempfängers beteiligt werden. Die auf Grund von Nr. 6.2 getroffenen Regelungen sind zu beachten (zu Nr. 5.6.6). Die Bewilligungsbehörde kann bei Baumaßnahmen im Einzelfall – mit Ausnahme bei der Prüfung des Verwendungsnachweises – von einer Beteiligung der fachlich zuständigen technischen staatlichen Verwaltung absehen, wenn die Interessen der Bewilligungsbehörde durch die Beteiligung der bautechnischen Dienststelle des Zuwendungsempfängers gewahrt sind.

13.2 Bei der Bewilligung von Zuwendungen für Tiefbaumaßnahmen kann die Bewilligungsbehörde eine der Nr. 1.4 ANBest-Gk entsprechende Regelung vorsehen. Soweit bei den Maßnahmen die fachlich zuständige technische staatliche Verwaltung zu beteiligen ist, ist die Regelung mit der betreffenden Verwaltungsstelle abzustimmen.

13.3 Zuwendungen an Gebietskörperschaften und Zusammenschlüsse von Gebietskörperschaften sollen nur bewilligt werden, wenn die zuwendungsfähigen Ausgaben des Vorhabens mehr als 7500 Euro betragen.

13.4 Zuwendungen an Gebietskörperschaften und Zusammenschlüsse von Gebietskörperschaften von nicht mehr als 25 000 Euro werden nach Vorlage des Verwendungsnachweises in einer Summe ausgezahlt.

13.5 Die Bewilligungsbehörde kann von einer Rückforderung absehen, wenn der zurückzufordernde Betrag 500 Euro nicht übersteigt (zu Nr. 8).

**13a Zuwendungen auf Kostenbasis**

13a.1 Bei Projektförderung können Zuwendungen an gewerbliche Unternehmen, insbesondere für Forschungs- und Entwicklungsvorhaben, anstatt zur Deckung der zuwendungsfähigen Ausgaben zur Deckung der zuwendungsfähigen Kosten des Zuwendungsempfängers bewilligt werden, wenn eine Bemessung der Zuwendung nach Ausgaben im Hinblick auf die Verrechnung von Gemeinkosten einschließlich kalkulatorischer Kosten nicht sinnvoll ist.

13a.1.1 In geeigneten Bereichen/Fällen sollen feste Sätze für bestimmte Kalkulationsbereiche festgesetzt werden.

13a.1.2 Ist dies nicht geboten, so dürfen Zuwendungen auf Kostenbasis nur gewährt werden, wenn der Zuwendungsempfänger über ein geordnetes Rechnungswesen im Sinne der Nr. 2 der Leitsätze für die Preisermittlung auf Grund von Selbstkosten – LSP – (Anlage zur Verordnung PR Nr. 30/53 vom 21. November 1953 – Bundesanzeiger Nr. 244 vom 18. Dezember 1953 –) in der jeweils geltenden Fassung verfügt.

13a.2 In den Fällen der Nr. 13 a. 1 gelten die Nrn. 1 bis 11, 14 und 15 sinngemäß, soweit nicht in den Nrn. 13 a.3 bis 13 a.8 und in den ANBest-P-Kosten (Anlage 4 zu Nr. 5.1) etwas anderes bestimmt oder zugelassen ist. Dabei tritt an die Stelle des Wortes »Ausgaben« das Wort »Kosten«.

13a.3 Zuwendungsfähige Kosten sind die nach Maßgabe der ANBest-PKosten dem Vorhaben zuzurechnenden Selbstkosten des Zuwendungsempfängers, die bei wirtschaftlicher Betriebsführung im Bewilligungszeitraum anfallen und die nachgewiesen werden.

13a.4 Die voraussichtlich zuwendungsfähigen Kosten sind vom Zuwendungsempfänger durch eine Vorkalkulation zu ermitteln, wobei die LSP anzuwenden sind.

Die Bewilligungsbehörde legt fest, wie die Vorkalkulation aufzugliedern ist. Die Vorschriften über die Mindestgliederung nach Nr. 10 LSP sind zu beachten.

13a.5 Die Vorkalkulation ist hinsichtlich der Gesamtkosten als Höchstbetrag (Selbstkostenhöchstbetrag) für verbindlich zu erklären. Innerhalb des Selbstkostenhöchstbetrages bedürfen erhebliche Abweichungen von der Vorkalkulation der Einwilligung der Bewilligungsbehörde.

13a.6 Bei der Bemessung der Zuwendungen ist eine angemessene Finanzierung des Vorhabens durch den Zuwendungsempfänger und durch Dritte zu berücksichtigen. Nr. 2 gilt mit der Maßgabe, dass die Zuwendungen im Wege der Anteilfinanzierung (in Ausnahmefällen durch Vollfinanzierung) bewilligt werden.

13a.7 Abweichend von Nr. 7.2 richtet sich die Auszahlung der Zuwendungen nach den anfallenden Kosten.

13a.8 Vor der Durchführung einer Kostenprüfung im Rahmen der Nr. 11 beim Zuwendungsempfänger sollen die Bewilligungsbehörde oder ihre Beauftragten das Benehmen mit der für die Preisbildung und Preisüberwachung zuständigen Behörde herstellen und die etwa dort bereits vorliegenden Ergebnisse aus Kostenprüfungen für die Prüfung des Verwendungsnachweises auswerten. In geeigneten Fällen soll die Bewilligungsbehörde die für die Preisbildung und Preisüberwachung zuständige Behörde um eine Kostenprüfung ersuchen.

## 14 Fälle von geringer finanzieller Bedeutung

Beträgt die Zuwendung oder bei Finanzierung durch mehrere Stellen (Nr. 1.4) der Gesamtbetrag der Zuwendungen bei institutioneller Förderung für ein Haushaltsjahr oder bei einer Projektförderung weniger als 50 000 Euro, kann das zuständige Bundesministerium bei Anwendung der Nrn. 2 bis 8 und 12 bis 13a für einzelne Förderbereiche Erleichterungen zulassen. Beträgt die Zuwendung nach Satz 1 weniger als 25 000 Euro, kann die Bewilligungsbehörde im Einzelfall Ausnahmen zulassen.

## 15 Besondere Regelungen

15.1 Soweit das zuständige Bundesministerium oder die Bewilligungsbehörde nicht nach den Nrn. 1 bis 14 ermächtigt ist, Ausnahmen zuzulassen, sind solche im Einzelfall im Einvernehmen mit dem Bundesministerium der Finanzen möglich. Das gilt z.B. für die Gewährung höherer Entgelte als nach dem Tarifvertrag für den öffentlichen Dienst (TVöD) (einschließlich der in Nr. 1.3 Satz 4 und 5 ANBest-I genannten Fälle) und anderer über- und außertariflicher Leistungen sowie für Abweichungen vom Stellenplan für Angestellte, soweit die Einwilligung des Bundesministeriums der Finanzen nicht allgemein erteilt ist.

15.2 Für einzelne Zuwendungsbereiche kann das zuständige Bundesministerium im Einvernehmen mit dem Bundesministerium der Finanzen abweichende Verwaltungsvorschriften (z.B. Förderrichtlinien) zu den Nrn. 1 bis 13a erlassen. Der Bundesrechnungshof ist vor dem Erlass von Verwaltungsvorschriften zu den Nrn. 1 bis 13a zu hören (§ 103). Werden bestehende Verwaltungsvorschriften geändert, ist das Bundesministerium der Finanzen ebenfalls nach Satz 1 zu beteiligen und der Bundesrechnungshof nach Satz 2 zu hören.

15.3 Grundsätzliche Zweifelsfragen sowie Fragen von erheblicher finanzieller Bedeutung, die sich bei der Anwendung der Nrn. 1 bis 14 ergeben, sind im Einvernehmen mit dem Bundesministerium der Finanzen zu klären.

15.4 Soweit Regelungen nach den Nrn. 15.1 bis 15.3 den Verwendungsnachweis betreffen, ist das Einvernehmen mit dem Bundesrechnungshof herzustellen.

15.5 Die Nrn. 1 bis 15.4 gelten für den Bund als Zuwendungsgeber auch dann, wenn bei einer kapitalmäßigen Beteiligung des Bundes an dem Zuwendungsempfänger (Nr. 1.2 zu § 65) die Bewilligungsbehörde in einem Aufsichtsorgan des Zuwendungsempfängers vertreten ist.

15.6 Die Übermittlung elektronischer Dokumente sowie das Ersetzen der in den Nrn. 1 bis 14 angeordneten Schriftform durch die elektronische Form ist nach Maßgabe der für die elektronische Kommunikation geltenden Vorschriften des VwVfG (insbes. §§ 3a, 37 und 41) zulässig.

15.7 Bei der Erarbeitung von Förderrichtlinien sind die Grundsätze für Förderrichtlinien zu beachten (Anlage).

**Zu § 44 Abs. 2 – Verwaltung von Mitteln oder Vermögensgegenständen –**

**16 Zum Begriff**

16.1 Eine Verwaltung von Bundesmitteln im Sinne von § 44 Abs. 2 liegt vor, wenn Stellen außerhalb der Bundesverwaltung zur Erfüllung von Bundesaufgaben im Rahmen eines Treuhandverhältnisses Ausgaben leisten oder Einnahmen erheben.

16.2 Eine Verwaltung von Vermögensgegenständen im Sinne von § 44 Abs. 2 liegt vor, wenn Stellen außerhalb der Bundesverwaltung im Rahmen eines Treuhandverhältnisses befugt sind, Sachen, Rechte oder andere Arten von Vermögen des Bundes zu halten oder über sie zu verfügen.

**17 Voraussetzungen**

Soweit die Verwaltung von Bundesmitteln oder Vermögensgegenständen des Bundes durch Stellen außerhalb der Bundesverwaltung keiner gesetzlichen Grundlage bedarf, ist sie nur zulässig, wenn sie im Interesse des Bundes liegt und unter wirtschaftlichen Gesichtspunkten geboten ist. Diese Stellen müssen für eine solche Verwaltung geeignet sein und die Gewähr für eine ordnungsmäßige Geschäftsführung bieten.

**18 Verfahren**

18.1 Die Übertragung und die Einzelheiten der Durchführung der Verwaltung von Bundesmitteln oder Vermögensgegenständen des Bundes sind, soweit sie nicht gesetzlich geregelt sind, schriftlich zu vereinbaren. Nach Lage des Einzelfalles ist in der Vereinbarung insbesondere Folgendes zu regeln:

18.1.1 die Übertragung der Verwaltung unter Angabe von Art und Umfang oder der im Einzelnen wahrzunehmenden Aufgaben,

18.1.2 die Rechte und Pflichten des Auftragnehmers und der Grad der zu beachtenden Sorgfalt,

18.1.3 die Anwendung von gesetzlichen und sonstigen Vorschriften nebst Mustern,
18.1.4 die Erteilung von Unteraufträgen,
18.1.5 die Weisungsbefugnis und Einwilligungsvorbehalte des Auftraggebers,
18.1.6 der Umfang der Mitteilungspflichten,
18.1.7 die gesonderte Buchführung und die Rechnungslegung für die Mittel und die Vermögensgegenstände des Bundes,
18.1.8 das Auszahlungsverfahren,
18.1.9 die Behandlung von Rückeinnahmen,
18.1.10 die Haftung des Auftragnehmers,
18.1.11 der Nachweis über die Verwaltung,
18.1.12 die Prüfungsrechte des Auftraggebers,
18.1.13 der Ansatz des Aufwands des Auftragnehmers,
18.1.14 die Befristung der Vereinbarung und deren Beschränkung auf bestimmte Aufgaben (z.B. Programme, Aufgabengebiete) sowie die Möglichkeit der Kündigung der Vereinbarung.

18.2 Regelungen nach den Nrn. 18.1.1, 18.1.7, 18.1.11 und 18.1.13 bedürfen der Einwilligung des Bundesministeriums der Finanzen, Regelungen nach den Nrn. 18.1.7 und 18.1.11 auch der des Bundesrechnungshofes. Bei einem förmlichen Vergabeverfahren ist die Einwilligung vor dessen Beginn einzuholen; im Übrigen ist die Einwilligung rechtzeitig vor Abschluss der Vereinbarung zu beantragen (vgl. insoweit auch Nr. 20.1). Das Bundesministerium der Finanzen und der Bundesrechnungshof können auf ihre Befugnisse verzichten.

**Zu § 44 Abs. 3 – Beleihung auf dem Gebiet der Zuwendungen –**

**19 Personenkreis**

19.1 Beliehen werden können juristische Personen des privaten Rechts, die in den Handlungsformen des öffentlichen Rechts als Zuwendungsempfänger Zuwendungen weiterleiten oder als Treuhänder des Bundes Zuwendungen gewähren sollen (Nrn. 12 und 16.1).

19.2 Der Umfang und das Ergebnis der Prüfung der Voraussetzungen zur Beleihung sind aktenkundig zu machen.

**20 Verfahren**

20.1 Voraussetzung für die Beleihung einer juristischen Person des Privatrechts, die nach Nr. 16.1 Bundesmittel verwalten soll, ist der Abschluss eines zivilrechtlichen Geschäftsbesorgungsvertrages, dem ein Vergabeverfahren (vgl. VV zu § 55 BHO) vorauszugehen hat, es sei denn, die Geschäftsbesorgung erfolgt unentgeltlich oder es handelt sich um ein so genanntes „inhouse“ Geschäft. Auch in Fällen der unentgeltlichen Geschäftsbesorgung ist dem vergaberechtlichen Transparenzgrundsatz Rechnung zu tragen.

In dem Geschäftsbesorgungsvertrag, dessen Text zweckmäßigerweise zum Bestandteil der Ausschreibungsunterlagen zu machen ist, sind alle wechselseitigen Rechte und Pflichten festzulegen. Dies sind insbesondere die Einzelheiten der zu erbringenden Leistungen, die Kriterien für die Bemessung des hierfür zu entrichtenden Entgelts sowie die bei der Verwaltung von Bundesmitteln zu beachtenden Regelungen gemäß Nrn. 18.1.1 bis 18.1.12 und 18.1.14. Die Ausschreibungsunterlagen sollten auch die Kenntnisse und Fähigkeiten, die im Falle einer Beleihung für die sachgerechte Erfüllung der übertragenen Aufgaben erforderlich sind, insbesondere die Kenntnis des Verwaltungs- und Zuwendungsrechts, als Eignungskriterium beinhalten. Soll die Übertragung der Verwaltung von Bundesmitteln nicht bereits mit Abschluss des Geschäftsbesorgungsvertrages erfolgen, kann der Geschäftsbesorgungsvertrag optional auch eine später wirksam werdende Vereinbarung für die Verwaltung von Bundesmitteln vorsehen. Im Hinblick auf den vergaberechtlichen Transparenzgrundsatz sind dann im Geschäftsbesorgungsvertrag die Kriterien, nach denen über eine spätere Beauftragung entschieden wird, zu benennen.
Nr. 18.2 bleibt unberührt.

20.2 Die Beleihung im Sinne des § 44 Abs. 3 BHO geschieht durch Verwaltungsakt. Dieser muss enthalten:

20.2.1 die Bezugnahme auf § 44 Abs. 3 BHO,

20.2.2 die genaue Bezeichnung der juristischen Person des privaten Rechts, die beliehen wird,

20.2.3 die Verleihung der Befugnis, Zuwendungen nach Maßgabe besonderer Bestimmungen durch Verwaltungsakt in eigenem Namen zu bewilligen,

20.2.4 die Angabe der Behörde, die die Aufsicht über die Beliehene ausübt,

20.2.5 die Verpflichtung der Beliehenen, der aufsichtsführenden Behörde unverzüglich mitzuteilen, wenn

- sich bei der Ausübung der Befugnis Zweifelsfragen oder Schwierigkeiten ergeben,
- sie ihre Zahlungen einstellt oder ein Insolvenzverfahren über ihr Vermögen beantragt oder eröffnet wird,

20.2.6 ein Selbsteintrittsrecht der Behörde, die die Aufsicht über die Beliehene ausübt,

20.2.7 den Beginn der Beleihung und deren Beschränkung auf bestimmte Aufgaben (z.B. Programme, Aufgabengebiete),

20.2.8 einen Vorbehalt, dass die Befugnis jederzeit entzogen werden kann,

20.2.9 eine Rechtsbehelfsbelehrung.

# Anlage 1 zur VV Nr. 5.1 zu § 44 BHO

## Allgemeine Nebenbestimmungen für Zuwendungen zur institutionellen Förderung (ANBest-I)

Die ANBest-I enthalten Nebenbestimmungen im Sinne des § 36 des Verwaltungsverfahrensgesetzes (VwVfG) sowie notwendige Erläuterungen. Die Nebenbestimmungen sind Bestandteil des Zuwendungsbescheides, soweit dort nicht ausdrücklich etwas anderes bestimmt ist.

**Inhalt**



### 1 Anforderung und Verwendung der Zuwendung

1.1 Die Zuwendung ist wirtschaftlich und sparsam zu verwenden.

1.2 Alle eigenen Mittel und mit dem Zuwendungszweck zusammenhängenden Einnahmen (insbesondere Zuwendungen, Leistungen Dritter) des Zuwendungsempfängers sind als Deckungsmittel für alle Ausgaben einzusetzen. Der Haushalts- oder Wirtschaftsplan einschließlich Organisations- und Stellenplan ist verbindlich.

1.3 Der Zuwendungsempfänger darf seine Beschäftigten nicht besser stellen als vergleichbare Bundesbedienstete. Höhere Entgelte als nach dem Tarifvertrag für den öffentlichen Dienst (TVöD) sowie sonstige über- oder außertarifliche Leistungen dürfen nicht gewährt werden. Die Sätze 1 und 2 gelten auch für die Beschäftigten des Zuwendungsempfängers, die bei der Durchführung von Aufträgen und von aus Zuwendungen finanzierten Projekten eingesetzt werden. Sind im Wirtschaftsplan Stellen ohne Angaben zur Höhe der Entgelte ausgebracht (z.B. S, ÜT, AT ohne Angabe einer Besoldungsgruppe), bedarf die Festsetzung der Entgelte in jedem Einzelfall der vorherigen Zustimmung der Bewilligungsbehörde. Das Gleiche gilt für außertariflich entsprechend den Besoldungsgruppen W 2 oder W 3 bewertete Stellen.

1.4 Zuwendungsempfänger, deren Gesamtausgaben (ohne Ausgaben für Aufträge und Projektförderung durch Dritte) zu 50 vom Hundert und mehr aus öffentlichen Mitteln finanziert werden, dürfen Risiken für Schäden an Personen, Sachen und Vermögen nur versichern, soweit eine Versicherung gesetzlich vorgeschrieben ist oder der Vertragspartner den Abschluss einer Versicherung als zwingende Voraussetzung für den Vertragsabschluss fordert. Beträgt der Anteil der öffentlichen Mittel an den Gesamtausgaben (ohne Ausgaben für Aufträge und Projektförderung durch Dritte) weniger als 50 vom Hundert, so dürfen Risiken der genannten Art nur versichert werden, wenn hierdurch der Zuwendungsempfänger seine Beschäftigten nicht besser stellt als vergleichbare Arbeitnehmerinnen und Arbeitnehmer des Bundes.

1.5 Im Regelfall werden die Zuwendungen im Wege des Abrufverfahrens bereitgestellt. In diesen Fällen gelten die Regelungen der BNBest-Abruf.

Findet eine Teilnahme am Abrufverfahren nicht statt, werden die Zuwendungen wie folgt bereitgestellt:

Die Zuwendung darf nur insoweit und nicht eher angefordert werden, als sie alsbald nach der Auszahlung für fällige Zahlungen benötigt wird. Die Anforderung jedes Teilbetrages muss die zur Beurteilung des Mittelbedarfs erforderlichen Angaben enthalten. Wird ein im Haushaltsjahr zu deckender Fehlbedarf anteilig durch mehrere Zuwendungsgeberinnen/Zuwendungsgeber finanziert, so darf die Zuwendung jeweils nur anteilig mit den Zuwendungen der anderen Zuwendungsgeberinnen/Zuwendungsgeber angefordert werden.

1.6 Am Jahresende nicht verbrauchte Kassenmittel werden auf die Auszahlungen zu Beginn des Folgejahres kassenmäßig angerechnet.

1.7 Zahlungen vor Empfang der Gegenleistung dürfen nur vereinbart oder bewirkt werden, soweit dies allgemein üblich oder durch besondere Umstände gerechtfertigt ist.

1.8 Die Bildung von Rückstellungen ist nur zulässig, soweit sie gesetzlich (z.B. durch das Handelsgesetzbuch) vorgeschrieben ist. Rücklagen dürfen nicht gebildet werden.

## 2 Nachträgliche Ermäßigung der Ausgaben oder Änderung der Finanzierung

Ermäßigen sich nach der Bewilligung die in dem Haushalts- oder Wirtschaftsplan veranschlagten Gesamtausgaben, erhöhen sich die Deckungsmittel oder treten neue Deckungsmittel hinzu, so ermäßigt sich die Zuwendung

2.1 bei Anteilfinanzierung anteilig mit etwaigen Zuwendungen anderer Zuwendungsgeber und den vorgesehenen eigenen und sonstigen Mitteln des Zuwendungsempfängers,

2.2 bei Fehlbedarfs- und Vollfinanzierung um den vollen in Betracht kommenden Betrag.

## 3 Vergabe von Aufträgen

3.1 Wenn die Zuwendung oder bei Finanzierung durch mehrere Stellen der Gesamtbetrag der Zuwendung mehr als 100 000 Euro beträgt, sind anzuwenden

- bei der Vergabe von Aufträgen für Bauleistungen den Abschnitt 1 des Teils A der Vergabe- und Vertragsordnung für Bauleistungen (VOB/A),
- bei der Vergabe von Aufträgen für Lieferungen und Dienstleistungen den Abschnitt 1 des Teils A der Vergabe- und Vertragsordnung für Leistungen (VOL/A).

3.2 Verpflichtungen des Zuwendungsempfängers als Auftraggeber gemäß dem vierten Teil des Gesetzes gegen Wettbewerbsbeschränkungen (GWB) bleiben unberührt.

**4 Inventarisierungspflicht**

Der Zuwendungsempfänger hat Gegenstände, deren Anschaffungs- oder Herstellungswert 410 Euro (ohne Umsatzsteuer) übersteigt, zu inventarisieren. Soweit aus besonderen Gründen der Bund Eigentümer ist oder wird, sind die Gegenstände in dem Inventar besonders zu kennzeichnen.

**5 Mitteilungspflichten des Zuwendungsempfängers**

Der Zuwendungsempfänger ist verpflichtet, unverzüglich der Bewilligungsbehörde anzuzeigen, wenn

5.1 er nach Vorlage des Haushalts- oder Wirtschaftsplans weitere Zuwendungen bei anderen öffentlichen Stellen beantragt oder von ihnen erhält,

5.2 für die Bewilligung der Zuwendung maßgebliche Umstände sich ändern oder wegfallen,

5.3 die angeforderten oder ausgezahlten Beträge nicht alsbald nach der Auszahlung für fällige Zahlungen verbraucht werden können.

**6 Buchführung**

6.1 Die Kassen- und Buchführung sind entsprechend den Regeln der Bundeshaushaltsordnung (BHO) und den jeweils geltenden Verwaltungsvorschriften einzurichten, es sei denn, dass die Bücher nach den für Länder oder Gemeinden geltenden entsprechenden Vorschriften oder nach den Regeln der kaufmännischen doppelten Buchführung geführt werden.

6.2 Die Belege müssen die im Geschäftsverkehr üblichen Angaben und Anlagen enthalten, die Ausgabebelege insbesondere den Zahlungsempfänger, Grund und Tag der Zahlung, den Zahlungsbeweis und bei Gegenständen den Verwendungszweck.

6.3 Der Zuwendungsempfänger hat die Bücher, Belege und alle sonstigen Geschäftsunterlagen (vgl. Nr. 8.1 Satz 1) fünf Jahre nach Vorlage des Verwendungsnachweises aufzubewahren, sofern nicht nach steuerrechtlichen oder anderen Vorschriften eine längere Aufbewahrungsfrist bestimmt ist. Zur Aufbewahrung können auch Bild- oder Datenträger verwendet werden. Das Aufnahme- und Wiedergabeverfahren muss den jeweiligen Vorschriften oder Regeln (Nr. 6.1) entsprechen.

**7 Nachweis der Verwendung**

7.1 Die Verwendung der Zuwendung ist innerhalb von sechs Monaten nach Ablauf des Haushalts- oder Wirtschaftsjahres nachzuweisen (Verwendungsnachweis). Der Verwendungsnachweis besteht aus einem Sachbericht und einem zahlenmäßigen Nachweis.

7.2 In dem Sachbericht sind die Tätigkeit des Zuwendungsempfängers sowie das erzielte Ergebnis im abgelaufenen Haushalts- oder Wirtschaftsjahr darzustellen und den vorgegebenen Zielen gegenüberzustellen. Im Sachbericht ist auf die wichtigsten Positionen des zahlenmäßigen Nachweises einzugehen. Ferner ist die Notwendigkeit und Angemessenheit der geleisteten Arbeit zu erläutern. Tätigkeits-, Lage-, Abschluss- und Prüfungsberichte und etwaige Veröffentlichungen sind beizufügen.

7.3 Der zahlenmäßige Nachweis besteht für den Fall, dass der Zuwendungsempfänger nach Einnahmen und Ausgaben bucht, aus der Jahresrechnung. Diese muss alle Einnahmen und Ausgaben des abgelaufenen Haushaltsjahres in der Gliederung des Haushalts- oder Wirtschaftsplans enthalten sowie das Vermögen und die Schulden zu Beginn und Ende des Haushaltsjahres ausweisen. Bei kaufmännischer doppelter Buchführung des Zuwendungsempfängers besteht der zahlenmäßige Nachweis aus dem Jahresabschluss (Bilanz, Gewinn- und Verlustrechnung, bei Kapitalgesellschaften auch Anhang und Lagebericht zum Jahresabschluss) sowie auf Verlangen der Bewilligungsbehörde einer Überleitungsrechnung auf Einnahmen und Ausgaben. In der Überleitungsrechnung sind die tatsächlichen Einnahmen und Ausgaben nach den Ansätzen des Haushalts- oder Wirtschaftsplans abzurechnen. Werden neben der institutionellen Förderung auch Zuwendungen zur Projektförderung bewilligt, so sind im zahlenmäßigen Nachweis die im abgelaufenen Haushaltsjahr gewährten Zuwendungen zur Projektförderung einzeln nachrichtlich anzugeben.

7.4 Im Verwendungsnachweis ist zu bestätigen, dass die Ausgaben notwendig waren, dass wirtschaftlich und sparsam verfahren worden ist und die Angaben mit den Büchern und Belegen übereinstimmen.

**8 Prüfung der Verwendung**

8.1 Die Bewilligungsbehörde ist berechtigt, Bücher, Belege und sonstige Geschäftsunterlagen anzufordern sowie die Verwendung der Zuwendung durch örtliche Erhebungen zu prüfen oder durch Beauftragte prüfen zu lassen. Der Zuwendungsempfänger hat die erforderlichen Unterlagen bereitzuhalten und die notwendigen Auskünfte zu erteilen.

8.2 Unterhält der Zuwendungsempfänger eine eigene Prüfungseinrichtung, ist von dieser der Verwendungsnachweis vorher zu prüfen und die Prüfung unter Angabe ihres Ergebnisses zu bescheinigen.

8.3 Der Bundesrechnungshof ist berechtigt, bei dem Zuwendungsempfänger zu prüfen (§§ 91, 100 BHO).

**9 Erstattung der Zuwendung, Verzinsung**

9.1 Die Zuwendung ist zu erstatten, soweit ein Zuwendungsbescheid nach Verwaltungsverfahrensrecht (insbesondere §§ 48, 49 VwVfG) oder anderen Rechtsvorschriften mit Wirkung für die Vergangenheit zurückgenommen oder widerrufen oder sonst unwirksam wird.

9.2 Nr. 9.1 gilt insbesondere, wenn

9.2.1 die Zuwendung durch unrichtige oder unvollständige Angaben erwirkt worden ist,

9.2.2 die Zuwendung nicht oder nicht mehr für den vorgesehenen Zweck verwendet wird,

9.2.3 eine auflösende Bedingung eingetreten ist (z.B. nachträgliche Ermäßigung der Ausgaben oder Änderung der Finanzierung nach Nr. 2).

9.3 Ein Widerruf mit Wirkung für die Vergangenheit kann auch in Betracht kommen, soweit der Zuwendungsempfänger

9.3.1 die Zuwendung nicht alsbald nach der Auszahlung zur Erfüllung des Zuwendungszwecks verwendet oder

9.3.2 Auflagen nicht oder nicht innerhalb einer gesetzten Frist erfüllt, insbesondere den vorgeschriebenen Verwendungsnachweis nicht rechtzeitig vorlegt sowie Mitteilungspflichten (Nr. 5) nicht rechtzeitig nachkommt.

9.4 Der Erstattungsbetrag ist nach Maßgabe des § 49a Abs. 3 VwVfG mit fünf Prozentpunkten über dem Basiszinssatz nach § 247 BGB jährlich zu verzinsen.

9.5 Werden Zuwendungen nicht alsbald nach der Auszahlung zur Erfüllung des Zuwendungszwecks verwendet und wird der Zuwendungsbescheid nicht zurückgenommen oder widerrufen, so können für die Zeit von der Auszahlung bis zur zweckentsprechenden Verwendung ebenfalls Zinsen in Höhe von fünf Prozentpunkten über dem Basiszinssatz nach § 247 BGB jährlich verlangt werden; entsprechendes gilt, soweit eine Leistung in Anspruch genommen wird, obwohl andere Mittel anteilig oder vorrangig einzusetzen sind (§ 49a Abs. 4 VwVfG). Eine alsbaldige Verwendung der Mittel liegt im Anforderungsverfahren jedenfalls nicht vor, wenn die Mittel nach Ablauf von mehr als sechs Wochen nach Auszahlung für fällige Zahlungen verbraucht werden.

# Anlage 2 zur VV Nr. 5.1 zu § 44 BHO

## Allgemeine Nebenbestimmungen für Zuwendungen zur Projektförderung (ANBest-P)

Die ANBest-P enthalten Nebenbestimmungen im Sinne des § 36 des Verwaltungsverfahrensgesetzes (VwVfG) sowie notwendige Erläuterungen. Die Nebenbestimmungen sind Bestandteil des Zuwendungsbescheides, soweit dort nicht ausdrücklich etwas anderes bestimmt ist.

**Inhalt**



### 1 Anforderung und Verwendung der Zuwendung

1.1 Die Zuwendung ist wirtschaftlich und sparsam zu verwenden.

1.2 Alle mit dem Zuwendungszweck zusammenhängenden Einnahmen (insbesondere Zuwendungen, Leistungen Dritter) und der Eigenanteil des Zuwendungsempfängers sind als Deckungsmittel für alle mit dem Zuwendungszweck zusammenhängenden Ausgaben einzusetzen. Der Finanzierungsplan ist hinsichtlich des Gesamtergebnisses verbindlich. Die Einzelansätze dürfen um bis zu 20 vom Hundert überschritten werden, soweit die Überschreitung durch entsprechende Einsparungen bei anderen Einzelansätzen ausgeglichen werden kann. Beruht die Überschreitung eines Einzelansatzes auf behördlichen Bedingungen oder Auflagen, insbesondere im Rahmen des baurechtlichen Verfahrens, sind innerhalb des Gesamtergebnisses des Finanzierungsplans auch weitergehende Abweichungen zulässig. Die Sätze 2 bis 4 finden bei Festbetragsfinanzierung keine Anwendung.

1.3 Dürfen aus der Zuwendung auch Personalausgaben oder sächliche Verwaltungsausgaben geleistet werden und werden die Gesamtausgaben des Zuwendungsempfängers überwiegend aus Zuwendungen der öffentlichen Hand bestritten, darf der Zuwendungsempfänger seine Beschäftigten nicht besser stellen als vergleichbare Bundesbedienstete. Höhere Entgelte als nach dem Tarifvertrag für den öffentlichen Dienst (TVöD) sowie sonstige über- und außertarifliche Leistungen dürfen nicht gewährt werden.

1.4 Im Regelfall werden die Zuwendungen im Wege des Abrufverfahrens bereitgestellt. In diesen Fällen gelten die Regelungen der BNBest-Abruf.

Findet eine Teilnahme am Abrufverfahren nicht statt, werden die Zuwendungen wie folgt bereitgestellt:

Die Zuwendung darf nur insoweit und nicht eher angefordert werden, als sie alsbald nach der Auszahlung für fällige Zahlungen benötigt wird. Die Anforderung jedes Teilbetrages muss die zur Beurteilung des Mittelbedarfs erforderlichen Angaben enthalten. Im Übrigen darf die Zuwendung wie folgt in Anspruch genommen werden:

1.4.1 bei Anteil- oder Festbetragsfinanzierung jeweils anteilig mit etwaigen Zuwendungen anderer Zuwendungsgeber und den vorgesehenen eigenen und sonstigen Mitteln des Zuwendungsempfängers,

1.4.2 bei Fehlbedarfsfinanzierung, wenn die vorgesehenen eigenen und sonstigen Mittel des Zuwendungsempfängers verbraucht sind.

Wird ein zu deckender Fehlbedarf (Nr. 1.4.2) anteilig durch mehrere Zuwendungsgeber finanziert, so darf die Zuwendung jeweils nur anteilig mit den Zuwendungen der anderen Zuwendungsgeber angefordert werden.

1.5 Zahlungen vor Empfang der Gegenleistung dürfen nur vereinbart oder bewirkt werden, soweit dies allgemein üblich oder durch besondere Umstände gerechtfertigt ist.

1.6 Die Bewilligungsbehörde behält sich vor, den Zuwendungsbescheid mit Wirkung für die Zukunft zu widerrufen, wenn sich herausstellt, dass der Zuwendungszweck nicht zu erreichen ist.

**2 Nachträgliche Ermäßigung der Ausgaben oder Änderung der Finanzierung**

2.1 Ermäßigen sich nach der Bewilligung die in dem Finanzierungsplan veranschlagten Gesamtausgaben für den Zuwendungszweck, erhöhen sich die Deckungsmittel oder treten neue Deckungsmittel (z.B. Investitionszulagen) hinzu, so ermäßigt sich die Zuwendung

2.1.1 bei Anteilfinanzierung anteilig mit etwaigen Zuwendungen anderer Zuwendungsgeber und den vorgesehenen eigenen und sonstigen Mitteln des Zuwendungsempfängers,

2.1.2 bei Fehlbedarfs- und Vollfinanzierung um den vollen in Betracht kommenden Betrag.

2.2 Nr. 2.1 gilt (ausgenommen bei Vollfinanzierung und bei wiederkehrender Förderung desselben Zuwendungszwecks) nur, wenn sich die Gesamtausgaben oder die Deckungsmittel insgesamt um mehr als 500 Euro ändern.

**3 Vergabe von Aufträgen**

3.1 Wenn die Zuwendung oder bei Finanzierung durch mehrere Stellen der Gesamtbetrag der Zuwendung mehr als 100 000 Euro beträgt, sind anzuwenden

- bei der Vergabe von Aufträgen für Bauleistungen den Abschnitt 1 des Teils A der Vergabe- und Vertragsordnung für Bauleistungen (VOB/A),

bestimmt ist. Zur Aufbewahrung können auch Bild- oder Datenträger verwendet werden. Das Aufnahme- und Wiedergabeverfahren muss den Grundsätzen ordnungsmäßiger Buchführung oder einer in der öffentlichen Verwaltung allgemein zugelassenen Regelung entsprechen.

6.6 Darf der Zuwendungsempfänger zur Erfüllung des Zuwendungszwecks Mittel an Dritte weiterleiten, sind die von den empfangenden Stellen ihm gegenüber zu erbringenden Verwendungs- und Zwischennachweise dem Verwendungs- oder Zwischennachweis nach Nr. 6.1 beizufügen.

**7 Prüfung der Verwendung**

7.1 Die Bewilligungsbehörde ist berechtigt, Bücher, Belege und sonstige Geschäftsunterlagen anzufordern sowie die Verwendung der Zuwendung durch örtliche Erhebungen zu prüfen oder durch Beauftragte prüfen zu lassen. Der Zuwendungsempfänger hat die erforderlichen Unterlagen bereitzuhalten und die notwendigen Auskünfte zu erteilen. In den Fällen der Nr. 6.6 sind diese Rechte der Bewilligungsbehörde auch dem Dritten gegenüber auszubedingen.

7.2 Unterhält der Zuwendungsempfänger eine eigene Prüfungseinrichtung, ist von dieser der Verwendungsnachweis vorher zu prüfen und die Prüfung unter Angabe ihres Ergebnisses zu bescheinigen.

7.3 Der Bundesrechnungshof ist berechtigt, bei den Zuwendungsempfängern zu prüfen (§§ 91, 100 BHO).

**8 Erstattung der Zuwendung, Verzinsung**

8.1 Die Zuwendung ist zu erstatten, soweit ein Zuwendungsbescheid nach Verwaltungsverfahrensrecht (insbesondere §§ 48, 49 VwVfG) oder anderen Rechtsvorschriften mit Wirkung für die Vergangenheit zurückgenommen oder widerrufen oder sonst unwirksam wird.

8.2 Nr. 8.1 gilt insbesondere, wenn

8.2.1 die Zuwendung durch unrichtige oder unvollständige Angaben erwirkt worden ist,

8.2.2 die Zuwendung nicht oder nicht mehr für den vorgesehenen Zweck verwendet wird,

8.2.3 eine auflösende Bedingung eingetreten ist (z.B. nachträgliche Ermäßigung der Ausgaben oder Änderung der Finanzierung nach Nr. 2).

8.3 Ein Widerruf mit Wirkung für die Vergangenheit kann auch in Betracht kommen, soweit der Zuwendungsempfänger

8.3.1 die Zuwendung nicht alsbald nach der Auszahlung zur Erfüllung des Zuwendungszwecks verwendet oder

8.3.2 Auflagen nicht oder nicht innerhalb einer gesetzten Frist erfüllt, insbesondere den vorgeschriebenen Verwendungsnachweis nicht rechtzeitig vorlegt sowie Mitteilungspflichten (Nr. 5) nicht rechtzeitig nachkommt.

8.4 Der Erstattungsbetrag ist nach Maßgabe des § 49a Abs. 3 VwVfG mit fünf Prozentpunkten über dem Basiszinssatz nach § 247 BGB jährlich zu verzinsen.

8.5 Werden Zuwendungen nicht alsbald nach der Auszahlung zur Erfüllung des Zuwendungszwecks verwendet und wird der Zuwendungsbescheid nicht zurückgenommen oder widerrufen, so können für die Zeit von der Auszahlung bis zur zweckentsprechenden Verwendung ebenfalls Zinsen in Höhe von fünf Prozentpunkten über dem Basiszinssatz nach § 247 BGB jährlich verlangt werden; entsprechendes gilt, soweit eine Leistung in Anspruch genommen wird, obwohl andere Mittel anteilig oder vorrangig einzusetzen sind (§ 49a Abs. 4 VwVfG). Eine alsbaldige Verwendung der Mittel liegt im Anforderungsverfahren jedenfalls nicht vor, wenn die Mittel nach Ablauf von mehr als sechs Wochen nach Auszahlung für fällige Zahlungen verbraucht werden.

# Anlage 3 zur VV Nr. 5.1 zu § 44 BHO

## Allgemeine Nebenbestimmungen für Zuwendungen zur Projektförderung an Gebietskörperschaften und Zusammenschlüsse von Gebietskörperschaften (ANBest-Gk)

Die ANBest-Gk enthalten Nebenbestimmungen im Sinne des § 36 des Verwaltungsverfahrensgesetzes (VwVfG) sowie notwendige Erläuterungen. Die Nebenbestimmungen sind Bestandteil des Zuwendungsbescheides, soweit dort nicht ausdrücklich etwas anderes bestimmt ist.

**Inhalt**



### 1 Anforderung und Verwendung der Zuwendung

1.1 Die Zuwendung ist wirtschaftlich und sparsam zu verwenden.

1.2 Alle mit dem Zuwendungszweck zusammenhängenden Einnahmen (insbesondere Zuwendungen, Leistungen Dritter) und der Eigenanteil des Zuwendungsempfängers sind als Deckungsmittel für alle mit dem Zuwendungszweck zusammenhängenden Ausgaben einzusetzen. Der Finanzierungsplan ist hinsichtlich des Gesamtergebnisses verbindlich. Die einzelnen Ausgabeansätze dürfen um bis zu 20 vom Hundert überschritten werden, soweit die Überschreitung durch entsprechende

Einsparungen bei anderen Einzelansätzen ausgeglichen werden kann. Beruht die Überschreitung eines Ausgabeansatzes auf behördlichen Bedingungen oder Auflagen, insbesondere im Rahmen des baurechtlichen Verfahrens, sind innerhalb des Gesamtergebnisses des Finanzierungsplans auch weitergehende Abweichungen zulässig. Die Sätze 2 bis 4 finden bei Festbetragsfinanzierung keine Anwendung.

1.3 Im Regelfall werden die Zuwendungen im Wege des Abrufverfahrens bereitgestellt. In diesen Fällen gelten die Regelungen der BNBest-Abruf.

Findet eine Teilnahme am Abrufverfahren nicht statt, werden die Zuwendungen wie folgt bereitgestellt:

Die Zuwendung darf nur insoweit und nicht eher angefordert werden, als sie alsbald nach der Auszahlung für fällige Zahlungen benötigt wird. Die Anforderung jedes Teilbetrages muss die zur Beurteilung des Mittelbedarfs erforderlichen Angaben enthalten. Im Übrigen darf die Zuwendung wie folgt in Anspruch genommen werden:

1.3.1 bei Anteil- oder Festbetragsfinanzierung jeweils anteilig mit etwaigen Zuwendungen anderer Zuwendungsgeber und den vorgesehenen eigenen und sonstigen Mitteln des Zuwendungsempfängers,

1.3.2 bei Fehlbedarfsfinanzierung, wenn die vorgesehenen eigenen und sonstigen Mittel des Zuwendungsempfängers verbraucht sind.

Wird ein zu deckender Fehlbedarf (Nr. 1.3.2) anteilig durch mehrere Zuwendungsgeber finanziert, so darf die Zuwendung jeweils nur anteilig mit den Zuwendungen der anderen Zuwendungsgeber angefordert werden.

1.4 Soweit die Zuwendung für ein Hochbauvorhaben bestimmt ist, kann sie bei Anteil- oder Festbetragsfinanzierung entsprechend dem Baufortschritt angefordert werden, und zwar 20 vom Hundert der Zuwendung nach Vergabe des Rohbauauftrags, 30 vom Hundert nach baurechtlicher Abnahme des Rohbaus, 40 vom Hundert nach baurechtlicher Schlussabnahme und 10 vom Hundert nach Vorlage des Verwendungsnachweises. Nr. 1.3 Satz 2 gilt entsprechend. Der Anforderung ist je eine Ausfertigung der in Betracht kommenden Abnahmebescheinigungen beizufügen.

1.5 Zahlungen vor Empfang der Gegenleistung dürfen nur vereinbart oder bewirkt werden, soweit dies allgemein üblich oder durch besondere Umstände gerechtfertigt ist.

1.6 Die Bewilligungsbehörde behält sich vor, den Zuwendungsbescheid mit Wirkung für die Zukunft zu widerrufen, wenn sich herausstellt, dass der Zuwendungszweck nicht zu erreichen ist.

**2 Nachträgliche Ermäßigung der Ausgaben oder Änderung der Finanzierung**

2.1 Ermäßigen sich nach der Bewilligung die in dem Finanzierungsplan veranschlagten Gesamtausgaben für den Zuwendungszweck, erhöhen sich die Deckungsmittel oder treten neue Deckungsmittel (z.B. Investitionszulagen) hinzu, so ermäßigt sich die Zuwendung

2.1.1 bei Anteilfinanzierung anteilig mit etwaigen Zuwendungen anderer Zuwendungsgeber und den vorgesehenen eigenen und sonstigen Mitteln des Zuwendungsempfängers,

2.1.2 bei Fehlbedarfs- und Vollfinanzierung um den vollen in Betracht kommenden Betrag.

2.2 Nr. 2.1 gilt (ausgenommen bei Vollfinanzierung und bei wiederkehrender Förderung desselben Zuwendungszwecks) nur, wenn sich die Gesamtausgaben oder die Deckungsmittel insgesamt um mehr als 500 Euro ändern.

**3 Vergabe von Aufträgen**

Soweit auf die Vergabe von Aufträgen die Vorschriften des vierten Teils des Gesetzes gegen Wettbewerbsbeschränkungen (GWB) nicht anzuwenden sind, weil die jeweiligen Auftragswerte die Schwellenwerte (§ 106 GWB) nicht erreichen oder nicht überschreiten, sind bei der Vergabe von Aufträgen die nach den einschlägigen haushaltsrechtlichen Bestimmungen des Zuwendungsempfängers anzuwendenden Vergabegrundsätze zu beachten..

**4 Zur Erfüllung des Zuwendungszwecks beschaffte Gegenstände**

Gegenstände, die zur Erfüllung des Zuwendungszwecks erworben oder hergestellt werden, sind für den Zuwendungszweck zu verwenden und sorgfältig zu behandeln. Der Zuwendungsempfänger darf über sie vor Ablauf der im Zuwendungsbescheid festgelegten zeitlichen Bindung nicht anderweitig verfügen.

**5 Mitteilungspflichten des Zuwendungsempfängers**

Der Zuwendungsempfänger ist verpflichtet, unverzüglich der Bewilligungsbehörde anzuzeigen, wenn

5.1 er nach Vorlage des Finanzierungsplans – auch nach Vorlage des Verwendungsnachweises – weitere Zuwendungen für denselben Zweck bei anderen öffentlichen Stellen beantragt oder von ihnen erhält oder wenn er – ggf. weitere – Mittel von Dritten erhält,

5.2 der Verwendungszweck oder sonstige für die Bewilligung der Zuwendung maßgebliche Umstände sich ändern oder wegfallen,

5.3 sich herausstellt, dass der Zuwendungszweck nicht oder mit der bewilligten Zuwendung nicht zu erreichen ist,

5.4 die angeforderten oder ausgezahlten Beträge alsbald nach der Auszahlung für fällige Zahlungen verbraucht werden können,

5.5 Gegenstände nicht mehr entsprechend dem Zuwendungszweck verwendet oder nicht mehr benötigt werden.

**6 Nachweis der Verwendung**

6.1 Die Verwendung der Zuwendung ist innerhalb von einem Jahr nach Erfüllung des Zuwendungszwecks, spätestens jedoch ein Jahr nach Ablauf des Bewilligungszeitraums der Bewilligungsbehörde nachzuweisen (Verwendungsnachweis). Ist der Zuwendungszweck nicht innerhalb eines Jahres erfüllt, ist auf Verlangen der Bewilligungsbehörde ein Zwischennachweis in Form des Verwendungsnachweises vorzulegen.

6.2 Der Verwendungsnachweis besteht aus einem Sachbericht und einem zahlenmäßigen Nachweis.

6.3 In dem Sachbericht sind die Verwendung der Zuwendung sowie das erzielte Ergebnis kurz darzustellen und den vorgegebenen Zielen gegenüberzustellen. Im Sachbericht ist auf die wichtigsten Positionen des zahlenmäßigen Nachweises einzugehen. Ferner ist die Notwendigkeit und Angemessenheit der geleisteten Arbeit zu erläutern. Dem Sachbericht sind die Berichte der von dem Zuwendungsempfänger beteiligten technischen Dienststellen beizufügen.

6.4 In dem zahlenmäßigen Nachweis sind die Einnahmen und Ausgaben entsprechend der Gliederung des Finanzierungsplans summarisch auszuweisen. Der Nachweis muss alle mit dem Zuwendungszweck zusammenhängenden Einnahmen (Zuwendungen, Leistungen Dritter, eigene Mittel) und Ausgaben enthalten. Soweit der Zuwendungsempfänger die Möglichkeit zum Vorsteuerabzug nach § 15 des Umsatzsteuergesetzes hat, dürfen nur die Entgelte (Preise ohne Umsatzsteuer) berücksichtigt werden.

6.5 Darf der Zuwendungsempfänger zur Erfüllung des Zuwendungszwecks Mittel an Dritte (Nichtgebietskörperschaften) weiterleiten, sind die von den empfangenden Stellen ihm gegenüber zu erbringenden Verwendungs- und Zwischennachweise dem Verwendungsnachweis oder Zwischennachweis nach Nr. 6.1 beizufügen.

### 7 Prüfung der Verwendung

7.1 Die Bewilligungsbehörde ist berechtigt, Bücher, Belege und sonstige Geschäftsunterlagen anzufordern sowie die Verwendung der Zuwendung durch örtliche Erhebungen zu prüfen oder durch Beauftragte prüfen zu lassen. Der Zuwendungsempfänger hat die erforderlichen Unterlagen bereitzuhalten und die notwendigen Auskünfte zu erteilen. In den Fällen der Nr. 6.5 sind diese Rechte der Bewilligungsbehörde auch dem Dritten gegenüber auszubedingen.

7.2 Unterhält der Zuwendungsempfänger eine eigene Prüfungseinrichtung, ist von dieser der Verwendungsnachweis vorher zu prüfen und die Prüfung unter Angabe ihres Ergebnisses zu bescheinigen. Dies gilt nicht bei Zuwendungen des Bundes an ein Land.

7.3 Der Bundesrechnungshof ist berechtigt, bei den Zuwendungsempfängern zu prüfen (§§ 91, 100 BHO).

### 8 Erstattung der Zuwendung, Verzinsung

8.1 Die Zuwendung ist zu erstatten, soweit ein Zuwendungsbescheid nach Verwaltungsverfahrensrecht (insbesondere §§ 48, 49 VwVfG) oder anderen Rechtsvorschriften mit Wirkung für die Vergangenheit zurückgenommen oder widerrufen oder sonst unwirksam wird.

8.2 Nr. 8.1 gilt insbesondere, wenn

8.2.1 die Zuwendung durch unrichtige oder unvollständige Angaben erwirkt worden ist,

8.2.2 die Zuwendung nicht oder nicht mehr für den vorgesehenen Zweck verwendet wird,

8.2.3 eine auflösende Bedingung eingetreten ist (z.B. nachträgliche Ermäßigung der Ausgaben oder Änderung der Finanzierung nach Nr. 2).

8.3 Ein Widerruf mit Wirkung für die Vergangenheit kann auch in Betracht kommen, soweit der Zuwendungsempfänger

8.3.1 die Zuwendung nicht alsbald nach der Auszahlung zur Erfüllung des Zuwendungszwecks verwendet oder

8.3.2 Auflagen nicht oder nicht innerhalb einer gesetzten Frist erfüllt, insbesondere den vorgeschriebenen Verwendungsnachweis nicht rechtzeitig vorlegt sowie Mitteilungspflichten (Nr. 5) nicht rechtzeitig nachkommt.

8.4 Der Erstattungsbetrag ist nach Maßgabe des § 49a Abs. 3 VwVfG mit fünf Prozentpunkten über dem Basiszinssatz nach § 247 BGB jährlich zu verzinsen.

8.5 Werden Zuwendungen nicht alsbald nach der Auszahlung zur Erfüllung des Zuwendungszwecks verwendet und wird der Zuwendungsbescheid nicht zurückgenommen oder widerrufen, so können für die Zeit von der Auszahlung bis zur zweckentsprechenden Verwendung ebenfalls Zinsen in Höhe von fünf Prozentpunkten über dem Basiszinssatz nach § 247 BGB jährlich verlangt werden; entsprechendes gilt, soweit eine Leistung in Anspruch genommen wird, obwohl andere Mittel anteilig oder vorrangig einzusetzen sind (§ 49a Abs. 4 VwVfG). Eine alsbaldige Verwendung der Mittel liegt im Anforderungsverfahren jedenfalls nicht vor, wenn die Mittel nach Ablauf von mehr als sechs Wochen nach Auszahlung für fällige Zahlungen verbraucht werden.

## Anlage 4 zur VV Nr. 5.1 zu § 44 BHO

### Allgemeine Nebenbestimmungen für Zuwendungen zur Projektförderung auf Kostenbasis (ANBest-P-Kosten)

Die ANBest-P-Kosten enthalten Nebenbestimmungen im Sinne des § 36 des Verwaltungsverfahrensgesetzes (VwVfG) sowie notwendige Erläuterungen. Die Nebenbestimmungen sind Bestandteil des Zuwendungsbescheides, soweit dort nicht ausdrücklich etwas anderes bestimmt ist.

**Inhalt**



**1 Anforderung und Verwendung der Zuwendung**

1.1 Die Zuwendung ist wirtschaftlich und sparsam zu verwenden.

1.2 Alle mit dem Zuwendungszweck zusammenhängenden Einnahmen/Erträge (z.B. Zuwendungen, Leistungen Dritter und Nebenerträge) und der Eigenanteil des Zuwendungsempfängers sind als Deckungsmittel für alle mit dem Zuwendungszweck zusammenhängenden Kosten einzusetzen. Die Vorkalkulation ist hinsichtlich der Gesamtkosten als Höchstbetrag (Selbstkostenhöchstbetrag) verbindlich.

Innerhalb des Höchstbetrages sind Abweichungen über 20 vom Hundert von den Ansätzen der Vorkalkulation nur zulässig, wenn die Bewilligungsbehörde vorher zugestimmt hat.

1.3 Die Anforderung der Zuwendung richtet sich nach den anfallenden Kosten. Die Anforderung jedes Teilbetrages muss die zur Beurteilung des Mittelbedarfs erforderlichen Angaben enthalten. Im Übrigen darf die Zuwendung jeweils nur anteilig mit etwaigen Zuwendungen anderer Zuwendungsgeber und den vorgesehenen eigenen Mitteln des Zuwendungsempfängers in Anspruch genommen werden.

1.4 Die Bewilligungsbehörde behält sich vor, den Zuwendungsbescheid mit Wirkung für die Zukunft zu widerrufen, wenn sich herausstellt, dass der Zuwendungszweck nicht zu erreichen ist.

**2 Nachträgliche Ermäßigung der Kosten oder Änderung der Finanzierung**

Ermäßigen sich nach der Bewilligung die in der Vorkalkulation veranschlagten Gesamtkosten für den Zuwendungszweck, erhöhen sich die Deckungsmittel oder treten neue Deckungsmittel (z.B. Investitionszulagen) hinzu, so ermäßigt sich die Zuwendung,

2.1 bei Anteilfinanzierung anteilig mit etwaigen Zuwendungen anderer Zuwendungsgeber und den vorgesehenen eigenen Mitteln des Zuwendungsempfängers,

2.2 bei Vollfinanzierung um den vollen in Betracht kommenden Betrag.

**3 Vergabe von Aufträgen**

Der Zuwendungsempfänger hat Aufträge nur an fachkundige und leistungsfähige Anbieter nach wettbewerblichen Gesichtspunkten zu wirtschaftlichen Bedingungen zu vergeben. Soweit möglich, sind dazu mindestens drei Angebote einzuholen.

**4 Mitteilungspflichten des Zuwendungsempfängers**

Der Zuwendungsempfänger ist verpflichtet, unverzüglich der Bewilligungsbehörde anzuzeigen, wenn

4.1 er nach Vorlage der Vorkalkulation weitere Zuwendungen für denselben Zweck bei anderen öffentlichen Stellen beantragt oder von ihnen erhält oder wenn er – ggf. weitere – Mittel von Dritten erhält,

4.2 sich gegenüber der Vorkalkulation eine Ermäßigung um mehr als 7,5 vom Hundert der Gesamtkosten oder um mehr als 10 000 Euro oder sich eine Änderung der Finanzierung um mehr als 10 000 Euro ergibt,

4.3 der Verwendungszweck oder sonstige für die Bewilligung der Zuwendung maßgebliche Umstände sich ändern oder wegfallen,

4.4 sich herausstellt, dass der Zuwendungszweck nicht oder mit der bewilligten Zuwendung nicht zu erreichen ist,

4.5 die angeforderten oder ausgezahlten, sich nicht auf kalkulatorische Kosten beziehenden Beträge nicht alsbald nach der Auszahlung für fällige Zahlungen verbraucht werden können,

4.6 Sonderbetriebsmittel vor Beendigung des Vorhabens nicht mehr entsprechend dem Zuwendungszweck verwendet oder nicht mehr benötigt werden,

4.7 sich nach Vorlage des Verwendungsnachweises noch Kostengutschriften/Erträge ergeben oder wenn er noch weitere Deckungsmittel im Sinne der Nr. 1.2 erhält,

4.8 ein Insolvenzverfahren über sein Vermögen beantragt oder eröffnet wird.

**5 Abrechnung nach Selbstkosten**

5.1 Nach Maßgabe des Zuwendungsbescheids und dieser Nebenbestimmungen dürfen nur die durch das Vorhaben verursachten, angemessenen und nachzuweisenden Selbstkosten verrechnet werden, die bei wirtschaftlicher Betriebsführung im Bewilligungszeitraum entstanden sind. Übersteigen die tatsächlichen Selbstkosten des Vorhabens den Selbstkostenhöchstbetrag, so hat der Zuwendungsempfänger den Mehrbetrag selbst zu tragen.

5.2 Die Selbstkosten sind nach den Leitsätzen für die Preisermittlung auf Grund von Selbstkosten – LSP – (Anlage zur Verordnung PR Nr. 30/53 vom 21. November 1953 – Bundesanzeiger Nr. 244 vom 18. Dezember 1953) in der jeweils geltenden Fassung zu ermitteln.

5.3 Nicht zuwendungsfähig sind:

5.3.1 die Vertriebskosten einschließlich Werbekosten,

5.3.2 die Gewerbesteuer,

5.3.3 die Kosten der freien Forschung und Entwicklung (Nrn. 27 und 28 LSP),

5.3.4 die Kosten für Einzelwagnisse (Nrn. 47 bis 50 LSP),

5.3.5 der kalkulatorische Gewinn (Nrn. 51 und 52 LSP),

5.3.6 der Zinsanteil in den Zuführungen zu den Pensionsrückstellungen.

5.4 Eingeräumte Skonti sind bei der Ermittlung der Einstandspreise der für das Vorhaben besonders beschafften Gegenstände und der erbrachten sonstigen Fremdleistungen abzusetzen.

5.5 Werden für Teilleistungen an Stelle von Selbstkosten Preise für marktgängige Leistungen (ohne USt) zu Grunde gelegt, sind diese um zehn vom Hundert für nicht zuwendungsfähige Kosten (Nr. 5.3) zu kürzen. Die Teilleistungen sind in der Nachkalkulation (siehe Nr. 7.4) gesondert auszuweisen.

5.6 Kosten für Sonderbetriebsmittel (Nr. 14 LSP) dürfen nur abgerechnet werden, soweit sie vorher von der Bewilligungsbehörde als zuwendungsfähig anerkannt worden sind. Zu den Sonderbetriebsmitteln gehören keine Gegenstände der betriebsüblichen Grundausstattung. Ergänzend gilt Folgendes:

5.6.1 Der Zuwendungsempfänger hat nach Beendigung des Vorhabens für Sonder-betriebsmittel einen Restwertausgleich zu leisten. Ein etwaiger Ausgleichsanspruch ist in sinngemäßer Anwendung der Nr. 9.4 zu verzinsen.

Werden Sonderbetriebsmittel bereits vor Erfüllung des Zuwendungszwecks für das Vorhaben nicht mehr benötigt, so ist der Restwertausgleich unverzüglich zu leisten.

5.6.2 Entwicklungsgegenstände (Versuchsmuster, Prototypen und dergl.), die im Rahmen des Vorhabens hergestellt werden, werden wie Sonderbetriebsmittel behandelt.

## 6 Pauschalierte Abrechnung

Der Zuwendungsempfänger rechnet, soweit im Zuwendungsbescheid auf seinen Antrag hin eine pauschalierte Abrechnung zugelassen ist, die zuwendungsfähigen Kosten nach folgenden Regelungen ab.

6.1 Zuwendungsfähig sind folgende Einzelkosten:

6.1.1 Materialkosten,

6.1.2 Kosten für Fremdleistungen,

6.1.3 Personalkosten, ermittelt aus den einkommen-/lohnsteuerpflichtigen Bruttolöhnen und -gehältern je Kalenderjahr ohne Arbeitgeberanteile zur Sozialversicherung und ohne umsatz- oder gewinnabhängige Zuschläge. Soweit Geschäftsführer bzw. Vorstandsmitglieder o.ä. Leitungspersonal im Vorhaben tätig werden, dürfen hierfür nur Personaleinzelkosten von entsprechenden leitenden Mitarbeitern im Projekt (z.B. Projektleiter) verrechnet werden; dies gilt auch für ohne feste Entlohnung tätige Unternehmer. Aus der Division der ermittelten Jahreslöhne/-gehälter durch die theoretisch möglichen Jahresarbeitsstunden (ohne Abzug von Fehlzeiten) laut Tarifvertrag/Betriebsvereinbarung/Arbeitsvertrag ist ein Stundensatz zu bilden. Soweit die tatsächlich geleisteten Gesamtstunden über den tarifvertraglich/betrieblich/arbeitsvertraglich vereinbarten Gesamtstunden liegen, ergibt sich der Stundensatz durch Division des Jahresgehalts durch die tatsächlich geleisteten Stunden.

An Personaleinzelkosten dürfen nur die direkt für das Vorhaben geleisteten und durch Zeitaufschreibungen erfassten Stunden (produktive Stunden) durch Multiplikation mit dem gemäß Absatz 1 gebildeten jahresbezogenen Stundensatz abgerechnet werden. Für Personen, die nicht ausschließlich für das Vorhaben eingesetzt werden, dürfen anteilmäßig nur die vorhabenbezogenen produktiven Stunden im Verhältnis zu den produktiv geleisteten Gesamtstunden abgerechnet werden,

6.1.4 Reisekosten,

6.1.5 Abschreibungen von den Anschaffungspreisen oder Herstellkosten auf vorhabenspezifische Anlagen.

Die Kosten nach den Nrn. 6.1.1. bis 6.1.5 sind unter Beachtung der Nrn. 5.1 bis 5.5 zu ermitteln.

6.2 Die übrigen durch das Vorhaben verursachten Kosten werden pauschal durch einen Zuschlag von 120 vom Hundert auf die Personaleinzelkosten nach Nr. 6.1.3 abgegolten. Mit dem Zuschlag sind insbesondere auch Personalkosten für Feiertage, Urlaub, Krankheit und sonstige Fehlzeiten sowie Arbeitgeberbeiträge zur Sozialversicherung abgegolten.

**7 Nachweis der Verwendung**

7.1 Die Verwendung der Zuwendung ist innerhalb von sechs Monaten nach Erfüllung des Zuwendungszwecks, spätestens jedoch mit Ablauf des sechsten auf den Bewilligungszeitraum folgenden Monats der Bewilligungsbehörde nachzuweisen (Verwendungsnachweis). Ist der Zuwendungszweck nicht bis zum Ablauf des Haushaltsjahres erfüllt, ist binnen vier Monaten nach Ablauf des Haushaltsjahres ein Zwischennachweis zu führen. Sachberichte als Teil eines Zwischennachweises gemäß Nr. 7.2 dürfen mit dem nächst fälligen Sachbericht verbunden werden, wenn der Berichtszeitraum für ein Haushaltsjahr drei Monate nicht überschreitet.

7.2 Der Zwischen- und der Verwendungsnachweis bestehen aus einem Sachbericht und einem zahlenmäßigen Nachweis.

7.3 In dem Sachbericht sind die Verwendung der Zuwendung sowie das erzielte Ergebnis im Einzelnen darzustellen und den vorgegebenen Zielen gegenüberzustellen. Im Sachbericht ist auf die wichtigsten Positionen des zahlenmäßigen Nachweises einzugehen. Ferner ist die Notwendigkeit und Angemessenheit der geleisteten Arbeit zu erläutern.

7.4 Der zahlenmäßige Nachweis besteht aus einer Nachkalkulation und einem Nachweis über die Finanzierung des Vorhabens. Die Nachkalkulation ist in derselben Form wie die Vorkalkulation zu gliedern. Im

Falle einer pauschalierten Abrechnung nach Nr. 6 ist der Nachkalkulation eine Übersicht über die abgerechneten Personalkosten mit den Stundennachweisen (Nr. 6.1.3) beizufügen.

7.5 Der Zuwendungsempfänger hat die Finanzierung des Vorhabens nachzuweisen. Dabei sind aufgegliedert anzugeben

7.5.1 die Eigenbeteiligung des Zuwendungsempfängers,

7.5.2 die Zuwendung der Bewilligungsbehörde, andere Zuwendungen und sonstige Finanzierungsbeiträge aus öffentlichen und privaten Mitteln,

7.5.3 sonstige Einnahmen/Erträge, die mit dem Vorhaben im Zusammenhang stehen,

7.5.4 unentgeltliche Sach- und Dienstleistungen Dritter.

Abweichungen gegenüber der im Zuwendungsantrag dargelegten Finanzierung sind darzustellen.

7.6 Der Zuwendungsempfänger hat die Rechnungsunterlagen fünf Jahre nach Vorlage des Verwendungsnachweises aufzubewahren, sofern nicht nach steuerrechtlichen oder anderen Vorschriften eine längere Aufbewahrungsfrist bestimmt ist. Zur Aufbewahrung können auch Bild- oder Datenträger verwendet werden. Das Aufnahme- und Wiedergabeverfahren muss den Grundsätzen ordnungsmäßiger Buchführung entsprechen.

7.7 Erbringt der Zuwendungsempfänger den Verwendungsnachweis nicht auf der Grundlage eines geordneten Rechnungswesens im Sinne der Nr. 2 LSP, so wird die Zuwendung nachträglich nach den von dem Zuwendungsempfänger nachzuweisenden zuwendungsfähigen Ausgaben bemessen, soweit sie dem Bewilligungszeitraum und dem Vorhaben als wirtschaftlich angemessen zuzurechnen sind. Für zuviel erhaltene Beträge findet Nr. 2 sinngemäß Anwendung.

**8 Prüfung der Verwendung**

8.1 Die Bewilligungsbehörde ist berechtigt, Bücher, Belege und sonstige Geschäftsunterlagen anzufordern sowie die Verwendung der Zuwendung durch örtliche Erhebungen zu prüfen oder durch Beauftragte prüfen zulassen. Der Zuwendungsempfänger hat die erforderlichen Unterlagen bereitzuhalten und die notwendigen Auskünfte zu erteilen.

8.2 Der Bundesrechnungshof ist berechtigt, bei den Zuwendungsempfängern zu prüfen (§§ 91, 100 BHO).

**9 Erstattung der Zuwendung, Verzinsung**

9.1 Die Zuwendung ist zu erstatten, soweit ein Zuwendungsbescheid nach Verwaltungsverfahrensrecht (insbesondere §§ 48, 49 VwVfG) oder anderen Rechtsvorschriften mit Wirkung für die Vergangenheit zurückgenommen oder widerrufen oder sonst unwirksam wird.

9.2 Nr. 9.1 gilt insbesondere, wenn

9.2.1 die Zuwendung durch unrichtige oder unvollständige Angaben erwirkt worden ist,

9.2.2 die Zuwendung nicht oder nicht mehr für den vorgesehenen Zweck verwendet wird,

9.2.3 eine auflösende Bedingung eingetreten ist (z.B. nachträgliche Ermäßigung der Kosten oder Änderung der Finanzierung nach Nr. 2).

9.3 Ein Widerruf mit Wirkung für die Vergangenheit kann auch in Betracht kommen, soweit der Zuwendungsempfänger

9.3.1 die Zuwendung – mit Ausnahme der sich auf kalkulatorische Kosten beziehenden Beträge – nicht alsbald nach Auszahlung zur Erfüllung des Zuwendungszwecks verwendet oder

9.3.2 Auflagen nicht oder nicht innerhalb einer gesetzten Frist erfüllt, insbesondere den vorgeschriebenen Verwendungsnachweis nicht rechtzeitig vorlegt sowie Mitteilungspflichten (Nr. 4) nicht rechtzeitig nachkommt.

9.4 Der Erstattungsbetrag ist nach Maßgabe des § 49a VwVfG mit fünf Prozentpunkten über dem Basiszinssatz nach § 247 BGB jährlich zu verzinsen.

9.5 Werden Zuwendungen nach Nr. 9.3.1 nicht alsbald nach der Auszahlung zur Erfüllung des Zuwendungszwecks verwendet und wird der Zuwendungsbescheid nicht zurückgenommen oder widerrufen, so können für die Zeit von der Auszahlung bis zur zweckentsprechenden Verwendung ebenfalls Zinsen in Höhe von fünf Prozentpunkten über dem Basiszinssatz nach § 247 BGB jährlich verlangt werden; entsprechendes gilt, soweit eine Leistung in Anspruch genommen wird, obwohl andere Mittel anteilig oder vorrangig einzusetzen sind (§ 49a Abs. 4 VwVfG). Eine alsbaldige Verwendung der Mittel liegt im Anforderungsverfahren jedenfalls nicht vor, wenn die Mittel nach Ablauf von mehr als sechs Wochen nach Auszahlung für fällige Zahlungen verbraucht werden.

## Anlage zur VV Nr. 8.9 zu § 44 BHO

### Erhebung von Zinsen für die Zeiträume bis zum Inkrafttreten des Hüttenknappschaftlichen Zusatzversicherungs-Neuregelungs-Gesetzes (HZvNG) vom 21. Juni 2002 (BGBl. I S. 2167) am 29. Juni 2002

1 Die Erhebung von Zinsen wegen des Anspruchs auf Erstattung von Leistungen, die vor Inkrafttreten des Gesetzes zur Änderung verwaltungsverfahrensrechtlicher Vorschriften vom 2. Mai 1996 (BGBl. I S. 656) am 21. Mai 1996 erbracht wurden, richtet sich nach den vor Inkrafttreten dieses Gesetzes geltenden Bestimmungen (§ 44a BHO).

§ 44a BHO in der vor dem 21. Mai 1996 geltenden Fassung lautete:
§ 44a – Widerruf von Zuwendungsbescheiden, Erstattung und Verzinsung

(1) Werden Zuwendungen entgegen dem im Zuwendungsbescheid bestimmten Zweck verwendet oder werden mit der Zuwendung verbundene Auflagen nicht oder nicht innerhalb einer dem Zuwendungsempfänger gesetzten Frist erfüllt, kann der Zuwendungsbescheid ganz oder teilweise mit Wirkung für die Zukunft oder für die Vergangenheit widerrufen werden. Eine nicht zweckentsprechende Verwendung liegt auch vor, wenn Zuwendungen nicht oder nicht mehr für den vorgesehenen Zweck oder nicht alsbald nach der Auszahlung hierfür verwendet werden.

(2) Soweit ein Zuwendungsbescheid nach Absatz 1 widerrufen oder nach sonstigen Rechtsvorschriften mit Wirkung für die Vergangenheit zurückgenommen, widerrufen oder infolge Eintritts einer auflösenden Bedingung unwirksam wird, ist die Zuwendung zu erstatten. Hat der Zuwendungsempfänger die Umstände, die zur Rücknahme, zum Widerruf oder zur Unwirksamkeit des Zuwendungsbescheids geführt haben, nicht zu vertreten, so gelten für den Umfang der Erstattung mit Ausnahme der Verzinsung die Vorschriften des Bürgerlichen Gesetzbuches über die Herausgabe einer ungerechtfertigten Bereicherung entsprechend. Auf den Wegfall der Bereicherung kann sich der Zuwendungsempfänger nicht berufen, soweit er die Umstände kannte oder infolge grober Fahrlässigkeit nicht kannte, die zum Entstehen des Erstattungsanspruchs geführt haben.

(3) Der Erstattungsanspruch ist mit seiner Entstehung fällig und von diesem Zeitpunkt an mit 6 vom Hundert für das Jahr zu verzinsen. Von der Zinsforderung kann abgesehen werden, wenn der Zuwendungsempfänger die Umstände, die zum Entstehen des Erstattungsanspruchs geführt haben, nicht zu vertreten hat und die Erstattung innerhalb der von der Bewilligungsbehörde festgesetzten Frist leistet. Das Bundesministerium der Finanzen kann durch Verwaltungsvorschrift für einzelne Zuwendungsbereiche oder durch Entscheidung im Einzelfall weitergehende Ausnahmen zulassen. Werden Zuwendungen nicht alsbald nach der Auszahlung zur Erfüllung des Zuwendungszwecks verwendet und wird der Zuwendungsbescheid nicht widerrufen, können für die Zeit bis zur zweckentsprechenden Verwendung Zinsen nach Satz 1 verlangt werden.

2 Für die nach Inkrafttreten des vorstehend unter Nr. 1 genannten Gesetzes erbrachten Leistungen galt gem. § 49a Abs. 3 VwVfG eine Verzinsung in Höhe von 3 vom Hundert über dem jeweiligen Diskontsatz der Deutschen Bundesbank. Der Diskontsatz wurde im Weiteren wie folgt ersetzt.

- Ab dem 1. Januar 1999 trat gemäß § 1 Diskontsatz-Überleitungs-Gesetz (DÜG) an die Stelle des Diskontsatzes der Deutschen Bundesbank der jeweilige Basiszinssatz
  (Verzinsung: 3 Prozentpunkte über dem Basiszinssatz nach dem DÜG).
- Ab dem 4. April 2002 wurde durch das an diesem Tag in Kraft getretene Versicherungskapitalanlagen-Bewertungsgesetz (VersKapAG) das DÜG aufgehoben und an die Stelle des Diskontsatzes und des Basiszinssatzes gemäß DÜG trat der Basiszinssatz gemäß § 247 BGB
  (Verzinsung: 3 Prozentpunkte über dem Basiszinssatz nach § 247 Abs. 1 BGB).
- Ab dem 29. Juni 2002 gilt die im Hüttenknappschaftlichen Zusatzversicherungs-Neuregelungs-Gesetzes (HZvNG) enthaltene Änderung des § 49a Abs. 3 VwVfG
  (Verzinsung: 5 Prozentpunkte über dem Basiszinssatz nach § 247 Abs. 1 BGB).

3 Für die auf Grundlage der bisherigen Regelungen ergangenen Zuwendungsbescheide gilt:

Wurde im Zuwendungsbescheid ein fester Prozentsatz für die Verzinsung festgelegt (z.B.: „der Erstattungsbetrag ist nach Maßgabe des § 49a Abs. 3. VwVfG mit drei vom Hundert über dem jeweiligen Basiszinssatz nach § 1 des DÜG jährlich zu verzinsen"), tritt die Veränderung des Zinssatzes aufgrund der Änderung des § 49a Abs. 3 VwVfG nicht ein. Die unter Nr. 2 dargestellten Veränderungen der Rechtslage nach dem DÜG sind dagegen zu berücksichtigen."

# Anlage zu VV Nr. 15.7 zu § 44 BHO

## Grundsätze für Förderrichtlinien für Zuwendungen zu Projektförderungen

**I. Gliederungsschema**

1. Förderziel und Zuwendungszweck
2. Gegenstand der Förderung
3. Zuwendungsempfänger
4. Besondere Zuwendungsvoraussetzungen
5. Art und Umfang, Höhe der Zuwendungen
6. Sonstige Zuwendungsbestimmungen
7. Verfahren
8. Geltungsdauer

**II. Allgemeine Hinweise**

Förderrichtlinien sollen ein einheitliches Verwaltungshandeln für eine Vielzahl von Förderfällen sicherstellen. Hierbei sind die Vorgaben der §§ 23 und 44 BHO einzuhalten. Förderrichtlinien können enthalten:

- Ausführungen zur Förderung,
- Ergänzungen und Hinweise zur Ausübung von Wahlmöglichkeiten zu den in den Verwaltungsvorschriften zu §§ 23, 44 BHO enthaltenen Regelungen,
- Abweichungen von den Verwaltungsvorschriften zu § 44 BHO (mit BMF-Zustimmung).

Durch die Vorgabe eines Gliederungsschemas sollen die Richtlinien vereinheitlicht, gestrafft und Aufstellung, Überprüfung und ggf. Berichtigung vereinfacht werden.

**III. Erläuterungen zum Gliederungsschema**

**Zu 1. Förderziel und Zuwendungszweck**

Beschreibung von Förderziel und Zuwendungszweck.
VV Nr. 1.5 zu § 44 i.V.m. VV Nr. 3.5 zu § 23 BHO
*Beispiel:* Der Bund gewährt nach Maßgabe dieser Richtlinien und der Allgemeinen Verwaltungsvorschriften zu §§ 23, 44 BHO Zuwendungen für ...
Es ist regelmäßig folgende Formulierung aufzunehmen: „Ein Anspruch auf Gewährung der Zuwendung besteht nicht. Vielmehr entscheidet die Bewilligungsbehörde aufgrund ihres pflichtgemäßen Ermessens im Rahmen der verfügbaren Haushaltsmittel."

**Zu 2. Gegenstand der Förderung**

Es ist anzugeben, welche Maßnahmen im Einzelnen gefördert werden sollen. Darüber hinaus können Kriterien festgelegt werden, anhand derer der Erfolg der geförderten Maßnahme auch im Hinblick auf die Erreichung der förderpolitischen Zielsetzung geprüft werden kann (VV Nr. 11a zu § 44 BHO).

**Zu 3. Zuwendungsempfänger**

Jede Förderrichtlinie soll den Kreis der Zuwendungsempfänger abschließend bezeichnen. Sofern die Zuwendung an Dritte weitergeleitet werden soll, sind die von der Bewilligungsbehörde zu beachtenden Verfahrensvorschriften in der Förderrichtlinie näher auszugestalten (VV Nr. 12 zu § 44 BHO).

**Zu 4. Besondere Zuwendungsvoraussetzungen**

Die allgemeinen zuwendungsrechtlichen Bewilligungsvoraussetzungen (VV Nr. 1 zu § 44 BHO) abändernde oder über diese hinausgehende Regelungen sind in die Förderrichtlinie aufzunehmen.

**Zu 5. Art und Umfang, Höhe der Zuwendung**

Hier sind festzulegen:

5.1 Zuwendungsart
Institutionelle Förderung, Projektförderung
VV Nr. 2 zu § 23 BHO

5.2 Finanzierungsart
- Teilfinanzierung
- Anteilfinanzierung
- Fehlbedarfsfinanzierung
- Festbetragsfinanzierung
- Vollfinanzierung

VV Nrn. 2.1 bis 2.4 zu § 44 BHO
Eine einheitliche Entscheidungspraxis wird erleichtert, wenn die Finanzierungsart in der Förderrichtlinie vorgegeben ist. Daher ist es vorteilhaft, für den Regelfall die Finanzierungsart bereits in der Richtlinie festzulegen.

5.3 Finanzierungsform
Hier ist festzulegen, ob die Zuwendung als
- Zuschuss (eventuell bedingt rückzahlbar) oder
- Darlehen (unbedingt oder bedingt rückzahlbar) gewährt werden soll.

VV Nr. 1.1 zu § 44 BHO
Sollen die Zuwendungen als Darlehen gewährt werden, müssen die Darlehenskonditionen in der Förderrichtlinie festgelegt werden.

5.4 Zuwendungsfähige Ausgaben oder Kosten
Um eine einheitliche Entscheidungspraxis sicherzustellen, sind in der Förderrichtlinie die zuwendungsfähigen Ausgaben oder Kosten möglichst konkret zu bezeichnen.

**Zu 6. Sonstige Zuwendungsbestimmungen**

Nebenbestimmungen förderspezifischer Natur, die als besondere Nebenbestimmungen in den jeweiligen Zuwendungsbescheid aufzunehmen sind (z.B. VV Nr. 5.2 zu § 44 BHO).

**Zu 7. Verfahren**

Hier sind folgende Verfahren zu regeln:

7.1 Antragsverfahren
- Antragstellung (z.B. Muster, Termine)
- Antragsweg (z.B. fachliche Beteiligung anderer Stellen)
- Antragsunterlagen (z.B. Umfang der Antragsunterlagen)

VV Nr. 3 zu § 44 BHO

7.2 Bewilligungsverfahren
In den Förderrichtlinien sind nur die von den VV zu § 44 BHO abweichenden oder sie ergänzenden Regelungen aufzunehmen (z.B. Bewilligungsbehörden, Muster für Zuwendungsbescheide).
VV Nr. 4 zu § 44 BHO

7.3 Anforderungs- und Auszahlungsverfahren
Abweichungen von den VV zu § 44 BHO können nur in begründeten Fällen zugelassen werden.
VV Nr. 7 zu § 44 BHO

7.4 Verwendungsnachweisverfahren
Abweichungen von den VV zu § 44 BHO können nur in begründeten Fällen zugelassen werden.
VV Nr. 10 zu § 44 BHO

7.5 Zu beachtende Vorschriften
Hier ist regelmäßig folgende Standardklausel aufzunehmen:
„Für die Bewilligung, Auszahlung und Abrechnung der Zuwendung sowie für den Nachweis und die Prüfung der Verwendung und die ggf. erforderliche Aufhebung des Zuwendungsbescheides und die Rückforderung der gewährten Zuwendung gelten die §§ 48 bis 49a Verwaltungsverfahrensgesetz (VwVfG), die §§ 23, 44 BHO und die hierzu erlassenen Allgemeinen Verwaltungsvorschriften soweit nicht in diesen Förderrichtlinien Abweichungen von den Allgemeinen Verwaltungsvorschriften zugelassen worden sind. Der Bundesrechnungshof ist gemäß §§ 91, 100 BHO zur Prüfung berechtigt."

**Zu 8. Geltungsdauer**

In der Förderrichtlinie ist anzugeben, wann sie in Kraft tritt. Grundsätzlich ist eine Befristung der Gültigkeitsdauer vorzunehmen.

**§ 44a** *(aufgehoben)*

**§ 45 Sachliche und zeitliche Bindung**

**(1) Ausgaben und Verpflichtungsermächtigungen dürfen nur zu dem im Haushaltsplan bezeichneten Zweck, soweit und solange er fortdauert, und nur bis zum Ende des Haushaltsjahres geleistet oder in Anspruch genommen werden. Nicht in Anspruch genommene Verpflichtungsermächtigungen gelten, wenn das Haushaltsgesetz für das nächste Haushaltsjahr nicht rechtzeitig verkündet wird, bis zur Verkündung dieses Haushaltsgesetzes.**

**(2) Bei übertragbaren Ausgaben können Ausgabereste gebildet werden, die für die jeweilige Zweckbestimmung über das Haushaltsjahr hinaus bis zum Ende des auf die Bewilligung folgenden zweitnächsten Haushaltsjahres verfügbar bleiben. Bei Bauten tritt an die Stelle des Haushaltsjahres der Bewilligung das Haushaltsjahr, in dem der Bau in seinen wesentlichen Teilen in Gebrauch genommen ist. Das Bundesministerium der Finanzen kann im Einzelfall Ausnahmen zulassen.**

**(3) Die Inanspruchnahme von Ausgaberesten bedarf der Einwilligung des Bundesministeriums der Finanzen; die Einwilligung darf nur erteilt werden, wenn in demselben oder einem anderen Einzelplan Ausgaben in gleicher Höhe bis zum Ende des laufenden Haushaltsjahres nicht geleistet**

**werden oder wenn Ausgabemittel zur Deckung der Ausgabereste veranschlagt worden sind (§ 19 Abs. 2).**

**(4) Das Bundesministerium der Finanzen kann in besonders begründeten Einzelfällen die Übertragbarkeit von Ausgaben zulassen, soweit Ausgaben für bereits bewilligte Maßnahmen noch im nächsten Haushaltsjahr zu leisten sind.**

**Zu § 45:**

**1** Wegen des Begriffs »Zweck« vgl. Nr. 1.2 zu § 17.

**2** Wegen § 45 Abs. 1 Satz 2 vgl. Nr. 5 zu § 16.

**3** Die Bildung von Ausgaberesten ist zulässig, soweit der Zweck der Ausgaben fortdauert, ein wirtschaftliches oder sonstiges sachliches Bedürfnis besteht und bei Ausgaben aus zweckgebundenen Einnahmen entsprechende Einnahmen eingegangen sind. Werden übertragbare Ausgaben im neuen Haushaltsjahr nicht mehr benötigt oder erscheint eine erneute Veranschlagung in einem späteren Haushaltsjahr zweckmäßig, so ist von der Bildung von Ausgaberesten abzusehen. Nr. 3.3.5 zu § 9 ist zu beachten.

**4** Die für den Einzelplan zuständigen Stellen entscheiden über die Verwendung der zu übertragenden Ausgabereste anhand der vom Bundesministerium der Finanzen übersandten Resteblätter über nicht verausgabte übertragbare Ausgaben und senden diese dem Bundesministerium der Finanzen zurück. Das Bundesministerium der Finanzen kann abweichende Verfahrensregelungen treffen.

**5** Die Freigabe von Ausgaberesten durch das Bundesministerium der Finanzen erfolgt durch Buchung im automatisierten Verfahren für das Haushalts-, Kassen- und Rechnungswesen des Bundes. Für Einsparungsauflagen nach § 45 Abs. 3 kann ein vorläufiges Deckungskonto eingerichtet werden. Soweit die Einsparungen nur kassenmäßig erbracht werden, unterbleibt ein Ausgleich des vorläufigen Deckungskontos.

**6** Wegen einer Mehrausgabe bei einem Ausgaberest vgl. Nr. 7 zu § 37.

## § 46 Deckungsfähigkeit

**Deckungsfähige Ausgaben dürfen, solange sie verfügbar sind, nach Maßgabe des § 20 Abs. 1 oder des Deckungsvermerks zu Gunsten einer anderen Ausgabe verwendet werden.**

**Zu § 46:**

**1** Ein deckungsberechtigter Ansatz darf aus einem deckungspflichtigen Ansatz nur verstärkt werden, soweit bei dem deckungsberechtigten Ansatz keine Verfügungsbeschränkungen bestehen und über die Mittel voll verfügt ist und soweit die bei dem deckungspflichtigen Ansatz verbleibenden Ausgabemittel voraussichtlich ausreichen, um alle nach der Zweckbestimmung zu leistenden Ausgaben zu bestreiten.

2 Die Inanspruchnahme zugelassener Deckungsfähigkeit erfolgt im automatisierten Verfahren für das Haushalts-, Kassen- und Rechnungswesen des Bundes.

3 Die Inanspruchnahme der Deckungsfähigkeit von Verpflichtungsermächtigungen (§ 20 Abs. 2) ist nach Maßgabe des Deckungsvermerks zulässig. Die Nrn. 1 und 2 gelten entsprechend.

### § 47 Wegfall- und Umwandlungsvermerke

**(1) Über Ausgaben, die der Haushaltsplan als künftig wegfallend bezeichnet, darf von dem Zeitpunkt an, mit dem die im Haushaltsplan bezeichnete Voraussetzung für den Wegfall erfüllt ist, nicht mehr verfügt werden. Entsprechendes gilt für Planstellen.**

**(2) Ist eine Planstelle ohne nähere Angabe als künftig wegfallend bezeichnet, darf die nächste freiwerdende Planstelle derselben Besoldungsgruppe für Beamte derselben Fachrichtung nicht wieder besetzt werden.**

**(3) Ist eine Planstelle ohne Bestimmung der Voraussetzungen als künftig umzuwandeln bezeichnet, gilt die nächste freiwerdende Planstelle derselben Besoldungsgruppe für Beamte derselben Fachrichtung im Zeitpunkt ihres Freiwerdens als in die Stelle umgewandelt, die in dem Umwandlungsvermerk angegeben ist.**

**(4) Die Absätze 1 bis 3 gelten für Stellen der Angestellten und Arbeiter entsprechend.**

**Zu § 47:**

1 § 47 Abs. 2 und 3 gilt nur für Planstellen desselben Kapitels.

2 Die oder der Beauftragte für den Haushalt hat durch geeignete Bewirtschaftungsmaßnahmen darauf hinzuwirken, dass die Planstellen mit der Erfüllung der im Haushaltsplan bezeichneten Voraussetzungen wegfallen bzw. umgewandelt werden.

3 Eine Planstelle mit kw-Vermerk, der keine bestimmte oder bestimmbare Frist für den Wegfall enthält, gilt als Planstelle, die ohne nähere Angabe als künftig wegfallend (§ 47 Abs. 2) bezeichnet ist. Eine Planstelle mit ku-Vermerk, der keine bestimmten oder bestimmbaren Voraussetzungen für die Umwandlung enthält, gilt als Planstelle, die ohne Bestimmung der Voraussetzungen als künftig umzuwandeln (§ 47 Abs. 3) bezeichnet ist.

4 Eine Planstelle, die nach § 47 Abs. 2 nicht wieder besetzt werden darf, fällt weg; der kw-Vermerk ist im nächsten Haushaltsplan nicht wieder auszubringen. Eine Planstelle mit kw- oder ku-Vermerk fällt weg bzw. ist umgewandelt, wenn das Beamtenverhältnis der auf ihr geführten Beamtin oder des auf ihr geführten Beamten endet, die Beamtin oder der Beamte in eine andere Planstelle übernommen oder zu einem anderen Dienstherrn versetzt wird.

5 Die Nrn. 1 bis 4 gelten für Stellen für Arbeitnehmerinnen und Arbeitnehmer entsprechend.

## § 48 Einstellung und Versetzung von Beamten

**Einstellung und Versetzung von Beamten in den Bundesdienst bedürfen der Einwilligung des Bundesministeriums der Finanzen, wenn der Bewerber ein vom Bundesministerium der Finanzen allgemein festzusetzendes Lebensalter überschritten hat.***

## § 49 Einweisung in eine Planstelle

**(1) Ein Amt darf nur zusammen mit der Einweisung in eine besetzbare Planstelle verliehen werden.**

**(2) Wer als Beamter befördert wird, kann mit Wirkung vom Ersten des Monats, in dem seine Ernennung wirksam geworden ist, in die entsprechende, zu diesem Zeitpunkt besetzbare Planstelle eingewiesen werden. Er kann mit Rückwirkung von höchstens drei Monaten, zum Ersten eines Monats, in eine besetzbare Planstelle eingewiesen werden, wenn er während dieser Zeit die Obliegenheiten dieses oder eines gleichwertigen Amtes wahrgenommen und die beamtenrechtlichen Voraussetzungen für die Beförderung erfüllt hat.**

### Zu § 49:

**1 Einweisung in eine Planstelle**

1.1 Die besetzbare Planstelle muss hinsichtlich der Besoldungsgruppe dem verliehenen Amt entsprechen, soweit nicht etwas anderes zugelassen ist.

1.2 Eine Planstelle darf mit nur einer Beamtin oder einem Beamten besetzt werden, soweit sich nicht aus Nr. 4 etwas anderes ergibt.

1.3 Soweit im Haushaltsplan nicht etwas anderes bestimmt oder zugelassen ist, darf eine Planstelle auch mit einer Beamtin oder einem Beamten einer niedrigeren Besoldungsgruppe derselben Laufbahn besetzt werden. Sie darf auch mit einer Beamtin oder einem Beamten einer anderen Laufbahn derselben Laufbahngruppe besetzt werden, wenn das verliehene Amt nicht mit einem höheren Endgrundgehalt einschließlich Amtszulage ausgestattet ist. Abweichend hiervon kann eine Planstelle einer höheren Laufbahngruppe auch mit einer Beamtin oder einem Beamten der nächstniedrigeren Laufbahngruppe besetzt werden, wenn die Beamtin oder der Beamte in die Aufgaben der neuen Laufbahn eingeführt wird oder sich nach der Einführung darin zu bewähren hat.

1.4 Eine Planstelle für eine Beamtin oder einen Beamten darf nicht mit einer Dienstkraft besetzt werden, die in einem anderen öffentlich-rechtlichen Dienst- oder Amtsverhältnis steht (§ 115), soweit im Haushaltsplan nicht etwas Abweichendes bestimmt oder zugelassen ist.

---

* **Anmerkung:** Vgl. Rundschreiben des BMF vom 23. März 1995 – II A 2 – H 1224 – 5/95 – (GMBl 1995, S. 79), **siehe VV-BHO – Anhang**.

1.5 Eine Planstelle ist auch dann nicht besetzbar, wenn die eingewiesene Beamtin oder der eingewiesene Beamte ohne Dienstbezüge beurlaubt ist, wenn ihre oder seine Dienstbezüge von einer anderen Dienststelle gezahlt werden oder wenn sie oder er aus anderen Gründen keine Dienstbezüge aus der Planstelle erhält.

1.6 Ist eine Beamtin oder ein Beamter nach § 28 Abs. 3 BBG in ein Amt einer niedrigeren Besoldungsgruppe versetzt worden, darf die nächste innerhalb desselben Kapitels besetzbar werdende Planstelle einer höheren Besoldungsgruppe derselben Fachrichtung nur mit dieser Beamtin oder diesem Beamten besetzt werden; Ausnahmen sind nur mit Einwilligung des Bundesministeriums der Finanzen zulässig. Satz 1 gilt nicht, wenn die besetzbar werdende Planstelle zu einer höheren Besoldungsgruppe gehört als die Besoldungsgruppe, die den Bezügen der Beamtin oder des Beamten gemäß § 19a BBesG zu Grunde liegt.

1.7 § 49 ist entsprechend anzuwenden, wenn der Beamtin oder dem Beamten ein Amt mit höherem Endgrundgehalt verliehen wird, ohne dass sich die Amtsbezeichnung ändert; dies gilt nicht bei besoldungsrechtlichen Überleitungen.

1.8 In den Fällen des § 49 Abs. 2 Satz 2 (rückwirkende Einweisung) kann die Beamtin oder der Beamte innerhalb der Dreimonatsfrist auch dann zum Ersten eines Monats in die Planstelle des Beförderungsamtes eingewiesen werden, wenn die Voraussetzungen (Wahrnehmung der Obliegenheiten dieses oder eines gleichwertigen Amtes, beamtenrechtliche Erfordernisse) erst im Laufe dieses Monats (Einweisungsmonat) eingetreten sind.

1.9 Ist für die Beförderung einer Beamtin oder eines Beamten eine Ausnahme von laufbahnrechtlichen Vorschriften durch den Bundespersonalausschuss erforderlich, sind insoweit die Voraussetzungen für die Beförderung mit dem im Beschluss angegebenen Zeitpunkt oder mit dem Zeitpunkt der Beschlussfassung des Bundespersonalausschusses erfüllt.

1.10 Wird eine Beamtin oder ein Beamter von einem anderen Dienstherrn in den Bundesdienst versetzt und sodann befördert, so ist die rückwirkende Einweisung in den Grenzen des § 49 Abs. 2 Satz 2 auf einen Zeitpunkt vor dem Wirksamwerden der Versetzung in den Bundesdienst grundsätzlich zulässig.

## 2 Inanspruchnahme von Planstellen für Arbeitnehmerinnen und Arbeitnehmer*

2.1 Eine Planstelle darf für eine Arbeitnehmerin oder einen Arbeitnehmer der vergleichbaren oder einer niedrigeren Entgeltgruppe in An-

---

* **Anmerkung:** Zur Verbindlichkeit des Stellenplans für Angestellte vgl. Rundschreiben des BMF vom 2. Januar 1973 – II A 4 – BA 3600 – 45/72 – in der Fassung des Rundschreibens vom 8. Oktober1993 – II A 4 – BA 3600 – 4/93 –, **siehe VV-BHO – Anhang**.

spruch genommen werden, solange aus ihr keine Dienstbezüge gezahlt werden.[2] Die Besetzung einer Planstelle mit mehreren teilzeitbeschäftigten Arbeitnehmerinnen und Arbeitnehmern ist zulässig; die arbeitsvertragliche Gesamtarbeitszeit dieser Arbeitnehmerinnen und Arbeitnehmer darf die regelmäßige Arbeitszeit einer vollbeschäftigten Beamtin oder eines vollbeschäftigten Beamten nicht übersteigen.

2.2 Eine Planstelle, die mit einer teilzeitbeschäftigten Beamtin oder einem teilzeitbeschäftigten Beamten besetzt ist, darf gleichzeitig für teilzeitbeschäftigte Arbeitnehmerinnen und Arbeitnehmer der vergleichbaren oder einer niedrigeren Entgeltgruppe in Anspruch genommen werden; die regelmäßige Gesamtarbeitszeit der Beamtin oder des Beamten und der Arbeitnehmerinnen und Arbeitnehmer darf die regelmäßige Arbeitszeit einer vollbeschäftigten Beamtin oder eines vollbeschäftigten Beamten nicht übersteigen.

2.3 Soweit im Haushaltsplan nicht etwas anderes bestimmt oder zugelassen ist, dürfen Planstellen der Soldatinnen und Soldaten nicht für Arbeitnehmerinnen und Arbeitnehmer in Anspruch genommen werden. Nr. 2.1 gilt ferner nicht, solange eine überzählige Beamtin oder ein überzähliger Beamter (Nr. 4.4) einer höheren Besoldungsgruppe derselben Laufbahngruppe aus einer Leerstelle bezahlt wird.

2.4 Planstellen, auf denen länger als zwei Jahre Arbeitnehmerinnen und Arbeitnehmer geführt werden, sind in Stellen umzuwandeln. Dies gilt nicht für Planstellen, auf denen Arbeitnehmerinnen und Arbeitnehmer geführt werden, die in das Beamtenverhältnis übernommen werden sollen oder die außertariflich vergütet werden. Soweit darüber hinaus Planstellen aus unabweisbaren Gründen mit Arbeitnehmerinnen und Arbeitnehmer besetzt bleiben sollen, kann das Bundesministerium der Finanzen Ausnahmen zulassen.

**3 Überwachung der Planstellen**

3.1 Nachweisungen zur Planstellenüberwachung

3.1.1 Die obersten Bundesbehörden und die nachgeordneten Dienststellen, denen Planstellen zur Bewirtschaftung zugewiesen sind, führen Nachweisungen zur Planstellenüberwachung, und zwar getrennt nach einzelnen Dienststellen. Die Nachweisungen können für mehrere Haushaltsjahre geführt werden.

3.1.2 In die Nachweisungen sind einzutragen

3.1.2.1 zu Beginn eines jeden Haushaltsjahres die der Dienststelle zur Bewirtschaftung zugewiesenen Planstellen getrennt nach den einzelnen Besoldungsgruppen. Planstellen mit Amtszulage gelten hierbei als besondere Besoldungsgruppe,

3.1.2.2 während des Haushaltsjahres laufend sämtliche Änderungen (z.B. Zuweisungen, Einsparungen und Umsetzungen) der Zeitfolge nach.

3.2 Aufzeichnungen über die Besetzung der Planstellen

3.2.1 Die obersten Bundesbehörden und die nachgeordneten Dienststellen, denen Planstellen zur Bewirtschaftung zugewiesen sind, führen Aufzeichnungen über die Besetzung der von ihnen selbst bewirtschafteten Planstellen. In die Aufzeichnungen sind sämtliche Änderungen laufend aufzunehmen, so dass jederzeit die Zahl der besetzten oder in Anspruch genommenen Planstellen und der freien Planstellen festgestellt werden kann.

3.2.2 Für die einzelnen Geschäftszweige einer Dienststelle oder für die einzelnen Besoldungsgruppen können getrennte Aufzeichnungen geführt werden.

**4 Besetzung einer Planstelle mit mehreren teilzeitbeschäftigten Beamtinnen oder Beamten***

4.1 Eine Planstelle darf auch mit mehreren teilzeitbeschäftigten Beamtinnen bzw. Beamten besetzt werden; die Gesamtarbeitszeit dieser Beamtinnen und Beamten darf die regelmäßige Gesamtarbeitszeit einer vollbeschäftigten Beamtin oder eines vollbeschäftigten Beamten nicht übersteigen. Die Nrn. 1 bis 3 gelten mit Ausnahme der Nr. 1.2 entsprechend; Nr. 2.2 ist nur mit der sich aus Nr. 4.4 ergebenden Einschränkung anzuwenden.

4.2 Kehrt eine oder einer der teilzeitbeschäftigten Beamtinnen bzw. Beamten zur vollen Arbeitszeit zurück, wird die bzw. der andere aus der Planstelle verdrängt. Diese Beamtin oder dieser Beamte ist in die nächste innerhalb desselben Kapitels ganz oder teilweise freiwerdende Planstelle ihrer oder seiner Besoldungsgruppe oder einer höheren Besoldungsgruppe ihrer oder seiner Laufbahngruppe zu übernehmen, wenn die Planstelle für Beamtinnen oder Beamte derselben Fachrichtung bestimmt ist. Satz 2 gilt nicht für Planstellen

4.2.1 oberhalb der Besoldungsgruppe B 3,

4.2.2 von Behördenleiterinnen und Behördenleitern und

4.2.3 oberhalb der Besoldungsgruppen A 15 und B 1 im nachgeordneten Bereich, wenn das Bundesministerium der Finanzen im Einzelfall einer Ausnahmeregelung zugestimmt hat.

Bis dahin werden Beamtinnen oder Beamte, die nach Satz 1 aus der Planstelle verdrängt worden sind, ohne Planstelle geführt.

4.3 Nr. 4.2 gilt entsprechend, wenn die Ermäßigung der regelmäßigen Arbeitszeit einer bzw. eines der beiden auf einer Planstelle geführten teilzeitbeschäftigten Beamtinnen bzw. Beamten vermindert wird.

---

* **Anmerkung:** Für die Besetzung freier Stellenanteile bei Teilzeitbeschäftigungen im Blockmodell siehe Sonderregelungen im BMF-Rundschreiben vom 8. September 2010 – II A 2 – BA 1016/06/0004 – (Teilzeit nach §§ 91, 92 BBG) sowie in den jährlichen Haushaltsführungsrundschreiben (Altersteilzeit nach § 93 BBG) – *siehe VI VV-BHO – Anhang zu § 49.*

4.4 Die Besetzung einer Planstelle mit einer zweiten teilzeitbeschäftigten Beamtin bzw. einem zweiten teilzeitbeschäftigten Beamten oder Arbeitnehmerin bzw. Arbeitnehmer ist nicht zulässig, solange innerhalb desselben Kapitels eine Beamtin oder ein Beamter derselben Laufbahngruppe und Fachrichtung beschäftigt wird, die oder der überzählig ist oder durch die Besetzung überzählig würde. Überzählig sind Beamtinnen bzw. Beamte, wenn

4.4.1 sie nach den Nrn. 4.2 oder 4.3 ohne Planstelle geführt werden oder Dienstbezüge aus einer Leerstelle erhalten und

4.4.2 die Zahl der Planstellen ihrer Laufbahngruppen und Fachrichtungen innerhalb desselben Kapitels kleiner ist als die auf Vollbeschäftigte umgerechnete Zahl der aus diesen Planstellen bezahlten Beamtinnen und Beamten sowie Arbeitnehmerinnen und Arbeitnehmer einschließlich der in Nr. 4.4.1 genannten Beamtinnen und Beamten.

Die in § 50 Abs. 5 genannten Leerstellen gelten nicht als Leerstellen im Sinne der Nrn. 4.4.1 und 4.4.2. Unberührt bleiben gesetzliche Bestimmungen, die die Rückkehr zur vollen Beschäftigung oder die Verminderung der Ermäßigung der regelmäßigen Arbeitszeit davon abhängig machen, dass eine besetzbare Planstelle zur Verfügung steht.

## § 50 Umsetzung von Mitteln und Planstellen

**(1) Die Bundesregierung kann Mittel und Planstellen umsetzen, wenn Aufgaben von einer Verwaltung auf eine andere Verwaltung übergehen. Eines Beschlusses der Bundesregierung bedarf es nicht, wenn die beteiligten Bundesministerien und das Bundesministerium der Finanzen über die Umsetzung einig sind.**

**(2) Eine Planstelle darf mit Einwilligung des Bundesministeriums der Finanzen in eine andere Verwaltung umgesetzt werden, wenn dort ein unvorhergesehener und unabweisbarer vordringlicher Personalbedarf besteht. Über den weiteren Verbleib der Planstelle ist im nächsten Haushaltsplan zu bestimmen.**

**(3) Bei Abordnungen können mit Einwilligung des Bundesministeriums der Finanzen die Personalausgaben für abgeordnete Beamte von der abordnenden Verwaltung bis zur Verkündung des nächsten Haushaltsgesetzes weitergezahlt werden.**

**(4) Die Absätze 1 bis 3 gelten für Mittel und für Stellen der Angestellten und Arbeiter entsprechend.**

**(5) Für Beamte, die bei einer Vertretung des Bundes im Ausland verwendet werden, kann das Bundesministerium der Finanzen in besonders begründeten Ausnahmefällen für die Dauer von höchstens sechs Monaten eine Leerstelle schaffen.**

**Zu § 50:**

**1 Umsetzung von Mitteln und Planstellen**

1.1 Die Umsetzung von Mitteln erfolgt im automatisierten Verfahren für das Haushalts-, Kassen- und Rechnungswesen des Bundes.

1.2 § 50 Abs. 1 und 2 ist auf andere Stellen als Planstellen entsprechend anzuwenden.

1.3 § 50 Abs. 1 und 2 ist auch bei Umsetzungen zwischen Kapiteln eines Einzelplans anzuwenden.

**2 Abordnung**

Die Einwilligung des Bundesministeriums der Finanzen gilt als erteilt, soweit bei Abordnungen innerhalb der Bundesverwaltung die Dienstbezüge von der bisherigen Dienststelle bis zur Verkündung des nächsten Haushaltsgesetzes, längstens jedoch für die Dauer von zwölf Monaten, weitergezahlt werden.
Ist die Weiterzahlung nach dem jährlichen Haushaltsgesetz für einen längeren Zeitraum zugelassen, gilt die Einwilligung des Bundesministeriums der Finanzen für den dort genannten Zeitraum.

**3 Leerstellen**

3.1 Steht bei Beendigung der Beurlaubung oder Abordnung (Nr. 4.3 zu § 17) eine besetzbare Planstelle der entsprechenden Besoldungsgruppe derselben Fachrichtung innerhalb desselben Kapitels zur Verfügung, ist die Beamtin oder der Beamte in diese Planstelle zu übernehmen; mit der Übernahme fällt die Leerstelle weg, wenn sie an die Person gebunden ist. Steht zu dem in Satz 1 genannten Zeitpunkt keine besetzbare Planstelle der genannten Art zur Verfügung, wird die Beamtin oder der Beamte auf der Leerstelle weitergeführt. Sie bzw. er ist in die nächste innerhalb desselben Kapitels frei werdende Planstelle derselben Besoldungsgruppe für Beamtinnen und Beamte derselben Fachrichtung zu übernehmen. Mit der Übernahme fällt die Leerstelle weg, wenn sie an die Person gebunden ist. Soweit durch die Zahlung der Dienstbezüge aus der Leerstelle die Ansätze der entsprechenden Titel überschritten werden, ist ein entsprechender Betrag innerhalb des betroffenen Einzelplans einzusparen. Die Sätze 1,3 und 5 gelten entsprechend für Beamtinnen und Beamte, die nach Beendigung des Parlamentsmandats den Dienst wieder aufnehmen.

3.2 Endet das Beamtenverhältnis der auf der Leerstelle geführten Beamtin oder des auf der Leerstelle geführten Beamten (z.B. durch Entlassung, Eintritt in den Ruhestand, Verlust der Beamtenrechte), wird sie oder er in eine andere Planstelle übernommen oder zu einem anderen Dienstherrn versetzt, fällt die Leerstelle weg, wenn sie an die Person gebunden ist.

3.3 Die Nrn. 3.1 und 3.2 gelten für Arbeitnehmerinnen und Arbeitnehmer entsprechend mit der Maßgabe, dass Arbeitnehmerinnen und

Arbeitnehmer im Rahmen der Nr. 3.1 in eine freie oder die nächste freiwerdende Stelle ihrer Entgeltgruppe oder Planstelle der entsprechenden Besoldungsgruppe zu übernehmen sind. Das Bundesministerium der Finanzen kann im zeitlichen Zusammenhang mit der Rückkehr Ausnahmen zulassen.

3.4 § 50 Abs. 5 bleibt unberührt.

### § 51 Besondere Personalausgaben

**Personalausgaben, die nicht auf Gesetz oder Tarifvertrag beruhen, dürfen nur geleistet werden, wenn dafür Ausgabemittel besonders zur Verfügung gestellt sind.**

**Zu § 51:**

**1** § 51 ist nicht auf die Personalausgaben anzuwenden, auf deren Leistung die Empfängerin oder der Empfänger einen gesetzlich oder tarifvertraglich begründeten Anspruch hat.

**2** Mindesterfordernis für die Zulässigkeit ist, dass die Personalausgaben in den Erläuterungen des Titels, aus dem sie gezahlt werden sollen, der Art nach besonders aufgeführt sind.

### § 52 Nutzungen und Sachbezüge

**Nutzungen und Sachbezüge dürfen Angehörigen des öffentlichen Dienstes nur gegen angemessenes Entgelt gewährt werden, soweit nicht durch Gesetz oder Tarifvertrag oder im Haushaltsplan etwas anderes bestimmt ist. Die Bundesregierung kann für die Benutzung von Dienstfahrzeugen Ausnahmen zulassen. Das Nähere für die Zuweisung, Nutzung, Verwaltung und Festsetzung des Nutzungswertes von Dienstwohnungen regelt das Bundesministerium der Finanzen. Die Dienstwohnungen mit Ausnahme der Dienstwohnungen für Angestellte und Arbeiter sind im Haushaltsplan auszubringen.**

**Zu § 52:**

**1** Zur Benutzung von Dienstfahrzeugen siehe die Richtlinien für die Nutzung von Dienstkraftfahrzeugen in der Bundesverwaltung (DKfzR) vom 29. Juni 1993 (GMBl 1993, S. 398) in der jeweils geltenden Fassung.

**2** Zu § 52 Satz 3 siehe die Allgemeinen Verwaltungsvorschriften über Bundesdienstwohnungen (Dienstwohnungsvorschriften – DWV) vom 16. Februar 1970 in der jeweils geltenden Fassung.

### § 53 Billigkeitsleistungen

**Leistungen aus Gründen der Billigkeit dürfen nur gewährt werden, wenn dafür Ausgabemittel besonders zur Verfügung gestellt sind.**

**Zu § 53:**

**1** Billigkeitsleistungen sind finanzielle Leistungen des Bundes, auf die kein Anspruch besteht, die aber aus Gründen der staatlichen Fürsorge zum Ausgleich oder der Milderung von Schäden und Nachteilen gewährt werden.

1.1 Billigkeitsleistungen sollen in der Regel nur zum Ausgleich von Härten gewährt werden, die ihre Ursache in einem Ereignis haben, das für den betroffenen Personenkreis nicht vorhersehbar war und von ihm auch nicht zu vertreten ist. Sollen Billigkeitsleistungen als Ausgleich für Härten gewährt werden, die sich auf Grund eines für die Verwaltung vorhersehbaren Ereignisses ergeben, ist zu prüfen, ob die geplanten staatlichen Hilfen nicht einer gesetzlichen Regelung vorbehalten bleiben sollten.

1.2 Für Billigkeitsleistungen an Bedienstete bei Sachschäden, die im Dienst entstanden sind, gelten die Richtlinien vom 10. Dezember 1964 (MinBlFin 1965 S. 562/GMBl 1965, S. 395) in der jeweils geltenden Fassung einschließlich der dazu ergangenen Zusatzregelungen.

**2** Für Leistungen des Bundes aus Gründen der Billigkeit gelten folgende Voraussetzungen:

2.1 Die Ausgabeermächtigung im Sinne des § 53 kann sich aus dem Bundeshaushaltsplan ergeben, und zwar aus einem eigenen Titel, einem entsprechenden Haushaltsvermerk oder den die Billigkeitsleistungen nach ihrem Zweck eindeutig festlegenden Erläuterungen zu einem Titel. Sie kann ferner im Wege der Entscheidung über eine außerplanmäßige Ausgabe (§ 37) erteilt werden.

2.2 Der Zweck der Billigkeitsleistungen, die leistungsbegründenden Voraussetzungen einschließlich ihres Nachweises und die Höhe der Entschädigungsleistungen sind grundsätzlich in allgemeinen Richtlinien (Billigkeitsrichtlinien) zu regeln. Billigkeitsrichtlinien bedürfen der Einwilligung des Bundesministeriums der Finanzen (§ 40 Abs. 1).

2.2.1 Der Zweck der Billigkeitsleistungen muss sich auf die Aufgaben des Bundes beschränken (§ 6).

2.2.2 Die Höhe der Entschädigungsleistung muss in einem angemessenen Verhältnis zur Höhe des eingetretenen Schadens stehen; bei der Entscheidung dazu ist auch zu berücksichtigen, ob das dem Schaden zu Grunde liegende Risiko über eine Versicherung hätte abgedeckt werden können und der Abschluss einer solchen Versicherung im Allgemeinen üblich und für die Betroffenen zumutbar gewesen wäre. Im Regelfall ist in den Billigkeitsrichtlinien eine Selbstbeteiligung der Geschädigten vorzusehen (Selbstbehalt in Form eines festen Betrages oder eines prozentualen Anteils der Schadensumme; Ausschluss des Ersatzes von Bagatellschäden). Darüber hinaus müssen sich die Leistungsempfänger bei der Festsetzung der Entschädigungshöhe gegebenenfalls ein mitwirkendes Verschulden zurechnen lassen (§ 254 BGB).

**3** Billigkeitsleistungen kommen nicht in Betracht, wenn die mit der geplanten finanziellen Leistung verfolgten Zwecke mit Zuwendungen (§ 23) erreicht werden können.

## § 54 Baumaßnahmen, größere Beschaffungen, größere Entwicklungsvorhaben

**(1) Baumaßnahmen dürfen nur begonnen werden, wenn ausführliche Entwurfszeichnungen und Kostenberechnungen vorliegen, es sei denn, dass es sich um kleine Maßnahmen handelt. In den Zeichnungen und Berechnungen darf von den in § 24 bezeichneten Unterlagen nur insoweit abgewichen werden, als die Änderung nicht erheblich ist; weitergehende Ausnahmen bedürfen der Einwilligung des Bundesministeriums der Finanzen.**

**(2) Größeren Beschaffungen und größeren Entwicklungsvorhaben sind ausreichende Unterlagen zu Grunde zulegen. Absatz 1 Satz 2 gilt entsprechend.**

### Zu § 54:

### 1 Baumaßnahmen

1.1 Kleine Baumaßnahmen im Sinne von § 54 Abs. 1 Satz 1 sind:

- Neu-, Um- und Erweiterungsbauten mit einem Mittelbedarf bis zu zwei Millionen Euro im Einzelfall (außer Straßen- und Wasserstraßenbau Auslandsbau des Auswärtigen Amtes),
- Neu-, Um- und Erweiterungsbauten im Bereich des Auslandsbaus des Auswärtigen Amtes mit einem Mittelbedarf bis zu fünf Millionen Euro im Einzelfall.

Im Übrigen sind die Richtlinien für die Durchführung von Bauaufgaben des Bundes (RBBau) oder sonstige für Baumaßnahmen des Bundes ergangene Richtlinien anzuwenden.

1.2 Eine Abweichung im Sinne von § 54 Abs. 1 Satz 2 ist erheblich, wenn sie zu einer wesentlichen Änderung der Baumaßnahme oder zu einer Kostenüberschreitung um mehr als 15 vom Hundert führt. Das Nähere bei wesentlichen Änderungen der Baumaßnahme in baufachlicher Hinsicht regeln die RBBau oder sonstige für Baumaßnahmen des Bundes ergangene Richtlinien. Führen Kostenüberschreitungen unabhängig von ihrer Höhe zu über- und außerplanmäßigen Ausgaben oder Verpflichtungsermächtigungen, ist § 37 oder § 38 Abs. 1 Satz 2 anzuwenden.

### 2 Größere Beschaffungen, größere Entwicklungsvorhaben

2.1 Unterlagen sind als ausreichend im Sinne von § 54 Abs. 2 Satz 1 anzusehen, wenn sie zumindest die Voraussetzungen der Nr. 2.4 zu § 24 erfüllen.

2.2 Eine Abweichung von den der Veranschlagung zu Grunde gelegten Unterlagen ist erheblich im Sinne von § 54 Abs. 2 Satz 2, wenn sie zu einer wesentlichen Änderung des Gegenstandes oder zu einer Kostenüberschreitung um mehr als 15 vom Hundert führt. Das Nähere über den Begriff »erhebliche Änderung« regelt das Bundesministerium der Finanzen im Einvernehmen mit dem zuständigen Bundesministerium. Führen Kostenüberschreitungen unabhängig von ihrer Höhe zu über- und außerplanmäßigen Ausgaben oder Verpflichtungsermächtigungen, ist § 37 oder § 38 Abs. 1 Satz 2 anzuwenden.

## § 55 Öffentliche Ausschreibung

**(1) Dem Abschluss von Verträgen über Lieferungen und Leistungen muss eine öffentliche Ausschreibung vorausgehen, sofern nicht die Natur des Geschäfts oder besondere Umstände eine Ausnahme rechtfertigen.**

**(2) Beim Abschluss von Verträgen ist nach einheitlichen Richtlinien zu verfahren.**

### Zu § 55:

**1 Vergaben nach dem GWB**

Die Vergabe öffentlicher Aufträge, deren geschätzter Auftragswert ohne Umsatzsteuer die durch § 106 des Gesetzes gegen Wettbewerbsbeschränkungen (GWB) in Bezug genommenen EU-Schwellenwert erreicht oder überschreitet, richten sich nach Teil 4 des GWB.

**2 Sonstige Vergaben**

Für öffentliche Aufträge, die z.B. wegen eines Unterschreitens der Schwellenwerte nicht dem Vierten Teil des GWB unterliegen, gilt Folgendes:

2.1 Lieferungen und Leistungen sind vorrangig öffentlich auszuschreiben, damit die verfügbaren Haushaltsmittel im Rahmen des Wettbewerbs wirtschaftlich verwendet werden.

2.2 Eine öffentliche Ausschreibung liegt vor, wenn im vorgeschriebenen Verfahren eine unbeschränkte Zahl von Unternehmen aufgefordert wird, Angebote für Lieferungen und Leistungen einzureichen.

2.3 In welchen Fällen von einer öffentlichen Ausschreibung nach der Natur des Geschäfts oder wegen besonderer Umstände abgesehen werden kann, ist in den nachfolgend genannten Vorschriften geregelt. In Bereichen, in denen keine entsprechenden Regelungen existieren (Vergabe freiberuflicher Leistungen), sind öffentliche Aufträge grundsätzlich im Wettbewerb zu vergeben. Dabei ist so viel Wettbewerb zu schaffen, wie dies nach der Natur des Geschäfts oder nach den besonderen Umständen möglich ist. Anzuwenden sind:

2.3.1 die Vergabe- und Vertragsordnung für Bauleistungen – Teil A, Abschnitt 1 (VOB/A),

2.3.2 die Vergabe- und Vertragsordnung für Leistungen – Teil A, Abschnitt 1 (VOL/A).

Bei der Vergabe öffentlicher Aufträge über soziale und andere besondere Dienstleistungen im Sinne von § 130 Absatz 1 des Gesetzes gegen Wettbewerbsbeschränkungen im Rahmen der VOL/A bzw. der BHO können die Auftraggeber die ergänzenden Verfahrensregeln des § 65 Absatz 1, 2 und 5 sowie des § 58 Absatz 2 Satz 2 Nr. 2 der Verordnung über die Vergabe öffentlicher Aufträge (Vergabeverordnung – VgV) entsprechend anwenden.

§ 65 Absatz 1 VgV findet hierbei mit der Maßgabe Anwendung, dass die freie Wahl zwischen den in der VOL/A angelegten Verfahren nur insoweit gestattet ist, als bei Beschränkten Ausschreibungen und Freihändigen Vergaben ein Teilnahmewettbewerb vorgeschaltet ist.

**3 Ergänzende Regelungen**

3.1 Bei der Vergabe von öffentlichen Aufträgen nach Nr. 1 und 2 sind ergänzend insbesondere die folgenden Regelungen anzuwenden:

3.1.1 die Ergänzenden Vertragsbedingungen für die Beschaffung von IT-Leistungen (EVB-IT) bzw. die Besonderen Vertragsbedingungen für die Beschaffung und den Betrieb von DV-Anlagen und -Geräten sowie von DV-Programmen; die Hinweise zu den EVB-IT sind zu berücksichtigen*,

3.1.2 die Richtlinien für die bevorzugte Berücksichtigung bestimmter Bewerber bei der Vergabe öffentlicher Aufträge,

3.1.3 die Richtlinie der Bundesregierung zur Korruptionsprävention in der Bundesverwaltung vom 30. Juli 2004.

3.2 Allgemeine Richtlinien und Hinweise zur Anwendung der VOL und VOB sowie zur Ausgestaltung von ergänzenden und besonderen Vertragsbedingungen bei der Vergabe von Lieferungen und Leistungen sind vor ihrem Erlass von den zuständigen Bundesministerien untereinander abzustimmen und soweit wie möglich zu vereinheitlichen.

## § 56 Vorleistungen

**(1) Vor Empfang der Gegenleistung dürfen Leistungen des Bundes nur vereinbart oder bewirkt werden, wenn dies allgemein üblich oder durch besondere Umstände gerechtfertigt ist.**

**(2) Werden Zahlungen vor Fälligkeit an den Bund entrichtet, kann nach Richtlinien des Bundesministeriums der Finanzen ein angemessener Abzug gewährt werden.****

* **Anmerkung:** Die EVB-IT einschließlich der Hinweise stehen im Internet unter www.kbst.bund.de/evb-it/zur Verfügung.

** **Anmerkung:** Vgl. Richtlinie des BMF vom 3. Dezember 1987 (MinBlFin 1987 S. 410), **siehe VV-BHO – Anhang.**

**Zu § 56:**

1 Vorleistungen sind Leistungen des Bundes vor Empfang entsprechender Gegenleistungen. Keine Vorleistungen sind solche Leistungen, die nach Empfang entsprechender Gegenleistungen gewährt werden (Abschlagszahlungen, Teilzahlungen, Teilleistungen).

2 Vorleistungen dürfen nur in besonders begründeten Ausnahmefällen vereinbart oder bewirkt werden. Als allgemein üblich können Vorleistungen im Einzelfall gerechtfertigt sein, wenn sie im marktwirtschaftlichen Wettbewerb, also auch von nichtöffentlichen Auftraggebern, üblicherweise gewährt werden. Durch besondere Umstände können Vorleistungen im Einzelfall insbesondere gerechtfertigt sein, wenn ein Vertragsabschluss, dessen Zustandekommen im dringenden Bundesinteresse liegt, ohne Vorleistungen nicht erreicht werden kann oder wenn die Ausführung der Leistung infolge ihres Umfangs oder ihrer Eigenart mit einer für den Auftragnehmer unzumutbaren Kapitalinanspruchnahme verbunden ist. Ein besonderer Umstand ist nicht gegeben, wenn am Ende des Haushaltsjahres Ausgaben vor Fälligkeit geleistet werden, um zu verhindern, dass die Ausgaben sonst verfallen. Die Gründe für die Vereinbarung oder Bewirkung der Vorleistungen sind aktenkundig zu machen.

3 Über die Bemessung der Vorleistungen, ihre Verzinsung und Tilgung sowie über die Sicherheitsleistung ist vertraglich Bestimmung zu treffen.

4 Vorleistungen, die vertraglich nicht vereinbart sind, dürfen nachträglich ohne ausdrückliche Vertragsänderung nicht bewirkt werden; die Vertragsänderung unterliegt den Bestimmungen des § 58.

5 Sonderregelungen für bestimmte Bereiche bleiben unberührt.*

## § 57 Verträge mit Angehörigen des öffentlichen Dienstes

**Zwischen Angehörigen des öffentlichen Dienstes und ihrer Dienststelle dürfen Verträge nur mit Einwilligung des zuständigen Bundesministeriums abgeschlossen werden. Dieses kann seine Befugnis auf nachgeordnete Dienststellen übertragen. Satz 1 gilt nicht bei öffentlichen Ausschreibungen und Versteigerungen sowie in Fällen, für die allgemein Entgelte festgesetzt sind.**

**Zu § 57:**

Entgelte sind allgemein festgesetzt, wenn bereits vor Abschluss der Verträge mit den Bediensteten auf Grund besonderer Rechtsvorschriften, allgemeiner

---

* **Anmerkung:** Vgl. u.a. Richtlinien zu § 16 VOB, Teil B (veröffentlicht im Vergabehandbuch für die Durchführung von Bauaufgaben im Zuständigkeitsbereich der Finanzbauverwaltungen); Vorauszahlungserlass des BMVg vom 26. März 1986 – Rü VIII 4 – Az. 78-10-00/03 – (VMBl 1986 S. 132) in der geltenden Fassung.

Tarife oder auf ähnliche Weise Preise oder Gebühren für die Allgemeinheit festgelegt sind.

## § 58 Änderung von Verträgen, Vergleiche

**(1) Das zuständige Bundesministerium darf**

**1. Verträge zum Nachteil des Bundes nur in besonders begründeten Ausnahmefällen aufheben oder ändern,**

**2. einen Vergleich nur abschließen, wenn dies für den Bund zweckmäßig und wirtschaftlich ist.**

**Das zuständige Bundesministerium kann seine Befugnisse übertragen.**

**(2) Maßnahmen nach Absatz 1 bedürfen der Einwilligung des Bundesministeriums der Finanzen, soweit es nicht darauf verzichtet.**

**Zu § 58:**

**1 Änderung von Verträgen**

1.1 § 58 Abs. 1 Satz 1 Nr. 1 regelt nur Änderungen oder Aufhebungen, auf die die Vertragspartnerin oder der Vertragspartner keinen Rechtsanspruch hat; er regelt nicht die Anpassung eines Vertrags an eine veränderte Rechtslage (z.B. aus § 242 BGB).

1.2 Würde die Vertragsänderung im Wesentlichen in einer Stundung oder einem Erlass des Anspruchs bestehen, so sind die Sonderbestimmungen des § 59 anzuwenden.

1.3 Die Frage, ob ein Nachteil des Bundes vorliegt, ist unter wirtschaftlichen Gesichtspunkten zu entscheiden. Danach liegt kein Nachteil des Bundes vor, wenn der Bund durch eine Vertragsänderung unter Berücksichtigung der Umstände des Einzelfalles wirtschaftlich nicht schlechter gestellt ist als bei einem Festhalten an der Rechtsstellung aus dem ungeänderten Vertrag.

1.4 Ein besonders begründeter Ausnahmefall ist anzunehmen, wenn nach Prüfung der Behörde die Vertragspartnerin oder der Vertragspartner zwar keinen Rechtsanspruch auf Änderung oder Aufhebung des Vertrages hat, sie oder ihn aber ein Festhalten am Vertrag nach Lage des Einzelfalles unbillig benachteiligt, weil sich ihre oder seine wirtschaftlichen Verhältnisse bei Vertragserfüllung infolge ihr oder ihm nicht zuzurechnender Umstände erheblich verschlechtern würden.

1.5 Einer Einwilligung des Bundesministeriums der Finanzen zu Maßnahmen nach § 58 Abs. 1 Satz 1 Nr. 1 bedarf es nicht, soweit der Nachteil des Bundes im Einzelfall nicht mehr als 125 000 Euro beträgt.

1.6 Das zuständige Bundesministerium kann ohne Einwilligung des Bundesministeriums der Finanzen seine Befugnisse bis auf Mittelbehörden übertragen.

1.7 Bei fortdauernden Leistungen ist die Nr. 1.5 mit der Maßgabe anzuwenden, dass es sich bei dem Betrag von 125 000 Euro im Einzelfall um einen Jahresbetrag handelt.

**2 Vergleiche**

2.1 Ein Vergleich ist eine gerichtliche oder außergerichtliche Vereinbarung, die einen Streit oder die Ungewissheit über ein Rechtsverhältnis im Wege des gegenseitigen Nachgebens beseitigt; der Ungewissheit über ein Rechtsverhältnis steht es gleich, wenn die Verwirklichung eines Anspruchs unsicher ist (§ 779 BGB).

Unter § 58 Abs. 1 Nr. 2 fallen auch Insolvenzplanverfahren nach dem Sechsten Teil der Insolvenzordnung (InsO) sowie gerichtliche und außergerichtliche Schuldenbereinigungen nach dem Neunten Teil der InsO.

2.2 Einer Einwilligung des Bundesministeriums der Finanzen zum Abschluss eines Vergleichs bedarf es nur, wenn dadurch der Bundeshaushalt um mehr als 500 000 Euro belastet wird oder über- oder außerplanmäßige Ausgaben oder Verpflichtungsermächtigungen entstehen.

2.3 Das zuständige Bundesministerium kann ohne Einwilligung des Bundesministeriums der Finanzen seine Befugnisse allgemein bis auf Mittelbehörden übertragen, soweit ihnen entsprechende Ausgabemittel zur Verfügung stehen.

**3 Fälle von grundsätzlicher Bedeutung**

Die Nrn. 1.3 bis 1.7, 2.2 und 2.3 gelten nicht, soweit es sich um Fälle von grundsätzlicher Bedeutung handelt. Ein Fall von grundsätzlicher Bedeutung ist insbesondere anzunehmen, wenn die Entscheidung über den Einzelfall hinaus präjudizielle Auswirkungen haben kann.

**4 Sonderregelungen**

Das Bundesministerium der Finanzen kann abweichend von den Nrn. 1.5, 1.6, 1.7, 2.2 und 2.3 Sonderregelungen zulassen.

## § 59 Veränderung von Ansprüchen

**(1) Das zuständige Bundesministerium darf Ansprüche nur**

1. **stunden, wenn die sofortige Einziehung mit erheblichen Härten für den Anspruchsgegner verbunden wäre und der Anspruch durch die Stundung nicht gefährdet wird. Die Stundung soll gegen angemessene Verzinsung und in der Regel nur gegen Sicherheitsleistung gewährt werden,**
2. **niederschlagen, wenn feststeht, dass die Einziehung keinen Erfolg haben wird, oder wenn die Kosten der Einziehung außer Verhältnis zur Höhe des Anspruchs stehen,**

3. **erlassen, wenn die Einziehung nach Lage des einzelnen Falles für den Anspruchsgegner eine besondere Härte bedeuten würde. Das Gleiche gilt für die Erstattung oder Anrechnung von geleisteten Beträgen und für die Freigabe von Sicherheiten.**

**Das zuständige Bundesministerium kann seine Befugnisse übertragen.**

**(2) Maßnahmen nach Absatz 1 bedürfen der Einwilligung des Bundesministeriums der Finanzen, soweit es nicht darauf verzichtet.**

**(3) Andere Regelungen in Rechtsvorschriften bleiben unberührt.**

**Zu § 59:**

**1 Stundung**

1.1 Die Stundung ist eine Maßnahme, durch die die Fälligkeit eines Anspruchs hinausgeschoben wird. Stundung wird nur auf Antrag gewährt. Bei Gewährung der Stundung ist eine Stundungsfrist festzulegen.

1.2 Eine erhebliche Härte für die Anspruchsgegnerin oder den Anspruchsgegner ist dann anzunehmen, wenn sie bzw. er sich auf Grund ungünstiger wirtschaftlicher Verhältnisse vorübergehend in ernsthaften Zahlungsschwierigkeiten befindet oder im Falle der sofortigen Einziehung in diese geraten würde.

1.3 Wird Stundung durch Einräumung von Teilzahlungen gewährt, so ist in die entsprechende Vereinbarung eine Bestimmung aufzunehmen, nach der die jeweilige Restforderung sofort fällig wird, wenn die Frist für die Leistung von zwei Raten um eine in der Vereinbarung zu bestimmende Zeit überschritten wird.

1.4 Verzinsung

1.4.1 Als angemessene Verzinsung sind regelmäßig anzusehen zwei Prozentpunkte über dem jeweiligen Basiszinssatz nach 247 BGB. Sofern der Zinsanspruch durch ein Grundpfandrecht gesichert wird, ist im Hinblick auf die Besonderheiten des Grundbuchrechts ein Höchstzinssatz von zehn vom Hundert eintragen zu lassen.

1.4.2 Der Zinssatz kann je nach Lage des Einzelfalles herabgesetzt werden, insbesondere wenn seine Erhebung die Zahlungsschwierigkeiten verschärfen würde. Von der Erhebung von Zinsen kann abgesehen werden, wenn die Anspruchsgegnerin oder der Anspruchsgegner in ihrer bzw. seiner wirtschaftlichen Lage schwer geschädigt würde.

1.4.3 Für den Fall einer Stundung nach Eintritt des Verzugs (§ 286 BGB) siehe Nr. 4.4 zu § 34.

1.5 Wird Sicherheitsleistung verlangt,

1.5.1 so kann Sicherheit geleistet werden durch

1.5.1.1 Hinterlegung von Wertpapieren (§ 234 BGB),

1.5.1.2 Verpfändung beweglicher Sachen (§ 237 BGB),

1.5.1.3 Bestellung von Grundpfandrechten an inländischen Grundstücken (§§ 232, 1113 ff., 1191 ff. BGB),

1.5.1.4 Verpfändung von Forderungen, für die eine Hypothek an einem inländischen Grundstück oder an einem eingetragenen Schiff besteht (§ 238 BGB),

1.5.1.5 Verpfändung von Grundschulden oder Rentenschulden an inländischen Grundstücken (§ 238 BGB),

1.5.1.6 Stellung einer tauglichen Bürgin oder eines tauglichen Bürgen unter Verzicht auf die Einrede der Vorausklage (§ 239 BGB), Bürgen können auch in anderen EU-Mitgliedstaaten ansässige Kreditinstitute oder Kreditversicherer sein,

1.5.1.7 Abtretung von Forderungen (§ 398 BGB),

1.5.1.8 Sicherungsübereignung (§§ 929, 930 BGB),

1.5.1.9 Eigentumsvorbehalt (§ 449 BGB).

1.5.2 Sicherheiten an Grundstücken sollen nur bei längerfristigen Stundungen und bei einem angemessenen Verhältnis zwischen den Kosten und der Höhe des Anspruchs gefordert oder angenommen werden.

1.5.3 Die Sicherheit ist zu erbringen, bevor die Stundung wirksam wird. Bei der Bestellung eines Grundpfandrechts genügt es, wenn bis zu diesem Zeitpunkt ein den Vorschriften der Grundbuchordnung entsprechender Eintragungsantrag nebst Bewilligung eingereicht wird.

1.6 Die Entscheidung des zuständigen Bundesministeriums über den Stundungsantrag bedarf in Fällen von grundsätzlicher oder von erheblicher finanzieller Bedeutung der Einwilligung des Bundesministeriums der Finanzen.

1.6.1 Ein Fall von grundsätzlicher Bedeutung ist insbesondere anzunehmen, wenn die Entscheidung über den Einzelfall hinaus präjudizielle Auswirkungen haben kann.

1.6.2 Ein Fall von erheblicher finanzieller Bedeutung ist gegeben, wenn im Einzelfall

1.6.2.1 Beträge über 500 000 Euro,

1.6.2.2 Beträge über 250 000 Euro länger als 18 Monate,

1.6.2.3 Beträge über 125 000 Euro länger als drei Jahre gestundet werden sollen.

1.7 Für die Bemessung der Beträge ist der Zeitpunkt der Stundungsgewährung maßgebend.

1.8 Das Bundesministerium der Finanzen kann Ausnahmen von den Vorschriften der Nr. 1.6 zulassen.

**2 Niederschlagung**

2.1 Die Niederschlagung ist eine verwaltungsinterne Maßnahme, mit der von der Weiterverfolgung eines fälligen Anspruchs abgesehen wird.

2.2 Die Niederschlagung bedarf keines Antrags der Anspruchsgegnerin oder des Anspruchsgegners. Durch die Niederschlagung erlischt der Anspruch nicht; die weitere Rechtsverfolgung wird daher nicht ausgeschlossen. Eine Mitteilung an die Anspruchsgegnerin oder den Anspruchsgegner ist nicht erforderlich. Wird dennoch eine Mitteilung gegeben, so ist darin das Recht vorzubehalten, den Anspruch später erneut geltend zu machen.

2.3 Von der Weiterverfolgung des Anspruchs kann vorläufig abgesehen werden, wenn die Einziehung wegen der wirtschaftlichen Verhältnisse der Anspruchsgegnerin bzw. des Anspruchsgegners oder aus anderen Gründen vorübergehend keinen Erfolg haben würde und eine Stundung nach Nr. 1 nicht in Betracht kommt (befristete Niederschlagung). Soweit keine hinreichende Sicherheit über die wirtschaftlichen Verhältnisse besteht, ist in der Regel die Feststellung der wirtschaftlichen Verhältnisse im Zwangsvollstreckungs- bzw. im Beitreibungsverfahren (beispielsweise durch die Vollstreckungsbehörden der Bundesfinanzverwaltung) zu treffen.

2.3.1 Die wirtschaftlichen Verhältnisse der Anspruchsgegnerin oder des Anspruchsgegners sind in angemessenen Zeitabständen zu überprüfen. Die Verjährung ist rechtzeitig zu unterbrechen.

2.3.2 Die Entscheidung des zuständigen Bundesministeriums bedarf in Fällen von grundsätzlicher oder von erheblicher finanzieller Bedeutung der Einwilligung des Bundesministeriums der Finanzen. Ein Fall von grundsätzlicher Bedeutung ist insbesondere anzunehmen, wenn die Entscheidung über den Einzelfall hinaus präjudizielle Auswirkungen haben kann. Ein Fall von erheblicher finanzieller Bedeutung ist gegeben, wenn Beträge von mehr als 250 000 Euro befristet niedergeschlagen werden sollen.

2.4 Ist anzunehmen, dass die Einziehung wegen der wirtschaftlichen Verhältnisse der Anspruchsgegnerin bzw. des Anspruchsgegners (z.B. mehrmalige fruchtlos gebliebene Vollstreckungen) oder aus anderen Gründen (z.B. Tod und überschuldeter, von allen Erben ausgeschlagener Nachlass; erteilte Restschuldbefreiung nach Durchführung eines Insolvenzverfahrens) dauernd ohne Erfolg bleiben wird, so darf von einer weiteren Verfolgung des Anspruchs abgesehen werden (unbefristete Niederschlagung). Soweit keine hinreichende Sicherheit über die wirtschaftlichen Verhältnisse besteht, ist in der Regel die Feststellung der wirtschaftlichen Verhältnisse im Zwangsvollstreckungs- bzw. im Beitreibungsverfahren (beispielsweise durch die Vollstreckungsbehörden der Bundesfinanzverwaltung) zu treffen. Dasselbe gilt, wenn anzunehmen ist, dass die Kosten der Einziehung im Verhältnis zur Höhe des Anspruchs zu hoch sind. Zu den Kosten zählt neben den Ausgaben, die durch die Einziehung unmittelbar entstehen, auch der anteilige sonstige Verwaltungsaufwand. Die Entscheidung des zuständigen Bundesministeriums bedarf in Fällen von grundsätzlicher oder von erheblicher finanzieller Bedeutung der Einwilligung des Bundesministeriums der Finanzen. Ein Fall von grundsätzlicher Bedeutung ist insbesondere anzunehmen, wenn die Entscheidung über den Einzelfall hinaus präjudizielle Auswirkungen haben kann. Ein Fall von erheblicher finanzieller Bedeutung ist gegeben, wenn Beträge von mehr als 150 000 Euro unbefristet niedergeschlagen werden sollen.

2.5 Die Einziehung ist erneut zu versuchen, wenn sich Anhaltspunkte dafür ergeben, dass sie Erfolg haben wird.

2.6 – frei –

2.7 Im Rahmen der Rechnungsprüfung festgestellte Ansprüche können nur nach Anhörung des Bundesrechnungshofes niedergeschlagen werden. Dieser kann auf die Anhörung verzichten (§ 96 Abs. 3).

2.8 Das Bundesministerium der Finanzen kann Ausnahmen von den Vorschriften der Nrn. 2.3.2 und 2.4 Sätze 4 bis 6 zulassen.

**3 Erlass**

3.1 Der Erlass ist eine Maßnahme, mit der auf einen fälligen Anspruch verzichtet wird. Durch den Erlass erlischt der Anspruch.

3.2 Ein Erlass ist nur dann möglich, wenn eine Stundung nach Nr. 1 nicht in Betracht kommt.

3.3 Bei privatrechtlichen Ansprüchen ist der Erlass zwischen dem Bund und der Anspruchsgegnerin oder dem Anspruchsgegner vertraglich zu vereinbaren; dasselbe gilt für Ansprüche aus öffentlich-rechtlichen Verträgen. In den übrigen Fällen ist der Erlass durch einen der Anspruchsgegnerin oder dem Anspruchsgegner bekannt zu gebenden Verwaltungsakt auszusprechen. Für einen Erlass ist in der Regel ein Antrag der Anspruchsgegnerin oder des Anspruchsgegners erforderlich.

3.4 Eine besondere Härte ist insbesondere anzunehmen, wenn sich die Anspruchsgegnerin oder der Anspruchsgegner in einer unverschuldeten wirtschaftlichen Notlage befindet und zu besorgen ist, dass die Weiterverfolgung des Anspruchs zu einer Existenzgefährdung führen würde.

3.5 Die Entscheidung des zuständigen Bundesministeriums bedarf in Fällen von grundsätzlicher oder von erheblicher finanzieller Bedeutung der Einwilligung des Bundesministeriums der Finanzen. Ein Fall von grundsätzlicher Bedeutung ist insbesondere anzunehmen, wenn die Entscheidung über den Einzelfall hinaus präjudizielle Auswirkungen haben kann. Ein Fall von erheblicher finanzieller Bedeutung ist gegeben, wenn Beträge von mehr als 100 000 Euro erlassen werden sollen.

3.6 Im Rahmen der Rechnungsprüfung festgestellte Ansprüche können nur nach Anhörung des Bundesrechnungshofes erlassen werden. Dieser kann auf die Anhörung verzichten (§ 96 Abs. 3).

3.7 Das Bundesministerium der Finanzen kann Ausnahmen von den Vorschriften der Nr. 3.5 zulassen.

3.8 Geleistete Beträge können erstattet oder angerechnet werden, wenn die Voraussetzungen für einen Erlass

3.8.1 im Zeitpunkt der Zahlung oder

3.8.2 innerhalb des Zeitraums, für den eine im Voraus geleistete Zahlung bestimmt ist,

vorgelegen haben. Eine Erstattung oder Anrechnung kommt in der Regel nur in Betracht, wenn die Voraussetzungen für den Erlass auch im Zeitpunkt der Antragstellung noch vorliegen. Die Erstattung oder Anrechnung geleisteter Beträge bedarf in jedem Einzelfall der Einwilligung des Bundesministeriums der Finanzen; es kann auf seine Befugnis verzichten. Die Nrn. 3.2, 3.3, 3.4 und 3.6 sind entsprechend anzuwenden.

3.9 Für die Freigabe von Sicherheiten gelten die Nrn. 3.2 bis 3.7 entsprechend.

**4 Unterrichtung der zuständigen Kasse**

Über Stundungen, befristete oder unbefristete Niederschlagungen oder den Erlass von Ansprüchen ist der zuständigen Bundeskasse Kassenanordnung zu erteilen.

**5 Sonderregelungen**

Abgesehen von den Fällen der Nrn. 1.8, 2.8 und 3.7 kann das Bundesministerium der Finanzen zulassen, dass für bestimmte Bereiche bestehende Sonderregelungen weiter angewendet oder neue Sonderregelungen getroffen werden.

**6 Übertragung der Befugnis auf nachgeordnete Dienststellen**

Das Bundesministerium der Finanzen verzichtet auf die Einholung seiner Einwilligung. Niederschlagung und Erlass von Schadensersatzansprüchen gegen Dienstkräfte des Geschäftsbereichs bedürfen stets der Einwilligung des zuständigen Bundesministeriums.

**7 Kleinbeträge**

**7.1 Anforderung und Auszahlung**

7.1.1 **Einnahmen**

Von der Anforderung von Beträgen von weniger als sieben Euro soll abgesehen werden (vgl. aber Nr. 7.6). Ist der Anspruchsgegner ein Sondervermögen des Bundes oder eine juristische Person des öffentlichen Rechts, tritt unter der Voraussetzung, dass Gegenseitigkeit besteht, an die Stelle des Betrages von sieben Euro der Betrag von 36 Euro*. Im Übrigen ist in geeigneten Fällen von der Möglichkeit Gebrauch zu machen, Urkunden und sonstige Schriftstücke unter Postnachnahme zu versenden.

---

* **Anmerkung:** Soweit sich Ansprüche gegen ein Bundesland richten, liegt Gegenseitigkeit vor.

7.1.2 **Ausgaben**

Beträge von weniger als drei Euro sind nur dann zur Auszahlung anzuordnen, wenn die oder der Empfangsberechtigte die Auszahlung ausdrücklich verlangt.

**7.2 Einziehung und Auszahlung**

7.2.1 **Einziehung von Einnahmen**

Beträgt der Rückstand weniger als sieben Euro, soll von der Mahnung abgesehen werden. Werden mehrere Ansprüche auf einem Personenkonto nachgewiesen, gilt die Kleinbetragsgrenze von weniger als sieben Euro für den Gesamtrückstand. Ein beim Abschluss des Kontos nicht entrichteter Kleinbetrag von weniger als sieben Euro ist als niedergeschlagen zu behandeln. Ist der Anspruchsgegner ein Sondervermögen des Bundes oder eine juristische Person des öffentlichen Rechts, ist Nr. 7.1.1 Satz 2 anzuwenden.

7.2.2 **Leistung von Auszahlungen**

Für Auszahlungen, die die Kasse von sich aus zu veranlassen hat (z.B. Rückzahlungen, Überzahlungen), gilt die Kleinbetragsgrenze von weniger als drei Euro. Nr. 7.1.2 ist zu beachten.

**7.3 Verzicht auf Beitreibungsmaßnahmen**

7.3.1 **Verzicht auf Vollstreckungsmaßnahmen und Mahnbescheide**

Bei einem Rückstand oder Gesamtrückstand von weniger als 36 Euro soll von der Vollstreckung oder dem Antrag auf Erlass eines Mahnbescheides abgesehen werden. Werden mehrere Ansprüche auf einem Personenkonto nachgewiesen, gilt die Kleinbetragsgrenze von weniger als 36 Euro für den Gesamtrückstand. Ein bei Abschluss des Kontos nicht entrichteter Kleinbetrag von weniger als 36 Euro ist als niedergeschlagen zu behandeln.

7.3.2 **Einstellung weiterer Vollstreckungsmaßnahmen**

Nach erfolgloser Vollstreckung in das bewegliche Vermögen sind weitere Maßnahmen nur bei einem Rückstand oder Gesamtrückstand von mehr als 100 Euro und nur dann einzuleiten, wenn sie in einem angemessenen Verhältnis zur Höhe des Anspruchs stehen.

**7.4 Wiederkehrende Einnahmen und Ausgaben sowie Teilbeträge**

Bei wiederkehrenden Einnahmen und Ausgaben sowie Teilbeträgen gilt die jeweilige Kleinbetragsgrenze für den Jahresbetrag eines Anspruchs oder einer Verbindlichkeit. Wird ein Anspruch oder ein auszuzahlender Betrag in Teilbeträgen festgesetzt, sollen diese die Kleinbetragsgrenze nicht unterschreiten.

**7.5 Nebenansprüche**

Bestehen neben einem rückständigen Hauptanspruch auch Nebenansprüche (z.B. Verzugszinsen, Stundungszinsen, Mahnkosten), bezieht sich die jeweils geltende Kleinbetragsgrenze auf den Gesamtrückstand. Beträgt der Hauptanspruch weniger als 50 Euro und ist er nicht länger als sechs Monate rückständig, sind Zinsen nicht zu berechnen; für automatisierte Verfahren kann das Bundesministerium der Finanzen Ausnahmen zulassen.

**7.6 Ausnahmen**

7.6.1 Die Nrn. 7.1 bis 7.5 finden keine Anwendung auf vereinfachte Erhebungsverfahren (insbesondere Zug-um-Zug-Geschäfte) sowie auf Geldstrafen, Geldbußen und Zahlungen mit strafähnlichem Charakter, auf Hinterlegungsgelder und auf sonstige Kleinbeträge, deren Festsetzung, Erhebung oder Einziehung geboten ist.

7.6.2 Nr. 7.6.1 gilt auch, wenn die Anspruchsgegnerin oder der Anspruchsgegner die Kleinbetragsregelung ausnutzt.

## § 60 Vorschüsse, Verwahrungen

**(1) Als Vorschuss darf eine Ausgabe nur gebucht werden, wenn die Verpflichtung zur Leistung zwar feststeht, die Ausgabe aber noch nicht endgültig gebucht werden kann. Ein Vorschuss ist bis zum Ende des zweiten auf seine Entstehung folgenden Haushaltsjahres endgültig zu buchen; Ausnahmen bedürfen der Einwilligung des Bundesministeriums der Finanzen.**

**(2) In Verwahrung darf eine Einzahlung nur genommen werden, solange sie nicht endgültig gebucht werden kann. Aus den Verwahrgeldern dürfen nur die mit ihnen im Zusammenhang stehenden Auszahlungen geleistet werden.**

**(3) Kassenverstärkungskredite sind wie Verwahrungen zu behandeln.**

## § 61 Interne Verrechnungen

**(1) Innerhalb der Bundesverwaltung dürfen Vermögensgegenstände für andere Zwecke als die, für die sie beschafft wurden, nur gegen Erstattung ihres vollen Wertes abgegeben werden, soweit sich aus dem Haushaltsplan nichts anderes ergibt. Aufwendungen einer Dienststelle für eine andere sind zu erstatten; andere Regelungen in Rechtsvorschriften bleiben unberührt. Ein Schadenausgleich zwischen Dienststellen unterbleibt.**

**(2) Absatz 1 gilt nicht, wenn der Wert der abzugebenden Vermögensgegenstände oder die zu erstattenden Aufwendungen einen bestimmten, vom Bundesministerium der Finanzen festzusetzenden Betrag nicht überschreiten oder das Bundesministerium der Finanzen weitere Ausnahmen zulässt.**

**(3) Der Wert der abgegebenen Vermögensgegenstände und die Aufwendungen sind stets zu erstatten, wenn Bundesbetriebe oder Sondervermögen des Bundes beteiligt sind. Entsprechendes gilt für den Ausgleich von**

**Schäden. Im Wege der Verwaltungsvereinbarung können andere Regelungen getroffen werden, soweit sie aus Gründen der Verwaltungsvereinfachung dringend geboten sind.**

**(4) Für die Nutzung von Vermögensgegenständen gelten die Absätze 1 bis 3 entsprechend.**

**Zu § 61:**

**1** Zu den internen Verrechnungen innerhalb der Bundesverwaltung zählen nur solche, die zwischen Dienststellen der unmittelbaren Bundesverwaltung vorgenommen werden; § 61 Abs. 3 Satz 1 bleibt unberührt.

**2** Bei der Abgabe von Vermögensgegenständen im Sinne von § 61 ist zwischen dauernden und vorübergehenden Abgaben zu unterscheiden. Eine dauernde Abgabe (§ 61 Abs. 1 bis 3) liegt vor, wenn die abzugebenden Vermögensgegenstände in das Verwaltungsvermögen der empfangenden Dienststelle übergehen. Eine vorübergehende Abgabe (§ 61 Abs. 4) liegt vor, wenn die abzugebenden Vermögensgegenstände im Verwaltungsvermögen der abgebenden Dienststelle oder im Allgemeinen Sachvermögen verbleiben.

**3** Aufwendungen im Sinne von § 61 Abs. 1 Satz 2 sind die zusätzlichen Ausgaben, die der ersuchten Dienststelle in Ausführung der Leistung unmittelbar entstanden sind. Der sonstige Verwaltungsaufwand der ersuchten Dienststelle zählt nicht zu den Aufwendungen für die übernommene Leistung.

**4** Eine Erstattung unterbleibt, wenn der Wert der abzugebenden Vermögensgegenstände einen Betrag von 50 000 Euro im Einzelfall oder die Höhe der Aufwendungen einen Betrag von 2500 Euro bei einmaligen Leistungen oder einen Jahresbetrag von 2500 Euro bei fortdauernden Leistungen nicht überschreitet; § 61 Abs. 3 Satz 1 bleibt unberührt. Satz 1ist nicht anzuwenden auf Erzeugnisse und sonstige Bestandteile einer Sache (Holz und andere Forsterzeugnisse, Kies, Sand usw.), die von einer Dienststelle der unmittelbaren Bundesverwaltung nach erwerbswirtschaftlichen Zielsetzungen gewonnen werden.

**5** Wegen des Begriffs »voller Wert« wird auf Nr. 2 zu § 63 Bezug genommen. Bei der Wertermittlung ist ein unangemessener Verwaltungsaufwand zu vermeiden.

**6** In Fällen des § 61 Abs. 4 (vorübergehende Abgabe) ist »Wert« im Sinne der Nr. 4 der jährliche Miet- oder Pachtwert.

## § 62 Kassenverstärkungsrücklage

**Zur Aufrechterhaltung einer ordnungsmäßigen Kassenwirtschaft ohne Inanspruchnahme von Kreditermächtigungen (§ 18 Abs. 2 Nr. 2) soll durch möglichst regelmäßige Zuführung von Haushaltsmitteln eine Kassenverstärkungsrücklage bei der Deutschen Bundesbank angesammelt werden.**

## § 63 Erwerb und Veräußerung von Vermögensgegenständen

**(1) Vermögensgegenstände sollen nur erworben werden, soweit sie zur Erfüllung der Aufgaben des Bundes in absehbarer Zeit erforderlich sind.**

**(2) Vermögensgegenstände dürfen nur veräußert werden, wenn sie zur Erfüllung der Aufgaben des Bundes in absehbarer Zeit nicht benötigt werden. Unbewegliche Vermögensgegenstände, die zur Erfüllung der Aufgaben des Bundes weiterhin benötigt werden, dürfen zur langfristigen Eigennutzung veräußert werden, wenn auf diese Weise die Aufgaben des Bundes nachweislich wirtschaftlicher erfüllt werden können.**

**(3) Vermögensgegenstände dürfen nur zu ihrem vollen Wert veräußert werden. Ausnahmen können im Haushaltsplan zugelassen werden. Ist der Wert gering oder besteht ein dringendes Bundesinteresse, so kann das Bundesministerium der Finanzen Ausnahmen zulassen.**

**(4) Für die Überlassung der Nutzung eines Vermögensgegenstandes gelten die Absätze 2 und 3 entsprechend.**

**Zu § 63:**

**1** Die Veräußerung von Vermögensgegenständen und die Überlassung der Nutzung von Vermögensgegenständen kann mit Bedingungen oder Auflagen verbunden werden; gegebenenfalls sind entsprechend den VV zu § 44 die zweckentsprechende Verwendung, der Verwendungsnachweis und die Prüfungsrechte der Verwaltung und des Bundesrechnungshofs zu regeln.

**2** Der volle Wert wird durch den Preis bestimmt, der im gewöhnlichen Geschäftsverkehr nach der Beschaffenheit des Gegenstandes bei einer Veräußerung zu erzielen wäre; dabei sind alle Umstände, die den Preis beeinflussen, nicht jedoch ungewöhnliche oder persönliche Verhältnisse, zu berücksichtigen. Ist ein Marktpreis feststellbar, bedarf es keiner besonderen Wertermittlung. § 64 Abs. 3 bleibt unberührt.

**3** Ausnahmen nach § 63 Abs. 3 Satz 3 bei geringem Wert lässt das Bundesministerium der Finanzen allgemein zu, soweit der volle Wert der Vermögensgegenstände im Einzelfall den Betrag von 25 000 Euro nicht übersteigt. Die obersten Bundesbehörden können für ihren Geschäftsbereich nähere Regelungen treffen.

**4** Eine Ausnahme nach § 63 Abs. 3 Satz 3 bei Vorliegen eines dringenden Bundesinteresses kann das Bundesministerium der Finanzen nur zulassen, wenn die Veräußerung für den Bund dringlich ist und nicht bis zum nächsten Haushaltsplan oder Nachtragshaushalt zurückgestellt werden kann.

**5** Auf die Überlassung der Nutzung eines Vermögensgegenstandes (§ 63 Abs. 4) sind die Nrn. 3 und 4 entsprechend anzuwenden mit der Maßgabe, dass es sich in den Fällen der Nr. 3 bei dem Betrag von 25 000 Euro um einen Jahresbetrag handelt. Als geeignete Instrumente zur Wertermittlung kommen die Arbeitsanleitung Einführung in Wirtschaftlichkeitsuntersuchungen, die Personalkostensätze für Kostenberechnungen/Wirtschaftlichkeitsuntersuchungen, eine Zuschlagskalkulation auf Basis einer Kosten- und Leistungsrechnung oder eine Berechnung nach dem Bundesgebührengesetz in Betracht. Vom Anwendungsbereich sind auch Dienstleistungen umfasst, die mit Hilfe der Infrastruktur von Behörden des Bundes für Dritte erbracht werden. Der volle Wert einer Dienstleistung ist auf Grundlage einer Vollkostenrechnung zu ermitteln.

**6** Zu Grundstücken vgl. Sonderregelungen zu § 64.

**7** Zu Beteiligungen an privatrechtlichen Unternehmen vgl. Sonderregelungen zu § 65.

**8** Ersatzbeschaffungen von Kraftfahrzeugen dürfen nur vorgenommen werden, wenn die Notwendigkeit der Aussonderung des bisherigen Fahrzeugs durch das Gutachten einer oder eines kraftfahrtechnischen Sachverständigen aus dem Geschäftsbereich des Bundesministeriums der Finanzen, in den Bereichen des Bundesministeriums des Innern, des Bundesministeriums der Verteidigung und des Bundesministeriums für Verkehr, Bau- und Wohnungswesen durch das Gutachten der oder des jeweils für den Bereich des betreffenden Ministeriums zuständigen kraftfahrtechnischen Sachverständigen festgestellt ist. Das Bundesministerium der Finanzen kann in besonderen Fällen Ausnahmen hiervon zulassen. Die Vorschriften über die Nutzung, Aussonderung und Verwertung von Dienstkraftfahrzeugen werden vom Bundesministerium der Finanzen erlassen.

## § 64 Grundstücke

**(1) Bundeseigene Grundstücke dürfen nur mit Einwilligung des Bundesministeriums der Finanzen und des für das Bundesvermögen zuständigen Bundesministeriums veräußert werden; die Bundesministerien können auf ihre Mitwirkung verzichten.**

**(2) Haben Grundstücke erheblichen Wert oder besondere Bedeutung und ist ihre Veräußerung im Haushaltsplan nicht vorgesehen, so dürfen sie nur mit Einwilligung des Bundestages und des Bundesrates veräußert werden, soweit nicht aus zwingenden Gründen eine Ausnahme hiervon geboten ist. Ist die Zustimmung nicht eingeholt worden, so sind der Bundestag und der Bundesrat alsbald von der Veräußerung zu unterrichten.**

**(3) Für zu erwerbende oder zu veräußernde Grundstücke ist eine Wertermittlung aufzustellen.**

**(4) Dingliche Rechte dürfen an bundeseigenen Grundstücken nur gegen angemessenes Entgelt bestellt werden. Die Bestellung bedarf der Einwilligung des Bundesministeriums der Finanzen und des für das Bundesver-**

**mögen zuständigen Bundesministeriums; die Bundesministerien können auf ihre Mitwirkung verzichten.**

**(5) Beim Erwerb von Grundstücken können Hypotheken, Grund- und Rentenschulden unter Anrechnung auf den Kaufpreis ohne die Voraussetzungen des § 38 Abs. 1 übernommen werden.**

**Zu § 64:**

**1. Zuständigkeitsregelung**

(1) Das für das Bundesvermögen zuständige Bundesministerium im Sinne des § 64 ist das Bundesministerium der Finanzen.

(2) Die Bundesanstalt für Immobilienaufgaben nimmt die ihr nach dem Gesetz über die Bundesanstalt für Immobilienaufgaben (BImAG) übertragenen Aufgaben im Rahmen der Gesetze eigenverantwortlich wahr und bewirtschaftet das ihr zu Eigentum oder als Treuhänderin übertragene oder später zu Eigentum erworbene Grundvermögen nach den für sie entwickelten Grundsätzen, vertraglichen Bestimmungen, anstaltsinternen Regelwerken sowie aufsichtlichen Weisungen.

(3) Die Rechts- und Fachaufsicht über die Bundesanstalt richtet sich nach § 3 BImAG.

**2. Wertgrenzen**

Bei der Veräußerung von Grundstücken, deren voller Wert unterhalb der vom Bundesministerium der Finanzen festgesetzten Wertgrenzen liegt, wird auf die Mitwirkung nach § 64 Absatz 1 verzichtet (siehe Anlage A).

**3. Einwilligung des Deutschen Bundestages und des Bundesrates**

(1) Die Veräußerung von Grundstücken von erheblichem Wert oder besonderer Bedeutung bedarf nach § 64 Absatz 2 der Einwilligung des Deutschen Bundestages und des Bundesrates.

(2) Die Höhe des erheblichen Wertes sowie Einzelheiten zur Durchführung des parlamentarischen Verfahrens zur Einwilligung in die Veräußerung werden von Bundestag und Bundesrat bestimmt (siehe Anlage B).

(3) Von besonderer Bedeutung sind vor allem Veräußerungen von Grundstücken, an denen – ohne Rücksicht auf den Wert – ein besonderes parlamentarisches Interesse besteht oder erwartet wird.

**4. Wertermittlung**

Bei Aufstellung der Wertermittlungen sind die Verordnung über die Grundsätze für die Ermittlung der Verkehrswerte von Grundstücken (Immobilienwertermittlungsverordnung) sowie die zur Wertermittlung von Grundstücken ergangenen fachlichen Richtlinien* in der jeweils geltenden Fassung zu beachten.

**5. Bestellung von dinglichen Rechten an Grundstücken einschließlich landesrechtlicher Baulasten**

**5.1 Entgeltlichkeit**

Für die Bestellung ist ein Entgelt zu fordern, das dem vollen Wert im Sinn des § 63 Absatz 3 entspricht; dies ist mindestens die durch die Bestellung des Rechts eintretende Minderung des Verkehrswertes des belasteten Grundstücks.

**5.2 Mitwirkungsverzicht**

Das Bundesministerium der Finanzen verzichtet auf seine Mitwirkung, wenn

– die Eintragung des dinglichen Rechts rechtlich erzwungen werden könnte (z.B. durch Anschluss- und Benutzungszwang),
– es sich um die Erschließung anstaltseigener Grundstücke handelt.

**– Anlage A –**

(1) Für die Veräußerung von Grundstücken mit einem Wert von bis zu 500 000 Euro verzichtet das Bundesministerium der Finanzen auf seine Mitwirkung, wenn nicht eine der im Absatz 3 aufgeführten Ausnahmen vorliegt.

(2) Für die Wertgrenze von 500 000 Euro ist der volle Wert nach § 63 Absatz 3 Satz 1 maßgebend; durch Haushaltsvermerk zugelassene Preisnachlässe bleiben außer Betracht.

(3) Die Einwilligung des Bundesministeriums der Finanzen ist ohne Rücksicht auf die Höhe des Wertes in folgenden Fällen stets erforderlich:

a) Veräußerung der ersten Teilfläche aus ehemaligen Kasernen, Übungsplätzen, Munitionsanstalten oder ähnlichen Liegenschaften oder Liegenschaften, aus denen künftig Einzelverkäufe mit einem vollen Wert von über 500 000 Euro in Betracht kommen. Der Mitwirkung des Bundesministeriums der Finanzen bedarf es nicht, wenn es sich um die Veräußerung von wenig bedeutsamen

---

* Insbesondere die Richtlinien für die Ermittlung der Verkehrswerte (Marktwerte) von Grundstücken (WertR), die Richtlinien für die Ermittlung und Prüfung des Verkehrswerts von Waldflächen und für Nebenentschädigungen (WaldR), die Richtlinien für die Ermittlung des Verkehrswertes landwirtschaftlicher Grundstücke und Betriebe, anderer Substanzverluste (Wertminderung) und sonstiger Vermögensnachteile (LandR), die Richtlinie zur Ermittlung des Vergleichswerts und des Bodenwerts (Vergleichswertrichtlinie VW-RL), die Richtlinie zur Ermittlung des Sachwerts (Sachwertrichtlinie SW-RL) und die Bearbeitungshinweise zur Ermittlung des Verkehrswerts von Grundstücken mit Ziergehölzen (Schutz- und Gestaltungsgrün).

Teilflächen aus den genannten Liegenschaften für Erschließungsmaßnahmen oder Grenzbereinigungen handelt und die Restliegenschaft für Aufgaben des Bundes für eine nicht absehbare Zeit benötigt wird (z.B. Dienstgrundstücke; Grundstücke, die Wohnungsfürsorgezwecken des Bundes dienen).

b) Veräußerung von Grundstücken, die eine besondere Bedeutung haben. Von besondere Bedeutung sind Grundstücke von erheblichen künstlerischem, geschichtlichen oder kulturellem Wert; darüber hinaus ist eine „besondere Bedeutung" dann gegeben, wenn sonstige wichtige öffentliche Belange berührt werden.

c) Veräußerung von Grundstücken, soweit die Veräußerung wegen der Person des Erwerbers oder der Verwendungsabsicht von grundsätzlicher oder allgemeinpolitischer Bedeutung ist.

d) Veräußerung von Grundstücken, auf denen sich ein Hoch- oder Tiefbunker befindet, der noch nicht aus der Zivilschutzbindung entlassen ist.

e) Veräußerung von Grundstücken unter dem vollen Wert nach § 63 Absatz 3 (geringer Wert, dringendes Bundesinteresse), und die Übertragung des Eigentums an Grundstücken unter dem vollen Wert aufgrund entsprechender vertraglicher oder gesetzlicher Verpflichtung (z.B. Wiederkaufsrecht, Rückenteignungsrecht).

f) Veräußerung von Grundstücken an Angehörige der Bundesfinanzverwaltung sowie deren Ehegatten; gleichgestellt sind Angehörige der Landesfinanzverwaltungen in der Ministerial- und Mittelinstanz sowie deren Ehegatten.

**– Anlage B –**

(1) Für die Veräußerung von Grundstücken mit einem Wert ab 15 Mio. Euro (‚erheblicher Wert') ist die Einwilligung des Haushaltsausschusses des Deutschen Bundestages sowie die Einwilligung des Finanzausschusses des Bundesrates einzuholen.

(2) Das Bundesministerium der Finanzen wird seine Zustimmung zur Veräußerung von Grundstücken mit einem Wert zwischen 5 Mio. Euro und 15 Mio. Euro von der Einwilligung der Berichterstatterinnen und Berichterstatter für den Einzelplan 08 und das Kapitel 6004 abhängig machen.

(3) Über die Veräußerung von Grundstücken des Bundes mit einem Wert von 1,5 Mio. Euro bis 5 Mio. Euro legt das Bundesministerium der Finanzen dem Haushaltsausschuss des Deutschen Bundestages und dem Finanzausschuss des Bundesrates jährlich eine Übersicht über die veräußerten Grundstücke vor. Gleiches gilt für die Veräußerung von Grundstücken über 5 Mio. Euro bis 15 Mio. Euro.

(4) Für die Berechnung der Wertgrenzen ist der volle Wert nach § 63 Absatz 3 Satz 1 maßgebend; durch Haushaltsvermerk zugelassene Preisnachlässe bleiben außer Betracht.

(5) Änderungsbeschlüsse der zuständigen Gremien des Bundestages oder des Bundesrates zu den maßgeblichen Wertgrenzen oder dem Verfahren bei Veräußerungsfällen gehen den in den Absätzen 1 bis 3 getroffenen Regelungen vor.

## § 65 Beteiligung an privatrechtlichen Unternehmen

**(1) Der Bund soll sich, außer in den Fällen des Absatzes 5, an der Gründung eines Unternehmens in einer Rechtsform des privaten Rechts oder an einem bestehenden Unternehmen in einer solchen Rechtsform nur beteiligen, wenn**

1. **ein wichtiges Interesse des Bundes vorliegt und sich der vom Bund angestrebte Zweck nicht besser und wirtschaftlicher auf andere Weise erreichen lässt,**
2. **die Einzahlungsverpflichtung des Bundes auf einen bestimmten Betrag begrenzt ist,**
3. **der Bund einen angemessenen Einfluss, insbesondere im Aufsichtsrat oder in einem entsprechenden Überwachungsorgan erhält,**
4. **gewährleistet ist, dass der Jahresabschluss und der Lagebericht, soweit nicht weitergehende gesetzliche Vorschriften gelten oder andere gesetzliche Vorschriften entgegenstehen, in entsprechender Anwendung der Vorschriften des Dritten Buchs des Handelsgesetzbuchs für große Kapitalgesellschaften aufgestellt und geprüft werden.**

**(2) Das zuständige Bundesministerium hat die Einwilligung des Bundesministeriums der Finanzen einzuholen und das für das Bundesvermögen zuständige Bundesministerium zu beteiligen, bevor der Bund Anteile an einem Unternehmen erwirbt, seine Beteiligung erhöht oder sie ganz oder zum Teil veräußert. Entsprechendes gilt bei einer Änderung des Nennkapitals oder des Gegenstandes des Unternehmens oder bei einer Änderung des Einflusses des Bundes. Das Bundesministerium der Finanzen ist an den Verhandlungen zu beteiligen.**

**(3) Das zuständige Bundesministerium soll darauf hinwirken, dass ein Unternehmen, an dem der Bund unmittelbar oder mittelbar mit Mehrheit beteiligt ist, nur mit seiner Zustimmung eine Beteiligung von mehr als dem vierten Teil der Anteile eines anderen Unternehmens erwirbt, eine solche Beteiligung erhöht oder sie ganz oder zum Teil veräußert. Es hat vor Erteilung seiner Zustimmung die Einwilligung des Bundesministeriums der Finanzen einzuholen und das für das Bundesvermögen zuständige Bundesministerium zu beteiligen. Die Grundsätze des Absatzes 1 Nr. 3 und 4 sowie des Absatzes 2 Satz 2 gelten entsprechend.**

**(4) Das Bundesministerium der Finanzen und das für das Bundesvermögen zuständige Bundesministerium können auf die Ausübung der Befugnisse nach den Absätzen 2 und 3 verzichten.**

**(5) An einer Genossenschaft soll sich der Bund nur beteiligen, wenn die Haftpflicht der Mitglieder für die Verbindlichkeiten der Genossenschaft dieser gegenüber im Voraus auf eine bestimmte Summe beschränkt ist. Die Beteiligung des Bundes an einer Genossenschaft bedarf der Einwilligung des Bundesministeriums der Finanzen.**

**(6) Das zuständige Bundesministerium soll darauf hinwirken, dass die auf Veranlassung des Bundes gewählten oder entsandten Mitglieder der Aufsichtsorgane der Unternehmen bei ihrer Tätigkeit auch die besonderen Interessen des Bundes berücksichtigen.**

**(7) Haben Anteile an Unternehmen besondere Bedeutung und ist deren Veräußerung im Haushaltsplan nicht vorgesehen, so dürfen sie nur mit Einwilligung des Bundestages und des Bundesrates veräußert werden, soweit nicht aus zwingenden Gründen eine Ausnahme geboten ist. Ist die Zustimmung nicht eingeholt worden, so sind der Bundestag und der Bundesrat alsbald von der Veräußerung zu unterrichten.**

**Zu § 65:**

**1 Unternehmen, Beteiligung**

1.1 Der Begriff »Unternehmen« im Sinne der §§ 65 ff. setzt grundsätzlich weder eine eigene Rechtspersönlichkeit voraus (schließt z.B. auch Gesellschaften des bürgerlichen Rechts ein) noch einen gewerblichen oder sonstigen wirtschaftlichen Betrieb. Vereine, Genossenschaften und Stiftungen fallen nur dann unter den Begriff des Unternehmens, wenn ein gewerblicher oder sonstiger wirtschaftlicher Betrieb vorliegt.

1.2 Unter Beteiligung ist jede kapitalmäßige, mitgliedschaftliche und ähnliche (Stiftung) Beteiligung zu verstehen, die eine Dauerbeziehung zu dem Unternehmen begründen soll. Ein Mindestanteil ist dafür nicht Voraussetzung.

**2 Einwilligungsbedürftige Geschäfte**

2.1 Zu den nach § 65 Abs. 2 einwilligungsbedürftigen Geschäften bei unmittelbaren Beteiligungen gehören u.a.

2.1.1 die Gründung einschließlich Mitgründung von Unternehmen,

2.1.2 die Ausübung von Bezugsrechten und der Verzicht auf die Ausübung von solchen Rechten,

2.1.3 die Auflösung eines Unternehmens,

2.1.4 der Abschluss, die wesentliche Änderung und die Beendigung von Beherrschungsverträgen,

2.1.5 die Umwandlung, die Verschmelzung, die Änderung der Rechtsform und die Einbringung in andere Unternehmen,

2.1.6 die Kapitalerhöhung aus Gesellschaftsmitteln sowie die Kapitalherabsetzung.

Bei der Veräußerung von Anteilen sind im Übrigen die Bestimmungen des § 63 Abs. 2 bis 4 anzuwenden.

2.2 § 65 Abs. 3 erfasst die Fälle, in denen der Bund unmittelbar oder mittelbar in jeder Stufe mit Mehrheit an einem Unternehmen beteiligt ist und dieses Unternehmen eine Beteiligung von mehr als dem vierten Teil der Anteile eines anderen Unternehmens erwirbt, eine solche Beteiligung auf mehr als den vierten Teil der Anteile erhöht oder sie ganz oder zum Teil veräußert. Eine Mehrheitsbeteiligung des Bundes liegt auch vor, wenn der Bund, Mehrheitsbeteiligungen des Bundes und bundesunmittelbare juristische Personen des öffentlichen Rechts zusammen mehr als 50 vom Hundert des Grund- bzw. Stammkapitals halten. Die in Nr. 1.1 Satz 2 genannten juristischen Personen werden unabhängig von ihrer Einordnung als Unternehmen wie Mehrheitsbeteiligungen behandelt, wenn der Bund einen beherrschenden Einfluss ausübt. Im Übrigen ist Nr. 2.1 entsprechend anzuwenden.

2.3 Das zuständige Bundesministerium hat das Bundesministerium der Finanzen an seinen Erörterungen mit Unternehmen über Maßnahmen nach § 65 Abs. 3 zu beteiligen, sofern es sich nicht um Fragen von untergeordneter Bedeutung handelt.

2.4 Das für das Bundesvermögen zuständige Bundesministerium im Sinne des § 65 ist das Bundesministerium der Finanzen.

**3 Mitglieder der Aufsichtsorgane**

Die auf Veranlassung des Bundes gewählten oder von ihm entsandten Mitglieder der Aufsichtsorgane der Unternehmen sollen sich vor wichtigen Entscheidungen des Aufsichtsrats grundsätzlich über eine einheitliche Auffassung verständigen.

**4 Einwilligung des Bundestages und des Bundesrates**

4.1 § 65 Abs. 7 gilt für die Veräußerung einer unmittelbaren Beteiligung des Bundes. Er gilt auch für die Veräußerung an ein Unternehmen, an dem der Bund unmittelbar oder mittelbar beteiligt ist. Eine Veräußerung ist auch die Einbringung in ein Unternehmen.

4.2 Der Antrag an die gesetzgebenden Körperschaften auf Einwilligung zu einer Veräußerung wird vom Bundesministerium der Finanzen im Einvernehmen mit dem zuständigen Bundesministerium gestellt.

## § 66 Unterrichtung des Bundesrechnungshofes

**Besteht eine Mehrheitsbeteiligung im Sinne des § 53 des Haushaltsgrundsätzegesetzes, so hat das zuständige Bundesministerium darauf hinzuwirken, dass dem Bundesrechnungshof die in § 54 des Haushaltsgrundsätzegesetzes bestimmten Befugnisse eingeräumt werden.**

**Zu § 66:**

1 Auf die Einräumung der Befugnisse des Bundesrechnungshofes ist insbesondere bei einer Änderung des Grundkapitals und der Beteiligungsverhältnisse hinzuwirken.

2 Auf die Einräumung der Befugnisse des Bundesrechnungshofes ist auch bei den Verhandlungen über die Gründung eines Unternehmens und über den Erwerb von Anteilen an einem Unternehmen hinzuwirken.

3 Als Fassung für die Satzung (Gesellschaftsvertrag) empfiehlt sich: »Der Bundesrechnungshof hat die Befugnisse aus § 54 Haushaltsgrundsätzegesetz«. Erforderlichenfalls ist der Wortlaut dieser Vorschrift* zu wiederholen.

### § 67 Prüfungsrecht durch Vereinbarung

**Besteht keine Mehrheitsbeteiligung im Sinne des § 53 des Haushaltsgrundsätzegesetzes, so soll das zuständige Bundesministerium, soweit das Interesse des Bundes dies erfordert, bei Unternehmen, die nicht Aktiengesellschaften, Kommanditgesellschaften auf Aktien oder Genossenschaften sind, darauf hinwirken, dass dem Bund in der Satzung oder im Gesellschaftsvertrag die Befugnisse nach den §§ 53 und 54 des Haushaltsgrundsätzegesetzes eingeräumt werden. Bei mittelbaren Beteiligungen gilt dies nur, wenn die Beteiligung den vierten Teil der Anteile übersteigt und einem Unternehmen zusteht, an dem der Bund allein oder zusammen mit anderen Gebietskörperschaften mit Mehrheit im Sinne des § 53 des Haushaltsgrundsätzegesetzes beteiligt ist.**

**Zu § 67:**

1 Auf die Einräumung der Befugnisse aus den §§ 53 und 54 HGrG soll insbesondere bei einer Änderung des Grundkapitals und der Beteiligungsverhältnisse hingewirkt werden.

2 Auf die Einräumung der Befugnisse aus den §§ 53 und 54 HGrG soll auch bei den Verhandlungen über die Gründung eines Unternehmens und über den Erwerb von Anteilen an einem Unternehmen hingewirkt werden.

3 Als Fassung für die Satzung (Gesellschaftsvertrag) empfiehlt sich: »Die zuständigen Stellen der Bundesrepublik Deutschland haben die

---

* **Anmerkung:** § 54 HGrG lautet:

»(1) In den Fällen des § 53 kann in der Satzung (im Gesellschaftsvertrag) mit Dreiviertelmehrheit des vertretenen Kapitals bestimmt werden, dass sich die Rechnungsprüfungsbehörde der Gebietskörperschaft zur Klärung von Fragen, die bei der Prüfung nach § 44 auftreten, unmittelbar unterrichten und zu diesem Zweck den Betrieb, die Bücher und die Schriften des Unternehmens einsehen kann.

(2) Ein vor dem Inkrafttreten dieses Gesetzes begründetes Recht der Rechnungsprüfungsbehörde auf unmittelbare Unterrichtung bleibt unberührt.«

Befugnisse aus den §§ 53 und 54 des Haushaltsgrundsätzegesetzes.« Erforderlichenfalls ist der Wortlaut dieser Vorschriften* zu wiederholen.

### § 68 Zuständigkeitsregelungen

**(1) Die Rechte nach § 53 Abs. 1 des Haushaltsgrundsätzegesetzes übt das für die Beteiligung zuständige Bundesministerium aus. Bei der Wahl oder Bestellung der Prüfer nach § 53 Abs. 1 Nr. 1 des Haushaltsgrundsätzegesetzes übt das zuständige Bundesministerium die Rechte des Bundes im Einvernehmen mit dem Bundesrechnungshof aus.**

**(2) Einen Verzicht auf die Ausübung der Rechte des § 53 Abs. 1 des Haushaltsgrundsätzegesetzes erklärt das zuständige Bundesministerium im Einvernehmen mit dem Bundesministerium der Finanzen, dem für das Bundesvermögen zuständigen Bundesministerium und dem Präsidenten des Bundesrechnungshofes.**

---

* **Anmerkung:** § 53 HGrG lautet:

»(1) Gehört einer Gebietskörperschaft die Mehrheit der Anteile eines Unternehmens in einer Rechtsform des privaten Rechts oder gehört ihr mindestens der vierte Teil der Anteile und steht ihr zusammen mit anderen Gebietskörperschaften die Mehrheit der Anteile zu, so kann sie verlangen, dass das Unternehmen

1. im Rahmen der Abschlussprüfung auch die Ordnungsmäßigkeit der Geschäftsführung prüfen lässt;
2. die Abschlussprüfer beauftragt, in ihrem Bericht auch darzustellen
   a) die Entwicklung der Vermögens- und Ertragslage sowie die Liquidität und Rentabilität der Gesellschaft,
   b) verlustbringende Geschäfte und die Ursachen der Verluste, wenn diese Geschäfte und die Ursachen für die Vermögens- und Ertragslage von Bedeutung waren,
   c) die Ursachen eines in der Gewinn- und Verlustrechnung ausgewiesenen Jahresfehlbetrages;
3. ihr den Prüfungsbericht der Abschlussprüfer und, wenn das Unternehmen einen Konzernabschluss aufzustellen hat, auch den Prüfungsbericht der Konzernabschlussprüfer unverzüglich nach Eingang übersendet.

(2) Für die Anwendung des Absatzes 1 rechnen als Anteile der Gebietskörperschaft auch Anteile, die einem Sondervermögen der Gebietskörperschaft gehören. Als Anteile der Gebietskörperschaft gelten ferner Anteile, die Unternehmen gehören, bei denen die Rechte aus Absatz 1 der Gebietskörperschaft zustehen.«

§ 54 HGrG lautet:

»(1) In den Fällen des § 53 kann in der Satzung (im Gesellschaftsvertrag) mit Dreiviertelmehrheit des vertretenen Kapitals bestimmt werden, dass sich die Rechnungsprüfungsbehörde der Gebietskörperschaft zur Klärung von Fragen, die bei der Prüfung nach § 44 auftreten, unmittelbar unterrichten und zu diesem Zweck den Betrieb, die Bücher und die Schriften des Unternehmens einsehen kann.

(2) Ein vor dem Inkrafttreten dieses Gesetzes begründetes Recht der Rechnungsprüfungsbehörde auf unmittelbare Unterrichtung bleibt unberührt.«

**Zu § 68:**

**1** Das zuständige Bundesministerium soll von den Befugnissen nach § 53 HGrG Gebrauch machen.

**2** Das zuständige Bundesministerium soll im Interesse einer vollständigen, einheitlichen und vergleichbaren Prüfung und Berichterstattung darauf hinwirken, dass die Unternehmen, die der Prüfung nach § 53 Abs. 1 HGrG unterliegen, die in der Anlage enthaltenen »Grundsätze für die Prüfung von Unternehmen nach § 53 Haushaltsgrundsätzegesetz« den Abschlussprüferinnen bzw. Abschlussprüfern zur Verfügung stellen.

**3** Das Einvernehmen mit dem Bundesrechnungshof über die Wahl oder Bestellung der Prüferin bzw. des Prüfers nach § 53 Abs. 1 HGrG ist vor der Abgabe der Erklärung in den zuständigen Unternehmensorganen herbeizuführen.

**4** Das für das Bundesvermögen zuständige Bundesministerium im Sinne des § 68 ist das Bundesministerium der Finanzen.

# Anlage zur VV Nr. 2 zu § 68 BHO

## Grundsätze für die Prüfung von Unternehmen nach § 53 Haushaltsgrundsätzegesetz

### I. Allgemeines

Die Prüfung von Unternehmen, an denen der Bund oder die Länder mit Mehrheit beteiligt sind, ist durch das »Gesetz über die Grundsätze des Haushaltsrechts des Bundes und der Länder (Haushaltsgrundsätzegesetz -HGrG)« vom 19. August1969 (BGBl. I S. 1273) geregelt. § 53 HGrG räumt den Gebietskörperschaften unter bestimmten Voraussetzungen Rechte ein, die über diejenigen hinausgehen, die den Gesellschaftern nach den Vorschriften des Handelsgesetzbuches zustehen. Gemäß § 49 HGrG gilt § 53 HGrG für den Bund und die Länder einheitlich und unmittelbar. Die dem Bund und den Ländern danach zustehenden Befugnisse sollen gemäß § 67 BHO/LHO unter den dort genannten Voraussetzungen im Übrigen auch für die Unternehmen vereinbart werden, an denen der Bund bzw. die Länder nicht mit Mehrheit beteiligt sind.

§ 53 HGrG lautet:

**»Rechte gegenüber privatrechtlichen Unternehmen**

(1) Gehört einer Gebietskörperschaft die Mehrheit der Anteile eines Unternehmens in einer Rechtsform des privaten Rechts oder gehört ihr mindestens der vierte Teil der Anteile und steht ihr zusammen mit anderen Gebietskörperschaften die Mehrheit der Anteile zu, so kann sie verlangen, dass das Unternehmen

1. im Rahmen der Abschlussprüfung auch die Ordnungsmäßigkeit der Geschäftsführung prüfen lässt;

2. die Abschlussprüfer beauftragt, in ihrem Bericht auch darzustellen
   a) die Entwicklung der Vermögens- und Ertragslage sowie die Liquidität und Rentabilität der Gesellschaft,
   b) verlustbringende Geschäfte und die Ursachen der Verluste, wenn diese Geschäfte und die Ursachen für die Vermögens- und Ertragslage von Bedeutung waren,
   c) die Ursachen eines in der Gewinn- und Verlustrechnung ausgewiesenen Jahresfehlbetrages;
3. ihr den Prüfungsbericht der Abschlussprüfer und, wenn das Unternehmen einen Konzernabschluss aufzustellen hat, auch den Prüfungsbericht der Konzernabschlussprüfer unverzüglich nach Eingang übersendet.

(2) Für die Anwendung des Absatzes 1 rechnen als Anteile der Gebietskörperschaft auch Anteile, die einem Sondervermögen der Gebietskörperschaft gehören. Als Anteile der Gebietskörperschaft gelten ferner Anteile, die Unternehmen gehören, bei denen die Rechte aus Absatz 1 der Gebietskörperschaft zustehen.«

Die Gebietskörperschaften müssen sich demnach mit ihrem Verlangen grundsätzlich über die Geschäftsleitung an das Unternehmensorgan wenden, das die Abschlussprüferin bzw. den Abschlussprüfer beauftragt. Dieses ist seinerseits verpflichtet, der Abschlussprüferin bzw. dem Abschlussprüfer einen entsprechenden Prüfungsauftrag zu erteilen.

Mit der erweiterten Aufgabenstellung nach § 53 HGrG (erweiterte Prüfung und Berichterstattung) ist keine Erweiterung der Funktion der Prüferin bzw. des Prüfers verbunden. Der Prüferin bzw. dem Prüfer werden dadurch insbesondere keine Aufsichtsfunktionen eingeräumt, diese obliegen den dafür zuständigen Institutionen (z.B. dem Aufsichtsrat). Aufgabe der Prüferin bzw. des Prüfers ist es, die Prüfung und Berichterstattung in dem in § 53 HGrG gezogenen Rahmen so auszugestalten, dass der Aufsichtsrat, das zuständige Ministerium und der Rechnungshof sich auf Grund des Berichts ein eigenes Urteil bilden und ggf. die erforderlichen Maßnahmen ergreifen können.

Soweit zu dem zu prüfenden Sachverhalt eine abschließende Stellungnahme nicht möglich ist, sollte die Prüferin bzw. der Prüfer hierauf hinweisen und sich auf die Darstellung des Tatbestandes im Prüfungsbericht beschränken.

Zur Berichtspflicht gemäß § 53 HGrG gehört die Berichterstattung über die Bezüge der leitenden Angestellten sowie über die Vergütung der Mitglieder der Geschäftsleitung und des Überwachungsorgans („Bezügebericht").

## II. Prüfung und Berichterstattung nach § 53 Abs. 1 Nr. 1 HGrG

Da die handelsrechtliche Abschlussprüfung grundsätzlich keine Prüfung der Geschäftsführung beinhaltet, führt eine Prüfung der Ordnungsmäßigkeit der Geschäftsführung nach § 53 Abs. 1 Nr. 1 HGrG im Prinzip zu einer nicht unwesentlichen Erweiterung des Prüfungsumfangs gegenüber § 317 HGB.

Dabei ist zu beachten, dass § 53 Abs. 1 Nr. 1 HGrG nicht eine Prüfung der gesamten Geschäftsführung der Gesellschaft verlangt. Vielmehr ergibt sich eine Einschränkung des Prüfungsumfangs schon daraus, dass als Prüfungsobjekt nicht die Geschäftsführung im Ganzen, sondern die Frage ihrer »Ordnungsmäßigkeit« angesprochen wird.

Den Maßstab für die Ordnungsmäßigkeit der Geschäftsführung bilden die Vorschriften des § 93 Abs. 1 Satz 1 AktG bzw. § 43 Abs. 1 GmbHG, nach denen die Vorstandsmitglieder bzw. Geschäftsführerinnen oder Geschäftsführer die Sorgfalt einer ordentlichen und gewissenhaften Geschäftsleiterin bzw. eines ordentlichen und gewissenhaften Geschäftsleiters anzuwenden haben. Die Prüferin bzw. der Prüfer hat festzustellen, ob die Geschäfte der Gesellschaft im abgelaufenen Geschäftsjahr mit der erforderlichen Sorgfalt, d.h. auch mit der gebotenen Wirtschaftlichkeit, und in Übereinstimmung mit den Gesetzen, der Satzung, den Beschlüssen der Haupt- oder Gesellschafterversammlung, des Aufsichtsrats und seiner Ausschüsse sowie der Geschäftsordnung für den Vorstand geführt worden sind.

Insbesondere soll in diesem Zusammenhang geprüft werden, ob ungewöhnliche, risikoreiche oder nicht ordnungsgemäß abgewickelte Geschäftsvorfälle und erkennbare Fehldispositionen vorliegen. Auch ist besonders zu untersuchen, ob die Art der getätigten Geschäfte durch die Satzung gedeckt ist und ob eine nach der Satzung, der Geschäftsordnung oder einem Beschluss des Aufsichtsrats erforderliche Zustimmung eingeholt wurde.

Es ist nicht Aufgabe der Prüfung der Ordnungsmäßigkeit der Geschäftsführung, den Entscheidungsprozess in seinen Einzelheiten zu prüfen. Es kommen nur wesentliche, grobfehlsame oder missbräuchliche kaufmännische Ermessensentscheidungen oder vergleichbare Unterlassungen in Betracht. Es ist zu untersuchen, ob durch geeignete organisatorische Vorkehrungen sichergestellt ist, dass die Geschäftsführungsentscheidungen ordnungsgemäß getroffen und durchgeführt werden können. In diesem Rahmen kann zur Prüfung auch eine Beschäftigung mit den Grundzügen der Unternehmensorganisation gehören; ggf. sind Anregungen zu einer Organisationsprüfung zu geben. Weiterhin kann es im Hinblick auf die ordnungsmäßige Bildung und sachgerechte Durchführung der Entscheidungen notwendig sein, das interne Kontrollsystem in einem weitergehenden Umfang zu prüfen, als dies bei der Abschlussprüfung der Fall ist.

Die Prüfung der Ordnungsmäßigkeit der Geschäftsführung erfordert im Allgemeinen auch eine Prüfung größerer Investitionsprojekte hinsichtlich Genehmigung durch den Aufsichtsrat, vorliegender Wirtschaftlichkeitsrechnungen, Ordnungsmäßigkeit der Abwicklung einschließlich Vergabe, Überschreitungen u. dgl. Im Rahmen des § 53 HGrG wird in aller Regel eine stichprobenweise Prüfung als ausreichend angesehen werden können.

Die Prüfung der Verwendung der von der öffentlichen Hand zur Verfügung gestellten Mittel zum Zwecke der Feststellung, ob die Mittel zweckentsprechend, wirtschaftlich und sparsam verwendet worden sind, gehört nicht zum Prüfungsumfang nach § 53 HGrG. Für eine derartige Prüfung ist ein gesonderter Auftrag erforderlich. Wird jedoch im Rahmen der Abschlussprüfung eine nicht ordnungsmäßige Verwendung festgestellt, wird es in der Regel erforderlich sein, hierauf hinzuweisen, insbesondere wenn sich daraus Risiken ergeben.

Hinsichtlich der Berichterstattung über die Prüfung der Ordnungsmäßigkeit der Geschäftsführung enthält § 53 Abs. 1 Nr. 1 HGrG keine besondere Bestimmung. Sind Verstöße gegen die Ordnungsmäßigkeit der Geschäftsführung festgestellt worden, so ist entsprechend den allgemeinen Berichtsgrundsätzen und der Zielsetzung der Prüfung nach § 53 HGrG hierauf so einzugehen, dass der Berichtsleserin bzw. dem Berichtsleser eine entsprechende Würdigung des Sachverhalts möglich wird. Ist der Prüferin bzw. dem Prüfer im Einzelfall eine Wertung nicht möglich, so ist dies anzugeben und der in Frage stehende Sachverhalt im Bericht darzustellen. Im Allgemeinen gehört es nicht zum Inhalt dieser Ordnungsmäßigkeitsprüfung, dass die Prüferin bzw. der Prüfer auch zur Geschäftspolitik der Gesellschaft ein Urteil abgibt.

In die Berichterstattung werden – insoweit über die Anforderungen nach § 321 HGB hinausgehend – insbesondere die folgenden Punkte einzubeziehen sein:

1. Im Prüfungsbericht sollte angegeben werden, wie oft der Aufsichtsrat im Berichtsjahr zusammengetreten ist und ob der Vorstand ihm gemäß Gesetz oder Satzung berichtet hat. Soweit die Berichte nach den bei der Abschlussprüfung gewonnenen Erkenntnissen eine offensichtlich nicht zutreffende Darstellung enthalten, ist auch hierüber zu berichten.
2. Im Prüfungsbericht sollte darauf eingegangen werden, ob das Rechnungswesen den besonderen Verhältnissen des Unternehmens angepasst ist. Gegebenenfalls ist auch zu speziellen Gebieten der Kostenrechnung (Betriebsabrechnung, Vor- und Nachkalkulation) Stellung zu nehmen.
3. Ferner ist darzulegen, ob bei der Größe des Unternehmens eine interne Revision erforderlich ist. Soweit sie vorhanden ist, ist auf ihre Besetzung und ihre Tätigkeit im Berichtsjahr sowie kurz darauf einzugehen, ob sie für das Unternehmen ausreichend ist.
4. Bestehen auf Grund der wirtschaftlichen Verhältnisse des Unternehmens Bedenken gegen den Gewinnverwendungsvorschlag, so ist hierauf hinzuweisen.
5. Wurde bei der Prüfung festgestellt, dass getätigte Geschäfte nicht durch die Satzung gedeckt sind oder dass eine nach der Satzung, der Geschäftsordnung oder nach einem Beschluss des Aufsichtsrats erforderliche Zustimmung nicht beachtet wurde, so ist darüber zu berichten.
6. Ungewöhnliche, risikoreiche oder nicht ordnungsgemäß abgewickelte Geschäftsvorfälle sowie erkennbare Fehldispositionen und wesentliche Unterlassungen sind besonders darzustellen.
7. Im Allgemeinen kann sich die Berichterstattung über die Ordnungsmäßigkeit der geprüften Investitionen auf Feststellungen beschränken, ob sich die Investitionen und ihre Finanzierung im Rahmen der Aufsichtsratsbewilligungen halten, aussagefähige Wirtschaftlichkeitsrechnungen durchgeführt, Konkurrenzangebote in ausreichendem Umfang eingeholt worden sind und

eine ordnungsmäßige Abrechnungskontrolle vorliegt. Außerdem sind die Grundsätze darzulegen, nach denen die Aufträge, insbesondere die Bauaufträge, vergeben wurden.
Im Übrigen dürfte es wegen des Eigeninteresses vieler Unternehmen an einer umfangreicheren Darstellung der Investitionen, als dies nach § 53 HGrG erforderlich ist, zweckmäßig sein, den Umfang der Berichterstattung mit der Gesellschaft abzustimmen.

8. Bei Erwerb und Veräußerung einer Beteiligung sollte unter Auswertung der vorliegenden Unterlagen auch zur Angemessenheit der Gegenleistung Stellung genommen werden. Ferner ist zu berichten, ob ggf. die Zustimmungen der zuständigen Organe vorliegen.
9. Zu den Veräußerungserlösen bei Abgängen des Anlagevermögens ist in wesentlichen Fällen oder dann Stellung zu nehmen, wenn Bedenken gegen die Ordnungsmäßigkeit des Vorgangs bestehen.
10. Zu nach Art und Höhe ungewöhnlichen Abschlussposten ist Stellung zu nehmen. So ist z.B. auf eine unangemessene Höhe der Vorräte oder auf ungewöhnliche Bedingungen bei Forderungen und Verbindlichkeiten (Zinssatz, Tilgung, Sicherheiten) einzugehen.
11. Der Versicherungsschutz als solcher ist nicht Gegenstand der Prüfung. Gleichwohl ist auch darüber zu berichten, welche wesentlichen Versicherungen bestehen und ob eine Aktualisierung der versicherten Werte erfolgt. Ist für die Prüferin bzw. den Prüfer erkennbar, dass wesentliche, üblicherweise abgedeckte Risiken nicht versichert sind, so ist auch hierüber zu berichten. In allen Fällen ist darauf hinzuweisen, dass eine Prüfung der Angemessenheit und Vollständigkeit des Versicherungsschutzes nicht stattgefunden hat, sondern einer bzw. einem versicherungstechnischen Sachverständigen überlassen bleiben muss.

## III. Prüfung und Berichterstattung nach § 53 Abs. 1 Nr. 2 HGrG

Neben der Prüfung der Ordnungsmäßigkeit der Geschäftsführung sieht § 53 Abs. 1 Nr. 2 HGrG ausdrücklich eine Berichterstattung über folgende Punkte vor:

a) die Entwicklung der Vermögens- und Ertragslage sowie die Liquidität und Rentabilität der Gesellschaft,
b) verlustbringende Geschäfte und die Ursachen der Verluste, wenn diese Geschäfte und die Ursachen für die Vermögens- und Ertragslage von Bedeutung waren,
c) die Ursachen eines in der Gewinn- und Verlustrechnung ausgewiesenen Jahresfehlbetrages.

Eine solche Berichterstattung ist ohne vorhergehende Prüfung nicht möglich. Die Aufgabenstellung überschneidet sich dabei teilweise sowohl mit der Abschlussprüfung (z.B. Darstellung der Entwicklung der Vermögens- und Ertragslage sowie der Liquidität und Rentabilität der Gesellschaft) als auch mit der Prüfung der Ordnungsmäßigkeit der Geschäftsführung (z.B. bei verlustbringenden Geschäften, die ihre Ursache in einer nicht ordnungsmäßigen Geschäftsführung haben).

Im Einzelnen ist hierzu zu bemerken:

1. § 321 Abs. 2 Satz 3 HGB, wonach die Posten des Jahresabschlusses aufzugliedern und ausreichend zu erläutern sind, führt in der Regel dazu, dass die Vermögens- und Ertragslage der Gesellschaft darzustellen ist. In diesem Rahmen wird im Allgemeinen auch auf die Liquidität und Rentabilität eingegangen, wobei der Umfang der Ausführungen im Wesentlichen von der Lage der Gesellschaft abhängt. Den in § 53 Abs. 1 Nr. 2 Buchstabe a HGrG gestellten Anforderungen wird mit dieser berufsüblichen Darstellung im Allgemeinen entsprochen. Gegebenenfalls ist die finanzielle Entwicklung während des Berichtsjahres zu erläutern, z.B. in Form einer Kapitalflussrechnung. Ist mit wesentlichen Veränderungen zu rechnen, so sind diese und ihre Auswirkungen auf die Liquidität darzustellen. Gemäß § 321 Abs. 1 HGB sind den Bestand des geprüften Unternehmens oder Konzerns gefährdende oder dessen Entwicklung wesentlich beeinträchtigende Tatsachen darzustellen. Dies ist vor allem dann von Bedeutung, wenn die ungünstige Entwicklung der wirtschaftlichen Lage des Unternehmens zu einer Inanspruchnahme öffentlicher Mittel führen kann.

   Besondere Feststellungen können zu folgenden Punkten in Betracht kommen:

   a) Im Rahmen der Darstellung der Entwicklung der Vermögenslage ist ggf. auch zur Angemessenheit der Eigenkapitalausstattung Stellung zu nehmen.
   b) Die Höhe und die Entwicklung der stillen Reserven sind lediglich für wesentliche Beträge und nur dann darzustellen, wenn diese ohne Schwierigkeiten ermittelt werden können. In Betracht kommen z.B. Hinweise auf erhebliche steuerliche Sonderabschreibungen, auf bei Beteiligungen thesaurierte umfangreiche Gewinne, auf die Kurswerte von Wertpapieren und dgl. Soweit die Reserven bei einer Realisierung zu versteuern wären, ist hierauf hinzuweisen.
   c) Im Rahmen der Darstellung der Entwicklung der Ertragslage sind das Betriebsergebnis und das außerordentliche Ergebnis zu erläutern. Sind die Ergebnisse erheblich durch einen Bewertungsmethodenwechsel oder durch Unterschiede zwischen Buchabschreibungen und kalkulatorischen Abschreibungen o.ä. beeinflusst, so ist dies zu erwähnen. Soweit Spartenrechnungen vorliegen, ist hierauf einzugehen. Aufwendungen und Erträge, die wegen ihrer Art oder ihrer Höhebemerkenswert sind (z.B. nicht übliche Zinsen und Provisionen), sind im Bericht hervorzuheben. Wesentliche Unterschiede gegenüber dem Vorjahr sind zu erläutern.

      Gegebenenfalls ist darzulegen, welche Maßnahmen zur Besserung der wirtschaftlichen Lage des Unternehmens von der Geschäftsleitung eingeleitet oder beabsichtigt sind.

2. Die verlustbringenden Geschäfte und ihre Ursachen sind nach dem Wortlaut des Gesetzes nur dann darzustellen, wenn sie für die Vermögens- und Ertragslage von Bedeutung waren. Demnach kommen in der Regel nur größe-

re Verlustfälle in Betracht. Zu schildern sind die Geschäfte als solche sowie die wesentlichen für die Prüferin bzw. den Prüfer erkennbaren Ursachen. Dabei ist darauf einzugehen, ob es sich um von der Geschäftsführung beeinflussbare oder nicht beeinflussbare Ursachen handelt. Gegebenenfalls ist darauf hinzuweisen, weshalb derartige verlustbringende Geschäfte von der Gesellschaft abgeschlossen wurden oder ggf. auch künftig weiter getätigt werden. Dabei kann es zweckmäßig sein, die Auffassung der Geschäftsführung über die Ursachen der Verluste im Bericht anzugeben; eine abweichende Auffassung des Prüfers ist zu vermerken.

3. Die Verluste werden im Allgemeinen der Kostenrechnung, insbesondere der Nachkalkulation, zu entnehmen sein. Im Bericht ist auch anzugeben, auf welcher Basis die Verluste ermittelt worden sind. Eine eingehende Prüfung der Unterlagen wird nur ausnahmsweise in Betracht kommen.
4. Die Ursachen eines ausgewiesenen Jahresfehlbetrages werden in der Regel durch die Darstellung der Entwicklung der wesentlichen Aufwendungen und Erträge sowie durch die Nennung einzelner größerer verlustbringender Geschäfte erkennbar sein.

**IV. Schlussbemerkung**

Sofern die Prüfung keine besonderen Feststellungen ergeben hat, könnte in die Schlussbemerkung etwa folgender Absatz aufgenommen werden:

> »Wir haben bei unserer Prüfung auftragsgemäß die Vorschriften des § 53 Abs. 1 Nr. 1 und 2 HGrG beachtet. Dementsprechend haben wir auch geprüft, ob die Geschäfte ordnungsgemäß, d.h. mit der erforderlichen Sorgfalt und in Übereinstimmung mit den einschlägigen handelsrechtlichen Vorschriften, den Satzungsbestimmungen und der Geschäftsordnung für den Vorstand geführt worden sind. Über die in dem vorliegenden Bericht enthaltenen Feststellungen hinaus hat unsere Prüfung keine Besonderheiten ergeben, die nach unserer Auffassung für die Beurteilung der Ordnungsmäßigkeit der Geschäftsführung von Bedeutung sind.«

Enthält der Bericht wesentliche Feststellungen, die Bedenken gegen die Ordnungsmäßigkeit der Geschäftsführung begründen können, so ist auf sie in der Schlussbemerkung unter Anführung der entsprechenden Textziffer des Berichtes hinzuweisen. Das Gleiche gilt, wenn verlustbringende Geschäfte vorlagen, die im Bericht Anlass zu einer besonderen Erläuterung gegeben haben.

**§ 69 Unterrichtung des Bundesrechnungshofes**

**Das zuständige Bundesministerium übersendet dem Bundesrechnungshof innerhalb von drei Monaten nach der Haupt- oder Gesellschafterversammlung, die den Jahresabschluss für das abgelaufene Geschäftsjahr entgegennimmt oder festzustellen hat,**

**1. die Unterlagen, die dem Bund als Aktionär oder Gesellschafter zugänglich sind,**

**2. die Berichte, welche die auf seine Veranlassung gewählten oder entsandten Mitglieder des Überwachungsorgans unter Beifügung aller ihnen über das Unternehmen zur Verfügung stehenden Unterlagen zu erstatten haben,**

**3. die ihm nach § 53 des Haushaltsgrundsätzegesetzes und nach § 67 zu übersendenden Prüfungsberichte.**

**Es teilt dabei das Ergebnis seiner Prüfung mit.**

**Zu § 69:**

**1** Die Prüfung durch das für die Beteiligung zuständige Bundesministerium ist von Bediensteten durchzuführen, die nicht dem Aufsichtsrat oder einem entsprechenden Überwachungsorgan des Beteiligungsunternehmens im Prüfungszeitraum angehört haben. Diese Prüfung soll auch die Entwicklung im Konzern einbeziehen.

**2** Die Mitteilung des zuständigen Bundesministeriums an den Bundesrechnungshof über das Ergebnis der Prüfung muss erkennen lassen:

2.1 Wie werden bedeutsame Vorgänge im abgelaufenen Geschäftsjahr, insbesondere Veränderungen der Unternehmensverträge, der Rechtsform, der Geschäftsfelder und der Beteiligungen, die Vermögens-, Finanz- und Ertragslage des Unternehmens sowie die voraussichtliche weitere Entwicklung beurteilt? Dies erfordert einen Vergleich der geplanten mit der tatsächlich eingetretenen Geschäftsentwicklung sowie eine Bewertung der Unternehmensstrategie und der Ausschüttungspolitik.

2.2 Bestehen Bedenken hinsichtlich der Vermögens- und Finanzlage des Unternehmens und welche Maßnahmen sind getroffen worden oder vorgesehen, um sie zu verbessern?

2.3 Sind die Geschäfte mit der erforderlichen Sorgfalt und der gebotenen Wirtschaftlichkeit geführt worden? Dabei sind Geschäfte außerhalb des Geschäftsgegenstandes besonders zu erwähnen.

2.4 Sind die Bezüge der Mitglieder der Geschäftsleitung als angemessen anzusehen?

2.5 Bestehen Bedenken gegen die Beschlüsse über die Gewinnverwendung und über die Entlastung des Vorstandes/der Geschäftsführerinnen bzw. Geschäftsführer und des Aufsichtsrates?

2.6 Ist der Erwerbs- oder Veräußerungspreis als angemessen anzusehen, falls Beteiligungen von dem Unternehmen erworben oder veräußert worden sind? Dabei sind dazu vorliegende Unterlagen (z.B. Gutachten) beizufügen.

2.7 In welchen Fällen sind die auf Veranlassung des zuständigen Bundesministeriums gewählten oder entsandten Mitglieder in den Überwachungsorganen überstimmt worden oder haben sich der Stimme enthalten und welche abweichende Meinung haben sie ggf. vertreten?

2.8 Was hat das zuständige Bundesministerium auf Grund seiner Prüfung veranlasst?

2.9 Besteht das wichtige Interesse des Bundes noch? Lässt sich der vom Bund mit der Beteiligung angestrebte Zweck besser und wirtschaftlicher auf andere Weise erreichen?

3 Prüfung und Mitteilung sollen auch die Vertretung der Bundesinteressen, insbesondere der Willensbildung außerhalb der Unternehmensorgane und Aussagen zur Zielerreichung umfassen.

4 Bei mittelbaren Beteiligungen können mit Zustimmung des Bundesrechnungshofes die Ausführungen zu den Nrn. 2 und 3 eingeschränkt werden, wenn die Darstellung der Konzernentwicklung ausreicht.

### § 69a Parlamentarische Kontrolle von Bundesbeteiligungen

**(1) Die Bundesregierung unterrichtet den Deutschen Bundestag über alle grundsätzlichen und wesentlichen Fragen der Beteiligungen des Bundes an privatrechtlichen Unternehmen sowie der Beteiligungsverwaltung durch die Bundesregierung. Die Unterrichtung umfasst auch die Beteiligungen des Bundes nach § 112 Absatz 2.**

**(2) Die Unterrichtung nach Absatz 1 erfolgt regelmäßig gegenüber dem Gremium nach § 3 des Gesetzes zur Regelung des Schuldenwesens des Bundes. § 3 Absatz 2 Satz 2 und 3 und Absatz 3 des Gesetzes zur Regelung des Schuldenwesens des Bundes gelten entsprechend.**

**Auf Beschluss des Gremiums ist der Haushaltsausschuss mit der Unterrichtung zu befassen.**

**(3) Sofern grundsätzliche und wesentliche Fragen gemäß Absatz 1 die Gründung, den Erwerb, die Veräußerung von Unternehmen oder Änderung an bestehenden Beteiligungen durch den Bund sowie Übertragungen wesentlicher Vermögenspositionen berühren, soll das Gremium nach Absatz 2 zeitnah unterrichtet werden. Die Vorschriften des § 65 Absatz 7 bleiben davon unberührt.**

**(4) Die Rechte des Deutschen Bundestages und seiner Ausschüsse bleiben unberührt.**

Teil IV

# Verwaltungsvorschrift für Zahlungen, Buchführung und Rechnungslegung (§§ 70 bis 72 und 74 bis 80 BHO) – VV-ZBR BHO –

**– Stand 01/2017 –**

## 1 Anordnungen

### 1.1 Anforderungen

1.1.1 Anordnungen sind erforderlich, um Einzahlungen anzunehmen, Auszahlungen zu leisten oder Buchungen vorzunehmen. Die Anordnung ist das Ergebnis einer Abfolge von Entscheidungen, mit denen die

Verantwortlichkeiten für die Richtigkeit der anzunehmenden Einzahlung, der zu leistenden Auszahlung oder der vorzunehmenden Buchung wahrgenommen werden.

1.1.2 An einer Anordnung, die zu einer Einzahlung oder einer Auszahlung führt, darf nicht nur eine Person allein beteiligt sein. Ausnahmen sind unter Berücksichtigung von Nrn. 6.3 und 6.4 mit Einwilligung des Bundesministeriums der Finanzen möglich. Das Bundesministerium der Finanzen hat das Einvernehmen mit dem Bundesrechnungshof herbeizuführen.

1.1.3 Für die Anordnung zur Leistung oder zur Annahme einer Zahlung und zur Buchung sind Belege erforderlich, die Zweck und Anlass für die Erstellung einer Anordnung zweifelsfrei erkennen lassen (begründende Unterlagen).

**1.2 Verantwortlichkeiten**

Die Verantwortlichkeiten erstrecken sich insgesamt darauf, dass

1.2.1 die in der Anordnung und in den sie begründenden Unterlagen enthaltenen und für die Zahlung und Buchung maßgebenden Angaben vollständig und richtig sind,

1.2.2 nach den geltenden Vorschriften, insbesondere nach den Grundsätzen der Wirtschaftlichkeit, verfahren worden ist. Hierzu gehört, dass

1.2.2.1 die Lieferung oder Leistung als solche und auch die Art ihrer Ausführung geboten war,

1.2.2.2 die Lieferung oder Leistung entsprechend der zugrunde liegenden Vereinbarung oder Bestellung sachgemäß und vollständig ausgeführt worden ist,

1.2.2.3 Abschlagszahlungen, Vorauszahlungen, Pfändungen und Abtretungen vollständig und richtig berücksichtigt worden sind,

1.2.2.4 die übrigen haushaltsrechtlichen Voraussetzungen für die Zahlung vorliegen (z.B. Mittelverfügbarkeit) und

1.2.2.5 die Zahlung nach Rechtsgrund und Höhe richtig ermittelt worden ist.

**1.3 Inhalt der Anordnung**

Eine Anordnung muss mindestens enthalten

1.3.1 die Bezeichnung der mittelbewirtschaftenden Stelle,

1.3.2 die Bezeichnung der für die Zahlungen zuständigen Stelle,

1.3.3 ein Kennzeichen zur eindeutigen Identifizierung aller mit der Anordnung zusammenhängenden Informationen,

1.3.4 die Zahlungspartnerin oder den Zahlungspartner mit den für den Zahlungsverkehr notwendigen Angaben,

1.3.5 den Betrag mit Währungsbezeichnung,

1.3.6 die Kennzeichnung der Art der Anordnung (z.B. Mittelverteilung, Festlegung, Einzahlung, Auszahlung),

1.3.7 bei Abschlagszahlungen und deren Abrechnung (Schlusszahlung) ein entsprechendes Kennzeichen,

1.3.8 den Fälligkeitstag,
1.3.9 den Verwendungszweck,
1.3.10 die Buchungsstelle und das Haushaltsjahr,
1.3.11 den Bezug zu den begründenden Unterlagen und
1.3.12 die für Mahnung, Beitreibung und sonstige Verzugsfolgen notwendigen Angaben.

**1.4 Abweichender Inhalt**

Das Bundesministerium der Finanzen oder die von ihm ermächtigte Stelle kann bestimmen, dass einzelne Angaben nach Nr. 1.3 in Anordnungen nicht enthalten sein müssen, erst nach der Zahlung ergänzt werden oder zusätzliche Angaben in die Anordnung aufzunehmen sind. Soweit nach § 79 Abs. 4 erforderlich, ist das Einvernehmen mit dem Bundesrechnungshof herbeizuführen.

**1.5 Änderung einer Anordnung**

Ist eine Anordnung zu ändern oder zu stornieren, ist die sachliche und zeitliche Zuordnung zu der ursprünglichen Anordnung zu gewährleisten.

**1.6 Ausgeschlossene Personen**

Bei der Wahrnehmung von Verantwortlichkeiten sind die jeweils zutreffenden Bestimmungen über ausgeschlossene Personen und die Besorgnis der Befangenheit zu beachten (z.B. Verwaltungsverfahrensgesetz, SGB X, Abgabenordnung).

**2 Zahlungen**

**2.1 Zahlungswege**

Zahlungen sind durch
2.1.1 Überweisung,
2.1.2 Lastschriftverfahren,
2.1.3 Kartenzahlverfahren,
2.1.4 elektronische Zahlungssysteme,
2.1.5 Verrechnung

anzunehmen oder zu leisten. In begründeten Ausnahmefällen kann die Zahlung bar, durch Zahlungsanweisung oder durch Scheck angenommen oder geleistet werden. Für Bargeld und Schecks gelten die Bestimmungen über die Behandlung von Zahlungsmitteln des Bundes (ZMBestB – Anlage 1 der Zahlstellenbestimmungen des Bundes).

**2.2 Konten bei Kreditinstituten**

2.2.1 Konten bei Kreditinstituten dürfen nur für die für Zahlungen zuständigen Stellen und nur mit Einwilligung des Bundesministeriums der Finanzen eingerichtet werden.

2.2.2 Über die Konten bei Kreditinstituten darf nur von zwei Personen der für Zahlungen zuständigen Stelle gemeinsam verfügt werden. Das

Bundesministerium der Finanzen kann Ausnahmen zulassen, wenn besondere Sicherungsmaßnahmen getroffen werden.

**2.3 Kartenzahlverfahren, elektronische Zahlungssysteme**

Der Einsatz und die Nutzung von Kartenzahlverfahren und elektronischen Zahlungssystemen bedürfen der Einwilligung des Bundesministeriums der Finanzen. Soweit erforderlich, ist das Einvernehmen mit dem Bundesrechnungshof herbeizuführen.

**2.4 Auszahlungen im Lastschriftverfahren**

Die für Zahlungen zuständige Stelle hat für Auszahlungen im Lastschriftverfahren auf Veranlassung der mittelbewirtschaftenden Stelle die Einzugsermächtigung (Lastschriftmandat) zu erteilen. Ihr sind die für die ordnungsgemäße Buchung der Zahlung erforderlichen Angaben mitzuteilen. Unberechtigten Auszahlungen hat sie unverzüglich zu widersprechen. Die Möglichkeit des Widerspruchs gegen eine bereits vorgenommene Lastschrift richtet sich nach den Bestimmungen des Kreditgewerbes über das Lastschriftverfahren. Das Nähere bestimmt das Bundesministerium der Finanzen.

**2.5 Überwachung von Einzahlungen**

2.5.1 Die rechtzeitige und vollständige Entrichtung der Einzahlungen ist zu überwachen. Wird eine Einzahlung nicht rechtzeitig oder nicht vollständig entrichtet, so

2.5.1.1 ist die Schuldnerin oder der Schuldner zu mahnen und bei erfolgloser Mahnung die Einziehung des Betrages zu veranlassen,

2.5.1.2 sind die als Verzugsfolgen entstehenden Ansprüche (z.B. Mahngebühren, Verzugszinsen, Säumniszuschläge) zu erheben.

2.5.2 Einzahlungstag ist bei

2.5.2.1 Überweisung oder Lastschriftverfahren der Tag des Eingangs auf dem Konto der für Zahlungen zuständigen Stelle,

2.5.2.2 Kartenzahlverfahren oder elektronischen Zahlungssystemen der Tag der Akzeptanz,

2.5.2.3 Verrechnung im Wege der Aufrechnung der Tag, an dem sich die Forderungen aufrechenbar gegenüber stehen,

2.5.2.4 Zahlung in bar, durch Zahlungsanweisung oder durch Scheck der Tag der Übergabe, soweit gesetzlich nichts anderes bestimmt ist.

**2.6 Einzahlungen bei fehlender Anordnung**

Einzahlungen sind auch ohne Anordnung anzunehmen, sofern dem keine Gründe entgegenstehen. Die erforderliche Anordnung ist bei der zuständigen Stelle anzufordern.

**2.7 Gegenleistungen für Zahlungen**

Sofern die Einzahlung nicht gesichert ist (z.B. Basislastschriftverfahren, elektronische Zahlungssysteme, Übergabe von Schecks), darf eine Gegenleistung nur nach Abwägung des Ausfallrisikos erbracht werden.

**3 Geldverwaltung, Abrechnung**

**3.1 Sollbestand und Istbestand**

Der Unterschiedsbetrag zwischen allen gebuchten Einzahlungen und Auszahlungen (Sollbestand) muss beim Tagesabschluss (Nr. 4.4) der Summe aus dem Bestand an Bargeld und den Beständen auf den Konten bei Kreditinstituten unter Berücksichtigung der gebuchten, aber noch nicht gezahlten Beträge (Istbestand) entsprechen.

**3.2 Verwaltung des Istbestandes**

Der gesamte Istbestand des Bundes ist von der vom Bundesministerium der Finanzen bestimmten Stelle zentral zu verwalten.

**3.3 Verstärkungen und Ablieferungen, Abrechnung**

Die für Zahlungen zuständige Stelle hat täglich ihren Istbestand, soweit entbehrlich, abzuliefern oder bei Bedarf zu verstärken. Sie hat die Verwendung der Bestandsverstärkungen und der übrigen Einzahlungen mindestens monatlich nachzuweisen (Abrechnung). Das Nähere regelt das Bundesministerium der Finanzen im Einvernehmen mit dem Bundesrechnungshof.

**3.4 Aufbewahrung von Bargeld und Schecks**

Bargeld und Schecks sind sorgfältig und gegen den Zugriff Unberechtigter geschützt aufzubewahren.

**3.5 Quittungen**

3.5.1 Über jede Einzahlung in bar, durch Übergabe eines Schecks oder mittels Kartenzahlverfahren ist ein maschinell erstellter Kassenzettel und auf Verlangen eine Quittung (§ 368 BGB), auszuhändigen. Wird ein maschinelles Verfahren nicht eingesetzt, so ist eine Quittung zu erteilen. Die Quittungsvordrucke sowie die Regelungen über ihre Verwaltung und Verwendung bedürfen der Genehmigung des Bundesministeriums der Finanzen.

3.5.2 Über jede Auszahlung in bar, durch Übergabe eines Bar-Schecks oder mittels Kartenzahlverfahren ist eine Quittung zu verlangen. Bei Zug-um-Zug-Geschäften genügt der übliche Kassenzettel. Vor der Auszahlung oder Übergabe ist die Empfangsberechtigung festzustellen.

**4 Buchführung, Belege, Abschlüsse, Rechnungslegung**

**4.1 Grundsätze**

4.1.1 Die Buchführung und die Belegung der Buchungen richten sich nach kameralistischen Grundsätzen. Die revisionssichere und eindeutige

Zuordnung zwischen Belegen und Buchung sichert die Beweiskraft der Buchführung. § 74 bleibt hiervon unberührt.

4.1.2 Die Erfordernisse des § 71 Abs. 1 Satz 1 sind erfüllt, wenn die Buchungen in der dort vorgesehenen Ordnung bis zum Ablauf der jeweiligen Aufbewahrungsfristen dargestellt werden können. Einer Speicherung in dieser Ordnung bedarf es dann nicht.

**4.2 Buchführung**

4.2.1 Die Buchführung hat insbesondere den Zweck

4.2.1.1 die einzelnen Maßnahmen bei der Ausführung des Haushaltsplans einschließlich der Anordnungen (Bewirtschaftungsvorgänge) und die Zahlungen geordnet aufzuzeichnen,

4.2.1.2 Grundlagen für die Rechnungslegung zu schaffen,

4.2.1.3 die Steuerung des Haushaltsvollzuges zu unterstützen und

4.2.1.4 Daten für die Haushaltsplanung, für die Kosten- und Leistungsrechnung sowie für das Controlling bereitzustellen.

4.2.2 Die Buchführung über die Bewirtschaftungsvorgänge ist mit den im Zusammenhang mit der Anordnung gespeicherten Daten (Nr. 1.3 bis Nr. 1.5 und Nr. 6.5.2) vollzogen.

4.2.3 Bei der Buchführung über Zahlungen sind mindestens aufzuzeichnen

4.2.3.1 das Kennzeichen nach Nr. 1.3.3,

4.2.3.2 der Betrag,

4.2.3.3 der Einzahlungstag,

4.2.3.4 der Buchungstag,

4.2.3.5 das Merkmal, das die für die Buchung verantwortliche Person eindeutig bezeichnet.

4.2.4 Werden in automatisierten Verfahren Bewirtschaftungsvorgänge und Zahlungen einzeln aufgezeichnet, so sind Verdichtungsergebnisse als Beitrag für die Abschlüsse und die Rechnungslegung zu erbringen.

**4.3 Belege**

Ein Beleg ist eine Unterlage in elektronischer Form oder Papierform, in oder auf der ein Geschäftsvorfall und die Auswirkungen, die seine Buchung auslösen, beschrieben sind. Belege im Sinne der VV sind auch die in einem automatisierten Verfahren erzeugten Protokolle, Nachweisungen und Arbeitsablaufunterlagen sowie

4.3.1 Tagesabschlüsse, Anschreibungen und die dazugehörigen Unterlagen bei den für Zahlungen zuständigen Stellen,

4.3.2 Kontogegenbücher mit Belegen und Zahlungsnachweisungen und ggf. weitere von den für Zahlungen zuständigen Stellen zu führende Bücher und

4.3.3 Anordnungen und Anschreibungen über die Annahme und Auslieferung von Wertgegenständen (Nr. 7).

**4.4 Tagesabschluss**

4.4.1 Zur Kontrolle der Buchführung hat die für Zahlungen zuständige Stelle einen Tagesabschluss zu erstellen. Hierzu sind der Sollbestand und der Istbestand zu ermitteln. Besteht keine Übereinstimmung, so ist ein Fehlbetrag als Vorschuss, ein Überschuss als Verwahrung zu buchen, unverzüglich aufzuklären und abzuwickeln.

4.4.2 Die Richtigkeit des Tagesabschlusses ist durch die im Berechtigungskonzept (Nr. 6.4) bestimmten Personen zu bescheinigen.

**4.5 Jahresabschluss**

4.5.1 Zum Jahresabschluss haben die für Zahlungen zuständigen Stellen abzurechnen (Nr. 3.3).

4.5.2 In die Buchführung des Folgejahres sind zu übernehmen

4.5.2.1 die Kassenreste,

4.5.2.2 die weiter geltenden Bewirtschaftungsvorgänge,

4.5.2.3 die nicht abgewickelten Verwahrungen und Vorschüsse,

4.5.2.4 die nicht abgerechneten Bestände aus Verstärkungen und Ablieferungen nach Nr. 3.3,

4.5.2.5 die Bestände an Kassenmitteln, die nicht für Auszahlungen für den Bund bestimmt sind und

4.5.2.6 das kassenmäßige Jahresergebnis nach § 82 Nr. 1 Buchstabe c).

4.5.3 Die Bestände aus Nr. 4.5.2.3 bis Nr. 4.5.2.5 sind nur zu übernehmen, wenn sie nach Haushaltsjahren getrennt nachgewiesen werden.

4.5.4 Das Nähere zur Durchführung des Jahresabschlusses einschließlich der Behandlung von Unrichtigkeiten regelt das Bundesministerium der Finanzen.

**4.6 Rechnungslegung**

4.6.1 Die Rechnungslegung hat den Zweck, alle Einnahmen und Ausgaben für die Haushaltsrechnung und die Rechnungsprüfung darzustellen.

4.6.2 Rechnungsunterlagen werden aus den abgeschlossenen Büchern und den dazu gehörenden Belegen abgeleitet.

4.6.3 Den Inhalt und die Form von Rechnungsunterlagen sowie ihre Vorlage beim Bundesrechnungshof bestimmt das Bundesministerium der Finanzen im Einvernehmen mit dem Bundesrechnungshof.

**4.7 Aufbewahrungsbestimmungen**

4.7.1 Aufbewahrungspflichtige Unterlagen sind die Belege nach Nr. 4.3, die zum Verständnis der Buchführung und zur ordnungsmäßigen Rechnungslegung erforderlich sind. Dazu gehören

4.7.1.1 die Bücher (§ 71 BHO), in denen alle buchungspflichtigen in der vom Bundesministerium der Finanzen vorgeschriebenen sachlichen Ordnung zu buchen sind (Sachbücher). Werden Vorbücher zu den Sachbüchern geführt, werden die Buchungen summarisch in die Sachbücher übertragen. Sachbücher sind das

4.7.1.1.1 Titelbuch,
4.7.1.1.2 Vorschussbuch,
4.7.1.1.3 Verwahrungsbuch und
4.7.1.1.4 Abrechnungsbuch sowie die
4.7.1.2 Belege (Nr. 4.3),
4.7.1.3 die Rechnungsunterlagen (Nr. 4.6.2),
4.7.1.4 die übrigen notwendigen Unterlagen bei den für Zahlungen zuständigen Stellen, die für die Rechnungslegung nicht benötigt werden.

4.7.2 Für die ordnungsmäßige Aufbewahrung der Unterlagen nach Nr. 4.7.1.2, mit Ausnahme der Belege nach Nr. 4.3.1 bis Nr. 4.3.3, und Nr. 4.7.1.3 sind die anordnenden Stellen zuständig. Für die Aufbewahrung der übrigen Unterlagen einschließlich der an die für Zahlungen zuständigen Stellen übersandten Anordnungen (Nr. 1.1) sind die Stellen nach Nr. 5 zuständig.

4.7.2.1 Die oder der zuständige Beauftragte für den Haushalt bestimmt und weist mit Aktenvermerk nach, wo die Unterlagen der anordnenden Stellen aufzubewahren sind. Dies gilt auch für die Unterlagen der anordnenden Stellen, deren Dienststelle aufgelöst bzw. mit einer anderen anordnenden Stelle zusammengelegt worden ist.

4.7.2.2 Das Bundesministerium der Finanzen bestimmt, welche Unterlagen des automatisierten Verfahrens für das Haushalts-, Kassen- und Rechnungswesen zentral aufbewahrt werden.

4.7.3 Die Unterlagen sind gegen Verlust, Beschädigung und den Zugriff Unbefugter gesichert und getrennt nach Haushaltsjahren aufzubewahren. Es muss sichergestellt sein, dass die Haltbarkeit und Lesbarkeit der Unterlagen während der Dauer der Aufbewahrung nicht beeinträchtigt wird. Dies ist in regelmäßigen Zeitabständen zu überprüfen und zu protokollieren. Die Unterlagen sind so aufzubewahren, dass innerhalb einer angemessenen Frist einzelne Unterlagen zur Verfügung stehen. Für die Aufbewahrung der elektronischen Unterlagen sind zusätzlich die Regelungen der Anlage 1 anzuwenden.

4.7.4 Die Aufbewahrungsfrist beginnt für Bücher mit dem Ablauf des Haushaltsjahres, für das sie geführt worden sind. Werden Bücher für mehrere Haushaltsjahre geführt, so beginnt die Aufbewahrungsfrist mit dem Ablauf des Haushaltsjahres, in dem die letzte Eintragung vorgenommen worden ist. Für die übrigen Unterlagen beginnen die Aufbewahrungsfristen mit dem Ablauf des Haushaltsjahres, für das die Unterlagen bestimmt sind und in dem die Zahlung abgeschlossen ist.

4.7.5 Bücher (Nr. 4.7.1.1) und Rechnungsunterlagen (Nr. 4.7.1.3) sind zehn Jahre, Belege (Nr. (Nr. (Nr. (Nr. (Nr. 4.7.6 Die Unterlagen nach Nr. 4.7.1.3 sind über die für sie geltenden Aufbewahrungszeiten hinaus mindestens bis zur Entlastung nach § 114 aufzubewahren.

4.7.7 Die Fristen für die Aufbewahrung von Bauunterlagen im Zuständigkeitsbereich des Bundes sind im Abschnitt K 10 der Richtlinien für die Durchführung der Bauaufgaben des Bundes (RBBau) geregelt.

4.7.8 Der Bundesrechnungshof kann in Einzelfällen verlangen, dass die Unterlagen nach Nr. 4.7.1 über die für sie geltenden Aufbewahrungszeiten hinaus aufzubewahren sind.

4.7.9 Die in Nr. 4.7.2 genannte Stelle hat nach dem Abschluss eines Haushaltsjahres zu veranlassen, dass die Unterlagen, deren Aufbewahrungszeiten abgelaufen sind, ausgesondert werden, wenn nicht andere Rechts- oder Verwaltungsvorschriften oder andere Gründe dem entgegenstehen. Langfristig aufzubewahrende Unterlagen können vor dem Ende der Aufbewahrungsfrist dem zuständigen Archiv übergeben werden, soweit das Archiv die vorgegebene Aufbewahrungsfrist einhält.

4.7.10 Werden Unterlagen mit unterschiedlicher Aufbewahrungsdauer zusammen aufbewahrt, gilt für die Aussonderung die jeweils längste Frist.

4.7.11 Die ausgesonderten Unterlagen sind unter Beachtung der für die Archivierung geltenden Bestimmungen zu vernichten. Dabei ist sicherzustellen, dass die in den Unterlagen enthaltenen Angaben nicht durch unbefugte Dritte zur Kenntnis genommen und nicht missbräuchlich verwendet werden können. Die zum Datenschutz getroffenen Regelungen sind zu beachten.

4.7.12 Für die Aufbewahrung elektronischer Unterlagen gelten ergänzend die Regelungen der Nr. 6 der Anlage 1.

4.7.13 Das Bundesministerium der Finanzen kann im Einvernehmen mit dem Bundesrechnungshof Ausnahmen zulassen.

## 5 Für Zahlungen zuständige Stelle

### 5.1 Einrichtung

Die Änderung oder Ergänzung der bei der Einrichtung oder Beauftragung festgelegten Aufgaben bedarf der Einwilligung des Bundesministeriums der Finanzen. Für Zahlungen zuständige Stellen sind

5.1.1Kassen, die vom Bundesministerium der Finanzen einzurichten sind,

5.1.2Zahlstellen, die mit Einwilligung des Bundesministeriums der Finanzen für den Barzahlungsverkehr und die Einzahlungen mittels Scheck und elektronischer Kartenzahlverfahren eingerichtet werden können,

5.1.3sonstige Stellen, die vom Bundesministerium der Finanzen unter Beachtung des § 77 mit der Wahrnehmung des Zahlungsverkehrs beauftragt werden

### 5.2 Annahme von Einzahlungen außerhalb der für Zahlungen zuständigen Stellen

Außerhalb der für Zahlungen zuständigen Stelle dürfen Einzahlungen durch Übergabe von Bargeld und Schecks sowie mittels elektronischer Kartenzahlverfahren nur von Beschäftigten angenommen werden, die hierzu besonders ermächtigt worden sind. Das zuständige Bundesministerium regelt das Nähere mit Einwilligung des Bundesministeriums der Finanzen. Die Ermächtigten haben ihren Dienstausweis mitzuführen und auf Verlangen vorzuzeigen.

**5.3 Bestellung der Leiterin oder des Leiters der Kasse**

Die Leiterin oder der Leiter der Kasse und ihre oder seine Vertretung werden vom Bundesministerium der Finanzen bestellt. Dies gilt entsprechend für die nach Nr. 5.1.3 beauftragte Stelle. Das Bundesministerium der Finanzen kann diese Befugnisse übertragen.

**6 Automatisierte Verfahren**

**6.1 Grundsätze**

6.1.1 Bei der Entwicklung und dem Betrieb von automatisierten Verfahren für

6.1.1.1 Anordnungen,

6.1.1.2 Zahlungen,

6.1.1.3 Geldverwaltung und Abrechnung und

6.1.1.4 Buchführung, Belegung der Buchungen, Abschlüsse und Rechnungslegung

sind die Grundsätze ordnungsgemäßer Buchführung bei Einsatz von automatisierten Verfahren im Haushalts-, Kassen- und Rechnungswesen (Anlage 1 – GoBIT-HKR) und die folgenden allgemeinen Grundsätze bei der Erfassung, Verarbeitung, Ausgabe und Aufbewahrung der buchführungs- und rechnungslegungsrelevanten Daten (Buchungen) einzuhalten:

6.1.1.4.1 Vollständigkeit,

6.1.1.4.2 Zeitgerechtheit,

6.1.1.4.3 Ordnung,

6.1.1.4.4 Nachvollziehbarkeit und

6.1.1.4.5 Unveränderlichkeit.

6.1.2 Es ist eine auf Zahlungen, Buchführung und Rechnungslegung bezogene Verfahrensdokumentation einschließlich einer Gefährdungsanalyse und eines Ordnungsmäßigkeitskonzeptes unter Berücksichtigung der Nr. 6.3 und der Nr. 6.4 zu erstellen. Die Regelungen im IT-Grundschutzkatalog des Bundesamtes für Sicherheit in der Informationstechnik bleiben davon unberührt.

6.1.3 Für die Erstellung der Unterlagen nach Nr. 6.1.2 ist die für den Einsatz des automatisierten Verfahrens verantwortliche oberste Bundesbehörde zuständig. Sind für ein Verfahren mehrere oberste Bundesbehörden verantwortlich, soll von diesen die zuständige oberste Bundesbehörde bestimmt werden.

**6.2 Verfahrensdokumentation**

Für jedes automatisierte Verfahren muss eine übersichtlich gegliederte Verfahrensdokumentation vorhanden sein, aus der Inhalt, Aufbau,

Ablauf und Ergebnisse beim Einsatz des automatisierten Verfahrens vollständig und schlüssig ersichtlich sind. Sie muss die Unterlagen enthalten, die zum Verständnis des automatisierten Verfahrens, der Bücher und Aufzeichnungen sowie der aufbewahrten Unterlagen notwendig sind. Die Beschreibung des Verfahrensablaufs in der Dokumentation muss so verständlich sein, dass das Verfahren für einen sachverständigen Dritten in angemessener Zeit nachprüfbar ist. Die konkrete Ausgestaltung der Verfahrensdokumentation ist abhängig von der Komplexität und Diversifikation der Geschäftstätigkeit, der Organisationsstruktur sowie dem eingesetzten automatisierten Verfahrens.

**6.3 Gefährdungsanalyse**

6.3.1 In einer Gefährdungsanalyse sind die Risiken zu ermitteln und zu bewerten. Dabei sind die durch Fehler und Missbrauch bedingten haushaltswirtschaftlichen Auswirkungen gegen die zusätzlichen Ausgaben zur Erhöhung der Verfahrenssicherheit abzuwägen. Die Einführung und die wesentliche Änderung eines automatisierten Verfahrens sind nur zulässig, soweit derartige Risiken durch technische und organisatorische Maßnahmen wirksam beherrscht werden können. Ein im Ergebnis der Gefährdungsanalyse festgestelltes Restrisiko ist zu dokumentieren.

6.3.2 Bei der Bewertung sind höhere Risiken insbesondere dann anzunehmen, wenn

6.3.2.1 Geschäftsvorfälle zu wiederkehrenden Zahlungen führen und im voraussichtlichen Anspruchszeitraum den Betrag von 7500 € übersteigen,

6.3.2.2 Geschäftsvorfälle zu Zahlungen auf unbestimmte Zeit führen,

6.3.2.3 Einmalzahlungen den Betrag von 2500 € übersteigen,

6.3.2.4 auf Forderungen verzichtet wird (z.B. Niederschlagung, Erlass),

6.3.2.5 Verwahrgelder ausgezahlt werden oder

6.3.2.6 Beträge als Vorschüsse gezahlt werden.

6.3.3 Bei der Bewertung ist auch zu berücksichtigen, ob

6.3.3.1 im Rahmen der Bearbeitung festgestellte Mängel erfasst und ausgewertet werden,

6.3.3.2 eine Innenrevision vorhanden ist.

**6.4 Ordnungsmäßigkeitskonzept**

Im Ordnungsmäßigkeitskonzept sind die Einzelheiten zur Abgrenzung der Verantwortlichkeiten (Berechtigungskonzept) und die nachfolgenden Maßnahmen darzustellen. Es ist zu bestimmen, ob und inwieweit

6.4.1 zwei oder mehr Personen maßgeblich an einem einzelnen der in Nr. 6.1.1 genannten Geschäftsvorfälle zu beteiligen sind,

6.4.2 nur eine Person den Geschäftsvorfall bearbeitet,

6.4.3 eine Anordnung zusätzlich zur Wahrnehmung der Verantwortlichkeiten nach Nr. 6.4.1 oder Nr. 6.4.2 von einer weiteren Person zu prüfen und freizugeben ist,

6.4.4 vollautomatisierte Verfahrensabläufe ohne Beteiligung einer Person Anwendung finden,

6.4.5 zusätzliche Prüfverfahren einzusetzen sind und

6.4.6 Sicherungsmaßnahmen zu treffen sind.

**6.5 Dokumentation der Verantwortung**

6.5.1 Die oder der Beauftragte für den Haushalt der Stelle, bei der das automatisierte Verfahren eingesetzt wird, hat die im Berechtigungskonzept festgelegten Befugnisse verantwortlichen Personen zuzuweisen.

6.5.2 Die an einem einzelnen Geschäftsvorfall nach Nr. 6.1.1 Beteiligten und der Umfang der von ihnen jeweils wahrgenommenen Verantwortung sind programmgesteuert mit Datum und Uhrzeit eindeutig identifizierbar und dauerhaft zu dokumentieren.

**6.6 Einwilligungsverfahren**

6.6.1 Das Bundesministerium der Finanzen und der Bundesrechnungshof sind über beabsichtigte Verfahren nach Nr. 6.1.1 so rechtzeitig zu unterrichten, dass sie gegebenenfalls die Gestaltung der Verfahren beeinflussen können. Das Bundesministerium der Finanzen regelt im Einvernehmen mit dem Bundesrechnungshof das Nähere.

6.6.2 Sollen Verfahren nach Nr. 6.1.1 eingesetzt oder geändert werden, so bedarf es der Einwilligung des Bundesministeriums der Finanzen, soweit die Einwilligung nicht allgemein erteilt ist (Nr. 6.7). Der Antrag auf Einwilligung ist von der oder dem Beauftragten für den Haushalt der obersten Bundesbehörde, die gemäß Nr. 6.1.3 zuständig ist, zu stellen. Das Bundesministerium der Finanzen hat das Einvernehmen mit dem Bundesrechnungshof herbeizuführen.

6.6.3 Für die Einwilligung ist die Verfahrensdokumentation einschließlich der Gefährdungsanalyse und des Ordnungsmäßigkeitskonzepts vorzulegen. Das Bundesministerium der Finanzen regelt im Einvernehmen mit dem Bundesrechnungshof das Nähere.

6.6.4 Dem Bundesministerium der Finanzen und dem Bundesrechnungshof ist Gelegenheit zu geben, am Test des Verfahrens teilzunehmen.

**6.7 Allgemeine Einwilligung**

6.7.1 Die Einwilligung nach Nr. 6.6.2 ist allgemein erteilt, wenn die in Nr. 6.1.2 genannten Unterlagen vorhanden sind und vom Bundesministerium der Finanzen im Einvernehmen mit dem Bundesrechnungshof festgelegte Mindestanforderungen eingehalten werden.

6.7.2 Die oberste Bundesbehörde, in der oder in deren Geschäftsbereich ein Verfahren nach Nr. 6.1.1 mit einer allgemein erteilten Einwilligung nach Nr. 6.7.1 eingesetzt wird, hat neben der in Nr. 2 der Anlage 1 geregelten Verantwortlichkeit sicherzustellen, dass die in Nr. 6.1.2 genannten Unterlagen vorhanden sind und die Mindestanforderungen nach Nr. 6.7.1 eingehalten werden. Sie hat das Nähere zur Sicherstellung der Verantwortlichkeiten zu regeln.

6.7.3 Die oder der Beauftragte für den Haushalt der Stelle, in der ein Verfahren nach Nr. 6.1.1 mit einer allgemein erteilten Einwilligung nach Nr. 6.7.1 eingesetzt wird, hat die oder den Beauftragten für den Haushalt ihrer oder seiner zuständigen obersten Bundesbehörde, das Bundesministerium der Finanzen oder die von ihr bestimmte Stelle und den Bundesrechnungshof über den Einsatz und die Änderung sowie über die Einhaltung der Mindestanforderungen zu unterrichten. Das Bundesministerium der Finanzen regelt das Nähere im Einvernehmen mit dem Bundesrechnungshof.

**7 Wertgegenstände**

**7.1 Grundsätze**

7.1.1 Zu verwahrende Wertgegenstände sind Wertpapiere und sonstige Urkunden sowie Kostbarkeiten (Bestimmungen für die Behandlung von Wertgegenständen – WBestB). Die Prüfung, ob ein Gegenstand als Wertgegenstand zu behandeln ist, obliegt der anordnenden Stelle.

7.1.2 Die Bestimmungen der Nr. 1 bis Nr. 6 für das Anordnungsverfahren, die Erteilung von Quittungen und die Führung von Büchern sind unter Beachtung der nachfolgenden Bestimmungen sinngemäß anzuwenden.

**7.2 Inhalt der Anordnung**

Eine Anordnung über die Einlieferung oder die Auslieferung von Wertgegenständen muss mindestens enthalten

7.2.1 die Bezeichnung der anordnenden Stelle,

7.2.2 die Bezeichnung der Stelle, die den Wertgegenstand annehmen oder ausliefern soll,

7.2.3 die Kennzeichnung zur eindeutigen Identifizierung aller mit der Anordnung zusammenhängenden Informationen,

7.2.4 die Bezeichnung und die Anschrift der einliefernden oder empfangsberechtigten Person,

7.2.5 die Bezeichnung und Beschreibung des Wertgegenstandes,

7.2.6 die Kennzeichnung der Art der Anordnung (Einlieferung oder Auslieferung),

7.2.7 den Tag, bis zu dem der Wertgegenstand einzuliefern oder auszuliefern ist,

7.2.8 die Art der Übergabe oder des Versands,

7.2.9 den Grund der Einlieferung und

7.2.10 den Bezug zu den begründenden Unterlagen.

**7.3 Buchführung**

Die Buchführung über Wertgegenstände umfasst den Nachweis der Anordnungen sowie den Nachweis der Einlieferung und Auslieferung von Wertgegenständen.

**8 Unvermutete Prüfungen**

**8.1 Prüfung der für Zahlungen zuständigen Stellen**

Die Prüfung ist Bestandteil des in der Anlage 1 beschriebenen Internen Kontrollsystems (IKS).

**8.2 Prüfung der für die Verwaltung von Vorräten zuständigen Stellen**

Das zuständige Bundesministerium erlässt die näheren Bestimmungen für die Prüfung der Stellen, die für die Verwaltung von Vorräten zuständig sind.

**9 Bisherige Verfahren**

**9.1 In Betrieb befindliche automatisierte Verfahren**

Für die beim Inkrafttreten der Änderungen der VV für Zahlungen, Buchführung und Rechnungslegung in Betrieb befindlichen automatisierten Verfahren bedarf es einer erneuten Einwilligung nach Nr. 6.6.2 nicht.

**9.2 Manuelle Verfahren**

Soweit für die Geschäftsvorfälle nach Nr. 6.1.1 automatisierte Verfahren nicht eingesetzt werden, sind die vorstehenden Bestimmungen analog und zusätzlich die Bestimmungen der Anlage 2 anzuwenden.

## Anlage zur VV Nr. 6.1 ZBR BHO (Anlage 1 zur VV-ZBR BHO) Grundsätze ordnungsgemäßer Buchführung bei Einsatz automatisierter Verfahren im Haushalts-, Kassen- und Rechnungswesen des Bundes (GoBIT-HKR)

**– Stand 01/2017 –**

**1 Anwendungsbereich**

**1.1 Automatisiertes Verfahren für das Haushalts-, Kassen- und Rechnungswesen des Bundes (HKR-Verfahren)**

Die Haushaltsmittel des Bundes sind in dem vom Bundesministerium der Finanzen zugelassenen HKR-Verfahren zu bewirtschaften. Dazu gehören auch Subsysteme, deren Buchungsergebnisse ggf. verdichtet automatisiert ins HKR-Verfahren übertragen werden. Die Bewirtschaftung von Haushaltsmitteln umfasst alle Maßnahmen zur Mittelverteilung und Mittelverwendung sowie die erforderlichen Buchungen. Maßnahmen der Mittelverwendung sind insbesondere die

Festlegung von Haushaltsmitteln und die Leistung oder Annahme von Zahlungen.

**1.2 Andere automatisierte Verfahren im Haushalts-, Kassen- und Rechnungswesen des Bundes**

Stellen, die Bundesmittel bewirtschaften, können zur Berechnung und Festsetzung von Zahlungen, zur Erstellung von begründenden Unterlagen und Kassenanordnungen oder zur Zahlbarmachung andere automatisierte Verfahren im Haushalts-, Kassen- und Rechnungswesen des Bundes einsetzen.

**2 Verantwortlichkeit der obersten Bundesbehörden**

Für die Einhaltung der nachfolgenden Bestimmungen für den Einsatz eines Verfahrens nach Nr. 1.2 ist die oberste Bundesbehörde verantwortlich, in deren Geschäftsbereich das Verfahren eingesetzt wird. Sie hat das Nähere zu regeln, damit die Verantwortlichkeiten sichergestellt sind. Dies gilt auch bei einer teilweisen oder vollständigen organisatorischen und technischen Auslagerung der Buchführung und Rechnungslegung, einschließlich der Aufbewahrung, auf Stellen außerhalb der Bundesverwaltung. Die Verantwortlichkeit beinhaltet die Gewährleistung der Ordnungsmäßigkeit der Unterlagen einschließlich der eingesetzten Verfahren. Werden Haushaltsmittel des Bundes durch Landes- oder Kommunaldienststellen bewirtschaftet, ist auch das zuständige Landesministerium im Rahmen seiner Fachaufsicht zu beteiligen.

**3 Allgemeine Anforderungen**

Neben den rechtlichen Grundsätzen gem. VV Nr. 6 ist die Sicherstellung und Einhaltung nachfolgender allgemeiner Anforderungen Voraussetzung für die Ordnungsmäßigkeit eines IT-gestützten Buchführungs- und Rechnungslegungssystems.

**3.1 Vertraulichkeit**

Vertraulichkeit verlangt, dass Daten nicht unberechtigt weitergegeben oder veröffentlicht werden.

**3.2 Integrität**

Integrität von automatisierten Verfahren ist gegeben, wenn die Daten und die IT-Infrastruktur sowie die IT-Anwendungen vollständig und richtig zur Verfügung stehen und vor Manipulation und ungewollten oder fehlerhaften Änderungen geschützt sind. Organisatorische Maßnahmen sind geeignete Test- und Freigabeverfahren. Die Ordnungsmäßigkeit der IT-gestützten Rechnungslegung setzt voraus, dass neben den Daten und IT-Anwendungen auch die IT-Infrastruktur nur in einem festgelegten Zustand eingesetzt wird und nur autorisierte Änderungen zugelassen werden.

**3.3 Verfügbarkeit**

Verfügbarkeit verlangt zum einen, dass die zuständige Stelle zur Aufrechterhaltung des Dienstbetriebs die erforderliche Nutzung der IT-Infrastruktur, der IT-Anwendungen mit den Daten und der IT-Organisation gewährleistet. Zum anderen sind Maßnahmen zur Sicherung der Verfügbarkeit erforderlich, um den Anforderungen nach Lesbarmachung der Buchführung gerecht zu werden.

**3.4 Autorisierung**

Autorisierung bedeutet, dass nur im Voraus festgelegte Personen (autorisierte Personen) und andere automatisierte Verfahren auf Daten zugreifen und die für das automatisierte Verfahren definierten Rechte wahrnehmen dürfen. Diese Rechte betreffen insbesondere das Lesen, Erfassen, Ändern und Löschen von Daten oder die Administration eines automatisierten Verfahrens. Dadurch soll ausschließlich die genehmigte Abbildung von Geschäftsvorfällen im Verfahren gewährleistet werden. Geeignete Verfahren hierfür sind physische und logische Zugriffsschutzmaßnahmen. Organisatorische Regelungen und technische Systeme zum Zugriffsschutz sind die Voraussetzung zur Umsetzung der erforderlichen Funktionstrennungen.

**3.5 Authentizität**

Authentizität ist gegeben, wenn die in das automatisierte Verfahren eingestellten Daten eines Geschäftsvorfalles einem Verursacher eindeutig zuzuordnen ist.

**3.6 Verbindlichkeit**

Verbindlichkeit ist die Eigenschaft von automatisierten Verfahren, von der zuständigen Stelle gewollte Rechtsfolgen bindend herbeizuführen.

**4 Belegfunktion**

**4.1 Belegverarbeitung**

4.1.1 Aus der Verfahrensdokumentation (VV Nr. 6.2) muss ersichtlich sein, wie die elektronischen Belege erfasst, empfangen, verarbeitet, ausgegeben und aufbewahrt werden (Nr. 6.1 und 6.2).

4.1.2 Die Erfordernisse des § 71 Abs. 1 Satz 1 BHO sind erfüllt, wenn die Buchungen in der dort vorgesehenen Ordnung bis zum Ablauf der jeweiligen Aufbewahrungsfristen dargestellt werden können. Einer Speicherung in dieser Ordnung bedarf es dann nicht.

**4.2 Belegsicherung**

4.2.1 Die Belege sind unmittelbar nach Eingang oder Entstehung gegen Verlust zu sichern (Nr. 6.1 und 6.2).

4.2.2 Zur Sicherung der Beweiskraft nach VV Nr. 4.1.1 sind Belege und Buchungen so zu kennzeichnen, dass sie gegenseitig eindeutig zugeordnet werden können.

4.2.3 Liegen den Buchungen automatisierte Berechnungsprozesse teilweise oder vollständig zu Grunde, sind sie in der Verfahrensdokumentation nachzuweisen. Änderungen der automatisierten Berechnungsprozesse sind nur mittels eines autorisierten Änderungsverfahrens zulässig.

**5 Internes Kontrollsystem (IKS)**

Als IKS wird grundsätzlich die Gesamtheit aller aufeinander abgestimmten und miteinander verbundenen Kontrollen, Maßnahmen und Regelungen bezeichnet, die die Einhaltung der Ordnungsvorschriften sicherstellt.

**5.1 Einhaltung der Ordnungsvorschriften**

Für die Einhaltung der Ordnungsvorschriften (Nr. 3) sind Kontrollen einzurichten, auszuüben und zu protokollieren. Hierzu gehören insbesondere:

5.1.1 Zugangs- und Zugriffsberechtigungskontrollen auf Basis entsprechender Zugangs- und Zugriffsberechtigungskonzepte (z.B. spezifische Zugangs- und Zugriffsberechtigungen),

5.1.2 Einhaltung der Funktionstrennungen,

5.1.3 Erfassungs- und Abstimmungskontrollen (z.B. Fehlerhinweise, Plausibilitätsprüfungen),

5.1.4 Verarbeitungskontrollen,

5.1.5 Einhaltung der Schutzmaßnahmen gegen die beabsichtigte und unbeabsichtigte Verfälschung von Programmen und elektronischen Unterlagen und

5.1.6 Sicherstellung von Änderungen von automatisierten Berechnungsprozessen nur mittels autorisierter Änderungsverfahren.

**5.2 Anlassbezogene Prüfungen**

Im Rahmen eines IKS muss auch anlassbezogen (z.B. Systemwechsel) geprüft werden, ob das eingesetzte automatisierte Verfahren dem dokumentierten Verfahren entspricht (VV Nr. 6.2).

**6 Aufbewahrung von elektronischen Unterlagen**

**6.1 Allgemeines**

Für die Aufbewahrung von elektronischen Unterlagen gelten die Regelungen der VV Nr. 4.7. Die in VV Nr. 4.7.2 genannte Stelle hat die Verfahrensabläufe für die Aufbewahrung von elektronischen Unterlagen festzulegen. Dabei sind festzulegen

6.1.1 die Abgrenzung der Aufgaben- und Verantwortungsbereiche der an dem Verfahren Beteiligten und

6.1.2 die Zugangs-, Zugriffs- und Rücklaufkontrollen.

**6.2 Besondere Aufbewahrungspflichten**

6.2.1 Bei elektronischen Unterlagen ist ihr Eingang, ihre Aufbewahrung und ggf. Konvertierung sowie die weitere Verarbeitung zu protokollieren. Dabei muss sichergestellt sein, dass die beteiligten und verantwortlichen Personen und der Umfang der von ihnen jeweils wahrgenommenen Verantwortung eindeutig, dauerhaft und unveränderlich unter Angabe des Datums und der Uhrzeit systemseitig revisionssicher dokumentiert werden und der Zusammenhang der einzelnen Unterlagen zu einem Geschäftsvorfall gewahrt bleibt.

6.2.2 Die Unterlagen sind so aufzubewahren, dass innerhalb einer angemessenen Frist einzelne Unterlagen zur Verfügung stehen.

6.2.3 Sind aufbewahrungspflichtige elektronische Unterlagen in einem automatisierten Verfahren entstanden oder eingegangen, so sind diese Daten in der Form der Erstellung oder der Übernahme unveränderbar aufzubewahren und dürfen vor Ablauf der Aufbewahrungsfrist nicht gelöscht werden. Dies gilt unabhängig davon, ob die Aufbewahrung im Produktivsystem oder durch Auslagerung in ein Archivsystem erfolgt. Es ist sicherzustellen, dass die elektronischen Unterlagen innerhalb der Aufbewahrungszeit auch nach einem Wechsel der zum Zeitpunkt der Speicherung eingesetzten automatisierten Verfahren lesbar gemacht und ausgewertet werden können.

6.2.4 Elektronische Unterlagen sind in einem Verfahren unveränderbar, gegen Verlust, Beschädigung und den Zugriff Unbefugter geschützt aufzubewahren. Es muss sichergestellt sein, dass die Haltbarkeit, die Lesbarkeit und die maschinelle Auswertbarkeit der Unterlagen während der Dauer der Aufbewahrung nicht beeinträchtigt werden. Bei der Aufbewahrung von elektronischen Unterlagen ist eine elektronische Signatur nicht erforderlich.

6.2.5 Eingehende elektronische Unterlagen sind im Rahmen der sachlichen Feststellung auf Integrität (Nr. 3.2) und Authentizität (Nr. 3.5) zu prüfen. Bei den elektronischen Unterlagen ist auf deren Inhalt abzustellen. Sie sind nur dann aufzubewahren, wenn sie sich als begründende Unterlagen darstellen.

6.2.6 Eine elektronische Unterlage ist so zu kennzeichnen, dass sie jederzeit innerhalb einer angemessenen Frist lesbar gemacht und ausgedruckt werden kann. Es ist sicherzustellen, dass die elektronische Unterlage unter dem Kennzeichen verwaltet und mit weiteren dazugehörigen Unterlagen zusammengeführt werden kann. Dies gilt für die gesamte Aufbewahrungsfrist.

6.2.7 Die elektronischen Bearbeitungsvorgänge sind zu protokollieren und mit der elektronischen Unterlage zu speichern, damit die Nachvollziehbarkeit und Prüfbarkeit des Originalzustands und seiner Ergänzungen gewährleistet ist.

**6.3 Prüfbarkeit der aufbewahrungspflichtigen elektronischen Unterlagen**

Die elektronischen Unterlagen müssen für die Rechnungsprüfung und für die Aufgaben nach § 9 BHO auch maschinell auswertbar sein.

**6.4 Elektronische Erfassung von Unterlagen in Papierform**

6.4.1 Unterlagen in Papierform werden durch den Scanvorgang in elektronische Unterlagen umgewandelt. Es muss dabei sichergestellt werden, dass das Original mit der gescannten Unterlage übereinstimmt und der Zusammenhang der einzelnen Unterlagen gewahrt bleibt.

6.4.2 Die Unterlagen in Papierform dürfen nach dem fehlerfreien Scanvorgang nach dem in Nr. 6.4.3.4 genannten Zeitraum vernichtet werden. Die weitere Bearbeitung darf nach dem Scanvorgang nur noch mit der elektronischen Unterlage erfolgen. Dies gilt nicht, wenn Rechtsvorschriften oder andere zwingende Gründe dem entgegenstehen.

6.4.3 Das Verfahren muss dokumentiert werden. Die zuständige Stelle muss eine Dienstanweisung erstellen, die unter anderem regelt,

6.4.3.1 wer nach dem Berechtigungskonzept scannen darf,

6.4.3.2 zu welchem Zeitpunkt gescannt wird (z.B. beim Posteingang, während oder nach Abschluss der Vorgangsbearbeitung),

6.4.3.3 welche Unterlagen gescannt werden,

6.4.3.4 in welchem Zeitraum nach dem Scanvorgang die Unterlagen in Papierform vernichtet werden dürfen (abhängig davon, wann die Bearbeitung der elektronischen Unterlagen in der Regel beginnt und durch eine fachlich zuständige Stelle Fehler/schlechte Qualität im Scandokument abschließend bemerkt werden können),

6.4.3.5 welche Unterlagen in Papierform nach dem Scanvorgang nicht vernichtet werden dürfen,

6.4.3.6 wie die Qualitätskontrolle auf Lesbarkeit und Vollständigkeit erfolgt,

6.4.3.7 wie die elektronische Unterlage einem Geschäftsvorfall zugeordnet wird und

6.4.3.8 wie Fehler protokolliert werden.

**6.5 Aussonderung von elektronischen Unterlagen**

Elektronische Daten sind unwiderruflich technisch gemäß dem IT-Grundschutz des BSI zu löschen.

## Anlage zur VV Nr. 9.2 ZBR BHO (Anlage 2 zur VV-ZBR BHO) Zusätzliche Bestimmungen für manuelle Verfahren

**– Stand 01/2017 –**

**1 Grundsatz**

Neben den nachfolgenden Bestimmungen sind die VV-ZBR BHO analog anzuwenden.

## 2 Anordnungsverfahren

### 2.1 Anordnungen

2.1.1 Die Anordnungen und die weiteren von den anordnenden Stellen erstellten, die Zahlungen begründenden Belege dürfen nur im Druck oder urschriftlich mit solchen Schreibmitteln ausgefertigt werden, bei deren Verwendung nachträgliche Veränderungen erkennbar sind.

2.1.2 Anordnungen sind zweifach auszufertigen. Durchschriften sind deutlich als solche zu kennzeichnen.

2.1.3 Der Betrag ist in dezimaler Schreibweise mit Währungsbezeichnung anzugeben.

2.1.4 Beträge von 1000 Euro und mehr sowie Beträge in anderen Währungen sind in Buchstaben zu wiederholen. Der für die Betragsangabe vorgesehene Raum ist zu entwerten, soweit er bei der Eintragung frei bleibt.

2.1.5 In Anordnungen sind Streichungen und sonstige Änderungen an zahlungsrelevanten Daten unzulässig.

### 2.2 Verantwortlichkeiten

2.2.1 Die Verantwortlichkeiten im Anordnungsverfahren werden durch die Feststellung der rechnerischen Richtigkeit, die Feststellung der sachlichen Richtigkeit und die Ausübung der Anordnungsbefugnis wahrgenommen.

2.2.1.1 Die Wahrnehmung der Verantwortlichkeiten nach Nr. 2.2.1 ist zu bescheinigen. Die Bescheinigungen können zusammengefasst werden; die oder der Anordnungsbefugte darf jedoch nicht zugleich die rechnerische Richtigkeit bescheinigen. Das Bundesministerium der Finanzen kann im Einvernehmen mit dem Bundesrechnungshof Ausnahmen zulassen.

2.2.1.2 Wird die rechnerische Richtigkeit oder die sachliche Richtigkeit nicht von jeweils einer Person allein verantwortet, sind Teilbescheinigungen abzugeben, aus denen der Umfang der Verantwortung ersichtlich sein muss.

2.2.2 Die Feststellung der rechnerischen Richtigkeit umfasst die Verantwortung dafür, dass der anzunehmende oder auszuzahlende Betrag sowie alle auf Berechnungen beruhenden Angaben richtig sind. Hierzu gehört auch die richtige Anwendung der Berechnungsgrundlagen (z.B. Bestimmungen, Verträge, Tarife). Die rechnerische Richtigkeit ist durch Unterzeichnung des Vermerks „Rechnerisch richtig“ zu bescheinigen.

2.2.3 Die Feststellung der sachlichen Richtigkeit umfasst die Wahrnehmung der Verantwortlichkeiten nach Nr. 1.2 der VV-ZBR BHO mit Ausnahme der Verantwortlichkeiten nach Nr. 2.2.2. Die sachliche Richtigkeit ist durch Unterzeichnung des Vermerks „Sachlich richtig“ zu bescheinigen.

2.2.4 Die Ausübung der Anordnungsbefugnis umfasst die Verantwortung dafür, dass in der Anordnung offensichtlich erkennbare Fehler nicht enthalten sind und die Bescheinigungen der rechnerischen und der sachlichen Richtigkeit von den dazu Befugten abgegeben worden sind.

2.2.4.1 Die Anordnungsbefugnis ist durch Unterschrift unter Angabe des Datums auszuüben.

2.2.4.2 Die Namen und Unterschriftsproben der zur Anordnung berechtigten Personen sind den für Zahlungen zuständigen Stellen mitzuteilen. Die Mitteilung ist von der oder dem Beauftragten für den Haushalt zu unterschreiben (s. Muster). Erlischt die Anordnungsbefugnis, so ist dies der für Zahlungen zuständigen Stelle unverzüglich mitzuteilen. Das Bundesministerium der Finanzen kann zulassen, dass an die Stelle der Unterschriftsmitteilung andere Sicherungsmaßnahmen treten.

**2.3 Vordruckmuster**

Für Anordnungen sind ausschließlich die vom Bundesministerium der Finanzen genehmigten Vordruckmuster zu verwenden.

**3 Führung von Büchern**

**3.1 Grundsätze ordnungsgemäßer Buchführung**

Für die Führung der Bücher sind die Grundsätze ordnungsgemäßer Buchführung (GoB) entsprechend anzuwenden.

**3.2 Form der Bücher**

3.2.1 Die Bücher sind in gebundener oder gehefteter Form zu führen und so zu sichern, dass Blätter nicht unbemerkt entfernt, hinzugefügt oder ausgewechselt werden können. Die Seiten sind fortlaufend zu nummerieren.

3.2.2 In den Büchern ist nachzuweisen, wer die Buchungen vorgenommen hat und die Verantwortung dafür trägt, dass die Buchungen ordnungsgemäß belegt sind.

3.2.3 Zur Vereinfachung des Buchungsverfahrens können Beträge in Zusammenstellungen erfasst und in Gesamtbeträgen gebucht werden. Es dürfen nur nach Nr. 2.1.1 zulässige Schreibmittel verwendet, Zeilen nicht freigelassen und Buchungen zwischen den Zeilen nicht vorgenommen werden.

**4 Unvermutete Prüfung der für Zahlungen zuständigen Stellen**

**4.1 Zuständigkeiten, Umfang der Prüfung**

Das zuständige Bundesministerium bestimmt die Stelle, der die Prüfung obliegt. Die Prüfung soll auf Stichproben beschränkt werden.

**4.2 Zweck der Prüfung**

4.2.1 Die Übereinstimmung zwischen Istbestand und Sollbestand ist zu prüfen (Nr. 3.2 der VV-ZBR BHO). Hierzu

4.2.1.1 ist der Bestand an Zahlungsmitteln von der für die Verwaltung der Zahlungsmittel zuständigen Person vorzählen zu lassen,

4.2.1.2 sind die Bestände auf den Konten bei Kreditinstituten unter Abzug der gebuchten aber noch nicht gezahlten Beträge zu ermitteln,

4.2.1.3 ist aus den Summen nach Nrn. 4.2.1.1 und Nr. 4.2.1.2 der Istbestand festzustellen,

4.2.1.4 ist der Sollbestand zu ermitteln,

4.2.1.5 ist der Sollbestand dem Istbestand gegenüberzustellen.

4.2.2 Es ist weiterhin zu prüfen, ob

4.2.2.1 ein ggf. festgelegter Höchstbetrag des Istbestandes beim Tagesabschluss nicht überschritten wurde,

4.2.2.2 die in der Buchführung nachgewiesenen Wertgegenstände vollständig vorhanden sind (Nr. 7.1.1 der VV-ZBR BHO),

4.2.2.3 die Einzahlungen und Auszahlungen rechtzeitig und vollständig erhoben oder geleistet worden sind und im Übrigen der Zahlungsverkehr ordnungsgemäß durchgeführt worden ist,

4.2.2.4 die Verwahrungen und Vorschüsse ordnungsgemäß abgewickelt und

4.2.2.5 die Bücher richtig geführt worden und die erforderlichen Belege vorhanden sind. Dazu gehört die ordnungsgemäße Aufbewahrung der Bücher und Belege und Richtigkeit der Rechenergebnisse in den Büchern.

4.2.3 Außerdem ist zu prüfen, ob die Aufgaben ordnungsgemäß und sicher erledigt werden, insbesondere ob

4.2.3.1 der Grundsatz der Trennung von Anordnung und Ausführung von Kassenaufgaben (§ 77 BHO) beachtet worden ist,

4.2.3.2 die Unterschriftsproben der Anordnungsbefugten vorliegen,

4.2.3.3 die Richtlinien zur Sicherung von öffentlichen Kassen und Geldtransporten eingehalten worden und

4.2.3.4 die in den Niederschriften über vorangegangene Prüfungen enthaltenen Beanstandungen erledigt sind.

**4.3 Niederschrift**

4.3.1 Über die Prüfung ist eine Niederschrift zu fertigen, in der die wesentlichen Ergebnisse der Prüfung enthalten sein müssen. Geringfügige Mängel sind möglichst im Verlauf der Prüfung zu beseitigen. Sie sollen nicht schriftlich beanstandet werden.

4.3.2 In der Niederschrift sind der Sollbestand und der Istbestand darzustellen. Die einzelnen Beanstandungen sind als Anlagen beizufügen.

4.3.3 Die Niederschrift mit den Anlagen ist der für Zahlungen zuständigen Stelle und, soweit erforderlich, auszugsweise den anderen betroffenen Dienststellen zur Stellungnahme zuzuleiten.

4.3.4 Die Niederschrift mit den Stellungnahmen ist der Aufsichtsbehörde und gegebenenfalls der Leiterin oder dem Leiter der Dienststelle, der die für Zahlungen zuständige Stelle angehört, vorzulegen. Unabhängig davon sind ihnen Beanstandungen von grundsätzlicher oder erheblicher Bedeutung unverzüglich anzuzeigen.

# Muster einer Mitteilung nach Nr. 2.2.4.2

**Muster zu Nr. 2.2.4.2 der Anlage 2 zur VV-ZBR BHO**

Mitteilung über die zur Anordnung berechtigten Personen

**Anordnungsbefugnis nach Nr. 2.2.4 der Anlage 2 zur VV für Zahlungen, Buchführung und Rechnungslegung der BHO**

| | |
|---|---|
| Name: | |
| Dienststelle: | |
| Unterschrift: | |

Die Anordnungsbefugnis gilt für die Bewirtschafternummer(n)

____________________

____________________

____________________

____________________

________________, den __________ 2_____

____________________
(Dienststelle)

An die

____________________
(Kasse/Zahlstelle)

(Dienstsiegel)

____________________
Unterschrift der/des Beauftragten
für den Haushalt

**Vermerke der Kasse/Zahlstelle:**

**Onlineberechtigung**

☐ für Einnahmen ☐ für Ausgaben

Benutzerkennung:____________________

# Verwaltungsvorschriften für die Buchführung und die Rechnungslegung über das Vermögen und die Schulden des Bundes (VV-ReVuS)*

(§§ 73, 75, 76, 80 und 86 BHO)

**1 Allgemeine Bestimmungen**

1.1 Die Buchführung und die Rechnungslegung über das Vermögen und die Schulden des Bundes haben den Zweck, den Bestand des Vermögens und der Schulden zu Beginn des Haushaltsjahres, die unterjährigen Veränderungen und den Bestand am Ende des Haushaltsjahres nachzuweisen.

1.2 Die Buchführu ng soll die Unterlagen für die nach Artikel 114 Absatz 1 des Grundgesetzes und § 114 Absatz 1 Satz 1 BHO zu legende Rechnung über das Vermögen und die Schulden liefern.

1.3 Die Rechnung über das Vermögen und die Schulden soll ferner darlegen, in welcher Höhe Haushaltseinnahmen und Haushaltsausgaben zur Vermehrung oder Verminderung des Vermögens oder der Schulden im Laufe des Haushaltsjahres geführt haben.

1.4 Geltungsbereich dieser Verwaltungsvorschriften

1.4.1 Diese Verwaltungsvorschriften gelten für alle Behörden und Dienststellen des Bundes mit Ausnahme der unter Aufsicht des Bundes stehenden rechtsfähigen öffentlich-rechtlichen Einrichtungen.

1.4.2 Sie sind durch Stellen außerhalb der Bundesverwaltung anzuwenden, sofern diese Bundesvermögen oder -schulden verwalten.

1.4.3 Sie sind nicht durch Bundesbetriebe anzuwenden, die nach den Regeln der kaufmännischen doppelten Buchführung ihre Bücher führen und Rechnung legen.

1.4.4 Sie sind nicht durch behördeneigene Kantinen anzuwenden. Für sie gelten ausschließlich die Bestimmungen über die Buchführung und Abrechnung behördeneigener Kantinen (Kantinen-Abrechnungs-Bestimmungen) in der jeweils aktuellen Fassung.

1.5 Im Sinne dieser Verwaltungsvorschriften umfasst das Vermögen des Bundes die Gesamtheit der unbeweglichen und beweglichen Sachen, die im Eigentum des Bundes stehen, sowie der geldwerten Rechte, deren Träger der Bund ist.

1.6 Im Sinne dieser Verwaltungsvorschriften umfassen die Schulden des Bundes alle in Geld zu erfüllenden Verpflichtungen des Bundes.

**2 Buchführung über das Vermögen und die Schulden des Bundes**

2.1 Allgemeines

2.1.1 Die Buchführung zum Vermögen des Bundes erstreckt sich auf den wertmäßigen Nachweis des gesamten Vermögens des Bundes ohne

* Anlagen sind nicht abgedruckt.

Rücksicht darauf, ob es von einer Bundesbehörde oder von einer anderen Stelle verwaltet wird, mit folgenden Einschränkungen:

2.1.1.1 Das Liegenschaftsvermögen des Bundes ist ausschließlich flächenmäßig nachzuweisen. Unbewegliche Sachen, die sich auf den Liegenschaften befinden – wie Gebäude, Außenanlagen (z.B. Gartenanlagen, Wege, Zäune) oder sonstige bauliche Anlagen (z.B. Brücken, Tunnel) – sind nicht nachzuweisen.

2.1.1.2 Alle beweglichen Sachen sind unabhängig von ihrer Nutzungsart und -dauer mindestens mengenmäßig in Bestandsverzeichnissen nachzuweisen.

2.1.2 Die Buchführung zu den Schulden des Bundes erstreckt sich auf den wertmäßigen Nachweis der Gesamtheit der Verpflichtungen des Bundes. Hierzu gehören die dem Grunde, der Höhe und dem Eintrittszeitpunkt nach gewissen Verpflichtungen, d.h. die Verbindlichkeiten des Bundes (insbesondere die Verbindlichkeiten des Bundes am Kreditmarkt) sowie die dem Grunde nach, aber der Höhe und/oder dem Eintrittszeitpunkt nach ungewissen Verpflichtungen (insbesondere die Rückstellungen für Pensionen und ähnliche Verpflichtungen).

2.1.3 Nach diesen Verwaltungsvorschriften sind folgende Bücher zu führen:

2.1.3.1 das Sachbuch für das Vermögen und die Schulden sowie

2.1.3.2 die Bestandsverzeichnisse über bewegliche Sachen, d.h.

- das Bestandsverzeichnis über Anlagegüter,
- das Bestandsverzeichnis über geringwertige Wirtschaftsgüter sowie
- das Bestandsverzeichnis über Vorräte.

2.1.4 Das Sachbuch für das Vermögen und die Schulden ist jahresweise zu führen. Bestandsverzeichnisse sind auf unbestimmte Zeit einzurichten.

2.1.5 Die Eintragungen in den Büchern haben unverzüglich nach dem Bekanntwerden buchungsrelevanter Sachverhalte zu erfolgen.

2.1.6 Die Eintragungen in den Büchern müssen vollständig, richtig und sachlich geordnet vorgenommen werden. Sie sind zu belegen. Zwischen den Belegen und den Eintragungen in den Büchern muss eine Verbindung hergestellt sein, z.B. über die Vergabe einer Belegnummer, die der Eintragung beigefügt ist.

2.1.7 Die Bücher sind gegen den Zugriff Unbefugter sowie gegen Manipulationen, Datenverlust und andere Schäden zu sichern.

2.1.8 Sofern die Bücher in Papierform geführt werden, dürfen die Eintragungen nur urschriftlich mit urkundengeeignetem Farbband, Kugelschreiber oder sonstigen zugelassenen Schreibmitteln in Schwarz oder Blau in sauberer und deutlich lesbarer Schrift vorgenommen werden. Berichtigungen dürfen nur so ausgeführt werden, dass die ursprünglichen Angaben lesbar bleiben. Die Vorgaben gelten sinngemäß bei Führung der Bücher mittels IT-Unterstützung.

2.2 Sachbuch für das Vermögen und die Schulden

2.2.1 Ein Vermögenszugang bzw. -abgang mit haushaltsmäßiger Zahlung ist ein Vermögenszugang bzw. -abgang, dem eine kassenmäßige Ausgabe bzw. kassenmäßige Einnahme zu Grunde lag. Ein Schuldenzugang bzw. -abgang mit haushaltsmäßiger Zahlung ist ein Schuldenzugang bzw. -abgang, dem eine kassenmäßige Einnahme bzw. kassenmäßige Ausgabe zu Grunde lag.

2.2.2 Eine Bestandsänderung ohne haushaltsmäßige Zahlung ist ein Vermögenszugang bzw. -abgang oder ein Schuldenzugang bzw. -abgang, dem kein kassenmäßiger Vorgang zu Grunde lag (z.B. Bestandsänderung aufgrund einer Umbewertung).

2.2.3 Bei integrierter Buchführung zwischen dem Bundeshaushalt und dem Sachbuch für das Vermögen und die Schulden entspricht ein im Bundeshaushalt gebuchter vermögenswirksamer Betrag einer im Sachbuch gebuchten Bestandsänderung mit haushaltsmäßiger Zahlung.

2.2.4 Die Buchführung über das Vermögen und die Schulden des Bundes obliegt im Einzelnen nachfolgend aufgeführten Stellen:

2.2.4.1 Die Buchführung über das Vermögen obliegt der für die Verwaltung des Vermögensgegenstandes zuständigen Dienststelle.

2.2.4.2 Die Buchführung über die Verbindlichkeiten obliegt der für die Verwaltung der Verbindlichkeiten zuständigen Dienststelle.

2.2.4.3 Die Buchführung über die Rückstellungen für Pensionen und ähnliche Verpflichtungen obliegt dem Bundesministerium der Finanzen.

2.2.4.4 Die Buchführung über sonstige Rückstellungen obliegt der für die Verwaltung der sonstigen Rückstellungen zuständigen Dienststelle.

2.2.4.5 Bei jeder Dienststelle sind unter Mitwirkung der/des Beauftragten für den Haushalt eine oder mehrere Personen zu bestimmen, die das Sachbuch für das Vermögen und die Schulden führen. Ihr/Ihnen obliegt die Pflicht, das Sachbuch der Dienststelle richtig und vollständig zu führen.

2.2.5 Vermögensgruppenplan

2.2.5.1 Das Vermögen und die Schulden werden in folgende Vermögensklassen eingeordnet:

- Der Vermögensklasse 0 (Allgemeines Verwaltungsvermögen) sind die Sachen und Rechte, die überwiegend zur unmittelbaren Erfüllung der Aufgaben einer Bundesverwaltung dienen, zu zuordnen. Hierzu zählen auch Anteile an Gesellschaften und Einrichtungen, die zur Erfüllung bestimmter Verwaltungsaufgaben erforderlich sind und nicht in die Vermögensklasse 3 gehören.
- Der Vermögensklasse 1 (Sachen im Gemeingebrauch) sind die Liegenschaften im Gemeingebrauch – insbesondere die Bundesfern- und Bundeswasserstraßen zu zuordnen.
- Der Vermögensklasse 3 (Betriebsvermögen) sind die Beteiligungen des Bundes am Kapital von wirtschaftlichen Unternehmen und

die Bundesbetriebe zu zuordnen. Als wirtschaftliche Unternehmen gelten alle Unternehmen, die auch von einem Privatunternehmer mit der Absicht der Gewinnerzielung – zumindest der Kostendeckung – betrieben werden könnten.

- Der Vermögensklasse 4 (Allgemeines Kapital- und Sachvermögen) sind die Beteiligungen des Bundes am Kapital internationaler Einrichtungen sowie alle weiteren Vermögenswerte, die nicht den zuvor genannten Klassen zugeordnet werden können zu zuordnen.
- Der Vermögensklasse 9 (Bundesschuld) sind die Verbindlichkeiten des Bundes zu zuordnen.

2.2.5.2 Die Vermögensklassen werden in Vermögenshauptgruppen, -obergruppen, -gruppen und -untergruppen unterteilt. Der in den Anlagen beigefügte Vermögensgruppenplan ist maßgebend.

2.2.5.3 Das Bundesministerium der Finanzen kann im Einvernehmen mit dem Bundesrechnungshof den Vermögensgruppenplan ändern.

2.2.6 Vermögenskonten

2.2.6.1 Zu den im Vermögensgruppenplan aufgeführten Vermögensgruppen sind Vermögenskonten nach dem Muster „Vermögenskontonachweis“ (s. Anlagen) zu führen.

2.2.6.2 Die Sammlung aller Vermögenskontonachweise einer Dienststelle ist das Sachbuch für das Vermögen und die Schulden.

2.2.6.3 Die Vermögenskonten zu den gemäß Vermögensgruppenplan nachzuweisenden Forderungen des Bundes und zu den Bundesbetrieben sind in dem vom Bundesministerium der Finanzen bereit gestellten IT-Verfahren Darlehen nach den Vorgaben des Bundesfinanzministerium der Finanzen zu führen. Die übrigen Vermögenskonten sind in eigener Verantwortung durch die verwaltende Dienststelle zu führen. Sofern das Sachbuch als Kartei oder als Buch in Papierform geführt wird, sind einzelne Karteikarten oder Blätter fortlaufend zu nummerieren.

2.2.6.4 Nach Bedarf sind Einzelkonten oder Sammelkonten zu führen. Das Sammelkonto dient zum Nachweis mehrerer gleichartiger Vermögensgegenstände bzw. Schulden.

2.2.6.5 Für jedes Vermögenskonto ist – in jeder Vermögensgruppe mit 1 beginnend – eine Nummer (s. „Konto-Nr.“ im Muster) fortlaufend zu vergeben.

2.2.6.6 Die Vermögenskonten sind, mit Ausnahme der Vermögenskonten zu den Liegenschaften, die in qm zu führen sind, in Euro zu führen. Für die Liegenschaften des Bundes ist zu jedem Vermögenskonto ergänzend ein Nachweis nach dem Muster „VR-LN“ (s. Anlagen) zu führen. Die Ausfüllhinweise zum Muster (s. Anlagen) sind zu beachten. Das Bundesministerium der Finanzen kann im Einvernehmen mit dem Bundesrechnungshof das Muster einschl. der Ausfüllhinweise ändern.

2.2.6.7 Die integrierte Buchführung mit Titeln im Bundeshaushalt erfolgt für alle Vermögenskonten, die im IT-Verfahren Darlehen gemäß der

Nr. 2.2.6.3 zu führen sind und für alle Vermögenskonten, die im Rahmen des Schuldenmanagements des Bundes von der Bundesrepublik Deutschland – Finanzagentur GmbH zu führen sind.

2.2.7 Bewertungsbestimmungen

2.2.7.1 Vermögensgegenstände sind, soweit in diesen Verwaltungsvorschriften keine Ausnahmen vorgeschrieben oder zugelassen sind, mit den Anschaffungs- oder Herstellungskosten* bei Erstaufnahme in das Sachbuch zu bewerten. Der Wert der Vermögensgegenstände ist mit den entsprechenden Titelbuchungen im Bundeshaushalt abzustimmen. Bei unentgeltlich erworbenen Vermögensgegenständen ist der vorsichtig geschätzte Zeitwert zu Grunde zu legen.
Verbindlichkeiten sind mit ihrem Nennwert zu führen. Rückstellungen sind in Höhe ihres nach vernünftiger Beurteilung notwendigen Erfüllungsbetrages zu führen.

2.2.7.2 Bundesbetriebe und behördeneigene Kantinen sind mit ihrem Eigenkapital (Rechnungswert) zu führen. Der Rechnungswert bei Bundesbetrieben ergibt sich aus dem Eigenkapital des gemäß § 87 BHO aufgestellten Jahresabschlusses. Weicht das Geschäftsjahr der Einrichtung vom Haushaltsjahr ab, ist der zuletzt innerhalb des Haushaltsjahres aufgestellte Jahresabschluss zu Grunde zu legen.

2.2.7.3 Beteiligungen des Bundes am Kapital von Unternehmen aller Art und von internationalen Einrichtungen (Kapitalbeteiligungen) sind unabhängig von ihrer Rechtsform mit dem Anteil des Bundes am Eigenkapital des Unternehmens oder der Einrichtung (Rechnungswert) zu führen. Der Rechnungswert ergibt sich aus dem Eigenkapital des zuletzt aufgestellten Jahresabschlusses. Weicht das Geschäftsjahr der Einrichtung vom Haushaltsjahr ab, ist der zuletzt innerhalb des Haushaltsjahres aufgestellte Jahresabschluss zu Grunde zu legen.
Anteile an Gesellschaften, die sich in Liquidation befinden, sind, wenn sie keinen amtlich notierten Börsenkurswert haben, mit dem anteiligen Unterschiedsbetrag zwischen den Aktiva (Vermögen) und den Passiva (Schulden) am letzten Bilanzstichtag zu bewerten.

2.2.7.4 Genossenschaftsanteile sind mit ihrem Rechnungswert zu führen. Der Rechnungswert entspricht dem Geschäftsguthaben.

2.2.7.5 Forderungen sind mit Ihrem Nennbetrag zu führen. Bedingte Forderungen sind Forderungen, deren Wirksamwerden vom Eintreten bestimmter Voraussetzungen abhängt. Sie sind daher nur nachrichtlich zu führen.

2.2.7.6 Wertpapiere sind, wenn sie einen amtlich notierten Börsenkurswert haben, mit diesem, im Übrigen mit dem Nennwert zu bewerten. Bei

* Anschaffungs-oder Herstellungskosten sind alle Aufwendungen, die geleistet werden, um einen Vermögensgegenstand zu erwerben und ihn in einen betriebsbereiten Zustand zu versetzen, soweit sie dem Vermögensgegenstand einzeln zugeordnet werden können. Sie setzen sich zusammen aus dem Anschaffungspreis, dem Aufwand zur

Kapitalbeteiligungen, die in Wertpapieren verbrieft sind, entspricht der Wert dem gemäß der Nr. 2.2.7.3 zu führenden Rechnungswert der Kapitalbeteiligung. Weicht der Kurswert zum Schluss des Haushaltsjahres vom Buchwert ab, ist auf den Kurswert zum Stichtag 31. Dezember zu korrigieren.

2.2.7.7 Rückstellungen für Pensionen und ähnliche Verpflichtungen (insbesondere Beihilfeverpflichtungen) sind nach versicherungsmathematischen Methoden zu ermitteln. Erwartete Pensionsund Besoldungsanpassungen sowie Kostensteigerungen sind zu berücksichtigen. Die Rückstellungen sind mit dem 7-jährigen Durchschnitt der Umlaufsrenditen für börsennotierte Bundeswertpapiere mit 15-bis 30-jähiger Restlaufzeit abzuzinsen. Die Renditen sind den Veröffentlichungen der Deutschen Bundesbank (Zeitreihe WU3975) zu entnehmen.

2.2.7.8 Sonstige Rückstellungen sind anzusetzen für die Sanierung ökologischer Altlasten und für Verpflichtungen aus der Übernahme von Bürgschaften, Garantien und Gewährleistungen. Rückstellungen mit einer Restlaufzeit von mehr als einem Jahr sind mit dem ihrer Restlaufzeit entsprechenden durchschnittlichen Marktzinssatz der vorangegangenen sieben Jahre abzuzinsen. Der Zinssatz gemäß der aktuellen Fassung der Rückstellungsabzinsungsverordnung (RückAbzinsV) ist den Veröffentlichungen der Deutschen Bundesbank (Zeitreihe WX0037) zu entnehmen.

2.2.7.9 Auf fremde Währung lautende Vermögensgegenstände und Verbindlichkeiten sind zum Referenzkurs der Europäischen Zentralbank am 31. Dezember in Euro umzurechnen.

Alle mit Währungsswaps abgesicherten Geschäfte können zu Bewertungseinheiten zusammengefasst und mit dem fixierten Devisenkurs bewertet werden, sofern die hierfür geltenden Bedingungen des § 254 HGB erfüllt sind. Zum Zeitpunkt der Begründung, zu jedem Abschlussstichtag des Sachbuches und zum Zeitpunkt der Beendigung der Bewertungseinheit ist zu prüfen und zu dokumentieren, dass die Bedingungen erfüllt sind. Sollten diese zu einem der genannten Zeitpunkte nicht erfüllt sein, ist auf den Referenzkurs der Europäischen Zentralbank am 31. Dezember in Euro umzurechnen.

2.2.8 Buchungsbestimmungen

2.2.8.1 Grundlage für die Buchungen auf Vermögenskonten in den Spalten: Zugänge und Abgänge mit haushaltsmäßiger Zahlung sind Buchungen im Haushalt, sofern diese Bestandsänderungen bewirken. Die Ausgaben bewirken Vermögenszugänge oder Schuldenabgänge, die Einnahmen bewirken Vermögensabgänge oder Schuldenzugänge. Grundlage für die Buchungen auf Vermögenskonten in den Spalten: Zugänge und Abgänge ohne haushaltsmäßige Zahlung sind Bestandsänderungen, denen keine Buchungen im Haushalt zu Grunde liegen.

2.2.8.2 Die Umgruppierung gebuchter Bestände in eine andere Kategorie des Vermögensgruppenplans ist als Abgang ohne haushaltsmäßige Zahlung (alte Kategorie) und wertgleich als Zugang ohne haushaltsmäßige Zahlung (neue Kategorie) zu buchen.

2.2.8.3 Wird nach dem Abschluss des Sachbuches für das Vermögen und die Schulden festgestellt, dass der Bestand zum 31. Dezember des abgeschlossenen Haushaltsjahres fehlerhaft war, ist die Korrektur unmittelbar nach Feststellung des Korrekturbedarfes im aktuellen Haushaltsjahr, d.h. in dem dann zu diesem Zeitpunkt offenen Sachbuch vorzunehmen. Die Korrektur ist als Bestandsänderung ohne haushaltsmäßige Zahlung zu buchen.

2.2.8.4 Wird beim Verkauf eines Vermögensgegenstandes ein Preis erzielt, der von dem Buchwert abweicht, ist auf dem Vermögenskonto vor der Buchung des Abgangs der Unterschiedsbetrag zwischen dem Verkaufserlös und dem Buchwert als Wertzugang oder -abgang ohne haushaltsmäßige Zahlung zu buchen. Die Ausführungen gelten sinngemäß für Schulden.

2.2.8.5 Wird Vermögen ohne Werterstattung innerhalb der Bundesverwaltung abgegeben, ist dies bei der abgebenden Dienststelle als Abgang ohne haushaltsmäßige Zahlung und bei der übernehmenden Dienststelle betragsgleich als Zugang ohne haushaltsmäßige Zahlung zu buchen. Wird Vermögen mit Werterstattung innerhalb der Bundesverwaltung abgegeben, sind die Bestandsänderungen betragsgleich als Abgang mit haushaltsmäßiger Zahlung bei der abgebenden Dienststelle und als Zugang mit haushaltsmäßiger Zahlung bei der übernehmenden Dienststelle zu buchen.

Wird Vermögen ohne Werterstattung an Stellen außerhalb der Bundesverwaltung (z.B. an die Bundesanstalt für Immobilienaufgaben) abgegeben, ist bei der abgebenden Dienststelle der Buchwert als Abgang ohne haushaltsmäßige Zahlung zu buchen. Erhält die Bundesverwaltung Vermögen unentgeltlich, ist dies als Zugang ohne haushaltsmäßige Zahlung zu buchen.

Die Ausführungen gelten sinngemäß für Schulden.

2.2.8.6 Für jeden Bundesbetrieb und jede behördeneigene Kantine ist jeweils ein Vermögenskonto zu führen. Gewinnabführungen an den Bundeshaushalt führen zu Wertberichtigungen und sind als Abgang mit haushaltsmäßiger Zahlung zu buchen. Verlustabdeckungen durch den Bundeshaushalt führen ebenfalls zu Wertberichtigungen und sind als Zugang mit haushaltsmäßiger Zahlung zu buchen.

2.2.8.7 Für jede Kapitalbeteiligung ist ein Vermögenskonto zu führen. Beteiligen sich Kapitalbeteiligungen an anderen Unternehmen und Einrichtungen (mittelbare Kapitalbeteiligungen), ist hierüber kein Nachweis zu führen.

Der Erwerb von Anteilen ist in Höhe der Anschaffungskosten als Zugang mit haushaltsmäßiger Zahlung zu buchen. Sofern die Anschaffungskosten bei Kapitalbeteiligungen, die in Wertpapieren verbrieft sind und diese Wertpapiere im Währungsgebiet an einer deutschen

Börse amtlich notiert oder im geregelten Freiverkehr gehandelt werden, von dem Kurswert zum Anschaffungszeitpunkt abweichen, ist eine Wertkorrektur als Bestandsänderung ohne haushaltsmäßige Zahlung zu buchen. In der Folge ist die Beteiligung auf den Kurswert fortzuschreiben. Die Wertberichtigung ist zum Abschlussstichtag des Sachbuches als Bestandsänderung ohne haushaltsmäßige Zahlung zu buchen.

Anteile, die keinen Börsenkurs haben, sind mit den Anschaffungskosten in die Vermögensbuchführung aufzunehmen. Sofern diese von dem beizulegenden Rechnungswert zum Anschaffungszeitpunkt abweichen, ist eine Wertkorrektur als Bestandsänderung ohne haushaltsmäßige Zahlung zu buchen. In der Folge ist auf den Rechnungswert am Abschlussstichtag des Sachbuches mittels einer Bestandsänderung ohne haushaltsmäßige Zahlung zu korrigieren.

Führte eine unterjährig beschlossene Gewinnabführung oder eine Dividendenausschüttung an den Bundeshaushalt zu keiner Einzahlung in dem aktuellen Haushaltsjahr, ist dieser Sachverhalt nicht buchungsrelevant. Erst wenn die Einzahlung tatsächlich erfolgt, führt diese unmittelbar zu einer Wertberichtigung und ist unter Berücksichtigung der Kapitalertragsteuer und des Solidaritätszuschlages als Abgang mit haushaltsmäßiger Zahlung zu buchen. Die Ausführungen gelten sinngemäß für Verlustabdeckungen, Kapitalerhöhungen u.ä. Diese führen erst dann zu einer Wertberichtigung, wenn die Auszahlung aus dem Bundeshaushalt erfolgt. In Höhe der Auszahlung ist ein Zugang mit haushaltsmäßiger Zahlung zu buchen.

Werden Anteile gegen Entgelt veräußert, ist der Verkaufspreis als Abgang mit haushaltsmäßiger Zahlung zu buchen.

2.2.8.8 Für jede Beteiligung an einer Genossenschaft ist ein Vermögenskonto zu führen. Der Erwerb von Anteilen ist in Höhe der Anschaffungskosten als Zugang mit haushaltsmäßiger Zahlung zu buchen. Sofern die Anschaffungskosten von dem Geschäftsguthaben zum Anschaffungszeitpunkt abweichen, ist eine Wertkorrektur als Bestandsänderung ohne haushaltsmäßige Zahlung zu buchen.

In der Folge ist eine Wertberichtigung entsprechend der Höhe des Geschäftsguthabens (Rechnungswert) mittels einer Bestandsänderung ohne haushaltsmäßige Zahlung vorzunehmen.

Sofern eine Dividende nicht dem Geschäftsguthaben zugeschrieben, sondern ausgezahlt wird, ist zum Zeitpunkt der Auszahlung unter Berücksichtigung der Kapitalertragsteuer und des Solidaritätszuschlages ein Abgang mit haushaltsmäßiger Zahlung in entsprechender Höhe zu buchen. Ferner ist durch die Buchung eines Zugangs ohne haushaltsmäßige Zahlung der Bestand auf die Höhe des Geschäftsguthabens auszugleichen.

Werden Anteile gegen Entgelt veräußert, ist der Verkaufspreis als Abgang mit haushaltsmäßiger Zahlung zu buchen.

2.2.8.9 Einzahlungen in den Bundeshaushalt zum Ausgleich von Forderungen sind als Abgänge mit haushaltsmäßiger Zahlung zu buchen. Auszahlungen aus dem Bundeshaushalt, die Ansprüche (Forderungen) begründen, sind als Zugänge mit haushaltsmäßiger Zahlung zu buchen. Die Niederschlagung oder der Erlass von Forderungen ist als Abgang ohne haushaltsmäßige Zahlung zu buchen. Liegen die Gründe für die Niederschlagung nicht mehr vor, ist der Forderungsbetrag als Zugang ohne haushaltsmäßige Zahlung wieder einzubuchen.

2.2.8.10 Weicht der Kurswert bei Wertpapieren am Abschlussstichtag des Sachbuches von dem Buchwert ab, ist eine Wertberichtigung als Bestandsänderung ohne haushaltsmäßige Zahlung auf den Kurswert vorzunehmen. Bei Wertpapieren in Fremdwährung erfolgt im Anschluss an die Korrektur auf den Kurswert eine Währungsumrechnung gemäß der Nr. 2.2.7.9.

2.3 Bestandsverzeichnisse über bewegliche Sachen

2.3.1 Bewegliche Sachen sind alle körperlichen Gegenstände, soweit diese nicht wesentliche Bestandteile einer Sache, eines Grundstückes oder eines Gebäudes gemäß §§ 93 und 94 BGB sind. Wesentliche Bestandteile einer Sache können von dieser nicht getrennt werden, ohne dass der eine oder der andere zerstört oder in seinem Wesen verändert wird. Wesentliche Bestandteile eines Grundstückes oder eines Gebäudes sind mit dem Grund und Boden bzw. mit dem Gebäude fest verbunden. Zu den beweglichen Sachen gehören auch Tiere, Bibliotheksbestände und Kunstgegenstände des Bundes wie beispielsweise Werke der Malerei, Grafik, Fotografie, Plastik sowie kunstgewerbliche Arbeiten und Antiquitäten.

2.3.2 Als bewegliche Sachen im Sinne dieser Verwaltungsvorschriften gelten auch entgeltlich erworbene immaterielle Vermögensgegenstände wie beispielsweise Konzessionen, gewerbliche Schutzrechte (z.B. Patente) sowie Lizenzen an solchen Rechten und Werten (z.B. Softwarelizenzen).

2.3.3 In den Bestandsverzeichnissen über bewegliche Sachen sind alle selbständig nutzbaren, beweglichen Sachen im Sinne der Nrn. 2.3.1 und 2.3.2 nachzuweisen.

2.3.4 Sofern bereits Verzeichnisse über bewegliche Sachen geführt werden, die Vermögen des Bundes nachweisen, wie beispielsweise Anlagebücher im Rahmen der gemäß § 7 Absatz 3 BHO eingeführten Kosten- und Leistungsrechnungen oder Lagerbücher, und diese Verzeichnisse die Anforderungen dieser Verwaltungsvorschriften erfüllen, gelten diese Verzeichnisse als Bestandsverzeichnisse im Sinne dieser Verwaltungsvorschriften. Hierzu gehören auch Verzeichnisse, die die Anforderungen dieser Verwaltungsvorschriften erfüllen, obwohl sie nicht aus Gründen des Vermögennachweises geführt werden wie beispielsweise die Kunstdatenbank „ArtNetBund“, in der die im Eigentum des Bundes befindlichen Kunstgegenstände zum Zweck einer einheitlichen Vermögensverwaltung zu erfassen sind oder Verzeichnisse über den Bestand an Nutzungsrechten (z.B. Softwarelizenzen).

2.3.5 Die Einhaltung dieser Verwaltungsvorschriften liegt in der Verantwortung der jeweiligen Leitung der Dienststelle oder der von ihr beauftragten Person(en). Die jeweils zuständige oberste Bundesbehörde kann ergänzende Regelungen erlassen.

2.3.6 Bei jeder Dienststelle sind eine oder mehrere Personen für die Bestandsführung zu bestimmen. Ihnen obliegt die Pflicht, das Bestandsverzeichnis richtig und vollständig zu führen. Nur die benannten Personen dürfen Eintragungen im Bestandsverzeichnis vornehmen. Die Leitung der Dienststelle oder die von ihr beauftragte(n) Person(en) stellt/stellen sicher, dass die bestellten Personen über alle Zugänge, Änderungen und Abgänge an beweglichen Sachen umgehend informiert werden. Die/der Beauftragte für den Haushalt wirkt bei der Erledigung der Aufgaben im Rahmen ihrer/seiner Zuständigkeiten mit.

2.3.7 Für die sachgemäße Behandlung der beweglichen Sachen sind die Nutzerinnen und Nutzer verantwortlich. Ihnen obliegt die erforderliche Sorgfalt, die beweglichen Sachen bestimmungsgemäß und nur für dienstliche Zwecke zu verwenden, sie sicher aufzubewahren und vor Missbrauch, Beschädigung, Diebstahl und sonstigen Verlust zu bewahren.

2.3.8 Nachzuweisen sind alle beweglichen Sachen, die im Eigentum des Bundes stehen. Sofern einzelne bewegliche Sachen eine Sachgesamtheit bilden, d.h. wenn sie nicht einzeln selbständig nutzbar und technisch oder wirtschaftlich eng miteinander verbunden sind, werden sie nicht einzeln, sondern grundsätzlich als Sachgesamtheit nachgewiesen (z.B. technische Einheiten). Bewegliche Sachen sind auch dann nachzuweisen, wenn sie unentgeltlich (durch Schenkungen und Sachspenden) in das Eigentum des Bundes übergegangen sind (z.B. Staatsgeschenke).

2.3.9 Zugänge und Abgänge im Bestandsverzeichnis sind sachlich geordnet gemäß dem Verwaltungskontenrahmen (s. Anlagen) im Bestandsverzeichnis zu vermerken, so dass der Bestand jederzeit ermittelt werden kann.

2.3.10 Die Eintragungen in ein Bestandsverzeichnis sind zu belegen.

2.3.10.1 Angaben, die für die Eintragung eines Zuganges benötigt werden, sind der Rechnung, dem Lieferschein, einem Überlassungsschreiben (z.B. bei Schenkung) oder einem sonstigen Beleg zu entnehmen.

2.3.10.2 Aus einer Bibliothek entliehene Medien sind durch Leihscheine o.ä. in geeigneter Weise zu belegen.

2.3.10.3 Die aus einem Lager ausgegebenen Güter sind durch Entnahmescheine o.ä. in geeigneter Weise zu belegen.

2.3.10.4 Der körperliche Abgang einer beweglichen Sache aus dem Bestand einer Dienststelle ist durch ein Abgangsprotokoll o.ä. zu belegen. Es ist sicherzustellen, dass der Vorgang, der den Abgang verursacht hat, zutreffend und nachvollziehbar dargestellt wird. Der Abgang ist unter Angabe des Datums des Abgangs und einer Begründung (Abnutzung, Aussonderung, Diebstahl, Missbrauch, Verkauf, unentgeltliche Abgabe usw.) im Bestandsverzeichnis zu vermerken.

2.3.11 Sofern eine im Bestandsverzeichnis erfasste bewegliche Sache von der Dienststelle vermietet, verliehen oder anderweitig einer anderen Dienststelle oder Einrichtung zur Nutzung überlassen wird, ist ein Vermerk mit Angabe des Datums, der Art und dem Ende der vereinbarten Nutzungsberechtigung im Bestandsverzeichnis auszubringen.

2.3.12 Bestandsverzeichnisse sind grundsätzlich in IT-gestützten Verfahren unter Verwendung einer geeigneten Software zu führen. Sofern der Grundsatz der Wirtschaftlichkeit und Sparsamkeit einer IT-Unterstützung entgegensteht, kann das Bestandsverzeichnis auch als Kartei oder als Buch in Papierform geführt werden. Einzelne Karteikarten oder Blätter sind fortlaufend zu nummerieren.

2.3.13 Bestandsverzeichnis über Anlagegüter

2.3.13.1 Im Bestandsverzeichnis über Anlagegüter sind die Bestände der zum längerfristigen Gebrauch bestimmten beweglichen Sachen des Anlagevermögens (einschließlich immaterieller Vermögensgegenstände) einer Dienststelle nachzuweisen, sofern deren Anschaffungs- oder Herstellungskosten 410 Euro (ohne Umsatzsteuer) übersteigen. Die Wertgrenze gilt für Sachgesamtheiten entsprechend.

2.3.13.2 Das Bestandsverzeichnis über Anlagegüter muss mindestens die folgenden Angaben enthalten:

- Inventarnummer
  Eine bewegliche Sache ist durch eine eindeutige Nummer zu kennzeichnen, die eine zweifelsfreie Identifizierung ermöglicht. Sofern eine eindeutige Identifizierung der beweglichen Sache bereits durch den Hersteller beispielsweise über eine Seriennummer erfolgt ist, kann diese als Inventarnummer verwendet werden. Andernfalls ist zur zweifelsfreien Identifizierung der beweglichen Sache eine Inventarnummer nach beispielsweise folgendem Muster zu vergeben:
- Ziffern 1 bis 4: Kapitel des Einzelplans
- Ziffern 5 bis 6: fortlaufende Nummer der Dienststelle innerhalb des Kapitels
  Es ist darauf zu achten, dass die fortlaufende Nummer der Dienststelle innerhalb des Kapitels nur einmal vergeben wird.
- Ziffern 7 bis 15: fortlaufende Nummer der Eintragung des Gegenstandes im Bestandsverzeichnis
  Die fortlaufende Nummer ist aufsteigend nach dem Datum der Anschaffung zu vergeben.
- Gleichartige Anlagegüter können unter einer Inventarnummer geführt werden, sofern die zweifelsfreie Identifizierung gewährleistet bleibt.

- Bezeichnung der beweglichen Sache
  Die bewegliche Sache ist so zu bezeichnen, dass die im Geschäftsverkehr üblichen und zur Abgrenzung notwendigen Kriterien erkennbar sind. Firmen- und Typenbezeichnungen, Informationen zu Herstellern, Lieferanten u. ä. sind anzugeben.
- Menge/Anzahl
  Gleichartige bewegliche Sachen können, sofern sie annähernd gleiche Anschaffungs- oder Herstellungskosten haben, zusammengefasst in einer Zeile des Bestandsverzeichnisses angegeben werden. Zusammenfassungen sind nur soweit möglich, wie die körperliche Identifikationsmöglichkeit bei der Bestandsprüfung gewährleistet bleibt.
- Anschaffungs- oder Herstellungskosten
  Bei einem ausschließlich mengenmäßig geführten Bestandsverzeichnis erfolgt die Angabe der Anschaffungs- oder Herstellungskosten nachrichtlich zur Abgrenzung der im Bestandsverzeichnis zu führenden beweglichen Sachen. Sind die Anschaffungs- oder Herstellungskosten nicht bekannt (z.B. bei Schenkungen), ist ein Preis anzusetzen, der im gewöhnlichen Geschäftsverkehr bei einer Veräußerung zu erzielen wäre. Alle Umstände, die den Preis beeinflussen, sind zu berücksichtigen.
- Datum des Zugangs der beweglichen Sache
  Es ist das genaue Datum des Zugangs der beweglichen Sache in der Dienststelle anzugeben.
- Standort
  Die zu erfassende bewegliche Sache ist so nachzuweisen, dass sie jederzeit körperlich auffindbar ist.
- Bemerkungen
  Ergänzende Bemerkungen können hier angegeben werden.
- Datum des Abgangs der beweglichen Sache einschl. Begründung
  Es ist das genaue Datum des Abgangs der beweglichen Sache aus der Dienststelle anzugeben.

2.3.13.3 Sofern der Bestand an Büchern, Druckschriften und sonstige Medien in einer Bibliothek geringen Veränderungen in Größe und Zusammensetzung unterliegt, ist dieser zusammenfassend als ein Anlagengut zu behandeln (Festwertverfahren). Historische Medien (alte Handschriften, wertvolle Bücher) sind einzeln nachzuweisen. Abweichend von Nr. 2.3.13.2 sind Bücher, Druckschriften und sonstige Medien in Bibliotheken nach dem System wissenschaftlicher Bibliotheken nachzuweisen.

2.3.14 Bestandsverzeichnis über geringwertige Wirtschaftsgüter

2.3.14.1 Im Bestandsverzeichnis über geringwertige Wirtschaftsgüter sind die Bestände der zum längerfristigen Gebrauch bestimmten beweglichen Sachen des Anlagevermögens (einschließlich immaterieller Vermögensgegenstände) einer Dienststelle nachzuweisen, sofern deren Anschaffungs- oder Herstellungskosten 150 Euro (ohne Umsatzsteuer), aber nicht 410 Euro (ohne Umsatzsteuer) übersteigen. Für Vermögensgegenstände des Anlagevermögens, deren Anschaffungs- oder Herstellungskosten 150 Euro (ohne Umsatzsteuer) nicht übersteigen, besteht keine Aufzeichnungspflicht. Die Wertgrenze gilt für Sachgesamtheiten entsprechend.

2.3.14.2 Das Bestandsverzeichnis über geringwertige Wirtschaftsgüter muss mindestens die folgenden Angaben enthalten:

- Bezeichnung der beweglichen Sache
  Die bewegliche Sache ist so zu bezeichnen, dass die im Geschäftsverkehr üblichen und zur Abgrenzung notwendigen Kriterien erkennbar sind.
- Menge/Anzahl und Einheit
- Anschaffungs- oder Herstellungskosten
  Bei einem ausschließlich mengenmäßig geführten Bestandsverzeichnis erfolgt die Angabe der Anschaffungs- oder Herstellungskosten nachrichtlich zur Abgrenzung der im Bestandsverzeichnis zu führenden beweglichen Sachen. Sind die Anschaffungs- oder Herstellungskosten nicht bekannt (z.B. bei Schenkungen), ist ein Preis anzusetzen, der im gewöhnlichen Geschäftsverkehr bei einer Veräußerung zu erzielen wäre. Alle Umstände, die den Preis beeinflussen, sind zu berücksichtigen.
- Datum des Zugangs der beweglichen Sache
  Es ist das genaue Datum des Zugangs der beweglichen Sache in der Dienststelle anzugeben.

2.3.14.3 Sofern die unter Nr. 2.3.14.2 geforderten Mindestangaben den zahlungsbegründenden Unterlagen entnommen werden können, entspricht die Sammlung dieser Unterlagen dem Bestandsverzeichnis über geringwertige Wirtschaftsgüter im Sinne dieser Verwaltungsvorschriften.

2.3.15 Bestandsverzeichnis über Vorräte

2.3.15.1 Zu den Vorräten gehören alle kurzfristig nutzbaren, zum alsbaldigen Verbrauch bestimmten und deshalb regelmäßig zu ersetzenden beweglichen Sachen (Verbrauchsgüter), z.B. Bleistifte, Papier, Druckerpatronen, Büroklammern, Schrauben, Lebensmittel, Brennstoffe und Reinigungsmittel. Ferner gehören hierzu bewegliche Sachen, die zum Verkauf bestimmt sind (Waren, fertige und unfertige Erzeugnisse).

2.3.15.2 Vorräte werden zunächst auf Lager genommen und erst später ihrem endgültigen Zweck zugeführt.

2.3.15.3 Werden Verbrauchsgüter aus dem Lager abgegeben, so gelten diese als verbraucht.

2.3.15.4 In der Regel werden Vorräte zentral beschafft und mittels einer zentralen Lagerbuchhaltung verwaltet. Sofern Kleinstmengen an Verbrauchsmaterialien nicht über eine zentrale Lagerbuchhaltung verwaltet werden, sind sie unter Beachtung der Wirtschaftlichkeit gemäß § 7 BHO nicht in einem Bestandsverzeichnis zu führen. Die Entscheidung bis zu welcher Bestandsgröße eine Kleinstmenge vorliegt, obliegt der Leitung der Dienststelle oder der von ihr beauftragten Person(en). Die/der Beauftragte für den Haushalt der Dienststelle ist bei der Entscheidung zu beteiligen.

2.3.15.5 Das Bestandsverzeichnis über Vorräte muss mindestens die folgenden Angaben enthalten:

- Artikelnummer,
- Artikelbezeichnung,
- Menge/Anzahl und Einheit,
- ggf. Erläuterungen zur Beschaffenheit u. ä. sowie
- Datum des Zugangs bzw. des Abgangs einschl. Begründung

2.3.16 Kennzeichnung beweglicher Sachen

2.3.16.1 In besonders diebstahlgefährdeten Bereichen sind ausgewählte, im Bestandsverzeichnis erfasste bewegliche Sachen als Eigentum des Bundes zu kennzeichnen. Die Kennzeichnung „Eigentum des Bundes" ist in diesen Fällen in dauerhafter Weise anzubringen. Die Entscheidung, ob und in welcher Form die Eigentumskennzeichnung angebracht werden muss, obliegt der Leitung der Dienststelle oder der von ihr beauftragten Person(en).

2.3.16.2 Sofern keine Nummer zur eindeutigen Identifizierung auf Anlagegütern bereits vom Hersteller angebracht wurde, ist eine Inventarnummer in dauerhafter Weise anzubringen. Die Inventarnummer ist bei gleichartigen beweglichen Sachen an der gleichen Stelle anzubringen. Die Kennzeichnung ist so vorzunehmen, dass Aussehen und Funktion der beweglichen Sache nicht beeinträchtigt werden. Wenn das Anbringen der Inventarnummer besonders schwierig ist, oder die bewegliche Sache aufgrund ihrer Größe, Form, Beschaffenheit oder aus fachlichen Gründen eine Kennzeichnung nicht zulässt, kann in Ausnahmefällen hierauf verzichtet werden. Die Nichtkennzeichnung ist im Bestandsverzeichnis zu vermerken.

2.3.16.3 Da immaterielle Vermögensgegenstände selbst nicht gekennzeichnet werden können, ist ihre eindeutige Identifizierung über die zu Grunde liegenden Verträge und Urkunden sicherzustellen. Sofern keine Identifizierung z.B. mittels einer bereits vorhandenen Vertragsnummer möglich ist, ist eine geeignete Kennzeichnung anzubringen.

2.3.17 Bestandsprüfung

2.3.17.1 Die in einem Bestandsverzeichnis nachgewiesenen Anlagegüter und Vorräte sind spätestens alle drei Jahre mit dem tatsächlich vorhandenen Bestand der Dienststelle zu vergleichen (Inventur). Für die nach Art. 87a GG für den Verteidigungsfall eingelagerten Bestände (Geräteeinheiten), die keinen Bestandsveränderungen unterliegen, ist eine Inventur spätestens alle fünf Jahre durchzuführen.

2.3.17.2 Die Bestandsprüfung erfolgt grundsätzlich körperlich, d.h. durch Aufsuchen und Beschau der beweglichen Sachen an ihren Standorten und durch Zählen/Messen/Wiegen der vorhandenen Mengen. IT-gestützte Inventurverfahren können eine körperliche Bestandsprüfung ersetzen, sofern der Bestand vollständig, zuverlässig und nachprüfbar ermittelbar ist.

2.3.17.3 Einer vollständigen körperlichen Bestandsprüfung bedarf es nicht, soweit durch anerkannte mathematisch-statistische oder andere geeignete Verfahren der Bestand nach Art und Menge auf Grund von Stichproben einmal jährlich festgestellt werden kann (Stichprobeninventur). Die Stichprobeninventur ist nicht anwendbar auf Bestände, die Schwund, Verderb usw. unterliegen sowie auf Bestände, für die eine erhöhte Diebstahlgefahr besteht.

2.3.17.4 Hochwertige bewegliche Sachen, deren Wiederbeschaffungs- oder Wiederherstellungskosten zum Zeitpunkt der Bestandsprüfung mindestens 5 000 Euro betragen, sind immer körperlich zu prüfen. Sofern die Wiederbeschaffungs- oder Wiederherstellungskosten nicht bekannt sind oder nur mit unvertretbar hohem Aufwand ermittelt werden können, ist eine Kostenschätzung vorzunehmen. Bei bestandszuverlässiger Nachweisführung von beweglichen Sachen in Lagern kann die körperliche Bestandsprüfung auf 20 % des Lagerbestandes reduziert werden, sofern dieser Bestand 80 % des Lagerwertes darstellt.

2.3.17.5 Bei immateriellen Vermögensgegenständen erfolgt die Bestandsprüfung an Hand von Verträgen und Urkunden, z.B. Lizenzverträge, Patenturkunden.

2.3.17.6 Darüber hinaus ist zu prüfen, ob eine korrekte Kennzeichnung gemäß der Nr. 2.3.16 angebracht ist.

2.3.17.7 Es ist sicherzustellen, dass die Bestandsprüfung nicht durch Personen erfolgt, die an der Führung des Bestandsverzeichnisses beteiligt sind. In den Fällen, wo Spezialkenntnisse für die Bestandsprüfung erforderlich sind (z.B. IT-Bereich), kann das Personal, dass die Bestandsprüfung durchführt und verantwortet, von einer oder mehreren Personen begleitet werden, die das Bestandsverzeichnis führen. Die Benennung erfolgt durch die Leitung der Dienststelle oder der von ihr beauftragten Person(en).

2.3.17.8 Eine Bestandsprüfung ist auch durchzuführen, wenn dazu ein besonderer Anlass besteht, z.B. bei einer erheblichen Veränderung im Bestand.

2.3.17.9 Das Ergebnis der Bestandsprüfung ist in einer Niederschrift festzuhalten. Differenzen zwischen den im Bestandsverzeichnis nachgewiesenen beweglichen Sachen und den tatsächlich vorhandenen Sachen sind unverzüglich aufzuklären. Das Bestandsverzeichnis ist entsprechend zu berichtigen. Es liegt in der Verantwortung der jeweiligen Dienststellenleitung, im Einzelfall die zur Aufklärung und zur

Vermeidung von künftigen Differenzen erforderlichen Maßnahmen zu treffen.

2.4 Abschluss der Bücher

2.4.1 Sachbuch für das Vermögen und die Schulden

2.4.1.1 Das Sachbuch für das Vermögen und die Schulden ist jährlich zum 31. Dezember abzuschließen.

2.4.1.2 Der Abschluss hat den Zweck, den Bestand des Vermögens und der Schulden am Schluss und die Veränderungen während des Haushaltsjahres festzustellen sowie bei integrierter Buchführung die Übereinstimmung mit den in der Haushaltsrechnung ausgewiesenen vermögenswirksamen Beträgen nachzuweisen.

2.4.1.3 Der letzte Buchungstag für die im IT-Verfahren Darlehen zu führenden Vermögenskonten wird im jährlichen Rundschreiben des Bundesministeriums der Finanzen zur Rechnungslegung bekannt gegeben.

2.4.1.4 Für jede behördeneigene Kantine ist unmittelbar nach dem jährlichen Abschluss des Vermögenskontos ein Beleg nach dem beiliegenden Muster „VR-KA“ (s. Anlagen) zu fertigen. Es ist sicherzustellen, dass die summarischen Angaben zur Änderung des Rechnungswertes (Abschnitt III im Muster) mit den Angaben im Vermögenskontonachweis übereinstimmen. Die Ausfüllhinweise zum Muster (s. Anlagen) sind zu beachten.

2.4.1.5 Für jede Beteiligung des Bundes am Kapital von Unternehmen und jede Beteiligung des Bundes an einer Genossenschaft ist unmittelbar nach dem jährlichen Abschluss der Bücher ein Beleg nach dem beiliegenden Muster „VR-KB“ (s. Anlagen) zu fertigen. Es ist sicherzustellen, dass die summarischen Angaben zur Änderung des Rechnungswertes (Abschnitt III im Muster) mit den Angaben im Vermögenskontonachweis übereinstimmen. Die Ausfüllhinweise zum Muster (s. Anlagen) sind zu beachten.

2.4.1.6 Für jede Beteiligung des Bundes am Kapital einer internationalen Einrichtung ist unmittelbar nach dem jährlichen Abschluss der Bücher ein Beleg nach dem beiliegenden Muster „VR-IE“ (s. Anlagen) zu fertigen. Es ist sicherzustellen, dass die summarischen Angaben zur Änderung des Rechnungswertes (Abschnitt III im Muster) mit den Angaben im Vermögenskontonachweis übereinstimmen. Die Ausfüllhinweise zum Muster (s. Anlagen) sind zu beachten.

2.4.1.7 Auf Grund des jährlichen Abschlusses des Sachbuches ist das Sachbuch für das Folgejahr zum 1. Januar des Folgejahres neu einzurichten. Es ist sicherzustellen, dass der Eintrag in der Spalte „Bestand zu Beginn des Haushaltsjahres“ mit dem Eintrag in der Spalte „Bestand am Ende des Haushaltsjahres“ des Vorjahres übereinstimmt. Die Kontonummer des Vermögenskontos ist im Folgejahr beizubehalten.

2.4.1.8 Das Bundesministerium der Finanzen kann im Einvernehmen mit dem Bundesrechnungshof die in den Nrn. 2.4.1.4 bis 2.4.1.6 genannten Muster einschließlich der Ausfüllhinweise ändern.

2.4.2 Bestandsverzeichnisse über bewegliche Sachen

2.4.2.1 Das Bestandsverzeichnis über geringwertige Wirtschaftsgüter ist jährlich abzuschließen.

2.4.2.2 Das Bestandsverzeichnis über Anlagegüter sowie das Bestandsverzeichnis über Vorräte sind nicht jährlich abzuschließen. Sie sind erst abzuschließen, wenn die letzte Eintragung erfolgt ist.

**3 Rechnungslegung über das Vermögen und die Schulden des Bundes**

3.1 Allgemeines

3.1.1 Nach diesen Verwaltungsvorschriften ist über den Bestand des Vermögens und der Schulden zu Beginn des Haushaltsjahres, die unterjährigen Veränderungen und den Bestand am Ende des Haushaltsjahres Rechnung zu legen.

3.1.2 Für jedes Haushaltsjahr ist gesondert Rechnung zu legen.

3.1.3 Die Rechnungslegung über das Vermögen und die Schulden umfasst die Einzelrechnungslegung und die Gesamtrechnungslegung.

3.1.3.1 Die Einzelrechnungslegung liefert den Nachweis, dass in Bezug auf den Bestand und die Veränderungen des Vermögens und der Schulden im Einzelnen nach diesen Verwaltungsvorschriften verfahren worden ist. Die Gesamtrechnungslegung fasst die Ergebnisse der Einzelrechnungslegung für die in den Nrn. 1.2 und 1.3 genannten Zwecke zusammen.

3.1.3.2 Die Unterlagen zur Einzel- und Gesamtrechnungslegung für die im IT-Verfahren Darlehen nachzuweisenden Vermögenskonten werden durch die Bundeskasse Halle/Saale versandt. Die für die Einzelrechnungslegung sowie die Gesamtrechnungslegung zuständigen Stellen sind für die Mitteilung ihrer korrekten Anschrift gegenüber der Bundeskasse Halle/Saale verantwortlich.

3.1.3.3 Das Bundesministerium der Finanzen kann im Einvernehmen mit dem Bundesrechnungshof die Muster zur Gesamtrechnungslegung ändern.

3.2 Einzelrechnungslegung

3.2.1 Rechnungslegende Stellen sind die gemäß der Nr. 2.2.4 für die Buchführung über das Vermögen und die Schulden zuständigen Stellen.

3.2.2 Der Bestand und die Veränderungen des Vermögens und der Schulden sind zum Zwecke der Rechnungslegung durch das Sachbuch über das Vermögen und die Schulden nachzuweisen.

3.2.3 Am Ende eines Haushaltsjahres sind nach Abschluss des außerhalb des IT-Verfahrens Darlehen zu führenden Sachbuches für das Vermögen und die Schulden je Vermögensgruppe die Ergebnisse der einzelnen Vermögenskonten gesondert zusammenzurechnen und in die VermögensRechnungsnachweisung unter Nutzung des Musters „Vermögensrechnung Einzelplan“ (s. Anlagen) durch die rechnungslegende Stelle zu übertragen. Die Vermögens-Rechnungsnachweisung ist um die aus dem IT-Verfahren Darlehen heraus erstellte Nachweisung zu den dort geführten Vermögenskonten zu ergänzen.

In der Vermögens-Rechnungsnachweisung sind die Vermögensgruppen in der Reihenfolge der Vermögensklassen, -hauptgruppen und -obergruppen geordnet darzustellen. Dabei sind nur diejenigen Vermögensgruppen zu berücksichtigen, für die bei der rechnungslegenden Stelle Bestände nachzuweisen sind.

Die Vermögens-Rechnungsnachweisung ist für jeden Einzelplan getrennt aufzustellen und vom Beauftragten für den Haushalt der Dienststelle zu prüfen.

Eine Ausfertigung der Nachweisung verbleibt bei der rechnungslegenden Stelle. Eine zweite Ausfertigung ist nur dann zu Zwecken der Gesamtrechnungslegung der unmittelbar vorgesetzten Behörde vorzulegen, sofern sie Nachweisungen zu Vermögenskonten enthält, die nicht im IT-Verfahren Darlehen zu führen sind.

3.3 Gesamtrechnungslegung

3.3.1 Zum Zwecke der Gesamtrechnungslegung sind das Vermögen und die Schulden nach Vermögensgruppen geordnet in Vermögens-Oberrechnungen, Vermögens-Zentralrechnungen sowie der Vermögens-Hauptrechnung darzustellen.

3.3.2 Die Mittelbehörde hat die Summen der ihr gemäß der Nr. 3.2.3 vorgelegten Einzelrechnungen mit den Summen ihrer eigenen Vermögens-Rechnungsnachweisung in eine Vermögens-Oberrechnung unter Nutzung des Musters „Vermögensrechnung Einzelplan" (s. Anlagen) zusammenzufassen. Die Vermögens-Oberrechnung ist um die aus dem IT-Verfahren Darlehen heraus erstellte Oberrechnung zu den dort geführten Vermögenskonten zu ergänzen.

In der Vermögens-Oberrechnung sind die Vermögensgruppen in der Reihenfolge der Vermögensklassen, -hauptgruppen und -obergruppen geordnet darzustellen. Dabei sind nur diejenigen Vermögensgruppen zu berücksichtigen, für die Bestände nachgewiesen wurden.

Die Vermögens-Oberrechnung ist für jeden Einzelplan getrennt aufzustellen.

Eine Ausfertigung der Vermögens-Oberrechnung verbleibt bei der Mittelbehörde.

Die aufgestellte Vermögens-Oberrechnung ist nur dann zu Zwecken der Gesamtrechnungslegung der unmittelbar vorgesetzten Behörde vorzulegen, sofern Sie Nachweisungen enthält, die nicht im IT-Verfahren Darlehen zu führen sind.

3.3.3 Die zuständige oberste Bundesbehörde stellt für ihren Verwaltungszweig eine Vermögens-Zentralrechnung nach dem Muster „Vermögensrechnung Einzelplan" (s. Anlagen) auf. Diese umfasst die Ergebnisse der Vermögens-Oberrechnungen gemäß der Nr. 3.3.2, der Einzelrechnung der dem Ministerium unmittelbar unterstellten Bundesoberbehörden sowie der Einzelrechnung des Ministeriums. Die Vermögens-Zentralrechnung ist um die aus dem IT-Verfahren Darlehen heraus erstellte Zentralrechnung zu den dort geführten Vermögenskonten zu ergänzen.

In der Vermögens-Zentralrechnung sind die Vermögensgruppen in der Reihenfolge der Vermögensklassen, -hauptgruppen und -obergruppen geordnet darzustellen. Dabei sind nur diejenigen Vermögensgruppen zu berücksichtigen, für die Bestände nachgewiesen wurden.

Für jeden Einzelplan ist eine Vermögens-Zentralrechnung aufzustellen. Die Vermögens-Zentralrechnung ist dreifach auszufertigen. Jeweils eine Ausfertigung ist dem Bundesministerium der Finanzen sowie dem für den Einzelplan zuständigen Prüfungsamt des Bundes vorzulegen. Die dritte Ausfertigung verbleibt bei der obersten Bundesbehörde.

Die ergänzenden Belege für die Vermögenskonten zu behördeneigenen Kantinen (Muster VRKA, s. Anlagen), zu Beteiligungen des Bundes am Kapital von Unternehmen (Muster VR-KB, s. Anlagen) und zu internationalen Einrichtungen (Muster VR-IE, s. Anlagen) einschließlich der rechnungsbegründenden Unterlagen sind dem Bundesministerium der Finanzen auf Anforderung vorzulegen.

3.3.4 Das Bundesministerium der Finanzen fasst die gemäß der Nr. 3.3.3 vorgelegten Vermögens-Zentralrechnungen zu einer Vermögens-Hauptrechnung des Bundes nach dem Muster „Vermögens-Hauptrechnung“ (s. Anlagen) zusammen.

In der Vermögens-Hauptrechnung sind die Vermögensgruppen in der Reihenfolge der Vermögensklassen, -hauptgruppen und -obergruppen geordnet darzustellen. Dabei sind nur diejenigen Vermögensgruppen zu berücksichtigen, für die Bestände nachgewiesen wurden.

Das Bundesministerium der Finanzen ergänzt die Vermögens-Hauptrechnung um die Angaben zu den Sonder- und Treuhandvermögen des Bundes sowie weitere Beiträge (insbesondere zu den Rückstellungen) und erstellt darauf aufbauend die Vermögensrechnung des Bundes. Eine Ausfertigung ist dem Bundesrechnungshof vorzulegen. Die zweite Ausfertigung verbleibt bei dem Bundesministerium der Finanzen.

## 4 Schluss- und Übergangsbestimmungen

4.1 Aufbewahrung und Aussonderung von Unterlagen

4.1.1 Aufbewahrungspflichtige Unterlagen im Sinne dieser Verwaltungsvorschriften sind alle Belege in elektronischer Form oder Papierform, die für die ordnungsmäßige Eintragung in den nach diesen Verwaltungsvorschriften zu führenden Büchern erforderlich sind (buchungsbegründende Unterlagen), alle nach diesen Verwaltungsvorschriften zu führenden Bücher sowie alle nach diesen Verwaltungsvorschriften zu fertigenden Unterlagen.

4.1.2 Für die Aufbewahrung und Aussonderung gelten die Bestimmungen für die Dokumenten- und Aktenverwaltung der Registraturrichtlinie (RegR) in der jeweils aktuellen Fassung. Für die Frist zur Aufbewahrung der in Nr. 4.1.1 genannten Unterlagen gilt ergänzend:

4.1.2.1 Die Unterlagen der Rechnungslegung eines Haushaltsjahres, die zugehörigen abgeschlossenen Sachbücher über das Vermögen und die Schulden einschließlich der buchungsbegründenden Unterlagen sind 10 Jahre beginnend ab dem Zeitpunkt der Entlastung der Bundesregierung nach § 114 BHO für dieses Haushaltsjahr aufzubewahren.

4.1.2.2 Die Unterlagen, die zu Eintragungen in Bestandsverzeichnissen über bewegliche Sachen nach diesen Verwaltungsvorschriften führen, sind 10 Jahre aufzubewahren. Gleiches gilt für Niederschriften zu Bestandsprüfungen.

4.1.2.3 Abgeschlossene Bestandsverzeichnisse sind 5 Jahre aufzubewahren. Mit Ablauf der Aufbewahrungszeit endet auch die Aufbewahrung der zugehörigen Unterlagen und Niederschriften (s. Nr. 4.1.2.2).

4.2 Gerätekartei

4.2.1 Die bisher in der Gerätekartei und dem Geräteverteilverzeichnis nach dem Rundschreiben des BMF vom 1. März 1955 – II/3 – 0 4322 – 1/55 sowie nach allen dazu ergangenen Erlassen und Rundschreiben nachgewiesenen beweglichen Sachen sind, mit Ausnahme der nach diesen Verwaltungsvorschriften als geringwertig geltenden Wirtschaftsgüter, in ein *Bestandsverzeichnis über Anlagegüter* zu übertragen.

4.2.2 Die Übertragung ist, sofern erforderlich, mit einer Bestandsprüfung zu verbinden und bis zum 31. Dezember 2015 abzuschließen. Eine Übertragung ist nicht erforderlich, sofern die Anforderungen dieser Verwaltungsvorschriften bereits erfüllt werden. Die Bereiche der Bundesverwaltung, die gemäß § 7 Absatz 3 BHO Kosten- und Leistungsrechnungen eingeführt haben, können abweichend von der Nr. 2.3.9 andere Kontenrahmen nutzen, sofern der genutzte Kontenrahmen der Struktur des Verwaltungskontenrahmens auf der Ebene des Hauptkontos – zumindest auf der Ebene der Kontengruppe – (s. Anlagen) entspricht.

4.2.3 Falls Abweichungen zwischen dem in der Gerätekartei nachgewiesenen Bestand und dem tatsächlich vorhandenen Bestand festgestellt wurden, sind die korrigierten Angaben in das Bestandsverzeichnis zu übertragen.

4.2.4 Für die Entscheidung hinsichtlich der Aufnahme eines bisher nicht nachgewiesenen Gegenstandes in das Bestandsverzeichnis ist eine Schätzung der Kosten ausreichend, sofern die Anschaffungs- oder Herstellungskosten nicht bekannt sind oder nur mit unvertretbar hohem Aufwand ermittelt werden können.

4.3 Materialrechnung

4.3.1 Die bisher in der Materialrechnung nach dem Rundschreiben des BMF vom 1. März 1955 – II/3 – 0 4322 – 1/55 sowie nach allen dazu ergangenen Erlassen und Rundschreiben nachgewiesenen beweglichen Sachen sind in ein *Bestandsverzeichnis über Vorräte* zu übertragen.

4.3.2 Die Übertragung ist, sofern erforderlich, mit einer Bestandsprüfung zu verbinden und bis zum 31. Dezember 2015 abzuschließen. Eine Übertragung ist nicht erforderlich, sofern die Anforderungen dieser Verwaltungsvorschriften bereits erfüllt werden. Die Bereiche der Bundesverwaltung, die gemäß § 7 Absatz 3 BHO Kosten- und Leistungsrechnungen eingeführt haben, können abweichend von der Nr. 2.3.9 andere Kontenrahmen nutzen, sofern der genutzte Kontenrahmen der Struktur des Verwaltungskontenrahmens auf der Ebene des Hauptkontos – zumindest auf der Ebene der Kontengruppe – (s. Anlagen) entspricht.

4.3.3 Falls Abweichungen zwischen dem in der Materialrechnung nachgewiesenen Bestand und dem tatsächlich vorhandenen Bestand festgestellt wurden, sind die korrigierten Angaben in das Bestandsverzeichnis zu übertragen.

4.4 Angebrachte Eigentumskennzeichnungen auf beweglichen Sachen
Die auf Grundlage des Erlasses über die Eigentumskennzeichnung beweglicher Sachen vom 4. September 1959 (MinBlFin 1959, S. 851), des Rundschreibens des Bundesministeriums der Finanzen zur Vereinheitlichung der Eigentumskennzeichnung beweglicher Sachen im Bund vom 31. August 1973 und aller dazu ergangener Erlasse und Rundschreiben des Bundesministeriums der Finanzen des Bundes auf den beweglichen Sachen angebrachten Eigentumskennzeichnungen können beibehalten werden.

## § 70 Zahlungen

**Zahlungen dürfen nur von Kassen und Zahlstellen angenommen oder geleistet werden. Die Anordnung der Zahlung muss durch das zuständige Ministerium oder die von ihm ermächtigte Dienststelle schriftlich oder auf elektronischem Wege erteilt werden. Das Bundesministerium der Finanzen kann Ausnahmen zulassen.**

## § 71 Buchführung

**(1) Über Zahlungen ist nach der im Haushaltsplan oder sonst vorgesehenen Ordnung in zeitlicher Folge Buch zu führen. Über eingegangene Verpflichtungen sowie über Geldforderungen des Bundes, die von Bundesbehörden verwaltet werden, ist nach Richtlinien des Bundesministeriums der Finanzen Buch zu führen. Für andere Bewirtschaftungsvorgänge kann das Bundesministerium der Finanzen die Buchführung anordnen.**

**(2) Einnahmen und Ausgaben auf Einnahme- und Ausgabereste (Haushaltsreste) aus Vorjahren,**

1. für die im Haushaltsplan des laufenden Haushaltsjahres wiederum ein Titel vorgesehen ist, sind bei diesem zu buchen,
2. für die im Haushaltsplan des laufenden Haushaltsjahres kein Titel vorgesehen ist, sind an der Stelle zu buchen, an der sie im Falle der Veranschlagung im Haushaltsplan vorzusehen gewesen wären.

(3) Absatz 2 Nr. 2 gilt entsprechend für außerplanmäßige Einnahmen und Ausgaben.

**§ 72 Buchung nach Haushaltsjahren**

(1) Zahlungen, eingegangene Verpflichtungen, Geldforderungen sowie andere Bewirtschaftungsvorgänge, für die nach § 71 Abs. 1 Satz 3 die Buchführung angeordnet ist, sind nach Haushaltsjahren getrennt zu buchen.

(2) Alle Zahlungen mit Ausnahme der Fälle nach den Absätzen 3 und 4 sind für das Haushaltsjahr zu buchen, in dem sie eingegangen oder geleistet worden sind.

(3) Zahlungen, die im abgelaufenen Haushaltsjahr fällig waren, jedoch erst später eingehen oder geleistet werden, sind in den Büchern des abgelaufenen Haushaltsjahres zu buchen, solange die Bücher nicht abgeschlossen sind.

(4) Für das neue Haushaltsjahr sind zu buchen:
1. Einnahmen, die im neuen Haushaltsjahr fällig werden, jedoch vorher eingehen;
2. Ausgaben, die im neuen Haushaltsjahr fällig werden, jedoch wegen des fristgerechten Eingangs beim Empfänger vorher gezahlt werden müssen;
3. im Voraus zu zahlende Dienst-, Versorgungs- und entsprechende Bezüge sowie Renten für den ersten Monat des neuen Haushaltsjahres.

(5) Die Absätze 3 und 4 Nr. 1 gelten nicht für Steuern, Gebühren, andere Abgaben, Geldstrafen, Geldbußen sowie damit zusammenhängende Kosten.

(6) Ausnahmen von den Absätzen 2 bis 4 können im Haushaltsplan zugelassen werden.

**§ 73 Vermögensbuchführung, integrierte Buchführung**

(1) Über das Vermögen und die Schulden ist Buch zu führen oder ein anderer Nachweis zu erbringen. Das Nähere regelt das Bundesministerium der Finanzen im Einvernehmen mit dem Bundesrechnungshof.

(2) Die Buchführung über das Vermögen und die Schulden ist mit der Buchführung über die Einnahmen und Ausgaben zu verbinden.

**§ 74 Buchführung bei Bundesbetrieben**

(1) Bundesbetriebe, die nach § 26 Abs. 1 Satz 1 einen Wirtschaftsplan aufstellen und bei denen eine Buchführung nach den §§ 71 bis 79 nicht

**zweckmäßig ist, haben nach den Regeln der kaufmännischen doppelten Buchführung zu buchen.**

**(2) Das zuständige Bundesministerium kann im Einvernehmen mit dem Bundesministerium der Finanzen und dem Bundesrechnungshof anordnen, dass bei Bundesbetrieben zusätzlich eine Betriebsbuchführung eingerichtet wird, wenn dies aus betriebswirtschaftlichen Gründen zweckmäßig ist.**

**(3) Geschäftsjahr ist das Haushaltsjahr. Ausnahmen kann das zuständige Bundesministerium im Einvernehmen mit dem Bundesministerium der Finanzen zulassen.**

### § 75 Belegpflicht

**Alle Buchungen sind zu belegen.**

### § 76 Abschluss der Bücher

**(1) Die Bücher sind jährlich abzuschließen. Das Bundesministerium der Finanzen bestimmt den Zeitpunkt des Abschlusses.**

**(2) Nach dem Abschluss der Bücher dürfen Einnahmen oder Ausgaben nicht mehr für den abgelaufenen Zeitraum gebucht werden.**

### § 77 Kassensicherheit

**Wer Anordnungen im Sinne des § 70 erteilt oder an ihnen verantwortlich mitwirkt, darf an Zahlungen oder Buchungen nicht beteiligt sein. Das Bundesministerium der Finanzen kann zulassen, dass die Kassensicherheit auf andere Weise gewährleistet wird.**

### § 78 Unvermutete Prüfungen

**Für Zahlungen oder Buchungen zuständige Stellen sind mindestens jährlich, für die Verwaltung von Vorräten zuständige Stellen mindestens alle zwei Jahre unvermutet zu prüfen. Das Bundesministerium der Finanzen kann Ausnahmen zulassen.**

### § 79 Bundeskassen, Verwaltungsvorschriften

**(1) Die Aufgaben der Kassen bei der Annahme und der Leistung von Zahlungen für den Bund werden für alle Stellen innerhalb und außerhalb der Bundesverwaltung von den Bundeskassen wahrgenommen, soweit es sich nicht um die Erhebung von Steuern handelt, die von den Landesfinanzbehörden verwaltet werden.**

**(2) Die Zentralkasse besteht beim Bundesministerium der Finanzen. Das Bundesministerium der Finanzen kann bestimmen, dass die Zentralkasse bei einer Bundesbehörde seines Geschäftsbereichs eingerichtet wird.**

**(3) Die Bundeskassen sind bei der Generalzolldirektion zu errichten.**

**(4) Das Bundesministerium der Finanzen regelt das Nähere**

1. **über die Einrichtung, den Zuständigkeitsbereich und das Verwaltungsverfahren der für Zahlungen und Buchungen zuständigen Stellen des Bundes im Benehmen mit dem zuständigen Bundesministerium,**
2. **über die Einrichtung der Bücher und Belege im Einvernehmen mit dem Bundesrechnungshof.**

**(5) Das Bundesministerium der Finanzen kann im Einvernehmen mit dem Bundesrechnungshof Vereinfachungen für die Buchführung und die Belegung der Buchungen allgemein anordnen. Der Bundesrechnungshof kann im Einvernehmen mit dem zuständigen Bundesministerium im Einzelfall Vereinfachungen zulassen.**

## § 80 Rechnungslegung

**(1) Die zuständigen Stellen haben für jedes Haushaltsjahr auf der Grundlage der abgeschlossenen Bücher Rechnung zu legen. Das Bundesministerium der Finanzen kann im Einvernehmen mit dem Bundesrechnungshof bestimmen, dass für einen anderen Zeitraum Rechnung zu legen ist.**

**(2)** *(aufgehoben)*

**(3) Auf der Grundlage der abgeschlossenen Bücher stellt das Bundesministerium der Finanzen für jedes Haushaltsjahr die Haushaltsrechnung und die Vermögensrechnung auf.**

## § 81 Gliederung der Haushaltsrechnung

**(1) In der Haushaltsrechnung sind die Einnahmen und Ausgaben nach der in § 71 bezeichneten Ordnung den Ansätzen des Haushaltsplans unter Berücksichtigung der Haushaltsreste und der Vorgriffe gegenüberzustellen.**

**(2) Bei den einzelnen Titeln und entsprechend bei den Schlusssummen sind besonders anzugeben:**

1. **bei den Einnahmen:**
   a) **die Ist-Einnahmen,**
   b) **die zu übertragenden Einnahmereste,**
   c) **die Summe der Ist-Einnahmen und der zu übertragenden Einnahmereste,**
   d) **die vermögenswirksamen Beträge der Ist-Einnahmen, soweit eine Vermögensbuchführung besteht,**
   e) **die veranschlagten Einnahmen,**
   f) **die aus dem Vorjahr übertragenen Einnahmereste,**
   g) **die Summe der veranschlagten Einnahmen und der übertragenen Einnahmereste,**
   h) **der Mehr- oder Minderbetrag der Summe aus Buchstabe c gegenüber der Summe aus Buchstabe g;**
2. **bei den Ausgaben:**
   a) **die Ist-Ausgaben,**

**b) die zu übertragenden Ausgabereste oder die Vorgriffe,**
**c) die Summe der Ist-Ausgaben und der zu übertragenden Ausgabereste oder der Vorgriffe,**
**d) die vermögenswirksamen Beträge der Ist-Ausgaben, soweit eine Vermögensbuchführung besteht,**
**e) die veranschlagten Ausgaben,**
**f) die aus dem Vorjahr übertragenen Ausgabereste oder die Vorgriffe,**
**g) die Summe der veranschlagten Ausgaben und der übertragenen Ausgabereste oder der Vorgriffe,**
**h) der Mehr- oder Minderbetrag der Summe aus Buchstabe c gegenüber der Summe aus Buchstabe g,**
**i) der Betrag der über- oder außerplanmäßigen Ausgaben sowie der Vorgriffe.**

**(3) Für die jeweiligen Titel und entsprechend für die Schlusssummen ist die Höhe der eingegangenen Verpflichtungen und der Geldforderungen im Sinne des § 71 Abs. 1 Satz 2 besonders anzugeben.**

**(4) In den Fällen des § 25 Abs. 2 ist die Verminderung des Kreditbedarfs zugleich mit dem Nachweis des Überschusses darzustellen.**

## § 82 Kassenmäßiger Abschluss

**In dem kassenmäßigen Abschluss sind nachzuweisen:**

**1. a) die Summe der Ist-Einnahmen,**
**b) die Summe der Ist-Ausgaben,**
**c) der Unterschied aus Buchstabe a und Buchstabe b (kassenmäßiges Jahresergebnis),**
**d) die haushaltsmäßig noch nicht abgewickelten kassenmäßigen Jahresergebnisse früherer Jahre,**
**e) das kassenmäßige Gesamtergebnis aus Buchstabe c und Buchstabe d;**

**2. a) die Summe der Ist-Einnahmen mit Ausnahme der Einnahmen aus Krediten vom Kreditmarkt, der Entnahmen aus Rücklagen, der Einnahmen aus kassenmäßigen Überschüssen und der Münzeinnahmen,**
**b) die Summe der Ist-Ausgaben mit Ausnahme der Ausgaben zur Schuldentilgung am Kreditmarkt, der Zuführungen an Rücklagen und der Ausgaben zur Deckung eines kassenmäßigen Fehlbetrags,**
**c) der Finanzierungssaldo aus Buchstabe a und Buchstabe b.**

## § 83 Haushaltsabschluss

**In dem Haushaltsabschluss sind nachzuweisen:**

**1. a) das kassenmäßige Jahresergebnis nach § 82 Nr. 1 Buchstabe c,**
**b) das kassenmäßige Gesamtergebnis nach § 82 Nr. 1 Buchstabe e;**

**2. a) die aus dem Vorjahr übertragenen Einnahmereste und Ausgabereste,**

b) die in das folgende Haushaltsjahr zu übertragenden Einnahmereste und Ausgabereste,
c) der Unterschied aus Buchstabe a und Buchstabe b,
d) das rechnungsmäßige Jahresergebnis aus Nummer 1 Buchstabe a und Nummer 2 Buchstabe c,
e) das rechnungsmäßige Gesamtergebnis aus Nummer 1 Buchstabe b und Nummer 2 Buchstabe b;

3. die Höhe der eingegangenen Verpflichtungen und der Geldforderungen im Sinne des § 71 Abs. 1 Satz 2.

### § 84 Abschlussbericht

Der kassenmäßige Abschluss und der Haushaltsabschluss sind in einem Bericht zu erläutern.

### § 85 Übersichten zur Haushaltsrechnung

Der Haushaltsrechnung sind Übersichten beizufügen über

1. die über- und außerplanmäßigen Ausgaben einschließlich der Vorgriffe und ihre Begründung,
2. die Einnahmen und Ausgaben sowie den Bestand an Sondervermögen und Rücklagen,
3. den Jahresabschluss bei Bundesbetrieben,
4. die Gesamtbeträge der nach § 59 erlassenen Ansprüche nach Geschäftsbereichen,
5. die nicht veranschlagten Einnahmen aus der Veräußerung von Vermögensgegenständen.

### § 86 Vermögensrechnung

In der Vermögensrechnung sind der Bestand des Vermögens und der Schulden zu Beginn des Haushaltsjahres, die Veränderungen während des Haushaltsjahres und der Bestand zum Ende des Haushaltsjahres nachzuweisen.

### § 87 Rechnungslegung der Bundesbetriebe

(1) Bundesbetriebe, die nach den Regeln der kaufmännischen doppelten Buchführung buchen, stellen einen Jahresabschluss sowie einen Lagebericht in entsprechender Anwendung der Vorschrift des § 264 Abs. 1 Satz 1 des Handelsgesetzbuchs auf. Das zuständige Bundesministerium kann im Einvernehmen mit dem Bundesministerium der Finanzen auf die Aufstellung des Lageberichts verzichten. Die §§ 80 bis 85 sollen angewandt werden, soweit sie mit den Regeln der kaufmännischen doppelten Buchführung zu vereinbaren sind.

(2) Ist eine Betriebsbuchführung eingerichtet, so ist die Betriebsergebnisabrechnung dem Bundesministerium der Finanzen und dem Bundesrechnungshof zu übersenden.

Teil V

# Rechnungsprüfung

## § 88 Aufgaben des Bundesrechnungshofes

**(1) Die gesamte Haushalts- und Wirtschaftsführung des Bundes einschließlich seiner Sondervermögen und Betriebe wird von dem Bundesrechnungshof nach Maßgabe der folgenden Bestimmungen geprüft.**

**(2) Der Bundesrechnungshof kann auf Grund von Prüfungserfahrungen den Bundestag, den Bundesrat, die Bundesregierung und einzelne Bundesministerien beraten. Soweit der Bundesrechnungshof den Bundestag oder den Bundesrat berät, unterrichtet er gleichzeitig die Bundesregierung.**

## § 89 Prüfung

**(1) Der Bundesrechnungshof prüft**

1. **die Einnahmen, Ausgaben, Verpflichtungen zur Leistung von Ausgaben, das Vermögen und die Schulden,**
2. **Maßnahmen, die sich finanziell auswirken können,**
3. **Verwahrungen und Vorschüsse,**
4. **die Verwendung der Mittel, die zur Selbstbewirtschaftung zugewiesen sind.**

**(2) Der Bundesrechnungshof kann nach seinem Ermessen die Prüfung beschränken und Rechnungen ungeprüft lassen.**

## § 90 Inhalt der Prüfung

**Die Prüfung erstreckt sich auf die Einhaltung der für die Haushaltsund Wirtschaftsführung geltenden Vorschriften und Grundsätze, insbesondere darauf, ob**

1. **das Haushaltsgesetz und der Haushaltsplan eingehalten worden sind,**
2. **die Einnahmen und Ausgaben begründet und belegt sind und die Haushaltsrechnung und die Vermögensrechnung ordnungsgemäß aufgestellt sind,**
3. **wirtschaftlich und sparsam verfahren wird,**
4. **die Aufgabe mit geringerem Personal- oder Sachaufwand oder auf andere Weise wirksamer erfüllt werden kann.**

## § 91 Prüfung bei Stellen außerhalb der Bundesverwaltung

**(1) Der Bundesrechnungshof ist vorbehaltlich anderer gesetzlicher Regelung berechtigt, bei Stellen außerhalb der Bundesverwaltung zu prüfen, wenn sie**

1. **Teile des Bundeshaushaltsplans ausführen oder vom Bund Ersatz von Aufwendungen erhalten,**
2. **Bundesmittel oder Vermögensgegenstände des Bundes verwalten,**
3. **vom Bund Zuwendungen erhalten oder**

4. als juristische Personen des privaten Rechts, an denen der Bund einschließlich seiner Sondervermögen unmittelbar oder mittelbar mit Mehrheit beteiligt ist, nicht im Wettbewerb stehen, bestimmungsgemäß ganz oder überwiegend öffentliche Aufgaben erfüllen oder diesem Zweck dienen und hierfür Haushaltsmittel oder Gewährleistungen des Bundes oder eines seiner Sondervermögen erhalten.

Leiten diese Stellen die Mittel an Dritte weiter, so kann der Bundesrechnungshof auch bei diesen prüfen.

(2) Die Prüfung erstreckt sich auf die bestimmungsmäßige und wirtschaftliche Verwaltung und Verwendung. Bei Zuwendungen kann sie sich auch auf die sonstige Haushalts- und Wirtschaftsführung des Empfängers erstrecken, soweit es der Bundesrechnungshof für seine Prüfung für notwendig hält.

(3) Bei der Gewährung von Krediten aus Haushaltsmitteln sowie bei der Übernahme von Bürgschaften, Garantien oder sonstigen Gewährleistungen durch den Bund kann der Bundesrechnungshof bei den Beteiligten prüfen, ob sie ausreichende Vorkehrungen gegen Nachteile für den Bund getroffen oder ob die Voraussetzungen für eine Inanspruchnahme des Bundes vorgelegen haben.

(4) Bei den juristischen Personen im Sinne des Absatzes 1 Satz 1 Nr. 4 erstreckt sich die Prüfung auf die gesamte Haushalts- und Wirtschaftsführung. Handelt es sich bei der juristischen Person des privaten Rechts im Sinne des Absatzes 1 Satz 1 Nr. 4 um ein Unternehmen, erfolgt die Prüfung unter Beachtung kaufmännischer Grundsätze.

## § 92 Prüfung staatlicher Betätigung bei privatrechtlichen Unternehmen

(1) Der Bundesrechnungshof prüft die Betätigung des Bundes bei Unternehmen in einer Rechtsform des privaten Rechts, an denen der Bund unmittelbar oder mittelbar beteiligt ist, unter Beachtung kaufmännischer Grundsätze.

(2) Absatz 1 gilt entsprechend bei Genossenschaften in denen der Bund Mitglied ist.

## § 93 Gemeinsame Prüfung

(1) Ist für die Prüfung sowohl der Bundesrechnungshof als auch ein Landesrechnungshof zuständig, so soll gemeinsam geprüft werden. Soweit nicht Artikel 114 Abs. 2 Satz 1 des Grundgesetzes die Prüfung durch den Bundesrechnungshof vorschreibt, kann der Bundesrechnungshof durch Vereinbarung Prüfungsaufgaben auf die Landesrechnungshöfe übertragen. Der Bundesrechnungshof kann durch Vereinbarung auch Prüfungsaufgaben von den Landesrechnungshöfen übernehmen.

(2) Der Bundesrechnungshof kann durch Vereinbarung mit ausländischen oder über- oder zwischenstaatlichen Prüfungsbehörden die Durch-

**führung einzelner Prüfungen übertragen oder übernehmen sowie Prüfungsaufgaben für über- oder zwischenstaatliche Einrichtungen übernehmen, wenn er durch völkerrechtliche Verträge oder Verwaltungsabkommen oder durch die Bundesregierung dazu ermächtigt wird.**

**§ 94 Zeit und Art der Prüfung**

**(1) Der Bundesrechnungshof bestimmt Zeit und Art der Prüfung und lässt erforderliche örtliche Erhebungen durch Beauftragte vornehmen.**

**(2) Der Bundesrechnungshof kann Sachverständige hinzuziehen.**

**§ 95 Auskunftspflicht**

**(1) Unterlagen, die der Bundesrechnungshof zur Erfüllung seiner Aufgaben für erforderlich hält, sind ihm auf Verlangen innerhalb einer bestimmten Frist zu übersenden oder seinen Beauftragten vorzulegen.**

**(2) Dem Bundesrechnungshof und seinen Beauftragten sind die erbetenen Auskünfte zu erteilen.**

**§ 96 Prüfungsergebnis**

**(1) Der Bundesrechnungshof teilt das Prüfungsergebnis den zuständigen Dienststellen zur Äußerung innerhalb einer von ihm zu bestimmenden Frist mit. Er kann es auch anderen Dienststellen und dem Haushaltsausschuss des Deutschen Bundestages mitteilen, soweit er dies aus besonderen Gründen für erforderlich hält.**

**(2) Prüfungsergebnisse von grundsätzlicher oder erheblicher finanzieller Bedeutung teilt der Bundesrechnungshof dem Bundesministerium der Finanzen mit.**

**(3) Der Bundesrechnungshof ist zu hören, wenn die Verwaltung Ansprüche des Bundes, die in Prüfungsmitteilungen erörtert worden sind, nicht verfolgen will. Er kann auf die Anhörung verzichten.**

**(4) Der Bundesrechnungshof kann Dritten durch Auskunft, Akteneinsicht oder in sonstiger Weise Zugang zu dem Prüfungsergebnis gewähren, wenn dieses abschließend festgestellt wurde. Gleiches gilt für Berichte, wenn diese abschließend vom Parlament beraten wurden. Zum Schutz des Prüfungs- und Beratungsverfahrens wird Zugang zu den zur Prüfungs- und Beratungstätigkeit geführten Akten nicht gewährt. Satz 3 gilt auch für die entsprechenden Akten bei den geprüften Stellen.**

**§ 97 Bemerkungen**

**(1) Der Bundesrechnungshof fasst das Ergebnis seiner Prüfung, soweit es für die Entlastung der Bundesregierung wegen der Haushaltsrechnung und der Vermögensrechnung von Bedeutung sein kann, jährlich für den Bundestag und den Bundesrat in Bemerkungen zusammen, die er dem Bundestag, dem Bundesrat und der Bundesregierung zuleitet.**

**(2) In den Bemerkungen ist insbesondere mitzuteilen,**

1. **ob die in der Haushaltsrechnung und der Vermögensrechnung und die in den Büchern aufgeführten Beträge übereinstimmen und die geprüften Einnahmen und Ausgaben ordnungsgemäß belegt sind,**
2. **in welchen Fällen von Bedeutung die für die Haushalts- und Wirtschaftsführung geltenden Vorschriften und Grundsätze nicht beachtet worden sind,**
3. **welche wesentlichen Beanstandungen sich aus der Prüfung der Betätigung bei Unternehmen mit eigener Rechtspersönlichkeit ergeben haben,**
4. **welche Maßnahmen für die Zukunft empfohlen werden.**

**(3) In die Bemerkungen können Feststellungen auch über spätere oder frühere Haushaltsjahre aufgenommen werden.**

**(4) Bemerkungen zu geheimzuhaltenden Angelegenheiten werden den Präsidenten des Bundestages und des Bundesrates sowie dem Bundeskanzler und dem Bundesministerium der Finanzen mitgeteilt.**

**(5) Der Bundesrechnungshof veröffentlicht seine Bemerkungen außer in den Fällen des Absatzes 4 unverzüglich nach Zuleitung im Internet.**

## § 98 Aufforderung zum Schadenausgleich

**Der Bundesrechnungshof macht der zuständigen Stelle unverzüglich Mitteilung, wenn nach seiner Auffassung ein Schadenersatzanspruch geltend zu machen ist.**

## § 99 Angelegenheiten von besonderer Bedeutung

**Über Angelegenheiten von besonderer Bedeutung kann der Bundesrechnungshof den Bundestag, den Bundesrat und die Bundesregierung jederzeit unterrichten. Berichtet er dem Bundestag und dem Bundesrat, so unterrichtet er gleichzeitig die Bundesregierung. Der Bundesrechnungshof veröffentlicht seine Berichte zu Angelegenheiten von besonderer Bedeutung unverzüglich nach Zuleitung im Internet.**

## § 100 Prüfungsämter

**Der Bundesrechnungshof kann zur Vorbereitung, Unterstützung und Ergänzung seiner Prüfungstätigkeit Prüfungsaufgaben durch Prüfungsämter, die seiner Dienst- und Fachaufsicht unterstellt sind, wahrnehmen lassen. Diese führen die Prüfungsaufgaben in entsprechender Anwendung der für den Bundesrechnungshof geltenden Bestimmungen nach den Weisungen des Bundesrechnungshofes durch.**

## § 101 Rechnung des Bundesrechnungshofes

**Die Rechnung des Bundesrechnungshofes wird von dem Bundestag und dem Bundesrat geprüft, die auch die Entlastung erteilen.**

**§ 102 Unterrichtung des Bundesrechnungshofes**

**(1) Der Bundesrechnungshof ist unverzüglich zu unterrichten, wenn**

**1. oberste Bundesbehörden allgemeine Vorschriften erlassen oder erläutern, welche die Bewirtschaftung der Haushaltsmittel des Bundes betreffen oder sich auf dessen Einnahmen und Ausgaben auswirken,**

**2. den Bundeshaushalt berührende Verwaltungseinrichtungen oder Bundesbetriebe geschaffen, wesentlich geändert oder aufgelöst werden,**

**3. unmittelbare Beteiligungen des Bundes oder mittelbare Beteiligungen im Sinne des § 65 Abs. 3 an Unternehmen begründet, wesentlich geändert oder aufgegeben werden,**

**4. Vereinbarungen zwischen dem Bund und einer Stelle außerhalb der Bundesverwaltung oder zwischen obersten Bundesbehörden über die Bewirtschaftung von Haushaltsmitteln des Bundes getroffen werden,**

**5. von den obersten Bundesbehörden organisatorische oder sonstige Maßnahmen von erheblicher finanzieller Tragweite getroffen werden.**

**(2) Dem Bundesrechnungshof sind auf Anforderung Vorschriften oder Erläuterungen der in Absatz 1 Nr. 1 genannten Art auch dann mitzuteilen, wenn andere Stellen des Bundes sie erlassen.**

**(3) Der Bundesrechnungshof kann sich jederzeit zu den in den Absätzen 1 und 2 genannten Maßnahmen äußern.**

**Zu § 102:**

Die Verpflichtung zur Unterrichtung über Maßnahmen nach § 102 Abs. 1 Nr. 3 erstreckt sich auf alle Maßnahmen, die der Einwilligung des Bundesministeriums der Finanzen nach § 65 bedürfen. Sie geschieht daher in der Form, dass das zuständige Bundesministerium eine Abschrift eines Antrags an das Bundesministerium der Finanzen und dieses eine Abschrift seines Antwortschreibens dem Bundesrechnungshof übersendet.

**§ 103 Anhörung des Bundesrechnungshofes**

**(1) Der Bundesrechnungshof ist vor dem Erlass von Verwaltungsvorschriften zur Durchführung der Bundeshaushaltsordnung zu hören.**

**(2) Zu den Verwaltungsvorschriften im Sinne des Absatzes 1 gehören auch allgemeine Dienstanweisungen über die Verwaltung der Kassen und Zahlstellen, über die Buchführung und den Nachweis des Vermögens.**

**(3) Vor der Beschlussfassung über den Erlass oder die Änderung von Vorschriften über das Haushaltswesen einschließlich der Rechnungsprüfung bei über- oder zwischenstaatlichen Einrichtungen, deren Mitglied die Bundesrepublik Deutschland ist, soll das zuständige Bundesministerium den Bundesrechnungshof hören.**

**§ 104 Prüfung der juristischen Personen des privaten Rechts**

**(1) Der Bundesrechnungshof prüft die Haushalts- und Wirtschaftsführung der juristischen Personen des privaten Rechts, wenn**

**1. sie auf Grund eines Gesetzes vom Bund Zuschüsse erhalten oder eine Garantieverpflichtung des Bundes gesetzlich begründet ist oder**
**2. sie vom Bund oder einer vom Bund bestellten Person allein oder überwiegend verwaltet werden oder**
**3. mit dem Bundesrechnungshof eine Prüfung durch ihn vereinbart ist oder**
**4. sie nicht Unternehmen sind und in ihrer Satzung mit Zustimmung des Bundesrechnungshofes eine Prüfung durch ihn vorgesehen ist.**

**(2) Absatz 1 ist auf die vom Bund verwalteten Treuhandvermögen anzuwenden.**

**(3) Steht dem Bund vom Gewinn eines Unternehmens, an dem er nicht beteiligt ist, mehr als der vierte Teil zu, so prüft der Bundesrechnungshof den Abschluss und die Geschäftsführung daraufhin, ob die Interessen des Bundes nach den bestehenden Bestimmungen gewahrt worden sind.**

Teil VI

# Bundesunmittelbare juristische Personen des öffentlichen Rechts

**§ 105 Grundsatz**

**(1) Für bundesunmittelbare juristische Personen des öffentlichen Rechts gelten**

**1. die §§ 106 bis 110,**
**2. die §§ 1 bis 87 entsprechend,**

**soweit nicht durch Gesetz oder auf Grund eines Gesetzes etwas anderes bestimmt ist.**

**(2) Für bundesunmittelbare juristische Personen des öffentlichen Rechts kann das zuständige Bundesministerium im Einvernehmen mit dem Bundesministerium der Finanzen und dem Bundesrechnungshof Ausnahmen von den in Absatz 1 bezeichneten Vorschriften zulassen, soweit kein erhebliches finanzielles Interesse des Bundes besteht.**

**Zu § 105:**

Stellt der Bund einer bundesunmittelbaren juristischen Person des öffentlichen Rechts zur Durchführung der ihr übertragenen Aufgaben Mittel zur Verfügung, so ist Folgendes zu beachten:

**1** Ausgaben und Verpflichtungsermächtigungen für eine bundesunmittelbare juristische Person des öffentlichen Rechts dürfen im Entwurf des Bundeshaushaltsplans erst veranschlagt werden, wenn dem zuständigen Bundesministerium der Entwurf des Haushaltsplans (§ 106) oder des Wirtschaftsplans (§ 110) einschließlich des Stellenplans vorliegt.

**2** Der im Rahmen des § 108 Satz 1 genehmigte Stellenplan für Arbeitnehmerinnen und Arbeitnehmer ist hinsichtlich der Zahl der für die einzelnen Vergütungsgruppen angegebenen Stellen für verbindlich zu erklären; Abweichungen bedürfen der Einwilligung des zuständigen Bundesministeriums.

**3** Finanzielle Verpflichtungen zur Erfüllung der Aufgaben der juristischen Person, die zu einer Erhöhung der vom Bund zur Verfügung gestellten Mittel im laufenden Haushaltsjahr führen können, dürfen nur eingegangen werden, wenn das zuständige Bundesministerium eingewilligt hat. Entsprechendes gilt für Maßnahmen, die zu zusätzlichen Verpflichtungen in künftigen Haushaltsjahren führen können. Die VV zu den §§ 37 und 38 finden Anwendung.

**4** Das zuständige Bundesministerium hat die Verwendung der vom Bund zur Verfügung gestellten Mittel zur Durchführung der Aufgaben der juristischen Personen sicherzustellen. Es kann dazu Bedingungen oder Auflagen für die Mittelverwendung festsetzen.

**5** Das zuständige Bundesministerium hat im Rahmen der Entlastung nach § 109 Abs. 3 an Hand der aufzustellenden Rechnung die Verwendung der vom Bund zur Verfügung gestellten Mittel zu prüfen. Entsprechendes gilt für die nach § 110 Satz 2 aufzustellenden Unterlagen.

### § 106 Haushaltsplan

**(1) Das zur Geschäftsführung berufene Organ einer bundesunmittelbaren juristischen Person des öffentlichen Rechts hat vor Beginn jedes Haushaltsjahres einen Haushaltsplan festzustellen. Er muss alle im Haushaltsjahr zu erwartenden Einnahmen, voraussichtlich zu leistenden Ausgaben und voraussichtlich benötigten Verpflichtungsermächtigungen enthalten und ist in Einnahme und Ausgabe auszugleichen. In den Haushaltsplan dürfen nur die Ausgaben und Verpflichtungsermächtigungen eingestellt werden, die zur Erfüllung der Aufgaben der juristischen Person notwendig sind.**

**(2) Hat die juristische Person neben dem zur Geschäftsführung berufenen Organ ein besonderes Beschlussorgan, das in wichtigen Verwaltungsangelegenheiten zu entscheiden oder zuzustimmen oder die Geschäftsführung zu überwachen hat, so hat dieses den Haushaltsplan festzustellen. Das zur Geschäftsführung berufene Organ hat den Entwurf dem Beschlussorgan vorzulegen.**

### § 107 Umlagen, Beiträge

**Ist die bundesunmittelbare juristische Person des öffentlichen Rechts berechtigt, von ihren Mitgliedern Umlagen oder Beiträge zu erheben, so ist die Höhe der Umlagen oder der Beiträge für das neue Haushaltsjahr gleichzeitig mit der Feststellung des Haushaltsplans festzusetzen.**

### § 108 Genehmigung des Haushaltsplans

**Der Haushaltsplan und die Festsetzung der Umlagen oder der Beiträge bedürfen bei bundesunmittelbaren juristischen Personen des öffentlichen Rechts der Genehmigung des zuständigen Bundesministeriums. Die Festsetzung der Umlagen oder der Beiträge bedarf außerdem der Genehmigung des Bundesministeriums der Finanzen. Der Haushaltsplan und der Beschluss über die Festsetzung der Umlagen oder der Beiträge sind dem zuständigen Bundesministerium spätestens einen Monat vor Beginn des Haushaltsjahres vorzulegen. Der Haushaltsplan und der Beschluss können nur gleichzeitig in Kraft treten.**

### § 109 Rechnungslegung, Prüfung, Entlastung

**(1) Nach Ende des Haushaltsjahres hat das zur Geschäftsführung berufene Organ der bundesunmittelbaren juristischen Person des öffentlichen Rechts eine Rechnung aufzustellen.**

**(2) Die Rechnung und die Haushalts- und Wirtschaftsführung der bundesunmittelbaren juristischen Person des öffentlichen Rechts sind, unbeschadet einer Prüfung durch den Bundesrechnungshof nach § 111, von durch Gesetz oder Satzung bestimmten Stellen zu prüfen. Die Satzungsvorschrift über die Durchführung der Prüfung bedarf der Zustimmung des zuständigen Bundesministeriums im Einvernehmen mit dem Bundesministerium der Finanzen und dem Bundesrechnungshof. Die Ergebnisse der Prüfung sind dem Bundesrechnungshof vorzulegen. Er kann zulassen, dass die Prüfung beschränkt wird.**

**(3) Die Entlastung erteilt das zuständige Bundesministerium im Einvernehmen mit dem Bundesministerium der Finanzen. Ist ein besonderes Beschlussorgan vorhanden, obliegt ihm die Entlastung; die Entlastung bedarf dann der Genehmigung des zuständigen Bundesministeriums und des Bundesministeriums der Finanzen.**

### § 110 Wirtschaftsplan

**Bundesunmittelbare juristische Personen des öffentlichen Rechts, bei denen ein Wirtschaften nach Einnahmen und Ausgaben des Haushaltsplans nicht zweckmäßig ist, haben einen Wirtschaftsplan aufzustellen. Buchen sie nach den Regeln der kaufmännischen doppelten Buchführung, stellen sie einen Jahresabschluss sowie einen Lagebericht in entsprechender Anwendung der Vorschrift des § 264 Abs. 1 Satz 1 des Handelsgesetzbuchs auf.**

### § 111 Prüfung durch den Bundesrechnungshof

**(1) Der Bundesrechnungshof prüft die Haushalts- und Wirtschaftsführung der bundesunmittelbaren juristischen Personen des öffentlichen Rechts. Die §§ 89 bis 100, 102 und 103 sind entsprechend anzuwenden.**

**(2) Für bundesunmittelbare juristische Personen des öffentlichen Rechts kann das zuständige Bundesministerium im Einvernehmen mit dem Bundesministerium der Finanzen und dem Bundesrechnungshof Ausnahmen von Absatz 1 zulassen, soweit kein erhebliches finanzielles Interesse des Bundes besteht. Die nach bisherigem Recht zugelassenen Ausnahmen bleiben unberührt.**

### § 112 Sonderregelungen

**(1) Auf die bundesunmittelbaren Träger der gesetzlichen Krankenversicherung, der sozialen Pflegeversicherung, der gesetzlichen Unfallversicherung und der gesetzlichen Rentenversicherung einschließlich der Alterssicherung der Landwirte ist nur § 111 anzuwenden, und zwar nur dann, wenn sie auf Grund eines Bundesgesetzes vom Bund Zuschüsse erhalten oder eine Garantieverpflichtung des Bundes gesetzlich begründet ist. Auf die Verbände und Arbeitsgemeinschaften der in Satz 1 genannten Sozialversicherungsträger ist unabhängig von ihrer Rechtsform § 111 anzuwenden, wenn Mitglieder dieser Verbände und Arbeitsgemeinschaften der Prüfung durch den Bundesrechnungshof unterliegen. Auf sonstige Vereinigungen auf dem Gebiet der Sozialversicherung finden die Vorschriften dieses Gesetzes keine Anwendung.**

**(2) Auf Unternehmen in der Rechtsform einer bundesunmittelbaren juristischen Person des öffentlichen Rechts sind unabhängig von der Höhe der Beteiligung des Bundes § 65 Abs. 1 Nr.3 und 4 und Abs. 2,3 und 4, § 68 Abs. 1 und § 69 entsprechend, § 111 unmittelbar anzuwenden. Für Unternehmen in der Rechtsform einer juristischen Person des privaten Rechts, an denen die in Satz 1 genannten Unternehmen unmittelbar oder mittelbar mit Mehrheit beteiligt sind, gelten die §§ 53 und 54 des Haushaltsgrundsätzegesetzes und die §§ 65 bis 69 entsprechend.**

## Teil VII
## Sondervermögen

### § 113 Grundsatz

**Auf Sondervermögen des Bundes sind die Teile I bis IV, VIII und IX dieses Gesetzes entsprechend anzuwenden, soweit nicht durch Gesetz oder auf Grund eines Gesetzes etwas anderes bestimmt ist. Der Bundesrechnungshof prüft die Haushalts- und Wirtschaftsführung der Sondervermögen, Teil V dieses Gesetzes ist entsprechend anzuwenden.**

Teil VIII

# Entlastung

## § 114 Entlastung

**(1) Das Bundesministerium der Finanzen hat dem Bundestag und dem Bundesrat über alle Einnahmen und Ausgaben sowie über das Vermögen und die Schulden im Laufe des nächsten Rechnungsjahres zur Entlastung der Bundesregierung Rechnung zu legen (Artikel 114 Abs. 1 des Grundgesetzes). Der Bundesrechnungshof berichtet unmittelbar dem Bundestag, dem Bundesrat und der Bundesregierung.**

**(2) Der Bundestag stellt unter Berücksichtigung der Stellungnahme des Bundesrates die wesentlichen Sachverhalte fest und beschließt über einzuleitende Maßnahmen.**

**(3) An den Bundesrechnungshof können einzelne Sachverhalte zur weiteren Aufklärung zurückverwiesen werden.**

**(4) Der Bundestag bestimmt einen Termin, zu dem die Bundesregierung über die eingeleiteten Maßnahmen dem Bundestag und dem Bundesrat zu berichten hat. Soweit Maßnahmen nicht zu dem beabsichtigten Erfolg geführt haben, können Bundestag oder Bundesrat die Sachverhalte wieder aufgreifen.**

**(5) Der Bundestag oder der Bundesrat kann bestimmte Sachverhalte ausdrücklich missbilligen.**

Teil IX

# Übergangs- und Schlussbestimmungen

## § 115 Öffentlich-rechtliche Dienst- oder Amtsverhältnisse

**Vorschriften dieses Gesetzes für Beamte sind auf andere öffentlich-rechtliche Dienst- oder Amtsverhältnisse entsprechend anzuwenden. § 48 gilt nicht bei der Berufung zum Richter an einem obersten Bundesgericht.**

**Zu § 115:**

Die Verwaltungsvorschriften zu den Vorschriften dieses Gesetzes für Beamte gelten entsprechend.

## § 116 Endgültige Entscheidung

**(1) Das Bundesministerium der Finanzen entscheidet in den Fällen des § 37 Abs. 1 endgültig. Soweit dieses Gesetz in anderen Fällen Befugnisse des Bundesministeriums der Finanzen enthält, kann der zuständige Bundesminister über die Maßnahme des Bundesministeriums der Finanzen**

**die Entscheidung der Bundesregierung einholen; die Bundesregierung entscheidet anstelle des Bundesministeriums der Finanzen endgültig. Entscheidet die Bundesregierung gegen oder ohne die Stimme des Bundesministers der Finanzen, so steht ihm ein Widerspruchsrecht zu. Das Nähere regelt die Geschäftsordnung der Bundesregierung.**

**(2) Der Einwilligung des Bundesministeriums der Finanzen bedarf es ausnahmsweise nicht, wenn sofortiges Handeln zur Abwendung einer dem Bund drohenden unmittelbar bevorstehenden Gefahr erforderlich ist, das durch die Notlage gebotene Maß nicht überschritten wird und die Einwilligung nicht rechtzeitig eingeholt werden kann. Zu den getroffenen Maßnahmen ist die Genehmigung des Bundesministeriums der Finanzen unverzüglich einzuholen.**

**§ 117 Berlin-Klausel** *(gegenstandslos)*

**§ 118** *(weggefallen)*

**§ 119 In-Kraft-Treten**

**(1) Dieses Gesetz tritt am 1. Januar 1970 in Kraft.**

**(2)** …

**Ferner treten diejenigen Vorschriften anderer Gesetze außer Kraft, die mit den Bestimmungen dieses Gesetzes nicht vereinbar sind.**

**(3) Soweit in anderen Gesetzen auf die nach Absatz 2 aufgehobenen Bestimmungen Bezug genommen wird, treten an ihre Stelle die Vorschriften dieses Gesetzes.**

**Zu § 119:**

**1 Übergangsregelungen**

1.1 Soweit in weiter anzuwendenden Vorschriften auf nach § 119 Absatz 2 BHO außer Kraft getretene Vorschriften Bezug genommen wird, treten an ihrer Stelle die Vorschriften der Bundeshaushaltsordnung.

**2 Andere oberste Bundesbehörden**

Soweit in der Bundeshaushaltsordnung oder in Verwaltungsvorschriften zur Bundeshaushaltsordnung die Bundesministerien genannt sind, gelten diese Regelungen auch für andere oberste Bundesbehörden.

# Anhänge

**Anmerkung:** Soweit in den Anhängen auf die Vorläufigen Verwaltungsvorschriften zur Bundeshaushaltsordnung (Vorl. VV-BHO) Bezug genommen wird, treten an deren Stelle die entsprechenden Bestimmungen der Allgemeinen Verwaltungsvorschriften zur Bundeshaushaltsordnung vom 14. März 2001 (GMBl 2001, S. 307) in der jeweils geltenden Fassung.

## INHALTSÜBERSICHT

**§ 63**

Ersatzbeschaffung, Aussonderung und Verwertung von Dienstkraftfahrzeugen und Verwendung der Erlöse RdSchr. d. BMF vom 27. März 2015 (GMBl 2015, S. 443)

**§ 71**

Richtlinie des Bundesministeriums der Finanzen nach § 71 Abs. 1 Satz 2 BHO zur Buchung eingegangener Verpflichtungen vom 11. November 2011 – II A 6 – H 1021/07/0003 (2011/0895636) – (GMBl 2011, S. 956)

**§ 79**

Allgemein erteilte Kassenanordnung; RdSchr. des BMF vom 23. September 2015 (GMBl 2015, S. 1172)

Bestimmungen über die Mindestanforderungen für den Einsatz automatisierter Verfahren (BestMaVB-HKR); RdSchr. d. BMF vom 14. Dezember 2016 (GMBl. 2017 S. 63)

**§ 95**

Prüfung von Personalausgaben durch den Bundesrechnungshof; Einsichtsrecht in die vollständigen Personalakten gemäß § 95 BHO RdSchr. d. BMF vom 12. Dezember 1980 – II A 3 – H 1004 – 52/80 – RdSchr. d. BMF vom 17. August 1982 – II A 3 – H 1004 – 11/82 –

# Durchführung des Interessenbekundungsverfahrens nach § 7 Abs. 2 Satz 2 BHO

– RdSchr. d. BMF vom 24. September 2012 – II A3 – H 1005/070/0002 (2012/0864353) – (GMBl 2012, S. 1190)

Bei der Durchführung von Interessenbekundungsverfahren bitte ich Nachstehendes zu beachten.

Dieses Schreiben ersetzt mein Rundschreiben vom 31. August 1995 – II A 3 – H 1005 – 22/95 – (GMBl 1995, S. 764).

### Allgemein

Nach § 7 Absatz 2 Satz 2 BHO ist in geeigneten Fällen privaten Anbietern die Möglichkeit zu geben darzulegen, ob und inwieweit sie staatliche Aufgaben oder öffentlichen Zwecken dienende wirtschaftliche Tätigkeiten nicht ebenso gut oder besser erbringen können (Interessenbekundungsverfahren).

Interessenbekundungsverfahren kommen bei der Planung neuer und der Überprüfung bestehender Maßnahmen oder Einrichtungen in Betracht (vgl. VV Nr. 3 zu § 7 BHO). Sie sollen es den Behörden ermöglichen, die eigene (optimierte) Aufgabenwahrnehmung unverbindlich mit privaten Lösungsalternativen zu vergleichen. Im Unterschied zum Vergabeverfahren ermöglichen sie dem Staat, vor einer grundsätzlichen Entscheidung über eine private Aufgabenwahrnehmung unverbindlich den Markt zu erkunden und damit auch neue und andere Wege der Aufgabenerfüllung/Zweckverwirklichung in den Entscheidungsprozess mit einzubeziehen. Sie tragen dadurch zur Erweiterung der Handlungsoptionen bei. Interessenbekundungsverfahren stellen in sich abgeschlossene Verfahren dar, deren Ergebnisse keine Vorfestlegung für ggf. sich anschließende Vergabeverfahren darstellen.

Ziel eines Interessenbekundungsverfahrens ist in der Regel, einen umfassenden Marktüberblick zu erlangen. Es dient vorrangig der Feststellung,
- ob es Interessenten für die Übernahme der Aufgaben gibt,
- welche Preisvorstellungen zu diesen Leistungen existieren und
- welche Vorstellungen der Markt zur Art der Aufgabenerfüllung entwickelt.

Das Interessenbekundungsverfahren ist klar zu einem ggf. nachfolgenden Vergabeverfahren abzugrenzen und ersetzt dieses nicht.

Für die Durchführung eines Interessenbekundungsverfahrens sind grundsätzlich Maßnahmen oder Tätigkeiten geeignet, bei denen für einen privaten Anbieter eine Gewinnmöglichkeit in Betracht kommt. Grundsätzlich nicht geeignet sind Fälle, in denen aus tatsächlichen (z.B. keine Rendite) oder rechtlichen (z.B. bei sog. privatisierungsfreien Räumen der Eingriffsverwaltung) Gründen eine Einbindung Privater nicht möglich ist.

Nicht geeignet sind ferner Fälle, bei denen durch das Interessenbekundungsverfahren keine weiteren Erkenntnisse erwartet und lediglich vermeidbare Kosten beim Anbieter und der öffentlichen Hand verursacht werden. Steht bei einem Interessenbekundungsverfahren nur die Ermittlung eines Schätzpreises im Vordergrund, ist wegen der Kosten des Verfahrens abzuwägen, ob andere Methoden zur Schätzpreisermittlung (z.B. Preisableitung von vergleichbaren Leistungen) wirtschaftlich sein können.

Die Entscheidung, ob ein Interessenbekundungsverfahren vorgenommen wird, ist jeweils nach den Umständen des Einzelfalls zu treffen. Dabei müssen Aufwand und Nutzen des Verfahrens in einem angemessenen Verhältnis zueinander stehen.

## Durchführung

Bei der Durchführung des Interessenbekundungsverfahrens bitte ich Folgendes zu beachten:

### Beschreibung

Die staatliche Aufgabe oder die öffentlichen Zwecken dienende wirtschaftliche Tätigkeit/finanzwirksame Maßnahme ist möglichst so genau zu beschreiben, dass ein Interessent auf der Grundlage dieser Beschreibung den Umfang erkennen und eine Preisschätzung für diese Aufgabe oder Tätigkeit vornehmen kann. Insbesondere ist anzugeben,
- inwieweit die Interessenten Planung, Bau, Betrieb und Finanzierung einer Maßnahme übernehmen sollen,
- wie die Eigentumsverhältnisse geregelt werden sollen,
- auf welchen Zeitraum sich die Maßnahme oder Tätigkeit erstrecken soll,

- welche Kriterien für die Entscheidung im Interessenbekundungsverfahren maßgeblich sind und
- welche Rechte sich der Staat bei der Maßnahme selbst sowie zur Kontrolle über die Ausführung der Aufgaben vorbehält.

Die Beschreibung sollte funktional formuliert sein, damit die Interessenten alle technischen und organisatorischen Neuerungen einbeziehen können. In der Beschreibung kann festgelegt werden, dass die Interessenten eine bestimmte Rechtsform annehmen und/oder über eine bestimmte Kapitalausstattung verfügen müssen, wenn dies sachlich erforderlich ist.

**Bekanntmachung**

Die Aufforderung zur Teilnahme an einem Interessenbekundungsverfahren wird öffentlich bekannt gemacht. Die Bekanntmachung enthält einen Hinweis auf die Stelle, bei der die Beschreibung der Aufgabe erhältlich ist.

Es ist ausdrücklich darauf hinzuweisen, dass es sich nicht um die Vergabe eines öffentlichen Auftrages handelt und die Interessenten nicht an ihre Interessenbekundungen gebunden sind. Für die Abgabe von Interessenbekundungen ist eine Frist von mindestens einen Monat zu gewähren.

**Interessenbekundung**

Die Interessenbekundung soll

- die Art der Aufgabenerfüllung darlegen und
- eine Preisschätzung und deren maßgebliche Faktoren angeben, zu dem die Interessenten bereit wären, die Aufgabe zu erfüllen.

**Kostenerstattung, Wettbewerb**

Kosten werden im Interessenbekundungsverfahren nicht erstattet. Es können jedoch ein Wettbewerb ausgeschrieben, Preise für die beste Lösung einer Aufgabe ausgelobt und die Gewinner durch ein Preisgericht bestimmt werden.

**Wirtschaftlichkeitsuntersuchung**

Das Ergebnis des Interessenbekundungsverfahrens ist im Rahmen einer Wirtschaftlichkeitsuntersuchung nach § 7 Absatz 2 Satz 1 BHO mit der eigenen Aufgabenwahrnehmung zu vergleichen. Wenn sich danach ergibt, dass eine private Lösung voraussichtlich wirtschaftlich ist, ist ein Verfahren zur Vergabe öffentlicher Aufträge vorzusehen.

# Arbeitsanleitung Einführung in Wirtschaftlichkeitsuntersuchungen

– RdSchr. d. BMF vom 12. Januar 2011 – II A 3 – H 1012 – 10/08/10004 (2011/016585) (GMBI 2011, S. 76).
geändert mit Rundschreiben vom 20. Dezember 2013 – II 13 – H 1012 – 6/13/10002 (GMBl. 2014 S. 13)

Als Anlage übersende ich eine überarbeitete Fassung der Arbeitsanleitung Einführung in Wirtschaftlichkeitsuntersuchungen. Sie ersetzt die mit Rundschreiben des BMF v. 31. August 1995 – II A 3 – H 1005 – 23/95 – (GMBl 1995, S. 764) versandte Fassung aus dem Jahr 1995.

Die Arbeitsanleitung ist vornehmlich für die Durchführung einzelwirtschaftlicher Untersuchungen bestimmt (vgl. VV Nr. 2.3 zu § 7 BHO). Es werden die Schritte einer Wirtschaftlichkeitsuntersuchung im Einzelnen erläutert und Hinweise zur Durchführung von Wirtschaftlichkeitsuntersuchungen gegeben. Gesamtwirtschaftliche Untersuchungen werden kurz dargestellt.

Die Arbeitsanleitung richtet sich an jeden, der mit der Durchführung von Wirtschaftlichkeitsuntersuchungen befasst wird, und soll so der Umsetzung des Grundsatzes der Wirtschaftlichkeit in der Verwaltung (§ 7 BHO) dienen.

Sie wird nicht als Teil der Verwaltungsvorschriften zu § 7 BHO herausgegeben, sondern stellt eine Empfehlung dar, die zur weiteren qualitativen Verbesserung der Wirtschaftlichkeitsuntersuchungen beitragen soll.

In die Überarbeitung sind Erfahrungen aus der Praxis und Prüfungserkenntnisse des BRH eingeflossen. Im Interesse einer kontinuierlichen Verbesserung des Instrumentariums für Wirtschaftlichkeitsuntersuchungen und dessen verbreiteter Anwendung sollten Erfahrungen und Ergänzungsbedarf auch weiterhin mitgeteilt werden, um praxisnahe Anpassungen der Arbeitsanleitung zu ermöglichen.

Die Arbeitsanleitung enthält grundsätzlich fachübergreifende Hilfestellungen. Sofern für bestimmte Fachthemen besondere Empfehlungen oder Regelungen für Wirtschaftlichkeitsuntersuchungen mit ressortübergreifender Bedeutung gegeben werden, sind diese zur Bearbeitung grundsätzlich heranzuziehen. Auf Abschnitt E der Arbeitsanleitung wird insoweit Bezug genommen.

## INHALTSVERZEICHNIS

## A. Einleitung

Der Grundsatz der Wirtschaftlichkeit ist eine Grundregel öffentlicher Haushaltswirtschaft. Danach ist die günstigste Relation zwischen dem verfolgten Zweck und den einzusetzenden Mitteln (Ressourcen) anzustreben.

Der Grundsatz der Wirtschaftlichkeit umfasst das Sparsamkeits- und das Ergiebigkeitsprinzip:

- Das Sparsamkeitsprinzip (Minimalprinzip) verlangt, ein bestimmtes Ergebnis mit möglichst geringem Mitteleinsatz zu erzielen.
- Das Ergiebigkeitsprinzip (Maximalprinzip) verlangt, mit einem bestimmten Mitteleinsatz das bestmögliche Ergebnis zu erzielen.

Bei der Ausführung des Haushaltsplans steht der Grundsatz der Wirtschaftlichkeit in seiner Ausprägung als Sparsamkeitsprinzip im Vordergrund. Wirtschaftlichkeitsuntersuchungen dienen dabei als Instrumente zur Umsetzung des Grundsatzes der Wirtschaftlichkeit.

§ 7 BHO schreibt für alle finanzwirksamen Maßnahmen angemessene Wirtschaftlichkeitsuntersuchungen vor. Sachgerechte Wirtschaftlichkeitsuntersuchungen ermöglichen es den Entscheidungsträgern, wirtschaftlich zu handeln.

Soweit Entscheidungen Einnahmen oder Ausgaben für den Bund verursachen, geht es um die Verwendung von Steuermitteln, Beiträgen und Gebühren. Im Umgang mit diesen Finanzmitteln bestehen besondere Sorgfaltspflichten sowie eine Dokumentationspflicht hinsichtlich der Beachtung des Wirtschaftlichkeitsgebots.

Wirtschaftlichkeitsuntersuchungen bilden die aus der gesetzlichen Verpflichtung zur wirtschaftlichen Aufgabenwahrnehmung folgenden erforderlichen Überlegungen zur Durchführung einer finanzwirksamen Maßnahme ab.

Sie unterstützen Entscheidungen, indem sie Transparenz schaffen über

- alle vorhandenen Entscheidungsmöglichkeiten
- den Entscheidungsumfang
- die finanziellen Auswirkungen der Entscheidung und
- die Abhängigkeiten des Entscheidungsvorschlages von Annahmen und Rahmenbedingungen.

Bei den nicht auf Gewinnerzielung ausgerichteten öffentlichen Aufgaben werden die Ausgaben in der Regel die Einnahmen übersteigen. Der Bund hat jedoch in jedem Fall die ihm obliegenden Aufgaben so wirtschaftlich wie möglich wahrzunehmen.

In Wirtschaftlichkeitsuntersuchungen in der Planungsphase werden erwartete künftige Ein- und Auszahlungen abgebildet. Haushaltsmäßig spiegeln sich Ein- und Auszahlungen in den Ist-Ergebnissen der Titel wider. Dies gilt auch für realisierte Risiken, unabhängig davon, dass die für den Fall des Risikoeintritts zu erwartenden Ein- bzw. Auszahlungen im Haushaltsplan nicht in vollem Umfang als Einnahmen bzw. Ausgaben veranschlagt werden dürfen. Wenn im Folgenden die Begriffe Einnahmen/Ausgaben und Einzahlungen/Auszahlungen aus Vereinfachungsgründen synonym verwendet werden, ist stets zu beachten, dass die erwarteten Risiken hier grundsätzlich mit umfasst sind.

## B. Grundsätzliches zu Wirtschaftlichkeitsuntersuchungen

### I. Erforderlichkeit

Gemäß § 7 Abs. 2 Satz 1 BHO sind für alle finanzwirksamen Maßnahmen angemessene Wirtschaftlichkeitsuntersuchungen durchzuführen.

Finanzwirksam ist eine Maßnahme, wenn sie die Einnahmen oder die Ausgaben des Bundeshaushaltes unmittelbar oder mittelbar beeinflusst. Sie ist ein auf der Grundlage eines verantwortlichen Entscheidungsprozesses beruhendes Handeln der Verwaltung, mit dem innerhalb einer begrenzten Zeitspanne ein vorab definiertes Ziel erreicht werden soll. Dazu gehört auch die Beibehaltung des Status quo. Finanzwirksame Maßnahmen sind unter anderem:

- organisatorische Maßnahmen (z.B. Reorganisation der Arbeitsabläufe)
- alternative Formen der Aufgabenerledigung [z.B. Ausgliederung, Privatisierung, Öffentlich-Private Partnerschaften (ÖPP)]
- Finanzierungsalternativen

- Rationalisierungsinvestitionen
- neue Investitionsvorhaben
- Beschaffung und Erwerb von beweglichen Gegenständen (z.B. Erst- und Ersatzbeschaffungen von Ausrüstungsgegenständen, Verbrauchsmaterialien, Geräten, Kfz, Mobiliar) einschließlich alternativer Beschaffungsformen (z.B. Kauf, Leasing, Miete)
- Nutzung von Immobilien (z.B. Standortentscheidungen, Entscheidungen über die Form der Unterbringung, Baumaßnahmen)
- Öffentlichkeitsarbeit/Fachinformationen
- Gesetze und verwaltungsinterne Regelungen mit finanziellen Auswirkungen
- Förderprogramme und Einzelförderungen

Wirtschaftlichkeitsuntersuchungen bilden die Grundlage für die Entscheidung über das „Ob“ (z.B. Ersatzbeschaffung ja/nein; Erforderlichkeit von neuen Investitionsvorhaben) und das „Wie“ einer Maßnahme (z.B. Kauf, Leasing, eigene Aufgabenwahrnehmung, Ausgliederung, ÖPP).

Zum Teil lassen sich finanzwirksame Maßnahmen direkt aus den zu erbringenden Aufgaben des Bundes ableiten, zum Teil sind sie unterstützend erforderlich, um die Aufgabenwahrnehmung des Bundes sicherzustellen (z.B. Unterbringung des zur Aufgabenwahrnehmung notwendigen eigenen Personals oder Materials).

### II. Angemessenheit

Die gewählte Form der Wirtschaftlichkeitsuntersuchung soll in Methodik und Aufwand im Verhältnis zur finanzwirksamen Maßnahme angemessen sein („Wirtschaftlichkeit der Wirtschaftlichkeitsuntersuchung“).

Erfahrungsgemäß entstehen oft Schwierigkeiten hinsichtlich des Betrachtungsumfangs, das heißt, des inhaltlichen Betrachtungsgegenstandes der Wirtschaftlichkeitsuntersuchung. Dabei kommt es darauf an, sich an den Zielen der finanzwirksamen Maßnahme zu orientieren. Diese bilden die Grundlage für die Wirtschaftlichkeitsuntersuchung. Steht z.B. eine Entscheidung darüber an, wie eine bislang von einer Behörde wahrgenommene Aufgabe zukünftig erfüllt werden soll – weiterhin von der Behörde oder durch einen privaten Anbieter –, ist damit gleichzeitig auch die Entscheidung über alle damit zusammenhängenden personellen, infrastrukturellen und organisatorischen Fragestellungen verbunden. Eine Wirtschaftlichkeitsuntersuchung hat sich dementsprechend auch mit diesen Aspekten zu beschäftigten.

Je nach Zielbildung kann die Zusammenfassung einer Vielzahl von finanzwirksamen Maßnahmen in einer Wirtschaftlichkeitsuntersuchung angemessen sein.

Der Aufwand wird im Wesentlichen durch die Komplexität der Aufgabe und die Kenntnisse über die Auswirkungen und Abhängigkeiten der Aufgabenwahrnehmung bestimmt. Es ist darauf zu achten, dass der Aufwand für Datenermittlung, Dokumentation, etc. und die durch die anstehende Entscheidung erzielbaren Effekte in einem angemessenen Verhältnis stehen.

### III. Zuständigkeiten

Wirtschaftlichkeitsuntersuchungen sind grundsätzlich von der Organisationseinheit durchzuführen, die mit der Maßnahme befasst ist. Die Beauftragten für den Haushalt (§ 9 BHO) entscheiden, über welche Wirtschaftlichkeitsuntersuchungen sie zu unterrichten sind. Sie können sich an den Wirtschaftlichkeitsuntersuchungen beteiligen.

### IV. Betrachtungsperspektive

Bei Wirtschaftlichkeitsuntersuchungen ist grundsätzlich die Interessenlage des Bundes als handelnde Gebietskörperschaft zugrunde zu legen. In den meisten Fällen wird es gleichwohl ausreichend sein, wenn sich eine Wirtschaftlichkeitsuntersuchung auf die finanziellen Auswirkungen für einzelne Organisationseinheiten (z.B. ein Ressort) beschränkt. Ist jedoch erkennbar, dass diese Beschränkung im Hinblick auf den Bundeshaushalt finanzielle Auswirkungen unberücksichtigt lässt und somit ggf. zu insgesamt unwirtschaftlichen Maßnahmen führt, ist die angemessene Berücksichtigung aller Effekte erforderlich und die Betrachtungsperspektive zu erweitern. Die Ermittlung der Effekte, die bei anderen Organisationseinheiten (z.B. Ressorts) eintreten könnten, sollte im Einvernehmen zwischen den Betroffenen erfolgen.

Bei erheblichen Auswirkungen auf mehrere Gebietskörperschaften ist eine gesamtstaatliche Sicht zugrunde zu legen.

Zur Möglichkeit der Berücksichtigung von Steuerrückflüssen bei ÖPP-Projekten wird auf das BMF-Rundschreiben zur Bekanntgabe des „Leitfaden Wirtschaftlichkeitsuntersuchungen bei PPP-Projekten“ vom 20. August 2007 – II A 3 – H 1000/06/0003 – verwiesen (vgl. Abschnitt E).

### V. Betrachtungszeitraum und Restwerte

Bei der Festlegung des Betrachtungszeitraums, auf den sich die Wirtschaftlichkeitsuntersuchung beziehen soll, sind folgende Gesichtspunkte zu berücksichtigen:

- Es ist mindestens ein Betrachtungszeitraum zu wählen, in dem die gesetzten Ziele erreichbar sind.
- Bei Daueraufgaben ist ein angemessen repräsentativer und ökonomisch sinnvoller Zeitraum zu wählen (z.B. Innovationszyklen).
- Eine gewisse Planungssicherheit muss gegeben sein. Ist unklar, ob beispielsweise Mengenziele auch zukünftig weiter bestehen, kann dies im Rahmen der Prognose berücksichtigt werden. Das heißt nicht, dass absolute Sicherheit bestehen muss. Erforderlich ist eine ausreichend lange realistische Prognose als Basis für die Wirtschaftlichkeitsuntersuchung.

- Es soll eine Transparenz über alle finanziellen Auswirkungen der anstehenden Entscheidung geschaffen werden.
- Der gewählte Betrachtungszeitraum ist für alle Handlungsalternativen gleichermaßen zugrunde zu legen.

Je länger der Betrachtungszeitraum ist, desto mehr Informationen können in der Wirtschaftlichkeitsuntersuchung mit berücksichtigt werden. Eine Investition (z.B. der Kauf oder Neubau eines Gebäudes) wird sich regelmäßig erst innerhalb eines ausreichend langen Zeitraums amortisieren können. Die Festlegung auf einen zu kurzen Betrachtungszeitraum könnte daher eine im Vergleich zur Miete wirtschaftliche Investition unwirtschaftlich erscheinen lassen.

Auf der anderen Seite wird die Datengrundlage regelmäßig umso weniger belastbar sein, je weiter der Betrachtungszeitraum reicht.

Da bei der nachfolgend erläuterten Kapitalwertmethode Einzahlungen und Auszahlungen miteinander verglichen werden, sind ggf. vorhandene Restwerte zu berücksichtigen, wenn sie sich zwischen den zu untersuchenden Handlungsalternativen erkennbar unterscheiden. Dies gilt auch dann, wenn z.B. Wirtschaftsgüter tatsächlich über den Betrachtungszeitraum (repräsentativer Betrachtungszeitraum bei Daueraufgaben) hinaus genutzt werden sollen und daher eine Veräußerung nicht geplant ist. Die Berechnung des Restwertes kann in diesem Fall beispielsweise auf der Basis des Marktwertes (am Ende des Betrachtungszeitraums) oder auf der Basis des Nutzens (z.B. vermiedene Investition), den die Verwaltung aus den verwendeten Wirtschaftsgütern ziehen kann, (für den Zeitraum, der über den Betrachtungszeitraum hinaus reicht) erfolgen.

## VI. Überblick über Methoden

Bei der Durchführung von Wirtschaftlichkeitsuntersuchungen ist die nach den Erfordernissen des Einzelfalls einfachste und wirtschaftlichste Methode anzuwenden (vgl. VV Nr. 2.3.1 zu § 7 BHO).

Je nach Umfang der Maßnahmewirkungen lassen sich die Verfahren grundsätzlich einteilen in:

- einzelwirtschaftliche Verfahren für Maßnahmen mit nur geringen und damit zu vernachlässigenden gesamtwirtschaftlichen Auswirkungen (z.B. Bedarfsdeckung für die eigene Verwaltung) und
- gesamtwirtschaftliche Verfahren für Maßnahmen mit nicht zu vernachlässigenden gesamtwirtschaftlichen Auswirkungen (z.B. Bundesverkehrswegeplanung[1] oder Förderprogramme[2]).

Welches Verfahren anzuwenden ist, bestimmt sich

- nach der Art der Maßnahme,
- dem mit der Maßnahme verfolgten Ziel und
- den mit der Maßnahme verbundenen Auswirkungen.

---

1 Vgl. Abschnitt C. V. 2.
2 Vgl. Abschnitt C. V. 3.

| Verfahren | **einzelwirtschaftliche** Betrachtung | **gesamtwirtschaftliche** Betrachtung |
|---|---|---|
| **monetäre** Bewertung | Kapitalwertmethode | Kosten-Nutzen-Analyse |
| **nicht monetäre** Bewertung | Nutzwertanalyse | Nutzwertanalyse im Rahmen der Kosten-Nutzen-Analyse |

Zusätzlich unterscheiden sich die Verfahren hinsichtlich der Bewertung der Maßnahmewirkungen. Die monetären Verfahren rechnen in Geldeinheiten, die nicht-monetären Verfahren vergleichen anhand von Bewertungspunkten.

Monetäre Verfahren können mit der Nutzwertanalyse kombiniert eingesetzt werden. Eine Nutzwertanalyse ohne die Verbindung mit einer monetären Bewertung ist im Regelfall nicht ausreichend.

Bei der Kosten-Nutzen-Analyse handelt es sich um ein Verfahren, bei dem im Allgemeinen die Auswirkungen auf die Gesamtwirtschaft dargestellt werden. Ihr kann als Rechenverfahren die Kapitalwertmethode zugrunde gelegt werden. Ein Beispiel sind Wirtschaftlichkeitsuntersuchungen für die Bundesverkehrswegeplanung.

Diese Arbeitsanleitung behandelt im Wesentlichen die einzelwirtschaftlichen Verfahren. Die Kosten-Nutzen-Analyse sowie eine mögliche Vorgehensweise bei Förderprogrammen werden nur knapp skizziert.

Auf Verfahren zur Ermittlung von Einnahmen und Ausgaben und ggf. zur Kostenermittlung wird ebenfalls nicht weiter eingegangen. Bei der Durchführung der Wirtschaftlichkeitsuntersuchungen kann in geeigneten Fällen auf standardisierte Werte zurückgegriffen werden, wenn dies sachgerecht und angemessen ist (z.B. durch Verwendung von Personalkostensätzen, die mit jährlichem Rundschreiben des BMF[3] bekannt gemacht werden). Ebenso können begründete eigene Schätzwerte zugrunde gelegt werden. Für die Durchführung von Wirtschaftlichkeitsuntersuchungen können des Weiteren grundsätzlich alle belegbaren und mit angemessenem Aufwand nutzbaren Quellen herangezogen werden, sofern die daraus gewonnenen Daten für den Zweck sachgerecht und angemessen sind.

3 Seit 1999 werden die Personalkostensätze des Bundes für Kostenberechnungen/Wirtschaftlichkeitsuntersuchungen, die Sachkostenpauschale eines Arbeitsplatzes in der Bundesverwaltung für Kostenberechnungen/Wirtschaftlichkeitsuntersuchungen und die Kalkulationszinssätze für Wirtschaftlichkeitsuntersuchungen vom Bundesministerium der Finanzen (BMF) unter Mitwirkung des Bundesministeriums des Innern (BMI) herausgegeben. Sie können dem Internetangebot des BMF entnommen werden. Zinssätze für Kapitalmarkttransaktionen sind von diesem Rundschreiben nicht umfasst.

### VII. Diskontierungszinssatz

Der anzuwendende Kalkulationszinssatz für die Diskontierung bei einzelwirtschaftlichen Maßnahmen wird vom BMF mittels Rundschreiben herausgegeben[4].

Entsprechend dieses Rundschreibens sollen die Zinssätze für gleiche Laufzeiten und Stichtage immer dann zugrunde gelegt werden, wenn es sich um finanziell bedeutsame und längerfristige Maßnahmen handelt, für die Handlungsalternativen mit einem wesentlichen privaten Finanzierungsanteil infrage kommen. Andernfalls kann der im Rundschreiben aufgeführte Durchschnittszinssatz verwendet werden.

Die im Internetangebot der Deutschen Bundesbank verfügbaren Zinssätze der Zinsstrukturkurve werden täglich aktualisiert. Der Durchschnittszinssatz wird regelmäßig mit dem BMF-Rundschreiben angepasst. Eine Aktualisierung des in der Wirtschaftlichkeitsuntersuchung verwendeten Zinssatzes ist zeitnah vor der Entscheidung erforderlich.

Bei monetärer Betrachtung von Maßnahmen mit nicht zu vernachlässigenden gesamtwirtschaftlichen Auswirkungen sind gesonderte Zinssätze zugrunde zu legen, die von den Ressorts aus gesamtwirtschaftlichen Kriterien abzuleiten und mit dem BMF abzustimmen sind.

Die Verwendung von gesonderten Zinssätzen bei Maßnahmen mit nicht zu vernachlässigenden gesamtwirtschaftlichen Auswirkungen ist in der Regel nur (im Rahmen der in Abschnitt C., V. 2. beschriebenen Kosten-Nutzen-Analyse) bei bestimmten gesamtwirtschaftlichen Projekten, bei denen Nutzen monetarisierbar sind (z.B. Bundesverkehrswege), erforderlich. Die Verwendung einer Kosten-Nutzen-Analyse wird nur in seltenen Fällen für den Einsatz bei Förderprogrammen angemessen sein (vgl. Abschnitt C., V. 3.).

### VIII. Abgrenzung der Wirtschaftlichkeitsuntersuchung zur Kosten- und Leistungsrechnung

Sowohl Wirtschaftlichkeitsuntersuchungen als auch Kosten- und Leistungsrechnungen dienen dem Ziel der Verbesserung der Wirtschaftlichkeit der Aufgabenwahrnehmung des Bundes.

Aufgabe der Kosten- und Leistungsrechnung ist die Erfassung, Verteilung und Zurechnung der Kosten, die bei der Erstellung bzw. Verwertung der Verwaltungsleistungen anfallen.

---

4 Seit 1999 werden die Personalkostensätze des Bundes für Kostenberechnungen/Wirtschaftlichkeitsuntersuchungen, die Sachkostenpauschale eines Arbeitsplatzes in der Bundesverwaltung für Kostenberechnungen/Wirtschaftlichkeitsuntersuchungen und die Kalkulationszinssätze für Wirtschaftlichkeitsuntersuchungen vom Bundesministerium der Finanzen (BMF) unter Mitwirkung des Bundesministeriums des Innern (BMI) herausgegeben. Sie können dem Internetangebot des BMF entnommen werden. Zinssätze für Kapitalmarkttransaktionen sind von diesem Rundschreiben nicht umfasst.

Unter Kosten versteht man den Wert verbrauchter Güter und in Anspruch genommener Dienstleistungen zur Erstellung von Leistungen. Ob dabei „Geld" ausgegeben wird oder nicht, ist für den Kostenbegriff unwesentlich.

Leistung ist Ausdruck für die Menge und den Wert der erzeugten Güter und Dienstleistungen. Dazu zählen Leistungen für Dritte (andere Verwaltungseinheiten, Bürger), aber auch solche, die intern selbst benötigt werden (z.B. Produkte der Hausdruckerei, des Archivs usw.).

Der Erfolg einer Periode kann durch die Gegenüberstellung von Kosten und Leistungen ermittelt werden.

Während die Kapitalwertrechnung im engeren Sinne im Rahmen der Wirtschaftlichkeitsuntersuchung unmittelbar entscheidungsorientiert ist, bildet die Kosten- und Leistungsrechnung den periodischen Ressourcenverbrauch ab und dient somit der permanenten Kostenkontrolle und der Kalkulation bestimmter Leistungen. Ein definierter „Betrachtungszeitraum" ist ihr deshalb fremd.

Werden Entscheidungen über finanzwirksame Maßnahmen getroffen, geht es um Entscheidungen über zukünftige Einnahmen und Ausgaben. Daten aus der Kosten- und Leistungsrechnung sollen daher für Wirtschaftlichkeitsuntersuchungen in der Regel nicht eingesetzt werden.

Die Kosten- und Leistungsrechnung kann dazu herangezogen werden, möglicherweise vorhandenen Optimierungsbedarf frühzeitig zu erkennen, welcher dann mithilfe einer Wirtschaftlichkeitsuntersuchung geprüft werden kann.

## IX. Vorgehensweise/Dokumentation

Durch die Dokumentation soll der sich aus der Wirtschaftlichkeitsuntersuchung ergebende Entscheidungsvorschlag nachvollziehbar und verständlich erläutert werden. Es empfiehlt sich gemäß der im Folgenden (vgl. Abschnitt C) beschriebenen Schritte bei der Durchführung einer Wirtschaftlichkeitsuntersuchung vorzugehen und dies entsprechend darzustellen. Die Dokumentation soll die erforderliche Transparenz für die Entscheidung schaffen. Es muss nachvollziehbar sein, wovon der Entscheidungsvorschlag abhängt. Insbesondere muss deutlich werden, wie sich aus den Zielen die relevanten Handlungsalternativen ableiten. Die Dokumentation der Arbeitsschritte, der Annahmen, der Datenherkunft und des Ergebnisses der Wirtschaftlichkeitsuntersuchung ist Voraussetzung für die anstehende Entscheidung sowie deren ggf. notwendiger Begründung, z.B. im Haushaltsaufstellungsverfahren gegenüber dem BMF oder dem Haushaltsgesetzgeber.

Es empfiehlt sich, insbesondere bei größeren Vorhaben, bereits zu einem frühen Zeitpunkt alle von der finanzwirksamen Maßnahme mittelbar oder unmittelbar betroffenen Bereiche zu beteiligen. Ressourcenengpässen, Fehleinschätzungen und ungenügender Berücksichtigung von Handlungsalternativen kann so frühzeitig entgegengewirkt werden.

## C. Die wesentlichen Arbeitsschritte einer Wirtschaftlichkeitsuntersuchung in der Planungsphase einer finanzwirksamen Maßnahme

### I. Zeitpunkte, Anforderungen im Überblick

§ 7 Abs. 2 BHO verlangt für alle finanzwirksamen Maßnahmen die Durchführung angemessener Wirtschaftlichkeitsuntersuchungen. Je komplexer und langfristiger eine vorgesehene Maßnahme ist, umso komplexer wird auch die Wirtschaftlichkeitsuntersuchung sein.

Ihr Einsatz ist des Weiteren zu unterschiedlichen Zeitpunkten erforderlich.

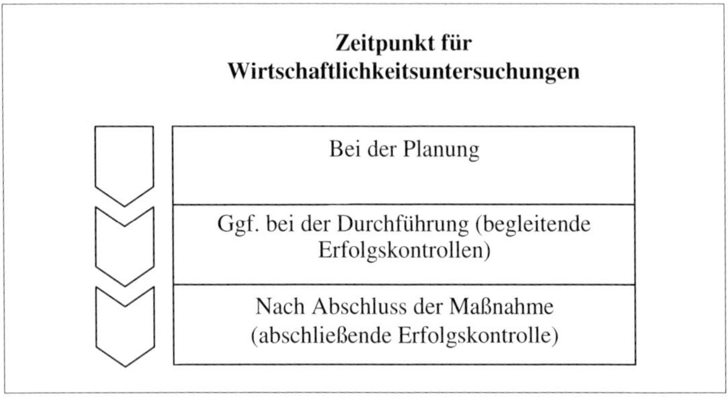


Wirtschaftlichkeitsuntersuchungen sind durchzuführen, bevor Entscheidungen getroffen werden, die finanzielle Auswirkungen haben. Sie sind daher auch vor der Einleitung von Vergabeverfahren durchzuführen. Vergabeverfahren/ Rahmenvereinbarungen ersetzen nicht eine vorherige Wirtschaftlichkeitsuntersuchung.

Wirtschaftlichkeitsuntersuchungen sollen Entscheidungen vorbereiten, können sie aber nicht ersetzen.

Eine Wirtschaftlichkeitsuntersuchung in der Planungsphase enthält in der Regel Aussagen zu folgenden Teilaspekten:

- Analyse der Ausgangslage,
- aus der Erfüllung notwendiger Aufgaben des Bundes abgeleitete Ziele (ggf. daraus abgeleitete Teilziele) und mögliche Zielkonflikte (auch bedingt durch die Ziele anderer finanzwirksamer Maßnahmen),
- Betrachtungszeitraum unter Berücksichtigung des Zeitplanes für die Durchführung der Maßnahme,
- Aufzeigen relevanter Handlungsalternativen (einschließlich dem „Fortführungsfall“, das heißt, wenn keine besondere Maßnahme erfolgt),

- Prüfung der Eignung der einzelnen Handlungsalternativen zur Erreichung der Ziele unter Einbeziehung der rechtlichen, organisatorischen und personellen Rahmenbedingungen,
- ausführliche Darstellung der weiter zu verfolgenden Handlungsalternativen und ihrer Rahmenbedingungen, Nutzen, monetären und ggf. nicht-monetären Aspekte,
- Berücksichtigung der Risiken und der Risikoverteilung bei den einzelnen Handlungsalternativen,
- Sensitivitätsanalyse zur Darstellung wie sich die der Wirtschaftlichkeitsuntersuchung zugrunde liegenden Annahmen verändern müssten um eine andere Handlungsalternative vorteilhafter werden zu lassen, bzw. Szenarioanalyse zu den einzelnen Handlungsalternativen,
- vollständige finanzielle Auswirkungen auf den Haushalt,
- Ergebnis und Entscheidungsempfehlung,
- Kriterien und Verfahren für Erfolgskontrollen.

Bei einfachen Maßnahmen (z.B. kleinen Beschaffungsvorgängen) können einzelne Punkte entfallen, sofern die Nachvollziehbarkeit nach wie vor gewahrt wird.

Bei Maßnahmen, die sich über mehr als zwei Jahre erstrecken, und in sonstigen geeigneten Fällen (wenn eine Einflussnahme auf den weiteren Fortgang angezeigt erscheint) sind nach individuell festzulegenden Laufzeiten oder zu Zeitpunkten, an denen abgrenzbare Ergebnisse oder Teilrealisierungen einer Maßnahme zu erwarten sind, begleitende Erfolgskontrollen durchzuführen (vgl. VV Nr. 2.2 zu § 7 BHO). Wie oft diese durchzuführen sind, ist von den Erfordernissen des Einzelfalls abhängig, insbesondere auch im Hinblick auf die gesamten Projektkosten.

Hinzu kommt die fortlaufende gezielte Sammlung und Auswertung von Hinweisen und Daten zur ergänzenden Beurteilung der Entwicklung einer Maßnahme (laufende Beobachtungen vgl. VV Nr. 2.2 zu § 7 BHO). Diese ist jedoch im Gegensatz zur begleitenden Erfolgskontrolle kein umfassendes und systematisch angelegtes Prüfverfahren.

Alle Maßnahmen sind nach ihrer Beendigung einer Erfolgskontrolle zur Überprüfung des erreichten Ergebnisses zu unterziehen (abschließende Erfolgskontrolle – vgl. VV Nr. 2.2 zu § 7 BHO).

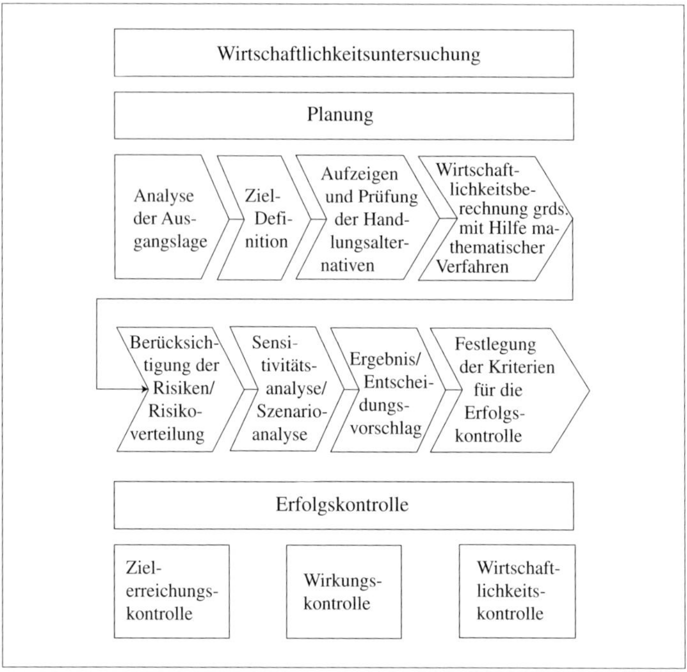
Wirtschaftlichkeitsuntersuchung
Planung
Analyse der Ausgangslage
Ziel-Definition
Aufzeigen und Prüfung der Handlungsalternativen
Wirtschaftlichkeitsberechnung grds. mit Hilfe mathematischer Verfahren
Berücksichtigung der Risiken/Risikoverteilung
Sensitivitätsanalyse/Szenarioanalyse
Ergebnis/Entscheidungsvorschlag
Festlegung der Kriterien für die Erfolgskontrolle
Erfolgskontrolle
Zielerreichungskontrolle
Wirkungskontrolle
Wirtschaftlichkeitskontrolle

## II. Analyse der Ausgangslage

### 1. Analyse des Ist-Zustands

Der Ist-Zustand ist zu erfassen sowie verständlich und vollständig darzustellen. Dabei sind mit angemessenem Aufwand alle Aspekte zu ermitteln und zu dokumentieren, die im Zusammenhang mit den Zielen der finanzwirksamen Maßnahme die Höhe der derzeitigen Einnahmen und Ausgaben direkt oder indirekt beeinflussen (z.B. Personal, Material, Infrastruktur, Betrieb, Arbeitsabläufe).

Die Darstellung des Ist-Zustandes ist – aus Gründen der Angemessenheit und Nachvollziehbarkeit – nicht mit unnötigen Details oder Erläuterungen zu überfrachten. Es muss jedoch möglich sein, alle finanziellen Auswirkungen der in der Wirtschaftlichkeitsuntersuchung betrachteten Handlungsalternativen von der Ausgangslage abzuleiten.

### 2. Analyse sich bereits abzeichnender Entwicklungen

Bei der Analyse der Ausgangslage wird es häufig sinnvoll und notwendig sein, nicht nur den gegenwärtigen Ist-Zustand, sondern auch frühzeitig eine sich abzeichnende Entwicklung zu analysieren.

## III. Ziele, mögliche Zielkonflikte und notwendige Ausgaben

Die Darstellung der Ziele ist die Grundlage jeder Wirtschaftlichkeitsuntersuchung. Dabei sollten, insbesondere bei längerfristigen Maßnahmen, ggf. mögliche Änderungen mit berücksichtigt werden.

Es empfiehlt sich zunächst, die maßgeblichen Ziele der finanzwirksamen Maßnahme zu sammeln und zu strukturieren. Häufig werden die Ziele so allgemein formuliert sein, dass aus ihnen möglichst konkrete Teilziele als Unterziele abgeleitet werden müssen. Die Herleitung der Ziele einer finanzwirksamen Maßnahme sollte nachvollziehbar und schlüssig begründet sein. Der damit verbundene Aufwand sollte in jedem Fall im Verhältnis zur finanzwirksamen Maßnahme angemessen sein.

Gemäß § 6 BHO dürfen bei der Aufstellung und Ausführung des Haushaltsplans nur die Ausgaben und Verpflichtungsermächtigungen berücksichtigt werden, die zur Erfüllung der Aufgaben des Bundes notwendig sind. Alle finanzwirksamen Maßnahmen müssen zur Erfüllung der Aufgaben des Bundes notwendig sein. Das bedeutet, dass Ziele von finanzwirksamen Maßnahmen aus diesen Aufgaben abgeleitet werden müssen. Es ist zu beschreiben, was mit einer finanzwirksamen Maßnahme erreicht werden soll und warum dies unter Einbeziehung des Ressourcenverbrauchs notwendig und nicht auch ein „Weniger“ ausreichend ist.

Konflikte durch sich ausschließende Ziele sollten bereinigt werden, da sie später ein sinnvolles Lösungskonzept verhindern.

Das Festhalten an konkurrierenden Zielen (überwiegend bei gesamtwirtschaftlichen Maßnahmen relevant) ist zwar grundsätzlich möglich, erschwert allerdings den Projekterfolg, da durch die infrage kommenden Handlungsalternativen nicht alle Zielvorgaben erreicht werden können. Die sich hieraus ergebenden Auswirkungen sind transparent zu machen.

Nur wenn die Ziele inhaltlich und mengenmäßig ausreichend konkretisiert und vollständig sind, kann hierauf aufbauend geprüft werden, welche der relevanten Handlungsalternativen die Ziele erreichen und welche Handlungsalternative die wirtschaftlichste darstellt. In die Prüfung sind die rechtlichen, organisatorischen und personellen Rahmenbedingungen einzubeziehen.

Es ist sinnvoll, sich bei der Konkretisierung von Zielen an folgenden Grundelementen zu orientieren. Die Ziele sollten:

- lösungsneutral sein und möglichst funktional formuliert werden, das heißt, die Wege zur Erreichung der Ziele dürfen nicht vorweg genommen werden,
- vollständig sein, das heißt, sie sollten alle wichtigen Anforderungen enthalten,
- maßnahmenbezogen sein, das heißt, die Erfüllung muss durch die Maßnahme bewirkt und nicht nur als Nebenwirkung angestrebt werden,
- umsetzbar sein,
- möglichst präzise und verständlich sein, ggf. Aussagen zu Mengen, Volumina und Zeitrahmen enthalten. So können beispielsweise folgende Fragestellungen zur Konkretisierung von Zielen beitragen:
  - Wie viel Personal muss über die Jahre voraussichtlich ausgebildet werden?
  - Was soll das ausgebildete Personal hinterher können?
  - Bis wann soll was erledigt sein?
- sich dabei am zu erreichenden Mindesterfordernis orientieren.

Bei der Erarbeitung der Ziele sollten – zumindest bei komplexen finanzwirksamen Maßnahmen – die Fachabteilungen die Entscheidungsträger beraten. Dabei sollten auch die aus Erfolgskontrollen vergleichbarer finanzwirksamer Maßnahmen gewonnenen Erkenntnisse mit berücksichtigt werden.

Nicht monetäre Ziele stellen häufig Mindestanforderungen dar, die nicht unterschritten werden dürfen.

Im Idealfall ist es möglich, einen Mindestzielerreichungsgrad für alle Ziele zu definieren. Soweit gleichzeitig die übrigen mit der finanzwirksamen Maßnahme verbundenen Aspekte monetär erfassbar und anhand von Kapitalwerten darstellbar sind, ist allein der Kapitalwert der Handlungsalternativen, die alle Ziele erfüllen, miteinander zu vergleichen und als Entscheidungsvorschlag (vgl. Abschnitt C, VIII.) vorzulegen. In diesem Fall wäre dann keine Nutzwertanalyse erforderlich.

Teilweise lassen sich jedoch aus übergeordneten (politischen) Zielen nur schwer konkrete Mindestwerte ableiten. In diesem Fall kann die Gegenüberstellung der jeweiligen Zielerreichungsgrade der relevanten Handlungsalternativen anhand einer Nutzwertanalyse zweckdienlich sein [vgl. Abschnitt C, V. 1. b)].

Bei der Festlegung der Ziele sind möglicherweise infrage kommende realistische Handlungsalternativen mit zu berücksichtigen.

## IV. Relevante Handlungsalternativen

### 1. Ermittlung der relevanten Handlungsalternativen

Um eine wirtschaftliche Lösung zu erzielen, ist es von zentraler Bedeutung, dass zunächst sämtliche zur Zielerreichung grundsätzlich möglichen Handlungsalternativen ermittelt werden. Dabei sind alle denkbaren Möglichkeiten in Betracht zu ziehen und die gesamte Art und Weise der derzeitigen Bedarfsdeckung kritisch zu hinterfragen.

Anschließend sind diejenigen Handlungsalternativen als ungeeignet auszusondern, die offensichtlich die Erreichung sämtlicher Ziele (soweit keine konkurrierenden Ziele vorliegen)

- nicht gewährleisten,
- rechtlich unzulässig oder
- nicht realisierbar sind.

Vorabfestlegungen jährlicher Ausgabenobergrenzen oder fehlende Haushaltsmittel sind kein Aussonderungsgrund.

Eine Wirtschaftlichkeitsuntersuchung muss als Ergebnis die wirtschaftlichste Handlungsalternative als Entscheidungsvorschlag unterbreiten.

Die Aussonderung von Handlungsalternativen ist entsprechend der vorstehenden Ausführungen zu begründen und zu dokumentieren.

### 2. Darstellung der relevanten Handlungsalternativen

Die verbleibenden Handlungsalternativen sind ausführlich darzustellen.

Dabei sind alle entscheidungserheblichen Gesichtspunkte aufzuführen, z.B. auch möglicherweise entstehende Abhängigkeiten von industriellen Partnern. Die voraussichtlichen Einnahmen und Ausgaben dieser Handlungsalternativen sind vollständig zu ermitteln. Ausgangspunkt einer solchen Ermittlung ist im Regelfall die Ausgangslage. Auf dieser Grundlage ist sodann zu klären, wovon die zukünftigen Einnahmen und Ausgaben der Handlungsalternativen abhängen

In geeigneten Fällen ist privaten Anbietern die Möglichkeit zu geben darzulegen, ob und inwieweit sie staatliche Aufgaben oder öffentlichen Zwecken dienende wirtschaftliche Tätigkeiten nicht ebenso gut oder besser erbringen können (Interessenbekundungsverfahren gem. § 7 Abs. 2 Satz 3 BHO).[5]

Zu den zu betrachtenden Ausgaben gehören auch die Ausgaben für vorhandene Ressourcen, die auf der Basis der einzelnen Alternativen nicht mehr benötigt werden und die nicht sofort oder nur sukzessive abgebaut werden können

5 Vgl. zum Interessenbekundungsverfahren VV Nr. 3 zu § 7 BHO.

(sog. „Remanenzausgaben"). Diese sind in der Wirtschaftlichkeitsuntersuchung zu berücksichtigen, solange sie anfallen (z.B. Ausgaben für vorhandenes Personal, Infrastruktur oder Sonstiges). Sie fallen nicht mehr an, wenn die nicht mehr benötigten Ressourcen haushaltswirksam abgebaut oder für eine andere finanzwirksame Maßnahme benötigt werden, für die andernfalls Neueinstellungen oder Neubeschaffungen vorgenommen werden müssten[6].

Alle Wirtschaftlichkeitsuntersuchungen enthalten in der Planungsphase zwingend Annahmen. Alle Annahmen sind als solche ausdrücklich zu nennen. Es ist zu erläutern, warum die getroffenen Annahmen in der gewählten Ausprägung sachgerecht sind. Es sind für alle Handlungsalternativen einheitliche und vergleichbare Annahmen zu wählen. Ggf. ist darzustellen, warum eine Annahme in einer Handlungsalternative nicht oder nur in abgewandelter Form zugrunde gelegt werden kann.

### V. Wirtschaftlichkeitsberechnung bzw. -bewertung

Zur Verfügung stehen grundsätzlich einzelwirtschaftliche und gesamtwirtschaftlich orientierte Verfahren.

#### 1. Einzelwirtschaftliche Verfahren

In dieser Arbeitsanleitung wird auf die Kapitalwertmethode (ggf. in Verbindung mit einer Nutzwertanalyse) als die im Regelfall zweckmäßigste Methode näher eingegangen. Dies schließt die Verwendung von anderen Methoden nicht generell aus.

#### a) Kapitalwertmethode als monetäre Berechnungsmethode

Die Kapitalwertmethode ist immer dann anzuwenden, wenn

- die Einnahmen und Ausgaben zu mehreren unterschiedlichen Zeitpunkten erfolgen,
- die Zahlungsströme bei den betrachteten Alternativen unterschiedlich hoch und
- mehrjährige Betrachtungen vorzunehmen sind.

In der Regel wird bei unterjährigen Maßnahmen ohne Bezug zum Kapitalmarkt mit geringem finanziellem Volumen eine Diskontierung der verschiedenen Zahlungen nicht entscheidungsrelevant sein. In diesen Fällen ist ein reiner Einnahmen- und Ausgabenvergleich ausreichend.

Bei der Kapitalwertmethode werden alle künftigen Ein- und Auszahlungen auf den gleichen Zeitpunkt (i.d.R. der Bezugszeitpunkt im aktuellen Jahr) hin abgezinst und damit als Kapitalwert vergleichbar gemacht. Dabei sollte als Bezugszeitpunkt der Entscheidungszeitpunkt gewählt werden.

---

6 Dies ist dann Gegenstand einer Wirtschaftlichkeitsuntersuchung für die andere finanzwirksame Maßnahme.

Für die Berechnung des Kapitalwertes sind alle voraussichtlichen Ein- und Auszahlungen im gesamten Betrachtungszeitraum der Wirtschaftlichkeitsuntersuchung zu ermitteln. Annahmen zu Preisentwicklungen, die zum Beispiel über die Ableitung von Indizes des Statistischen Bundesamts ermittelt werden, sind in der Wirtschaftlichkeitsuntersuchung explizit auszuweisen (zu der Behandlung von Restwerten vgl. Abschnitt B, V.).

Die Einzahlungen sollten positiv und die Auszahlungen negativ dargestellt werden. Der Abzinsungsfaktor (vgl. Abschnitt F, Tabelle 1.1) ergibt sich aus der Formel:

$$Abzinsungsfaktor = \frac{1}{\left(1 + \frac{p}{100}\right)^n}$$

mit p = Kalkulationszinssatz
n = Anzahl der Jahre zwischen Bezugszeitpunkt und Zahlung
Barwert = Zeitwert × Abzinsungsfaktor

Zahlungen, die vor dem Bezugszeitpunkt fällig sind, müssen entsprechend aufgezinst werden (vgl. Abschnitt F, Tabelle 1.2).[7] Bereits getätigte Zahlungen, die nicht entscheidungsrelevant sind, werden nicht einbezogen.

Sofern die laufenden Zahlungen nicht zum Ende des Jahres fällig sind, kann dies durch Multiplikation des Barwertes mit einem Korrekturfaktor berücksichtigt werden (vgl. Abschnitt F, Tabelle 2.2).

Wenn es absehbar entscheidungsrelevant ist, sollten die Abzinsungen genauer (z.B. monatsgenau oder noch präziser) vorgenommen werden.

### aa) Diskontierungszinssatz

Der für die jeweilige Fallgruppe anzuwendende nominale Kalkulationszinssatz für die Diskontierung wird vom BMF herausgegeben (vgl. Abschnitt B, VII.).

### ab) Die Berechnung des Kapitalwertes im Einzelnen

(1) Erfassung der einmaligen Ein- und Auszahlungen
Einmalige Ausgaben sind mit dem vollen Betrag im Jahr der Auszahlung anzusetzen. Einzahlungen, z.B. aus dem Verkauf von Gegenständen, sind entsprechend einzutragen. Für jede der Ein- und Auszahlungen ist der Barwert mittels des Abzinsungsfaktors zu ermitteln. Dieser kann aus Tabelle 1.1 (Abschnitt F) entnommen oder anhand der oben genannten Formel berechnet werden.

7 Dies ist nicht erforderlich, wenn der Bezugszeitpunkt auf den Entscheidungszeitpunkt fällt.

*Beispiel:*
*Eine Zahlung über 100 000 €, fällig in zwei Jahren, hat bei 7% Kalkulationszinssatz einen Barwert von 87 000 € (100 000 € × Abzinsungsfaktor 0,87).*

(2) Erfassung der laufenden Ein- und Auszahlungen
Bei jährlich unterschiedlichen Beträgen sind die Jahresbeträge der Einzahlungen und Auszahlungen für jedes Jahr des betrachteten Zeitraumes mit dem für das Jahr geltenden Abzinsungsfaktor aus Tabelle 1.1 (Abschnitt F) zu multiplizieren und ergeben jeweils wiederum den Barwert des betreffenden Jahres. Die Summe aller Barwerte der einzelnen Jahre ergibt den Barwert der betreffenden Position.

Bei jährlich gleich bleibenden Beträgen vereinfacht sich die Berechnung durch Benutzung des (Renten-) Barwertfaktors (vgl. Abschnitt F, Tabelle 2.1), der die Zwischenberechnung der Barwerte pro Jahr überflüssig macht.

*Beispiel:*
*Eine Gehaltszahlung von 70 000 € jährlich über zehn Jahre hat bei 4% Abzinsung einen Barwert von 567 700 € (70 000 € × Barwertfaktor 8,11).*

(3) Ergebnisermittlung[8]
Der Kapitalwert der Maßnahme ergibt sich als Summe der Barwerte aller Positionen. Ist der Kapitalwert positiv, so ist die Maßnahme absolut wirtschaftlich. Absolute Wirtschaftlichkeit ist bei Maßnahmen der Bedarfsdeckung der Verwaltung in der Regel nicht erreichbar.

Sind zwei oder mehrere Alternativen zu vergleichen, so ist diejenige mit dem höchsten Kapitalwert vorteilhafter (relative Wirtschaftlichkeit). Entscheidend ist die relative Wirtschaftlichkeit zwischen mehreren Alternativen.

Werden nur Auszahlungen oder negative Kapitalwerte (Auszahlungen sind höher als Einzahlungen) betrachtet, so ist die Alternative mit dem betragsmäßig niedrigsten negativen Kapitalwert wirtschaftlicher (z.B. ist –10 > –100). Auch eine Alternative mit negativem Kapitalwert kann somit die wirtschaftlichste aller relevanten Handlungsalternativen sein. Die relative Wirtschaftlichkeit der Variante mit dem am wenigsten negativen Kapitalwert stellt den Regelfall in der Verwaltung dar.

---

8 Bei der Ermittlung der Wirtschaftlichkeit muss auch die jeweilige Zielerreichung mit berücksichtigt werden (vgl. Tz. V. 1. c). Wenn an dieser Stelle der Begriff „wirtschaftlich" verwendet wird, so wird hier aus Vereinfachungsgründen von gleicher Zielerreichung der Handlungsalternativen ausgegangen.

*Beispiel:*

| *Nr.* | *Ein-/Auszahlungen* | *Jahr 0*[9] | *Jahr 1* | *Jahr 2* |
|---|---|---|---|---|
| *1* | *Investitionsausgaben* | *–100 000* | | |
| *2* | *laufende Personalausgaben 1* | | *–15 000* | *–15 000* |
| *3* | *laufende Personalausgaben 2* | | *–5 000* | *–4 000* |
| *4* | *laufende Sachausgaben 1* | | *–10 000* | *–9 000* |
| *5* | *Einnahmen aus Verkäufen (Restwert)* | | | *1 000* |

*Kapitalwertberechnung anhand der oben beschriebenen Vorgehensweise (Schritte (1) bis (3) bei p=4% aus BMF-Rundschreiben):*

| | *Jahr 0* |
|---|---|
| *Barwert Zahlung Nr. 1 [vgl. Schritt (1)]* | *–100 000* |
| *Barwert Zahlung Nr. 2 (laufende Personalausgaben 1) mittels Rentenbarwertfaktor [vgl. Schritt (2)]* | *–28 292 [–15 000 × 1,8861]* |

*Barwerte aus Zahlungen Nr. 3 bis 5:*

| | *Jahr 0* | *Jahr 1* | *Jahr 2* |
|---|---|---|---|
| *Summe Zahlungen Nr. 3 bis 5* | *0* | *–15 000* | *–12 000* |
| *Barwert je Jahr* | *0* | *–14 423 [–15 000 × 0,9615]* | *–11 095 [–12 000 × 0,9246]* |
| *Summe Barwerte Nr. 3 bis 5* | *–25 518* | | |
| ***Kapitalwert [vgl. Schritt (3)]*** | *–153 810* | | |

9 Bezugszeitpunkt.

*Beispiel:*
*Ein komplexes Beispiel mithilfe eines Tabellenkalkulationsprogramms unter Anwendung der Zinssätze der Zinsstrukturkurve.*

| Nr. | Ein-/Auszahlungen | Jahr 0 | Jahr 1 | Jahr 2 | Jahr 3 | Jahr 4 | Jahr 5 | Jahr 6 | Jahr 7 |
|---|---|---|---|---|---|---|---|---|---|
| 1 | Investitionsausgaben | -100 000 | | | | | | | |
| 2 | laufende Personalausgaben 1 | | -15 000 | -15 000 | -15 000 | -15 000 | -15 000 | -15 000 | -15 000 |
| 3 | laufende Personalausgaben 2 | | -5 000 | -4 000 | -4 000 | -5 000 | -4 000 | -3 000 | -5 000 |
| 4 | laufende Sachausgaben 1 | | -10 000 | -9 000 | -7 500 | -10 000 | -9 000 | -7 000 | -10 000 |
| 5 | Einnahmen aus Verkäufen (Restwert) | | | | | | | | |
| Zinssatz lt. Zinsstrukturkurve | | 0,00 | 0,65 | 1,12 | 1,55 | 1,94 | 2,29 | 2,59 | 2,87 |
| Formel zur Berechnung des Barwerts je Jahr | | $\frac{\text{Summe der Zahlungen je Jahr}}{(1+\frac{\text{Zinssatz lt. Zinsstrukturkurve}}{100})^{Jahr}}$ | | | | | | | |
| Barwert je Jahr | | -100 000 | -29 806 | -27 383 | -25 305 | -27 781 | -25 003 | -21 444 | -24 609 |

| Nr. | Ein-/Auszahlungen | Jahr 8 | Jahr 9 | Jahr 10 | Jahr 11 | Jahr 12 | Jahr 13 | Jahr 14 | Jahr 15 |
|---|---|---|---|---|---|---|---|---|---|
| 1 | Investitionsausgaben | | | | | | | | |
| 2 | laufende Personalausgaben 1 | -15 000 | -15 000 | -15 000 | -15 000 | -15 000 | -15 000 | -15 000 | -15 000 |
| 3 | laufende Personalausgaben 2 | -4 000 | -4 000 | -5 000 | -4 000 | -2 500 | -5 000 | -4 000 | -4 000 |
| 4 | laufende Sachausgaben 1 | -9 000 | -4 000 | -10 000 | -9 000 | -10 000 | -10 000 | -9 000 | -9 000 |
| 5 | Einnahmen aus Verkäufen (Restwert) | | | | | | | 35 000 | 50 000 |
| Zinssatz lt. Zinsstrukturkurve | | 3,11 | 3,31 | 3,49 | 3,65 | 3,78 | 3,89 | 3,98 | 4,05 |
| Formel zur Berechnung des Barwerts je Jahr | | $\frac{\text{Summe der Zahlungen je Jahr}}{(1+\frac{\text{Zinssatz lt. Zinsstrukturkurve}}{100})^{Jahr}}$ | | | | | | | |
| Barwert je Jahr | | -21 916 | -17 157 | -21 288 | -18 875 | -17 618 | -18 267 | 4 053 | 12 128 |
| **Kapitalwert** | | **-380 272** | | | | | | | |

### b) Nutzwertanalyse als nicht monetäre Methode

Anstelle der ausschließlich rechnerischen Ermittlung werden bei nicht monetären Methoden Vergleiche auf Basis von Bewertungspunkten zur Beurteilung eingesetzt. Bevor diese Überlegungen weiterverfolgt werden, sollte geprüft werden, ob eine Monetarisierung vollständig möglich ist.

Auf den ersten Blick nicht monetäre Aspekte haben vielfach einen monetär erfassbaren Einfluss auf das Ergebnis einer Wirtschaftlichkeitsuntersuchung. Beispielsweise kann sich die Qualität eines Wirtschaftsgutes auf dessen Langlebigkeit auswirken. Diese Langlebigkeit sollte dazu führen, dass weniger Ersatzbeschaffungen notwendig werden, was sich auch auf die monetäre Betrachtungsweise auswirken sollte.

Teilweise lassen sich jedoch aus übergeordneten (politischen) Zielen nur schwer konkrete Mindestwerte ableiten. In diesem Fall kann die Gegenüberstellung der jeweiligen Zielerreichungsgrade der relevanten Handlungsalternativen anhand einer Nutzwertanalyse zweckdienlich sein.

Es kann für den Entscheidungsträger daneben hilfreich sein, wenn zusätzlich zu deren prognostizierten monetären Auswirkungen die Darstellung von einzelnen Aspekten anhand einer Nutzwertanalyse erfolgt (z.B. Entfernung einer Dienststelle von einer anderen, vorgegebene Wartungsintervalle, etc.).

Der Einfluss nicht monetärer Aspekte auf das monetäre Ergebnis sollte in jedem Fall mit angemessenem Aufwand prognostiziert werden.

Die Durchführung einer Nutzwertanalyse umfasst folgende Schritte:

(1) Festlegung und Gewichtung der Bewertungskriterien
Die Kriterien, die zur Beurteilung der Maßnahme dienen, sind fachbereichsspezifisch festzulegen und entsprechend ihrer Bedeutung zu gewichten (Summe der Gewichte = 100) und zu dokumentieren. Die einzelnen Bewertungskriterien sollen sich nach Möglichkeit nicht überschneiden, da ansonsten eine unbeabsichtigte Mehrfachanrechnung erfolgen könnte. Die einzelnen Kriterien sollten sich zudem nicht widersprechen. Der je Kriterium benutzte Maßstab zur Beurteilung ist so genau wie möglich festzuhalten.

(2) Beurteilung der Handlungsalternative
Für jede Handlungsalternative wird beurteilt, ob ein Kriterium zutrifft, teilweise zutrifft oder nicht zutrifft. Entsprechend sind zwischen 0 und 10 Punkte zu vergeben. Es ist empfehlenswert, die Beurteilung von mindestens zwei Personen(-gruppen) unabhängig voneinander durchführen zu lassen und die Ursachen von ggf. auftretenden Abweichungen zu ermitteln und zu dokumentieren.

(3) Berechnung des Ergebnisses
Der Teilnutzen einer Handlungsalternative hinsichtlich eines Kriteriums ergibt sich durch Multiplikation der Punkte und deren Gewichtung. Der Nutzwert einer Handlungsalternative errechnet sich aus der Addition aller zugehörigen Teilnutzen und dient als Vergleichsmaßstab zur Bewertung der Alternativen untereinander.

*Beispiel:*
*Nutzwertanalyse (Teilnutzen = Gewicht × Punkte)*

| *Kriterium* | *Gewicht* | *Alternative 1* | | *Alternative 2* | |
|---|---|---|---|---|---|
| | | *Punkte* | *Teilnutzen* | *Punkte* | *Teilnutzen* |
| *A* | *25* | *5* | *125* | *7* | *175* |
| *B* | *25* | *7* | *175* | *4* | *100* |
| *C* | *50* | *6* | *300* | *8* | *400* |
| *Nutzwert* | | | *600* | | *675* |

### c) Zusammenfassung der monetären und der nicht monetären Bewertung

Im Anschluss ist die monetäre Bewertung mit den Ergebnissen der Nutzwertanalyse zusammenzufassen.

Um dem Entscheidungsträger eine ausreichende Grundlage für seine Entscheidung zu unterbreiten, ist das Ergebnis der monetären Betrachtung und der Nutzwertanalyse darzustellen und eine beschreibende Begründung für den Entscheidungsvorschlag damit zu verbinden. Dabei ist darauf zu achten, dass die Gewichtung der monetären Bewertung in einem angemessenen Verhältnis zu der Gewichtung der qualitativen Bewertung steht. Sofern das Ergebnis nach Nutzwerten konträr zum Ergebnis bei der monetären Bewertung ausfällt, ist ein darauf beruhender Entscheidungsvorschlag vertieft zu begründen.

Eine Verrechnung der monetären Werte mit den Ergebnissen der Nutzwertanalyse der einzelnen Alternativen ist nicht zulässig.

## 2. Kosten-Nutzen-Analyse als gesamtwirtschaftliches Verfahren

Die Kosten-Nutzen-Analyse ist das umfassendste Verfahren zur Wirtschaftlichkeitsuntersuchung. Anders als bei den einzelwirtschaftlichen Verfahren findet im allgemeinen eine gesamtwirtschaftliche Betrachtung statt, das heißt, alle positiven wie negativen Wirkungen der Maßnahme sind in Ansatz zu bringen, unabhängig davon, wo und bei wem sie anfallen. Je nach dem Grad der Erfassbarkeit und der Möglichkeit zur Monetarisierung lassen sich die aufzunehmenden Positionen gliedern in:

- direkte Kosten/Nutzen,
  die aufgrund verfügbarer Marktpreise direkt ermittelbar sind (z.B. die Investitionskosten beim Autobahnbau),
- indirekte Kosten/Nutzen,
  die erst über Vergleichsabschätzungen monetär zu ermitteln sind (z.B. die Lärmbelästigung durch eine Autobahn) und
- nicht monetarisierbare Kosten/Nutzen,
  die über eine Vorteils-/Nachteilsdarstellung oder eine Nutzwertanalyse zu bewerten sind (z.B. Veränderung des Landschaftsbildes).

Voraussetzung für den Einsatz der Kosten-Nutzen-Analyse ist eine für den Fachbereich spezifizierte Vorgabe, welche die Ziele, die zu erfassenden Maßnahmewirkungen, Bewertungsmaßstäbe etc. enthält, um die Erstellung einer Kosten-Nutzen-Analyse zu vereinfachen und eine übergreifende Vergleichbarkeit im Fachbereich sicherzustellen. Die Entwicklung dieser spezifischen gesamtwirtschaftlichen Vorgaben ist Aufgabe der jeweiligen Fachbereiche.

Zeitlich unterschiedlich anfallende Kosten und Nutzen sind durch eine Rechnung mit Kapitalwerten [vgl. entsprechend Abschnitt C, V. Nr. 1 a)] zu berücksichtigen.

Dabei gilt auch hier – wie bei dem einzelwirtschaftlichen Verfahren – [vgl. Abschnitt C, V. Nr. 1 b)], dass geprüft werden sollte, ob eine Monetarisierung nicht vollständig möglich ist (zum Diskontierungszinssatz vgl. Abschnitt B, VII.).

### 3. Vorgehensweise bei Förderprogrammen

Förderprogramme (z.B. sozialpolitische, familienpolitische, umweltpolitische Programme) haben oft primär Ziele, die sich einer monetären Bewertung entziehen. Die Programmziele sind i.d.R. allgemein verbal beschrieben (in Gesetzen, Regierungsbeschlüssen usw.) und müssen für ihre (wirtschaftliche) Umsetzung erst operationalisiert werden. Hierzu sind die Ziele in messbaren Größen, sog. Indikatoren bzw. Kennzahlen, abzubilden (z.B. über Umweltindikatoren, soziale Indikatoren, volkswirtschaftliche und demographische Indikatoren/Kennzahlen. Zur Bildung von Indikatoren vgl. Abschnitt C, VIII.). Die Zielerreichung bzw. der Zielerreichungsgrad wird, die Eignung der gewählten Indikatoren vorausgesetzt, so messbar.

Bei komplexen Maßnahmen kann eine Hierarchisierung der Ziele erforderlich sein (Teil- bzw. Unterziele). Bei der Operationalisierung sind auch mögliche Zielkonflikte (konkurrierende Ziele, gegenläufige bzw. sich ausschließende Ziele) zu identifizieren.

Förderprogramme, die nicht auf einer gesetzlichen Leistungspflicht beruhen, folgen wirtschaftlich häufig dem Maximalprinzip, das heißt, mit einem vorgegebenen Haushaltsansatz soll eine größtmögliche Wirkung im Sinne der Zielsetzung der Förderung erzielt werden. Es sollte in diesen Fällen stets geprüft werden, ob die Ziele hinreichend auch mit weniger Mitteln erreicht werden können. So wird der Nutzenzuwachs (Grenznutzen) bei steigendem Mitteleinsatz oft geringer, das heißt, der Nutzenzuwachs verläuft nicht linear zu den aufgewendeten Mitteln. Programme sollten deshalb stets in geeigneten Zeitabständen evaluiert werden (vgl. hierzu Abschnitt D, Erfolgskontrollen).

## VI. Berücksichtigung von Risiken und Risikoverteilung

Eine Bewertung der Risiken oder Risikokategorien[10] und deren Auswirkung ist notwendig, um die erwarteten, in der Kapitalwertmethode zu berücksichtigenden Ein- und Auszahlungen realitätsnah bestimmen zu können.

In der Planungsphase sind die realistischerweise zu erwartenden Werte für Ein- und Auszahlungen (Erwartungswerte)[11] mit angemessenem Aufwand zu ermitteln. Der „Erwartungswert“ soll das im Durchschnitt zu erwartende pro-

---

10 Für einige bedeutende Einzelrisiken oder Risikokategorien siehe beispielsweise „Leitfaden Wirtschaftlichkeitsuntersuchungen bei PPP-Projekten“ (BMF-Rds. II A 3 H 1000/06/0003 vom 20. August 2007).

11 Der **Erwartungswert** ist ein statistischer Fachbegriff (Stochastik). Er ergibt sich aus dem Mittelwert der empirisch gewonnenen Häufigkeitsverteilung bei gleichartigen Maßnahmen. Abweichungen vom Erwartungswert (positiv oder negativ) sind „zufällig“. Der Begriff wird hier in einem erweiterten Sinne verwendet, so dass er im Falle nicht oder nur mit unverhältnismäßig hohem Aufwand empirisch herleitbarer Werte auch fundierte (Experten-) Einschätzungen zur Höhe der erwarteten Ein- bzw. Auszahlungen mit umfasst.

jektspezifische Risiko beinhalten. Damit soll eine Über- oder Unterschätzung der zu erwartenden Ein- und Auszahlungen vermieden werden. Im Falle empirisch hergeleiteter Daten ist die Verwendung von Werten, die vom historischen (statistischen) Durchschnitt abweichen, zu begründen und zu dokumentieren.

Im Hinblick auf die Angemessenheit der Wirtschaftlichkeitsuntersuchung („Wirtschaftlichkeit der Wirtschaftlichkeitsuntersuchung") ist zwischen der Vorgehensweise bei finanziell bedeutsamen Maßnahmen und Maßnahmen mit geringerer finanzieller Bedeutung zu unterscheiden.

### 1. Vorgehensweise bei finanziell bedeutsamen Maßnahmen

Bei finanziell bedeutsamen Maßnahmen (z.B. Infrastruktur, Rüstung) sind die Erwartungswerte für die Ein- und Auszahlungen unter Berücksichtigung der zu erwartenden projektspezifischen Risiken zu bestimmen.

Bei finanziell bedeutsamen Maßnahmen mit langem Betrachtungszeitraum kann es im Einzelfall erforderlich sein, neben den sogenannten unsystematischen auch sogenannte systematische Risiken zu berücksichtigen.

#### a) Unsystematische Risiken

Anhand der im Folgenden beschriebenen Vorgehensweise sollen die Erwartungswerte für Ein- und Auszahlungen so gebildet werden, dass zum Entscheidungszeitpunkt nur noch zufällige positive oder negative Abweichungen von ihnen erwartet werden, das heißt, dass sie nur noch mit **unsystematischen Risiken** behaftet sind.

(1) Auflistung projektspezifischer Risiken[12]
Zu Beginn der Risikoanalyse sollten die mit den Handlungsalternativen verbundenen relevanten Risiken identifiziert und dokumentiert werden.

(2) Darstellung projektspezifischer Risiken anhand einer Risiko-Matrix

a) Festlegung der Bewertungsskalen
Zunächst sind Bewertungsskalen sowohl für die mögliche Eintrittswahrscheinlichkeit als auch für die potenzielle Schadenshöhe der einzelnen Risiken zu definieren, um auf einen einheitlichen Maßstab beruhende und nachvollziehbare Bewertungen sicherzustellen.

12 Beispiele sind etwa die Risikokategorien Planungsrisiken, Finanzierungsrisiken, Baurisiken, Betriebsrisiken, Verwertungsrisiken oder sonstige Leistungsstörungen.

*Beispiel einer Risiko-Matrix mit dreiteiliger Bewertungsskala (gering, mittel, hoch)*

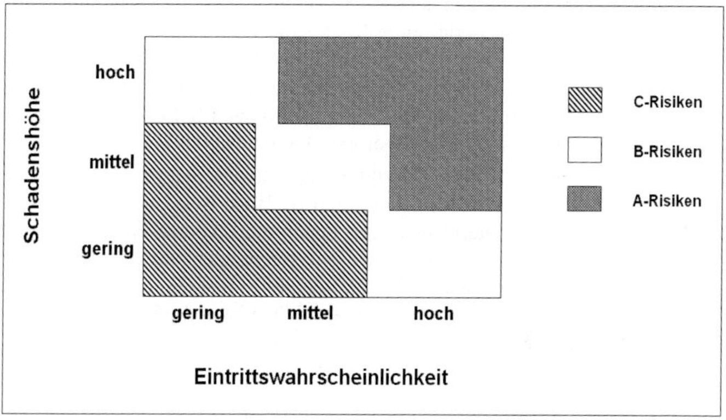


b) Kategorisierung der Risiken
In einem nächsten Schritt sind sowohl Eintrittswahrscheinlichkeiten als auch Schadenshöhe auf Basis der zuvor festgelegten Bewertungsskalen einzuschätzen. Aus der Kombination der Bewertungen von Eintrittswahrscheinlichkeit und Schadenshöhe lässt sich die Zuordnung der Einzelrisiken zu einer der zuvor definierten Risikogruppen (z.B. C-Risiken) vornehmen; die projektspezifischen Risiken können demzufolge in bedeutende (A-Risiken) und weniger bedeutende Risiken (C-Risiken) eingeteilt werden.

(3) Quantifizierung der monetär bewertbaren Risiken
In einem weiteren Schritt ist zu entscheiden, welche Risiken im weiteren Verlauf quantitativ zu analysieren sind. Dies ist insbesondere bei Risiken der Fall, die in der Risikomatrix als bedeutend ausgewiesen sind.

Bei der Quantifizierung der Risiken sollte – sofern möglich – auf statistisch gesicherte Daten zurückgegriffen werden. Die Datenbasis, die der Quantifizierung zugrunde liegt, ist in der Wirtschaftlichkeitsuntersuchung nachvollziehbar darzustellen.

Zur Quantifizierung von Risiken können folgende Orientierungsgrößen herangezogen werden:

- möglicher Schaden bei Eintritt des Risikos, multipliziert mit der – ggf. abgeschätzten – Eintrittswahrscheinlichkeit
- Versicherungsprämien, soweit das Risiko durch Versicherungen versicherbar ist (unabhängig vom geltenden Grundsatz der Selbstdeckung, vgl. VV Nr. 11 zu § 34 BHO)

(4) Anpassung der Wirtschaftlichkeitsberechnung
Sofern und soweit die monetär betrachteten Risiken nicht in dem in (3) ermittelten Umfang bereits in den Erwartungswerten berücksichtigt wurden, sind die Erwartungswerte durch Risikozu- oder Risikoabschläge zu korrigieren. Die Risikozu- bzw. -abschläge sind bei den jeweiligen Positionen der Wirtschaftlichkeitsberechnung entsprechend ihres zeitlichen Auftretens zu berücksichtigen. Sodann ist die Wirtschaftlichkeitsberechnung mit den derart angepassten Werten erneut durchzuführen.

Bei Risiken, die in einer Handlungsalternative selbst getragen werden, im Regelfall allerdings zu versichern sind (z. B im Bereich der Infrastruktur: Gebäudeschäden/Untergang wegen Feuer, etc.), könnte eine monetäre Berücksichtigung durch den Ansatz entsprechender Versicherungsprämien (ggf. abzüglich von Verwaltungspauschalen) erfolgen. Die Herleitung der projektspezifischen Risikozu- und -abschläge ist in der Wirtschaftlichkeitsuntersuchung nachvollziehbar darzustellen.

*Beispiel [zu (1)-(4)]:*
*In einer relevanten Handlungsalternative werden die projektspezifischen Risiken zunächst identifiziert und dokumentiert. Anhand einer Risikomatrix wird aufgrund der Eintrittswahrscheinlichkeit und der damit verbundenen Schadenshöhe unter anderem das Risiko der „Überschreitung der Bauzeit“ als bedeutendes Risiko eingeschätzt und nachfolgend quantitativ analysiert.*

*Aus der Analyse ergibt sich:*

| **Risiko: „Überschreitung der Bauzeit“** | | |
|---|---|---|
| Über-/Unterschreitung um: | Schadenshöhe/Vorteilswert € | Wahrscheinlichkeit |
| – 6 Monate | – 1 000 000 | 10% |
| 0 | 0 | 80% |
| + 6 Monate | + 2 000 000 | 10% |

*Sofern und soweit diese monetären Auswirkungen durch die Über-/Unterschreitung der Bauzeit nicht in dem ermittelten Umfang bereits in den in die Wirtschaftlichkeitsuntersuchung eingestellten Werten berücksichtigt wurden, sind diese Werte durch Risikozu- oder Risikoabschläge zu korrigieren. Die Risikozu- bzw. -abschläge sind bei den jeweiligen Positionen der Wirtschaftlichkeitsberechnung entsprechend ihres zeitlichen Auftretens zu berücksichtigen. Durch dieses Vorgehen werden Erwartungswerte gebildet, von denen zum Entscheidungszeitpunkt nur noch zufällige positive oder negative Abweichungen erwartet werden.*

*Die Wahrscheinlichkeit der Bauzeitüberschreitung und die Schadenshöhe sind vorab ungewiss und müssen daher – beispielsweise auf der Grundlage von vorhandenen Datenbeständen – geschätzt werden.*

(5) Abgleich der Erwartungswerte
Abschließend ist nochmals kritisch zu hinterfragen, ob die so ermittelten „neuen" Erwartungswerte unter Berücksichtigung aller Umstände, das heißt, nicht nur der hier im Einzelnen anhand der monetären Risikobetrachtung [vgl. oben (3) und (4)] betrachteten Risiken, realistisch sind.

Im Ergebnis sollen möglichst nur noch zufällige Abweichungen von den Erwartungswerten für die Ein- und Auszahlungen zu erwarten sein.

Andernfalls sind die „neuen" Erwartungswerte erneut entsprechend zu korrigieren, und die Wirtschaftlichkeitsberechnung ist mit den korrigierten Werten nochmals durchzuführen.

**b) Systematische Risiken**

Neben den direkt mit der Realisierung des Projekts in Zusammenhang stehenden Risiken können auch solche Risiken eine Rolle spielen, die von den Projektbeteiligten nicht beeinflusst werden können und von gesamtwirtschaftlicher Relevanz sind. Diese sind allerdings nur in wenigen Ausnahmefällen – zum Beispiel bei großen Infrastrukturprojekten – von Bedeutung und im Einzelfall zu prüfen.

Systematische Risiken können über sogenannte „Sicherheitsäquivalente" (durch pauschale Zu- und Abschläge) berücksichtigt werden. Diese sind zu begründen. Wie die unsystematischen Risiken sind auch die systematischen Risiken über die Zahlungsströme zu berücksichtigen. Dabei sollten die systematischen Risiken aus Transparenzgründen separat ausgewiesen werden.

Zu- oder Abschläge zum Diskontierungszinssatz sind keine methodisch akzeptable Alternative.

**2. Vorgehensweise bei Maßnahmen mit geringerer finanzieller Bedeutung**

Auch bei Maßnahmen mit geringerer finanzieller Bedeutung (z.B. Beschaffungsmaßnahmen aus dem Bereich Materialverwaltung) sind die Erwartungswerte für die Ein- und Auszahlungen unter Berücksichtigung der zu erwartenden projektspezifischen Risiken zu ermitteln (vgl. Tz. VI. 1. a) oben).

Für die Ermittlung der Erwartungswerte kann in diesen Fällen auf angemessen begründete Einschätzungen zurückgegriffen werden. Es kann auch ausreichend sein, wenn die monetären Auswirkungen von Risiken oder Risikokategorien dabei (teilweise) zusammengefasst werden und keine durchgehende Trennung nach den monetären Auswirkungen einzelner Risiken oder Risikokategorien erfolgt.

Eine kurze Darstellung der mit den Handlungsalternativen verbundenen Risiken im Einzelnen [ggf. anhand einer Risiko-Matrix, vgl. Tz. VI. 2.a) (2)] ist jedoch in jedem Fall erforderlich.

Eine gesonderte Berücksichtigung systematischer Risiken ist nicht erforderlich.

### 3. Berücksichtigung der Risikoverteilung

Gemäß § 7 Abs. 2 Satz 2 BHO ist die mit den Maßnahmen verbundene Risikoverteilung in einer Wirtschaftlichkeitsuntersuchung zu berücksichtigen. Diese Vorschrift wurde mit Art. 4 Abs. 1 Nr. 1 des ÖPP-Beschleunigungsgesetzes vom 1. September 2005 eingeführt. Eine faire und angemessene Risikoverteilung zwischen der öffentlichen Hand und privaten Vertragsparteien im Sinne des § 7 Abs. 2 Satz 2 BHO ist Teil des Projektmanagements.

Grundsätzlich sollten die Risiken jeweils dem Partner zugeordnet werden, der sie auf Grund seiner Kompetenz am besten einschätzen und steuern kann.

Die Verteilung von Risiken zwischen der öffentlichen Hand und privaten Vertragsparteien setzt eine Analyse der Risiken selbst voraus (vgl. Tz VI. 1. oben).

## VII. Sensitivitätsanalyse und Szenarioanalyse

### 1. Sensitivitätsanalyse

Wenn das Ergebnis der Wirtschaftlichkeitsuntersuchung entscheidend von vergleichsweise unsicheren Annahmen abhängt, ist im Rahmen einer Sensitivitätsanalyse darzustellen,

- wann,
- wie und
- unter welchen Umständen

sich infolge der Abhängigkeit von getroffenen Annahmen das Ergebnis verändert und die Vorteilhaftigkeit der als wirtschaftlichste ermittelten Handlungsalternative zu Gunsten einer anderen Handlungsalternative verloren geht.

Im Rahmen der Sensitivitätsanalyse geht es nicht darum, die eigenen Annahmen wieder in Frage zu stellen. Es erfolgt daher auch keine Veränderung oder Anpassung der Wirtschaftlichkeitsberechnung; diese bleibt unverändert bestehen. Vielmehr soll ermittelt und dargestellt werden, ob und ggf. wann sich der Entscheidungsvorschlag zu Gunsten einer anderen Handlungsalternative ändern würde. Sind solche „sensitiven" Annahmen vorhanden, ist dies im Anschluss an das ermittelte Ergebnis darzustellen. Auf diese Weise schafft die Sensitivitätsanalyse Transparenz darüber, wie weit der Entscheidungsvorschlag von den in der Wirtschaftlichkeitsuntersuchung getroffenen Annahmen abhängt, bzw. wie weit die Werte von den angenommenen Werten abweichen dürfen, ohne dass sich das Ergebnis ändert.

Die Untersuchung der Empfindlichkeiten des Ergebnisses auf die Veränderung der wenig gesicherten Parameter der Rechnung über eine Skalierung (Abweichung um 5%, 10%, usw.) kann hilfreich sein.

Diese Überprüfung der getroffenen Annahmen setzt eine vollständige Dokumentation aller Annahmen voraus. Im Regelfall wird es angemessen sein, die jeweiligen Annahmen gesondert voneinander zu betrachten und auf deren ggf. vorhandene Abhängigkeit zueinander kurz einzugehen.

### 2. Szenarioanalyse

Bei finanziell bedeutsamen Maßnahmen empfiehlt sich die Durchführung einer Szenarioanalyse, um die Beziehung der Annahmen zueinander besser darstellen zu können.

Bei der Szenarioanalyse werden für ausgewählte Szenarien die bei den vergleichsweise unsicheren Annahmen zu berücksichtigenden Auf- und Abschläge festgelegt und im Zahlungsstrom rechnerisch berücksichtigt. Ratsam ist zumindest die Darstellung eines „Best-Case-Szenarios“ zur Beschreibung der unter realistischen Annahmen voraussichtlich günstigsten Projektentwicklung sowie eines „Worst – Case – Szenarios“.

### 3. Abgrenzung der Sensitivitätsanalyse und der Szenarioanalyse von der Berücksichtigung der Risiken und Risikoverteilung

Die monetäre Berücksichtigung der Risiken und Risikoverteilung wird regelmäßig eine erhebliche Anzahl von Annahmen enthalten, z.B. Eintrittswahrscheinlichkeit eines Risikos oder voraussichtliche Höhe eines Schadensereignisses. Erst nach Abschluss der Wirtschaftlichkeitsberechnung einschließlich Berücksichtigung der Risikoverteilung steht die wirtschaftlichste Handlungsalternative fest.

Danach wird auf dieser Grundlage im Rahmen der Sensitivitätsanalyse bzw. Szenarioanalyse geprüft, ob und wie Abweichungen von den getroffenen Annahmen den Entscheidungsvorschlag beeinflussen. Die daraus gewonnenen Erkenntnisse müssen im Rahmen einer Gesamtabwägung hinsichtlich der darin betrachteten Annahmen gewürdigt werden.

Die Sensitivitätsanalyse und Szenarioanalyse ändern den Entscheidungsvorschlag als solchen im Regelfall jedoch nicht.

## VIII. Ergebnis, Entscheidungsvorschlag und Festlegung von Kriterien zur Erfolgskontrolle

Jede Wirtschaftlichkeitsuntersuchung muss mit dem Ergebnis auch einen Entscheidungsvorschlag unterbreiten.

Beim Entscheidungsvorschlag ist die Frage zu beantworten, ob das beabsichtigte Ziel erreicht werden kann und wenn ja, mit welcher (wirtschaftlichsten) Handlungsalternative.

Stellt sich heraus, dass die wirtschaftlichste Handlungsalternative aufgrund von fehlenden Haushaltsmitteln nicht verfolgt werden kann, so ist dem im Rahmen der haushaltsrechtlichen Möglichkeiten durch Umschichtung von Haushaltsmitteln oder durch zeitliche Priorisierung von Maßnahmen zu begegnen.

Das Ergebnis muss auch die finanziellen Auswirkungen auf den Haushalt darstellen und einen Zeitplan für die Durchführung der Maßnahme sowie Kriterien und Verfahren für Erfolgskontrollen enthalten.

Auf die Aktualität der

- Ziele
- Datenbasis (einschließlich der Diskontierungszinssätze) und
- Annahmen

zum Entscheidungszeitpunkt ist zu achten, um eine belastbare Entscheidungsgrundlage zu erhalten.

Um Erfolgskontrollen durchführen zu können, sind, soweit die Ziele nicht selbst bereits messbare Mengen, Volumina oder Zeitrahmen enthalten, von den Zielen Indikatoren (im Sinne von Messgrößen) abzuleiten und festzulegen, anhand derer die spätere Bewertung der Maßnahme erfolgen soll.

*Beispiel:*
*Ziel: Kundenzufriedenheit auf einem für die Außenwirkung der Verwaltung akzeptablen Niveau; das heißt, mindestens x% aller Kunden sollen „zufrieden“ sein.*

*Das definierte Ziel „Kundenzufriedenheit“ kann nicht direkt, sondern nur über Indikatoren, wie z.B. die Auswertungsergebnisse von Fragebögen, die Rückschlüsse auf die Kundenzufriedenheit zulassen, erfasst werden.*

Bei der Auswahl von geeigneten Indikatoren ist auf deren Validität und Verlässlichkeit zu achten. Die Indikatoren müssen zum einen Aussagen über die Wirkung einer Maßnahme zulassen. Des Weiteren sollte sich die Aussagekraft des Indikators über die Wirkung einer Maßnahme nicht im Laufe der Zeit zu sehr verändern.

Es empfiehlt sich, einen auf das oder die zu erreichende(n) Ziel(e) zugeschnittenen Indikatorenkatalog zu erstellen. Dieser sollte hinreichend umfassend sein, um als ausreichende Grundlage für die spätere Erfolgskontrolle zur Verfügung zu stehen.

## D. Erfolgskontrolle

Die Erfolgskontrolle ist ein systematisches Prüfungsverfahren. Sie dient dazu, ggf. während der Durchführung (begleitende Erfolgskontrolle) und nach Abschluss (abschließende Erfolgskontrolle) einer Maßnahme ausgehend von der Planung, festzustellen,

- ob und in welchem Ausmaß (Zielerreichungsgrad) die angestrebten Ziele erreicht wurden (Zielerreichungskontrolle),
- ob die Maßnahme geeignet und ursächlich für die Zielerreichung war (Wirkungskontrolle) und
- ob die Maßnahme wirtschaftlich war (Wirtschaftlichkeitskontrolle).

Von der begleitenden Erfolgskontrolle ist die laufende Beobachtung zu unterscheiden. Im Gegensatz zum systematisch angelegten umfassenden Prüfungsverfahren der Erfolgskontrolle ist sie eine fortlaufende gezielte Sammlung und Auswertung von Hinweisen und Daten zur ergänzenden Beurteilung der Entwicklung einer Maßnahme (vgl. VV Nr. 2.2 zu § 7 BHO).

## I. Gegenstand und Zeitpunkt

Wie alle Wirtschaftlichkeitsuntersuchungen müssen auch Erfolgskontrollen der Verbesserung der Wirtschaftlichkeit der Aufgabenwahrnehmung des Bundes dienen.

Es soll Folgendes erreicht werden:

- Rechtzeitiges Erkennen von Um- und Nachsteuerungsbedarf (u.a. aufgrund von Veränderungen oder Fehleinschätzungen) sowie von Um- und Nachsteuerungsmöglichkeiten
  - im betrachteten Aufgabenbereich oder
  - in anderen, insbesondere vergleichbaren Aufgabenbereichen
- Erkenntnisgewinn für zukünftige Entscheidungen, insbesondere zur Verbesserung der Datentransparenz und Prognosefähigkeit
  - im betrachteten Aufgabenbereich oder
  - in anderen, insbesondere vergleichbaren Aufgabenbereichen
- Nachweis der Eignung und der Wirtschaftlichkeit getroffener Entscheidungen.

Erfolgskontrollen sind auch durchzuführen, wenn die Dokumentation in der Planungsphase unzureichend war. In diesem Fall sind die benötigten Informationen nachträglich zu beschaffen (vgl. VV Nr. 2.2 zu § 7 BHO).

Bei Maßnahmen, die sich über mehr als zwei Jahre erstrecken, und in sonstigen geeigneten Fällen sind nach individuell festzulegenden Laufzeiten oder zu Zeitpunkten, an denen abgrenzbare Ergebnisse oder Teilrealisierungen einer Maßnahme zu erwarten sind, begleitende Erfolgskontrollen durchzuführen (vgl. VV Nr. 2.2 zu § 7 BHO). Sie liefern vor dem Hintergrund zwischenzeitlich eingetretener ökonomischer, gesellschaftlicher und technischer Veränderungen die notwendigen Informationen für die Entscheidung, ob und wie die Maßnahme fortgeführt werden soll.

Methodisch gesehen besteht zwischen begleitender und abschließender Erfolgskontrolle kein Unterschied.

## II. Angemessenheit

Bei der Angemessenheit von Erfolgskontrollen und der Entscheidung über den zeitlichen Abstand von begleitenden Erfolgskontrollen zueinander ist zu beachten, dass eine Verbesserung der Wirtschaftlichkeit immer nur für die Zukunft erreicht werden kann.

Im Rahmen einer Erfolgskontrolle werden die bereits in der Planungsphase ermittelten Ziele bzw. die aus diesen abgeleiteten Indikatoren bewertet. Hierfür ist jeweils, möglichst schon in der Planungsphase, konkret zu klären und festzulegen, ob dies auch begleitend geschehen soll, ab wann Nachsteuerungsbedarf besteht und wie die Erkenntnisse zeitnah zu Steuerungsmaßnahmen führen sollten.

Die bei der Umsetzung der Maßnahme eingetretenen Risiken sind zu ermitteln und mit den in der Planungsphase prognostizierten Risiken zu vergleichen.

Eine solche Sammlung dient der Verbesserung der Prognosefähigkeit bei zukünftigen Wirtschaftlichkeitsuntersuchungen.

### III. Arbeitsschritte

#### 1. Zielerreichungskontrolle und Wirkungskontrolle

Ausgangspunkt für die Zielerreichungskontrolle und die Wirkungskontrolle sind die in der Planung festgelegten (Teil-) Ziele der Maßnahme, die, soweit erforderlich, auch anhand von Indikatoren beschrieben wurden. Diese Vorgaben sind mit den tatsächlich erreichten Werten zu vergleichen. Soweit die Nutzwertanalyse in der Planungsphase angewandt wurde, kann die Gegenüberstellung des geplanten und des erreichten Nutzwerts erfolgen.

Die Zielerreichungskontrolle und die Wirkungskontrolle sind die Grundlagen für die Wirtschaftlichkeitskontrolle. Im Gegensatz zur Wirtschaftlichkeitskontrolle lassen diese aber den Mitteleinsatz unberücksichtigt (vgl. nachfolgend 2.).

#### a) Zielerreichungskontrolle

Mit der Zielerreichungskontrolle wird durch einen Vergleich der ursprünglich geplanten (Teil-) Ziele mit der tatsächlich erreichten Zielrealisierung (Soll-Ist-Vergleich) festgestellt, welcher Zielerreichungsgrad zum Zeitpunkt der Erfolgskontrolle gegeben ist.

Dazu ist zunächst der Ist-Zustand der umgesetzten Maßnahme zu ermitteln, das heißt, eine aktuelle Darstellung der konkreten Mengen, Zeiten, Fristen, Rahmenbedingungen etc. In einem weiteren Schritt wird der Ist-Zustand dann mit dem Soll-Zustand verglichen.

Die Zielerreichungskontrolle bildet gleichzeitig den Ausgangspunkt von Überlegungen, ob die vorgegebenen Ziele nach wie vor Bestand haben. Haben sich die in der Planungsphase der Wirtschaftlichkeitsuntersuchung gesetzten Ziele verändert (z.B. Abbau des Personals, für das ein Bürogebäude erstellt werden soll, wodurch sich das Ziel „eine bestimmte Anzahl von Personen an einem bestimmten Standort unterzubringen“ verändert), muss dies bei allen zukünftigen Entscheidungen, für die die Erfolgskontrolle die Basis bilden soll, sowie in ähnlich gelagerten Fällen berücksichtigt werden.

#### b) Wirkungskontrolle

Im Wege der Wirkungskontrolle wird ermittelt, ob die Maßnahme für die Zielerreichung geeignet und ursächlich war.

Hierbei sind alle beabsichtigten und unbeabsichtigten Auswirkungen einschließlich eingetretener, in der Planungsphase nicht berücksichtigter, Risiken der durchgeführten Maßnahme in angemessenem Umfang zu ermitteln.

Stellt sich im Rahmen der Wirkungskontrolle heraus, dass die verfolgte Handlungsalternative die vorgegebenen (Teil-) Ziele erfüllt hat (z.B. konkrete

Mengen produziert, bestimmte Fristen eingehalten, etc.), aber trotzdem ungeeignet war, das Hauptziel (z.B. eine politisch beabsichtigte Wirkung) zu erreichen, so sind die Gründe hierfür zu dokumentieren. Die daraus ableitbaren Erkenntnisse sind im Rahmen einer begleitenden Erfolgskontrolle für Umsteuerungsprozesse zu nutzen.

## 2. Wirtschaftlichkeitskontrolle

Mit der Wirtschaftlichkeitskontrolle wird untersucht, ob

- der Vollzug der Maßnahme im Hinblick auf den Ressourcenverbrauch wirtschaftlich war (Vollzugswirtschaftlichkeit) und
- die Maßnahme im Hinblick auf die Hauptziele insgesamt wirtschaftlich war (Maßnahmenwirtschaftlichkeit).

### a) Vollzugswirtschaftlichkeit

Bei der Prüfung der Vollzugswirtschaftlichkeit wird festgestellt, ob die Maßnahme unter Berücksichtigung der Ergebnisse der Zielerreichungskontrolle mit dem in der Planungsphase antizipierten Ressourcenverbrauch durchgeführt wurde. Dabei ist der Ressourcenverbrauch möglichst zu monetarisieren.

Ausgangspunkt sind die in der Kapitalwertberechnung der Planungsphase (vgl. Abschnitt C, V.) prognostizierten Ein- und Auszahlungen. Hierdurch entstehen die Vergleichsmöglichkeiten zwischen

- den ursprünglichen Planungswerten der Maßnahme und den aktuellen Werten (Plan alt – Ist neu) und ggf.
- den alten Ist-Werten und den aktuellen Werten (Ist alt – Ist neu).

Es sind die tatsächlichen Ein- und Auszahlungen im Jahr der Zahlung anzusetzen. Abweichungen zwischen geplanten und tatsächlichen Ein- und Auszahlungen können resultieren aus

- Mehr-/Minderausgaben in den einzelnen Positionen,
- der zeitlichen Verschiebung von Zahlungen (z.B. bei verzögerter Inbetriebnahme) und
- über- oder unterdurchschnittlichen Preisveränderungen.

Die Abweichungen sind als Soll-Ist-Vergleich (geplante Werte/zum Zeitpunkt der Erfolgskontrolle erreichte Werte) festzuhalten. Wesentliche Abweichungen sind unter Berücksichtigung der Ergebnisse der Zielerreichungskontrolle zu erläutern.

*Beispiel:*
*Planung (vor Durchführung der finanzwirksamen Maßnahme)*

| *Nr.* | *Ein-/Auszahlungen* | *Jahr 0* | *Jahr 1* | *Jahr 2* |
|---|---|---|---|---|
| *1* | *Investitionsausgaben* | *–100 000* | | |
| *2* | *laufende Personalausgaben 1* | | *–15 000* | *–15 000* |

| *Nr.* | *Ein-/Auszahlungen* | *Jahr 0* | *Jahr 1* | *Jahr 2* |
|---|---|---|---|---|
| *3* | *laufende Personalausgaben 2* | | *–5 000* | *–4 000* |
| *4* | *laufende Sachausgaben 1* | | *–10 000* | *–9 000* |
| *5* | *Einnahmen aus Verkäufen (Restwert)* | | | *1 000* |

*Ist (nach Jahr 2):*

| *Nr.* | *Ein-/Auszahlungen* | *Jahr 0* | *Jahr 1* | *Jahr 2* |
|---|---|---|---|---|
| *1* | *Investitionsausgaben* | *–100 000* | | |
| *2* | *laufende Personalausgaben 1* | | *–12.550* | *–12 000* |
| *3* | *laufende Personalausgaben 2* | | *–5 200* | *–4 000* |
| *4* | *laufende Sachausgaben 1* | | *–11 500* | *–10 200* |
| *5* | *Einnahmen aus Verkäufen (Restwert)* | | | *2 000* |

Im Rahmen der begleitenden Kontrolle der Vollzugswirtschaftlichkeit ist in der Regel die oben dargestellte Analyse der Ist-Werte ausreichend, um die notwendigen Erkenntnisse für einen ggf. vorhandenen Nachsteuerungsbedarf zu gewinnen. Soll auf Grund der Ergebnisse der begleitenden Erfolgskontrolle die Maßnahme gegenüber der ursprünglichen Planung wesentlich verändert werden, z.B. durch Verzicht auf einzelne Leistungskomponenten, ist eine neue Wirtschaftlichkeitsuntersuchung durchzuführen. Darin sind die zum aktuellen Entscheidungszeitpunkt möglichen Handlungsalternativen zu ermitteln und gegenüberzustellen (vgl. ab Abschnitt C, IV.).

Die abschließende Erfolgskontrolle dient primär dem Erfahrungsgewinn. Ein Nachsteuern ist nicht mehr möglich. Auf eine Kapitalwertberechnung, das heißt Diskontierung der tatsächlichen Ein- und Auszahlungen, kann verzichtet werden, soweit keine zeitlichen Verschiebungen der Zahlungen im Vergleich zur ursprünglichen Planung erfolgt sind.

Um die Auswirkungen zeitlicher Verschiebungen feststellen zu können, sind die Zahlungsströme mit dem in der Planung angesetzten Kalkulationszinssatz zu diskontieren. Zeitlich verzögerte Auszahlungen würden bei dynamischer Betrachtung zunächst einen günstigeren Kapitalwert bewirken. Doch fallen bei verspätetem Beginn der Nutzungsphase in der Regel zusätzliche Ausgaben, z.B. bei Hochbaumaßnahmen Anmietungen oder späterer Wegfall von Mietausgaben, an, oder es werden gesetzte Ziele nicht erreicht [vgl. 1. a) Zielerreichungskontrolle].

*Beispiel:*
*Kapitalwertberechnung auf der Grundlage der Ist – Daten nach Tabelle 1.1 mit dem in der Planungsphase angesetzten Zinssatz von p = 4 % entsprechend den Schritten (1) – (3) (vgl. Abschnitt C, V.).*

| *Nr.* | *Ein-/Auszahlungen* | *Jahr 0* | *Jahr 1* | *Jahr 2* |
|---|---|---|---|---|
| *1* | *Investitionsausgaben* | *–100 000* | | |
| *2* | *laufende Personalausg. 1* | | *–12.550* | *–12 000* |
| *3* | *laufende Personalausg. 2* | | *– 5 200* | *– 4 000* |
| *4* | *laufende Sachausg. 1* | | *–11 500* | *–10 200* |
| *5* | *Einnahmen aus Verkäufen (Restwert)* | | | *2 000* |
| | *Summe Zahlung Nr. 1-5* | *–100 000* | *–29.250* | *–24 200* |
| | *Barwert je Jahr* | *–100 000* | *–28.364 [–29.250 × 0,9615]* | *–22.375 [–24 200 × 0,9246]* |
| | ***Kapitalwert*** | ***–150.739*** | | |

*Der auf der Grundlage der Ist – Daten errechnete Kapitalwert von –150 739 weicht von dem in der Planungsphase antizipierten Kapitalwert von – 153 810 um 3 071 ab.*

### b) Maßnahmenwirtschaftlichkeit

Bei der Prüfung der Maßnahmenwirtschaftlichkeit geht es darum, mit angemessenem Aufwand festzustellen, ob die Maßnahme im Hinblick auf die Hauptziele insgesamt wirtschaftlich war (z.B. Verbesserung der Einkommensverhältnisse einer bestimmten Region durch den Bau von 200 Autobahnkilometern). Hierzu wird das Verhältnis aller positiven und negativen Auswirkungen betrachtet, die mit der Maßnahme verbunden waren. Die Prüfung der Maßnahmewirtschaftlichkeit empfiehlt sich bei gesamtwirtschaftlichen Verfahren.

## E. Spezielle Empfehlungen und Regelungen für Wirtschaftlichkeitsuntersuchungen

Soweit besondere Empfehlungen und Regelungen für spezielle Fachthemen mit ressortübergreifender Bedeutung herausgegeben werden, sind diese zusätzlich zu den in Abschnitt A bis D enthaltenen grundsätzlichen Empfehlungen heranzuziehen. Hierzu gehören derzeit:

– BMF-Rundschreiben vom 20. August 2007 – II A 3 – H 1000/06/0003 – mit Leitfaden Wirtschaftlichkeitsuntersuchungen bei PPP-Projekten

- Beschluss Nr. 2015/3 des Rates der IT-Beauftragten der Ressorts vom 19. Februar 2015 zum „Konzept zur Durchführung von Wirtschaftlichkeitsbetrachtungen in der Bundesverwaltung, insbesondere beim Einsatz der IT (WiBe 5.0)“. Fundstelle: <http://www.cio.bund.de/SharedDocs/Publikationen/DE/Bundesbeauftragter-fuer-Informationstechnik/IT_Rat_Beschluesse /beschluss_2015_03.pdf?__blob=publicationFile>
- BMI Referat O1, Az. O1 – 12013/1#7
  www.orghandbuch.de (Organisationshandbuch bzw. Handbuch des Bundes für Organisationsuntersuchungen und Personalbedarfsermittlung) in der Fassung vom April 2016
- BMVBS-Schreiben vom 4. März 2005 – B 12-B 1406-00 – zur Bekanntgabe des Leitfaden „Energiespar-Contracting“
- BMVBS-Schreiben vom 16. Juli 2013 – B 10-8111.1/7 K 5 zur Bekanntgabe des Leitfadens „Wirtschaftlichkeitsuntersuchungen bei der Vorbereitung von Hochbaumaßnahmen des Bundes“

# F. Anlagen

## Ab-/Aufzinsungsfaktoren

Tabelle 1.1: Abzinsungsfaktoren

| Kalkulationszinssatz / Jahre | 1 | 2 | 3 | 4 | 5 | 6 | 7 | 8 | 9 | 10 | 11 | 12 | 13 | 14 | 15 |
|---|---|---|---|---|---|---|---|---|---|---|---|---|---|---|---|
| 2,0% | 0,9804 | 0,9612 | 0,9423 | 0,9238 | 0,9057 | 0,8880 | 0,8706 | 0,8535 | 0,8368 | 0,8203 | 0,8043 | 0,7885 | 0,7730 | 0,7579 | 0,7430 |
| 2,1% | 0,9794 | 0,9593 | 0,9396 | 0,9202 | 0,9013 | 0,8828 | 0,8646 | 0,8468 | 0,8294 | 0,8123 | 0,7956 | 0,7793 | 0,7632 | 0,7475 | 0,7322 |
| 2,2% | 0,9785 | 0,9574 | 0,9368 | 0,9166 | 0,8969 | 0,8776 | 0,8587 | 0,8402 | 0,8221 | 0,8044 | 0,7871 | 0,7702 | 0,7536 | 0,7374 | 0,7215 |
| 2,3% | 0,9775 | 0,9555 | 0,9341 | 0,9131 | 0,8925 | 0,8725 | 0,8528 | 0,8337 | 0,8149 | 0,7966 | 0,7787 | 0,7612 | 0,7441 | 0,7273 | 0,7110 |
| 2,4% | 0,9766 | 0,9537 | 0,9313 | 0,9095 | 0,8882 | 0,8674 | 0,8470 | 0,8272 | 0,8078 | 0,7889 | 0,7704 | 0,7523 | 0,7347 | 0,7175 | 0,7006 |
| 2,5% | 0,9756 | 0,9518 | 0,9286 | 0,9060 | 0,8839 | 0,8623 | 0,8413 | 0,8207 | 0,8007 | 0,7812 | 0,7621 | 0,7436 | 0,7254 | 0,7077 | 0,6905 |
| 2,6% | 0,9747 | 0,9500 | 0,9259 | 0,9024 | 0,8796 | 0,8573 | 0,8355 | 0,8144 | 0,7937 | 0,7736 | 0,7540 | 0,7349 | 0,7163 | 0,6981 | 0,6804 |
| 2,7% | 0,9737 | 0,9481 | 0,9232 | 0,8989 | 0,8753 | 0,8523 | 0,8299 | 0,8080 | 0,7868 | 0,7661 | 0,7460 | 0,7264 | 0,7073 | 0,6887 | 0,6706 |
| 2,8% | 0,9728 | 0,9463 | 0,9205 | 0,8954 | 0,8710 | 0,8473 | 0,8242 | 0,8018 | 0,7799 | 0,7587 | 0,7380 | 0,7179 | 0,6984 | 0,6794 | 0,6609 |
| 2,9% | 0,9718 | 0,9444 | 0,9178 | 0,8919 | 0,8668 | 0,8424 | 0,8186 | 0,7956 | 0,7731 | 0,7514 | 0,7302 | 0,7096 | 0,6896 | 0,6702 | 0,6513 |
| 3,0% | 0,9709 | 0,9426 | 0,9151 | 0,8885 | 0,8626 | 0,8375 | 0,8131 | 0,7894 | 0,7664 | 0,7441 | 0,7224 | 0,7014 | 0,6810 | 0,6611 | 0,6419 |
| 3,1% | 0,9699 | 0,9408 | 0,9125 | 0,8850 | 0,8584 | 0,8326 | 0,8076 | 0,7833 | 0,7598 | 0,7369 | 0,7148 | 0,6933 | 0,6724 | 0,6522 | 0,6326 |
| 3,2% | 0,9690 | 0,9389 | 0,9098 | 0,8816 | 0,8543 | 0,8278 | 0,8021 | 0,7773 | 0,7532 | 0,7298 | 0,7072 | 0,6852 | 0,6640 | 0,6434 | 0,6235 |
| 3,3% | 0,9681 | 0,9371 | 0,9072 | 0,8782 | 0,8502 | 0,8230 | 0,7967 | 0,7713 | 0,7466 | 0,7228 | 0,6997 | 0,6773 | 0,6557 | 0,6347 | 0,6145 |
| 3,4% | 0,9671 | 0,9353 | 0,9046 | 0,8748 | 0,8461 | 0,8182 | 0,7913 | 0,7653 | 0,7401 | 0,7158 | 0,6923 | 0,6695 | 0,6475 | 0,6262 | 0,6056 |
| 3,5% | 0,9662 | 0,9335 | 0,9019 | 0,8714 | 0,8420 | 0,8135 | 0,7860 | 0,7594 | 0,7337 | 0,7089 | 0,6849 | 0,6618 | 0,6394 | 0,6178 | 0,5969 |
| 3,6% | 0,9653 | 0,9317 | 0,8993 | 0,8681 | 0,8379 | 0,8088 | 0,7807 | 0,7536 | 0,7274 | 0,7021 | 0,6777 | 0,6542 | 0,6314 | 0,6095 | 0,5883 |
| 3,7% | 0,9643 | 0,9299 | 0,8967 | 0,8647 | 0,8339 | 0,8041 | 0,7754 | 0,7478 | 0,7211 | 0,6954 | 0,6706 | 0,6466 | 0,6236 | 0,6013 | 0,5799 |
| 3,8% | 0,9634 | 0,9281 | 0,8941 | 0,8614 | 0,8299 | 0,7995 | 0,7702 | 0,7420 | 0,7149 | 0,6887 | 0,6635 | 0,6392 | 0,6158 | 0,5932 | 0,5715 |

*(Fortsetzung Tab. 1.1)*

| Jahre / Kalkulationszinssatz | 1 | 2 | 3 | 4 | 5 | 6 | 7 | 8 | 9 | 10 | 11 | 12 | 13 | 14 | 15 |
|---|---|---|---|---|---|---|---|---|---|---|---|---|---|---|---|
| 3,9% | 0,9625 | 0,9263 | 0,8916 | 0,8581 | 0,8259 | 0,7949 | 0,7651 | 0,7363 | 0,7087 | 0,6821 | 0,6565 | 0,6318 | 0,6081 | 0,5853 | 0,5633 |
| 4,0% | 0,9615 | 0,9246 | 0,8890 | 0,8548 | 0,8219 | 0,7903 | 0,7599 | 0,7307 | 0,7026 | 0,6756 | 0,6496 | 0,6246 | 0,6006 | 0,5775 | 0,5553 |
| 4,1% | 0,9606 | 0,9228 | 0,8864 | 0,8515 | 0,8180 | 0,7858 | 0,7548 | 0,7251 | 0,6965 | 0,6691 | 0,6427 | 0,6174 | 0,5931 | 0,5698 | 0,5473 |
| 4,2% | 0,9597 | 0,9210 | 0,8839 | 0,8483 | 0,8141 | 0,7813 | 0,7498 | 0,7195 | 0,6905 | 0,6627 | 0,6360 | 0,6104 | 0,5858 | 0,5621 | 0,5395 |
| 4,3% | 0,9588 | 0,9192 | 0,8813 | 0,8450 | 0,8102 | 0,7768 | 0,7447 | 0,7140 | 0,6846 | 0,6564 | 0,6293 | 0,6034 | 0,5785 | 0,5547 | 0,5318 |
| 4,4% | 0,9579 | 0,9175 | 0,8788 | 0,8418 | 0,8063 | 0,7723 | 0,7398 | 0,7086 | 0,6787 | 0,6501 | 0,6227 | 0,5965 | 0,5713 | 0,5473 | 0,5242 |
| 4,5% | 0,9569 | 0,9157 | 0,8763 | 0,8386 | 0,8025 | 0,7679 | 0,7348 | 0,7032 | 0,6729 | 0,6439 | 0,6162 | 0,5897 | 0,5643 | 0,5400 | 0,5167 |
| 4,6% | 0,9560 | 0,9140 | 0,8738 | 0,8354 | 0,7986 | 0,7635 | 0,7299 | 0,6978 | 0,6671 | 0,6378 | 0,6097 | 0,5829 | 0,5573 | 0,5328 | 0,5094 |
| 4,7% | 0,9551 | 0,9122 | 0,8713 | 0,8322 | 0,7948 | 0,7591 | 0,7251 | 0,6925 | 0,6614 | 0,6317 | 0,6034 | 0,5763 | 0,5504 | 0,5257 | 0,5021 |
| 4,8% | 0,9542 | 0,9105 | 0,8688 | 0,8290 | 0,7910 | 0,7548 | 0,7202 | 0,6872 | 0,6558 | 0,6257 | 0,5971 | 0,5697 | 0,5436 | 0,5187 | 0,4950 |
| 4,9% | 0,9533 | 0,9088 | 0,8663 | 0,8258 | 0,7873 | 0,7505 | 0,7154 | 0,6820 | 0,6502 | 0,6198 | 0,5908 | 0,5632 | 0,5369 | 0,5119 | 0,4879 |
| 5,0% | 0,9524 | 0,9070 | 0,8638 | 0,8227 | 0,7835 | 0,7462 | 0,7107 | 0,6768 | 0,6446 | 0,6139 | 0,5847 | 0,5568 | 0,5303 | 0,5051 | 0,4810 |
| 5,1% | 0,9515 | 0,9053 | 0,8614 | 0,8196 | 0,7798 | 0,7420 | 0,7060 | 0,6717 | 0,6391 | 0,6081 | 0,5786 | 0,5505 | 0,5238 | 0,4984 | 0,4742 |
| 5,2% | 0,9506 | 0,9036 | 0,8589 | 0,8165 | 0,7761 | 0,7377 | 0,7013 | 0,6666 | 0,6337 | 0,6023 | 0,5726 | 0,5443 | 0,5174 | 0,4918 | 0,4675 |
| 5,3% | 0,9497 | 0,9019 | 0,8565 | 0,8134 | 0,7724 | 0,7336 | 0,6966 | 0,6616 | 0,6283 | 0,5966 | 0,5666 | 0,5381 | 0,5110 | 0,4853 | 0,4609 |
| 5,4% | 0,9488 | 0,9002 | 0,8540 | 0,8103 | 0,7688 | 0,7294 | 0,6920 | 0,6566 | 0,6229 | 0,5910 | 0,5607 | 0,5320 | 0,5047 | 0,4789 | 0,4544 |
| 5,5% | 0,9479 | 0,8985 | 0,8516 | 0,8072 | 0,7651 | 0,7252 | 0,6874 | 0,6516 | 0,6176 | 0,5854 | 0,5549 | 0,5260 | 0,4986 | 0,4726 | 0,4479 |
| 5,6% | 0,9470 | 0,8968 | 0,8492 | 0,8042 | 0,7615 | 0,7211 | 0,6829 | 0,6467 | 0,6124 | 0,5799 | 0,5492 | 0,5200 | 0,4925 | 0,4663 | 0,4416 |
| 5,7% | 0,9461 | 0,8951 | 0,8468 | 0,8011 | 0,7579 | 0,7171 | 0,6784 | 0,6418 | 0,5072 | 0,5744 | 0,5435 | 0,5142 | 0,4864 | 0,4602 | 0,4354 |
| 5,8% | 0,9452 | 0,8934 | 0,8444 | 0,7981 | 0,7543 | 0,7130 | 0,6739 | 0,6370 | 0,6020 | 0,5690 | 0,5378 | 0,5084 | 0,4805 | 0,4542 | 0,4293 |
| 5,9% | 0,9443 | 0,8917 | 0,8420 | 0,7951 | 0,7508 | 0,7090 | 0,6695 | 0,6322 | 0,5969 | 0,5637 | 0,5323 | 0,5026 | 0,4746 | 0,4482 | 0,4232 |
| 6,0% | 0,9434 | 0,8900 | 0,8396 | 0,7921 | 0,7473 | 0,7050 | 0,6651 | 0,6274 | 0,5919 | 0,5584 | 0,5268 | 0,4970 | 0,4688 | 0,4423 | 0,4173 |

Tabelle 1.2: Aufzinsungsfaktoren

| Kalkulationszinssatz / Jahre | 1 | 2 | 3 | 4 | 5 | 6 | 7 | 8 | 9 | 10 | 11 | 12 | 13 | 14 | 15 |
|---|---|---|---|---|---|---|---|---|---|---|---|---|---|---|---|
| 2,0% | 1,0200 | 1,0404 | 1,0612 | 1,0824 | 1,1041 | 1,1262 | 1,1487 | 1,1717 | 1,1951 | 1,2190 | 1,2434 | 1,2682 | 1,2936 | 1,3195 | 1,3459 |
| 2,1% | 1,0210 | 1,0424 | 1,0643 | 1,0867 | 1,1095 | 1,1328 | 1,1566 | 1,1809 | 1,2057 | 1,2310 | 1,2568 | 1,2832 | 1,3102 | 1,3377 | 1,3658 |
| 2,2% | 1,0220 | 1,0445 | 1,0675 | 1,0909 | 1,1149 | 1,1395 | 1,1645 | 1,1902 | 1,2163 | 1,2431 | 1,2705 | 1,2984 | 1,3270 | 1,3562 | 1,3860 |
| 2,3% | 1,0230 | 1,0465 | 1,0706 | 1,0952 | 1,1204 | 1,1462 | 1,1725 | 1,1995 | 1,2271 | 1,2553 | 1,2842 | 1,3137 | 1,3440 | 1,3749 | 1,4065 |
| 2,4% | 1,0240 | 1,0486 | 1,0737 | 1,0995 | 1,1259 | 1,1529 | 1,1806 | 1,2089 | 1,2379 | 1,2677 | 1,2981 | 1,3292 | 1,3611 | 1,3938 | 1,4272 |
| 2,5% | 1,0250 | 1,0506 | 1,0769 | 1,1038 | 1,1314 | 1,1597 | 1,1887 | 1,2184 | 1,2489 | 1,2801 | 1,3121 | 1,3449 | 1,3785 | 1,4130 | 1,4483 |
| 2,6% | 1,0260 | 1,0527 | 1,0800 | 1,1081 | 1,1369 | 1,1665 | 1,1968 | 1,2279 | 1,2599 | 1,2926 | 1,3262 | 1,3607 | 1,3961 | 1,4324 | 1,4696 |
| 2,7% | 1,0270 | 1,0547 | 1,0832 | 1,1125 | 1,1425 | 1,1733 | 1,2050 | 1,2376 | 1,2710 | 1,3053 | 1,3405 | 1,3767 | 1,4139 | 1,4521 | 1,4913 |
| 2,8% | 1,0280 | 1,0568 | 1,0864 | 1,1168 | 1,1481 | 1,1802 | 1,2133 | 1,2472 | 1,2821 | 1,3180 | 1,3550 | 1,3929 | 1,4319 | 1,4720 | 1,5132 |
| 2,9% | 1,0290 | 1,0588 | 1,0895 | 1,1211 | 1,1537 | 1,1871 | 1,2215 | 1,2570 | 1,2934 | 1,3309 | 1,3695 | 1,4092 | 1,4501 | 1,4922 | 1,5354 |
| 3,0% | 1,0300 | 1,0609 | 1,0927 | 1,1255 | 1,1593 | 1,1941 | 1,2299 | 1,2668 | 1,3048 | 1,3439 | 1,3842 | 1,4258 | 1,4685 | 1,5126 | 1,5580 |
| 3,1% | 1,0310 | 1,0630 | 1,0959 | 1,1299 | 1,1649 | 1,2010 | 1,2383 | 1,2766 | 1,3162 | 1,3570 | 1,3991 | 1,4425 | 1,4872 | 1,5333 | 1,5808 |
| 3,2% | 1,0320 | 1,0650 | 1,0991 | 1,1343 | 1,1706 | 1,2080 | 1,2467 | 1,2866 | 1,3278 | 1,3702 | 1,4141 | 1,4593 | 1,5060 | 1,5542 | 1,6040 |
| 3,3% | 1,0330 | 1,0671 | 1,1023 | 1,1387 | 1,1763 | 1,2151 | 1,2552 | 1,2966 | 1,3394 | 1,3836 | 1,4292 | 1,4764 | 1,5251 | 1,5754 | 1,6274 |
| 3,4% | 1,0340 | 1,0692 | 1,1055 | 1,1431 | 1,1820 | 1,2221 | 1,2637 | 1,3067 | 1,3511 | 1,3970 | 1,4445 | 1,4936 | 1,5444 | 1,5969 | 1,6512 |
| 3,5% | 1,0350 | 1,0712 | 1,1087 | 1,1475 | 1,1877 | 1,2293 | 1,2723 | 1,3168 | 1,3629 | 1,4106 | 1,4600 | 1,5111 | 1,5640 | 1,6187 | 1,6753 |
| 3,6% | 1,0360 | 1,0733 | 1,1119 | 1,1520 | 1,1934 | 1,2364 | 1,2809 | 1,3270 | 1,3748 | 1,4243 | 1,4756 | 1,5287 | 1,5837 | 1,6407 | 1,6998 |
| 3,7% | 1,0370 | 1,0754 | 1,1152 | 1,1564 | 1,1992 | 1,2436 | 1,2896 | 1,3373 | 1,3868 | 1,4381 | 1,4913 | 1,5465 | 1,6037 | 1,6630 | 1,7246 |
| 3,8% | 1,0380 | 1,0774 | 1,1184 | 1,1609 | 1,2050 | 1,2508 | 1,2983 | 1,3477 | 1,3989 | 1,4520 | 1,5072 | 1,5645 | 1,6239 | 1,6856 | 1,7497 |
| 3,9% | 1,0390 | 1,0795 | 1,1216 | 1,1654 | 1,2108 | 1,2580 | 1,3071 | 1,3581 | 1,4110 | 1,4661 | 1,5232 | 1,5827 | 1,6444 | 1,7085 | 1,7751 |

*(Fortsetzung Tab. 1.2)*

| Kalkulationszinssatz / Jahre | 1 | 2 | 3 | 4 | 5 | 6 | 7 | 8 | 9 | 10 | 11 | 12 | 13 | 14 | 15 |
|---|---|---|---|---|---|---|---|---|---|---|---|---|---|---|---|
| 4,0% | 1,0400 | 1,0816 | 1,1249 | 1,1699 | 1,2167 | 1,2653 | 1,3159 | 1,3686 | 1,4233 | 1,4802 | 1,5395 | 1,6010 | 1,6651 | 1,7317 | 1,8009 |
| 4,1% | 1,0410 | 1,0837 | 1,1281 | 1,1744 | 1,2225 | 1,2726 | 1,3248 | 1,3791 | 1,4357 | 1,4945 | 1,5558 | 1,6196 | 1,6860 | 1,7551 | 1,8271 |
| 4,2% | 1,0420 | 1,0858 | 1,1314 | 1,1789 | 1,2284 | 1,2800 | 1,3337 | 1,3898 | 1,4481 | 1,5090 | 1,5723 | 1,6384 | 1,7072 | 1,7789 | 1,8536 |
| 4,3% | 1,0430 | 1,0878 | 1,1346 | 1,1834 | 1,2343 | 1,2874 | 1,3427 | 1,4005 | 1,4607 | 1,5235 | 1,5890 | 1,6573 | 1,7286 | 1,8029 | 1,8805 |
| 4,4% | 1,0440 | 1,0899 | 1,1379 | 1,1880 | 1,2402 | 1,2948 | 1,3518 | 1,4113 | 1,4733 | 1,5382 | 1,6059 | 1,6765 | 1,7503 | 1,8273 | 1,9077 |
| 4,5% | 1,0450 | 1,0920 | 1,1412 | 1,1925 | 1,2462 | 1,3023 | 1,3609 | 1,4221 | 1,4861 | 1,5530 | 1,6229 | 1,6959 | 1,7722 | 1,8519 | 1,9353 |
| 4,6% | 1,0460 | 1,0941 | 1,1444 | 1,1971 | 1,2522 | 1,3098 | 1,3700 | 1,4330 | 1,4989 | 1,5679 | 1,6400 | 1,7155 | 1,7944 | 1,8769 | 1,9632 |
| 4,7% | 1,0470 | 1,0962 | 1,1477 | 1,2017 | 1,2582 | 1,3173 | 1,3792 | 1,4440 | 1,5119 | 1,5829 | 1,6573 | 1,7352 | 1,8168 | 1,9022 | 1,9916 |
| 4,8% | 1,0480 | 1,0983 | 1,1510 | 1,2063 | 1,2642 | 1,3249 | 1,3884 | 1,4551 | 1,5249 | 1,5981 | 1,6748 | 1,7552 | 1,8395 | 1,9278 | 2,0203 |
| 4,9% | 1,0490 | 1,1004 | 1,1543 | 1,2109 | 1,2702 | 1,3325 | 1,3977 | 1,4662 | 1,5381 | 1,6134 | 1,6925 | 1,7754 | 1,8624 | 1,9537 | 2,0494 |
| 5,0% | 1,0500 | 1,1025 | 1,1576 | 1,2155 | 1,2763 | 1,3401 | 1,4071 | 1,4775 | 1,5513 | 1,6289 | 1,7103 | 1,7959 | 1,8856 | 1,9799 | 2,0789 |
| 5,1% | 1,0510 | 1,1046 | 1,1609 | 1,2201 | 1,2824 | 1,3478 | 1,4165 | 1,4887 | 1,5647 | 1,6445 | 1,7283 | 1,8165 | 1,9091 | 2,0065 | 2,1088 |
| 5,2% | 1,0520 | 1,1067 | 1,1643 | 1,2248 | 1,2885 | 1,3555 | 1,4260 | 1,5001 | 1,5781 | 1,6602 | 1,7465 | 1,8373 | 1,9329 | 2,0334 | 2,1391 |
| 5,3% | 1,0530 | 1,1088 | 1,1676 | 1,2295 | 1,2946 | 1,3632 | 1,4355 | 1,5116 | 1,5917 | 1,6760 | 1,7649 | 1,8584 | 1,9569 | 2,0606 | 2,1698 |
| 5,4% | 1,0540 | 1,1109 | 1,1709 | 1,2341 | 1,3008 | 1,3710 | 1,4451 | 1,5231 | 1,6053 | 1,6920 | 1,7834 | 1,8797 | 1,9812 | 2,0882 | 2,2009 |
| 5,5% | 1,0550 | 1,1130 | 1,1742 | 1,2388 | 1,3070 | 1,3788 | 1,4547 | 1,5347 | 1,6191 | 1,7081 | 1,8021 | 1,9012 | 2,0058 | 2,1161 | 2,2325 |
| 5,6% | 1,0560 | 1,1151 | 1,1776 | 1,2435 | 1,3132 | 1,3867 | 1,4644 | 1,5464 | 1,6330 | 1,7244 | 1,8210 | 1,9229 | 2,0306 | 2,1443 | 2,2644 |
| 5,7% | 1,0570 | 1,1172 | 1,1809 | 1,2482 | 1,3194 | 1,3946 | 1,4741 | 1,5581 | 1,6469 | 1,7408 | 1,8400 | 1,9449 | 2,0558 | 2,1730 | 2,2968 |
| 5,8% | 1,0580 | 1,1194 | 1,1843 | 1,2530 | 1,3256 | 1,4025 | 1,4839 | 1,5699 | 1,6610 | 1,7573 | 1,8593 | 1,9671 | 2,0812 | 2,2019 | 2,3296 |
| 5,9% | 1,0590 | 1,1215 | 1,1876 | 1,2577 | 1,3319 | 1,4105 | 1,4937 | 1,5819 | 1,6752 | 1,7740 | 1,8787 | 1,9895 | 2,1069 | 2,2312 | 2,3629 |
| 6,0% | 1,0600 | 1,1236 | 1,1910 | 1,2625 | 1,3382 | 1,4185 | 1,5036 | 1,5938 | 1,6895 | 1,7908 | 1,8983 | 2,0122 | 2,1329 | 2,2609 | 2,3966 |

**Barwert/Endwertfaktoren**

Tabelle 2.1: Barwertfaktoren

| Kalkula-tionszinssatz / Jahre | 1 | 2 | 3 | 4 | 5 | 6 | 7 | 8 | 9 | 10 | 11 | 12 | 13 | 14 | 15 |
|---|---|---|---|---|---|---|---|---|---|---|---|---|---|---|---|
| 2,0% | 0,9804 | 1,9416 | 2,8839 | 3,8077 | 4,7135 | 5,6014 | 6,4720 | 7,3255 | 8,1622 | 8,9826 | 9,7868 | 10,5753 | 11,3484 | 12,1062 | 12,8493 |
| 2,1% | 0,9794 | 1,9387 | 2,8783 | 3,7985 | 4,6998 | 5,5826 | 6,4472 | 7,2940 | 8,1234 | 8,9358 | 9,7314 | 10,5107 | 11,2739 | 12,0215 | 12,7537 |
| 2,2% | 0,9785 | 1,9359 | 2,8727 | 3,7893 | 4,6862 | 5,5638 | 6,4225 | 7,2627 | 8,0849 | 8,8893 | 9,6764 | 10,4466 | 11,2002 | 11,9376 | 12,6591 |
| 2,3% | 0,9775 | 1,9331 | 2,8671 | 3,7802 | 4,6727 | 5,5452 | 6,3980 | 7,2317 | 8,0466 | 8,8432 | 9,6219 | 10,3831 | 11,1272 | 11,8545 | 12,5655 |
| 2,4% | 0,9766 | 1,9302 | 2,8616 | 3,7711 | 4,6592 | 5,5266 | 6,3736 | 7,2008 | 8,0086 | 8,7975 | 9,5678 | 10,3202 | 11,0548 | 11,7723 | 12,4729 |
| 2,5% | 0,9756 | 1,9274 | 2,8560 | 3,7620 | 4,6458 | 5,5081 | 6,3494 | 7,1701 | 7,9709 | 8,7521 | 9,5142 | 10,2578 | 10,9832 | 11,6909 | 12,3814 |
| 2,6% | 0,9747 | 1,9246 | 2,8505 | 3,7529 | 4,6325 | 5,4898 | 6,3253 | 7,1397 | 7,9334 | 8,7070 | 9,4610 | 10,1959 | 10,9122 | 11,6103 | 12,2908 |
| 2,7% | 0,9737 | 1,9218 | 2,8450 | 3,7439 | 4,6192 | 5,4715 | 6,3013 | 7,1094 | 7,8962 | 8,6623 | 9,4083 | 10,1346 | 10,8419 | 11,5306 | 12,2012 |
| 2,8% | 0,9728 | 1,9190 | 2,8395 | 3,7349 | 4,6060 | 5,4533 | 6,2775 | 7,0793 | 7,8592 | 8,6179 | 9,3560 | 10,0739 | 10,7723 | 11,4516 | 12,1125 |
| 2,9% | 0,9718 | 1,9162 | 2,8341 | 3,7260 | 4,5928 | 5,4352 | 6,2538 | 7,0494 | 7,8225 | 8,5739 | 9,3041 | 10,0137 | 10,7033 | 11,3735 | 12,0247 |
| 3,0% | 0,9709 | 1,9135 | 2,8286 | 3,7171 | 4,5797 | 5,4172 | 6,2303 | 7,0197 | 7,7861 | 8,5302 | 9,2526 | 9,9540 | 10,6350 | 11,2961 | 11,9379 |
| 3,1% | 0,9699 | 1,9107 | 2,8232 | 3,7082 | 4,5667 | 5,3993 | 6,2069 | 6,9902 | 7,7499 | 8,4868 | 9,2016 | 9,8948 | 10,5673 | 11,2195 | 11,8520 |
| 3,2% | 0,9690 | 1,9079 | 2,8178 | 3,6994 | 4,5537 | 5,3815 | 6,1836 | 6,9608 | 7,7140 | 8,4438 | 9,1510 | 9,8362 | 10,5002 | 11,1436 | 11,7671 |
| 3,3% | 0,9681 | 1,9052 | 2,8124 | 3,6906 | 4,5407 | 5,3637 | 6,1604 | 6,9317 | 7,6783 | 8,4011 | 9,1008 | 9,7781 | 10,4338 | 11,0685 | 11,6830 |
| 3,4% | 0,9671 | 1,9024 | 2,8070 | 3,6818 | 4,5279 | 5,3461 | 6,1374 | 6,9027 | 7,6429 | 8,3587 | 9,0509 | 9,7205 | 10,3679 | 10,9941 | 11,5998 |
| 3,5% | 0,9662 | 1,8997 | 2,8016 | 3,6731 | 4,5151 | 5,3286 | 6,1145 | 6,8740 | 7,6077 | 8,3166 | 9,0016 | 9,6633 | 10,3027 | 10,9205 | 11,5174 |
| 3,6% | 0,9653 | 1,8970 | 2,7963 | 3,6644 | 4,5023 | 5,3111 | 6,0918 | 6,8454 | 7,5727 | 8,2748 | 8,9526 | 9,6067 | 10,2381 | 10,8476 | 11,4359 |
| 3,7% | 0,9643 | 1,8942 | 2,7910 | 3,6557 | 4,4896 | 5,2937 | 6,0692 | 6,8169 | 7,5380 | 8,2334 | 8,9039 | 9,5506 | 10,1741 | 10,7754 | 11,3553 |
| 3,8% | 0,9634 | 1,8915 | 2,7857 | 3,6471 | 4,4769 | 5,2764 | 6,0467 | 6,7887 | 7,5036 | 8,1923 | 8,8557 | 9,4949 | 10,1107 | 10,7040 | 11,2755 |
| 3,9% | 0,9625 | 1,8888 | 2,7804 | 3,6385 | 4,4644 | 5,2592 | 6,0243 | 6,7606 | 7,4693 | 8,1514 | 8,8079 | 9,4398 | 10,0479 | 10,6332 | 11,1965 |

*(Fortsetzung Tab. 2.1)*

| Kalkulationszinssatz / Jahre | 1 | 2 | 3 | 4 | 5 | 6 | 7 | 8 | 9 | 10 | 11 | 12 | 13 | 14 | 15 |
|---|---|---|---|---|---|---|---|---|---|---|---|---|---|---|---|
| 4,0% | 0,9615 | 1,8861 | 2,7751 | 3,6299 | 4,4518 | 5,2421 | 6,0021 | 6,7327 | 7,4353 | 8,1109 | 8,7605 | 9,3851 | 9,9856 | 10,5631 | 11,1184 |
| 4,1% | 0,9606 | 1,8834 | 2,7698 | 3,6214 | 4,4393 | 5,2251 | 5,9799 | 6,7050 | 7,4016 | 8,0707 | 8,7134 | 9,3309 | 9,9240 | 10,4937 | 11,0410 |
| 4,2% | 0,9597 | 1,8807 | 2,7646 | 3,6129 | 4,4269 | 5,2082 | 5,9579 | 6,6775 | 7,3680 | 8,0307 | 8,6667 | 9,2771 | 9,8629 | 10,4250 | 10,9645 |
| 4,3% | 0,9588 | 1,8780 | 2,7594 | 3,6044 | 4,4146 | 5,1913 | 5,9361 | 6,6501 | 7,3347 | 7,9911 | 8,6204 | 9,2238 | 9,8023 | 10,3570 | 10,8887 |
| 4,4% | 0,9579 | 1,8753 | 2,7542 | 3,5959 | 4,4022 | 5,1746 | 5,9143 | 6,6229 | 7,3016 | 7,9518 | 8,5745 | 9,1710 | 9,7423 | 10,2896 | 10,8138 |
| 4,5% | 0,9569 | 1,8727 | 2,7490 | 3,5875 | 4,3900 | 5,1579 | 5,8927 | 6,5959 | 7,2688 | 7,9127 | 8,5289 | 9,1186 | 9,6829 | 10,2228 | 10,7395 |
| 4,6% | 0,9560 | 1,8700 | 2,7438 | 3,5791 | 4,3778 | 5,1413 | 5,8712 | 6,5690 | 7,2362 | 7,8740 | 8,4837 | 9,0666 | 9,6239 | 10,1567 | 10,6661 |
| 4,7% | 0,9551 | 1,8673 | 2,7386 | 3,5708 | 4,3656 | 5,1248 | 5,8498 | 6,5423 | 7,2037 | 7,8355 | 8,4389 | 9,0151 | 9,5656 | 10,0913 | 10,5934 |
| 4,8% | 0,9542 | 1,8647 | 2,7335 | 3,5625 | 4,3535 | 5,1083 | 5,8285 | 6,5158 | 7,1716 | 7,7973 | 8,3944 | 8,9641 | 9,5077 | 10,0264 | 10,5214 |
| 4,9% | 0,9533 | 1,8620 | 2,7284 | 3,5542 | 4,3415 | 5,0920 | 5,8074 | 6,4894 | 7,1396 | 7,7594 | 8,3502 | 8,9135 | 9,4504 | 9,9622 | 10,4502 |
| 5,0% | 0,9524 | 1,8594 | 2,7232 | 3,5460 | 4,3295 | 5,0757 | 5,7864 | 6,4632 | 7,1078 | 7,7217 | 8,3064 | 8,8633 | 9,3936 | 9,8986 | 10,3797 |
| 5,1% | 0,9515 | 1,8568 | 2,7182 | 3,5377 | 4,3175 | 5,0595 | 5,7655 | 6,4372 | 7,0763 | 7,6844 | 8,2630 | 8,8135 | 9,3373 | 9,8357 | 10,3099 |
| 5,2% | 0,9506 | 1,8542 | 2,7131 | 3,5295 | 4,3056 | 5,0434 | 5,7447 | 6,4113 | 7,0449 | 7,6473 | 8,2199 | 8,7641 | 9,2815 | 9,7733 | 10,2408 |
| 5,3% | 0,9497 | 1,8515 | 2,7080 | 3,5214 | 4,2938 | 5,0274 | 5,7240 | 6,3856 | 7,0138 | 7,6105 | 8,1771 | 8,7152 | 9,2262 | 9,7115 | 10,1723 |
| 5,4% | 0,9488 | 1,8489 | 2,7030 | 3,5132 | 4,2820 | 5,0114 | 5,7034 | 6,3600 | 6,9829 | 7,5739 | 8,1346 | 8,6666 | 9,1714 | 9,6503 | 10,1046 |
| 5,5% | 0,9479 | 1,8463 | 2,6979 | 3,5052 | 4,2703 | 4,9955 | 5,6830 | 6,3346 | 6,9522 | 7,5376 | 8,0925 | 8,6185 | 9,1171 | 9,5896 | 10,0376 |
| 5,6% | 0,9470 | 1,8437 | 2,6929 | 3,4971 | 4,2586 | 4,9797 | 5,6626 | 6,3093 | 6,9217 | 7,5016 | 8,0508 | 8,5708 | 9,0633 | 9,5296 | 9,9712 |
| 5,7% | 0,9461 | 1,8411 | 2,6879 | 3,4890 | 4,2470 | 4,9640 | 5,6424 | 6,2842 | 6,8914 | 7,4658 | 8,0093 | 8,5235 | 9,0099 | 9,4701 | 9,9055 |
| 5,8% | 0,9452 | 1,8385 | 2,6829 | 3,4810 | 4,2354 | 4,9484 | 5,6223 | 6,2592 | 6,8613 | 7,4303 | 7,9682 | 8,4765 | 8,9570 | 9,4112 | 9,8404 |
| 5,9% | 0,9443 | 1,8360 | 2,6780 | 3,4731 | 4,2238 | 4,9328 | 5,6023 | 6,2344 | 6,8314 | 7,3951 | 7,9274 | 8,4300 | 8,9046 | 9,3528 | 9,7760 |
| 6,0% | 0,9434 | 1,8334 | 2,6730 | 3,4651 | 4,2124 | 4,9173 | 5,5824 | 6,2098 | 6,8017 | 7,3601 | 7,8869 | 8,3838 | 8,8527 | 9,2950 | 9,7122 |

Tabelle 2.2: Korrekturfaktoren für Barwerte (i = Zinssatz p/100)

Sofern die laufenden Zahlungen nicht zum Ende des Jahres fällig sind, kann dies durch Multiplikation des Barwertes mit einem Korrekturfaktor berücksichtigt werden:

| Fälligkeit | Korrekturfaktor | z.B. 6% |
|---|---|---|
| zu Beginn eines Jahres | 1 + i | 1,06 |
| zu Beginn eines Vierteljahres | 1 + 5/8i | 1,0375 |
| Mitte jedes Vierteljahres | 1 + 1/2i | 1,03 |
| Ende jedes Vierteljahres | 1 + 3/8i | 1,0225 |
| Beginn jeden Monats | 1 + 13/24i | 1,0325 |
| Ende jeden Monats | 1 + 11/24i | 1,0275 |

Tabelle 2.3: Endwertfaktoren

Mit dem Endwertfaktor wird eine betragsgleiche laufende jährliche Zahlung auf ein zukünftiges Jahr hin aufgezinst

| Jahre / Kalkulationszinssatz | 1 | 2 | 3 | 4 | 5 | 6 | 7 | 8 | 9 | 10 | 11 | 12 | 13 | 14 | 15 |
|---|---|---|---|---|---|---|---|---|---|---|---|---|---|---|---|
| 2,0% | 1,0000 | 2,0200 | 3,0604 | 4,1216 | 5,2040 | 6,3081 | 7,4343 | 8,5830 | 9,7546 | 10,9497 | 12,1687 | 13,4121 | 14,6803 | 15,9739 | 17,2934 |
| 2,1% | 1,0000 | 2,0210 | 3,0634 | 4,1278 | 5,2145 | 6,3240 | 7,4568 | 8,6134 | 9,7942 | 10,9999 | 12,2309 | 13,4878 | 14,7710 | 16,0812 | 17,4189 |
| 2,2% | 1,0000 | 2,0220 | 3,0665 | 4,1339 | 5,2249 | 6,3398 | 7,4793 | 8,6439 | 9,8340 | 11,0504 | 12,2935 | 13,5639 | 14,8623 | 16,1893 | 17,5455 |
| 2,3% | 1,0000 | 2,0230 | 3,0695 | 4,1401 | 5,2354 | 6,3558 | 7,5019 | 8,6745 | 9,8740 | 11,1011 | 12,3564 | 13,6406 | 14,9544 | 16,2983 | 17,6732 |
| 2,4% | 1,0000 | 2,0240 | 3,0726 | 4,1463 | 5,2458 | 6,3717 | 7,5247 | 8,7052 | 9,9142 | 11,1521 | 12,4198 | 13,7178 | 15,0471 | 16,4082 | 17,8020 |
| 2,5% | 1,0000 | 2,0250 | 3,0756 | 4,1525 | 5,2563 | 6,3877 | 7,5474 | 8,7361 | 9,9545 | 11,2034 | 12,4835 | 13,7956 | 15,1404 | 16,5190 | 17,9319 |
| 2,6% | 1,0000 | 2,0260 | 3,0787 | 4,1587 | 5,2668 | 6,4038 | 7,5703 | 8,7671 | 9,9951 | 11,2549 | 12,5476 | 13,8738 | 15,2345 | 16,6306 | 18,0630 |
| 2,7% | 1,0000 | 2,0270 | 3,0817 | 4,1649 | 5,2774 | 6,4199 | 7,5932 | 8,7982 | 10,0358 | 11,3068 | 12,6120 | 13,9526 | 15,3293 | 16,7432 | 18,1952 |
| 2,8% | 1,0000 | 2,0280 | 3,0848 | 4,1712 | 5,2880 | 6,4360 | 7,6162 | 8,8295 | 10,0767 | 11,3588 | 12,6769 | 14,0318 | 15,4247 | 16,8566 | 18,3286 |
| 2,9% | 1,0000 | 2,0290 | 3,0878 | 4,1774 | 5,2985 | 6,4522 | 7,6393 | 8,8608 | 10,1178 | 11,4112 | 12,7421 | 14,1117 | 15,5209 | 16,9710 | 18,4632 |
| 3,0% | 1,0000 | 2,0300 | 3,0909 | 4,1836 | 5,3091 | 6,4684 | 7,6625 | 8,8923 | 10,1591 | 11,4639 | 12,8078 | 14,1920 | 15,6178 | 17,0863 | 18,5989 |
| 3,1% | 1,0000 | 2,0310 | 3,0940 | 4,1899 | 5,3198 | 6,4847 | 7,6857 | 8,9240 | 10,2006 | 11,5168 | 12,8738 | 14,2729 | 15,7154 | 17,2026 | 18,7358 |
| 3,2% | 1,0000 | 2,0320 | 3,0970 | 4,1961 | 5,3304 | 6,5010 | 7,7090 | 8,9557 | 10,2423 | 11,5700 | 12,9403 | 14,3544 | 15,8137 | 17,3197 | 18,8740 |
| 3,3% | 1,0000 | 2,0330 | 3,1001 | 4,2024 | 5,3411 | 6,5173 | 7,7324 | 8,9876 | 10,2842 | 11,6235 | 13,0071 | 14,4363 | 15,9127 | 17,4379 | 19,0133 |
| 3,4% | 1,0000 | 2,0340 | 3,1032 | 4,2087 | 5,3518 | 6,5337 | 7,7559 | 9,0196 | 10,3262 | 11,6773 | 13,0743 | 14,5189 | 16,0125 | 17,5569 | 19,1539 |
| 3,5% | 1,0000 | 2,0350 | 3,1062 | 4,2149 | 5,3625 | 6,5502 | 7,7794 | 9,0517 | 10,3685 | 11,7314 | 13,1420 | 14,6020 | 16,1130 | 17,6770 | 19,2957 |
| 3,6% | 1,0000 | 2,0360 | 3,1093 | 4,2212 | 5,3732 | 6,5666 | 7,8030 | 9,0839 | 10,4110 | 11,7858 | 13,2100 | 14,6856 | 16,2143 | 17,7980 | 19,4387 |
| 3,7% | 1,0000 | 2,0370 | 3,1124 | 4,2275 | 5,3839 | 6,5832 | 7,8267 | 9,1163 | 10,4536 | 11,8404 | 13,2785 | 14,7698 | 16,3163 | 17,9200 | 19,5830 |
| 3,8% | 1,0000 | 2,0380 | 3,1154 | 4,2338 | 5,3947 | 6,5997 | 7,8505 | 9,1488 | 10,4965 | 11,8953 | 13,3474 | 14,8546 | 16,4190 | 18,0430 | 19,7286 |

| Kalkulationszinssatz / Jahre | 1 | 2 | 3 | 4 | 5 | 6 | 7 | 8 | 9 | 10 | 11 | 12 | 13 | 14 | 15 |
|---|---|---|---|---|---|---|---|---|---|---|---|---|---|---|---|
| 3,9% | 1,0000 | 2,0390 | 3,1185 | 4,2401 | 5,4055 | 6,6163 | 7,8744 | 9,1815 | 10,5395 | 11,9506 | 13,4167 | 14,9399 | 16,5226 | 18,1669 | 19,8754 |
| 4,0% | 1,0000 | 2,0400 | 3,1216 | 4,2465 | 5,4163 | 6,6330 | 7,8983 | 9,2142 | 10,5828 | 12,0061 | 13,4864 | 15,0258 | 16,6268 | 18,2919 | 20,0236 |
| 4,1% | 1,0000 | 2,0410 | 3,1247 | 4,2528 | 5,4272 | 6,6497 | 7,9223 | 9,2471 | 10,6263 | 12,0619 | 13,5565 | 15,1123 | 16,7319 | 18,4179 | 20,1730 |
| 4,2% | 1,0000 | 2,0420 | 3,1278 | 4,2591 | 5,4380 | 6,6664 | 7,9464 | 9,2801 | 10,6699 | 12,1181 | 13,6270 | 15,1993 | 16,8377 | 18,5449 | 20,3238 |
| 4,3% | 1,0000 | 2,0430 | 3,1308 | 4,2655 | 5,4489 | 6,6832 | 7,9706 | 9,3133 | 10,7138 | 12,1745 | 13,6980 | 15,2870 | 16,9443 | 18,6729 | 20,4759 |
| 4,4% | 1,0000 | 2,0440 | 3,1339 | 4,2718 | 5,4598 | 6,7000 | 7,9948 | 9,3466 | 10,7578 | 12,2312 | 13,7694 | 15,3752 | 17,0517 | 18,8020 | 20,6293 |
| 4,5% | 1,0000 | 2,0450 | 3,1370 | 4,2782 | 5,4707 | 6,7169 | 8,0192 | 9,3800 | 10,8021 | 12,2882 | 13,8412 | 15,4640 | 17,1599 | 18,9321 | 20,7841 |
| 4,6% | 1,0000 | 2,0460 | 3,1401 | 4,2846 | 5,4817 | 6,7338 | 8,0436 | 9,4136 | 10,8466 | 12,3455 | 13,9134 | 15,5534 | 17,2689 | 19,0633 | 20,9402 |
| 4,7% | 1,0000 | 2,0470 | 3,1432 | 4,2909 | 5,4926 | 6,7508 | 8,0681 | 9,4473 | 10,8913 | 12,4032 | 13,9861 | 15,6435 | 17,3787 | 19,1955 | 21,0977 |
| 4,8% | 1,0000 | 2,0480 | 3,1463 | 4,2973 | 5,5036 | 6,7678 | 8,0926 | 9,4811 | 10,9362 | 12,4611 | 14,0592 | 15,7341 | 17,4893 | 19,3288 | 21,2566 |
| 4,9% | 1,0000 | 2,0490 | 3,1494 | 4,3037 | 5,5146 | 6,7848 | 8,1173 | 9,5150 | 10,9813 | 12,5193 | 14,1328 | 15,8253 | 17,6007 | 19,4632 | 21,4169 |
| 5,0% | 1,0000 | 2,0500 | 3,1525 | 4,3101 | 5,5256 | 6,8019 | 8,1420 | 9,5491 | 11,0266 | 12,5779 | 14,2068 | 15,9171 | 17,7130 | 19,5986 | 21,5786 |
| 5,1% | 1,0000 | 2,0510 | 3,1556 | 4,3165 | 5,5367 | 6,8191 | 8,1668 | 9,5833 | 11,0721 | 12,6368 | 14,2812 | 16,0096 | 17,8261 | 19,7352 | 21,7417 |
| 5,2% | 1,0000 | 2,0520 | 3,1587 | 4,3230 | 5,5478 | 6,8362 | 8,1917 | 9,6177 | 11,1178 | 12,6959 | 14,3561 | 16,1026 | 17,9400 | 19,8729 | 21,9062 |
| 5,3% | 1,0000 | 2,0530 | 3,1618 | 4,3294 | 5,5588 | 6,8535 | 8,2167 | 9,6522 | 11,1637 | 12,7554 | 14,4315 | 16,1963 | 18,0547 | 20,0116 | 22,0723 |
| 5,4% | 1,0000 | 2,0540 | 3,1649 | 4,3358 | 5,5700 | 6,8707 | 8,2418 | 9,6868 | 11,2099 | 12,8152 | 14,5073 | 16,2906 | 18,1703 | 20,1515 | 22,2397 |
| 5,5% | 1,0000 | 2,0550 | 3,1680 | 4,3423 | 5,5811 | 6,8881 | 8,2669 | 9,7216 | 11,2563 | 12,8754 | 14,5835 | 16,3856 | 18,2868 | 20,2926 | 22,4087 |
| 5,6% | 1,0000 | 2,0560 | 3,1711 | 4,3487 | 5,5922 | 6,9054 | 8,2921 | 9,7565 | 11,3028 | 12,9358 | 14,6602 | 16,4812 | 18,4041 | 20,4347 | 22,5791 |
| 5,7% | 1,0000 | 2,0570 | 3,1742 | 4,3552 | 5,6034 | 6,9228 | 8,3174 | 9,7915 | 11,3496 | 12,9966 | 14,7374 | 16,5774 | 18,5223 | 20,5781 | 22,7510 |
| 5,8% | 1,0000 | 2,0580 | 3,1774 | 4,3617 | 5,6146 | 6,9403 | 8,3428 | 9,8267 | 11,3966 | 13,0576 | 14,8150 | 16,6743 | 18,6414 | 20,7226 | 22,9245 |
| 5,9% | 1,0000 | 2,0590 | 3,1805 | 4,3681 | 5,6258 | 6,9578 | 8,3683 | 9,8620 | 11,4439 | 13,1191 | 14,8931 | 16,7718 | 18,7613 | 20,8682 | 23,0995 |
| 6,0% | 1,0000 | 2,0600 | 3,1836 | 4,3746 | 5,6371 | 6,9753 | 8,3938 | 9,8975 | 11,4913 | 13,1808 | 14,9716 | 16,8699 | 18,8821 | 21,0151 | 23,2760 |

festlegen, was mit der KLR erreicht werden soll und wen die KLR unterstützen soll. Die KLR sollte daher als Bestandteil eines Führungs- und Steuerungssystems (Controlling-System) betrieben werden.

Das Handbuch zur KLR richtet sich an Behörden der unmittelbaren Bundesverwaltung. Es legt einheitliche Grundsätze für behördenspezifische KLR-Systeme fest, um eine vergleichbare Anwendung der KLR in der Bundesverwaltung sicherzustellen. Bundesbehörden haben bei der Konzeption ihres konkreten KLR-Systems das Handbuch zur KLR zugrunde zu legen.

Das Handbuch zur KLR ersetzt das zuletzt im April 2008 aktualisierte Handbuch zur Standard-KLR. Berücksichtigt wurden die aktuellen Fassungen der „Standards staatlicher Doppik" und des „Verwaltungskontenrahmen (VKR)", die auf den Internet-Seiten des BMF abrufbar sind. Darüber hinaus wurde das Handbuch von inzwischen veralteten und für die Behördenpraxis nicht mehr relevanten Ausführungen und Darstellungen bereinigt. Auf die bisherige umfassende Auflistung von Aufgaben und Leistungen in Form von internen Produkten des allgemeinen Verwaltungsbereichs wurde verzichtet. In der Anlage sind stattdessen einige aussagekräftige Beispiele für Steckbriefe interner Verwaltungsprodukte enthalten.

BMF wird das Handbuch zur KLR auch künftig fortschreiben, um sich ändernde Rahmenbedingungen für die Anwendung der KLR zu berücksichtigen.

## 2 Ziele der KLR

Die KLR ist ein internes Informationsinstrument zur transparenten Bereitstellung von Daten zu Kosten und Erlösen. Mit der KLR werden insbesondere folgende Ziele verfolgt:

- **Stärkung des Kostenbewusstseins und des wirtschaftlichen Handelns**
  - Erhöhung des Kostenbewusstseins in der öffentlichen Verwaltung durch Schaffung von Transparenz
  - Schaffung der Voraussetzungen für eine Stärkung der dezentralen Fach- und Finanzverantwortung
  - Bereitstellung von Daten für eine innerbehördliche Budgetierung
  - Transparente Darstellung inner- und zwischenbehördlicher Leistungsverrechnungen
  - Unterstützung von Wirtschaftlichkeitsuntersuchungen und –betrachtungen
  - Unterstützung der Prüfung von Entscheidungen über Eigenfertigung oder Fremdbezug
  - Schaffung der Voraussetzungen für die Durchführung interner und externer Vergleiche (Benchmarking)
- **Unterstützung der Planung, Steuerung und des Controllings**
  - Unterstützung der innerbehördlichen Produkt-/Leistungsplanung und -steuerung
  - Bereitstellung von Daten für eine systematische Aufgabenkritik
  - Bereitstellung von Daten für das Controlling

  – Unterstützung der kameralen Haushaltsplanung und -durchführung durch ergebnisorientierte Darstellung des gesamten Ressourcenverbrauchs
- **Bereitstellung einer transparenten Kalkulationsbasis für die Abrechnung von Leistungen**
  – Unterstützung der Ermittlung von kostendeckenden Gebühren und Entgelten
  – Unterstützung der Preisbildung für Produkte und Leistungen von Dienstleistungszentren
  – Unterstützung der Ermittlung von verursachungsgerechten inner- und zwischenbehördlichen Verrechnungspreisen

## 3 Begriffe und Definitionen

### 3.1 *Grundbegriffe des Rechnungswesens*

Das betriebliche Rechnungswesen ist ein System zur mengen- und wertmäßigen Erfassung und Auswertung von wirtschaftlichen Zuständen und Vorgängen. Das externe Rechnungswesen kann doppisch oder kameral ausgeprägt sein. Es dient der Rechenschaftslegung über die finanzielle Situation nach außen und der Information der Öffentlichkeit. Grundlage des externen Rechnungswesens sind gesetzliche Vorschriften (z.B. HGB, BHO). Das interne Rechnungswesen mit der Kosten- und Leistungsrechnung als wesentlichen Bestandteil ist dagegen nach innen ausgerichtet. Es soll die Entscheidungsträger durch Bereitstellung von Informationen bei der Planung, Steuerung und Kontrolle der Leistungserstellung unterstützen.

Die wichtigsten Grundbegriffe des Rechnungswesens sind in Abb. 1 zusammenfassend gegenübergestellt.

| **Stromgrößen** | | **Bestandsgrößen** | **Rechnungswesensystem** |
|---|---|---|---|
| Einzahlungen | Auszahlungen | Zahlungsmittelbestand (liquide Mittel) | Finanzrechnung<br>Kameralistik |
| Einnahmen | Ausgaben | Zahlungsmittelbestand<br>+ kurzfristige Forderungen<br>./. kurzfristige Verbindlichkeiten<br>= Geldvermögen | Finanzierungsrechnung<br>Kameralistik |
| Erträge | Aufwendungen | Geldvermögen<br>+ Sachvermögen<br>= Reinvermögen | Finanzbuchhaltung (Erfolgsrechnung, Bilanz)<br>Vermögensrechnung |
| Erlöse | Kosten | leistungsbezogenes Vermögen | Kosten- und Leistungsrechnung |

*Abb. 1: Grundbegriffe des Rechnungswesens*

Die Stromgrößen des Rechnungswesens bilden verschiedene Sachverhalte ab und sind nur zum Teil deckungsgleich (vgl. Abb. 2). Der Aufbau eines KLR-Systems erfordert das Verständnis der unterschiedlichen Begriffe des Rechnungswesens.

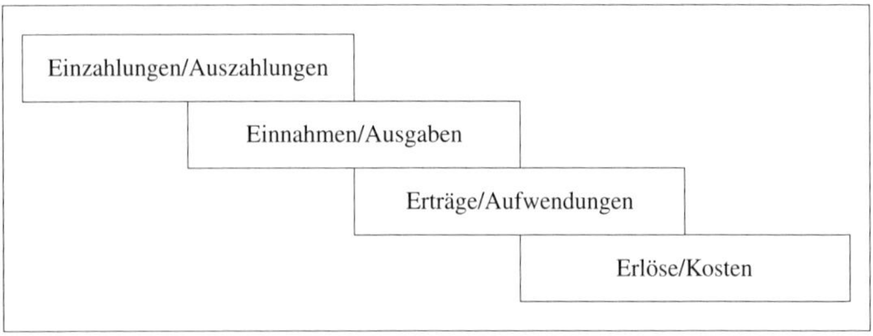


*Abb. 2: Abgrenzung der Begriffe des Rechnungswesens*

Einzahlungen bzw. Auszahlungen sind mit Einnahmen bzw. Ausgaben identisch, wenn sich Zahlungsmittelbestand **und** Geldvermögen im gleichen Maße ändern. Dies ist z.B. der Fall, wenn der Leistungszeitpunkt und der Zahlungszeitpunkt in der gleichen Rechnungsperiode liegen (Barverkauf/-einkauf einer Leistung). Einzahlungen bzw. Auszahlungen sind keine Einnahmen bzw. Ausgaben, wenn sich nur der Zahlungsmittelbestand, nicht aber das Geldvermögen ändert. Beispiele sind die Zahlung von Forderungen bzw. Verbindlichkeiten aus vorherigen Rechnungsperioden oder die Bartilgung von gewährten Krediten bzw. die Rückzahlung von aufgenommenen Krediten.

Einnahmen bzw. Ausgaben sind keine Einzahlungen bzw. Auszahlungen, wenn sich nur das Geldvermögen, nicht aber der Zahlungsmittelbestand ändert. Dies ist z.B. bei der Gewährung von Zahlungszielen der Fall, d.h. die Forderungen bzw. Verbindlichkeiten nehmen zu, die Zahlungen erfolgen aber erst in der nächsten Rechnungsperiode.

Abweichend vom betriebswirtschaftlichen Begriffsverständnis stellen die Einnahmen und Ausgaben im kameralen Haushaltsplan und in der Haushaltsrechnung immer auch Einzahlungen und Auszahlungen dar. In der unterjährigen Haushaltsausführung entsprechen Einnahmen bzw. Ausgaben nur dann Einzahlungen bzw. Auszahlungen, wenn die Annahme- bzw. Auszahlungsanordnungen (Forderungen bzw. Verbindlichkeiten) durch die Bundeskasse beglichen wurden.

Einnahmen bzw. Ausgaben sind mit Erträgen bzw. Aufwendungen identisch, wenn sich Geldvermögen und Sachvermögen im gleichen Maße ändern. Dies ist z.B. der Fall, wenn eine erstellte Leistung in der gleichen Rechnungsperiode veräußert bzw. eine bezogene Leistung in der gleichen Rechnungsperiode verbraucht wird.

Einnahmen bzw. Ausgaben sind keine Erträge bzw. Aufwendungen, wenn sich nur das Geldvermögen, nicht aber das Sachvermögen ändert. Beispiele sind der Erhalt von Anzahlungen für Leistungen, die erst in der nächsten Rechnungsperiode erstellt werden bzw. der Kauf von Rohstoffen auf Lager, die erst in der nächsten Rechnungsperiode verbraucht werden.

Erträge bzw. Aufwendungen sind keine Einnahmen bzw. Ausgaben, wenn sich nur das Sachvermögen, nicht aber das Geldvermögen ändert. Beispiele hierfür sind Zuschreibungen auf das Vermögen und die Produktion von Erzeugnissen auf Lager, die erst in der nächsten Rechnungsperiode veräußert werden, bzw. Abschreibungen auf das Vermögen und die Entnahme von Rohstoffen aus dem Lager. In der Kameralistik sind diese Erträge und Aufwendungen nicht abbildbar.

Die Unterschiede zwischen Erträgen bzw. Aufwendungen und Erlösen bzw. Kosten werden nachfolgend detailliert erläutert.

### 3.2 *Begriffe der KLR*

Die KLR bildet den in Geld bewerteten Verzehr oder Zuwachs von Gütern/Ressourcen bei der Erstellung von Verwaltungsleistungen periodengerecht ab.

**Kosten** sind der bewertete periodisierte Verzehr von Gütern und Dienstleistungen bei der Erstellung von Verwaltungsleistungen.

**Leistungen** (genauer: **Erlöse**) sind der bewertete periodisierte Zuwachs von Gütern und Dienstleistungen im Zusammenhang mit dem behördlichen Leistungsprozess.

Kosten und Erlöse unterscheiden sich von den Aufwendungen und Erträgen der Finanzbuchhaltung durch ihren Bezug zur behördlichen Leistungserstellung und den Ausweis des tatsächlichen Werteverzehrs/-zuwachses. Die Abgrenzung zwischen Aufwendungen bzw. Erträgen und Kosten bzw. Erlösen zeigt Abb. 3.

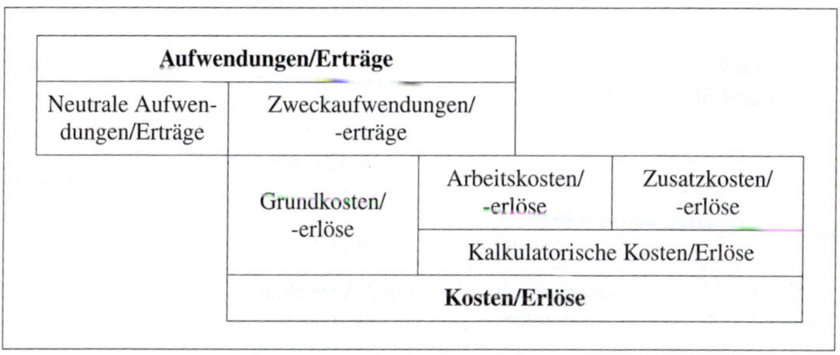


*Abb. 3: Abgrenzung zwischen Aufwendungen/Erträgen und Kosten/Erlösen*

**Grundkosten** bzw. **-erlöse** stehen Aufwendungen bzw. Erträge in gleicher Höhe in der Finanzbuchhaltung gegenüber. Beispiele sind Materialkosten bzw. erhobene Gebühren für erbrachte Leistungen.

**Neutrale Aufwendungen** bzw. **neutrale Erträge** zählen nicht zu den Kosten bzw. Erlösen, da sie in keinem direkten Zusammenhang mit der behördlichen Tätigkeit stehen (betriebsfremd), nicht im Rahmen des gewöhnlichen behördlichen Ablaufs entstehen (außerordentlich) oder andere Perioden betreffen (periodenfremd). Hierzu zählen z.B. Aufwendungen für Spenden, für Schadensfälle und für Steuernachzahlungen bzw. Erträge aus Finanzanlagen, aus Anlagenverkauf über dem Buchwert und aus Steuerrückerstattungen.

**Kalkulatorische Kosten** bzw. **kalkulatorische Erlöse** werden in Anderskosten bzw. -erlöse und in Zusatzkosten bzw. -erlöse unterschieden.

| **Zeitbezug** | **Istkosten** | **Normalkosten** | **Plankosten** |
|---|---|---|---|
| | tatsächlich entstanden | in der Vergangenheit im Durchschnitt angefallen | für die Zukunft prognostiziert |

| **Zuordnung** | **Vollkosten** | **Teilkosten** |
|---|---|---|
| | alle anfallenden Kosten | nur nach bestimmten Kriterien abgegrenzte Kosten |

| **Zurechenbarkeit** | **Einzelkosten** | **Gemeinkosten** |
|---|---|---|
| | direkt einem einzelnen Objekt | mehreren Objekten → echte → unechte |

| **Beschäftigungsgrad** | **Fixkosten** | **Variable Kosten** |
|---|---|---|
| | unabhängig vom Beschäftigungsgrad | abhängig vom Beschäftigungsgrad → *linear* → *progressiv* → *degressiv* → *regressiv* |

| **Entstehung** | **Primärkosten** | **Sekundärkosten** |
|---|---|---|
| | ursprünglich entstanden | durch Verrechnung entstanden |

*Abb. 4: Übersicht der Kostenbegriffe*

**Anderskosten** bzw. **-erlösen** stehen Aufwendungen bzw. Erträge in anderer Höhe gegenüber. Zu den Anderskosten zählen insbesondere kalkulatorische Abschreibungen, die von den Abschreibungen in der Finanzbuchhaltung abweichen, und auf Durchschnittssätzen basierende kalkulatorische Personalkosten. Anderserlöse entstehen z.B., wenn Bestandserhöhungen in der KLR mit Herstellkosten bewertet werden, die von den Herstell*ungs*kosten in der Finanzbuchhaltung abweichen.

**Zusatzkosten** bzw. -**erlösen** stehen keine Aufwendungen bzw. Erträge gegenüber. Hierzu zählen kalkulatorische Zinsen für gebundenes Vermögen, kalkulatorische Mieten für die Nutzung von mietfreien Immobilien und kalkulatorische Wagnisse zur Deckung von nicht versicherten speziellen Risiken (z.B. gegen Feuer, Diebstähle, Unfälle). Zu den Zusatzerlösen zählen z.B. Werte selbsterstellter Software oder von Patenten, sofern diese nicht in der Finanzbuchhaltung angesetzt wurden.

Kosten werden nach unterschiedlichen Gesichtspunkten kategorisiert. Abb. 4 stellt die wichtigsten Kostenbegriffe in einer Übersicht dar.

Kosten werden in Abhängigkeit vom Zeitbezug in Ist-, Normal- und Plankosten unterteilt. **Istkosten** sind die tatsächlich in der vergangenen Rechnungsperiode angefallenen Kosten. **Normalkosten** sind Durchschnittskosten, die zufällige Schwankungen der Istkosten vergangener Rechnungsperioden glätten. Hierzu zählen beispielsweise Personalkosten, die auf durchschnittlichen Personalkostensätzen basieren. **Plankosten** sind die für künftige Rechnungsperioden im Voraus angesetzten Kosten. Die flexible Plankostenrechnung unterscheidet darüber hinaus zwischen Plan- und Sollkosten.

In Abhängigkeit vom **Umfang der Zuordnung** werden Voll- und Teilkosten unterschieden. **Vollkosten** sind alle in einer Periode anfallenden Kosten, die einem Bezugsobjekt (Kostenstelle, Kostenträger) direkt oder indirekt zugeordnet werden. **Teilkosten** sind nach bestimmten Kriterien (Zurechenbarkeit, Beeinflussbarkeit) abgegrenzte Bestandteile der Gesamtkosten.

In Abhängigkeit von ihrer Zurechenbarkeit werden Einzel- und Gemeinkosten unterschieden. **Einzelkosten** sind einem einzelnen Bezugsobjekt direkt zurechenbar. Echte **Gemeinkosten** können dagegen nur mehreren Bezugsobjekten zugerechnet werden. Bei unechten Gemeinkosten unterbleibt aus Gründen der Wirtschaftlichkeit die unmittelbare Zuordnung auf die einzelnen Bezugsobjekte.

In Abhängigkeit vom **Beschäftigungsgrad**, d.h. dem Verhältnis zwischen tatsächlicher und potenzieller Leistungsmenge, werden fixe und variable Kosten unterschieden. **Fixkosten** fallen in einer Betrachtungsperiode unabhängig vom Beschäftigungsgrad in konstanter Höhe an. **Variable Kosten** ändern sich dagegen proportional (linear), überproportional (progressiv) oder unterproportional (degressiv) zum Beschäftigungsgrad. Regressive Kosten, die mit zunehmendem Beschäftigungsgrad absolut sinken, haben in der Praxis kaum Bedeutung.

In Abhängigkeit von ihrer **Entstehung** werden Primär- und Sekundärkosten unterschieden. **Primärkosten** sind die ursprünglichen Kosten, wie sie beispielsweise in der Finanzbuchhaltung erfasst werden. **Sekundärkosten** entstehen durch Verrechnung innerhalb der Kosten- und Leistungsrechnung.

### 3.3 *Kostenrechnungssysteme*

Kostenrechnungssysteme werden nach dem Zeitbezug der Kosten in Ist-, Normal- und Plankostenrechnung und nach dem Umfang der Zuordnung der Kosten in Voll- und Teilkostenrechnungen unterteilt. Die verschiedenen Zielstellungen der KLR stellen spezifische Anforderungen an die Gestaltung eines Kostenrechnungssystems. Abb. 5 verdeutlicht, dass kein universelles Kostenrechnungssystem existiert, das allen Zielen der KLR in gleicher Weise gerecht wird.

| Zeitbezug<br>**Umfang**<br>Zuordnung | **Ist-/Normalkostenrechnung** | **Plankostenrechnung** |
|---|---|---|
| **Vollkostenrechnung** | – kurzfristige Bereitstellung aller anfallenden Kosten und Erlöse<br>– Durchführung inner- und zwischenbehördlicher Kostenvergleiche<br>– Nachkalkulation von Gebühren und Preisen | – Unterstützung der kameralen Haushaltsplanung und -durchführung<br>– Vorkalkulation von Gebühren und Preisen<br>– Wirtschaftlichkeitskontrolle |
| **Teilkostenrechnung** | – Durchführung inner- und zwischenbehördlicher Kostenvergleiche<br>– Nachkalkulation von Gebühren und Preisen<br>– Wirtschaftlichkeitsberechnung | – Unterstützung der innerbehördlichen Budgetierung<br>– Unterstützung der Produktplanung und -steuerung<br>– Vorkalkulation von Gebühren und Preisen<br>– Unterstützung von Entscheidungen über Eigenfertigung oder Fremdbezug<br>– Wirtschaftlichkeitskontrolle (Abweichungsanalyse) |

*Abb. 5: Ziele und Kostenrechnungssysteme*

Die Übergänge zwischen den Kostenrechnungssystemen sind fließend. Die in der Bundesverwaltung eingesetzten Kostenrechnungssysteme sind durch die Übernahme der Grundkosten aus der Finanzbuchhaltung einerseits und die Ermittlung der kalkulatorischen Kosten auf der Basis von Durchschnittssätzen andererseits zumeist eine Mischung aus Ist- und Normalkostenrechnung. Die Nutzung der KLR als Instrument zur Unterstützung der Planung, Steuerung und Kontrolle erfordert letztlich den Ausbau der Ist- und Normalkostenrechnung zu einer Plankostenrechnung.

In der **Vollkostenrechnung** werden sämtliche Kosten erfasst und auf die Kostenträger verrechnet. Sie findet z.B. Anwendung, wenn bei der Kalkulation von Gebühren und Entgelten alle anfallenden Kosten zu berücksichtigen sind. Nachteile der Vollkostenrechnung sind die pauschale Schlüsselung der Gemeinkosten, die zumeist nicht verursachungsgerecht ist, und die proportionale Verteilung der Fixkosten auf die Ausbringungsmenge, obwohl diese durch Reduzierung der Stückzahl kurzfristig nicht abgebaut werden können. **Teilkostenrechnungen** haben dagegen den Vorteil, dass nur die direkt zurechenbaren und beeinflussbaren Kosten in die Betrachtung einbezogen werden. In Abhängigkeit von der DV-technischen Flexibilität der Gemeinkostenverrechnung und der differenzierten Auswertbarkeit von Kosteninformationen können Voll- und Teilkostenrechnungen zumeist ohne größeren zusätzlichen Aufwand parallel betrieben werden. In Abb. 6 sind die klassischen Kostenrechnungssysteme systematisiert.

| Zeitbezug<br>**Umfang**<br>Zuordnung | **Ist-/Normalkosten-rechnung** | **Plankosten-rechnung** |
|---|---|---|
| **Vollkosten-rechnung** | Ist-/Normalkostenrechnung auf Vollkostenbasis | starre, flexible Plankostenrechnung |
| **Teilkosten-rechnung** | Deckungsbeitragsrechnung (einstufig, mehrstufig) | Grenzplankosten- und Deckungsbeitragsrechnung |

*Abb. 6: Systematisierung klassischer Kostenrechnungssysteme*

Die dargestellten Kostenrechnungssysteme sind prinzipiell gleich aufgebaut und bestehen aus:
- Kostenartenrechnung,
- Kostenstellenrechnung und
- Kostenträgerrechnung (vgl. Abb. 7)

*Abb. 7: Prinzipieller Aufbau klassischer Kostenrechnungssysteme*

In der **Kostenartenrechnung** werden die Grundkosten in der Regel aus der Finanzbuchhaltung übernommen und durch kalkulatorische Kosten (Anders-, Zusatzkosten) ergänzt. Die Kostenträgereinzelkosten werden dabei direkt den Kostenträgern (Produkten, Dienstleistungen) zugeordnet. Die Kostenträgergemeinkosten werden in der **Kostenstellenrechnung** auf den Kostenstellen erfasst, wo sie entstanden sind und auf die Kostenstellen verrechnet, die unmittelbar an der Erstellung der Kostenträger mitwirken. In der **Kostenträgerrechnung** werden die Kostenträgereinzelkosten um die anteiligen Gemeinkosten der Kostenstellen ergänzt, welche die Kostenträger in Anspruch genommenen haben. Während Kostenarten- und Kostenstellenrechnung reine Periodenrechnungen sind, wird in der Kostenträgerrechnung zwischen Kostenträgerzeitrechnung und Kostenträgerstückrechnung (Kalkulation) unterschieden.

Ausgangspunkt der Deckungsbeitragsrechnung als Teilkostenrechnung sind die Erlöse der Kostenträger. Von diesen Erlösen werden in der **einstufigen Deckungsbeitragsrechnung** nur die variablen Kosten abgezogen; die Differenz ist der Deckungsbeitrag. Sämtliche Fixkosten werden als Block betrachtet und nicht auf die Kostenträger verrechnet. In der **mehrstufigen Deckungsbeitragsrechnung (Fixkostendeckungsrechnung)** wird der Fixkostenblock entsprechend seiner Beeinflussbarkeit und Produktnähe noch weiter untergliedert. Je produktferner und weniger beeinflussbar die Kosten sind, desto später werden sie Deckungsbeiträgen zugeordnet. Die Schaffung von Transparenz über die nicht sofort abbaubaren Fixkosten ist in der Bundesverwaltung von besonderer Bedeutung, da hier der Anteil der Fixkosten an den Gesamtkosten dominiert. Mit der letzten Stufe der Deckungsbeitragsrechnung ist der Umfang einer Vollkostenrechnung erreicht (vgl. Beispiel in Abb. 8).

| | | |
|---|---|---|
| | **Erlöse** | |
| ./. | variable Kosten | z.B. Honorare, Material, Dienstreisen |
| = | **Deckungsbeitrag I (DB I)** | |
| ./. | Produktfixkosten | z.B. Kalkulatorische Abschreibungen für Geräte |
| = | **DB II** | |
| ./. | Abteilungsfixkosten | z.B. Besoldung/Entgelte Abteilungsleitung |
| = | **DB III** | |
| ./. | Behördenfixkosten | z.B. Besoldung/Entgelte Behördenleitung, Mieten für Liegenschaften |
| = | **DB IV (Betriebsergebnis)** | |

*Abb. 8: Beispiel einer mehrstufigen Deckungsbeitragsrechnung*

Ist- und Normalkostenrechnungen sind aufgrund ihres Vergangenheitsbezugs nur sehr eingeschränkt für die Planung und Steuerung geeignet. Zur Unterstützung von zukunftsgerichteten Entscheidungen wurden Systeme der **Plankostenrechnung** entwickelt, die neben Ist- oder Normalkosten auch geplante, prognostizierte Kosten betrachten.

In der **starren Plankostenrechnung** werden die Kosten nicht weiter aufgeteilt. Dadurch lassen sich zwar Kostenabweichungen ermitteln, aber nicht die Gründe dafür aufzeigen. Bei rückläufiger Kapazitätsauslastung können aber in der Regel die Fixkosten nur langsamer abgebaut werden, als sie beim Aufbau der Leistungsmengen gestiegen sind (Kostenremanenz). Die Aufteilung in fixe und proportionale Kostenbestandteile ermöglicht in der **flexiblen Plankostenrechnung** eine differenziertere Abweichungsanalyse zwischen Plan- und Istkosten. Die **Grenzplankostenrechnung** unterscheidet sich von der flexiblen Plankostenrechnung auf Vollkostenbasis dadurch, dass nur die variablen Kosten auf die Kostenträger verrechnet werden.

In der Bundesverwaltung können neben den klassischen Kostenrechnungssystemen optional Systeme der relativen Einzelkostenrechnung und der Prozesskostenrechnung eingeführt werden.

Die **relative Einzelkostenrechnung** geht vom Identitätsprinzip aus, nach dem sich nur die Kosten und Erlöse einander zuordnen lassen, die auf identische Entscheidungen zurückzuführen sind. Die relative Zuordnung der Einzelkosten zu sach- und zeitbezogenen Bezugsgrößen vermeidet zwar die als nicht verursachungsgerecht kritisierte Schlüsselung von Gemeinkosten, ist aber komplex und aufwendig. Für bestimmte Aufgaben der KLR wie beispielsweise die Gebührenkalkulation auf Vollkostenbasis ist die relative Einzelkostenrechnung ungeeignet.

Die **Prozesskostenrechnung** ist eine Vollkostenrechnung, die leistungsmengeninduzierte und leistungsmengenneutrale Kosten unterscheidet. Die mit der Leistungserstellung verbundenen Prozesse werden analysiert, in Teilprozesse zerlegt und für diese Prozesskostensätze ermittelt. Die Kostenträger werden nur mit den Kosten der Teilprozesse belastet, die sie in Anspruch genommenen haben. Eine wesentliche Voraussetzung für die Anwendung der Prozesskostenrechnung ist, dass die Teilprozesse zur Leistungserstellung sich wiederholende und standardisierte Routineprozesse sind. Die Einführung einer Prozesskostenrechnung ist vergleichsweise aufwendig und erfordert fundierte Kenntnisse der Prozessanalyse und -bewertung.

## 4 Konzeption der Kosten- und Leistungsrechnung

### 4.1 *Kostenartenrechnung*

#### 4.1.1 Verwaltungskontenrahmen

Die Kostenartenrechnung gibt Auskunft darüber, welche Kosten für die Erstellung eines Produktes oder einer Dienstleistung angefallen sind. Sämtliche Kosten und Erlöse werden nach der Art ihrer Entstehung in einem Kosten- und Erlösartenplan erfasst, der nach den Vorgaben des **Verwaltungskontenrahmen**

**(VKR)** zu gliedern ist[13] und in Abhängigkeit von behördenspezifischen Erfordernissen weiter detailliert werden kann.

Der VKR wurde von einem Gremium zur Standardisierung des staatlichen Rechnungswesens nach § 49a Haushaltsgrundsätzegesetz (HGrG) entwickelt und soll eine einheitliche und vollständige Zuordnung von grundlegenden Geschäftsvorfällen bei Bund und Ländern gewährleisten. Die Kontenklassen, Kontengruppen und Hauptkonten sind im *Verwaltungskontenrahmen* und in den *Standards staatlicher Doppik* ausführlich beschrieben. Diese Dokumente werden regelmäßig fortgeschrieben und sind in den jeweils aktuellen Fassungen auf den Internet-Seiten des BMF abrufbar.

Abb. 9 stellt die Kontenklassen des VKR dar. Für die KLR sind die Kontenklassen 5, 6, 7 und 9 einschlägig. Die ertragsgleichen Erlösarten sind der Kontenklasse 5, die aufwandsgleichen Kostenarten den Kontenklassen 6 und 7 zuzuordnen. Diese werden in einem integrierten Rechnungswesen bereits durch die Finanzbuchhaltung erfasst und in die KLR fortgeschrieben. Eine zusätzliche, manuelle Erfassung beschränkt sich in der Regel auf die Fälle, in denen die relevanten Informationen z.B. wegen der Fremdbewirtschaftung von Haushaltsmitteln nicht in der eigenen Finanzbuchhaltung vorliegen und auch nicht über Schnittstellen aus den Vorsystemen automatisiert in das KLR-System übertragen werden können.

| **Verwaltungskontenrahmen** | | | | | | | | | |
|---|---|---|---|---|---|---|---|---|---|
| **Finanzbuchhaltung** | | | | | | | | | |
| 0 | 1 | 2 | 3 | 4 | 5 | 6 | 7 | 8 | 9 |
| Immaterielle Vermögensgegenstände und Sachanlagen | Finanzanlagen | Umlaufvermögen und aktive Rechnungsabgrenzung | Eigenkapital, Sonderposten und Rückstellungen | Verbindlichkeiten und passive Rechnungsabgrenzung | Erträge | Aufwendungen | Weitere Aufwendungen | Abschluss und Technische Konten | Kalkulatorische Kosten und Erlöse, Verrechnungskonten |
| **Vermögensrechnung** | | | | | **Erfolgsrechnung/KLR** | | | | **KLR** |

*Abb. 9: Kontenklassen des Verwaltungskontenrahmens*

13 Der Übergangszeitraum zur Umstellung auf den VKR richtet sich nach den Vorgaben zur Vermögensrechnung.

Nicht alle in der Finanzbuchhaltung erfassten Erträge und Aufwendungen sind gleichzeitig auch Kosten und Erlöse (vgl. Abb. 10). In der KLR werden nur solche Geschäftsvorfälle betrachtet, die im Zusammenhang mit der gewöhnlichen behördlichen Leistungserstellung einer Periode stehen. Damit scheiden all jene Geschäftsvorfälle aus, die im Haushalt einer Behörde für andere Behörden gebucht werden oder keinen Bezug zur eigentlichen Leistungserstellung der Behörde haben. Auch finden reine Finanztransaktionen ohne Auswirkung auf den Werteverzehr bzw. -zuwachs innerhalb einer Behörde, wie z.B. die Aufnahme oder Tilgung von Darlehen, keine Berücksichtigung in der KLR.

Abzugrenzen sind auch Ausgaben bzw. Einnahmen, die in einer anderen Rechnungsperiode zu Kosten bzw. Erlösen führen (z.B. Kauf von Material auf Lager im laufenden Jahr, Verbrauch erst im Folgejahr). Ebenso werden die Ausgaben bzw. Einnahmen nicht einbezogen, die zwar in direktem Zusammenhang mit der behördlichen Leistungserstellung stehen, aber in ihrer Art nicht planbar und in ihrem Umfang nicht vorhersehbar sind (z.B. Brand im Lager). Ihre Berücksichtigung würde die periodenübergreifende Vergleichbarkeit von Kosten und Erlösen beeinträchtigen.

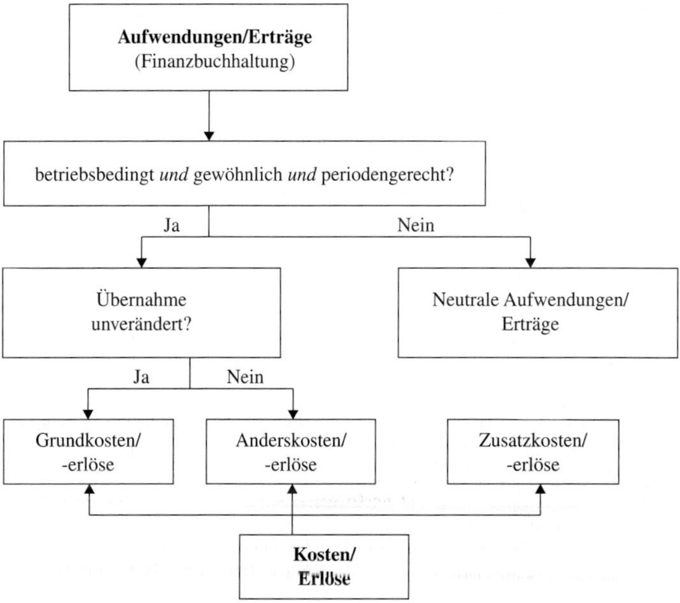


*Abb. 10: Schema zur Abgrenzung zwischen Aufwand und Kosten*

Die kalkulatorischen Kosten und Erlöse sowie die durch Verrechnungen in der KLR erzeugten sekundären Kosten- und Erlösarten werden in der Kontenklasse 9 erfasst.

### 4.1.2 Personalkosten

In der Bundesverwaltung kommt den Personalkosten besondere Bedeutung zu, da sie einen hohen Anteil an den Gesamtkosten einer Behörde haben. Als Personalkosten werden in der KLR in der Regel Normalkosten (Durchschnittskosten) angesetzt. Dadurch werden der Erfassungs- und Berechnungsaufwand gering gehalten, nicht beeinflussbare Unterschiede in der Kostenstruktur (z.B. Alter, Zahl der Kinder) ausgeglichen und somit eine vergleichbare Kalkulationsgrundlage geschaffen. Die normalisierten Personalkosten sind kalkulatorische Durchschnittskosten und werden in der Kontenklasse 9 erfasst. Sie sind zu unterscheiden von den Ist-Personal*aufwendungen*, die in der Finanzbuchhaltung in den Kontenklassen 6 und 7 erfasst werden.

Anstelle von Durchschnittskosten können auch die tatsächlich entstandenen Personalaufwendungen als Personalkosten zugrunde gelegt werden, sofern dies zu Abrechnungszwecken gegenüber Externen zwingend erforderlich ist.

Die normalisierten Personalkosten werden ermittelt, indem die geplanten oder entstandenen Arbeitszeiten mit behördenspezifischen **Personalkostensätzen** bewertet werden. Die Personalkostensätze werden in der Bundesverwaltung z.B. durch das Bundesamt für zentrale Dienste und offene Vermögensfragen (BADV) für die jeweilige Behörde ermittelt und jährlich aktualisiert zur Verfügung gestellt. Die Behörden können eigene Personalkostensätze berechnen, wenn ressortspezifische Besonderheiten dies erfordern. Die Ermittlung der Personalkostensätze für Beamtinnen/Beamte und Tarifbeschäftigte erfolgt nach dem Berechnungsschema für Kostenberechnungen/Wirtschaftlichkeitsuntersuchungen, dessen Grundzüge in Abb. 11 dargestellt sind.

| **Beamtinnen/Beamte** | **Tarifbeschäftigte** |
|---|---|
| Durchschnittsbezüge einschl. Sonderzahlungen gemäß Laufbahn- oder Besoldungsgruppe (steuerpflichtiges Brutto) | Durchschnittsbezüge einschl. Sonderzahlungen gemäß Laufbahn- oder Entgeltgruppe (steuerpflichtiges Brutto) |
| Versorgungszuschlag auf die Durchschnittsbezüge gemäß VFZV von<br>27,9% für den einfachen und mittleren Dienst,<br>29,3% für den gehobenen Dienst,<br>36,9% für den höheren Dienst (Stand 2012) | Arbeitgeberanteil zur Sozial- und Zusatzversicherung gemäß Entgeltgruppe |
| Personalnebenkosten (Beihilfe, Fürsorgeleistungen, Unterstützungen, Trennungsgeld, Umzugskostenvergütungen) | Personalnebenkosten (Fürsorgeleistungen, Unterstützungen, Unfallkasse, Trennungsgeld, Umzugskostenvergütungen) |

*Abb. 11: Berechnung der Personalkostensätze*

Die Durchschnittsbezüge und der Arbeitgeberanteil zur Sozial- und Zusatzversicherung werden für die jeweilige Besoldungs- bzw. Entgeltgruppe der Behörde berechnet. Die Personalnebenkosten der Beamtinnen/Beamten bzw. der Tarifbeschäftigten werden für die gesamte Behörde einheitlich ermittelt. Grundlage sind jeweils die Ist-Personalausgaben der Behörde des Vorjahres. Sofern *innerhalb* einer Behörde z.B. standortbedingt große Unterschiede hinsichtlich der Inanspruchnahme von Trennungsgeld und Umzugskostenvergütungen bestehen, können diese Ist-Ausgaben auch aus den Personalnebenkosten herausgerechnet und den jeweiligen Kostenstellen direkt zugeordnet werden.

Der jeweilige Versorgungszuschlag für Beamtinnen/Beamte leitet sich dagegen nicht aus den Ist-Personalausgaben ab. Eine Berechnung der Versorgungskosten auf der Basis der tatsächlichen Ist-Zuweisungen an den Versorgungsfonds ist noch nicht vorgesehen, da diese nur für die seit dem 1. Januar 2007 neu eingestellten Beamtinnen/Beamte erfolgen und somit noch nicht repräsentativ sind. BMF wird prüfen, wann die Voraussetzungen für die Umstellung der Berechnungsmethodik gegeben sind.

Die individuelle **Zeitaufschreibung** ist ein Instrument, um die Personalkosten möglichst als Einzelkosten den Kostenträgern direkt zuordnen zu können. Insbesondere in folgenden Fällen sollte die Zeitaufschreibung genutzt werden:

- Eine Kostenstelle erzeugt mehrere Kostenträger, welche die Personalkapazitäten in einer Periode unterschiedlich stark beanspruchen.
- Eine Kostenstelle fragt gezielt Kostenträger nach und soll auf Basis der für diese Kostenträger aufgewendeten Zeiten (als Indikator für die erhaltene Leistungsmenge) mit Kosten belastet werden.
- Zu Abrechnungszwecken wird ein Nachweis über die aufgewendeten Zeiten für Erstellung eines Kostenträgers gefordert.

Die aus der Zeitaufschreibung gewonnenen Daten sind nur dann belastbar, wenn die Beschäftigten das Verfahren akzeptieren. Der mit der Zeitaufschreibung verbundene zusätzliche Arbeitsaufwand für die Beschäftigten ist weitestgehend gering zu halten. Die Beschäftigten erfassen ihre Zeiten selbst mit Hilfe eines komfortabel zu bedienenden IT-Systems. Die Zeiten sind möglichst täglich und mit einer angemessenen Genauigkeit (von z.B. einer Viertelstunde) auf die Kostenträger zu erfassen. Die Validität der erfassten Zeiten ist durch Vollständigkeits- und Plausibilitätsprüfungen sicherzustellen.

Die personenbezogenen Daten der Beschäftigten sollten durch geeignete technische und organisatorische Maßnahmen anonymisiert werden, so dass ein Rückschluss auf die Zeiten des einzelnen Beschäftigten im Nachhinein nicht mehr möglich ist. Ausnahmen können für Bereiche vereinbart werden, in denen personenbezogene Stunden und Kosten zwingende Voraussetzung für den Nachweis der Leistungserstellung sind (z.B. bei Kundenprojekten). Personalvertretung und Datenschutzbeauftragte sind rechtzeitig in den Prozess der Einführung einer individuellen Zeitaufschreibung einzubeziehen. Die zwischen Dienststelle und Personalrat beschlossenen Regelungen zur Zeitaufschreibung sind in einer Dienstvereinbarung schriftlich niederzulegen.

Bei der Zeitaufschreibung wird die gesamte Arbeitszeit der Voll- und Teilzeitbeschäftigten *einschließlich* der geleisteten Mehrarbeit/Überstunden den Kostenträger zugeordnet und mit den jeweiligen Personalkostensätzen bewertet. Mehrarbeit und Überstunden werden dabei nicht separat von der regelmäßigen Arbeitszeit ausgewiesen.

Der Zeitausgleich für die **Mehrarbeit** (Gleittage) kann zu statistischen Zwecken auf einem separaten Konto erfasst werden, ist aber nicht monetär zu bewerten, da die Kosten der Mehrarbeit bereits berücksichtigt sind.

Die Differenzierung der Anwesenheitszeiten, die sich keinem Kostenträger zuordnen lassen (**Verteilzeiten** wie z.B. Fortbildung, Führung/Leitung) orientieren sich am Steuerungsbedarf der jeweiligen Behörde. **Abwesenheitszeiten** wegen Krankheit, Urlaub und Dienstbefreiungen werden auf einem eigenen statistischen Konto erfasst, aber nicht monetär bewertet, sofern sie bereits bei der Berechnung der Arbeitszeit pro Jahr berücksichtigt wurden (vgl. Abb. 12).

| | |
|---|---|
| | 365 Tage/Jahr |
| – | Samstage, Sonntage, Feiertage |
| – | Ausfälle durch Erkrankungen, Kuren |
| – | Urlaub und ganztägige Dienstbefreiung |
| = | **Arbeitstage/Jahr** |
| × | tägliche Arbeitszeit (Std./Tag) |
| = | **Arbeitsstunden/Jahr** |

*Abb. 12: Berechnung der Arbeitszeit*

Anstelle der individuellen Zeitaufschreibung kann die Zuordnung der Personalkosten auf die Kostenträger auch mit Hilfe von Erfahrungs- oder Schätzwerten erfolgen. Gegebenenfalls können die Zeiten für eine Referenzperiode ermittelt und anschließend auf das ganze Jahr hochgerechnet werden. Die pauschalen Zuordnungen der Personalkosten auf die Kostenträger sollten einer jährlichen Überprüfung unterzogen werden.

### 4.1.3 Sachkosten

Unter Sachkosten werden hier alle zahlungswirksamen Sachaufwendungen der Kontenklassen 6 und 7 verstanden, sofern sie nicht neutralen Aufwand darstellen (z.B. Zahlungen infolge eines Schadenfalls). Sachkosten können in der Regel direkt aus der Finanzbuchhaltung (oder dem Haushalt) in die KLR übernommen werden.

Zu den Sachkosten zählen u.a. Materialkosten, Wartungs-, Reparatur- und Unterhaltungskosten, Kosten der Bewirtschaftung der Grundstücke und Gebäude, Kommunikationskosten, Kosten der Aus- und Fortbildung, Gerichtskosten, Kosten für Sachverständige, Reisekosten usw. Die Sachkosten und deren Zuordnung zu den jeweiligen Kontengruppen und Hauptkonten sind im *Verwaltungskontenrahmen* und in den *Standards staatlicher Doppik* ausführlich beschrieben.

### 4.1.4 Zuweisungen und Zuschüsse

Zuweisungen und Zuschüsse sind Finanztransaktionen deren Relevanz für die KLR im Einzelfall zu prüfen ist. Durchlaufende Posten für Geldleistungen, die keinen Bezug zur Leistungserstellung einer Behörde aufweisen, werden in der KLR in der Regel nicht berücksichtigt. KLR-relevant sind dagegen Zuweisungen und Zuschüsse, die der Erstellung von eigenen Produkten durch Dritte dienen und somit Kostenerstattungen für die Leistungserstellung darstellen. Dementsprechend werden auch Einnahmen für die Erbringung von Verwaltungsleistungen für Dritte in der KLR als Erlöse gebucht.

Zuweisungen an den Versorgungsfonds sind nicht KLR-relevant, wenn in den Personalkostensätzen bereits ein Versorgungszuschlag für Beamtinnen/Beamte enthalten ist.

### 4.1.5 Kalkulatorische Kosten

#### 4.1.5.1 Kalkulatorische Abschreibungen

**Abschreibungen** dienen der periodengerechten Zuordnung des Werteverzehrs des abnutzbaren Anlagevermögens. Sowohl die Abschreibungen in der Vermögensrechnung als auch die kalkulatorischen Abschreibungen in der KLR werden in der Regel automatisiert durch die **Anlagenbuchhaltung** ermittelt. In den *Standards staatlicher Doppik* sind Ansatz und Bewertung des Anlagevermögens **verbindlich** vorgegeben. Die gewöhnliche Nutzungsdauer (ND) ist in AfA-Tabellen festgelegt, die auf den Internet-Seiten des BMF veröffentlicht sind. Von den Anschaffungs- oder Herstellungskosten (AHK) abweichende Wiederbeschaffungswerte (WBW) und von den AfA-Tabellen abweichende Nutzungsdauern sind in der Anlagenbuchhaltung zusätzlich zu hinterlegen.

Um doppelten Aufwand für die Ermittlung der Abschreibungen in der Anlagenbuchhaltung zu vermeiden, wird empfohlen, **die für die Vermögensrechnung maßgebliche lineare Abschreibung auf der Basis von AHK und Nutzungsdauern gemäß AfA-Tabellen grundsätzlich auch für die KLR zu verwenden**:

$$\text{Abschreibung}_{\text{Linear}} = \frac{\text{AHK}}{\text{ND}_{\text{AfA}}}$$

Abweichende kalkulatorische Abschreibungsmethoden sollten nur dann genutzt werden, **wenn dies für die Substanzerhaltung zwingend erforderlich und rechtlich zulässig ist**.

**Kalkulatorische Abschreibungen** haben zum Ziel, den tatsächlichen betriebsbedingten Werteverzehr des abnutzbaren Anlagevermögens (z.B. Gebäude, technische Anlagen und Maschinen, Betriebs- und Geschäftsausstattung) auf die Nutzungsdauer zu verteilen. Sie können sich von den planmäßigen Abschreibungen in der Vermögensrechnung hinsichtlich Abschreibungsbasis, -methode und -zeitraum unterscheiden (vgl. Abb. 13).

| | **Abschreibung in der Vermögensrechnung** | **Kalkulatorische Abschreibung** |
|---|---|---|
| Abschreibungsbasis | AHK | WBW |
| Abschreibungs-methode | linear | zeitabhängig (linear, degressiv, progressiv) oder leistungsabhängig (proportional zur Inanspruchnahme) |
| Nutzungsdauer | gewöhnliche ND lt. AfA-Tabellen des BMF | behördenspezifische wirtschaftliche ND |
| Anpassung der ND während der Nutzung | Verkürzung der ND nur über Sonderabschreibung, keine Abschreibung „unter Null" | Anpassung der ND im Einzelfall möglich, Abschreibung „unter Null" zur Verstetigung der Kalkulationsbasis möglich |

*Abb. 13: Abschreibungsarten im Vergleich*

Bei kalkulatorischen Abschreibungen werden zur Sicherstellung der Substanzerhaltung nicht die AHK sondern der mitunter höhere WBW zugrunde gelegt. Der WBW wird zumeist geschätzt, wobei die Prognose der voraussichtlichen Preissteigerung bis zum Zeitpunkt der Wiederbeschaffung bei langlebigen Vermögensgegenständen wegen des technischen Fortschritts schwierig sein kann. In diesen Fällen werden die um die durchschnittliche Preissteigerung der vergangenen Jahre erhöhten AHK hilfsweise als WBW angesetzt:

$$\text{WBW} = \text{AHK} \times \left(1 + \frac{\text{Inflationsrate}}{100}\right)^{\text{ND}}$$

Die kalkulatorischen Abschreibungsbeträge werden in der Regel zeitabhängig ermittelt. Bei der **linearen** kalkulatorischen Abschreibung wird der WBW über die gesamte Nutzungsdauer gleichmäßig verteilt:

$$\text{Kalk. Abschreibung}_{\text{Linear}} = \frac{\text{WBW}}{\text{ND}}$$

Degressive und progressive Abschreibungen sind in der Bundesverwaltung nur von untergeordneter Bedeutung.

Als Abschreibungszeitraum wird die tatsächliche wirtschaftliche Nutzungsdauer der Anlagen zugrunde gelegt. Ist eine Anlage länger als die vorgesehene

Nutzungsdauer im Betrieb, können die kalkulatorischen Abschreibungen bis zur Ausmusterung der Anlage fortgeführt werden (sogenannte Abschreibung „unter Null"). Dieses Vorgehen dient hauptsächlich der Verstetigung der Kalkulationsbasis, soweit dies rechtlich zulässig ist.

Sofern die jährliche Leistung einer Anlage starken Schwankungen unterliegt, können die Abschreibungen auch **leistungsabhängig** ermittelt werden. Hierzu wird der WBW mit dem Quotienten aus der in der Periode erbrachten Leistung zur möglichen Maximalleistung multipliziert:

$$\text{Kalk. Abschreibung}_{\text{Leistung}} = \text{WBW} \times \frac{\text{Leistung}_{\text{Periode}}}{\text{Leistung}_{\text{Max}}}$$

#### 4.1.5.2 Kalkulatorische Zinsen

**Kalkulatorische Zinsen** bewerten aus betriebswirtschaftlicher Sicht das im Anlage- und Umlaufvermögen gebundene *Eigen*kapital. Als Opportunitätskosten machen sie transparent, welche Rendite das gebundene Eigenkapital in einer alternativen Anlageform erbracht hätte. *Fremd*kapitalzinsen zählen dagegen nicht zu den kalkulatorischen Kosten, da sie bereits in der Finanzbuchhaltung erfasst werden und in die KLR übernommen werden können.

Für den Bund bedeutet eine alternative Anlageform für das gebundene Eigenkapital in erster Linie eine Senkung der Kreditaufnahme und damit eine Verringerung der Zahlung von Zinsen auf das Fremdkapital. Da die Schulden des Bundes zentral verwaltet werden, können die Behörden in der Bundesverwaltung nicht zwischen Eigen- und Fremdkapital differenzieren. Damit entfällt auch die Möglichkeit, die Fremdkapitalzinsen aus der Finanzbuchhaltung oder dem Haushalt in die KLR zu übernehmen. Daher ist für die KLR in der Bundesverwaltung das gesamte im Anlage- und Umlaufvermögen gebundene Kapital Basis für die Ermittlung der kalkulatorischen Zinsen. Kalkulatorische Zinsen sind insbesondere als Bestandteil von Kalkulationen gegenüber Externen außerhalb der Bundesverwaltung von Bedeutung.

Der **kalkulatorische Zinssatz** auf das gebundene Vermögen wird vom BMF einheitlich vorgegeben und regelmäßig aktualisiert in einem Rundschreiben veröffentlicht.

Die **kalkulatorischen Zinsen auf das Anlagevermögen (AV)** werden auf Basis der Restbuchwerte in der Anlagenbuchhaltung berechnet:

$$\text{Kalk. Zinsen}_{\text{AV}} = \text{Restbuchwert} \times \frac{\text{Zinssatz}_{\text{BMF}}}{100}$$

Liegen keine Restbuchwerte vor, können die halben AHK als Bezugsgröße verwendet werden:

$$\text{Kalk. Zinsen}_{\text{AV}} = \frac{\text{AHK}}{2} \times \frac{\text{Zinssatz}_{\text{BMF}}}{100}$$

Diese vereinfachte Berechnungsmethode ist nicht bei Anlagegütern anzuwenden, die ihre planmäßige Nutzungsdauer bereits überschritten haben.

Die **kalkulatorischen Zinsen auf das Umlaufvermögen (UV)** werden auf Basis des Durchschnittsbestandes einer Periode berechnet:

$$\text{Kalk. Zinsen}_{\text{UV}} = \text{Bestandswert}_{\text{Durchschnitt}} \times \frac{\text{Zinssatz}_{\text{BMF}}}{100}$$

#### 4.1.5.3 Kalkulatorische Mieten

**Kalkulatorische Mieten** bewerten die Räumlichkeiten, die unentgeltlich genutzt werden. Grundlage für die Berechnung ist die ortsübliche Vergleichsmiete. Für die unentgeltliche Nutzung von beweglichen Anlagegütern wie z.B. Fahrzeugen können ebenfalls kalkulatorische Mieten angesetzt werden.

Bei Ansatz einer kalkulatorischen Miete ist zu beachten, dass keine weiteren Belastungen durch anteilige kalkulatorische Abschreibungen, Zinsen und Wagnisse oder durch zahlungswirksame Kosten für Unterhaltung und Instandhaltung der Grundstücke und Gebäude, Gebäudeversicherung usw. erfolgen.

Für Grundstücke und Gebäude, die in das Eigentum der Bundesanstalt für Immobilienaufgaben (BImA) übergegangen sind, werden die Mietzahlungen aus der Finanzbuchhaltung (aus dem Haushalt) in die KLR übernommen. In diesen Fällen entfällt der Ansatz von kalkulatorischen Mieten, Abschreibungen und Zinsen.

#### 4.1.5.4 Kalkulatorische Wagnisse

**Kalkulatorische Wagnisse** werden für spezielle Einzelwagnisse (z.B. Schäden, Verlust, Forderungsausfall, Gewährleistung) angesetzt, die nicht versichert oder versicherbar sind, und damit nicht als Versicherungsaufwendungen in die KLR einfließen. Sie sind in der Bundesverwaltung von Bedeutung, da hier in der Regel keine Versicherung für Risiken für Schäden an Personen, Sachen und Vermögen des Bundes abgeschlossen werden (Grundsatz der Selbstdeckung). Kalkulatorische Wagnisse sind insbesondere für Kalkulationen gegenüber Externen außerhalb der Bundesverwaltung relevant.

Die Aufwendungen für tatsächlich eingetretene Schadensfälle werden wegen ihrer zufälligen Schwankungen nicht in die KLR übernommen, sondern nur in der Finanzbuchhaltung (und im Haushalt) in der entsprechenden Periode erfasst. Für absehbare Risiken gebildete Rückstellungen fließen als neutrale Aufwendungen ebenfalls nicht in die KLR ein.

Kalkulatorische Wagnisse sind Durchschnittskosten und werden unabhängig von den konkreten Zeitpunkten des Schadenseintritts oder der Rückstellungsbildung kontinuierlich erfasst. Sie werden auf der Grundlage von marktüblichen Versicherungsprämien oder anhand von Erfahrungswerten vergangener Perioden ermittelt. Ihre Bemessung sollte möglichst so erfolgen, dass die tatsächlich entstehenden Wagnisaufwendungen langfristig ausgeglichen werden.

### 4.2 *Kostenstellenrechnung*

#### 4.2.1 Ziele und Grundsätze der Kostenstellenbildung

Die Kostenstellenrechnung zeigt auf, wo (d.h. an welchem Entstehungsort) die Kosten für die Leistungserstellung angefallen sind. Mit der Kostenstellenrechnung werden vor allem folgende **Ziele** verfolgt:

- Schaffung von Kostenverantwortung im Einklang mit der Fachverantwortung,
- Schaffung von Transparenz über Gemeinkosten und über innerbehördliche Leistungsbeziehungen,
- Ermöglichung einer sachgerechteren Gemeinkostenverteilung und -verrechnung.

Die Bildung der Kostenstellen erfolgt daher nach folgenden **Grundsätzen**:

- Eindeutige Identifikation durch eine systematische Nummerierung,
- Ausrichtung an der Aufbauorganisation (an der Organisationsstruktur) oder ggf. an der Ablauforganisation (am Prozess der Leistungserstellung),
- Festlegung einer eindeutigen Verantwortung für die erstellten Leistungen und die dabei entstehenden Kosten; diese sollten möglichst direkt zurechenbar und zumindest teilweise durch Entscheidungskompetenz beeinflussbar sein,
- Definition der Leistungsbeziehungen nach außen; die Leistungen sollten gleichartig sein und sich möglichst entweder nur an externe oder nur an interne Empfänger richten,
- Festlegung der Einbindung in die Verrechnungssystematik und in die Kostenstellenhierarchie, Bestimmung der Bezugsgrößen für die Verrechnung.

Folgende **Hauptkategorien** von Kostenstellen werden unterschieden:

- Haupt- oder Endkostenstellen, die überwiegend extern nachgefragte Leistungen (Produkte) erstellen, z.B. Fachreferate,
- Hilfskosten- oder Vorkostenstellen, die überwiegend intern nachgefragte Leistungen (interne Produkte) erstellen, z.B. Serviceeinheiten wie Organisation, Personal, Haushalt, Innerer Dienst, IT usw. sowie Leitung/Führung,
- Verrechnungs- oder Sammelkostenstellen, die selbst keine Leistungen erstellen und nur der vereinfachten Kostenzuordnung dienen, z.B. Gebäude-/ Liegenschaftskostenstellen; ihre Nutzung sollte wegen der fehlenden Kostenverantwortung auf das erforderliche Maß beschränkt bleiben,
- Hierarchische Verdichtungskostenstellen, welche die Kosten der zugeordneten Kostenstellen für Berichtszwecke aggregrieren, selbst aber nicht bebucht werden, z.B. Abteilungskostenstellen.

Für die Fortschreibung und Aktualisierung der Kostenstellen ist ein einheitliches Verfahren zu entwickeln. Veränderte Organisationsstrukturen erfordern zeitnahe Anpassungen der Kostenstellen, damit die Kostenverantwortung wahrgenommen werden kann. Umfangreiche Änderungen der Kostenstellenstrukturen innerhalb einer Rechnungsperiode können hohen zusätzlichen buchhalterischen und technischen Aufwand bedeuten und sollten wenn möglich zu Jahresbeginn umgesetzt werden.

### 4.2.2 Verteilung und Verrechnung von Gemeinkosten

Die Kostenstellenrechnung hat als Bindeglied zwischen Kostenarten- und Kostenträgerrechnung die Aufgabe, alle Kosten, die den Kostenträgern nicht direkt zugerechnet werden können (Kostenträgergemeinkosten), auf die Kostenstellen umzulegen. Als konzeptionelles Hilfsmittel für die Verteilung der Primärkosten und die anschließende Verrechnung der Sekundärkosten dient der sogenannte **Betriebsabrechnungsbogen (BAB)**, der in Abb. 14 schematisch dargestellt ist. Die Verteilung und Verrechnung der Gemeinkosten selbst wird in der Praxis nicht mehr manuell mit Hilfe des BAB, sondern DV-gestützt durchgeführt.

| | **Hilfskostenstelle 1** | **...** | **Hilfskostenstelle n** | **Hauptkostenstelle 1** | **...** | **Hauptkostenstelle m** |
|---|---|---|---|---|---|---|
| Primäre Einzelkosten, z.B.<br>– Material<br>– Abschreibringen | | | | | | |
| Primäre Gemeinkosten, z.B.<br>– Energie<br>– Versicherung<br>– Miete | | | | | | |
| Summe Primärkosten | | | | | | |
| Sekundäre Gemeinkosten | └ | →<br>└ | →<br>→<br>└ | →<br>→<br>→ | →<br>→<br>→ | →<br>→<br>→ |
| Summe Kosten | | | | | | |

*Abb. 14: Prinzipieller Aufbau eines BAB mit Stufenleiterverfahren*

Bei der **Primärkostenverteilung** werden die Kosten, die nur indirekt einer Kostenstelle zugeordnet werden können (z.B. Energie, Miete, Versicherung), nach einem festgelegten Schlüssel (z.B. Quadratmeter, Zahl der Beschäftigten) auf die Hilfs- und Hauptkostenstellen verteilt. Die Primärkostenarten bleiben dabei erhalten und werden auf den Kostenstellen einzeln ausgewiesen.

Die **Sekundärkostenverrechnung** dient der Abbildung der internen Leistungsbeziehungen. Dabei werden die Primärkostenarten der Hilfskostenstellen zumeist zu einer Sekundärkostenart zusammengefasst und auf die Hauptkostenstellen nach festgelegten Bezugsgrößen verrechnet. Werden die innerbehördlichen Leistungsbeziehungen durch interne Produkte abgebildet, sind die Kosten der Hilfskostenstellen zunächst auf die von ihnen erstellten internen Produkte umzulegen und anschließend auf die Produkte oder Hauptkostenstellen weiterzuverrechnen.

Folgende übliche **Verfahren** zur Verrechnung von Gemeinkosten werden unterschieden:
– Anbau- oder Blockverfahren,
– Stufenleiter- oder Treppenverfahren,
– Iteratives Verfahren,
– Mathematisches Gleichungsverfahren.

Beim **Anbauverfahren** werden die Primärkosten der Hilfskostenstellen ausschließlich auf Hauptkostenstellen verrechnet. Es ist ein sehr einfaches Verfahren, das nur dann angewendet werden sollte, wenn zwischen den Hilfskostenstellen keine oder nur geringe Leistungsbeziehungen bestehen.

Das **Stufenleiterverfahren** berücksichtigt dagegen Leistungsbeziehungen zwischen Hilfskostenstellen, allerdings nur in eine Richtung (vgl. Abb. 14). Daher sollten zuerst die Hilfskostenstellen entlastet werden, die nur im geringen Maße Leistungen von anderen empfangen.

Das **iterative Verfahren** berücksichtigt wechselseitige Leistungsbeziehungen zwischen den Hilfskostenstellen, in dem so viele Durchgänge der Kostenumlage wiederholt werden, bis die Hilfskostenstellen nahezu vollständig entlastet sind.

Das **mathematische Gleichungsverfahren** bildet die Leistungsbeziehungen zwischen den Kostenstellen mit Hilfe von linearen Gleichungssystemen vollständig und exakt ab. Es ist aber ein komplexes und aufwändiges Verfahren und für die Anwendung in der Bundesverwaltung in der Regel nicht geeignet. Für den Einsatz in der Bundesverwaltung wird das Stufenleiterverfahren empfohlen, da es ein vergleichsweise einfaches Verfahren und eine akzeptable Genauigkeit bietet. Wichtiger als die Erzielung einer scheinbar rechnerischen Genauigkeit ist die Beantwortung der Frage, ob und inwieweit für die jeweilige Zielstellung der KLR eine Verteilung und Verrechnung von Gemeinkosten überhaupt verursachungsgerecht und zweckmäßig ist.

Verrechnungsverfahren haben oft den Nachteil, dass sich die gebildeten Sekundärkostenarten nicht mehr auf die ursprünglichen Primärkostenarten zurückführen lassen. Dadurch wird ein Abgleich zwischen KLR und Finanzbuchhaltung (Haushalt) erschwert. Bei der Konfiguration der Verrechnungsverfahren in den Standard-ERP-Systemen ist daher zu prüfen, mit welchen Konfigurations- und Pflegeaufwand die Mitführung der Primärkostenarten verbunden ist. Zumindest auf die Zusammenfassung von kalkulatorischen und ausgabenwirksamen Kostenarten zu einer Sekundärkostenart sollte möglichst verzichtet werden.

### 4.3 *Kostenträgerrechnung*

#### 4.3.1 Ziele der Kostenträgerrechnung

Die Kostenträgerrechnung beantwortet die Frage, wofür die Kosten angefallen sind. Kostenträger sind eindeutig identifizierbare Abrechnungsobjekte, die die Kosten für externe oder interne Leistungen einer Behörde erfassen. Diese Leistungen werden entweder laufend erstellt (Produkte) oder haben einmaligen Charakter und sind zeitlich begrenzt (Projekte).

In der Kostenträger*zeit*rechnung werden die den Kostenträgern zugerechneten Einzel- und Gemeinkosten einer Rechnungsperiode systematisch dargestellt. Sie ist Grundlage für die Ermittlung des Periodenergebnisses, in dem die Kosten den Erlösen gegenübergestellt werden. Die Kostenträger*stück*rechnung hat die Aufgabe, die Kosten für die Herstellung einer Mengeneinheit eines Kostenträgers zu ermitteln. Sie ist die Basis für die Kalkulation von Gebühren und Preisen.

#### 4.3.2 Grundsätze der Produktbildung

Produkte sind die zentralen Steuerungsobjekte und Informationsträger der KLR. Sie stellen die wesentlichen Ergebnisse der Verwaltungstätigkeit aus Sicht des Leistungsempfängers dar und können sowohl materiellen als auch immateriellen Charakter haben. Produkte sind an Adressaten außerhalb der Behörde (z.B. Regierung, Bürger, Wirtschaft, andere Behörden) gerichtet und werden vorwiegend in den Hauptkostenstellen erstellt. Innerbehördliche Leistungsbeziehungen können durch „interne“ Produkte abgebildet werden, die überwiegend in den Hilfskostenstellen erstellt werden. Da sie Vorleistungen (Vorprodukte) für die Erstellung der Produkte darstellen, werden die Kosten der internen Produkte auf die Produkte verrechnet.

Produkte müssen die folgenden Kriterien erfüllen:

- **Ziel-/Ergebnisbezug:** Ein Produkt hat einen inhaltlichen Bezug zu den Zielen und Aufgaben einer Behörde.
- **Empfängerbezug:** Ein Produkt hat definierte Empfänger.
- **Steuerungsrelevanz:** Das Produkt liefert maßgebliche Informationen für die Steuerung in der Behörde. Die Bildung kleinteiliger Produkte ohne Steuerungsrelevanz ist zu vermeiden.
- **Messbarkeit:** Ein Produkt als Ergebnis der Verwaltungstätigkeit ist quantitativ und/oder qualitativ messbar (z.B. mittels Kennzahlen).
- **Abgrenzbarkeit:** Ein Produkt ist eindeutig von anderen Produkten abgrenzbar. Gleichartige Leistungen sollten möglichst zu einem Produkt zusammengefasst werden.
- **Beeinflussbarkeit:** Die Menge, Kosten und Qualität eines Produkts ist durch die Behörde mittel- bis langfristig beeinflussbar.

– **Produktverantwortung:** Für ein Produkt ist ein Produktverantwortlicher zu benennen, der neben der Fachverantwortung auch die Kostenverantwortung trägt.

Produkte umfassen zumeist mehrere sachlich zusammenhängende Leistungen. Leistungen sind extern oder intern ausgerichtete Bündel von Aktivitäten, Tätigkeiten und Prozessschritten, die plan- und steuerbar sind und denen Kosten zugeordnet werden können. Produkte können weiter untergliedert werden, um Leistungen transparent voneinander abzugrenzen.

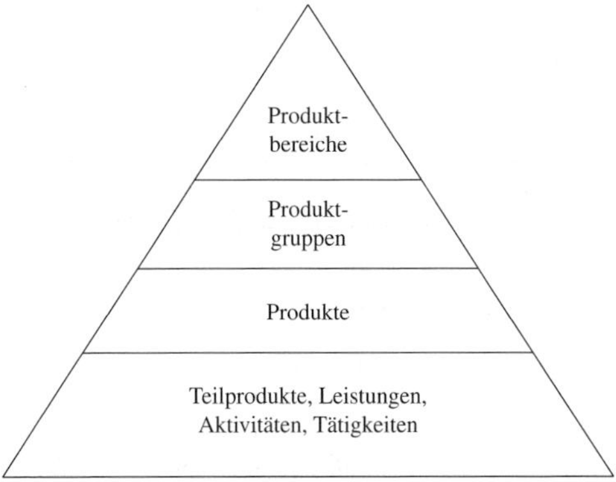


*Abb. 15: Beispiel für eine Produkthierarchie*

Zu den Produkten und Leistungen der **obersten Bundesbehörden** gehören z.B.:

- Entwicklung grundlegender politischer Konzepte und Strategien,
- Federführung oder Mitwirkung bei der Normsetzung (Gesetze, Verordnungen, Dienstanweisungen, Erlasse),
- Initiierung, Koordinierung und Abnahme von Programmen,
- Bereitstellung von Informationen, Broschüren in der Öffentlichkeitsarbeit,
- Erstellung und Abstimmung von Berichten,
- Mitwirkung bei der Rechtsetzung in der EU und im internationalen Bereich,
- Leitung und Koordinierung von Gremien,
- Koordinierung, Kontrolle und Prüfung des nachgeordneten Bereichs (Fach- und Rechtsaufsicht),
- …

Beispiele für Produkte und Leistungen des **nachgeordneten Bereichs** sind:

- Erteilung von Genehmigungen und Bescheiden, Bearbeitung von Widersprüchen,

- Führung und Veröffentlichung von Statistiken, Registern usw., Erteilung von Auskünften,
- Durchführung von technischen Prüfungen (für Genehmigungen),
- Verfolgung von Zuwiderhandlungen, Ermittlungen, Präventionsmaßnahmen,
- Kontroll-/Prüfungs- und Aufsichtstätigkeit,
- Behördenübergreifende Serviceleistungen,
- …

Um den Steuerungserfordernissen der Leistungs- und Führungsebenen gerecht zu werden, können fachlich gleichartige Produkte zu Produktgruppen und diese wiederum zu Produktbereichen verdichtet werden. In Abb. 15 ist eine Produkthierarchie beispielhaft dargestellt.

Detaillierungsgrad und Zahl der Produkte, Produktgruppen und -bereiche sind bedarfsgerecht zu gestalten. Tendenziell sollten eher weniger Produkte definiert werden, um den Steuerungsaufwand gering zu halten.

Für jedes Produkt ist eine Beschreibung in Form eines Produktsteckbriefes (auch Produktblatt genannt) zu erstellen. **Produktsteckbriefe** sind standardisierte Datenblätter, die alle wesentlichen Merkmale zur Charakterisierung und Einordnung eines Produkts enthalten. Ein Muster eines Produktsteckbriefes zeigt Abb. 16. Für einige typische interne Verwaltungsprodukte sind in Anlage 1 beispielhafte Steckbriefe aufgeführt. Die Produktsteckbriefe werden in einem **Produktkatalog** systematisch zusammengefasst, der die behördliche Leistungserstellung vollständig abbildet.

Die Produktbildung ist oft ein aufwendiger und langwieriger Prozess, der eine systematische Betrachtung der behördlichen Leistungserstellung (z.B. im Rahmen einer Aufgabenkritik) und einen Abgleich mit den Zielen und Aufgaben einer Behörde erfordert. Die erstmalige Bildung von Produkten sollte in einem **Gegenstromverfahren** durchgeführt werden. Dabei werden mit der Leitung abgestimmte vorläufige Produktsteckbriefe („top-down“) durch Einbeziehung aller Beschäftigung („bottom-up“) solange fortentwickelt, bis ein vor der Leitung gebilligter und von den Beschäftigten akzeptierter Produktkatalog vorliegt. Der Produktkatalog ist regelmäßig auf seine Aktualität und Steuerungsrelevanz kritisch zu überprüfen. Für die Fortschreibung des Produktkatalogs ist ein einheitliches Verfahren zu entwickeln. Neue Ziele, geänderte Aufgaben und Strukturen erfordern zeitnahe Anpassungen des Produktkatalogs, um die Akzeptanz der Produkte zu gewährleisten. Für Kostenvergleiche mit Zeitreihenanalysen ist dagegen eine gewisse Kontinuität in der Fortführung der Produkte, Produktgruppen und -bereiche von Vorteil. Umfangreiche Änderungen von Produktzuschnitten innerhalb einer Rechnungsperiode können einen hohen zusätzlichen buchhalterischen und technischen Aufwand bedeuten und sollten daher möglichst zu Jahresbeginn wirksam werden.

| **Produktnummer/Produktbezeichnung** | |
|---|---|
| **Produktgruppe (-bereich)** | (Einordnung in die Produkthierarchie) |
| **Produktziel** | (Nennung des zu erreichenden Ziels) |
| **Produktbeschreibung** | (Kurzbeschreibung der wesentlichen Leistungen/ Tätigkeiten) |
| **ggf. Rechtsgrundlage** | (Nennung der Rechtsvorschriften) |
| **Produktverantwortlicher** | (Name und federführende Organisationseinheit) |
| **ggf. beteiligte Organisationseinheiten** | (Nennung der an der Erstellung des Produkts beteiligten Organisationseinheiten) |
| **Produktempfänger** | z.B.<br>– Innerhalb dergleichen Behörde<br>– Innerhalb des Ressorts<br>– Öffentliche Verwaltung außerhalb des Ressorts<br>– Andere externe Adressaten |
| **Kennzahlen zur Leistungsmenge** | z.B. – Anzahl – Stunden |
| **ggf. Kostendeckungsgrad** | (Gegenüberstellung der Kosten und Erlöse bei gebührenfinanzierten Produkten) |
| **Qualitätskriterien/-indikatoren** | z.B.<br>– Adressatenzufriedenheit<br>– Termintreue |

*Abb. 16: Muster eines Produktsteckbriefes*

### 4.3.3 Kalkulationsverfahren

Kalkulationsverfahren sind Verfahren der Kostenträgerstückrechnung zur Ermittlung der Kosten je Mengeneinheit eines Produktes. In der Bundesverwaltung stehen grundsätzlich alle gängigen Kalkulationsverfahren zur Auswahl, insbesondere:

- Divisionskalkulation,
- Äquivalenzziffernkalkulation,
- Zuschlagskalkulation,
- prozessorientierte Kalkulation.

Die Wahl des geeigneten Kalkulationsverfahrens hängt von der Produktstruktur und der Komplexität der Leistungserstellungsprozesse ab.

Die **Divisionskalkulation** ist ein einfaches Verfahren, bei dem die Gesamtkosten (Einzel- und Gemeinkosten) einer Periode auf die erstellten Leistungseinheiten verteilt werden:

$$\text{Kosten}_{\text{Stück}} = \frac{\text{Gesamtkosten}_{\text{Periode}}}{\text{Leistungsmenge}_{\text{Periode}}}$$

Die Divisionskalkulation wird angewendet, wenn lediglich ein Produkt in großen Stückzahlen erstellt wird, z.B. Führung eines Registers.

Die mehrstufige Divisionskalkulation stellt eine Erweiterung dar und wird angewendet, wenn ein Produkt bei seiner Erstellung mehrere Stufen durchläuft und die jeweils erstellten Leistungsmengen wegen Lagerbestandsveränderungen voneinander abweichen. Die Kosten werden den Leistungsmengen differenzierter zugeordnet, z.B.:

$$\text{Kosten}_{\text{Stück}} = \frac{\text{Herstellkosten}_{\text{Periode}}}{\text{hergestellte Menge}_{\text{Periode}}} + \frac{\text{Verwaltungs- und Vertriebskosten}_{\text{Periode}}}{\text{abgesetzte Menge}_{\text{Periode}}}$$

Die **Äquivalenzziffernkalkulation** ist eine besondere Methode der Divisionskalkulation und wird bei gleichartigen, sich stark ähnelnden Produkten angewendet, für die ein annähernd konstantes Kostenverhältnis zueinander angenommen wird.

Es wird ein Referenzprodukt (z.B. Standardauskunft) ausgewählt, welches die Äquivalenzziffer (ÄZ) 1 erhält. Den übrigen Produkten werden entsprechend ihres Kostenverhältnisses zu dem Referenzprodukt geeignete Äquivalenzziffern (z.B. einfache Auskunft ÄZ = 0,7; umfangreiche Auskunft ÄZ = 1,5) zugeordnet. Durch Multiplikation der erstellten Leistungsmenge mit den jeweiligen Äquivalenzziffern werden untereinander vergleichbare Verrechnungseinheiten (VE) geschaffen:

$$\text{VE}_{\text{Produkt}} = \text{Leistungsmenge}_{\text{Produkt}} \times \text{ÄZ}_{\text{Produkt}}$$

Die Kosten je VE werden ermittelt, indem die Gesamtkosten der Periode auf alle VE verteilt werden:

$$\text{Kosten}_{\text{VE}} = \frac{\text{Gesamtkosten}_{\text{Periode}}}{\text{VE}_{\text{Periode}}}$$

Die Stückkosten der Produkte ergeben sich durch Multiplikation der Kosten je VE mit der jeweiligen ÄZ:

$$\text{Kosten}_{\text{Stück}} = \text{Kosten}_{\text{VE}} \times \text{ÄZ}$$

Die **Zuschlagskalkulation** ist ein Verfahren zur Ermittlung der Selbstkosten, bei dem Einzelkosten den Kostenträgern direkt zugerechnet werden und Gemeinkosten mittels geeigneter Zuschlagssätze auf die Kostenträger verrechnet werden (vgl. Abb. 17).

| | |
|---|---|
| | Materialeinzelkosten |
| + | Materialgemeinkosten |
| + | Fertigungseinzelkosten |
| + | Fertigungsgemeinkosten |
| = | **Herstellkosten** |
| + | Verwaltungsgemeinkosten |
| + | Vertriebsgemeinkosten |
| + | Sondereinzelkosten des Vertriebs |
| = | **Selbstkosten** |

*Abb. 17: Grundprinzip der Zuschlagskalkulation*

Die Zuschlagskalkulation wird angewendet, wenn mehrere unterschiedliche Produkte erstellt werden. Sie ist in den meisten Fällen das geeignete Kalkulationsverfahren für die Bundesverwaltung. Kalkulationsschemata mit Ausweis von Herstell- und Selbstkosten werden vorwiegend in Produktionsbetrieben verwendet und sind auf die meisten Leistungserstellungsprozesse in der Bundesverwaltung nur schwer übertragbar. Oft ist nicht eindeutig, welche Gemeinkostenanteile den Herstell- oder Selbstkosten zuzuordnen sind.

Für die Zuschlagskalkulation in der Bundesverwaltung wird daher das in Abb. 18 dargestellte Kalkulationsschema empfohlen. Wegen seiner transparenten Darstellung der Einzel- und Gemeinkosten eignet es sich insbesondere auch als Grundlage für die Gebührenkalkulation.

Für die Ermittlung der Gemeinkostenzuschläge sind verursachungsgerechte, mengenbasierte Bezugsgrößen (z.B. Stunden, Zahl der Mitarbeiter, Quadratmeter) festzulegen. Zuschläge auf der Basis von Einzelkosten sind dagegen möglichst zu vermeiden, da sich die Gemeinkosten in der Regel nicht proportional zu den Einzelkosten verhalten. Voraussetzung für die Bildung differenzierter Zuschlagsätze ist eine ausgeprägte Kostenstellenrechnung oder die Abbildung innerbehördlicher Leistungsbeziehungen mittels interner Produkte.

Die **prozessorientierte Kalkulation** ist eine besondere Methode der Zuschlagskalkulation und setzt eine Prozesskostenrechnung voraus. Anstelle prozentualer Zuschlagssätze werden Prozesskosten angesetzt, um der unterschiedlichen Beanspruchung der Ressourcen durch Produkte Rechnung zu tragen. Die Gemeinkosten werden somit nicht nach dem Verursachungsprinzip sondern nach dem Beanspruchungsprinzip auf die Kostenträger verrechnet.

| **Produkteinzelkosten** |
| --- |
| • **Personaleinzelkosten, Durchschnittssätze beinhalten:**<br>Durchschnittsbezüge und -entgelte (einschl. Sonderzahlungen)<br>Versorgungszuschlag bzw. Arbeitgeberanteil für Sozial-/Zusatzversicherung<br>Personalnebenkosten (z.B. Beihilfe, Trennungsgeld)<br>• **Sacheinzelkosten, z.B.**<br>Material<br>Extern bezogene Leistungen (z.B. Gutachten, Beratung)<br>In Anspruch genommene Rechte/Dienste (z.B. Leasing, Lizenzen)<br>Öffentlichkeitsarbeit, Reisen<br>• **Kalkulatorische Einzelkosten, z.B.**<br>Abschreibungen<br>Zinsen<br>Wagnisse |
| **+ Produktgemeinkosten** |
| • **Sachgemeinkosten und kalk. Gemeinkosten der produkterstellenden/leistungserbringenden Einheit(en)**<br>• **Zuschläge für Personal, Sach- und kalk. Kosten, z.B.:**<br>– der allgemeinen Verwaltung (Personal, Organisation, Haushalt …)<br>– des inneren Dienstes,<br>– der Gebäude- und Liegenschaftsverwaltung,<br>– der Datenverarbeitung und IT,<br>– des Leitungsbereichs,<br>– des Forschungs- und Entwicklungsbereichs,<br>– der Rechts- und Fachaufsicht |
| **= Vollkosten** |

*Abb. 18: Schema der Zuschlagskalkulation für die Bundesverwaltung*

### 4.4 *Leistungsrechnung und Produktqualität*

Die **Leistungsrechnung** hat die Aufgabe, die erstellten Leistungen zu erfassen und zu bewerten. Hierzu zählen sowohl Produkte (d.h. der Output einer Behörde) als auch interne Leistungen.

Interne Leistungen werden durch die innerbehördliche Leistungsrechnung erfasst und verrechnet (vgl. hierzu die Ausführungen zur Kostenstellenrechnung).

Noch nicht endgültig realisierte Leistungen, z.B. unfertige Produkte oder fertige Produkte, die noch auf Lager liegen, werden in der KLR mit Herstellkosten (vgl. hierzu Abb. 17) bewertet. In der Vermögensrechnung erfolgt die Bewertung dagegen auf der Grundlage von Herstell*ungs*kosten (vgl. hierzu *Standards staatlicher Doppik),* die von den Herstellkosten abweichen können. Selbst erstellte Leistungen, deren Aktivierung in der Vermögensrechnung unzulässig ist, können in der KLR mit Herstellkosten bewertet werden. Erstellte *und* abgesetzte Produkte und Leistungen werden in der KLR mit **Erlösen** bewertet. Erlöse sind das Produkt aus dem quantitativ gemessenen Output, d.h. der Leistungsmenge wie z.B. erstellte Stückzahl oder geleistete Stunden, und den jeweiligen Marktpreisen oder Kostensätzen.

Das Verhältnis von Erlösen zu Kosten ist eine mögliche Kennzahl zur Ermittlung der Wirtschaftlichkeit (Effizienz) eines Produktes oder Prozesses. Aufgabe der Leistungsrechnung ist dagegen nicht, die Wirkung (Effektivität) als ein Maß für den Zielerreichungsgrad zu bestimmen. Hierzu bedarf es einer Wirkungsrechnung, um die komplexen Zusammenhänge und äußeren Einflussfaktoren berücksichtigen zu können.

In der Bundesverwaltung werden für die Mehrzahl der erstellten Produkte keine Erlöse erzielt. Auch besteht in den meisten Fällen keine Möglichkeit oder Wahlfreiheit, Produkte anderweitig zu erwerben. Eine Rückmeldung des Nutzens eines Produkts über Marktpreise ist somit nicht gegeben. Daher müssen für die Bewertung der erstellten Produkte auch nichtmonetäre Größen herangezogen werden. Der Messung der Qualität von Produkten kommt dabei besondere Bedeutung zu. Die **Produktqualität** ist die Gesamtheit der Eigenschaften und Merkmale eines Produktes, die geeignet sind, die Erwartungen und Anforderungen des Empfängers zu erfüllen.

Zur Festlegung der zu erreichenden Qualität eines Produktes sind zunächst **Qualitätsziele** zu formulieren. Diese sollten dabei soweit wie möglich aus der Sicht des Empfängers definiert werden. **Qualitätskriterien** sind konkrete Merkmale zur Beurteilung der Qualität und leiten sich direkt aus den Qualitätszielen ab. Sie beruhen auf einer zumeist subjektiven Einschätzung der Beteiligten und sind häufig nur über aufwendige Erhebungen und Befragungen (Fragebogen) ermittelbar. Qualitätskriterien sind z.B. Empfängerzufriedenheit, Verständlichkeit, Rechtmäßigkeit.
**Qualitätsindikatoren** sind Kennzahlen, mit deren Hilfe die Qualität objektiv, d.h. unabhängig von beteiligten Personen, gemessen werden kann. Sie stehen meist nur im indirekten kausalen Zusammenhang zu den festgelegten Qualitätszielen und -kriterien. Qualitätsindikatoren sind z.B. Antwortzeit, Fehlerquote, Rückfragenquote.

Qualitätsindikatoren/-kennzahlen müssen folgende **Anforderungen** erfüllen:
- kausaler Zusammenhang zur Qualität,
- Messbarkeit,
- zeitnahe und wirtschaftliche Erfassbarkeit,
- Beeinflussbarkeit.

Abb. 19 erläutert den Zusammenhang zwischen Qualitätszielen, -kriterien und -indikatoren anhand von zwei Beispielen.

| **Produkt** | Beantwortung von Bürgeranfragen | Erteilung von Genehmigungen |
|---|---|---|
| **Qualitätsziel** | Verständliche und zeitnahe Beantwortung | Rechtmäßige und termingerechte Erteilung |
| **Qualitätskriterien** | – Inhaltliche Verständlichkeit<br>– Telefonische Erreichbarkeit<br>– Bürgerzufriedenheit<br>– … | – Formelle, materielle Richtigkeit<br>– Termingerechtigkeit<br>– Empfängerzufriedenheit<br>– … |
| **Qualitätsindikatoren** | – Antwortzeit<br>– Rückfragenquote | – Anteil berechtigter Widersprüche<br>– Termintreue/Fristenwahrung |

*Abb. 19: Beispiele für Qualitätsziele, -kriterien und -indikatoren*

## 5 Anwendungsbereiche der Kosten- und Leistungsrechnung

### 5.1 *KLR als Informationssystem des Controllings*

Die KLR kann ihren Nutzen erst dann entfalten, wenn ihre Daten zur Entscheidungsfindung herangezogen werden. Durch Integration in die Planungs- und Steuerungsprozesse ist die KLR an den Zielen der Behörde auszurichten.

Das **Controlling** als Teil des Führungssystems hat die Aufgabe, die Planungs- und Steuerungssysteme mit den Informationssystemen zu koordinieren. Eine ziel- und ergebnisorientierte Informationsversorgung soll Führungskräfte in die Lage versetzen, bereits vorhersehbaren Abweichungen vom angestrebten Sollzustand rechtzeitig durch geeignete Maßnahmen entgegenzuwirken.

Das **strategische Controlling** hat einen mittel- bis langfristigen Horizont und unterstützt die Behördenleitung bei der Umsetzung der politischen Ziele und Programme unter Berücksichtigung der gesellschaftlichen Entwicklungen. Es hat insbesondere die Aufgabe zu ermitteln, in welchem Maße die Wirkungen des Verwaltungshandelns zur Erreichung der politischen Ziele beitragen (vgl. Abb. 20).

Das **operative Controlling** unterstützt die Führung bei der Ableitung von kurz- bis mittelfristigen Zielen aus den strategischen Vorgaben und dem Leitbild der Behörde. Es stellt geeignete Messgrößen bereit, um die Erreichung der im Zusammenhang mit der behördlichen Leistungserstellung festgelegten Ziele wie z.B. hohe Wirtschaftlichkeit und hohe Qualität überprüfen zu können.

Das operative Controlling nutzt weitestgehend interne Informationssysteme, insbesondere die KLR und Kennzahlen. Es bereitet die vorhandenen KLR-Daten zum Teil noch zielorientiert und adressatengerecht auf, um sie für die Planung und Steuerung nutzen zu können. Dieser zusätzliche Aufwand lässt sich reduzieren, in dem die Prozesse zur Erstellung von KLR-Berichten für das Controlling standardisiert werden. Es sollten nur so viele Informationen wie nötig und so wenige Informationen wie möglich zur Verfügung gestellt werden, um

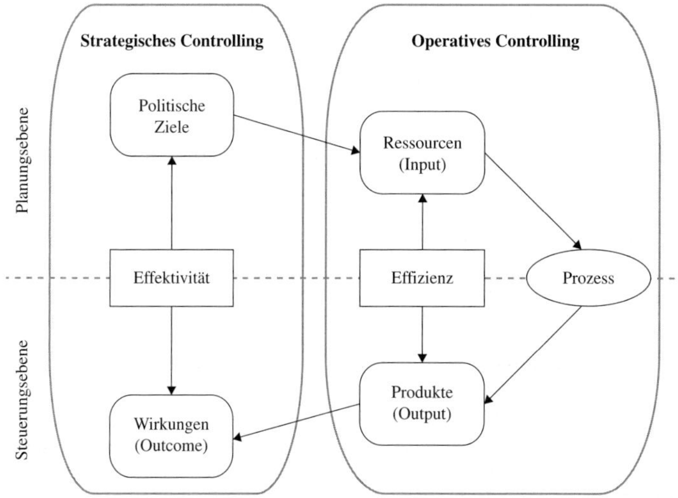


*Abb. 20: Ausrichtung des strategischen und operativen Controllings*

sogenannte Datenfriedhöfe zu vermeiden. An das **Berichtswesen** der KLR werden daher folgende Anforderungen gestellt:

- Empfängerorientierung: Die Berichte sind an den Informationsbedarf und die Kenntnisse des Empfängers auszurichten, die Daten sollten verständlich und nachvollziehbar aufbereitet sein. Die verschiedenen Entscheidungsebenen der Behörde erhalten nur die jeweils für sie relevanten Informationen ggf. in verdichteter Form.
- Klare und übersichtliche Berichtsgestaltung: Art, Form und Layout der Berichte sollten behördeneinheitlich gestaltet sein. Durch Visualisierung der Daten mittels Farbgebung, Graphiken (z.B. Kreis-, Balken-, Säulendiagramme) und Symbolen (z.B. Ampeln, Pfeile) kann die Aussagekraft erhöht und die Analyse der wesentlichen Informationen erleichtert werden.
- Aktualität der Daten: Die den Berichten zugrunde liegenden Daten müssen die Anforderungen hinsichtlich ihrer Aktualität erfüllen.
- Kontinuität in der Bereitstellung: Berichtstermine und -zyklen sind in einem Berichtskalender festzulegen.
- Eindeutige Zuständigkeit: Für die Erstellung der Berichte sind Verantwortliche zu benennen.
- Wirtschaftlichkeit der Berichtserstellung: Durch die Nutzung spezieller Berichtssoftware und die Bereitstellung der Berichte im Intranet/Internet kann der Aufwand für das Berichtswesen gering gehalten werden.

Folgende Arten von Berichten werden in der KLR unterschieden:

- **Standardberichte** (Routine-, Basisberichte) sind standardisierte, periodisch aufbereitete und regelmäßig erscheinende Berichte. Sie decken einen stets wiederkehrenden Informationsbedarf ab. Form, Inhalt und Erscheinungstermin sind genau festgelegt. Zu den Standardberichten zählen insbesondere Kostenstellen- und Kostenträgerberichte.
- **Kostenstellenberichte** informieren die/den Kostenstellenverantwortliche/n über die in einer Kostenstelle angefallenen Kosten/Erlöse und zeigen die Be- und Entlastungen der Kostenstelle nach Kostenarten auf.
- **Kostenträgerberichte** (Produktberichte) informieren die/den Produktverantwortlichen über die bei der Erstellung eines Kostenträgers (Produkts) entstandenen Kosten und ggf. über die erzielten Erlöse/Deckungsbeiträge.
- **Abweichungsberichte** sollen auf Besonderheiten von vorher definierten Schwellenwerten aufmerksam machen (Plan-Ist-Abweichungen).
- **Sonderberichte** treffen Aussagen zu speziellen Sachverhalten und werden nur individuell auf Anforderung erstellt.

**Kennzahlen** geben quantitativ erfassbare Sachverhalte und Zusammenhänge in einfacher und verdichteter Form wieder. Kennzahlen können absolute Zahlen (z.B. Summen, Mittelwerte) oder relative Zahlen (z.B. Gliederungs-, Beziehungs-, Indexzahlen) sein. Darüber hinaus werden monetäre Kennzahlen (Wertgrößen) und nicht-monetäre Kennzahlen (Mengen- und Zeitgrößen) unterschieden. Monetäre Kennzahlen können u.a. von der KLR unmittelbar bereitgestellt werden, z.B. Stückkosten, Deckungsbeiträge. Nichtmonetäre Kennzahlen wie z.B. durchschnittliche Bearbeitungszeit, Eingangszahlen müssen häufig erst durch Aufschreibung, Zählung oder Auswertung vorhandener Daten erhoben werden.

Kennzahlen müssen eine hohe Aussagekraft und Aktualität besitzen und durch das Controlling zielorientiert und adressengerecht aufbereitet werden, um für Planungs- und Steuerungsentscheidungen der Leitung genutzt werden zu können. Der Aussagewert einzelner Kennzahlen kann durch ihre systematische Einbindung in ein Kennzahlensystem, das Ursache-Wirkungs-Beziehungen bzw. Mittel-Zweck-Beziehungen aufzeigt, entscheidend verbessert werden.

## 5.2 *Kalkulationsbasis für die Abrechnung von Leistungen*

### 5.2.1 *Gebührenkalkulation*

Die KLR ist ein geeignetes Verfahren, um die rechtlichen Vorgaben für die Gebührenkalkulation von individuell zurechenbaren öffentlichen Leistungen der Bundesbehörden zu erfüllen.

Rechtliche Grundlage für die Erhebung von Gebühren und Auslagen in der Bundesverwaltung ist in der Regel das „Gesetz über Gebühren und Auslagen des Bundes“ (Bundesgebührengesetz – BGebG). **Gebühren** sind öffentlich-rechtliche Geldleistungen, die für individuell zurechenbare öffentliche Leistungen erhoben werden. Von Gebühren zu unterscheiden sind Auslagen, die einzelfallbezogen berechnet und nur in den Fällen erhoben werden, in denen die Kosten nicht bereits in die Gebühr einbezogen sind.

Das BGebG ermöglicht eine Kalkulation kostendeckender Gebühren auf Vollkostenbasis nach betriebswirtschaftlichen Grundsätzen. Die Vorgaben für die Gebührenbemessung werden in der Allgemeinen Gebührenverordnung der Bundesregierung und ggf. in den Besonderen Gebührenverordnungen der Bundesministerien konkretisiert.

Grundsatz der Gebührenbemessung ist nach § 9 Abs. 1 BGebG das **Kostendeckungsprinzip**. Damit wird das Ziel verfolgt, dass der Ressourcenverbrauch für die Erbringung einer individuell zurechenbaren öffentlichen Leistung vollständig durch die Gebühr abgedeckt wird.

Bei der Gebührenermittlung sind daher in einem **ersten Schritt** alle auf der Grundlage einer Vollkostenrechnung ansatzfähigen Kosten einer öffentlichen Leistung zu berücksichtigen. Hierzu zählen nach § 3 Abs. 3 BGebG Einzel- und Gemeinkosten, insbesondere Personal- und Sachkosten sowie kalkulatorische Kosten. Zur Ermittlung der Vollkosten der öffentlichen Leistung ist grundsätzlich das **Schema der Zuschlagskalkulation** für die Bundesverwaltung (vgl. Abb. 18 in Abschnitt 4.3.3) zu verwenden. Dabei ist sicherzustellen, dass das Kalkulationsobjekt (Produkt) ausschließlich gebührenpflichtige Leistungen abbildet. Die angewandte Methodik zur Berechnung der Vollkosten, insbesondere die gewählten Verrechnungsschlüssel und Zuschlagssätze, sollten im Vorfeld so begründet und dokumentiert werden, dass Externe diese plausibel nachvollziehen können.

In einem **zweiten Schritt** ist zu prüfen, ob die Voraussetzungen für eine Abweichung von der Gebührenhöhe auf Vollkostenbasis gegeben sind. Eine kostenüberdeckende Gebühr ist nach § 9 Absatz 2 BGebG nur noch dann zulässig, wenn die individuell zurechenbare öffentliche Leistung einen **in Geld** berechenbaren wirtschaftlichen Wert oder wirtschaftlichen Nutzen hat und dessen Berücksichtigung rechtlich besonders angeordnet ist (insbesondere durch Besondere Gebührenverordnung nach § 22 Absatz 4 BGebG). Ein **wirtschaftlicher Wert** liegt insbesondere bei öffentlichen Leistungen vor, die dem Wettbewerb unterliegen und Marktpreise erzielen. Als Bemessungsgrundlage kommen u.a. der erzielbare Umsatz/Gewinn oder die mögliche Kosteneinsparung in Betracht. Der **wirtschaftliche Nutzen** ist aus Sicht des Gebührenschuldners zu beurteilen und erfordert eine Prognose des künftigen Nutzens. Bemessungsmaßstab können z.B. die zugelassene Herstellungsmenge oder der zugelassene Nutzungszeitraum sein. Bei der Gebührenermittlung ist nicht der volle wirtschaftliche Wert oder Nutzen sondern nur ein angemessener Anteil auf die Vollkosten aufzuschlagen.

Eine **Unterschreitung der Kostendeckung** ist nach § 9 Absatz 3 BGebG geboten, wenn die Gebühr in einem **Missverhältnis zu der individuell zurechenbaren öffentlichen Leistung** stehen und insbesondere von der Beantragung bestimmter Leistungen abschrecken würde.

Zudem können Gebühren**ermäßigungen** oder -**befreiungen** aus Gründen des öffentlichen Interesses oder der Billigkeit durch Rechtsverordnung oder durch die Behörde im Einzelfall (§ 9 Absatz 4 und 5 BGebG) gewährt werden.

### 5.2.2 *Leistungsverrechnung zwischen Bundesbehörden*

Zwischen Bundesbehörden bestehen zahlreiche Leistungsbeziehungen. Eine zwischenbehördliche Leistungsverrechung liegt vor, wenn die untereinander ausgetauschten Leistungen in Rechnung gestellt werden. Die Behörden treten dabei in Beziehung als Leistungsersteller (Auftragnehmer, Dienstleistungszentrum) und Leistungsempfänger (Auftraggeber, Kundenbehörde).

Mit der zwischenbehördlichen Leistungsverrechnung werden folgende **Ziele** verfolgt:

- Schaffung von Transparenz über die Leistungsströme in der Bundesverwaltung,
- Steigerung des Kostenbewusstseins,
- Förderung des Wettbewerbsgedankens in der öffentlichen Verwaltung durch bessere Vergleichbarkeit von Preisen,
- Optimierung der Verwaltungsprozesse und Verbesserung der Wirtschaftlichkeit,
- Zusammenführung von Fach- und Finanzverantwortung durch verursachungsgerechte Veranschlagung von Haushaltsmitteln.

**Voraussetzung** für eine zwischenbehördliche Leistungsverrechnung ist ein definiertes Leistungsangebot (Produkt-, Servicekatalog) mit festgelegten Preisen. Dabei ist sicherzustellen, dass die Leistungen untereinander hinreichend abgrenzbar und kalkulierbar sind. Über den vereinbarten Leistungsbezug sollten die beteiligten Behörden Kontrakte (Dienstleistungsvereinbarungen, Service-Level-Agreements) abschließen. Das **Schema der Zuschlagskalkulation** für die Bundesverwaltung (vgl. Abb. 18 in Abschnitt 4.3.3) ist geeignet, um die Kosten der angebotenen Leistungen (Produkte) oder der einzelnen Aufträge verursachungsgerecht zu ermitteln. Diese Informationen können aber nur für eine **behördeninterne** Preiskalkulation auf Vollkosten- oder Teilkostenbasis genutzt werden. Eine zwischenbehördliche Leistungsverrechnung von Kosten und Erlösen ist im kameralen Haushalt jedoch **nicht abbildbar**.

Das kamerale Haushaltsrecht lässt derzeit (Stand 2013) nur eine eingeschränkte zwischenbehördliche Leistungsverrechnung auf Basis von Ausgaben und Einnahmen zu. Erstattet werden nur:

- **zusätzliche Ausgaben**, die in Ausführung der Leistung **unmittelbar** entstanden sind, der sonstige Verwaltungsaufwand (Gemeinkosten) zählt nicht hierzu (VV-BHO Nr. 3 zu § 61 BHO),
- **Ausgaben**, die eine Wertgrenze von **2 500 Euro** für einmalige Leistungen bzw. pro Jahr für fortlaufende Leistungen überschreiten; **Vermögensgegenstände**, die eine Wertgrenze von **50 000 Euro** überschreiten (VV-BHO Nr. 4 zu § 61 BHO),

- **ressortübergreifende** Leistungsbeziehungen, d.h. Auftraggeber- und Auftragnehmer-Behörde gehören **nicht** demselben Ressort an (Nr. 13.1 HRB).
- **Ausgaben**, es findet keine Verrechnung von (kalkulatorischen) Kosten statt (Nr. 14.3 HRB)

Die Nutzung der KLR für die zwischenbehördliche Leistungsverrechnung ist unter der Maßgabe möglich, dass nur **ausgabengleiche** Kosten und Investitionen finanziert werden. Kalkulatorischen Kosten wie Abschreibungen können nicht abgebildet werden, so dass eine Verteilung des Werteverzehrs über die Nutzungsdauer nicht möglich ist. Dadurch kann in Abhängigkeit von der Höhe des Investitionsanteils die Finanzierung starken jährlichen Schwankungen unterliegen.

### 5.2.3 *Kalkulation von Leistungen gegenüber Dritten*

Leistungen, die eine Behörde gegenüber Dritten erbringt, sind grundsätzlich nach der BHO abzurechnen. § 63 BHO legt fest, dass Leistungen nur zu ihrem vollen Wert zur Verfügung gestellt werden dürfen. Ausnahmen hiervon können im Haushaltsplan sowie im Falle eines geringen Wertes (nicht über 25 000 Euro im Einzelfall) oder eines dringenden Bundesinteresses durch das BMF zugelassen werden.

Der volle Wert ist der Preis, der im gewöhnlichen Geschäftsverkehr bei der Veräußerung erzielt werden könnte (Marktpreis). Sofern kein originärer Marktpreis feststellbar ist, wird der volle Wert auf der Grundlage einer Vollkostenrechnung ermittelt. Hierfür eignet sich das Schema der Zuschlagskalkulation für die Bundesverwaltung (vgl. Abb. 18 in Abschnitt 4.3.3).

Sofern die Abrechnung für die Erbringung von Leistungen gegenüber Dritten in einem Vertrag festgelegt ist, gelten die jeweiligen vertraglichen Regelungen.

## 5.3 *Benchmarking*

In der Wirtschaft sorgt vor allem der Wettbewerb dafür, dass die Unternehmen ihre Strukturen und Prozesse kontinuierlich an die Erfordernisse des Marktes anpassen. Behörden sind dagegen in der Regel keinem echten Wettbewerb ausgesetzt. Um dennoch den Wettbewerbsgedanken in die öffentliche Verwaltung zu übertragen und dadurch die Wirtschaftlichkeit des Verwaltungshandelns zu steigern, wird das Benchmarking genutzt. Bezogen auf die KLR bedeutet Benchmarking, dass die Leistungen und Kosten innerhalb der eigenen Behörde oder zwischen Behörden verglichen werden. Durch den initiierten Vergleichsprozess sollen die besten Methoden und Praktiken („Best Practices") herausgearbeitet und Schlussfolgerungen für Verbesserungs- und Optimierungsmaßnahmen für die eigene Behörde abgeleitet werden.

Für das Benchmarking eignen sich insbesondere:
- Leistungen des allgemeinen Verwaltungsbereichs (zentrale Serviceleistungen in den Bereichen Organisation, Personal, Haushalt, Innerer Dienst, IT usw.), die in nahezu allen Behörden auf ähnliche Weise erstellt werden,

- Leistungen von Flächenbehörden innerhalb eines Ressorts (z.B. Bundespolizei, Zollverwaltung, Auslandsvertretungen), die in vergleichbarer Form an verschiedenen Standorten erbracht werden,
- ressortübergreifende Leistungen, deren Erstellungsprozesse sich ähneln (z.B. Erteilung von Genehmigungen und Bescheiden, Bearbeitung von Widersprüchen).

Voraussetzung für die Durchführung eines Benchmarking ist eine vergleichbare Datenbasis. Die beteiligten Behörden sollten idealerweise folgende Voraussetzungen für die Durchführung des Benchmarking schaffen:

- einheitlich definierte Produkte und Leistungen, die in Produktsteckbriefen beschrieben sind,
- nach den Vorgaben des Verwaltungskontenrahmens des Bundes gegliederte Kosten- und Erlöspläne mit einheitlichen Ansatz- und Bewertungsvorschriften,
- vergleichbare Kostenstellenstrukturen und Verfahren zur Verrechnung und Verteilung von Gemeinkosten.

Um Impulse für die Verbesserung von Strukturen und Prozessen geben zu können, geht das Benchmarking in der Regel über eine reine Kosten- und Erlösbetrachtung hinaus. Insbesondere Kennzahlen zur Leistungsmenge und Qualität sind im Vorfeld festzulegen und in den Vergleich einzubeziehen.

# Baufachliche Ergänzungsbestimmungen zu den Allgemeinen Verwaltungsvorschriften zu § 44 BHO (ZBau)

– Fassung August 2015 –

INHALT



## 1 Allgemeines

1.1 Die Bewilligung und Zahlung von Zuwendungen des Bundes an Stellen außerhalb der Bundesverwaltung für die Durchführung von Baumaßnahmen sowie der Nachweis der Verwendung der Mittel und die Prüfung ihrer Verwendung regeln sich nach den Allgemeinen Verwaltungsvorschriften zur Bundeshaushaltsordnung (VV-BHO) für Zuwendungen für Baumaßnahmen (VV Nr. 6 zu § 44 BHO) und nach diesen Baufachlichen Ergänzungsbestimmungen. Das gilt auch für Baumaßnahmen im Rahmen institutioneller Förderung.
Die Bewilligung der Zuwendung kann versagt werden, wenn die Vergabevorschriften des Bundes (z.B. bei der Auswahl FBT) nicht eingehalten werden. Bei mit Bundes- und Landesmitteln (Mischfinanzierung) geförderten Baumaßnahmen sind grundsätzlich die ZBau des Bundes anzuwenden.

1.2 Abweichungen von den Baufachlichen Ergänzungsbestimmungen sind nur zulässig im Einvernehmen mit dem für die Bauaufgaben des Bundes fachlich verantwortlichen Bundesministerium und dem Bundesministerium der Finanzen sowie, wenn der Verwendungsnachweis betroffen ist, auch mit dem Bundesrechnungshof. Die Oberste Technische Instanz (BMUB) kann im Einzelfall der Bauverwaltung (FfE) Weisungen über Art und Umfang ihrer Tätigkeit erteilen, soweit dadurch nicht von den Baufachlichen Ergänzungsbestimmungen abgewichen wird.

1.3 Die Bewilligungsbehörden (Ressorts) beteiligen die zuständige Oberste Technische Instanz des Bundes (BMUB); diese beauftragt die Bauverwaltung (FfE). Wird die Zuwendung durch eine Mittelbehörde des Bundes bewilligt, so beteiligt sie die zuständige staatliche Bauverwaltung (FfE) unmittelbar. Die Bewilligungsbehörde teilt – möglichst frühzeitig – der zuständigen Obersten Technischen Instanz des Bundes (BMUB) die voraussichtliche Höhe der Zuwendungen mit.

1.4 Die Bauverwaltung (FfE) ist so rechtzeitig zu beteiligen, dass sie die in Nr. 2 genannten Aufgaben ordnungsgemäß erfüllen kann.

1.5 Die Bewilligungsbehörde unterrichtet den Antragsteller über Art und Umfang der Beteiligung der Bauverwaltung.

1.6 Soweit die Bemessung von zuwendungsfähigen Ausgaben auf der Grundlage fester Beträge erfolgt (VV Nr. 2.3 zu § 44 BHO), kann auf die Anwendung der Nrn. 3-7 im Einzelfall verzichtet werden.

**2 Aufgaben der zuständigen staatlichen Bauverwaltung (FfE/BdE)**

Aufgaben, die der zuständigen staatlichen Bauverwaltung in der Regel übertragen werden sollen, sind:

| | |
|---|---|
| Beratung bei der Vergabe der Leistungen/ Bauleistungen | (vgl. Nr. 3) |
| Mitwirkung bei der Vorbereitung des Antrages | (vgl. Nr. 4) |
| Beratung bei der Aufstellung der Antrags- und Bauunterlagen | (vgl. Nr. 5) |
| Festlegung des Umfanges der Antrags- und Bauunterlagen | (vgl. Nr. 6) |
| Prüfung der Bauunterlagen | (vgl. Nr. 7) |
| Überprüfung der Bauausführung | (vgl. Nr. 8) |
| Prüfung des Verwendungsnachweises | (vgl. Nr. 9) |

Der Verwendungsnachweis nach Nr. 9 kann baufachlich nur geprüft werden, wenn der Bauverwaltung auch die in Nr. 6, 7, 8 genannten Tätigkeiten übertragen werden. Soweit ausnahmsweise weitere Leistungen der Bauverwaltung gefordert werden, ist der Umfang dieser Leistungen vorher mit der Bauverwaltung zu vereinbaren.

**3 Beratung bei der Vergabe der Leistungen/Bauleistungen**

Die zuständige staatliche Bauverwaltung berät die Zuwendungsempfänger bei Vergaben nach VOF, VOB, VOL und GRW 2008 und gibt ihnen im Bedarfsfall einheitliche Verdingungs- und Vertragsmuster (VHB) zur Verwendung an die Hand.

**4 Mitwirkung bei der Vorbereitung des Antrags**

Die Bauverwaltung (FfE) ist durch die Bewilligungsbehörde (vgl. Nr. 1.3) an den für die Antragstellung erforderlichen Vorbesprechungen – insbesondere bei der Beurteilung des Raumbedarfsplanes unter

Berücksichtigung des Stellenplanes, der Nutzbarkeit der Liegenschaft, der Vorentwurfsplanung der Wirtschaftlichkeitsbetrachtungen, der Kostenermittlung etc. – zur Klärung von baufachlichen Fragen zu beteiligen.

**5 Beratung bei der Aufstellung der Antrags- und Bauunterlagen**

Soweit es die Baumaßnahme erfordert, ist die Bauverwaltung zur Erzielung einer wirtschaftlichen und zweckmäßigen Planung zu beteiligen.

**6 Festlegung des Umfangs der Antrags- und Bauunterlagen**

Die Bauverwaltung (FfE) bestimmt die Art und den Umfang der für das Bewilligungsverfahren einzureichenden Antrags- und Bauunterlagen. Diese bestehen gemäß § 24 BHO Abs. 1 im Allgemeinen aus folgenden Unterlagen:

6.1 Unterlagen nach § 24 Abs. 4 BHO zur Veranschlagung im Haushalt

Bei Maßnahmen nach VV Nr. 6 zu § 44 BHO sollen, bei Maßnahmen nach § 24 Abs. 4 BHO sind immer zur Festlegung der Kostenobergrenze bzw. des Bedarfs mindestens für die Veranschlagung im Haushalt folgende Unterlagen nach Nr. 6.1.1 - 6.1.10 vorzulegen:

6.1.1 Darlegung der bedarfsauslösenden Gründe,

6.1.2 Bedarfsbeschreibung des Nutzers,

6.1.3 von der Bewilligungsbehörde anerkannten Stellen- und Raumbedarfsplan mit qualitativen Bedarfsanforderungen als Anforderungsraumbuch,

6.1.4 Variantenuntersuchung der Bedarfsdeckung,

6.1.5 Wirtschaftlichkeitsbetrachtungen (Kauf, Miete, PPP, Neubau, Erweiterung),

6.1.6 Konzeptplanung (Grundlagenermittlung und Teile der Vorplanung),

6.1.7 Baufachliche Bewertung des Grundstückes und vorhandener baulicher Anlagen,

6.1.8 Kostenermittlung (z.B. auf Basis von Kostenkennwerten),

6.1.9 Gesamtbeurteilung/Erläuterungsbericht incl. Schätzung der nach Fertigstellung entstehenden jährlichen Haushaltsbelastungen (Baunutzungskosten),

6.1.10 Terminplan für die Baumaßnahme.

6.2 Planunterlagen

6.2.1 von der Bewilligungsbehörde anerkannten Bau- sowie Stellen- und Raumbedarfsplan,

6.2.2 Übersichtsplan (M. 1:5000),

6.2.3 Lageplan des Bauvorhabens (mind. M. 1:1000) mit Darstellung der Erschließungs- und Außenanlagen,

6.2.4 Vorentwurfs- und/oder Entwurfszeichnungen, die Art und Umfang des Bauvorhabens prüfbar nachweisen, einschließlich der Untersuchung von alternativen Lösungsmöglichkeiten nach gleichen Anforderungen (maßstäbliche Strichskizzen),

6.2.5 bauaufsichtlichen oder sonstigen Genehmigungen (Vorbescheide genügen),

6.3 Erläuterungsbericht

Er soll Auskunft geben über:

6.3.1 Veranlassung und Zweck der geplanten Baumaßnahme, Raumbedarf, Kapazität, Nutzung (ggf. Hinweise auf entsprechende Gesetze, Verordnungen, Richtlinien oder veranlassende Schreiben, die im Abdruck beizufügen sind), Benennung des künftigen Eigentümers, Baulastträgers, Betreibers oder Nutznießers der Anlage,

6.3.2 Lage und Beschaffenheit des Baugeländes, Eigentumsverhältnisse, Rechte Dritter, Entschädigung und dgl.,

6.3.3 Bau- und Ausführungsart mit Erläuterungen der baulichen, der ver- und entsorgungstechnischen, maschinentechnischen, elektrotechnischen und anderen Anlagen und Einrichtungen, Bevorratungen, zugrunde liegenden technischen Vorschriften, zur künstlerischen Ausgestaltung sowie zur Nachhaltigkeit der Planung u.a.m. Begründung der Wirtschaftlichkeit bei mehreren Lösungsmöglichkeiten,

6.3.4 Gesamtkosten der Baumaßnahme mit Kostenangabe, für die die Zuwendung beantragt wird,

6.3.5 Bauzeitenplan und Baumittelbedarf in den einzelnen Haushaltsjahren,

6.3.6 vorgesehene Abwicklung der Baumaßnahme (Vergabe und Ausführung), Stand der bauaufsichtlichen und sonstigen Genehmigungen, usw.,

6.3.7 im Bedarfsfall zu erwartende Vermögensvorteile (Vorteilsausgleiche) bzw. Vermögensnachteile,

6.3.8 etwaige Leistungen und Verpflichtungen sowie evtl. Rückflüsse nach den Gesetzen, Ortsstatuten und sonstigen Satzungen (z.B. Versorgungsanlagen).

6.4 Kostenermittlung

6.4.1 Kostenschätzung

6.4.2 Kostenberechnung

Die Kosten sind für Hochbauten nach DIN 276*, für andere Bauten entsprechend (ggf. nach Bauobjekten/Bauabschnitten unterteilt) zu ermitteln.

Die Kosten, für die eine Zuwendung beantragt wird, sind gesondert auszuweisen. Als Anlage sind, soweit erforderlich, Kostenaufschlüsselungen oder Berechnungen anderer Art, deren Ergebnisse der Kos-

* In der vom Bund eingeführten Fassung.

tenberechnung zugrunde gelegt wurden, beizufügen (z.B. auf Grundlage von Kostenkennwerten bzw. Vergleichsobjekten).

6.4.3 Planungs- und Kostendatenblatt

6.5 Flächen- und Rauminhaltsberechnungen nach DIN 277*,

6.5.1 Berechnungen der Flächen (nach Flächenart gegliedert),

6.5.2 Berechnung der Rauminhalte, bzw.

6.5.3 Wohnflächenberechnung nach Wohnflächenverordnung (WoFlV**), soweit erforderlich,

6.5.4 Gegenüberstellung (Soll-Ist-Vergleich) der geforderten und der geplanten Nutzflächen

6.6 Wirtschaftlichkeitsuntersuchung (z.B. Machbarkeitsstudie, Kostenvergleichsbetrachtung mit Betriebskosten) soweit sie für die Entscheidung über die Bewilligung der Zuwendung von Bedeutung ist.

**7 Prüfung der Bauunterlagen**

7.1 Voraussetzung für die baufachliche Prüfung ist:

7.1.1 der anerkannte Stellen- und Raumbedarfsplan,

7.1.2 die Vollständigkeit der vom Antragsteller vorzulegenden Antrags- und Bauunterlagen nach Nr. 6.

7.2 Die Prüfung ist stichprobenweise vorzunehmen und erstreckt sich auf:

7.2.1 die Wirtschaftlichkeit und Zweckmäßigkeit der Planung und Konstruktion,

7.2.2 die Angemessenheit der Kosten.

7.3 Das Ergebnis der Prüfung ist in einer baufachlichen Stellungnahme niederzulegen und als Prüfvermerk (Muster 1) dem Antrag beizuheften.

Es muss ersichtlich sein, welche Kosten nicht geprüft worden sind. Die Bauunterlagen und die Kostenberechnung erhalten einen Sichtvermerk. In der Stellungnahme sind die erforderlichen baufachlichen Auflagen an den Zuwendungsempfänger und im Kostenprüfblatt die aus baufachlicher Sicht förderfähigen Kosten so zusammenzufassen, dass sie von der Bewilligungsbehörde unverändert in den Zuwendungsbescheid aufgenommen werden können.

7.4 Erhebliche Abweichungen von den der Bewilligung zugrunde liegenden Bauunterlagen bedürfen vor ihrer Ausführung ebenfalls der baufachlichen Prüfung; Nr. 7.1 - 7.3 gelten sinngemäß.

---

* In der vom Bund eingeführten Fassung.

** In der vom Bund eingeführten Fassung.

**8 Überprüfung der Bauausführung**

Die Bewilligungsbehörde leitet der Bauverwaltung (FfE) unverzüglich einen Abdruck des Zuwendungsbescheides zu. Die Bauverwaltung (BdE) berät den ZE bei der operativen Durchführung der Baumaßnahme (vgl. Nr. 3). Die Bauverwaltung (BdE) überprüft während der Bauausführung stichprobenweise die Einhaltung der baufachlichen Bedingungen und Auflagen. Das Ergebnis ist aktenkundig zu machen. Zuwendungsgeber und Bauverwaltung (FfE) können vereinbaren, dass die Bauverwaltung (BdE) bei den Mittelanforderungen mitwirkt.

**9 Prüfung des Verwendungsnachweises**

9.1 Die Bauverwaltung (BdE) prüft nach Fertigstellung der Baumaßnahme den Verwendungsnachweis in baufachlicher Hinsicht. Dabei überprüft sie die Übereinstimmung der Angaben im Verwendungsnachweis mit der Baurechnung und der Örtlichkeit stichprobenweise. Der Verwendungsnachweis erhält einen Prüfvermerk (Muster 2).

Die Prüfung ist unverzüglich (VV Nr. 11 zu § 44 BHO) nach Eingang der Unterlagen durchzuführen.

9.2 Voraussetzung für die baufachliche Prüfung ist die Vollständigkeit der vom Zuwendungsempfänger vorzulegenden Anlagen zum zahlenmäßigen Nachweis (vgl. NBest-Bau).

9.3 Die Prüfung ist stichprobenweise vorzunehmen.

9.4 Die bei der baufachlichen Prüfung getroffenen Feststellungen sind in einer dem Verwendungsnachweis beizufügenden ergänzenden Stellungnahme festzuhalten.

Der Verwendungsnachweis ist umgehend an die mit der verwaltungsmäßigen Prüfung betraute Bewilligungsbehörde weiterzuleiten.

9.5 Mängel und Änderungen gegenüber den der Bewilligung zugrunde liegenden Bauunterlagen und Kostenabweichungen sind in der ergänzenden Stellungnahme festzuhalten. Sie ist jedem Verwendungsnachweis anzufügen. Sofern die Feststellungen Einfluss auf die Bemessung der Zuwendung haben, ist der zuwendungsfähige Betrag festzustellen.

Anlage

# Baufachliche Nebenbestimmungen (NBest-Bau)

Die NBest – Bau ergänzen die Allgemeinen Nebenbestimmungen für Zuwendungsbaumaßnahmen. Sie enthalten Nebenbestimmungen i.S. des § 36 des Verwaltungsverfahrensgesetzes. Die Nebenbestimmungen sind Bestandteil des Zuwendungsbescheides, soweit dort nicht ausdrücklich etwas anderes bestimmt ist.

## 1 Vergabe und Ausführung (siehe auch Nr. 3 ANBest-P bzw. Nr. 3 ANBest-Gk)

1.1 Der Zuwendungsempfänger hat die ihm benannte Bauverwaltung rechtzeitig über die jeweils vorgesehene Vergabeart, den Baubeginn und die Beendigung der Baumaßnahme zu unterrichten. Der Zuwendungsempfänger hat anzuwenden:

- bei der Vergabe von Aufträgen für Bauleistungen die Vergabe- und Vertragsordnung für Bauleistungen (VOB),
- bei der Vergabe von Aufträgen für Lieferungen und Dienstleistungen die Verdingungsordnung für Leistungen ausgenommen Bauleistungen (VOL).

Verpflichtungen des Zuwendungsempfängers, auf Grund des § 98 des Gesetzes gegen Wettbewerbsbeschränkungen (GWB) und der Vergabeverordnung (VgV) die Abschnitte 2 ff. der VOB/A bzw. der VOL/A anzuwenden oder andere Vergabebestimmungen einzuhalten, bleiben unberührt. Im Bedarfsfall verwendet der Zuwendungsempfänger bei der Durchführung von Baumaßnahmen, die Einheitlichen Verdingungs- und Vertragsmuster des Vergabehandbuchs für die Durchführung von Bauaufgaben des Bundes im Zuständigkeitsbereich der Finanzbauverwaltungen (VHB), die ihm von der Bauverwaltung an die Hand gegeben werden.

1.2 Die Ausführung der Baumaßnahme muss den der Bewilligung zugrunde liegenden Bauunterlagen sowie den technischen und baurechtlichen Vorschriften entsprechen.

1.3 Von den Bauunterlagen darf nur insoweit abgewichen werden, als die Abweichungen nicht erheblich sind. Wenn die Abweichungen zu einer wesentlichen Änderung des Bau- oder Raumprogramms, einer wesentlichen Erhöhung der Betriebskosten oder einer wesentlichen Überschreitung der Baukosten führen, bedürfen sie vor ihrer Ausführung der Zustimmung durch die Bewilligungsbehörde.

**2 Baurechnung**

2.1 Der Zuwendungsempfänger muss für jede Baumaßnahme eine Baurechnung führen. Besteht eine Baumaßnahme aus mehreren Bauobjekten/Bauabschnitten, sind getrennte Baurechnungen zu führen.

2.2 Die Baurechnung besteht aus:

2.2.1 dem Bauausgabebuch (bei Hochbauten nach DIN 276* gegliedert, bei anderen Bauten nach Maßgabe des Zuwendungsbescheides). Werden die Einnahmen und Ausgaben für das geförderte Bauobjekt von anderen Buchungsvorfällen getrennt nachgewiesen, entsprechen die Nachweise unmittelbar oder durch ergänzende Aufzeichnungen den Inhalts- und Gliederungsansprüchen der DIN 276* und können sie zur Prüfung der Baurechnung beigefügt werden, so kann mit Einwilligung der Bewilligungsbehörde von der Führung eines gesonderten Bauausgabebuch abgesehen werden.

2.2.2 den Rechnungsbelegen, bezeichnet und geordnet entsprechend Nr. 2.1,

2.2.3 den Abrechnungszeichnungen und den der tatsächlichen Ausführung entsprechenden Plänen,

2.2.4 den Verträgen über die Leistungen und Lieferungen mit Schriftverkehr,

2.2.5 den bauaufsichtlichen Genehmigungen, den Prüf- und Abnahmebescheinigungen,

2.2.6 dem Zuwendungsbescheid und den Schreiben über die Bereitstellung der Mittel,

2.2.7 den geprüften, dem Zuwendungsbescheid zugrunde gelegten Bauunterlagen,

2.2.8 der Berechnung der ausgeführten Flächen und des Rauminhalts nach DIN 277)* (nur bei Hochbauten) und bei Wohnbauten ggf. die Wohnflächenberechnung nach Wohnflächenverordnung (WoFlV),

2.2.9 dem Bautagebuch.

**3 Verwendungsnachweis**

3.1 Der Zuwendungsempfänger hat den Verwendungsnachweis (in Euro) abweichend von Nr. 6.1 ANBest-P bzw. Nr. 6.1 ANBest-Gk der Bauverwaltung zur baufachlichen Prüfung einzureichen. Der Verwendungsnachweis ist abweichend von Nr. 6.2.2 ANBest-P bzw. Nr. 6.4 ANBest-Gk nach Muster 2 zu erstellen. Der Nachweis, wann und in welchen Einzelbeträgen die Bauausgaben geleistet wurden, wird durch die Baurechnung (Nr. 2) geführt. Die Baurechnung ist abweichend von Nr. 6.2.2 ANBest-P bzw. Nr. 6.5 ANBest-GK zur Prüfung bereitzuhalten, nur Ablichtungen des Bauausgabebuches, eine Aus-

---

* In der vom Bund eingeführten Fassung.

gabengegenüberstellung und die Berechnung nach Nr. 2.2.8, sind dem Verwendungsnachweis beizufügen. Die Baurechnung ist mindestens fünf Jahre nach Vorlage des Verwendungsnachweises aufzubewahren.

3.2 Werden über Teile einer Baumaßnahme (z.B. mehrere Bauobjekte/ Bauabschnitte) einzelne Verwendungsnachweise geführt, so ist nach Abschluss der Baumaßnahme ein zusammengefaßter Verwendungsnachweis nach Muster 2 aufzustellen.

**4 Zwischennachweis**

Für Baumaßnahmen, deren Durchführung sich über ein Haushaltsjahr hinaus erstreckt, ist der Bewilligungsbehörde innerhalb von 4 Monaten nach Ablauf eines Haushaltsjahres ein Zwischennachweis (in Euro) über die Verwendung der Zuwendung abweichend von 6.3 ANBest-P bzw. 6.2 ANBest-GK nach Muster 3 ZBau vorzulegen.

## Muster 1
## Prüfvermerk* über die stichprobenweise baufachliche Prüfung
(Verwendung wird freigestellt)

| Bauverwaltung | Zuwendungsempfänger |
|---|---|
| | Auskunft erteilt |
| | Telefon Nr. / E-mail |

Betreff:

(Baumaßnahme, Ort, Straße)

Laut Anfrage auf Gewährung einer Zuwendung vom ........................ beantragt der Zuwendungsempfänger für die o. g. Maßnahme einen Zuschuss / ein Darlehen **) in Höhe von ........................ EUR mit ........................ EUR Gesamtkosten.

**Feststellungen der Bauverwaltung**

1. Aufgrund der dem Antrag beigefügten Pläne, Erläuterungen und Kostenberechnungen wird festgestellt, dass die veranschlagte Baumaßnahme dem geforderten Zweck der

   ........................................................................ dient.
2. Folgende bauaufsichtliche und sonstige Genehmigungen liegen vor:

   ........................................................................

   ........................................................................

   ........................................................................
3. Zu den Bauunterlagen bemerke ich im einzelnen (Baufachliche Stellungnahme) ggf. als Anlage:

   ........................................................................

   ........................................................................

   ........................................................................
4. Für die Durchführung der Baumaßnahme hat der Antragsteller folgende Kosten veranschlagt: ........................ EUR

   Aufgrund der Prüfung i. S. von 7.2.2. der ZBau wird hiervon folgender Betrag als angemessen erachtet: ........................ EUR

   Die Höhe der zuwendungsfähigen Ausgaben stellen die Bewilligungsbehörden fest, erforderlichenfalls wird die Bauverwaltung beteiligt.

| ........................, den | ........................ | ........................ |
|---|---|---|
| (Ort) | (Datum) | (Unterschrift) |

* Der Prüfvermerk ist das Ergebnis der Prüfung der Antragsunterlagen in baufachlicher Hinsicht nach Nr.7 der ZBau.

** Nichtzutreffendes bitte streichen.

**Muster 2**
**Verwendungsnachweis**
(… Ausfertigung von …)

| An Bauverwaltung | Zuwendungsempfänger |
|---|---|
| | Bankverbindung |
| An Bewilligungsbehörde | |
| | Auskunft erteilt |
| | Telefon Nr. / E-mail |

Betreff:

(Baumaßnahme, Ort, Straße / Bezeichnung wie im Zuwendungsbescheid)

**Bewilligte Zuwendungen - Zuschüsse (Z) und Darlehen (D) -***

| Bewilligende Stelle | Datum und Aktenzeichen | Zuwendungsbetrag (EUR) | |
|---|---|---|---|
| | | | Z/D * |
| | | | Z/D |
| | | | Z/D |
| | | | |
| | | | |
| | Bewilligter Gesamtbetrag | | |
| | In Anspruch genommener Betrag | | |

**Sachbericht**
(Eingehende Darstellung der Durchführung der Baumaßnahme, Abweichungen von den anerkannten Antragsunterlagen, Bauzeitraum usw., ggf. auf gesondertem Blatt)

* Nichtzutreffendes bitte streichen.

| **Zahlenmäßiger Nachweis** | |
|---|---|
| Gesamtausgaben der Baumaßnahme | ................ EUR |
| Davon Ausgaben für den Teil der Baumaßnahme (Bauobjekt / Bauabschnitt) für den die Zuwendung bewilligt worden ist. | ................ EUR |

**Einnahmen**

| Art<br>Eigenanteil, Zuwendungen, Leistungen Dritter | lt. Zuwendungsbescheid | | lt. Abrechnung | |
|---|---|---|---|---|
| | EUR | v. H. | EUR | v. H. |
| Eigenanteil | ........ | ........ | ........ | ........ |
| Bundesmittel | ........ | ........ | ........ | ........ |
| Landesmittel | ........ | ........ | ........ | ........ |
| ........ | ........ | ........ | ........ | ........ |
| ........ | ........ | ........ | ........ | ........ |
| ........ | ........ | ........ | ........ | ........ |
| Zwischensumme | | 100 | | 100 |
| in früheren Bauobjekten / Bauabschnitten vorgesehene / eingenommene Beträge | ........ | | ........ | |
| Insgesamt | ........ | | ........ | |

**Ausgaben**

| Ausgabengliederung *)<br>Kostengruppen – Kgr.- nach DIN 276 | lt. Zuwendungsbescheid | | lt. Abrechnung | |
|---|---|---|---|---|
| | insgesamt | davon zuwendungsfähig | insgesamt | davon zuwendungsfähig |
| | EUR | EUR | EUR | EUR |
| 100 Grundstück | ........ | ........ | ........ | ........ |
| 200 Herrichten u. Erschließen | ........ | ........ | ........ | ........ |
| 300 Bauwerk- Baukonsruktionen | ........ | ........ | ........ | ........ |
| 400 Bauwerk-Technische Anlagen | ........ | ........ | ........ | ........ |
| 500 Außenanlagen | ........ | ........ | ........ | ........ |
| 600 Ausstattung u. Kunstwerke | ........ | ........ | ........ | ........ |
| 700 Baunebenkonsten (ohne 710, 760, aus 779 Kosten f. Baufeiern) ........ | ........ | ........ | ........ | ........ |
| 710 Bauherrenaufgaben<br>760 Finanzierungskosten<br>aus 779 Kosten f. Baufeiern<br>........ | ........ | ........ | ........ | ........ |
| Summe | ........ | ........ | ........ | ........ |
| In früheren Bauobjekten/Bauabschnitten bereits geleistete Ausgaben | | | ........ | ........ |
| Insgesamt | | | ........ | ........ |

* Es sind nur die Summen der Kostengruppen (bei Hochbauten nach DIN 276 (in der vom Bund eingeführten Fassung)) gegliedert, bei anderen Bauten nach Maßgabe des Bewilligungsbescheides) anzugeben. Dabei ist entsprechend den der Bewilligung zugrunde gelegten Bauunterlagen nach Bauobjekten oder Bauabschnitten zu unterteilen, ggf. auf gesondertem Blatt.

**Erklärung des Zuwendungsempfängers**

Es wird erklärt, dass

die in den Bauplänen enthaltenen Angaben mit der Örtlichkeit übereinstimmen,

die bauaufsichtlichen und sonstigen Bedingungen und Auflagen beachtet,

die Ausgaben notwendig waren, wirtschaftlich und sparsam verfahren worden ist,

die Angaben mit den Büchern und ggf. den Belegen übereinstimmen,

die vorgeschriebenen Prüfungen bzw. Gebrauchsabnahmen durchgeführt, die Bedingungen und Auflagen eingehalten wurden und die Angaben über die Baumaßnahme, ihr Ausgaben und die Finanzierung vollständig und belegt sind.

Zu ihrer Nachprüfung stehen die im Verwendungsnachweis genannten Unterlagen einschließlich Baurechnung mit Belegen zur Verfügung.

.........................................., den ....................................  ..............................................

(Ort) (Datum) (Unterschrift)

**Ergebnis der Prüfung durch die Bauverwaltung**

Der Verwendungsnachweis wurde baufachlich geprüft. Aufgrund stichprobenweiser Überprüfung der Bauausführung und der Rechnungsbelege wird die Übereinstimmung der Angaben im Verwendungsnachweis mit der Baurechnung und mit der Örtlichkeit bescheinigt. Auf meine ergänzende Stellungnahme (vgl. 9.4 der ZBau) nehme ich Bezug.

.........................................., den ....................................  ..............................................

(Ort) (Datum) (Unterschrift)

**Ergebnis der Prüfung durch die Bewilligungsbehörde**

Der Verwendungsnachweis wurde anhand der vorliegenden Unterlagen geprüft. Es ergaben sich keine / die *) aus der Anlage ersichtlichen Beanstandungen.

.........................................., den ....................................  ..............................................

(Ort) (Datum) (Unterschrift)

---

* Nichtzutreffendes bitte streichen.

**Muster 3**
**Zwischennachweis**
(zum Jahresabschluss, ohne Beteiligung der Bauverwaltung)

| | |
|---|---|
| An Bewilligungsbehörde | Zuwendungsempfänger<br><br>Bankverbindung<br><br>Auskunft erteilt<br><br>Telefon Nr. / E-mail |

| |
|---|
| Betreff:<br><br>(Baumaßnahme, Ort, Straße / Bezeichnung wie im Zuwendungsbescheid) |

**Bewilligte Zuwendungen - Zuschüsse (Z) und Darlehen (D) -***

| Bewilligende Stelle | Datum und Aktenzeichen | Zuwendungsbetrag (EUR) |
|---|---|---|
| ........ | ........ | ........ Z/D * |
| ........ | ........ | ........ Z/D |
| ........ | ........ | ........ Z/D |
| ........ | ........ | ........ |
| ........ | ........ | ........ |
| | Bewilligter Gesamtbetrag | ........ |
| | In Anspruch genommener Betrag | ........ |

**Finanzielle Übersicht zum 31. Dezember 20........**

| Art<br>Eigenanteil, Zuwendungen, Leistungen Dritter | lt. Zuwendungsbescheid | davon bisher in Anspruch genommen |
|---|---|---|
| | EUR | EUR |
| Eigenanteil | ........ | ........ |
| Bundesmittel Z/D * | ........ | ........ |
| Landesmittel Z/D | ........ | ........ |
| ........ | ........ | ........ |
| ........ | ........ | ........ |
| ........ | ........ | ........ |
| Ingesamt | ........ | ........ |

* Nichtzutreffendes bitte streichen.

**Sachbericht**

(Beschreibung des Baufortschritts zum 31. Dez. ...................... gem. Nr. 6.2 ANBest-P bzw. Nr. 6.2 ANBest-GK).

........................................, den ................................... ..............................................

(Ort) (Datum) (Unterschrift)

**Erklärung des Zuwendungsempfängers**

Die vorgenannten Angaben stimmen mit dem / den Zuwendungsbescheid / Zuwendungsbescheiden *) und dem Bauausgabenbuch überein.

........................................, den ................................... ..............................................

(Ort) (Datum) (Unterschrift)

**Ergebnis der Prüfung durch die Bewilligungsbehörde**

Der Zwischennachweis wurde anhand der vorliegenden Unterlagen geprüft. Es ergaben sich keine / die aus der Anlage ersichtlichen *) Beanstandungen.

........................................, den ................................... ..............................................

(Ort) (Datum) (Unterschrift)

---

* Nichtzutreffendes bitte streichen.

# Richtlinie zur Auszahlung von Bundesmitteln an Zuwendungsempfänger und an Bundesmittel verwaltende Stellen außerhalb der Bundesverwaltung im Abrufverfahren (Abrufrichtlinie)

– RdSchr. d. BMF vom 28. September 2011 – II A 6 – H 2074/09/10007 (2011/0774065) – (GMBl 2011, S. 680),
geändert mit RdSchr. d. BMF vom 5. Oktober 2012 – II A 6 – H 2074/09/10007: 001 (2012/0880622) – (GMBl 2012 S. 1194)
und mit RdSchr. d. BMF vom 17. Dezember 2014 – II A 2 – H 2074/09/10007:003 (2014/1129406) – (GMBl 2015 S. 47)

## 1 Zulassung des Zuwendungsempfängers zum Abrufverfahren

### 1.1 Grundsatz

Zuwendungsempfänger sollen nach Maßgabe dieser Richtlinie ermächtigt werden, Bundesmittel, die unregelmäßig oder in wechselnder Höhe benötigt werden, selbstständig abzurufen. Im Falle der Ermächtigung sind die „Besonderen Nebenbestimmungen für den Abruf von Zuwendungen (BNBest-Abruf)“ (Anlage 3) zum Bestandteil des Zuwendungsbescheides (VV Nr. 7.2 Satz 2 zu § 44 BHO) zu machen.

### 1.2 Zulassung durch die oberste Bundesbehörde

(1) Der Zuwendungsempfänger ist grundsätzlich zu ermächtigen, die ihm bewilligten Zuwendungen bei Bedarf abzurufen (Abrufverfahren), soweit der jährliche Zuwendungsbetrag über 500 000 Euro liegt oder es sich nicht um eine einmalige Auszahlung der Zuwendung handelt. Die zuständige oberste Bundesbehörde kann im Einzelfall Zuwendungsempfänger vom Abrufverfahren ausschließen, wenn besondere Gründe dies rechtfertigen oder durch den selbstständigen Geldabruf dem Bund Nachteile entstehen könnten. Die Gründe zum Ausschluss am Abrufverfahren müssen in einem schriftlichen Prüfungsvermerk dargelegt werden.

(2) Die Zulassung des Zuwendungsempfängers zum Abrufverfahren ist der Stelle, die die Mittel für die Zuwendungen bewirtschaftet, schriftlich mitzuteilen. Dabei sind mindestens folgende Angaben notwendig:

- Titel- oder Buchungskonto bzw. Titel- oder Buchungskonten, aus der oder denen die Zuwendung(en) geleistet werden soll(en),
- Anschrift und Telefonnummer des Zuwendungsempfängers und

– Kontoverbindung mit IBAN und BIC* des Zuwendungsempfängers.

(3) Die Stelle, die die Mittel für die Zuwendungen bewirtschaftet (Titelverwalter) ist über Änderungen in Bezug auf den Zuwendungsempfänger zu unterrichten.

**1.3 Mitteilungspflicht des Titelverwalters**

(1) Über die Zulassung des Zuwendungsempfängers zum Abrufverfahren und über Änderungen in Bezug auf einen zugelassenen Zuwendungsempfänger ist das Kompetenzzentrum für das Kassen- und Rechnungswesen des Bundes schriftlich zu unterrichten. Bei der Unterrichtung über die Zulassung sind folgende Angaben notwendig:

– Titel- oder Buchungskonto und das Objektkonto bzw. die Titel- oder Buchungskonten mit den Objektkonten, aus der oder denen die Zuwendung(en) geleistet werden soll(en),
– Bewirtschafternummer,
– Anschrift und Telefonnummer des Zuwendungsempfängers sowie
– Kontoverbindung mit IBAN und BIC des Zuwendungsempfängers.

(2) Bei Änderungsmitteilungen sind nur die Angaben notwendig, bei denen sich eine Änderung ergeben hat.

**1.4 Aufgaben des Kompetenzzentrums für das Kassen- und Rechnungswesen des Bundes nach der Unterrichtung durch den Titelverwalter**

(1) Das Kompetenzzentrum für das Kassen- und Rechnungswesen des Bundes unterrichtet schriftlich die Bundeskasse, zu deren Lasten die Bundesmittel abgerufen werden, über die Zulassung des Zuwendungsempfängers zum Abrufverfahren sowie über Änderungen in Bezug auf einen zugelassenen Zuwendungsempfänger (Nr. 1.3) und teilt dies der zuständigen obersten Bundesbehörde mit. Außerdem führt das Kompetenzzentrum ein Verzeichnis der zugelassenen Abrufermächtigten mit folgenden Angaben:

– Name, Anschrift und Telefonnummer des Abrufermächtigten,
– Kontoverbindung des Abrufermächtigten mit IBAN und BIC,
– Name des Titelverwalters mit Anschrift und Bewirtschafternummer,
– Titel- oder Buchungskonto und das Objektkonto bzw. die Titel- oder Buchungskonten mit den Objektkonten, aus der oder denen die Zuwendung(en) geleistet werden soll(en),
– zuständige Bundeskasse und
– Angabe, ob es sich um einen unmittelbaren oder mittelbaren Abruf handelt.

* Der BIC ist für Auszahlungen im Abrufverfahren immer anzugeben, da alle Zahlungen als Eilzahlungen ausgeführt werden.

(2) Eine Kopie des Verzeichnisses wird dem Bundesministerium der Finanzen, Referat II A 2, zum 30. April jedes Jahres zur Verfügung gestellt.

**2 Abwicklung der Abrufe von Zuwendungsempfängern**

Auf die Abwicklung der Abrufe sind die VerfRiB-MV/TV-HKR anzuwenden. Die Bundesmittel können unmittelbar oder mittelbar über eine Bundeskasse abgerufen werden.

**2.1 Unmittelbarer Abruf der Bundesmittel bei den Bundeskassen**

Der Zuwendungsempfänger kann Zuwendungen nur in Höhe der zugewiesenen oder eingezahlten Mittel auf die in der Anordnung zur Leistung von Auszahlungen im Abrufverfahren genannte Kontoverbindung abrufen. Reichen die zugewiesenen oder eingezahlten Mittel für den Abruf nicht aus oder stimmt die Kontoverbindung auf dem Auszahlungsbeleg des Zuwendungsempfängers nicht mit der in der Anordnung zur Leistung von Auszahlungen im Abrufverfahren genannten Kontoverbindung überein, wird der gesamte Abrufbetrag nicht ausgezahlt.

**2.1.1 Aufgaben des Titelverwalters**

2.1.1.1 Allgemeines

(1) Der von der obersten Bundesbehörde bestimmte Titelverwalter hat unter seiner Bewirtschafternummer im HKR-Verfahren Objektkonten nach Nr. 2.9 VerfRiB-MV/TV-HKR mit der Bezeichnung „Abrufkonto und dem Namen des Zuwendungsempfängers bzw. Abrufzweck" einzurichten, aus denen die Zuwendungen geleistet werden sollen (Abrufkonto). Die Abrufkonten können bei Titelkonten (Nr. 2.8 VerfRiB-MV/TV-HKR) oder bei Buchungskonten (Nr. 2.7.2 VerfRiB-MV/TV-HKR) eingerichtet werden. Für die Buchung von Verpflichtungen sind gesonderte zusätzliche Objektkonten bei dem Titelkonto mit der Bezeichnung „Abrufkonto VE" einzurichten. Dem Zuwendungsempfänger teilt der Titelverwalter die Bewirtschafternummer, das jeweilige Titel- oder Buchungskonto und das jeweilige Objektkonto (Abrufkonto) mit und erläutert wie der für den Abruf notwendige Auszahlungsbeleg (HKR-Vordruck M03) ausgefüllt werden muss.

(2) Haushaltsmittel dürfen, mit Ausnahme der Anordnung von Rückzahlungen (Nr. 2.1.1.4 Abs. 1), nur mit dem HKR-Vordruck F35 (Anordnung zur Leistung von Auszahlungen im Abrufverfahren) oder entsprechend mit der elektronischen Schnittstelle F15 oder F15z auf das Abrufkonto zugewiesen oder eingezahlt werden. Die Verwendung der HKR-Vordrucke E01, E02, E04 und E05 (entsprechend HKR-Dialog oder der Schnittstelle F15 oder F15z) ist für das unmit-

telbare Abrufverfahren nicht zulässig. Auf die für den Abruf vorgesehenen Objektkonten dürfen nur die Auszahlungen und ggf. die im Zusammenhang stehenden Einzahlungen (z.B. Rückzahlungen) gebucht werden.

(3) Der Titelverwalter überwacht im HKR-Verfahren die Auszahlungen im Abrufverfahren und prüft, ob der Zuwendungsempfänger die Abrufbeträge bedarfsgerecht, das heißt erst am Tage des Bedarfs und nur insoweit abgerufen hat, als sie für fällige Zahlungen benötigt wurden.

(4) Werden die BNBest-Abruf vom Zuwendungsempfänger nicht beachtet, ist die zuständige oberste Bundesbehörde vom Titelverwalter unverzüglich um weitere Veranlassung zu bitten.

2.1.1.2 Erstmalige Anordnung der bewilligten Zuwendung

(1) Nach der Zulassung des Zuwendungsempfängers zum Abrufverfahren sowie jeweils zum Beginn eines Haushaltsjahres ordnet der Titelverwalter bei der zuständigen Bundeskasse die für das Haushaltsjahr bewilligten Zuwendungen ganz oder teilweise mit HKR-Vordruck F35 an. Für jede Haushalts- oder Buchungsstelle ist eine Anordnung zu erstellen. Die Ausfüllhinweise der VerfRiB-MV/TV-HKR (Anlage 2) sind zu beachten.

(2) Mit der Anordnung der Zuwendung wird der angeordnete Betrag dem Abrufkonto eines Titelkontos zugewiesen oder bei dem Abrufkonto eines Buchungskontos zur Verrechnung eingezahlt.

2.1.1.3 Anordnung weiterer bewilligter Zuwendungen

Werden dem Zuwendungsempfänger weitere Zuwendungen für das laufende Haushaltsjahr bewilligt, sind sie ebenfalls unverzüglich mit HKR-Vordruck F35 anzuordnen. Nr. 2.1.1.2 Absatz 1 ist zu beachten.

2.1.1.4 Rückzahlung von Zuwendungen und Übertragung von Beträgen auf Buchungskonten

(1) Rückzahlungen von ausgezahlten Zuwendungen durch Zuwendungsempfänger im laufenden Haushaltsjahr sind zu Gunsten des Abrufkontos zur Annahme anzuordnen (z.B. HKR-Vordruck F22). Da der Gesamtabrufbetrag nicht erhöht wird, ist der HKR-Vordruck F35 nicht zu verwenden.

(2) Beträge, die auf Objektkonten bei Buchungskonten gebucht worden sind, werden automatisch in das nächste Haushaltsjahr übertragen, sofern keine Aufhebung des Abrufverfahrens mit dem HKR-Vordruck F35A angeordnet worden ist. Beträge, die ins nächste Haushaltsjahr übertragen worden sind, können vom Zuwendungsempfänger nur dann abgerufen werden, wenn der Bundeskasse für das neue Haushaltsjahr eine Anordnung vorliegt (siehe C der Erläuterungen und Ausfüllhinweise zu HKR-Vordruck F35). Eine Anordnung ist auch dann notwendig, wenn für das neue Haushaltsjahr ne-

ben den übertragenen Beträgen keine weiteren Mittel für den Zuwendungsempfänger vorgesehen sind. Sollen in diesen Fällen bereits Auszahlungen vor dem Übertrag der Bestände ins neue Haushaltsjahr geleistet werden, prüft die Bundeskasse, ob der Bestand der Buchungsstelle des alten Haushaltsjahres für eine Auszahlung ausreichend ist.

2.1.1.5 Sonstige Änderungen

Der Titelverwalter unterrichtet das Kompetenzzentrum für das Kassen- und Rechnungswesen des Bundes und die Bundeskasse über Änderungen, insbesondere der Adresse und der Kontoverbindung des Zuwendungsempfängers. Die Änderung der Kontoverbindung ist gegenüber der Bundeskasse zusätzlich mit HKR-Vordruck F35 anzuordnen. Nr. 2.1.1.2 Absatz 1 ist zu beachten.

**2.1.2 Aufgaben der Bundeskassen**

2.1.2.1 Prüfung der Anordnung zur Leistung von Auszahlungen im Abrufverfahren (HKR-Vordruck F35)

Die Bundeskasse prüft die Anordnung zur Leistung von Auszahlungen im Abrufverfahren gemäß den Kassenbestimmungen für die Bundesverwaltung auf Buchungsreife. Stimmt die eingetragene Kontoverbindung mit der Kontoverbindung, die das Kompetenzzentrum für das Kassen- und Rechnungswesen des Bundes mitgeteilt hat, nicht überein, unterrichtet sie unverzüglich den Titelverwalter.

2.1.2.2 Führen eines Belegheftes

Für jeden Abrufermächtigten führt die Bundeskasse ein Belegheft. In diesem Belegheft werden die Anordnung(en) mittels HKR-Vordruck F35 bzw. die entsprechenden Ausdrucke der

Anordnungen der elektronischen Schnittstelle F15 oder F15z sowie die von den Zuwendungsempfängern übersandten Auszahlungsbelege (HKR-Vordruck M03) in zeitlicher Reihenfolge abgelegt. Dabei sind die Auszahlungsbelege jeweils hinter die Anordnung zu sortieren.

2.1.2.3 Abruf durch den Zuwendungsempfänger mit dem HKR-Vordruck M03 (Auszahlungsbeleg für das Abrufverfahren)

(1) Die vom Zuwendungsempfänger der Bundeskasse bis 15:00 Uhr übersandten Auszahlungsbelege im Abrufverfahren werden, sofern kein späteres Fälligkeitsdatum eingetragen ist, für den nächsten Tag ausgeführt. Das Bundesministerium der Finanzen kann etwas anderes bestimmen.

(2) Auszahlungsbelege können vorab per Telefax übermittelt werden. Die Bundeskasse überwacht, dass der Zuwendungsempfänger die Auszahlungsbelege im Original nachreicht.

(3) Vor jeder Auszahlung aufgrund eines Auszahlungsbelegs des Zuwendungsempfängers wird von der Bundeskasse geprüft, ob genügend Mittel für den Abruf vorhanden sind und ob die eingetragene Kontoverbindung mit der in der Anordnung zur Leistung von Auszahlungen im Abrufverfahren genannten Kontoverbindung übereinstimmt. Zum Jahresanfang wird die Verfügbarkeitsprüfung bei Buchungsstellen auch für Abrufkonten bis zum Übertrag der Bestände ausgesetzt. Die Bundeskassen haben zu prüfen, ob bei Auszahlungen im Fall der Nr. 2.1.1.4 Abs. 2 letzter Satz der Bestand der Buchungsstelle des alten Haushaltsjahres für eine Auszahlung ausreichend ist.

(4) Reichen die Mittel oder die Einzahlungen für den Abruf nicht aus, unterrichtet die Bundeskasse unverzüglich den Titelverwalter. Die Auszahlung wird nicht veranlasst.

(5) Stimmt die vom Kompetenzzentrum für das Kassen- und Rechnungswesen des Bundes mitgeteilte Kontoverbindung mit der im Auszahlungsbeleg angegebenen Kontoverbindung nicht überein, unterrichtet die Bundeskasse unverzüglich den Zuwendungsempfänger und den Titelverwalter. Die Auszahlung wird nicht veranlasst.

2.1.2.4 Sonstige Änderungen

Teilt der Zuwendungsempfänger Änderungen, insbesondere bei seiner Kontoverbindung mit, unterrichtet die Bundeskasse unverzüglich das Kompetenzzentrum für das Kassen- und Rechnungswesen des Bundes und den Titelverwalter.

## 2.2 Mittelbarer Abruf der Bundesmittel bei den Bundeskassen

Mit Einwilligung des Bundesministeriums der Finanzen dürfen Zuwendungsempfänger Zuwendungen auch über ein anderes automatisiertes Verfahren im Haushalts-, Kassen- und Rechnungswesen des Bundes nach Nr. 1.2 der Bestimmungen über die Mindestanforderungen für den Einsatz automatisierter Verfahren im Haushalts-, Kassen- und Rechnungswesen des Bundes (BestMaVB-HKR) abrufen. Die Nr. 1 der Besonderen Nebenbestimmungen für den Abruf von Zuwendungen ist mindestens anzuwenden. Die weiteren Einzelheiten werden vom Bundesministerium der Finanzen in besonderen Nebenbestimmungen, die zum Bestandteil des Zuwendungsbescheides zu machen sind, geregelt. Das Bundesministerium der Finanzen hat das Einvernehmen mit dem Bundesrechnungshof herbeizuführen.

# 3 Aufhebung der Abrufermächtigung

## 3.1 Aufhebung durch die oberste Bundesbehörde

Die Abrufermächtigung ist von der obersten Bundesbehörde aufzuheben, wenn der Zuwendungsempfänger keine Zuwendungen mehr erhält. Über die Aufhebung der Abrufermächtigung sind der zuständige Titelverwalter und die zuständige Bundeskasse schriftlich zu unterrichten.

**3.2 Anordnung zur Aufhebung der Abrufermächtigung durch den Titelverwalter**

Der Titelverwalter hat gegenüber der Bundeskasse die Aufhebung der Abrufermächtigung mit dem HKR-Vordruck F35A anzuordnen, wenn die Abrufermächtigung insgesamt oder für Teilbeträge im laufenden Haushaltsjahr aufgehoben wurde. Die Anordnung zur Aufhebung der Abrufermächtigung bewirkt, dass die Mittel zurückgerufen werden. Erfolgte die Auszahlung im Abrufverfahren aus einem Objektkonto einer Buchungsstelle, wird der angeordnete Betrag auf die ursprüngliche Haushalts- oder Buchungsstelle zur Verrechnung ausgezahlt. Die Aufhebung braucht nicht angeordnet zu werden, wenn der Zuwendungsempfänger erst im neuen Haushaltsjahr keine Zuwendungen mehr erhält. Die Verwendung des HKR-Vordrucks E03 (entsprechend HKR-Dialog oder Schnittstelle F15 oder F15z) ist für das unmittelbare Abrufverfahren nicht zulässig.

**3.3 Aufgaben der Bundeskasse und des Kompetenzzentrums für das Kassen- und Rechnungswesen des Bundes nach der Aufhebung der Abrufermächtigung**

(1) Die Bundeskasse unterrichtet unverzüglich das Kompetenzzentrum für das Kassen- und Rechnungswesen des Bundes über die Aufhebung der Abrufermächtigung. Nach Aufhebung der Abrufermächtigung durch die oberste Bundesbehörde führt die Bundeskasse keine Auszahlungsbelege des Zuwendungsempfängers mehr aus, unabhängig davon, ob eine Anordnung des Titelverwalters vorliegt.

(2) Das Kompetenzzentrum für das Kassen- und Rechnungswesen des Bundes streicht den bisher zugelassenen Abrufermächtigten aus dem Verzeichnis der zugelassenen Abrufermächtigten.

**4 Anwendung der Abrufrichtlinie auf Bundesmittel verwaltende Stellen außerhalb der Bundesverwaltung**

Die Abrufrichtlinie und die BNBest-Abruf sind entsprechend auf die Auszahlung von Bundesmitteln an Bundesmittel verwaltende Stellen außerhalb der Bundesverwaltung (§ 44 Abs. 2 BHO) anzuwenden.

**5 Schlussbestimmungen**

**5.1 Ausnahmeregelung**

Das Bundesministerium der Finanzen kann in begründeten Einzelfällen Abweichungen von der vorstehenden Abrufrichtlinie zulassen und andere Einrichtungen an das Abrufverfahren anschließen.

**5.2 Inkrafttreten**

Diese Abrufrichtlinie tritt mit Veröffentlichung in Kraft und ersetzt die Abrufrichtlinie mit Stand 01/13, die mit Rundschreiben vom 28. September 2011 – II A 6 – H 2074/09/10007 (2011/0774065) veröffentlicht und mit Rundschreiben vom 5. Oktober 2012 – II A 6 – H 2074/09/10007 (2012/0880622) geändert wurde.

# Besondere Nebenbestimmungen für den Abruf von Zuwendungen (BNBest-Abruf)

**1 Zeitpunkt des Abrufs der Bundesmittel**

Der Zuwendungsempfänger darf Bundesmittel erst am Tage des Bedarfs und nur insoweit abrufen, als sie für fällige Zahlungen benötigt werden. Bei einem Abruf am Tage des Bedarfs handelt es sich um eine alsbaldige Verwendung der Zuwendung (§ 49 VwVfG i.V.m. den entsprechenden Regelungen der Allgemeinen Nebenbestimmungen zu § 44 BHO). Unbeschadet der übrigen Mitteilungspflichten ist der Zuwendungsempfänger verpflichtet, unverzüglich die anordnende Stelle darüber zu unterrichten, dass die ausgezahlten Beträge nicht am Tage des Abrufs verbraucht werden können.

**2 Zulassung zum Abrufverfahren**

Für die Zulassung zum Abrufverfahren muss der Zuwendungsempfänger ein Girokonto bei einem Kreditinstitut im einheitlichen Euro-Zahlungsverkehrsraum (SEPA-Raum) eingerichtet haben. Der obersten Bundesbehörde sowie der Stelle, die die Mittel für die Zuwendungen bewirtschaftet (Titelverwalter), ist die Kontoverbindung mit IBAN (International Bank Account Number) und dem BIC* (Business Identifier Code) nach dem SWIFT-Verzeichnis mitzuteilen. Diese Stellen sind auch bei einer Änderung der Kontoverbindung unverzüglich zu unterrichten.

**3 Abrufverfahren**

Der Zuwendungsempfänger kann die Auszahlung von Abrufbeträgen ausschließlich mit dem in der Anlage beigefügten HKR-Vordruck M03, der als Auszahlungsbeleg im Abrufverfahren zu kennzeichnen ist, veranlassen. Die Auszahlung der Abrufbeträge erfolgt auf das der obersten Bundesbehörde mitgeteilte Konto. Ist im Auszahlungsbeleg eine andere Kontoverbindung angegeben oder ist der Abrufbetrag höher als die zur Verfügung gestellten Zuwendungen, wird der Abrufbetrag nicht ausgezahlt. Der Zuwendungsempfänger wird von der Bundeskasse unverzüglich mit der Rücksendung des Auszahlungsbelegs darüber unterrichtet.

**3.1 Abruf mit dem Auszahlungsbeleg im Abrufverfahren (HKR-Vordruck M03) aus einem Objektkonto**

(1) Im Auszahlungsbeleg sind mindestens folgende Eintragungen notwendig:

---

* Der BIC ist für Auszahlungen im Abrufverfahren immer anzugeben, da alle Zahlungen als Eilzahlungen aus-geführt werden.

- die vom Titelverwalter mitgeteilte Bezeichnung der zuständigen Bundeskasse,
- das Haushaltsjahr,
- im Feld „Belegnummer des Bewirtschafters" die Angabe des Kalendertages, des Monats und der letzten Stelle des Haushaltsjahres sowie einer fortlaufenden Nummer,
- im Feld „Verarbeitungsschlüssel" die Angabe „52104",
- in den Feldern „Bewirtschafternummer", „Titelkonto" und „Objektkonto" die vom Titelverwalter mitgeteilte Bewirtschafternummer sowie das Titelkonto und die Objektnummer,
- im Feld „Empfänger" die Bezeichnung des Zuwendungsempfängers,
- in den Feldern „IBAN und BIC" die der obersten Bundesbehörde mitgeteilte Kontoverbindung mit IBAN und BIC,
- im Feld „Betrag" rechtsbündig der Abrufbetrag und
- im Feld „Betrag in Buchstaben" der Abrufbetrag in Buchstaben.

(3) Der Auszahlungsbeleg ist von einer berechtigten Person des Zuwendungsempfängers im Feld „Sachlich richtig" und „Rechnerisch richtig" zu unterzeichnen.

(4) Damit der Abrufbetrag am Tage des Bedarfs (Nr. 1) auf dem Konto des Zuwendungsempfängers gutgeschrieben werden kann, muss der Auszahlungsbeleg spätestens um 15:00 Uhr des Vortages der Bundeskasse vorliegen. Der Tag des Bedarfs ist im Feld Fälligkeitsdatum einzutragen.

(5) Steht ein Tag des Bedarfs nach Nr. 1 bereits für die Zukunft fest, kann der Zuwendungsempfänger diesen Tag als Fälligkeitsdatum im Auszahlungsbeleg eintragen. Der Abrufbetrag wird dann an dem eingetragenen Fälligkeitstag, der der Tag des Bedarfs sein muss, dem Konto des Zuwendungsempfängers gutgeschrieben.

(6) Der Auszahlungsbeleg darf vorab auch mit Telefax der Bundeskasse übersendet werden. Der originale Auszahlungsbeleg ist der Bundeskasse in diesen Fällen unverzüglich nachzureichen.

### 3.2 Abruf mit dem Auszahlungsbeleg im Abrufverfahren und dem Kontierungsblatt (HKR-Vordruck M03) aus mehreren Objektkonten

(1) Erhält der Zuwendungsempfänger vom Titelverwalter Zuwendungen aus verschiedenen Objektkonten, ist mit dem Auszahlungsbeleg zusätzlich das Kontierungsblatt zum HKR-Vordruck M03 auszufüllen und der Bundeskasse zu übersenden.

(2) Im Auszahlungsbeleg ist dazu in dem Feld „Kontierungsblätter" zweistellig die Anzahl der Kontierungsblätter einzutragen. Die Felder „Titelkonto" und „Objektkonto" sind durch einen waagerechten Strich zu entwerten. In den Feldern „Betrag" und „Betrag in Buchstaben" ist der gesamte Abrufbetrag einzutragen.

(3) Im Kontierungsblatt sind mindestens folgende Eintragungen notwendig:
- im Feld „Anlagenummer“ die zweistellige laufende Nummer des Kontierungsblattes,
- im Feld „Belegnummer des Bewirtschafters“ die gleiche Belegnummer wie im Auszahlungsbeleg,
- in den Feldern „Titelkonto“ und „Objektkonto“ die vom Titelverwalter mitgeteilten Titelkonten und die Objektnummer und
- im Feld „Betrag“ rechtsbündig der Abrufbetrag aus dem entsprechenden Objektkonto.

**3.3 Jahresabschluss**

(1) Unabhängig von den Regelungen des jeweils gültigen Jahresabschlussrundschreibens des Bundesministeriums der Finanzen dürfen Auszahlungsbelege im Abrufverfahren für das laufende Haushaltsjahr der Bundeskasse immer bis zum vorletzten Arbeitstag (Montag bis Freitag) des Jahres übersandt werden. Danach übersandte Auszahlungsbelege werden von der Bundeskasse nicht mehr ausgeführt.
(2) Für Darlehen muss der Geldbedarf für die Zeit vom 21. bis 31. Dezember am vorletzten Arbeitstag vor dem 21. Dezember abgerufen werden.

**4 Aufhebung der Abrufermächtigung**

Nach Aufhebung der Abrufermächtigung ist der Zuwendungsempfänger nicht mehr zu Abrufen im Abrufverfahren berechtigt.

**5 Anwendung auf Bundesmittel verwaltende Stellen außerhalb der Bundesverwaltung**

Die BNBest-Abruf sind auf Bundesmittel verwaltende Stellen außerhalb der Bundesverwaltung (§ 44 Abs. 2 BHO) entsprechend anzuwenden.

Anordnende Stelle

Belegnummer der Kasse

Eingangsstempel der Kasse

**M03**

An die Bundeskasse über die Zahlstelle

Haushaltsjahr

☐ **Allgemein erteilte Auszahlungsanordnung**

☐ **Auszahlungsbeleg im Abrufverfahren**

K1 Belegnummer des Bewirtschafters: Tag Monat Jahr Lfd.Nr. | Verarbeitungsschlüssel | Kontierungsblätter | Ergänzungsblatt

K2 Bewirtschafternummer | Titelkonto | Objektkonto

K3 Kontrollnummer V/W/A/S | Kostenstelle | Produkt/Kostenträger

K4 Fälligkeitsdatum | Gutschrift | Telegraf/Target

E1 Empfänger

Z1 IBAN/Kontonummer

Z2 BIC | Betrag **Euro**

Betrag in Buchstaben

Verwendungszweck für Empfänger (70)

Z4

Z5

H1 Belegnummer der Festlegung/Bezugsbelegnummer | Abbuchung von der Festlegung **Euro**

Grund der Zahlung/Textinformationen

H2

H3

H4

Statistische Angaben nach §§ 67 ff. der Außenwirtschaftsverordnung (AWV)

Wareneinfuhr oder erneute Anweisung (Rückläufer) ☐

S1 2/4 | Kennzahl | ISO-CODE | Nähere Angaben zum Transfer

Bearbeitungszeichen

Daten erfasst | Daten geprüft

Sachlich richtig | Rechnerisch richtig

Datum, Unterschriften

**Quittung**, Betrag erhalten

Datum, Unterschrift

Anordnende Stelle

# Durchschrift für den Bewirtschafter

M03

An die Bundeskasse über die Zahlstelle

Haushaltsjahr

☐ **Allgemein erteilte Auszahlungsanordnung**

☐ **Auszahlungsbeleg im Abrufverfahren**

K1 Belegnummer des Bewirtschafters: Tag, Monat, Jahr, Lfd.Nr. — Verarbeitungsschlüssel — Kontierungsblätter — Ergänzungsblatt

K2 Bewirtschafternummer — Titelkonto — Objektkonto

K3 Kontrollnummer V/W/A/S — Kostenstelle — Produkt/Kostenträger

K4 Fälligkeitsdatum — Gutschrift — Telegraf/Target

E1 Empfänger

Z1 IBAN/Kontonummer

Z2 BIC — Betrag — **Währung**

Betrag in Buchstaben

Verwendungszweck für Empfänger (70)

Z4

Z5

H1 Belegnummer der Festlegung/Bezugsbelegnummer — Abbuchung von der Festlegung — **Euro**

Grund der Zahlung/Textinformationen

H2

H3

H4

Statistische Angaben nach §§ 67 ff. der Außenwirtschaftsverordnung (AWV) - Wareneinfuhr oder erneute Anweisung (Rückläufer) ☐

S1 2/4 — Kennzahl — ISO-CODE — Nähere Angaben zum Transfer

Sachlich richtig — Rechnerisch richtig

Datum, Unterschriften

Anordnende Stelle

## Kontierungsblatt

Anlagennummer

# M03

K1 Belegnummer des Bewirtschafters
Tag Monat Jahr Lfd.Nr.

K2 Bewirtschafternummer

K2 Titelkonto | Objektkonto | Betrag in Euro

K3 Kontrollnummer V/W/A/S | Kostenstelle | Produkt/Kostenträger

H1 Belegnummer der Festlegung/Bezugsbelegnummer | Abbuchung von der Festlegung | Euro

H2 Grund der Zahlung/Textinformationen

K2 Titelkonto | Objektkonto | Betrag *)

K3 Kontrollnummer V/W/A/S | Kostenstelle | Produkt/Kostenträger

H1 Belegnummer der Festlegung/Bezugsbelegnummer | Abbuchung von der Festlegung | Euro

H2 Grund der Zahlung/Textinformationen

K2 Titelkonto | Objektkonto | Betrag *)

K3 Kontrollnummer V/W/A/S | Kostenstelle | Produkt/Kostenträger

H1 Belegnummer der Festlegung/Bezugsbelegnummer | Abbuchung von der Festlegung | Euro

H2 Grund der Zahlung/Textinformationen

K2 Titelkonto | Objektkonto | Betrag *)

K3 Kontrollnummer V/W/A/S | Kostenstelle | Produkt/Kostenträger

H1 Belegnummer der Festlegung/Bezugsbelegnummer | Abbuchung von der Festlegung | Euro

H2 Grund der Zahlung/Textinformationen

Version 1 05/2008

Anordnende Stelle

# Kontierungsblatt

Anlagennummer

**M03**

**Durchschrift für den Bewirtschafter**

Belegnummer des Bewirtschafters
Tag Monat Jahr Lfd.Nr.
K1

Bewirtschafternummer
K2

Titelkonto | Objektkonto | Betrag in Euro
K2

Kontrollnummer V/W/A/S | Kostenstelle | Produkt/Kostenträger
K3

Belegnummer der Festlegung/Bezugsbelegnummer | Abbuchung von der Festlegung
H1 | Euro

Grund der Zahlung/Textinformationen
H2

Titelkonto | Objektkonto | Betrag *)
K2

Kontrollnummer V/W/A/S | Kostenstelle | Produkt/Kostenträger
K3

Belegnummer der Festlegung/Bezugsbelegnummer | Abbuchung von der Festlegung
H1 | Euro

Grund der Zahlung/Textinformationen
H2

Titelkonto | Objektkonto | Betrag *)
K2

Kontrollnummer V/W/A/S | Kostenstelle | Produkt/Kostenträger
K3

Belegnummer der Festlegung/Bezugsbelegnummer | Abbuchung von der Festlegung
H1 | Euro

Grund der Zahlung/Textinformationen
H2

Titelkonto | Objektkonto | Betrag *)
K2

Kontrollnummer V/W/A/S | Kostenstelle | Produkt/Kostenträger
K3

Belegnummer der Festlegung/Bezugsbelegnummer | Abbuchung von der Festlegung
H1 | Euro

Grund der Zahlung/Textinformationen
H2

Version 1.05/2008

# Einstellung und Versetzung von Beamten und Richtern in den Bundesdienst sowie Übernahme von Berufssoldaten und Soldaten auf Zeit in die Bundeswehr; Einwilligung des Bundesministeriums der Finanzen nach § 48 BHO und § 115 Satz 1 BHO

– RdSchr. d. BMF vom 23. März 1995 – II A 2- H 1224 – 5/95 –
(GMBl 1996, S. 79)

Nach § 48 BHO bedarf die Einstellung und Versetzung von Beamten in den Bundesdienst (Übernahme) meiner Einwilligung, wenn der Bewerber ein allgemein festzusetzendes Lebensalter überschritten hat.

## I. Grundsatz

Als Lebensalter, bei dessen Überschreitung meine Einwilligung bei der Übernahme eines Bewerbers in das Bundesbeamtenverhältnis nach § 48 BHO notwendig ist, setze ich das vollendete 40. Lebensjahr fest. Diese Regelung findet gemäß § 115 Satz 1 BHO insbesondere auf die Übernahme von Personen in das Soldatenverhältnis entsprechende Anwendung.

Soweit meine Mitwirkung bei der Übernahme eines Bewerbers nicht vorgesehen ist, bitte ich, auch künftig auf einen angemessenen gestaffelten Altersaufbau in den Dienstzweigen der Bundesverwaltung und der Bundeswehr zu achten. Nur auf diese Weise wird in der Personalwirtschaft dem Gesichtspunkt einer geordneten und leistungsfähigen Verwaltung unter Beachtung der Grundsätze der Sparsamkeit und Wirtschaftlichkeit Rechnung getragen.

Aus Gründen der Verwaltungsvereinfachung erteile ich bis auf weiteres die nach § 48 BHO erforderliche Einwilligung mit Ausnahme der Fälle, in denen Personen

a) nach Vollendung des 40. Lebensjahres in das Beamtenverhältnis als Polizeivollzugsbeamter oder in das Soldatenverhältnis,
b) im Übrigen nach Vollendung des 50. Lebensjahres

übernommen werden sollen und im Folgenden nichts anderes bestimmt wird.

Bei Vorliegen der Voraussetzungen des § 107b Abs. 1 BeamtVG erteile ich meine Einwilligung nach § 48 BHO, wenn die Übernahme vor Vollendung des 55. Lebensjahres vorgenommen wird und die Übernahme nicht auf einen Dienstposten vorgesehen ist, der eine Versorgungslastbeteiligung des abgebenden Dienstherrn nach § 107b Abs. 3 BeamtVG bei Versetzung in den einstweiligen Ruhestand ausschließt.

Meine Einwilligung ist vor der Übernahme in den Bundesdienst einzuholen.

## II. Personen, die das 50. Lebensjahr vollendet haben

1. Der Übernahme von Personen in das Beamtenverhältnis, die das 50. Lebensjahr vollendet haben, stimme ich allgemein zu, soweit diese Personen
   a) aus dem Dienstbereich einer bundesunmittelbaren Körperschaft, Anstalt oder Stiftung des öffentlichen Rechts (mittelbare Bundesbeamte) in den Dienstbereich des Bundes versetzt werden,
   b) aus einem Richterverhältnis zum Bund in ein Beamtenverhältnis zum Bund berufen werden,
   c) mit der Ernennung zum Beamten nach § 125 Beamtenrechtsrahmengesetz aus einem Dienstverhältnis zum Bund als Berufssoldaten entlassen sind,
   d) das 62. Lebensjahr noch nicht vollendet haben und bereits auf Grund des BeamtVG, SVG oder BPolBG Anspruch auf Alters- und Hinterbliebenenversorgung nach beamtenrechtlichen Vorschriften oder Grundsätzen zu Lasten des Bundes haben.

   In den Fällen des Buchstaben d) gilt die Zustimmung nur dann als erteilt, wenn das für den Bewerber vorgesehene Amt einer niedrigeren, der gleichen oder einer entsprechenden Laufbahngruppe angehört wie das Amt, aus dem er zuletzt Dienstbezüge erhalten hat.

   Bei Bewerbern, die das 50. Lebensjahr vollendet haben und die Voraussetzungen nach Buchstaben a) bis d) nicht erfüllen, ist meine Einwilligung im Einzelfall erforderlich.
2. Der Übernahme von Bewerbern in das Bundesbeamtenverhältnis, die das 50. Lebensjahr vollendet haben und bei denen die Voraussetzungen des § 107b BeamtVG nicht vorliegen, kann grundsätzlich nicht zugestimmt werden. Ausnahmen sind nur gerechtfertigt, wenn bei einem außerordentlichen Mangel an geeigneten jüngeren Bewerbern unter Berücksichtigung aller Umstände, insbesondere auch der entstehenden Versorgungslasten, die Übernahme offensichtlich einen erheblichen Vorteil für den Bund bedeutet oder die Ablehnung der Übernahme zu einer erheblichen Schädigung der Bundesinteressen führen könnte. Hierbei ist auch auf eine ausgewogene Altersstruktur des Behördenpersonals zu achten.

   Der Übernahme von Bewerbern, die das 55. Lebensjahr vollendet haben, wird nur in besonders begründeten Einzelfällen zugestimmt.

## III. Polizeivollzugsbeamte

1. Die Einwilligung nach § 48 BHO wird allgemein erteilt zur Übernahme als Polizeivollzugsbeamte im Bundesministerium des Innern sowie im Bundeskriminalamt oder als Beamte des Ordnungsdienstes der Verwaltung des Deutschen Bundestages (§ 1 Abs. 2 Bundespolizeibeamtengesetz) für Bewerber, die das 45. Lebensjahr noch nicht vollendet haben.
2. Für Personen, die das 40. Lebensjahr, im Falle der Nr. 1 das 45. Lebensjahr vollendet haben, findet Abschnitt II. Nr. 1 dieses Rundschreibens mit der Maßgabe Anwendung, dass die Zustimmung unter der Voraussetzung des

Buchstaben d) für Beamte des Bundesgrenzschutzes, die das 52. Lebensjahr noch nicht vollendet haben, allgemein erteilt wird.

**IV. Berufssoldaten und Soldaten auf Zeit**

Die nach §§ 115 Satz 1, 48 BHO erforderliche Einwilligung zur Übernahme in das Soldatenverhältnis wird für die Personen allgemein erteilt,

1. die mit der Ernennung zum Berufssoldaten oder Soldaten auf Zeit nach § 125 Beamtenrechtsrahmengesetz aus dem Bundesbeamtenverhältnis entlassen sind,
2. deren Dienstерwartung mehr als drei Jahre beträgt und die bereits auf Grund des BeamtVG, SVG oder BPolBG Anspruch auf Altersoder Hinterbliebenenversorgung nach beamtenrechtlichen Vorschriften oder Grundsätzen zu Lasten des Bundes haben.

Im Übrigen bedarf die Übernahme von Bewerbern, die das 40. Lebensjahr vollendet haben, in das Soldatenverhältnis meiner Einwilligung, die nur unter den in Abschnitt II. Nr. 2 angegebenen Voraussetzungen erteilt werden kann.

**V. Richter**

Nach § 48 i.V.m. § 115 BHO ist meine Einwilligung nur zur Übernahme von Personen, die das 50. Lebensjahr vollendet haben, in das Richterverhältnis beim Bund bei einem der Bundesgerichte nach Artikel 96 Abs. 1,2 und 4 GG erforderlich.

Mein Rundschreiben vom 26. August 1970 – II A 2 – H 1224 – 8/70 – wird durch die vorstehende Regelung ersetzt und damit aufgehoben.

# Verbindlichkeit des Stellenplans für Angestellte

– RdSchr. d. BMF vom 2. Januar 1973 – II A 4- BA 3600 – 45/72 –
in der Fassung vom 8. Oktober 1993 – II A 4- BA 3600-4/93 –

I. Nach dem Haushaltsgesetz ist der sich aus den Erläuterungen zu Titel 425 01 ergebende Stellenplan für Angestellte verbindlich; Abweichungen bedürfen der vorherigen Zustimmung des BMF.

Hiernach dürfen Angestellte nur eingestellt werden, wenn besetzbare Stellen der in Betracht kommenden Vergütungsgruppen zur Verfügung stehen oder Abweichungen vom Stellenplan allgemein (vgl. Abschnitt II) oder im Einzelfall zugestimmt worden ist. Dies gilt entsprechend, wenn Angestellten höherwertige Tätigkeiten übertragen werden sollen und dadurch tarifrechtliche Ansprüche auf Höhergruppierung begründet werden; eine nur vorübergehende Übertragung höherwertiger Tätigkeiten (§ 24 BAT) begründet keinen Anspruch auf Höhergruppierung und ist daher unabhängig vom Stellenplan zulässig.

II. Abweichungen vom Stellenplan für Angestellte, die sich aus nachstehenden Grundsätzen ergeben, hat der BMF allgemein zugestimmt:

1.1 Eine Stelle darf grundsätzlich nur mit einem Angestellten der entsprechenden Vergütungsgruppe besetzt werden.

1.2 Die Besetzung einer Stelle mit mehreren teilzeitbeschäftigten Angestellten ist zulässig. Die arbeitsvertragliche Gesamtarbeitszeit dieser Angestellten darf die regelmäßige Arbeitszeit eines vollbeschäftigten Angestellten nicht übersteigen.

1.3 Die Besetzung einer Stelle mit einem Angestellten einer niedrigeren Vergütungsgruppe ist zulässig. Mit einem Angestellten einer höheren Vergütungsgruppe darf eine Stelle nur nach Maßgabe der Nr. 5 besetzt werden. Sätze 1 und 2 gelten auch im Rahmen der Nr. 1.2.

2 Eine Stelle, aus der keine Vergütung gezahlt wird, darf für eine Ersatzkraft in Anspruch genommen werden.

3 Hinsichtlich der Inanspruchnahme von Planstellen für Angestellte vgl. Vorl. VV Nr. 2 zu § 49.

4 Sind besetzbare Stellen oder Planstellen nicht vorhanden, dürfen im Rahmen der bei Tit. 425 01 zur Verfügung stehenden Ausgaben zusätzliche Angestellte nur beschäftigt werden, wenn sichergestellt ist, dass sie spätestens 6 Monate nach Beginn der Beschäftigung auf eine besetzbare Stelle oder Planstelle übernommen werden. Soweit insgesamt in einem Ressortbereich die Pflichtquote gem. § 5 Absatz 1 Schwerbehindertengesetz noch nicht erreicht ist, beträgt bei der Neueinstellung von Schwerbehinderten oder ihnen gleichgestellten

Behinderten die Vorgriffsfrist ein Jahr. Die Vorlesekraft für einen Blinden und die besondere Hilfskraft für einen sonstigen Schwerbehinderten i.S. von § 6 Abs. 1 Ziffer 1 Buchstabe a Schwerbehindertengesetz dürfen bis zur Bewilligung einer entsprechenden Stelle durch den Haushaltsgesetzgeber außerhalb des Stellenplans beschäftigt werden.

5 Angestellte, die ohne Änderung ihrer Tätigkeit ausschließlich wegen Ablaufs einer für die einzelnen Vergütungsgruppen tariflich besonders festgesetzten Zeit höhergruppiert werden, sind weiterhin auf ihren bisherigen Stellen in der niedrigeren Vergütungsgruppe zu führen (vgl. auch Nr. 9.2.9 HRB).

6 In den Fällen des § 1 Abs. 2 BAT dürfen Arbeiter im Rahmen der zur Verfügung stehenden Ausgaben auch dann in das Angestelltenverhältnis übernommen werden, wenn besetzbare Stellen oder Planstellen nicht vorhanden sind; Voraussetzung hierfür ist, dass sie nicht höher als in Vergütungsgruppe IXa BAT eingruppiert werden. Diese Angestellten sind solange auf ihren bisherigen Arbeiterstellen zu führen, bis sie in entsprechende Stellen für Angestellte übernommen werden.

**III.** Andere Abweichungen vom Stellenplan bedürfen im Einzelfall der vorherigen Zustimmung des BMF. Das gilt bei Höhergruppierungen auch dann, wenn sie damit begründet werden, dass den Angestellten auf Grund bisheriger oder neuer Tarifverträge ein Anspruch darauf zustehe. Es wird darauf hingewiesen, dass die Zustimmung bei Höhergruppierungen nur erforderlich ist, wenn besetzbare Stellen der in Betracht kommenden Vergütungsgruppen nicht vorhanden sind und die in Abschnitt II genannten Voraussetzungen für Abweichungen vom Stellenplan nicht vorliegen.

**IV.** Für die Überwachung der Stellen sind die für die Überwachung von Planstellen geltenden Bestimmungen sinngemäß anzuwenden.

# Besetzung von Planstellen und Stellen bei Teilzeitbeschäftigung nach §§ 91, 92 Bundesbeamtengesetz (BBG) i.V.m. § 9 der Arbeitszeitverordnung bzw. entsprechender Regelungen für Arbeitnehmerinnen und Arbeitnehmer

RdSchr. d. BMF vom 8. September 2010 –
II A 2 – BA 1016/06/0004 (2010/0631503)

Aufgrund aktueller Nachfragen treffe ich – in Ergänzung der VV zu § 49 BHO – folgende Regelung zur Besetzung von Planstellen und Stellen bei Teilzeitbeschäftigung im Blockmodell:

Während der Arbeitsphase einer Beamtin oder eines Beamten mit einer Teilzeitbeschäftigung im Blockmodell nach §§ 91 oder 92 BBG i.V.m. § 9 Absatz 1 oder Absatz 2 der Arbeitszeitverordnung bleibt die Planstelle – unabhängig von der Kürzung der Bezüge der teilzeitbeschäftigten Beamtin bzw. des teilzeitbeschäftigten Beamten – in vollem Umfang besetzt. Während der Freistellungsphase darf die Planstelle – trotz Fortzahlung der gekürzten Bezüge an die teilzeitbeschäftigte Beamtin bzw. den teilzeitbeschäftigten Beamten – in vollem Umfang mit einer Ersatzkraft besetzt werden. Voraussetzung ist, dass die Dauer der Freistellungsphase mindestens sechs Monate beträgt. Die teilzeitbeschäftigte Beamtin bzw. der teilzeitbeschäftigte Beamte wird insoweit aus der Planstelle verdrängt und darf bis zur Beendigung der Teilzeitbeschäftigung ohne Planstelle geführt werden. Anschließend ist die Regelung in den Sätzen 1 und 3 der Nummer 3.2 der VV zu § 50 BHO entsprechend anzuwenden.

Vorstehende Regelung gilt entsprechend für die Besetzung von Stellen mit Arbeitnehmerinnen und Arbeitnehmern; nach Beendigung der Teilzeitbeschäftigung ist Satz 1 der Nummer 3.4 i.V.m. den Sätzen 1 und 3 der Nummer 3.2 der VV zu § 50 BHO entsprechend anzuwenden.

Soweit aufgrund der zeitgleichen Bezahlung von Teilzeitbeschäftigten in der Freistellungsphase und entsprechenden Ersatzkräften innerhalb eines Haushaltsjahres Mehrausgaben anfallen, sind diese im Rahmen der Haushaltsführung innerhalb des jeweiligen Einzelplans auszugleichen.

Klarstellend weise ich auf Folgendes hin:

Diese Regelung gilt **nicht** für Teilzeitbeschäftigungen in Form von Altersteilzeit nach § 93 BBG, dem Tarifvertrag zur Regelung der Altersteilzeitarbeit (TV ATZ) vom 5. Mai 1998 oder dem Tarifvertrag zur Regelung flexibler Arbeitszeiten für ältere Beschäftigte vom 27. Februar 2010. In diesen Fällen bleiben die Planstellen der altersteilzeitbeschäftigten Beamtinnen und Beamten sowohl in der Arbeits- als auch in der Freistellungsphase in vollem Umfang besetzt; für die Beschäftigung von Ersatzkräften in der Freistellungsphase gilt die Regelung zur Ausbringung von Ersatzplanstellen nach § 15 Absatz 2 HG 2010. Für Arbeitnehmerinnen und Arbeitnehmer gilt dies nach § 15 Absatz 3 HG 2010 entsprechend.

# Richtlinie des BMF nach § 56 Abs. 2 BHO

vom 3. Dezember 1987 (MinBlFin 1987 S. 410)

Bei Zahlungen vor Fälligkeit an den Bund dürfen marktübliche Skonti in den Fällen gewährt werden, in denen der Bund auf Grund privatrechtlicher Verträge Leistungen gegen Entgelt erbringt und die Gewährung von Abzügen für vorzeitige Zahlung zur gleichberechtigten Teilnahme am marktwirtschaftlichen Wettbewerb erforderlich ist. Besteht ein erhebliches Interesse daran, dass Zahlungen vor Fälligkeit an den Bund entrichtet werden (insbesondere bei Tilgung von Darlehen), so können mit meiner Einwilligung angemessene Abzüge gewährt werden, soweit nicht durch Rechtsvorschriften etwas anderes bestimmt ist.

# Vorschuss- und Verwahrungsrichtlinie des Bundes zu § 60 BHO (VO/VW-RiB)

– RdSchr. d. BMF vom 18. Januar 2016 – II A2 – H 2305/06/10005:001 – (2016/0007546) (GMBl 2016, S. 142)

Erster Abschnitt

## Allgemeine Bestimmungen

**1 Anwendungsbereich**

Die Richtlinie regelt die Einzelheiten zu den Vorschüssen und Verwahrungen nach § 60 BHO. Sie ist von allen Stellen, die Haushaltsmittel des Bundes bewirtschaften, sowie vom Kompetenzzentrum für das Kassen- und Rechnungswesen des Bundes (Kompetenzzentrum) und von den Bundeskassen anzuwenden. Soweit nachfolgend nichts anderes geregelt ist, sind die Verfahrensrichtlinien für Mittelverteiler und Titelverwalter für das automatisierte Verfahren für das Haushalts-, Kassen- und Rechnungswesen des Bundes (VerfRiB-MV/TV-HKR) anzuwenden.

1.1 Vorschüsse (§ 60 Abs. 1 BHO)

Eine Auszahlung darf nur dann als Vorschuss gebucht werden, wenn die Verpflichtung zur Leistung zwar feststeht, die Ausgabe aber noch nicht endgültig im Haushalt gebucht werden kann, oder wenn es sich um durchlaufende Gelder (Nr. 2.4) handelt, für die keine Verpflichtung zur Buchung im Haushalt besteht. Eine Zahlung als Vorschuss setzt eine haushaltsrechtliche Ermächtigung voraus.

1.2 Verwahrungen (§ 60 Abs. 2 BHO)

Eine Einzahlung darf nur dann als Verwahrung gebucht werden, wenn die Einzahlung noch nicht endgültig im Haushalt gebucht werden kann oder wenn es sich um durchlaufende Gelder (Nr. 2.4) handelt, für die keine Verpflichtung zur Buchung im Haushalt besteht.

**2 Begriffsbestimmungen**

2.1 Vorschussbuch und Verwahrungsbuch

Im Vorschuss- und Verwahrungsbuch sind die im automatisierten Verfahren für das Haushalts-, Kassen- und Rechnungswesen des Bundes (HKR-Verfahren) eingerichteten Buchungsstellen für die Zahlungen als Vorschuss und Verwahrung eingerichtet. Das Vorschuss- und Verwahrungsbuch ist in Abschnitte und Unterabschnitte unterteilt.

2.2 Kassen

Kassen sind die Zentralkasse im Kompetenzzentrum und die Bundeskassen.

2.3 Buchungsstellen

(1) Buchungsstellen sind als Buchungs- und Objektkonten eingerichtet. Die Buchungskonten (Abschnitte) können in Objektkonten (Unterabschnitte) unterteilt sein.
(2) Die Buchungsstellen im Vorschussbuch und im Verwahrungsbuch sind für Sachbereiche eingerichtet.

2.4 Durchlaufende Gelder

Durchlaufende Gelder im Sinne dieser Richtlinie sind Zahlungen, die von Dritten zur Verfügung gestellt werden und entweder an Dritte weitergeleitet oder von Bewirtschaftern im Auftrag von Dritten verwendet werden. Sie sind keine Bundesmittel. Durchlaufende Gelder sind im Voraus zur Verfügung zu stellen. Ausnahmsweise dürfen durchlaufende Gelder als Vorschuss ausgezahlt werden, wenn mit einer anderen öffentlich rechtlichen Körperschaft vertraglich vereinbart worden ist, dass der ausgezahlte Betrag erstattet wird.

## 3 Konten- und Bewirtschafterstruktur im HKR-Verfahren

3.1 Einzel- und Sammelkonten

Vorschuss- und Verwahrungskonten werden als Einzel- oder Sammelkonten geführt. Beim Ausgleich von Vorschuss- und Verwahrungskonten durch Verrechnung ist im Feld H2 das korrespondierende Sachbuchkonto einzutragen. Das Bundesministerium für Finanzen kann Ausnahmen zulassen.

3.1.1 Einzelkonten

(1) Grundsätzlich werden Einzelkonten eingerichtet, damit der Ausgleich jeder einzelnen Aus- (Vorschuss) bzw. Einzahlung (Verwahrung) nachgewiesen werden kann.
(2) Bei den Einzelkonten werden die nicht abgewickelten Buchungssätze der einzelnen Aus- und Einzahlungen in das nächste Haushaltsjahr übertragen.
(3) Buchungen auf Einzelvorschuss- oder Einzelverwahrungskonten sind jeweils durch eine neunstellige Kontrollnummer im Feld K3 zu kennzeichnen, die sich wie folgt gliedert:

| | |
|---|---|
| **1. Stelle** | „V“ als Kennzeichnung – Vorschuss – oder „W“ als Kennzeichnung – Verwahrung – |
| **2. bis 4. Stelle** | die fortlaufende Nummerierung innerhalb der Kontrollnummer pro Geschäftsvorfall (z.B. 001) |
| **5. Stelle** | die letzte Ziffer des laufenden Haushaltsjahres (z.B. 6 für das Haushaltsjahr 2016) |
| **6. bis 9. Stelle** | eindeutige Identifikationsnummer, die einmalig pro Geschäftsvorfall zu vergeben ist. |

Die Stellen 1. und 5. bis 9. dürfen für einen Geschäftsvorfall nicht geändert werden.

Die laufende Nummer einer Kontrollnummer ist bei jeder Buchung um eine Ziffer zu erhöhen, dies gilt auch bei Ausgleich in Teilberägen.
**Beispiele:**
1. Geschäftsvorfall: V00160112 (Auszahlung); V00260112 (1. Einzahlung); V00360112 (2. Einzahlung)
2. Geschäftsvorfall: W00160100 (1. Einzahlung); W00260100 (2. Einzahlung); W01260100 (12. Einzahlung)
(4) Wird vom Bewirtschafter bei der Buchung auf ein Einzelvorschuss- oder Einzelverwahrungskonto keine Kontrollnummer angegeben, so wird automatisiert eine Kontrollnummer vergeben. Die automatisiert vergebene Kontrollnummer unterscheidet nicht nach Geschäftsvorfall, sondern lediglich nach Buchungstagen (Beispiel: 20. Juli 2016 V00160720, V00260720). Sie ist deshalb immer entsprechend Abs. 3 zu ändern.
(5) Beim Ausgleich von Einzelvorschüssen und Einzelverwahrungen ist im Feld K3 immer die für den zugrunde liegenden Geschäftsvorfall ursprünglich vergebene Kontrollnummer gemäß Abs. 3 anzugeben, da sonst der Buchungssatz im HKR-Verfahren als nicht abgewickelt bestehen bleibt.

3.1.2 Sammelkonten

Bei den Sammelkonten wird nur der Saldo des Kontos in das nächste Haushaltsjahr übertragen. Sammelkonten werden grundsätzlich nur dann eingerichtet, wenn ein- oder ausgezahlte Beträge zusammengefasst werden müssen.

3.2 Bewirtschafterstrukturen

Alle Vorschuss- und Verwahrungskonten sind beim Kompetenzzentrum auf MV 1-Ebene eingerichtet. Das Bundesministerium der Finanzen kann Ausnahmen zulassen. Die Konten werden über die im HKR-Verfahren eingerichtete Bewirtschafterstruktur vom Kompetenzzentrum beim Titelverwalter eingerichtet. Eine Zuweisung von Vorschuss- und Verwahrungskonten durch MV an nachgeordnete Bewirtschafter ist nicht möglich.

3.2.1 Vorschuss- und Verwahrungskonten für Kassen

Die Vorschuss- und Verwahrungskonten für die Kassen sind nach der im Vorschuss- und Verwahrungsbuch vorgesehenen Ordnung eingerichtet. Darüber hinaus können mit Genehmigung des Bundesministeriums der Finanzen weitere Vorschuss- und Verwahrungskonten eingerichtet werden.

3.2.2 Vorschuss- und Verwahrungskonten für Titelverwalter

(1) Alle Anträge sind schriftlich von der oder dem Beauftragten für den Haushalt der zuständigen obersten Bundesbehörde beim Bundesministerium der Finanzen, Referat II A 2, zu stellen.

(2) Das Bundesministerium der Finanzen kann auf Antrag in begründeten Ausnahmefällen bewirtschafterbezogene Vorschuss- und Verwahrungskonten zulassen. Der Antrag ist unter Angabe
- einer Begründung, warum
- ein Vorschuss- oder Verwahrungskonto benötigt wird,
- es ggf. als ein Sammelkonto (Nr. 3.1.2) eingerichtet werden soll,
- der vollständigen Anschrift des Titelverwalters, der das Vorschuss- oder Verwahrungskonto erhalten soll,
- der Bewirtschafternummer sowie ggf. der Bewirtschafterstruktur und
- der zuständigen Kasse

zu stellen. Wird der Antrag zur Einrichtung eines Sammelkontos nicht ausreichend begründet, wird ein Einzelkonto eingerichtet.

(3) Grundsätzlich sind bei Vorschusskonten immer zuerst Auszahlungen und bei Verwahrungskonten Einzahlungen anzuordnen.

(4) Für nicht mehr benötigte Vorschuss- und/oder Verwahrungskonten ist unter Angabe der Sachbuchkontonummer die Stilllegung zu beantragen.

(5) Die oberste Bundesbehörde kann eine andere Stelle bestimmen, die für ihren Geschäftsbereich die Einrichtung, Änderung und Stilllegung von Vorschuss- und Verwahrungskonten beantragen darf. Das Bundesministerium der Finanzen ist über die Übertragung der Aufgaben zu unterrichten.

## 4 HKR-Verfahren

### 4.1 Bewirtschaftung von Vorschuss- und Verwahrungskonten

Für die Bewirtschaftung von Vorschüssen und Verwahrungen sind die VV zur BHO sowie die dazu erlassenen Verwaltungsvorschriften entsprechend anzuwenden.

### 4.2 Automatische Verfügbarkeitskontrolle

Vorschusskonten werden ohne automatische Verfügbarkeitskontrolle, Verwahrungskonten mit Verfügbarkeitskontrolle eingerichtet. Bei Verwahrungskonten kann die Verfügbarkeitskontrolle auch nicht mit der Anordnung zur einmaligen Aufhebung der Verfügbarkeitskontrolle (HKR-Vordruck E08) aufgehoben werden. Zahlungen zur Verrechnung dürfen bei Verwahrungskonten nur angeordnet werden, wenn entsprechende Einzahlungen vorhanden sind.

### 4.3 Auswertungen

Neben den im HKR-Verfahren zur Verfügung gestellten Auswertungsmöglichkeiten werden zusätzlich die Listen der nicht abgewickelten Vorschüsse und Verwahrungen zu den Einzelvorschuss- und Einzelverwahrungskonten erstellt und zur Verfügung gestellt.

4.4 Stilllegung von Vorschuss- und Verwahrungskonten

Vorschuss- und Verwahrungskonten, die über keinen Bestand verfügen, für die im laufenden Haushaltsjahr keine Anordnungen erfolgen und keine Ausnahmegenehmigung vorliegt, können mit Ablauf des ersten Quartals des nächsten Haushaltsjahres auf Veranlassung des Bundesministeriums der Finanzen stillgelegt werden.

**5 Prüfung der Vorschuss- und Verwahrungskonten durch die Kassen**

Alle Vorschuss- und Verwahrungskonten, einschließlich der Verwahrungskonten im Zahlungsüberwachungsverfahren des Bundes, werden von den Kassen regelmäßig überprüft. Insbesondere wird geprüft, ob die Vorschüsse und Verwahrungen innerhalb der vorgegebenen Fristen ausgeglichen worden sind. Bei nicht ordnungsgemäßer Bewirtschaftung werden die zuständigen Titelverwalter von der Kasse um weitere Veranlassung gebeten. Das Bundesministerium der Finanzen regelt das Nähere. Das Prüfungsrecht des Bundesrechnungshofes bleibt hiervon unberührt.

Zweiter Abschnitt

## Vorschüsse

**6 Allgemeines – Vorschüsse**

6.1 Fristen

Ein Vorschuss ist grundsätzlich im Haushaltsjahr seiner Entstehung auszugleichen (Jährlichkeitsprinzip – §§ 1, 11 und 12 Abs. 1 BHO –), spätestens aber drei Monate nach Ende dieses Haushaltsjahres. Durchlaufende Gelder (Nr. 1.1), die als Vorschuss gebucht werden, sind spätestens zum Ende des zweiten auf ihre Entstehung folgenden Haushaltsjahres auszugleichen (§ 60 Abs. 1 BHO). Von den Fristen ausgenommen sind die Auszahlungen für die Sockelbeträge einer Geldstelle und die vom Bundesministerium der Finanzen bewilligten Ausnahmen. Als Vorschuss gebuchte Kassenfehlbeträge sind immer im Jahr der Entstehung auszugleichen.

6.2 Sammelvorschusskonten

Sammelvorschusskonten werden im Abschnitt 0 des Vorschussbuches unter dem Buchungskonto 9080 0000 04 und im Abschnitt 1 unter dem Buchungskonto 9080 0000 12 geführt.

6.3 Einzelvorschusskonten

Einzelvorschusskonten werden im Abschnitt 2 des Vorschussbuches unter dem Buchungskonto 9081 0000 11 und im Abschnitt 3 unter dem Buchungskonto 9081 0000 29 geführt.

**7 Anordnung zur Auszahlung und Ausgleich eines Vorschusses**

7.1 Anordnung zur Auszahlung

7.1.1 Titelverwalter

Der Titelverwalter ordnet die Auszahlung als Vorschuss aus seinem zugelassenen bewirtschafterbezogenen Vorschusskonto (Nr. 3.2.2) gegenüber der für ihn zuständigen Kasse an. In der Anordnung ist als Titelkonto das Buchungskonto einzutragen.

7.1.2 Kasse

7.1.2.1 Gebühren und Auslagen, die durch den Anschluss der Kasse an Geldinstitute entstehen, oder Zahlungen im Lastschriftverfahren, für die keine Anordnungen eines Bewirtschafters vorliegen, werden von der Kasse als Vorschuss gebucht. Das Bundesministerium der Finanzen kann zulassen, dass weitere Zahlungen als Vorschuss geleistet werden dürfen. Nr. 7.1.1 gilt entsprechend.

7.1.2.2 Soll durch die Buchung in einem Vorschusskonto automatisiert ein Einzahlungsbeleg K05 (Verarbeitungsschlüssel 603 50) für die spätere Buchung der Einzahlung erstellt werden, so ist in die Stellen 1. bis 3. des Auszahlungsbeleges K03 in Satzart H4 „K05“ einzutragen.

7.2 Ausgleich des Vorschusses

7.2.1 Titelverwalter

Der Titelverwalter hat einen Vorschuss durch eine haushaltsmäßige Verrechnung oder durch eine Einzahlung auszugleichen.

7.2.1.1 (1) Der Ausgleich des Vorschusses durch eine haushaltsmäßige Verrechnung erfolgt durch Anordnung einer verrechnungsweisen Auszahlung aus einer Haushaltsstelle. Handelt es sich um ein bewirtschafterbezogenes Vorschusskonto, ist zusätzlich eine verrechnungsweise Einzahlung auf diesem Vorschusskonto anzuordnen. Beide Anordnungen sind gleichzeitig der Bundeskasse zu übersenden.

(2) Die beleghafte Anordnung zur Auszahlung und zur Annahme einer Einzahlung können auf einem Vordruck (Verarbeitungsschlüssel 54400, 54500) zusammengefasst werden. In den ersten beiden Stellen in der Satzart H12 ist die Kennzeichnung „VB“, in die 3. bis 10. Stelle die Bewirtschafternummer des Titelverwalters, für den das Vorschusskonto geführt wird, sowie – durch einen Schrägstrich in der 11. Stelle getrennt – ab der 12. Stelle die Objektkontonummer des Vorschusses einzutragen. Die Anordnung auf dem Vordruck dient nur als Beleg für die haushaltsmäßige Buchung. Der Buchungsbeleg für das Vorschusskonto (K05) wird maschinell erstellt. Dieser ist entsprechend gekennzeichnet, um eine doppelte Verarbeitung auszuschließen.

7.2.1.2 Der Ausgleich des Vorschusses kann durch die Einzahlung bei der Kasse (Nr. 7.1.2.1) erfolgen. Handelt es sich um ein bewirtschafterbezogenes Vorschusskonto, ist zusätzlich die Annahme des Betrages auf diesem Vorschusskonto anzuordnen.

7.2.2 Kasse

Die Kasse ordnet den Ausgleich eines Vorschusses nach Nr. 7.1.2.1 in eigener Zuständigkeit an, nachdem die Auszahlung durch den Titelverwalter angeordnet oder der als Vorschuss ausgezahlte Betrag wieder bei der Kasse eingezahlt worden ist.

Dritter Abschnitt

## Verwahrungen

### 8 Allgemeines – Verwahrungen

8.1 Fristen

Eine Verwahrung ist grundsätzlich im Haushaltsjahr ihrer Entstehung auszugleichen (Jährlichkeitsprinzip – §§ 1, 11 und 12 Abs. 1 BHO –), spätestens aber drei Monate nach Ende dieses Haushaltsjahres. Dies gilt nicht für Einzahlungen, die bei einer Kasse als Verwahrung gebucht wurden und im laufenden Haushaltsjahr nicht aufgeklärt werden konnten (siehe 9.2.2). Diese sind bis spätestens zum Ende des zweiten auf die Entstehung folgenden Haushaltsjahres auszugleichen. Von den Fristen ausgenommen sind in Verwahrung gebuchte Sicherheiten, beschlagnahmte Gelder in Straf- und Bußgeldverfahren, durchlaufende Gelder (Nr. 2.4) sowie ggf. vom Bundesministerium der Finanzen bewilligte Ausnahmen. Unanbringliche Auszahlungen nach Nr. 9.6 VerfRiB-MV/TV-HKR sind spätestens drei Monate nach Ende des Monats, in dem die Einzahlung gebucht wurde, vom Titelverwalter auszugleichen. Als Verwahrung gebuchte Kassenüberschüsse sind immer im Jahr der Entstehung auszugleichen.

8.2 Sammelverwahrungskonten

Sammelverwahrungskonten werden im Verwahrungsbuch im Abschnitt 0 unter dem Buchungskonto 9070 0000 06, im Abschnitt 1 unter dem Buchungskonto 9070 0000 14, im Abschnitt 3 unter dem Buchungskonto 9070 0000 30, im Abschnitt 4 unter dem Buchungskonto 9070 0000 48, im Abschnitt 6 unter dem Buchungskonto 9070 0000 89 und im Abschnitt 7 unter dem Buchungskonto 9070 0000 97 geführt.

8.3 Einzelverwahrungskonten

Einzelverwahrungskonten werden im Abschnitt 5 des Verwahrungsbuches unter dem Buchungskonto 9071 0000 47 und im Abschnitt 8 unter dem Buchungskonto 9071 0000 96 geführt.

**9 Anordnung zur Annahme und Ausgleich einer Verwahrung**

9.1 Anordnung zur Annahme der Einzahlung

9.1.1 Titelverwalter

Der Titelverwalter hat eine Einzahlung als Verwahrung im Voraus auf sein zugelassenes bewirtschafterbezogenes Verwahrungskonto (Nr. 3.2.2) bei seiner zuständigen Kasse anzuordnen. In der Anordnung ist als Titelkonto das Buchungskonto einzutragen.

9.1.2 Kasse

Die Kasse bucht eine Einzahlung, für die keine Annahmeanordnung eines Bewirtschafters vorliegt, auf ein Verwahrungskonto der Kasse. Die Einzahlung ist dem zuständigen Titelverwalter mit der Bitte um weitere Veranlassung anzuzeigen.

9.2 Ausgleich der Verwahrung

9.2.1 Titelverwalter

Der Titelverwalter hat eine Verwahrung durch eine haushaltsmäßige Verrechnung oder eine Auszahlung auszugleichen.

9.2.1.1 Der Ausgleich der Verwahrung durch eine haushaltsmäßige Verrechnung erfolgt durch Anordnung einer verrechnungsweisen Einzahlung bei einer Haushaltsstelle (Nr. 9.1.2). Handelt es sich um ein bewirtschafterbezogenes Verwahrungskonto, ist zusätzlich eine verrechnungsweise Auszahlung aus diesem Verwahrungskonto anzuordnen. Beide Anordnungen sind gleichzeitig der Bundeskasse zu übersenden.

9.2.1.2 Der Ausgleich einer auf einem bewirtschafterbezogenen Verwahrungskonto gebuchten Einzahlung kann durch Anordnung der Auszahlung des Betrages aus diesem Verwahrungskonto erfolgen.

9.2.1.3 Im Zahlungsüberwachungsverfahren des Bundes auf ein Personenkonto gebuchte und nicht angeordnete Einzahlungen (überzahlte Kassenzeichen) werden wie unanbringliche Einzahlungen (Nr. 9.2.2.5) behandelt. Dies gilt nicht bei Einzahlungen für Sicherheiten, für beschlagnahmte Gelder in Straf- und Bußgeldverfahren und für die vom Bundesministerium der Finanzen bewilligten Ausnahmen.

9.2.2 Kasse

9.2.2.1 Die Kasse gleicht, nachdem die Einzahlung durch den Titelverwalter angeordnet wurde, die Verwahrung mit einer verrechnungsweisen Auszahlung aus.

9.2.2.2 Kann eine bei der Kasse in Verwahrung gebuchte Einzahlung nicht zugeordnet werden, so kann der Betrag auf Antrag des ursprünglichen Einzahlers auf das Konto wieder ausgezahlt werden, von dem die Einzahlung nach Feststellung der Kasse geleistet wurde. Soll die

Auszahlung auf ein anderes Konto geleistet werden, hat der Einzahler dies unter Angabe der Bankverbindung schriftlich der Kasse mitzuteilen (auch per E-Mail). Dies gilt entsprechend für überzahlte Kassenzeichen nach Nr. 9.2.1.3.

9.2.2.3 Eine bei der Kasse in Verwahrung gebuchte Einzahlung bzw. ein überzahltes Kassenzeichen nach Nr. 9.2.1.3 darf auch aufgrund einer schriftlichen Mitteilung eines Titelverwalters oder eines Kreditinstituts durch die Kasse an den ursprünglichen Einzahler ausgezahlt werden. Die Rückzahlung an den ursprünglichen Einzahler darf nur auf das Konto erfolgen, von dem die Einzahlung nach Feststellung der Kasse geleistet wurde.

9.2.2.4 Die Kasse darf eine wegen fehlender Zuständigkeit in Verwahrung genommene Einzahlung an eine Kasse der zuständigen öffentlich rechtlichen Körperschaft weiterleiten.

9.2.2.5 Einzahlungen, die bei der Kasse in Verwahrung gebucht wurden und deren Verwendungszweck bis spätestens zum Ablauf des zweiten auf die Buchung folgenden Haushaltsjahres nicht aufgeklärt oder der ursprüngliche Einzahler nicht ermittelt werden konnte, werden vom für die Kasse zuständigen Beauftragten für den Haushalt bei Kap. 0813 Tit. 119 99 vereinnahmt. Dies gilt entsprechend für überzahlte Kassenzeichen nach Nr. 9.2.1.3. Die getroffenen Maßnahmen zur Aufklärung der Verwendung der unanbringlichen Einzahlungen müssen in einem angemessenen Verhältnis zur Höhe des Einzahlungsbetrages stehen. Die Kassenaufsicht hat die Unanbringlichkeit der Einzahlung und die zur Aufklärung getroffenen Maßnahmen festzustellen. Bei Kleinbeträgen nach VV Nr. 7 zu § 59 BHO ist die Unanbringlichkeit der Einzahlung sofort gegeben. Bei Beträgen bis 1000 EURO gilt die Unanbringlichkeit als gegeben, wenn innerhalb von sechs Monaten der Verwendungszweck der Einzahlung nicht aufgeklärt werden konnte. Das Bundesministerium der Finanzen kann etwas anderes bestimmen.

Vierter Abschnitt

## Schlussbestimmung

### 10 Inkrafttreten

Die Änderungen der Richtlinie vom 2. November 2010 treten mit Veröffentlichung in Kraft.

Mit Inkrafttreten werden die bisherigen Regelungen aufgehoben. Die vom Bundesministerium der Finanzen zugelassenen bewirtschafterbezogenen Vorschuss- und Verwahrungskonten dürfen weitergeführt werden.

## Anlage 1 – Vorschussbuch

### Abschnitt 0

| | |
|---|---|
| **Buchungsstelle:** | **9080 0000 04** |
| **Zweckbestimmung:** | **Gegenbuchung zum Jahresabschluss<br>- Sammelvorschüsse -** |

| | |
|---|---|
| **Erläuterung:** | Dieser Abschnitt ist nicht in Unterabschnitte unterteilt |
| **Jahresabschluss:** | Gegenbuchung der Ist-Bestände VO des abgelaufenen Haushaltsjahres |
| **Kontrollnummer:** | keine |
| **Bewirtschafter:** | Kassen |

### Abschnitt 1

| | |
|---|---|
| **Buchungsstelle:** | **9080 0000 12** |
| **Zweckbestimmung:** | **Allgemeine Vorschüsse<br>- Sammelvorschüsse -** |

| | |
|---|---|
| **Erläuterung:** | In diesem Abschnitt werden die allgemeinen Sammelvorschüsse gebucht. Der Abschnitt ist in Unterabschnitte unterteilt. Die Unterabschnitte können bei Kassen und Titelverwaltern weiter unterteilt werden. Die Unterteilung des Unterabschnitts SV1/77 (Auftragszahlungen über Zahlstellen) ist einheitlich vorgeschrieben und nur bei den Kassen eingerichtet. |
| **Jahresabschluss:** | Die Salden der offenen Vorschüsse werden in das nächste Haushaltsjahr übernommen. |
| **Kontrollnummer:** | keine |
| **Bewirtschafter:** | Kassen und Titelverwalter |

## Abschnitt 2

| | |
|---|---|
| **Buchungsstelle:** | **9081 0000 11** |
| **Zweckbestimmung:** | **Allgemeine Vorschüsse**<br>**- Einzelvorschüsse -** |

| | |
|---|---|
| **Erläuterung:** | In diesem Abschnitt werden die allgemeinen Einzelvorschüsse gebucht. Der Abschnitt ist in Unterabschnitte unterteilt. Die Unterabschnitte können bei Kassen und Titelverwalter weiter unterteilt werden. |
| **Jahresabschluss:** | Die Einzelbuchungen werden in das nächste Haushaltsjahr übertragen. |
| **Kontrollnummer:** | vorgeschrieben |
| **Bewirtschafter:** | Kassen und Titelverwalter |

## Abschnitt 3

| | |
|---|---|
| **Buchungsstelle:** | **9081 0000 29** |
| **Zweckbestimmung:** | **Sockelbetrag Geldstelle**<br>**- Einzelvorschüsse -** |

| | |
|---|---|
| **Erläuterung:** | In diesem Abschnitt sind Sockelbeträge der Geldstellen (Nr. 3.1 Abs 5 ZBestB) zu buchen. Der Abschnitt ist nicht in Unterabschnitte unterteilt. Die Unterscheidung nach Geldstellen erfolgt anhand der Vorschusskontrollnummer. Nach Auflösung der Geldstelle ist der Vorschuss durch Einzahlung des Sockelbetrages wieder auszugleichen. Titelverwalter ist die Dienststelle, bei der die Geldstelle eingerichtet ist. |
| **Jahresabschluss:** | Die Einzelbuchungen werden in das nächste Haushaltsjahr übertragen. |
| **Kontrollnummer:** | vorgeschrieben, zur Kennzeichnung der einzelnen Geldstellen einer Dienststelle |
| **Bewirtschafter:** | Titelverwalter |

## Abschnitt 0

| | |
|---|---|
| **Buchungsstelle:** | **9070 0000 06** |
| **Zweckbestimmung:** | **Gegenbuchung zum Jahresabschluss**<br>**- Sammelverwahrungen -** |

| | |
|---|---|
| **Erläuterung:** | Dieser Abschnitt ist nicht in Unterabschnitte unterteilt. |
| **Jahresabschluss:** | Gegenbuchung der Ist-Bestände VW des abgelaufenen Haushaltsjahres. |
| **Kontrollnummer:** | keine |
| **Bewirtschafter:** | Kassen |

## Abschnitt 1

| | |
|---|---|
| **Buchungsstelle:** | **9070 0000 14** |
| **Zweckbestimmung:** | **Selbstbewirtschaftungsmittel**<br>**- Sammelverwahrungen -** |

| | |
|---|---|
| **Erläuterung:** | Dieser Abschnitt ist in Unterabschnitte unterteilt (nicht aufgeführt). Für jeden zur Selbstbewirtschaftung zugelassenen Titel kann ein eigener Unterabschnitt eingerichtet werden. Bei der Zahlung und Buchung sind die besonderen Regelungen der Anlage 2 der Verfahrensrichtlinien für Mittelverteiler und Titelverwalter für das automatisierte Verfahren für das Haushalts-, Kassen- und Rechnungswesen des Bundes (VerfRiB-MV/TV-HKR) zu beachten. |
| **Jahresabschluss:** | Übernahme des Saldos der verfügbaren Ausgabemittel in das nächste Haushaltsjahr. |
| **Kontrollnummer:** | keine |
| **Bewirtschafter:** | Titelverwalter |

## Abschnitt 2 (frei)

## Abschnitt 3

| | |
|---|---|
| **Buchungsstelle:** | **9070 0000 30** |
| **Zweckbestimmung:** | **Entschädigungsfonds**<br>**- Sammelverwahrungen -** |

| | |
|---|---|
| **Erläuterung:** | Dieser Abschnitt ist unterteilt (nicht aufgeführt). |
| **Jahresabschluss:** | Zum Jahresabschluss werden die Objektkonten des Entschädigungsfonds mit dem Saldo Null in das neue Haushaltsjahr vorgetragen. Etwaige „Rest“-Salden werden im begründeten Ausnahmefall auf das Sachbuchkonto<br>**031 14 508/01 80 6069**<br>automatisiert in das nächste Haushaltsjahr vorgetragen. |
| **Kontrollnummer:** | keine |
| **Bewirtschafter:** | Titelverwalter |

## Abschnitt 4

| | |
|---|---|
| **Buchungsstelle:** | **9070 0000 48** |
| **Zweckbestimmung:** | **Allgemeine Verwahrungen<br>- Sammelverwahrungen -** |

| | |
|---|---|
| **Erläuterung:** | In diesem Abschnitt werden die allgemeinen Sammelverwahrungen gebucht. Der Abschnitt ist in Unterabschnitte unterteilt. Die Unterabschnitte können bei Kassen und Titelverwaltern weiter unterteilt werden. |
| **Jahresabschluss:** | Die Salden der offenen Verwahrungen werden in das nächste Haushaltsjahr vorgetragen. |
| **Kontrollnummer:** | keine |
| **Bewirtschafter:** | Kassen und Titelverwalter |

## Abschnitt 5

| | |
|---|---|
| **Buchungsstelle:** | **9071 0000 47** |
| **Zweckbestimmung:** | **Allgemeine Verwahrungen<br>- Einzelverwahrungen -** |

| | |
|---|---|
| **Erläuterung:** | In diesem Abschnitt werden die allgemeinen Einzelverwahrungen gebucht. Der Abschnitt ist in Unterabschnitte unterteilt. Die Unterabschnitte können bei Kassen und Titelverwaltern weiter unterteilt werden. |
| **Jahresabschluss:** | Die Einzelbuchungen werden in das nächste Haushaltsjahr übertragen. |
| **Kontrollnummer:** | vorgeschrieben |
| **Bewirtschafter** | Kasse und Titelverwalter |

## Abschnitt 6

| | |
|---|---|
| **Buchungsstelle:** | **9070 0000 89** |
| **Zweckbestimmung:** | **Sondervermögen<br>- Sammelverwahrungen -** |

| | |
|---|---|
| **Erläuterung:** | In diesem Abschnitt sind ausschließlich Zahlungen für Sondervermögen zu buchen. Der Abschnitt ist in Unterabschnitte unterteilt. Die Unterabschnitte können bei Titelverwaltern weiter unterteilt werden. |
| **Jahresabschluss:** | Übernahme des Saldos der verfügbaren Ausgabemittel in das neue Haushaltsjahr. |
| **Kontrollnummer:** | keine |
| **Bewirtschafter:** | Titelverwalter |

| | |
|---|---|
| **Objektkonto:** | 02 97 1601 (9070 0000 89) |
| **Kurzbezeichnung:** | VSIB |
| **Zweckbestimmung:** | Verwahrungsbuch - Abschnitt 6 - Unterabschnitt 1 (SW6/1)<br>- Vorsorge für Schlusszahlungen für inflationsindexierte Bundeswertpapiere - |

| | |
|---|---|
| **Objektkonto:** | 02 52 4357 (9070 0000 48) - von SW4/64 |
| **Kurzbezeichnung:** | B.ARB |
| **Zweckbestimmung:** | Verwahrungsbuch - Abschnitt 6 - Unterabschnitt 2 (SW6/2)<br>Verwahrungen - Bundestreuhandvermögen für den Bergarbeiterwohnungsbau - |

## Abschnitt 7

| | |
|---|---|
| **Buchungsstelle:** | **9070 0000 97** |
| **Zweckbestimmung:** | **Kassengeschäfte für Dritte und durchlaufende Gelder<br>- Sammelverwahrungen -** |

| | |
|---|---|
| **Erläuterung:** | In diesem Abschnitt sind ausschließlich Kassengeschäfte für Dritte zu buchen. Der Abschnitt ist in Unterabschnitte unterteilt. Die Unterabschnitte können bei Titelverwaltern weiter unterteilt werden. Die Frist für den Ausgleich der Konten ist aufgehoben. |
| **Jahresabschluss:** | Übernahme des Saldos der verfügbaren Ausgabemittel in das neue Haushaltsjahr. |
| **Kontrollnummer:** | keine |
| **Bewirtschafter:** | Titelverwalter |

## Abschnitt 8

| | |
|---|---|
| **Buchungsstelle:** | **9071 0000 96** |
| **Zweckbestimmung:** | **Kassengeschäfte für Dritte und durchlaufende Gelder - Einzelverwahrungen -** |

| | |
|---|---|
| **Erläuterung:** | In diesem Abschnitt sind ausschließlich Kassengeschäfte für Dritte zu buchen. Der Abschnitt ist in Unterabschnitte unterteilt. Die Unterabschnitte können bei Titelverwaltern weiter unterteilt werden. Die Frist für den Ausgleich der Konten ist aufgehoben. |
| **Jahresabschluss:** | Die Einzelbuchungen werden in das nächste Haushaltsjahr übertragen. |
| **Kontrollnummer:** | vorgeschrieben |
| **Bewirtschafter:** | Titelverwalter |

# Ersatzbeschaffung, Aussonderung und Verwertung von Dienstkraftfahrzeugen und Verwendung der Erlöse

– RdSchr. d. BMF vom 27. März 2015 – II A 2- H 1261/07/0001 (2015/0243456) GMBl. 2015 S. 443

Bei der Ersatzbeschaffung, Aussonderung und Verwertung von Dienstkraftfahrzeugen (VV Nr. 8 zu § 63 BHO) sowie hinsichtlich der Verwendung der Erlöse sind die nachfolgenden Regelungen zu beachten:

## 1. Ersatzbeschaffungen und Aussonderung

Ersatzbeschaffungen von Dienstkraftfahrzeugen dürfen nur vorgenommen werden, wenn die Notwendigkeit der Aussonderung des Fahrzeugs durch das Gutachten einer oder eines kraftfahrtechnischen Sachverständigen aus dem Geschäftsbereich des Bundesministeriums der Finanzen, des Bundesministeriums des Innern, des Bundesministeriums der Verteidigung, des Bundesministeriums für Verkehr und digitale Infrastruktur oder des jeweils für den Bereich des betreffenden Ministeriums zuständigen kraftfahrtechnischen Sachverständigen festgestellt ist.

**Erläuterungen:**
Hierzu sind nach § 7 BHO und den erlassenen Verwaltungsvorschriften (VV-BHO) angemessene Wirtschaftlichkeitsuntersuchungen durchzuführen und alle Handlungsalternativen zu betrachten:

Variante 1 Kauf

Alternative 1a: Kauf der Fahrzeuge und deren Nutzung bis aus wirtschaftlichen Gründen ein Austausch erforderlich ist. Es handelt sich hierbei in der Regel um die Aussonderung unter wirtschaftlichen Gesichtspunkten nach einem durchschnittlichen Betrieb entsprechend der beigefügten Übersicht (Anlage: Richtwertliste in Bezug auf Grenzfahrleistungen und Haltedauern).

Alternative 1b: Jahreswagenregelung siehe Ziffer 1.1.2 Variante 2: Miete des Fahrzeugs bei einem externen Anbieter. Das Mietverhältnis besteht solange das Mobilitätsbedürfnis vorhanden ist. Variante 3: Leasing des Fahrzeugs bei einem externen Anbieter. Das Leasingverhältnis besteht solange das Mobilitätsbedürfnis vorhanden ist. Ein Fahrzeug muss der Verwertung (nach Ziffer 2) zugeführt werden, wenn kein Mobilitätsbedürfnis mehr besteht.

Das Bundesministerium der Finanzen lässt hiermit folgende Ausnahmen allgemein zu:

1.1 Auf ein Aussonderungsgutachten kann verzichtet werden, wenn das Fahrzeug der sogenannten Jahreswagenregelung unterliegt.

1.1.1 Ein Fahrzeug ist grundsätzlich für die Jahreswagenregelung geeignet, wenn es sich um ein handelsübliches Fahrzeug handelt. Als handelsübliches Fahrzeug gelten die Fahrzeuge, die in einer Konfiguration laut Herstellerprospekt beschafft wurden (d.h. keine einsatzspezifischen Sondereinbauten).

1.1.2 Ein Fahrzeug unterliegt der Jahreswagenregelung, wenn eine Verwertung innerhalb einer Haltedauer von 12 bis 24 Monaten – unter Einbeziehung aller Umstände, insbesondere der Verkaufserlöse und etwaiger Steuerabführungen – die wirtschaftlichste Alternative darstellt (Alternative 1b).

1.1.3 Zur Feststellung, ob das Fahrzeug der Jahreswagenregelung unterliegt ist eine Wirtschaftlichkeitsberechnung zwingend erforderlich. Diese ist entsprechend der im IVBB zur Verfügung gestellten Berechnungsmethode zu dokumentieren.

1.1.4 Die Veräußerung ist dann wirtschaftlich, wenn ein Mindesterlös in Höhe des Anschaffungspreises, gemindert um den auf die Haltedauer bezogenen Abschreibungsbetrag* erzielt wird. Bei Fahrzeugen mit Schäden kann der Mindesterlös um den notwendigen Instandsetzungsbetrag unterschritten und das Fahrzeug ohne Reparatur verkauft werden.

Die Verstärkungsmöglichkeit im jährlichen Haushaltsgesetz (§ 6 Absatz 7 HG 2015) ist auf die Jahreswagenregelung ausgerichtet. Sie geht davon aus, dass Einnahmen, die in diesem Zusammenhang erzielt werden, nicht veranschlagt wurden und somit grundsätzlich Mehreinnahmen darstellen. Diese können allerdings – nur zur Verwendung i.S.d. vorliegenden Regelung – für Ausgaben bei den Titeln 811.1 verwendet werden, da sie die Verfügbarkeit bei diesen Titeln erhöhen. Aufgrund der Flexibilisierung dieser Titel können Minderausgaben auch ins nächste Haushaltsjahr übertragen und Ausgabereste gebildet und in Anspruch genommen werden. Zudem ist die Inanspruchnahme der Verstärkungsmöglichkeit im Zusammenhang mit der Aussonderung von Dienstkraftfahrzeugen, die nicht unter Nr. 1.1 dieses Rundschreibens fallen, bei gleichzeitiger hinreichender und nachhaltiger Reduzierung des Fahrzeugbestands und Deckung des Anschaffungspreises für Neuerwerb möglich.

1.2 Personengebundene Dienstkraftfahrzeuge von Mitgliedern der Bundesregierung und Staatssekretärinnen oder Staatssekretären können

* Anschaffungspreis geteilt durch Haltedauer (in Monaten nach Liste) mal prognostizierter Haltedauer bis zum Verwertungszeitpunkt (in Monaten).

ohne Gutachten der oder des zuständigen kraftfahrtechnischen Sachverständigen ausgesondert und ersetzt werden, wenn sie nach einer Nutzungsdauer von mindestens 3 Jahren eine Laufleistung von mindestens 160 000 km erbracht haben oder wenn die Anwendung der Jahreswagenregelung die wirtschaftlichste Alternative darstellt. Diese Dienstkraftfahrzeuge dürfen nach Aussonderung nicht in den allgemeinen Fuhrpark eingegliedert werden.

Die Aussonderung sondergeschützter Dienstkraftfahrzeuge bedarf in jedem Einzelfall eines Gutachtens der oder des kraftfahrtechnischen Sachverständigen der Zollverwaltung.

**2. Verwertung**

2.1 Ausgesonderte Dienstkraftfahrzeuge nach Ziffer 1 sind

– im Wege einer öffentlichen Ausschreibung
  oder
– über die Verwertungsplattform Zoll-Auktion (www.zoll-auktion.de) Hauptzollamt Gießen – Dienstsitz Bad Hersfeld – E-Mail: redaktion@zoll-auktion.de Tel.: 06621 / 955-118
  oder
– durch Beauftragung der VEBEG GmbH Rödelheimer Bahnweg 23 60489 Frankfurt am Main

zu veräußern. Mindestgebot ist regelmäßig der Schätzwert.

2.2 Bei einer öffentlichen Ausschreibung oder einer Versteigerung über die Verwertungsplattform Zoll-Auktion ist der Schätzwert durch ein Wertgutachten einer zugelassenen Schätzungsstelle, einer oder eines gerichtlich vereidigten Sachverständigen oder einer bzw. eines kraftfahrtechnischen Sachverständigen der Bundesverwaltung, soweit sie oder er auch mit der Erstellung von Aussonderungsgutachten befasst ist, festzustellen. Die Kosten für ein extern erstelltes Gutachten sind von der Bieterin oder dem Bieter zu tragen, der den Zuschlag erhalten hat. Das Mindestgebot ergibt sich aus dem Schätzwert und den Kosten des Gutachtens.

2.2.1 Auf ein Wertgutachten kann verzichtet werden, wenn

– das Fahrzeug nur noch Schrottwert hat und unter Vorlage des Verwertungsnachweises durch die Zulassungsbehörde endgültig stillgelegt worden ist
  oder
– die Kosten eines Wertgutachtens nach Auffassung der oder des kraftfahrtechnischen Sachverständigen nicht in einem angemessenen Verhältnis zum voraussichtlichen Verwertungserlös stehen.

Die Gründe für den Verzicht auf ein Wertgutachten sind aktenkundig zu machen; Entsprechendes gilt bei einer Veräußerung unter Schätzwert.

2.2.2 Bietet ein schwer behinderter Mensch, welcher der veräußernden Verwaltung angehört und die gesundheitlichen Merkmale zur unentgeltlichen Beförderung im öffentlichen Personennahverkehr nach Kapitel 13 SGB IX (Rehabilitation und Teilhabe behinderter Menschen) oder zur Inanspruchnahme von Vergünstigungen bei der Kraftfahrzeugsteuer erfüllt, in der öffentlichen Ausschreibung bzw. Versteigerung mit, kann er bei der Versteigerung von nicht-personengebundenen Fahrzeugen den Zuschlag auch dann erhalten, wenn sein Angebot bis zu 5 Prozent unter dem höchsten Gebot liegt oder dem Mindestgebot* für das Fahrzeug entspricht.

Sofern die Verwertung des Dienstkraftfahrzeugs im Wege einer Versteigerung über die Zoll-Auktion erfolgt, ist wie folgt zu verfahren:

– Der schwer behinderte Mensch muss Beschäftigter der verwertenden Behörde sein und per Höchstgebot ein Dienstkraftfahrzeug seiner Beschäftigungsbehörde bei Zoll-Auktion ersteigern. Innerhalb seiner Beschäftigungsbehörde kann er den Nachlass auf alle angebotenen DKfz auf Zoll-Auktion erhalten.
– Nach Zuschlag erklärt der schwer behinderte Mensch seinen Status gegenüber der Zoll-Auktion und erhält bei Vorliegen aller Voraussetzungen auf sein Höchstgebot einen Nachlass von bis zu 5%. Das Mindestgebot* ist in jedem Fall zu entrichten.
– Die Überprüfung der Voraussetzungen erfolgt bei der Dienststelle, der der Schwerbehinderte angehört. Der schwer behinderte Mensch beantragt nach Höchstgebot hierzu die Prüfung der Voraussetzungen bei seiner Dienststelle. Die Dienststelle bestätigt die Voraussetzungen gegenüber der Zoll-Auktion.

Ist ein solcher Bewerber/eine solche Bewerberin innerhalb der letzten fünf Jahre auf diese Weise begünstigt worden, wird er/sie erst nach sonstigen schwer behinderten Verwaltungsangehörigen berücksichtigt. Eine Weiterveräußerung des begünstigt erworbenen Fahrzeuges innerhalb des ersten Jahres ist nur aus besonderen Gründen mit Zustimmung der veräußernden Verwaltung zulässig, die Bindung ist in den Kaufvertrag aufzunehmen.

2.3 Bei Veräußerung ausgesonderter Dienstkraftfahrzeuge durch die VEBEG wird von deren Preisgruppe der Schätzwert festgelegt.

2.4 Ausgesonderte sondergeschützte Dienstkraftfahrzeuge dürfen nach Erstellung des Aussonderungsgutachtens allgemein in Anwendung der Ziffern 2.1 bis 2.3 verwertet werden.

Mein Rundschreiben vom 26. Februar 2009 – II A 2 – H 1261/07/0001 – (DOK 2009/0057009) wird hiermit aufgehoben. Die Nutzung von Dienstkraftfahrzeu-

---

* Das Mindestgebot ergibt sich aus dem Schätzwert und den Kosten des Gutachtens.

gen wird durch die Richtlinie für die Nutzung von Dienstkraftfahrzeugen (DKfzR) in der jeweils gültigen Fassung (RdSchr. des BMI) geregelt.

Dieses Rundschreiben kann auf der IVBB-Intranetseite des Bundesministeriums der Finanzen unter der Adresse:

**http://www.bmf.intranet.bund.de/info/fach/haushalt/index.html**

abgerufen werden.

# Richtlinie des Bundesministeriums der Finanzen nach § 71 Abs. 1 Satz 2 BHO zur Buchung eingegangener Verpflichtungen

– RdSchr. des BMF vom 11. November 2011 – II A 6 – H 1012/07/0003 (2011/0895636) – (GMBl 2011, S. 956)

Nach § 71 Abs. 1 Satz 2 BHO wird Folgendes bestimmt:

**1 Buchungspflicht**

1.1 Grundsatz

Alle bei der Bewirtschaftung von Bundesmitteln eingegangenen Verpflichtungen, die zu der Höhe nach hinreichend bestimmbaren Ausgaben des Bundeshaushalts im laufenden Haushaltsjahr oder in künftigen Jahren führen können, sind bei den Titeln im Bundeshaushalt zu buchen, aus denen die Ausgaben zur Erfüllung der Verpflichtungen zu leisten sein werden. Verpflichtungen mit Fälligkeit in künftigen Jahren sind mit konkreter Jahresfälligkeit zu buchen. Entsprechendes gilt, wenn sich bereits gebuchte Verpflichtungen nach Grund, Höhe oder Jahresfälligkeit verändern oder durch Leistung der Ausgaben wegfallen.

1.2 Fremdwährungsverpflichtungen

Für Verpflichtungen in fremder Währung (Fremdwährungsverpflichtungen) gilt Nr. 1.1 entsprechend. Maßgebend für die Buchung des Betrages in Euro ist der Umrechnungskurs, der am Tag des Eingehens der Verpflichtung galt. Bereits gebuchte Verpflichtungen aus Vorjahren sind nach Inkrafttreten des Haushaltes unverzüglich an den bei der Aufstellung des Haushaltes zugrunde gelegten Umrechnungskurs anzupassen. Das Bundesministerium der Finanzen kann davon für einzelne Bereiche Ausnahmen zulassen.

1.3 Allgemeine Ausnahmen

Soweit keine im Bundeshaushaltsplan veranschlagten Verpflichtungsermächtigungen betroffen sind, werden von der Buchungspflicht nach Nr. 1.1 ausgenommen:

1.3.1 Verpflichtungen, die durch Geldleistungsgesetze entstehen,

1.3.2 Verpflichtungen für laufende Geschäfte gemäß VV Nr. 5 zu § 38 BHO sowie

1.3.3 Verpflichtungen, die voraussichtlich innerhalb von drei Monaten innerhalb eines Haushaltsjahres zu Ausgaben führen werden.

1.4 Buchungserleichterungen

Verpflichtungen können zur Verwaltungsvereinfachung mit Einwilligung des Bundesministeriums der Finanzen vierteljährlich summarisch – jeweils rechtzeitig zum Quartalsende – zur Buchung angeordnet werden.

**2 Anordnung zur Buchung eingegangener Verpflichtungen**

2.1 Anordnung über elektronische Schnittstellen oder im Dialogverfahren

2.1.1 Ist eine buchungspflichtige Verpflichtung eingegangen worden, so hat der Bewirtschafter, der die Verpflichtung eingegangen oder für deren Überwachung zuständig ist, sie über eine zugelassene elektronische Schnittstelle oder im Dialogverfahren des automatisierten Verfahrens für das Haushalts-, Kassen- und Rechnungswesen des Bundes zu buchen. Dies gilt entsprechend, wenn sich Höhe oder Jahresfälligkeiten einer bereits gebuchten Verpflichtung verändern.

2.1.2 Soweit für das Eingehen einer Verpflichtung eine Verpflichtungsermächtigung in Anspruch genommen wird, ist dies in der Anordnung zur Buchung anzugeben. Dies gilt auch bei Veränderungen oder beim Wegfall einer bereits gebuchten Verpflichtung.

2.1.3 Wird durch Leistung von Ausgaben eine Verpflichtung zu Lasten einer Ausgabe des laufenden Haushaltsjahres vermindert oder aufgehoben (Abwicklung), ist dies in der Anordnung für die Auszahlung anzugeben.

2.2 Schriftliche Anordnungen

Die Nr. 1.1 gilt für schriftliche Anordnungen auf vom Bundesministerium der Finanzen vorgeschriebenen Vordrucken entsprechend.

**3 Schlussbestimmung**

Die VV für Zahlungen, Buchführung und Rechnungslegung der BHO sowie die Verfahrensrichtlinien für Mittelverteiler und Titelverwalter für das automatisierte Verfahren für das Haushalts-, Kassen- und Rechnungswesen des Bundes (VerfRiB-MV/TV-HKR) und die Verfahrensrichtlinie für die Nutzung der elektronischen Schnittstellen zum automatisierten Verfahren für das Haushalts-, Kassen- und Rechnungswesen des Bundes (VerfRiBeS-HKR) sind anzuwenden.

# Verwaltungsvorschrift Allgemein erteilte Kassenanordnung zur VV Nr. 1.1.2 für Zahlungen, Buchführung und Rechnungslegung (§§ 70 bis 72 und 74 bis 80 BHO)

## 1 Anwendungsbereich

(1) Gem. VV Nr. 1.1.2 für Zahlungen, Buchführung und Rechnungslegung (§§ 70 bis 72 und 74 bis 80 BHO) wird im Einvernehmen mit dem Bundesrechnungshof für die in der Aufstellung A (Annahmen) und Aufstellung B (Auszahlungen) genannten Fälle eine allgemeine Kassenanordnung erteilt.

(2) Die Beauftragten für den Haushalt der obersten Bundesbehörden können für ihren Geschäftsbereich die allgemein erteilten Kassenanordnungen ganz oder teilweise aufheben und anstelle dessen die Erteilung förmlicher Kassenanordnungen vorschreiben.

(3) Bei Einsatz automatisierter Verfahren nach VV Nr. 6 für Zahlungen, Buchführung und Rechnungslegung (§§ 70 bis 72 und 74 bis 80 BHO) sind Kassenanordnungen, mit Ausnahme der in den Nrn. 5 der Aufstellungen A und B genannten Fälle, **immer** förmlich anzuordnen. Die Regelungen der Verfahrensrichtlinie für die Nutzung der elektronischen Schnittstellen zum automatisierten Verfahren für das Haushalts-, Kassen- und Rechnungswesen des Bundes (VerfRiBeS-HKR) sind anzuwenden.

## 2 Verfahren

2.1 Feststellung der rechnerischen und sachlichen Richtigkeit

Allgemein erteilte Kassenanordnungen werden aufgrund der Feststellung der rechnerischen und sachlichen Richtigkeit ausgeführt. Die Feststellungen können von einer Person bescheinigt werden. Die Regelungen der Nr. 3.1 Abs. 2 und 4 der Verfahrensrichtlinie für Mittelverteiler und Titelverwalter für das automatisierte Verfahren für das Haushalts-, Kassen und Rechnungswesen des Bundes (VerfRiB-MV/TV-HKR) gelten entsprechend.

2.2 HKR-Vordrucke als Buchungsbelege

(1) Mit Ausnahme der in den Nrn. 5 der Aufstellungen A und B genannten Fälle sind grundsätzlich für allgemein erteilte

- Annahmeanordnungen (Aufstellung A) der HKR-Vordruck M02 und
- Auszahlungsanordnungen (Aufstellung B) der HKR-Vordruck M03

zu verwenden. Die bestehenden Sonderregelungen für Zahlstellen bleiben unberührt.

(2) Für die in den Nrn. 5 der Aufstellungen A und B genannten Fälle ist nur der HICO-Dialog (Beleg E4I), das HKR@WEB (Interne Verrechnung) oder die elektronische Schnittstelle F15z (VSL 29981) zu verwenden.

(3) Mit meiner vorherigen Zustimmung dürfen in Ausnahmefällen die Erfassungsmuster M 22 oder M 23 verwendet werden.

(4) Für die von den Bundesländern

- an den Bund abzuführenden Steuern (Nummer 4 der Aufstellung A) ist der HKR-Vordruck M 21 und
- zurückgerufenen überzahlten Steuerablieferungen (Nummer 4 der Aufstellung B) ist der HKR-Vordruck M 31

zu verwenden.

(5) Auslandszahlungen sind immer förmlich anzuordnen.

| Nr. | **Allgemeine Annahmeanordnung ist erteilt für** |
|---|---|
| 1 | Einnahmen bis zu einem Betrag von 300 Euro zu Gunsten von Titeln der Gruppen 119, 124 und 125 sowie die Einnahmen, die aufgrund des Haushaltsgesetzes oder eines Haushaltsvermerks bei einem Ausgabetitel zu buchen sind |
| 2 | Einnahmen aufgrund amtlicher Festsetzungen im Zoll- und Steuerbereich sowie in übertragenen Aufgabenbereichen (bei Abwicklung über Bundeskasse immer mit HKR-Vordruck M 02) |
| 3 | Einnahmen von Steuern, die vor der Einzahlung nicht festgesetzt, aber von den Steuerpflichtigen aufgrund von Anmeldungen, Anzeigen usw. abzuführen sind (Abwicklung nur über Zahlstelle) |
| 4 | Einnahmen und Einzahlungen von Steuern, die von den Bundesländern an den Bund abzuführen sind |
| 5 | Einzahlungen im Rahmen der internen Verrechnung zwischen Behörden der unmittelbaren Bundesverwaltung (§ 61 BHO) zu Gunsten der Titel der Gruppe 381 |
| 6 | Einzahlungen in Vorkonten zum Bundeshaushalt (auch in Verbindung mit dem Abrufverfahren) |
| 7 | Einzahlungen von Erlösen, die bei der Verwertung eingezogener Sachen anfallen |
| 8 | Einzahlungen von Sicherheiten im Rahmen von Steuer- und Zollverfahren bzw. bei Bußgeld- und Strafverfahren |
| 9 | Strafen, Bußgelder/Geldauflagen, Verwarnungsgelder und damit zusammenhängende Gebühren und Kosten (Auslagen) |
| 10 | Einzahlungen von Gebühren und Auslagen aufgrund amtlicher Gebührentarife und Kostenfestsetzungen, auch im Vollstreckungsverfahren, sowie Auslagen nach dem Auslandskostengesetz |

| Nr. | **Allgemeine Annahmeanordnung ist erteilt für** |
|---|---|
| 11 | Einzahlungen bei Zahlstellen, die im Zusammenhang mit einem Verwaltungsvollstreckungsverfahren angenommen wurden und deren Weiterleitung an die Behörde, die das Vollstreckungsverfahren veranlasst hat, entfällt (da bereits ein entsprechender Betrag abgeführt worden ist) |
| 12 | Einzahlungen, die wegen fehlender Zuständigkeiten der für Zahlungen zuständigen Stelle bzw. wegen fehlender Annahmeanordnung vorübergehend in Verwahrung zu nehmen sind |
| 13 | Kursgewinne, ggf. gekürzt um Gebühren und Auslagen |
| 14 | Kleinbeträge gemäß der VV zu § 59 BHO |
| 15 | Zinsen (Anlage zur VV Nummer 3.3. zu § 34 BHO), Säumniszuschläge, Mahnkosten |
| 16 | Einzahlungen von gefundenen Zahlungsmitteln, die in Verwahrung zu nehmen sind |

| Nr. | **Allgemeine Auszahlungsanordnung ist erteilt für** |
|---|---|
| 1 | Ausgaben bis zu einem Betrag von 300 Euro zu Lasten von Titeln der Obergruppen 51, 53 und 54 |
| 2 | Ausgaben aufgrund von Erstattungen, die aus Vorauszahlungen an Steuern oder Gebühren entstanden sind und den endgültig festgesetzten Sollbetrag übersteigen |
| 3 | Ausgaben aufgrund von Erstattungen von<br>– Kraftfahrzeugsteuer gem. § 14 KraftStDV und<br>– Umsatzsteuer über die Beförderung von Personen im grenzüberschreitenden Gelegenheitsverkehr für nicht im Inland zugelassene Kraftomnibusse nach der Neufestsetzung bei der Ausreise |
| 4 | Ausgaben und Auszahlungen aufgrund überzahlter Steuerablieferungen der Bundesländer, die zurückgerufen werden |
| 5 | Auszahlungen im Rahmen der internen Verrechnung zwischen Behörden der unmittelbaren Bundesverwaltung (§ 61 BHO) zu Lasten der Titel der Gruppe 981 |
| 6 | Auszahlungen aus Vorkonten zum Bundeshaushalt (auch in Verbindung mit dem Abrufverfahren) |
| 7 | Auszahlungen von Gebühren und Auslagen, die durch den Anschluss einer für Zahlungen zuständigen Stelle an ein Kreditinstitut, einschließlich der Deutschen Bundesbank, entstehen |
| 8 | Auszahlungen von Sicherheiten in Zollverfahren |
| 9 | Auszahlungen von eingezahlten Sicherheiten der Aufstellung A Nr. 8 an eine andere Bundeskasse oder Zahlstelle des Bundes oder an eine andere Kasse oder Zahlstelle einer juristischen Person des öffentlichen Rechts |

| Nr. | **Allgemeine Auszahlungsanordnung ist erteilt für** |
|---|---|
| 10 | Auszahlung von Überzahlungen oder Einzahlungen, die wegen fehlender Zuständigkeit einer Zahlstelle von dieser an den Einzahler zurückzuzahlen oder an eine Bundeskasse oder Zahlstelle des Bundes oder an eine andere Kasse oder Zahlstelle einer juristischen Person des öffentlichen Rechts weiterzuleiten sind |
| 11 | Auszahlungen von Kursverlusten und damit im Zusammenhang stehende Gebühren und Auslagen |
| 12 | Auszahlungen, die von der für Zahlungen zuständigen Stelle als Vorschuss zu buchen sind, weil die Auszahlung im Lastschriftverfahren über ein Konto der für Zahlungen zuständigen Stelle geleistet wurde und für die keine Auszahlungsanordnung oder ein Buchungsbeleg des Bewirtschafters bei dieser Stelle vorliegt |
| 13 | Auszahlungen von Rückrufen, die vorher bei einer für Zahlungen zuständigen Stelle eingezahlt wurden. Die Bundeskassen sind berechtigt, die bereits auf Sachbuchkonten eines Bewirtschafters gebuchten Einzahlungen wieder auszubuchen (Rotbuchung). Der Bewirtschafter erhält unmittelbar als Nachweis der Buchung eine Durchschrift des Kassenbelegs. Die ursprüngliche Sollstellung im Zahlungsüberwachungsverfahren des Bundes (ZÜV) wird im laufenden Haushaltsjahr automatisiert veranlasst. |
| 14 | Auszahlung von Beträgen, die bei Zahlstellen im Zusammenhang mit einem Verwaltungsvollstreckungsverfahren eingegangen sind und an die Behörde weitergeleitet werden, die das Vollstreckungsverfahren veranlasst hat |

# Bestimmungen über die Mindestanforderungen für den Einsatz automatisierter Verfahren im Haushalts-, Kassen- und Rechnungswesen des Bundes (BestMaVB-HKR)

**VV Nr. 6.7 für Zahlungen, Buchführung und Rechnungslegung (§§ 70 bis 72 und 74 bis 80 BHO) VV-ZBR BHO**

(Stand: 01/2017)

Erster Abschnitt

## Allgemeines

### 1 Grundsatz

(1) Beim Einsatz von automatisierten Verfahren im Haushalts-, Kassen und Rechnungswesen des Bundes sind die Regelungen der VV Nr. 6.1 bis Nr. 6.5 für Zahlungen, Buchführung und Rechnungslegung (§§ 70 bis 72 und 74 bis 80 BHO) – VV-ZBR BHO und die nachfolgenden Bestimmungen einzuhalten. Sofern diese Vorgaben vollständig eingehalten werden, gilt eine allgemeine Einwilligung nach VV Nr. 6.7.1 ZBR BHO als erteilt.

(2) Können in Ausnahmefällen diese Bestimmungen nicht vollständig eingehalten werden oder führt die Einhaltung der Bestimmungen zu einem nicht vertretbaren Aufwand, kann das Bundesministerium der Finanzen nach VV Nr. 6.6.2 ZBR BHO auf Antrag der oder des Beauftragten für den Haushalt der zuständigen obersten Bundesbehörde seine Einwilligung zum Einsatz des Verfahrens erteilen. Im Antrag ist zu begründen, warum und welche Mindestanforderungen nicht eingehalten werden können und wie auf andere Art und Weise die Verfahrens- und Kassensicherheit gewährleistet werden soll (siehe Anlage 4 – Allgemeine Erläuterungen zum Einwilligungsverfahren). Das automatisierte Verfahren darf erst nach Einwilligung durch das Bundesministerium der Finanzen im Wirkbetrieb eingesetzt werden. In diesen Fällen bedarf es keiner Mitteilungen nach Nr. 1.1.

(3) Die Verfahrensrichtlinien für Mittelverteiler und Titelverwalter für das automatisierte Verfahren für das Haushalts-, Kassen- und Rechnungswesen des Bundes (VerfRiB-MV/TV-HKR) und die Verfahrensrichtlinie für die Nutzung der elektronischen Schnittstellen zum automatisierten Verfahren für das Haushalts-, Kassen- und Rechnungswesen des Bundes (VerfRiBeS-HKR) sind anzuwenden.

1.1 Mitteilungspflichten

1.1.1 Mitteilung über die beabsichtigte Einführung eines automatisierten Verfahrens im Haushalts-, Kassen- und Rechnungswesen des Bundes (VV Nr. 6.6.1 ZBR BHO)

(1) Die oder der zuständige Beauftragte für den Haushalt teilt seiner zuständigen obersten Bundesbehörde und der zuständigen Bundeskasse die beabsichtigte Einführung eines automatisierten Verfahrens nach VV Nr. 6.1.1 ZBR BHO mit dem Formular „Mitteilung über die beabsichtigte Einführung eines automatisierten Verfahrens im Haushalts-, Kassen- und Rechnungswesen des Bundes“ (Anlage 1) mit.

(2) Die Mitteilung kann zentral von der oder dem Beauftragten für den Haushalt der zuständigen obersten Bundesbehörde bzw. von der oder dem Beauftragten für den Haushalt einer von der obersten Bundesbehörde beauftragten Dienststelle abgegeben werden, wenn das Verfahren in mehreren Dienststellen aufgrund einer einheitlichen Dienstanweisung nach Nr. 5.1.1 eingesetzt wird.

1.1.2 Erklärung zum Einsatz eines automatisierten Verfahrens im Haushalts-, Kassen- und Rechnungswesen des Bundes (HKR-Verfahren)

(1) Die oder der zuständige Beauftragte für den Haushalt teilt nach VV Nr. 6.7.3 ZBR BHO seiner zuständigen obersten Bundesbehörde und der zuständigen Bundeskasse mit dem Formular „Erklärung zum Einsatz eines automatisierten Verfahrens im Haushalts-, Kassen- und Rechnungswesen des Bundes“ (Anlage 2) die

a) Aufnahme des Wirkbetriebes (Verarbeitung von Echtdaten einschließlich des Pilotbetriebs),
b) technischen und/oder organisatorischen Änderungen, die die Regelungen der Nr. 5.1.2, Nr. 5.3 und Nr. 5.4 bei einem bereits eingesetzten automatisierten Verfahren betreffen,
c) Verwendung einer neuen oder zusätzlichen elektronischen Schnittstelle zum HKR-Verfahren bei einem bereits eingesetzten automatisierten Verfahren oder
d) Erledigung von Beanstandungen einer Prüfungsmitteilung des Bundesrechnungshofs im Rahmen des Einsatzes des Verfahrens

mit.

(2) Die Erklärung kann zentral von der oder dem Beauftragten für den Haushalt der zuständigen obersten Bundesbehörde bzw. von der oder dem Beauftragten für den Haushalt einer von der obersten Bundesbehörde beauftragten Dienststelle abgegeben werden, wenn das Verfahren in mehreren Dienststellen aufgrund einer einheitlichen Dienstanweisung nach Nr. 5.1.1 eingesetzt wird.

(3) Mit der Erklärung nach Abs. 1 übernimmt die oder der zuständige Beauftragte für den Haushalt die Verantwortung dafür, dass das automatisierte Verfahren den fachlichen, organisatorischen und daten-

schutzrechtlichen Anforderungen entspricht und die Mindestanforderungen dieser Bestimmungen sowie die Regelungen zur VV-ZBR BHO vollständig eingehalten werden. Die oder der Beauftragte für den Haushalt nach Abs. 1 hat dafür Sorge zu tragen, dass von allen Stellen, die das Verfahren einsetzen, die Bestimmungen vollständig eingehalten werden.

(4) Weitere Stellen, die ein automatisiertes Verfahren einsetzen wollen, für das bereits eine Erklärung nach Abs. 1 abgegeben wurde, sind mit formlosen Schreiben unter Angabe der Bewirtschafternummer, des Namens des eingesetzten automatisierten Verfahrens, des Datums des erstmaligen Wirkbetriebes bei dieser Stelle und der Bewirtschafternummern der ursprünglichen Erklärung nachzumelden. Das Schreiben ist von der oder dem zuständigen Beauftragten für den Haushalt gem. Abs. 1 zu unterzeichnen.

(5) Das automatisierte Verfahren darf erst nach Abgabe der Erklärung beim Einsatz über ein automatisiertes Verfahren im Haushalts-, Kassen- und Rechnungswesen des Bundes eingesetzt werden.

(6) Die Erklärung verliert ihre Gültigkeit, sobald die Voraussetzungen für eine allgemeine Einwilligung nicht mehr vorliegen (Nr. 1 Abs. 1).

1.2 Zahlungsrelevante Daten

Zahlungsrelevante Daten im Sinne dieser Bestimmungen sind alle für die Anordnung von Zahlungen notwendigen Angaben, insbesondere Bestimmungsgrößen für gesetzliche oder vertragliche Zahlungen (Ein- und Auszahlungen), Name des Zahlungsempfängers oder -pflichtigen, Betrag und Bankverbindung.

Zweiter Abschnitt

## Mindestanforderungen

### 2 Grundvoraussetzungen

(1) Die Mindestanforderungen regeln im Einzelnen, welche Sicherheitsanforderungen im Haushalts-, Kassen- und Rechnungswesen zusätzlich zu den allgemein einzuhaltenden Bestimmungen beim Einsatz von automatisierten Verfahren eingehalten werden müssen.

(2) Werden andere automatisierte Verfahren gem. Nr. 1.2 der Anlage 1 zur VV-ZBR BHO im Haushalts-, Kassen- und Rechnungswesen eingesetzt, sind die folgenden Grundvoraussetzungen der Verfahrens- und Kassensicherheit einzuhalten:

a) Verantwortungsabgrenzung und Verantwortungszuordnung, (Trennung der Erfassung von zahlungsrelevanten Daten und Prüfung/Freigabe dieser Daten sowie Feststellung und Anordnung; Unveränderbarkeit festgestellter oder angeordneter Daten)

b) Förmlichkeit, (Verwendung vorgeschriebener elektronischer Schnittstellen, Aufbau der Datensätze)
c) Prüfbarkeit und (Vorhandensein und Aufbewahrung prüfbarer Unterlagen, eindeutige Zuordnung der prüfbaren Unterlagen zu den durchgeführten Zahlungen)
d) Nachvollziehbarkeit und Dokumentation der einzelnen Verantwortungsbereiche.

(3) Außerdem ist für Zwecke der Rechnungsprüfung der lesende Zugriff auf das Verfahren, die Verarbeitungsschritte und die Unterlagen zu gewährleisten.

(4) Im Bereich Datenverarbeitung sind bei der Softwareerstellung die Funktionsbereiche Systemprogrammierung, Verfahrensentwicklung und -pflege sowie Verarbeitung so voneinander zu trennen, dass die Bediensteten jeweils nur in einem der Funktionsbereiche tätig sind. Ein Zugriff auf Programme, die sich im Wirkbetrieb befinden, muss für die Funktionsbereiche Systemprogrammierung, Verfahrensentwicklung und -pflege ausgeschlossen sein.

## 3 Einsatz dokumentierter, freigegebener und gültiger Programme

(1) Beim Einsatz eines automatisierten Verfahrens im Haushalts-, Kassen und Rechnungswesen des Bundes dürfen nur dokumentierte, hinreichend getestete und freigegebene Programme eingesetzt werden. Dabei müssen die Empfehlungen des IT-Grundschutz-Katalogs des Bundesamtes für Sicherheit in der Informationstechnik und notwendige Maßnahmen vor Einführung des Verfahrens bereits umgesetzt worden sein (z.B. IT-Sicherheitskonzept einschließlich Zugangs- und Zugriffskontrollen, Betriebshandbuch, ggf. Datenschutzkonzept, Freigabeprozess usw.).

(2) Durch regelmäßige Prüfungen in einem Zeitraum von mindestens 24 Monaten ist durch die nach Nr. 1.1.2 zuständige Beauftragte oder den zuständigen Beauftragen für den Haushalt sicherzustellen, dass die Mindestanforderungen eingehalten werden. Sie oder er kann die Prüfung durch eine verantwortliche Person durchführen lassen, die keine am Verfahren nach Nr. 2 Abs. 4 beteiligte Person sein darf. Die durchgeführten Prüfungen sowie ggf. festgestellte Fehler und die Maßnahmen zur Fehlerbehebung sind von der oder dem zuständigen Beauftragten für den Haushalt zu dokumentieren. Fehler sind zeitnah zu beseitigen.

## 4 Elektronische Schnittstellen

### 4.1 Übermittlung von Daten an das HKR-Verfahren

(1) Die Zahlungsverkehrs-, Buchungs- und Anordnungsdaten sind über die vorgeschriebenen elektronischen Schnittstellen zu übermitteln.

(2) Vor dem erstmaligen Einsatz des automatisierten Verfahrens und bei technischen und/oder organisatorischen Änderungen eines bereits

eingesetzten automatisierten Verfahrens, die Auswirkungen auf die Buchungs- bzw. Anordnungsdaten haben, sind die Buchungs- bzw. Anordnungsdaten vom Bewirtschafter bei der zuständigen Bundeskasse auf Ordnungsmäßigkeit der eingesetzten Schnittstelle zum HKR-Verfahren und Verarbeitungsfähigkeit prüfen zu lassen. Die für die Schnittstelle verwendeten Datensätze müssen für

a) Zahlungsdaten den Vorgaben des Bundesministeriums der Finanzen in der jeweils gültigen Fassung und für
b) Buchungs- und Anordnungsdaten den Vorgaben des Bundesministeriums der Finanzen für das HKR-Verfahren (Datensatzbeschreibungen der entsprechenden elektronischen Schnittstellen)

entsprechen. In den Buchungs- und Anordnungsdaten dürfen nur die in der VerfRiBeS-HKR zugelassenen Zeichen verwendet werden.

(3) Die zuständige Bundeskasse bescheinigt die nach Abs. 2 erfolgreiche Prüfung dem Bewirtschafter schriftlich.

4.2 Übermittlung von Daten in ein anderes automatisiertes Verfahren im Haushalts-, Kassen- und Rechnungswesen eines Bewirtschafters

(1) Bei der Übermittlung von Zahlungsverkehrs-, Buchungs- und Anordnungsdaten über eine elektronische Schnittstelle in ein anderes automatisiertes Verfahren im Haushalts-, Kassen- und Rechnungswesen eines Bewirtschafters muss gewährleistet sein, dass die Daten vollständig und unverändert übertragen werden. Für die vorgelagerten Verfahren gelten die Regelungen der Nr. 1.

(2) Liegen die Voraussetzungen des Abs. 1 nicht vor, sind die übernommenen zahlungsrelevanten Daten wie ungeprüfte Daten zu behandeln und anhand begründender Unterlagen nach Nr. 5.4 zu prüfen.

**5 Gewährleistung der Richtigkeit und Vollständigkeit der erfassten und verarbeiteten Daten**

Beim Einsatz von automatisierten Verfahren im Haushalts-, Kassen und Rechnungswesen des Bundes ist durch organisatorische und programmtechnische Kontrollen, insbesondere durch Prüferfassung, Bildung von Kontrollsummen, Plausibilitätskontrollen und Verwendung von Prüfziffern, die Richtigkeit und Vollständigkeit der Datenerfassung und der Datenverarbeitung sicherzustellen.

5.1 Abgrenzung der Verantwortungsbereiche

5.1.1 Dienstanweisung

Für jedes automatisierte Verfahren ist eine Dienstanweisung zu erstellen, in der die Verantwortungsbereiche (Verantwortungsabgrenzung und -zuordnung, siehe Nr. 2 Abs. 2 a) der für das automatisierte Verfahren zugelassenen Personen nach VV Nr. 1.2 ZBR BHO nachvollziehbar festgelegt sind. Es muss dabei sichergestellt sein, dass keine Person an einem einzelnen Geschäftsvorfall maßgebend beteiligt ist, die auch an einer Anordnung zur Zahlung oder Buchung maßgebend beteiligt ist.

5.1.2 Bescheinigung der Verantwortungsbereiche

5.1.2.1 Bescheinigung der ordnungsmäßigen Wahrnehmung

(1) Werden die Verantwortungsbereiche gem. VV Nr. 1.2 der ZBR BHO und die Anordnung (Freigabe zur weiteren Datenverarbeitung) ausschließlich im automatisierten Verfahren wahrgenommen, ist die Ordnungsmäßigkeit jeweils mit einem systemseitig revisionssicheren Nachweis unter Angabe des Datums, der Uhrzeit und der Benutzerkennung zu dokumentieren. Es muss erkennbar sein, welcher Verantwortungsbereich wahrgenommen worden ist. In allen anderen Fällen sind die Regelungen der Nr. 2.2 der Anlage 2 zur VV ZBR BHO anzuwenden.

(2) Die Nachweise der ordnungsmäßigen Wahrnehmung der Verantwortungsbereiche müssen zeitnah für Zwecke der Rechnungsprüfung zur Verfügung gestellt werden können.

5.1.2.2 Verantwortlichkeit für die Richtigkeit der eingegebenen Daten

Die Personen, die Daten erfassen, sind für die Richtigkeit der eingegebenen Daten nur dann verantwortlich, wenn eine Veränderung der Daten durch Dritte oder durch das Verfahren selbst ausgeschlossen ist. Die technischen Anlagen des automatisierten Verfahrens müssen deshalb organisatorisch und programmtechnisch so geschützt werden, dass nur die verantwortlichen Bearbeiter Daten eingeben oder verändern können.

5.2 Vier-Augen-Prinzip

(1) Das Vier-Augen-Prinzip im Sinne dieser Bestimmung beinhaltet die Wahrnehmung der Verantwortungsbereiche nach VV Nr. 1.2 ZBR BHO (Feststellung; im Sinne der Nr. 2.2.2 und Nr. 2.2.3 der Anlage 2 zur VV-ZBR BHO) sowie die Datenprüfung bzw. Freigabe zur weiteren Datenverarbeitung (Anordnung; im Sinne der Nr. 2.2.4 der Anlage 2 zur VV-ZBR BHO) durch zwei unterschiedliche Personen.

(2) Die Bescheinigung zur Feststellung der rechnerischen Richtigkeit in einem automatisierten Verfahren ist entbehrlich, wenn die Berechnung zahlungsrelevanter Daten vollständig automatisiert im Verfahren erfolgt. Dies ist in der Dienstanweisung zu dokumentieren. Bereits bei Teilberechnungen außerhalb des Verfahrens ist die Feststellung der rechnerischen Richtigkeit zu bescheinigen. Die Bescheinigungen zur Feststellung der sachlichen und rechnerischen Richtigkeit dürfen zusammengefasst werden.

(3) Die Regelungen für die allgemein erteilten Kassenanordnungen gelten nicht.

(4) Die Bescheinigung zur Feststellung der sachlichen Richtigkeit und die Ausübung der Anordnungsbefugnis im Rahmen der Sammelanordnung gem. den Regelungen der VerfRiBeS-HKR bleiben davon unberührt und sind nicht Bestandteil des Vier-Augen-Prinzips im Sinne dieser Bestimmung.

5.3 Datenerfassung

(1) Die Datenerfassung ist die verarbeitungsgerechte Übernahme von Daten in ein automatisiertes Verfahren, um diese Daten nach der Freigabe gem. Nr. 5.5 weiter zu verarbeiten (Nr. 5.6). Sie kann durch Eingabe von Daten aufgrund von begründenden Unterlagen in Papierform oder durch Übernahme elektronischer Daten in das automatisierte Verfahren erfolgen.

(2) Die Übernahme der zahlungsrelevanten Daten in ein automatisiertes Verfahren erfolgt nach Nr. 5.2.

(3) Die ordnungsmäßige Datenerfassung ist nach Nr. 5.1.2 zu bescheinigen.

(4) Die Datenerfassung für Einnahmen kann auch durch die Übernahme von Daten dritter Personen auf elektronischem Wege erfolgen, wenn die Daten ausschließlich die dritten Personen betreffen und ausschließlich automatisiert, d.h. ohne weitere manuelle Bearbeitung weiterverarbeitet werden. Dies setzt eine systemtechnische Prüfung der Datenermittlung voraus. Dabei muss sichergestellt sein, dass durch automatische Plausibilitätsprüfungen eine ordnungsmäßige Erstellung von Unterlagen aufgrund der erfassten Daten gewährleistet ist. Auf die Bescheinigung nach Nr. 5.1.2 kann bei dieser Art der Datenerfassung verzichtet werden. Diese Daten bedürfen keiner Prüfung, wenn eine Änderung zu keinem Zeitpunkt möglich ist.

(5) Die Datenerfassung von zahlungsrelevanten Daten für Ausgaben, die nicht als Bestimmungsgröße für eine gesetzliche oder vertragliche Zahlung (Auszahlung) dienen (z.B. Kontoverbindung, Anschrift), kann auch durch die Übernahme von Daten dritter Personen auf elektronischem Wege erfolgen, wenn die Daten ausschließlich die dritten Personen betreffen und ausschließlich automatisiert, d.h. ohne weitere manuelle Bearbeitung, weiterverarbeitet werden. Dabei muss sichergestellt sein, dass durch automatische Plausibilitätsprüfungen eine ordnungsmäßige Erstellung von Unterlagen aufgrund der erfassten Daten gewährleistet ist. Auf die Bescheinigung nach Nr. 5.1.2 kann bei dieser Art der Datenerfassung verzichtet werden. Diese Daten bedürfen keiner Prüfung, wenn eine Änderung zu keinem Zeitpunkt möglich ist.

(6) Im Falle einer nicht ordnungsmäßigen Beendigung des automatisierten Verfahrens (z.B. durch Stromausfall oder Programmabsturz) ist der zuletzt bearbeitete Geschäftsvorfall dahingehend zu kontrollieren, ob die vorgegebenen Daten richtig und vollständig gespeichert wurden.

5.4 Prüfung vor Freigabe zur weiteren Datenverarbeitung

(1) Daten, die in ein automatisiertes Verfahren nach Nr. 5.3 übernommen worden sind, müssen im Rahmen des Vier-Augen-Prinzips nach Nr. 5.2 Abs. 1 von einer zweiten Person vor der Freigabe (Nr. 5.5) zur weiteren Datenverarbeitung geprüft werden, die nicht an der Erfassung der Daten beteiligt war. Es muss sichergestellt sein, dass die zur Prüfung zugelassene Person die erfassten Daten nicht verändern kann. Die Prüfung ist nach Nr. 5.1.2.1 zu bescheinigen.

(2) Stellt die zur Prüfung zugelassene Person Fehler fest, müssen die Daten vor der Freigabe zur weiteren Verarbeitung von einer zur Feststellung zugelassenen Person berichtigt werden. Die berichtigten Daten sind nochmals gem. Abs. 1 zu prüfen.

(3) Daten, die nach Nr. 5.3 Abs. 4 und 5 erfasst wurden, bedürfen keiner Prüfung.

(4) Werden Daten nach Nr. 5.3 Abs. 2 durch Übernahme von elektronischen Daten in das automatisierte Verfahren übernommen, ist sicherzustellen, dass die Voraussetzungen der Abs. 1 bis 3 erfüllt sind. Die Prüfung der Daten nach Abs. 1 vor der Übernahme in das automatisierte Verfahren ist mit einem systemseitig revisionssicheren Nachweis gem. Nr. 5.1.2.1 zu dokumentieren.

(5) Nach der Freigabe (Prüfung) muss sichergestellt werden, dass die Daten nicht mehr verändert werden können.

(6) Im Rahmen der Erklärung zum Einsatz eines automatisierten Verfahrens im Haushalts-, Kassen- und Rechnungswesen des Bundes (Anlage 2) ist die vollständige oder ggf. stichprobenweise Prüfung im Feld „Prüfung der erfassten Daten“ zu bescheinigen.

5.4.1 Vollständige Prüfung

Grundsätzlich sind alle erfassten zahlungsrelevanten Daten anhand der begründenden Unterlagen vollständig zu prüfen. Eine pauschale Freigabe von zu prüfenden Geschäftsvorfällen ist nicht zulässig.

5.4.2 Stichprobenprüfung

5.4.2.1 Allgemeine Voraussetzungen

(1) Werden im Rahmen der Gefährdungsanalyse nach VV Nr. 6.3 ZBR BHO und des Ordnungsmäßigkeitskonzepts nach VV Nr. 6.4 ZBR BHO nur geringe haushaltswirtschaftliche Risiken festgestellt, kann die Prüfung durch die zweite Person mit Ausnahme der unter Abs. 2 bis 3 genannten Fälle auf eine Stichprobenprüfung beschränkt werden. In diesen Fällen ist eine pauschale Freigabe der nicht zu prüfenden Geschäftsvorfälle nach erfolgreicher Prüfung zulässig.

(2) Eine Beschränkung auf Stichproben ist ausgeschlossen bei

a) Geschäftsvorfällen, die zu Zahlungen auf unbestimmte Zeit führen,

b) Geschäftsvorfällen, die zu wiederkehrenden Zahlungen führen, die im voraussichtlichen Leistungszeitraum den Betrag von 7500 Euro übersteigen sowie
c) Einmalzahlungen über 2500 Euro.

(3) Eine Beschränkung auf Stichproben ist ebenfalls ausgeschlossen, wenn die Erfassung von Daten und die anschließende Prüfung dieser Daten auf Richtigkeit ohne eine Bescheinigung zur Feststellung der sachlichen und ggf. rechnerischen Richtigkeit sowie die Ausübung der Anordnungsbefugnis erfolgt. In diesen Fällen sind alle erfassten Daten nach Nr. 5.4.1 zu prüfen.

5.4.2.2 Durchführung der Prüfung

(1) Von denen zur Stichprobenprüfung nach Nr. 5.4.2.1 Abs. 1 zugelassenen Geschäftsvorfällen müssen mindestens 5% anhand der begründenden Unterlagen zufallsbasiert durch eine zweite Person nach Nr. 5.4 Abs. 1 geprüft werden. Um auch bei geringen Fallzahlen aussagefähige Stichproben zu gewährleisten, ist unabhängig vom jeweiligen Prozentsatz eine Mindestzahl von Geschäftsvorfällen in die Stichprobe einzubeziehen.

(2) Neben der zufallsbasierten Stichprobe muss es auch möglich sein, gezielt Geschäftsvorfälle durch Eingabe von Kriterien auszuwählen und zur Prüfung heranzuziehen. Solche Kriterien können z.B. sein:
a) Kostenarten,
b) Fallgruppen,
c) Mitarbeiter oder
d) Geschäftsvorfälle mit hoher Fehleranfälligkeit.

(3) Werden bei der Prüfung der ausgewählten Geschäftsvorfälle Fehler festgestellt, so sind diese Fälle zurückzuweisen und zu berichtigen (siehe hierzu 5.4 Abs. 2). Werden Fehler mit finanziellen Auswirkungen festgestellt, ist aus dem Restbestand eine weitere Stichprobe in gleichem Umfang zu prüfen. Dieser Vorgang ist so lange zu wiederholen, bis eine fehlerfreie Stichprobe vorliegt. Die restlichen Fälle dürfen erst dann freigegeben werden, wenn die Prüfungsergebnisse die Überzeugung rechtfertigen, dass keine weiteren Fehler mit finanzieller Auswirkung in den Datensätzen enthalten sind. Die Stichprobenprüfung und die Fehlerkorrektur sind so rechtzeitig durchzuführen, dass Zahlungstermine eingehalten werden können. Das konkrete Vorgehen bei der Feststellung von Fehlern ist in der Dienstanweisung zu beschreiben; die Verantwortlichkeiten sind festzulegen.

5.4.2.3 Dokumentation in der Dienstanweisung

(1) Die aus den Kriterien abgeleiteten Parameter und der Prüfumfang sind in der Dienstanweisung verbindlich festzulegen und systemtechnisch umzusetzen. Damit wechselnde Prüfkriterien realisiert werden können, muss das automatisierte Verfahren die freie Einstellung der

Parameter und der Prüfquote ermöglichen. Änderungen der Einstellungen dürfen nur im Rahmen der Nr. 5.4.1 und mit Zustimmung der oder des Beauftragten für den Haushalt bzw. einer oder eines Bevollmächtigten erfolgen. Sie sind in einer Datei systemseitig revisionssicher zu protokollieren.

(2) In einem protokollierten Prüflauf mit unterschiedlichen Einstellungen der Parameter und Prüfquoten ist festzustellen, bei welcher Prüfquote die Kassensicherheit hinreichend gewährleistet ist. Die Testvorgaben müssen neben der Qualität der Fallbearbeitung auch die Missbrauchsprävention berücksichtigen. Die Wirksamkeit der Einstellungen ist mindestens einmal jährlich zu prüfen. Die Niederschrift über die erfolgte Prüfung ist vom Bewirtschafter zu den Akten zu nehmen.

5.5 Freigabe zur weiteren Datenverarbeitung

(1) Nach Nr. 5.3 in ein automatisiertes Verfahren übernommene Daten dürfen nur dann zur Datenverarbeitung freigegeben werden, wenn sie nach Nr. 5.4 geprüft wurden.

(2) Die Freigabe zur Datenverarbeitung kann mit der Prüfung zusammengefasst werden.

(3) Werden Daten nach Nr. 5.2 Abs. 4 erfasst, deren Feststellung der sachlichen und ggf. rechnerischen Richtigkeit nach der Nr. 2.2.2 und Nr. 2.2.3 der Anlage 2 zur VV-ZBR BHO und Anordnung nach Nr. 2.2.4 der Anlage 2 zur VV-ZBR BHO auf den begründenden Unterlagen in Papierform bescheinigt bzw. erteilt wurde, dann gilt in diesen Fällen die Prüfung dieser Daten nach Nr. 5.4.1 als Freigabe zur Datenverarbeitung.

(4) Eine Änderung der freigegebenen Daten muss ausgeschlossen sein. Die Freigabe ist mit einem systemseitig revisionssicheren Nachweis gem. Nr. 5.1.2.1 zu dokumentieren.

5.6 Datenverarbeitung

In der Datenverarbeitung werden aus den in das automatisierte Verfahren übernommenen und geprüften Daten unter Einsatz gültiger, geprüfter und freigegebener Programme Unterlagen bzw. Dateien erstellt. Die richtige und vollständige Datenverarbeitung ist in den Arbeitsablaufunterlagen zu dokumentieren. Gleiches gilt bei Störungen, die zum Abbruch der Datenverarbeitung geführt haben. Bei Störungen ist sicherzustellen, dass die bereits verarbeiteten Daten nicht erneut verarbeitet werden und es nicht zu Mehrfachzahlungen bzw. Mehrfachbuchungen kommt.

5.7 Zentrale zahlungsrelevante Daten

Bei Erfassung und Änderung von zentralen zahlungsrelevanten Daten in einem automatisierten Verfahren ist nach Nr. 5.4.1 zu verfahren. Änderungen der Einstellungen dürfen nur mit Zustimmung der oder des Beauftragten für den Haushalt bzw. einer oder eines Bevollmächtigten erfolgen. Sie sind in einer Datei systemseitig revisionssicher zu protokollieren. Zentrale zahlungsrelevante Daten sind z.B. zentrale Daten in Tabellen, welche einen zentralen Einfluss auf die zahlungsrelevanten Daten haben (z.B. Besoldungstabellen) oder zentrale Eingabefelder für Berechnungsgrößen (z.B. Solidaritätszuschlag). Diese Daten haben immer Einfluss auf Zahlungsgruppen und nicht nur auf z.B. eine bestimmte Zahlung.

5.8 Nachweis von Datenbestandsänderungen

(1) Beim Einsatz von automatisierten Verfahren im Haushalts-, Kassen und Rechnungswesen des Bundes ist sicherzustellen, dass jede Veränderung von Daten nachvollziehbar ist; auch eine Veränderung aufgrund einer Kumulierung von Datensätzen muss stets nachvollziehbar sein.

(2) Sämtliche Veränderungen der Daten eines Geschäftsvorfalls müssen durch geeignete Maßnahmen nachgewiesen werden und kurzfristig zur Verfügung gestellt werden können. Der Nachweis muss wenigstens folgende Daten enthalten:

a) den eindeutig gekennzeichneten Geschäftsvorfall,
b) das Datum, die Uhrzeit und die Benutzerkennung der Mitarbeiterin oder des Mitarbeiters, die oder der die Erfassung bzw. die Änderung vorgenommen hat sowie
c) die erfassten und geänderten Daten mit altem und neuem Stand.

5.9 Datenfernübertragung

Bei Datenfernübertragung ist sicherzustellen, dass

a) die Daten richtig und vollständig gesendet und empfangen werden,
b) die Übertragung von Daten wiederholt werden kann und
c) die Daten von Sende- und Empfangsdateien visuell lesbar gemacht werden können.

Die zur Sicherung erforderlichen Maßnahmen sind in der Dienstanweisung festzulegen.

5.10 Abweichende Anwendung von Bestimmungen

Die in Rechts- oder Verwaltungsvorschriften des Bundes über die Durchführung von Automationsvorhaben, über den Datenschutz und die Datensicherung getroffenen Regelungen bleiben unberührt.

Dritter Abschnitt

## Dokumentation und Schlussbestimmungen

6 **Dokumentation von anderen automatisierten Verfahren im Haushalts-, Kassen- und Rechnungswesen des Bundes**

Beim Einsatz von anderen automatisierten Verfahren im Haushalts-, Kassen- und Rechnungswesen des Bundes sind die folgenden Unterlagen zu erstellen:

a) Verfahrensdokumentation nach VV Nr. 6.2 ZBR BHO, Nrn. 4.1.1 und 4.2.3 der Anlage 1 zur VV-ZBR BHO
b) Gefährdungsanalyse nach VV Nr. 6.3 ZBR BHO,
c) Ordnungsmäßigkeitskonzept nach VV Nr. 6.4 ZBR BHO,
d) Dienstanweisung zur Regelung der Verfahrensabläufe und der Verantwortungsbereiche bei allen beteiligten Stellen (siehe Nr. 6.4.3 der Anlage 1 zur VV-ZBR BHO und Nrn. 5.1.1, 5.2 Abs. 2, 5.4.2.3 sowie 5.9)
e) Protokoll über die im Rahmen eines Testlaufs erfolgte Festlegung der Prüfquote
f) Sicherheitskonzept einschließlich Datensicherungskonzept nach dem IT-Grundschutzkatalog des Bundesamtes für Sicherheit in der Informationstechnik,
g) Mitteilung über automatisierte Verfahren im Haushalts-, Kassen- und Rechnungswesen des Bundes (Anlage 1),
h) Erklärung über die Einhaltung der Mindestanforderungen, bezogen auf die gültige Programmversion (Anlage 2) und
i) Bescheinigung über die Urkundeneignung der für die Erstellung zahlungsbegründender Unterlagen und Anordnungen eingesetzten Druckern.

und bei der oder dem zuständigen Beauftragten für den Haushalt nach Nr. 1.1.2 aufzubewahren

7 **Schlussbestimmungen**

Die geänderten Bestimmungen treten mit Veröffentlichung in Kraft und ersetzen die Bestimmungen vom 8. April 2014.

| | | | |
|---|---|---|---|
| .................................................... | | | .................................... Datum |
| .................................................... | Straße/Postfach | Name | .................................... |
| .................................................... Anschrift der oder des BfdH[1] | Postleitzahl/Ort | Telefonnummer | .................................... Bearbeiter/in |
| .................................................... E-Mail-Adresse der zuständigen Stelle | | | .................................... Geschäftszeichen |

Bundeskasse[2]

nachrichtlich:[3]

Bundesministerium

– Anlage 1 –

## Mitteilung über die beabsichtigte Einführung eines automatisierten Verfahren im Haushalts-, Kassen- und Rechnungswesen des Bundes gemäß Nr. 1.1.1 BestMaVB-HKR

| | |
|---|---|
| Bezeichnung der bewirtschaftenden Dienststelle(n) – ggf. auf Zusatzblatt – | |
| Bewirtschafternummer(n) – ggf. auf Zusatzblatt – | |
| Bezeichnung des automatisierten Verfahrens mit Versionsnummer[4] | |
| Einzelplan/Einzelpläne[5] | |
| Zuständige Bundeskasse(n)[6] | |
| | ☐ F13z<br>☐ F15z<br>☐ F16/26<br>☐ Bezeichnung des **Vorverfahrens**<br>__________________<br>Bei automatisierten Verfahren, die keine unmittelbare elektronische Schnittstelle zum HKR-Verfahren haben, ist hier die **Bezeichnung** des automatisierten Verfahrens einzutragen, das eine elektronische Schnittstelle zum HKR-Verfahren hat. |

| | |
|---|---|
| Voraussichtlicher Zeitpunkt der Aufnahme des Wirkbetriebes (da das Verfahren derzeit noch in der Planung ist) | |
| Prüfung der erfassten Daten | ☐ Die Gesamtheit der Geschäftsvorfälle wird vollständig nach Nr. 5.4.1 geprüft.<br>☐ Die Geschäftsvorfälle werden nach Nr. 5.4.2 stichprobenweise geprüft.<br>Zutreffendes bitte ankreuzen! |

________________________________________

Datum und Unterschrift der/des Beauftragten für den Haushalt

(________________________________________)

Name der/des Beauftragten für den Haushalt in Druckbuchstaben

**Erläuterungen der Fußnoten:**

1 Hier ist die Anschrift der oder des zuständigen Beauftragten für den Haushalt (BfdH) nach Nr. 1.1.1 einzutragen. Die zuständigen Bewirtschafter sind durch Übersendung dieser Anlage zu informieren.

2 Hier ist die Anschrift der für die bewirtschaftende Dienststelle zuständigen Bundeskasse einzutragen. Betrifft die Mitteilung mehrere Bewirtschafter, für die verschiedene Bundeskassen zuständig sind, so ist die Mitteilung an die Bundeskasse zu senden, die für den ersten genannten Bewirtschafter zuständig ist. Bei automatisierten Verfahren, die über keine unmittelbare elektronische Schnittstelle zum HKR-Verfahren verfügen, ist die Mitteilung an die Bundeskasse zu senden, die für den Bewirtschafter zuständig ist, bei dem das andere automatisierte Verfahren mit der elektronischen Schnittstelle zum HKR-Verfahren eingesetzt wird.

3 Hier ist die Anschrift der zuständigen obersten Bundesbehörde einzutragen aus deren Einzelplan/Einzelplänen Bundesmittel bewirtschaftet werden (siehe Anlage 3). Sind mehrere oberste Bundesbehörden zuständig, ist die Mitteilung gesondert je oberste Bundesbehörde zu versenden. Den Bundeskassen sind jeweils alle Mitteilungen im Original zu übersenden.

4 Hier ist die genaue Bezeichnung (Name) des automatisierten Verfahrens mit Versionsnummer einzutragen. Eine Versionsnummer sollte vergeben werden, um bei Änderungen z.B. Freigabemitteilungen konkret zuordnen zu können.

5 Einzutragen ist die Bezeichnung des Einzelplans/Einzelpläne der oder die im automatisierten Verfahren bewirtschaftet wird oder werden.

6 Dieses Feld ist nur dann auszufüllen, wenn mehrere Bewirtschafter das automatisierte Verfahren bei unterschiedlichen Bundeskassen einsetzen.

| | | | |
|---|---|---|---|
| | Straße/Postfach | Name | Datum |
| | Postleitzahl/Ort | Telefonnummer | Bearbeiter/in |
| Anschrift der oder des BfdH[1] | | | |
| E-Mail-Adresse der zuständigen Stelle | | | Geschäftszeichen |

Bundeskasse[2]

nachrichtlich:[3]

Bundesministerium

– Anlage 2 –

# Erklärung zum Einsatz eines automatisierten Verfahren im Haushalts-, Kassen- und Rechnungswesen des Bundes gemäß Nr. 1.1.2 BestMaVB-HKR

| | |
|---|---|
| Bezeichnung der bewirtschaftenden Dienststelle(n) – ggf. auf Zusatzblatt – | |
| Bewirtschafternummer(n) – ggf. auf Zusatzblatt – | |
| Bezeichnung des automatisierten Verfahrens mit Versionsnummer[4] | |
| Einzelplan/Einzelpläne[5] | |
| Zuständige Bundeskasse(n)[6] | |
| | ☐ F13z<br>☐ F15z<br>☐ F16/26<br>☐ Bezeichnung des **Vorverfahrens**<br>________________<br>Bei automatisierten Verfahren, die keine unmittelbare elektronische Schnittstelle zum HKR-Verfahren haben, ist hier die **Bezeichnung** des automatisierten Verfahrens einzutragen, das eine elektronische Schnittstelle zum HKR-Verfahren hat. |

| | |
|---|---|
| Einreichender Bewirtschafter für F15z/F3z[7] | |
| Zeitpunkt der Aufnahme des Wirkbetriebes[8] | |
| Zeitpunkt der Änderung aufgrund von Nr. 1.1.2 Abs. 1[9] | Datum der Änderung:<br>☐ b) – technische/organisatorische Änderungen<br>☐ c) – Änderung Schnittstelle<br>☐ d) – Erledigung von Beanstandungen des BRH<br>Zutreffendes bitte ankreuzen! |
| Prüfung der erfassten Daten | ☐ Die Gesamtheit der Geschäftsvorfälle wird vollständig nach Nr. 5.4.1 geprüft.<br>☐ Die Geschäftsvorfälle werden nach Nr. 5.4.2 stichprobenweise geprüft.<br>Zutreffendes bitte ankreuzen! |

Das automatisierte Verfahren

________________________________________
Bezeichnung des automatisierten Verfahrens

erfüllt die Mindestanforderungen der BestMaVB-HKR und es werden die Regelungen der BHO und zugehörigen Verwaltungsvorschriften vollständig eingehalten. Beim Einsatz des Verfahrens werden nur dokumentierte, freigegebene und gültige Programme verwendet.

Hinweis: Die Dokumente sind nach Nr. 6 bei der bzw. dem Beauftragten für den Haushalt vorzuhalten und bei jeder Änderung zu aktualisieren. Änderungen dürfen nur unter Einhaltung der VV-ZBR und dieser Bestimmung erfolgen.

________________________________________
Datum und Unterschrift der/des Beauftragten für den Haushalt[1]

(________________________________________)
Name der/des Beauftragten für den Haushalt in Druckbuchstaben

**Erläuterungen der Fußnoten:**

1 Hier ist die Anschrift der oder des zuständigen Beauftragten für den Haushalt (BfdH) nach Nr. 1.1.2 einzutragen. Die zuständigen Bewirtschafter sind durch Übersendung dieser Anlage zu informieren.

2 Hier ist die Anschrift der für die bewirtschaftende Dienststelle zuständigen Bundeskasse einzutragen. Betrifft die Erklärung mehrere Bewirtschafter, für die verschiedene Bundeskassen zuständig sind, so ist die Erklärung an die Bundeskasse zu senden, die für den ersten genannten Bewirtschafter zuständig ist. Bei automatisierten Verfahren, die über keine unmittelbare elektronische Schnittstelle zum HKR-Verfahren verfügen,

ist die Mitteilung an die Bundeskasse zu senden, die für den Bewirtschafter zuständig ist, bei dem das andere automatisierte Verfahren mit der elektronischen Schnittstelle zum HKR-Verfahren eingesetzt wird.

3 Hier ist die Anschrift der zuständigen obersten Bundesbehörde einzutragen aus deren Einzelplan/Einzelplänen Bundesmittel bewirtschaftet werden (siehe Anlage 3). Sind mehrere oberste Bundesbehörden zuständig, ist die Erklärung gesondert je oberste Bundesbehörde zu versenden. Den Bundeskassen sind jeweils alle Erklärungen im Original zu übersenden.

4 Hier ist die genaue Bezeichnung (Name) des automatisierten Verfahrens mit Versionsnummer einzutragen. Eine Versionsnummer sollte vergeben werden, um bei Änderungen z.B. Freigabemitteilungen konkret zuordnen zu können.

5 Einzutragen ist die Bezeichnung des Einzelplans/Einzelpläne der oder die im automatisierten Verfahren bewirtschaftet wird oder werden.

6 Dieses Feld ist nur dann auszufüllen, wenn mehrere Bewirtschafter das automatisierte Verfahren bei unterschiedlichen Bundeskassen einsetzen.

7 Hier ist nur ein Eintrag vorzunehmen, wenn ein anderer Bewirtschafter die F15z/F13z-Dateien für den in Zeile „Bewirtschafternummer(n) (ggf. auf Zusatzblatt)" genannten Bewirtschafter einreicht. Es ist stets nur der aktuelle Einreicher einzutragen.

8 Hier ist der Zeitpunkt des erstmaligen Einsatzes des automatisierten Verfahrens im Wirkbetrieb einzutragen. Bei einer Änderung der elektronischen Schnittstelle oder technischen und/oder organisatorischen Änderungen des automatisierten Verfahrens muss das Feld nicht ausgefüllt werden.

9 Hier ist der Zeitpunkt der Änderung einzutragen und das Zutreffende anzukreuzen.

– Anlage 3 –

| **Bezeichnung** | **Abkürzung** | **Einzelplan** |
|---|---|---|
| Auswärtiges Amt<br>Beauftragte(r) für den Haushalt<br>11013 Berlin | AA | 05 |
| Bundeskanzleramt<br>Beauftragte(r) für den Haushalt<br>Willy-Brandt-Straße 1<br>10557 Berlin | BKamt | 04 |
| Bundesministerium des Innern<br>Beauftragte(r) für den Haushalt<br>Alt Moabit 101D<br>10559 Berlin | BMI | 06 |
| Bundesministerium der Justiz und für Verbraucherschutz<br>Beauftragte(r) für den Haushalt<br>Mohrenstraße 37<br>10117 Berlin | BMJV | 07 |
| Bundesministerium der Finanzen<br>Beauftragte(r) für den Haushalt<br>11016 Berlin | BMF | 08 |

| Bezeichnung | Abkürzung | Einzelplan |
|---|---|---|
| Bundesministerium für Wirtschaft und Energie<br>Beauftragte(r) für den Haushalt<br>11019 Berlin | BMWi | 09 |
| Bundesministerium für Ernährung und Landwirtschaft<br>Beauftragte(r) für den Haushalt<br>Postfach 14 02 70<br>53107 Bonn | BMEL | 10 |
| Bundesministerium für Arbeit und Soziales<br>Beauftragte(r) für den Haushalt<br>Wilhelmstraße 49<br>10117 Berlin | BMAS | 11 |
| Bundesministerium für Verkehr und digitale Infrastruktur<br>Beauftragte(r) für den Haushalt<br>Invalidenstraße 44<br>10115 Berlin | BMVI | 12 |
| Bundesministerium der Verteidigung<br>Beauftragte(r) für den Haushalt<br>Fontainengraben 150<br>53123 Bonn | BMVg | 14 |
| Bundesministerium für Gesundheit<br>Beauftragte(r) für den Haushalt<br>Rochusstraße 1<br>11055 Berlin | BMG | 15 |
| Bundesministerium für Umwelt, Naturschutz, Bau und Reaktorsicherheit<br>Beauftragte(r) für den Haushalt<br>Postfach 12 06 29<br>53048 Bonn | BMUB | 16 |
| Bundesministerium für Familie, Senioren, Frauen und Jugend<br>Beauftragte(r) für den Haushalt<br>Glinkastraße 24<br>10117 Berlin | BMFSFJ | 17 |
| Bundesministerium für wirtschaftliche Zusammenarbeit und Entwicklung<br>Beauftragte(r) für den Haushalt<br>Postfach 12 03 22<br>53045 Bonn | BMZ | 23 |
| Bundespresseamt<br>Beauftragte(r) für den Haushalt<br>Reichstagufer 14<br>10117 Berlin | BPrA | 04 |

| Bezeichnung | Abkürzung | Einzelplan |
|---|---|---|
| Bundesrechnungshof<br>Beauftragte(r) für den Haushalt<br>Adenauerallee 81<br>53113 Bonn | BRH | 20 |
| Bundesministerium für Bildung und Forschung<br>Beauftragte(r) für den Haushalt<br>Heinemannstraße 2<br>53175 Bonn | BMBF | 30 |
| Deutscher Bundestag<br>Beauftragte(r) für den Haushalt<br>Platz der Republik 1<br>11011 Berlin | BT | 02 |

– Anlage 4 –

## Allgemeine Erläuterungen

**zum Einwilligungsverfahren** nach VV Nr. 6.6 für Zahlungen, Buchführung und Rechnungslegung (§§ 70 bis 72 und 74 bis 80 BHO) – VV-ZBR BHO i.V.m. Nr. 1 der Bestimmungen über die Mindestanforderungen für den Einsatz automatisierter Verfahren im Haushalts-, Kassen- und Rechnungswesen des Bundes (BestMaVB-HKR) für den Einsatz automatisierter Verfahren im Haushalts-, Kassen und Rechnungswesen des Bundes.

### I. Grundsatz:

Automatisierte Verfahren im Haushalts-, Kassen- und Rechnungswesen (IT-Verfahren) sind so zu entwickeln und einzusetzen, dass die Regelungen der Bundeshaushaltsordnung (BHO) und die hierzu erlassenen Verwaltungsvorschriften vollständig beachtet und eingehalten werden. In den Bestimmungen sind die Anforderungen an IT-Verfahren im Bereich Haushalts-, Kassen- und Rechnungswesen zusammengefasst. Kann eine Vorgabe nicht eingehalten werden oder führt die Einhaltung dieser Bestimmung zu einem nicht vertretbaren Aufwand, ist ein Antrag auf Einwilligung zum Einsatz des IT-Verfahrens beim Bundesministerium der Finanzen (BMF; Referat II A 2) zu stellen. **IT-Verfahren dürfen erst nach Einwilligung durch das BMF, der auch das erforderliche Einvernehmen des Bundesrechnungshofes (BRH) einholt, im Wirkbetrieb (Verarbeitung von Echtdaten, z.B. auch Pilotbetrieb) eingesetzt werden.**

### II. Anforderungen an den Antrag (einschließlich Anlagen):

### A) Zeitpunkt der Antragstellung

Kann eine Vorgabe dieser Bestimmungen nicht eingehalten werden, ist ein Antrag auf Einwilligung zum Einsatz des IT-Verfahrens so rechtzeitig zu stellen, dass das BMF und der BRH ggf. die Gestaltung des Verfahrens noch beeinflussen können. Der Antrag muss mindestens **vier Monate vor dem tatsächlichen Wirkbetrieb** dem BMF vorliegen. Auf VV Nr. 6.6 ZBR BHO weise ich hin.

**B) Antragsteller**

Der Antrag ist von der Stelle, die für den Einsatz des Verfahrens verantwortlich ist, an die Beauftragte oder den Beauftragten für den Haushalt (BfdH) der **zuständigen** obersten Bundesbehörde zu senden. Die oder der BfdH leitet den Antrag nach Prüfung (Vollständigkeit und Inhalt) mit einem entsprechenden Votum an das BMF (Referat II A 2) weiter. Das BMF wendet sich zur Klärung eventueller Fragen ausschließlich an die oder den BfdH.

**C) Form des Antrags**

Der **Antrag** muss **in sich schlüssig** sein und ist **kurz und knapp** zu halten. Bei Verweisen auf Anlagen (die sich nicht auf die grundsätzlich beizufügenden Unterlagen beziehen, s. VV Nr. 6.6.3 ZBR BHO) sind nur die entsprechenden Auszüge zu übersenden. Die als Anlage beigefügten Auszüge sind eindeutig zu bezeichnen. Im **Antrag** sind ausschließlich die Begrifflichkeiten der BHO und der dazu erlassenen Verwaltungsvorschriften zu verwenden. Müssen z.B. in der Dienstanweisung andere Begrifflichkeiten verwendet werden, dann ist der relevante Sachverhalt im Antrag selbst zu beschreiben und nicht nur auf die Dienstanweisung zu verweisen.

**D) Inhalt des Antrags**

**1. Antragsunterlagen**

a) Anschreiben zum Antrag (mit Prüfungsvermerk und Unterschrift des oder der BfdH der zuständigen obersten Bundesbehörde),
b) Antrag (nebst einschlägigen Auszügen aus allen Unterlagen, auf die in dem Antrag unter Nennung der entsprechenden Fundstellen verwiesen wird),
c) Verfahrensdokumentation (nach VV Nr. 6.2 ZBR BHO),
d) Gefährdungsanalyse (nach VV Nr. 6.3 ZBR BHO),
e) Ordnungsmäßigkeitskonzept (nach VV Nr. 6.4 ZBR BHO) und
f) Anlage 1 BestMaVB-HKR.

**Hinweis:**
Die komplett freigegebene Dienstanweisung und die Unterlagen nach Nr. 6 BestMaVB-HKR sind auf Anforderung zeitnah nachzureichen.

**2. Antrag**

Im Antrag ist die nicht eingehaltene Vorgabe der Bestimmungen zu benennen und zu beschreiben (Nr. 1 Abs. 2 BestMaVB-HKR). Abschließend ist darzulegen, wie die Verfahrens- und Kassensicherheit auf andere Art und Weise gewährleistet wird. Hierbei ist nur zu beschreiben, was konkret und verbindlich geregelt ist (unter Verweise auf die entsprechende Stelle in einer

Anlage, z.B. Gefährdungsanalyse) und nicht, was z.B. mit dem Programm möglich wäre (keine „kann"-Aussagen). Wird eine weitere Vorgabe nicht eingehalten, ist dieses Procedere zu wiederholen. Bei nicht aufgeführten Vorgaben wird davon ausgegangen, dass sie eingehalten werden.

**Hinweis:**

Die Mindestanforderungen sehen vor, dass alle für eine Anordnung notwendigen zahlungsrelevanten Daten anhand der zahlungsbegründenden Unterlagen vollständig geprüft werden (siehe Nr. 5.4.1 BestMaVB-HKR). Dies gilt auch für aus anderen Programmteilen oder anderen automatisierten Verfahren übernommene zahlungsrelevante Daten. Deshalb bezieht sich **die Einwilligung auf den Einsatz eines Verfahrens auf alle in diesem IT-Verfahren verwendeten zahlungsrelevanten Daten**. Aus diesem Grund ist zu beschreiben, welche zahlungsrelevanten Daten aus welchem Verfahren verwendet werden und wie bei diesen Daten die Prüfung nach Nr. 5.4 sichergestellt ist (ganzheitliche Betrachtung).

**3. Anlagen zum Antrag**

a) Bei umfänglichen Unterlagen ist zu prüfen, ob es ausreichend ist, dem Antrag nur die Auszüge der Unterlagen beizufügen, die für die Einwilligung notwendig sind (wird in dem Antrag z.B. auf wenige kassenrelevante Aspekte des Ordnungsmäßigkeitskonzepts verwiesen, sind nur die entsprechenden Auszüge beizufügen). Das Ordnungsmäßigkeitskonzept muss der VV Nr. 6.4 ZBR BHO entsprechen. Ein vollständiges Sicherheitskonzept einschließlich Datensicherungskonzept und auch ein Datenschutzkonzept werden bei freigegebenen IT-Programmen vorausgesetzt.

b) Dem Antrag ist insbesondere auch eine **Gefährdungsanalyse** beizufügen. Das Risiko, das durch dieses Verfahren entsteht, muss in dieser bewertet sein (siehe VV Nr. 6.3 ZBR BHO). Dabei sind u.a. die durch Fehler und Missbrauch bedingten haushaltswirtschaftlichen Auswirkungen gegen die zusätzlichen Ausgaben zur Erhöhung der Verfahrenssicherheit abzuwägen und zahlenmäßig zu belegen (Beispiel: 20 000 Zahlfälle im Monat; wie hoch ist die Gesamtsumme der Zahlungen; wie viele werden davon vollständig zu 100% geprüft; welche Fehler treten auf; wie wird die haushaltwirtschaftliche Schadensmöglichkeit bewertet). Nach Nr. 5.5 hat eine Prüfung immer vor der Zahlung zu erfolgen. Sollte dies in Ausnahmefällen nicht erfolgen, ist das hieraus resultierende Risiko zu bewerten. **Ein im Ergebnis der Gefährdungsanalyse festgestelltes Restrisiko ist zu dokumentieren.**

c) Es dürfen nur gültige und bereits freigegebene Bestimmungen für das Einwilligungsverfahren herangezogen werden bzw. es muss ausdrücklich bestätigt werden, dass diese vor Inbetriebnahme des Verfahrens erlassen werden. Diese dürfen keine Abweichungen zur BHO und den hierzu erlassenen Regelungen enthalten

# Prüfung von Personalausgaben durch den Bundesrechnungshof; Einsichtsrecht in die vollständigen Personalakten gemäß § 95 BHO

– RdSchr. d. BMF vom 12. Dezember 1980 – II A 3 – H 1004 – 52/80 –

Anlässlich der Prüfung von Personalausgaben durch den Bundesrechnungshof wurde in einem Einzelfall die Frage aufgeworfen, ob sich aus der allgemeinen Rechtsordnung Grenzen für das Einsichtsrecht des Bundesrechnungshofes in Personalakten ergeben.

Im Einvernehmen mit dem Bundesminister des Innern und dem Bundesrechnungshof weise ich in diesem Zusammenhang auf Folgendes hin:

Auf Grund seines verfassungsmäßigen Prüfungsauftrages kann der Bundesrechnungshof nach § 95 Abs. 1 BHO verlangen, seinen Beauftragten die vollständigen Personalakten vorzulegen.

Bei Vorgängen besonders vertraulicher Art (z.B. Gesundheitszeugnissen, Beurteilungen und dergl.), die durch das von der Verfassung gewährleistete Persönlichkeitsrecht geschützt sind, beschränkt der Bundesrechnungshof gemäß den sich unter dem Gesichtspunkt des Persönlichkeitsschutzes ergebenden verfassungsrechtlichen Grenzen die Einsicht in die Personalakten entsprechend dem Grundsatz der Verhältnismäßigkeit auf das unbedingt Notwendige. Diese Beurteilung trifft der Bundesrechnungshof in eigener Verantwortung. Er entscheidet mit dieser Maßgabe selbst, welche Unterlagen er zur Erfüllung seiner Aufgaben (Artikel 114 Abs. 2 GG, § 88 BHO) benötigt. Die Regelung des § 95 Abs. 1 BHO dient dem Zweck, prüfungsfreie Räume zu vermeiden.

Bei der Prüfung von Personalausgaben wird im Allgemeinen die Einsichtnahme in die Personalakten erforderlich sein. Werden Personalakten nach dem Grad der Vertraulichkeit gegliedert und beispielsweise besondere Beihefte für Disziplinarsachen, Beurteilungen, Gesundheitszeugnisse usw. geführt, wird der Bundesrechnungshof auf eine Vorlage dieser Personalaktenteile in aller Regel verzichten können. Einsicht in besonders vertrauliche Unterlagen verlangt der Bundesrechnungshof erst nach einer Abwägung im obigen Sinne, insbesondere unter Beachtung des Grundsatzes der Verhältnismäßigkeit. Davon kann die zu prüfende Verwaltung ausgehen.

Bei der Ankündigung seiner Prüfungen wird der Bundesrechnungshof den zu prüfenden Verwaltungen so konkret wie möglich mitteilen, welche Unterlagen er benötigt. Dies schließt jedoch nicht aus, dass Prüfungen auf Vorgänge ausgedehnt werden, deren Einsichtnahme nicht angekündigt worden ist. Ergibt sich im Einzelfall erst bei einer Prüfung an Ort und Stelle eine solche Notwendigkeit, wird der Bundesrechnungshof auf Verlangen die Verantwortung für die Erforderlichkeit der Beiziehung durch ein Bestätigungsschreiben übernehmen.

Oberste Bundesbehörden

# Stichwortverzeichnis

Die **fett** gedruckten Ziffern beziehen sich auf den jeweiligen Teil der Textsammlung, die übrigen Ziffern auf den Paragraphen oder Absatz des jeweiligen Gesetzes, der jeweiligen Verordnung, bzw. der jeweiligen Verwaltungsvorschrift. Alle in **III** genannten Paragraphen sind auch in **V** mit der entsprechenden Verwaltungsvorschrift abgedruckt. Stichworte, die nur unter **V** genannt sind, sind in den Verwaltungsvorschriften enthalten.